清末立宪运动史料丛刊 26

主编 胡绳武

副主编 牛贯杰 戴鞍钢

广东谘议局

廖伟章 牛贯杰 编

国家清史编纂委员会·文献丛刊

山西人民出版社

本书获中国人民大学『中央高校建设世界一流大学（学科）和特色发展引导专项资金』支持

『十二五』国家重点图书出版规划项目

《清末立宪运动史料丛刊》出版工作委员会

总序

戴逸

二〇〇二年八月，国家批准建议纂修清史之报告，十一月成立由十四部委组成之领导小组，十二月十二日成立清史编纂委员会，清史编纂工程于焉肇始。清史之编纂酝酿已久，清亡以后，北洋政府曾聘专家编写《清史稿》，历时十四年成书。识者议其评判不公，记载多误，难成信史，久欲重撰新史，以世事多乱不果。中华人民共和国成立后，中央领导亦多次推动修清史之事，皆因故中辍。新世纪之始，国家安定，经济发展，建设成绩辉煌，而清史研究亦有重大进步，学界又倡修史之议，国家采纳众见，决定启动此新世纪标志性文化工程。清代为我国最后之封建王朝，统治中国二百六十八年之久，距今未远。清代众多之历史和社会问题与今日息息相关。欲知今日中国国情，必当追溯清代之历史，故而编纂一部详细、可信、公允之清代历史实属切要之举。编史要务，首在采集史料，广搜确证，以为依据。必藉此史料，乃能窥见历史陈迹。故史料为历史研究之基础，研究者必须积累大量史料，勤于梳理，善于分析，去粗取精，去伪存真，由此及彼，由表及里，进行科学之抽象，上升为理性之认识，才能洞察过去，认识历史规律。史料之于历史研究，犹如水之于鱼，空气之于鸟，水涸则鱼逝，气盈则鸟飞。历史科学之辉煌殿堂必须岿然耸立于丰富、确凿、可靠之史料基础上，不能构建于虚无缥缈之中。吾侪于编史之始，即整理、出版“文献丛刊”、“档案丛刊”，二者广收各种史料，均为清史编纂工程之重要组成部分，一以供修撰清史之用，提高著作质量；二为抢救、保护、开发清代之文化资源，继承和弘扬历史文化遗产。清代之史料，具有自身之特点，可以概括为多、乱、散、新四字。一曰多。我国素称诗书礼义之邦，存世典籍汗牛充栋，尤以清代为盛。盖清代统治较久，文化发达，学士才人，比肩相望，传世之经籍史乘、诸子百家、文字声韵、目录金石、书画艺术、诗文小说，远轶前朝，积贮文献之多，如恒河沙数，不可胜计。昔梁元帝聚书十四万卷于江陵，西魏军攻掠，悉燔于火，人谓丧失天下典籍之半数，是五世纪时中国书籍总数尚不甚多。宋代印刷术推广，载籍日众，至清代而浩如烟海，难窥其涯涘矣！《清史稿·艺文志》著录清代书籍九千六百三十三种，人议其疏漏太多。武作成作《清史稿艺文志补编》，增补书一万零四百三十八种，超过原志著录之数。彭国栋亦有《重修清史艺文志》，著录书一万八千零五十九种。近年王绍曾更求详备，致力十余年，遍览群籍，手抄目验，成《清史稿艺文志拾遗》，增补书至五万四千八百八十种，超过原志五倍半，此尚非清代存留书之全豹。王绍曾先生言：“余等未见书目尚多，即已见之目，因工作粗疏，未尽钩稽而失之眉睫者，所在多有。”清代书籍总数若干，至今尚未能确知。清代不仅书籍浩繁，尚有大量政府档案留存于世。中国历朝历代档案已丧失殆尽（除近代考古发掘所得甲骨、简牍外），而清朝中枢机关（内阁、军机处）档案，秘藏内廷，尚称完整。加上地方存留之档案，多达二千万件。档案为历史事件发生过程中形成之文件，出之于当事人亲身经历和直接记录，具有较高之真实性、可靠性。大量档案之留存极大地改善了研究条件，俾历史学家得以运用第一手资料追踪往事，了解历史真相。二曰乱。清代以前之典籍，经历代学者整理、研究，对其数量、类别、版本、流传、收藏、真伪及价值已有大致了解。清代编纂《四库全书》，大规模清理、甄别存世之古籍。因政治原因，查禁、篡改、销毁所谓“悖逆”、“违碍”书籍，造成文化之浩劫。但此时经师大儒，联袂入馆，勤力校理，尽瘁编务。政府亦投入巨资以修明文治，故所获成果甚丰。对收录之三千多种书籍和未收之六千多种存目书撰写详明精切之提要，撮其内容要旨，述其体例篇章，论其学术是非，叙其版本源流，编成二百卷《四库全书总目》，洵为读书之典要、后学之津梁。乾隆以后，至于清末，文字之狱渐戢，印刷之术益精，故而人竞著述，家娴诗文，各握灵蛇之珠，众怀昆冈之璧，千舸齐发，万木争荣，学风大盛，典籍之积累远迈从前。惟晚清以来，外强侵凌，干戈四起，国家多难，人民离散，未能投入力量对大量新出之典籍再作整理，而政府档案，深藏中秘，更无由一见。故不仅不知存世清代文献档案之总数，即书籍分类如何变通、版本庋藏应否标明，加以部居舛误，界划难清，亥豕鲁鱼，订正未遑。大量稿本、抄本、孤本、珍本，土埋尘封，行将澌灭；殿刻本、局刊本、精校本与坊间劣本混淆杂陈。我国自有典籍以来，其繁杂混乱未有甚于清代典籍者矣！三曰散。清代文献、档案，非常分散，分别庋藏于中央与地方各个图书馆、档案馆、博物馆、教学研究机构与私人手中。即以清代中央一级之档案言，除北京中国第一历史档案馆所藏一千万件以外，尚有一大部分档案在战争时期流离播迁，现存于台北故宫博物院。此外，尚有藏于沈阳辽宁省档案馆之圣训、玉牒、满文老档、黑图档等，藏于大连市档案馆之内务府档案，藏于江苏泰州市博物馆之题本、奏折、录副奏折。至于清代各地方政府之档案文书，损毁极大，但尚有劫后残余，璞玉浑金，含章蕴秀，数量颇丰，价值亦高。如河北获鹿县档案、吉林省边务档案、黑龙江将军衙门档案、河南巡抚藩司衙门档案、湖南安化县永历帝与吴三桂档案、四川巴县与南部县档案、浙江安徽江西等省之鱼鳞册、徽州契约文书、内蒙古各盟旗蒙文档案、广东粤海关档案、云南省彝文傣文档案、西藏噶厦政府藏文档案等等分别藏于全国各省市自治区，甚至清代两广总督衙门档案（亦称《叶名琛档案》），被英法联军抢掠西运，今藏于英国伦敦。清代流传下之稿本、抄本，数量丰富，因其从未刻印，弥足珍贵，如曾国藩、李鸿章、翁同龢、盛宣怀、张謇、赵凤昌之家藏资料。至于清代之诗文集、尺牍、家谱、日记、笔记、方志、碑刻等品类繁多，数量浩瀚，北京、上海、南京、广州、天津、武汉及各大学图书馆中，均有不少贮存。丰城之剑气腾霄，合浦之珠光射日，寻访必有所获。最近，余有江南之行，在苏州、常熟两地图书馆、博物馆中，得见所存稿本、抄本之目录，即有数百种之多。某些书籍，在中国大陆已甚稀少，在海外各国反能见到，如太平天国之文书。当年在太平军区域内，为通行之书籍，太平天国失败后，悉遭清政府查禁焚毁，现在中国，已难见到，而在海外，由于各国外交官、传教士、商人竞相搜求，携赴海外，故今日在外国图书馆中保存之太平天国文书较多。二十世纪内，向达、萧一山、王重民、王庆成诸先生曾在世界各地寻觅太平天国文献，收获甚丰。四曰新。清代为传统社会向近代社会之过渡阶段，处于中西文化冲突与交融之中，产生一大批内容新颖、形式多样之文化典籍。清朝初年，西方耶稣会传教士来华，携来自然科学、艺术和西方宗教知识。乾隆时编《四库全书》，曾收录欧几里得《几何原本》，利玛窦《乾坤体义》，熊三拔《泰西水法》、《简平仪说》等书。迄至晚清，中国力图自强，学习西方，翻译各类西方著作，如上海墨海书馆、江南制造局译书馆所译声光化电之书，后严复所译《天演论》、《原富》、《法意》等名著，林纾所译《茶花女遗事》、《黑奴吁天录》等文艺小说。中学西学，摩荡激励，旧学新学，斗妍争胜，知识剧增，推陈出新，晚清典籍多别开生面、石破天惊之论，数千年来所未见，饱学宿儒所不知。突破中国传统之知识框架，书籍之内容、形式，超经史子集之范围，越子曰诗云之牢笼，发生前所未有之革命性变化，出现众多新类目、新体例、新内容。清朝实现国家之大统一，组成中国之多民族大家庭，出现以满文、蒙古文、藏文、维吾尔文、傣文、彝文书写之文书，构成为清代文献之组成部分，使得清代文献、档案更加丰富，更加充实，更加绚丽多彩。清代之文献、档案为我国珍贵之历史文化遗产，其数量之庞大、品类之多样、涵盖之宽广、内容之丰富在全世界之文献、档案宝库中实属罕见。正因其具有多、乱、散、新之特点，故必须投入巨大之人力、财力进行搜集、整理、出版。吾侪因编纂清史之需，贾其余力，整理出版其中一小部分；且欲安装网络，设数据库，运用现代科技手段，进行贮存、检索，以利研究工作。惟清代典籍浩瀚，吾侪汲深绠短，蚊衔蚊负，力薄难任，望洋兴叹，未能做更大规模之工作。观历代文献档案，频遭浩劫，水火兵虫，纷至沓来，古代典籍，百不存五，可为浩叹！切望后来之政府学人重视保护文献档案之工程，投入力量，持续努力，再接再厉，使卷帙长存，瑰宝永驻，中华民族数千年之文献档案得以流传永远，沾溉将来，是所愿也！

二〇〇四年

序言

胡绳武

清末立宪运动是一场全国性的政治运动。这场运动历时9年（1903—1911），波及除内外蒙古、青海、西藏之外的全国22个行省（内地18个省、东北三省和新疆），对辛亥革命前后的中国政治、经济、社会和思想文化均产生过重要的影响。这场运动的人和事，自宣统年间以来不断地有国内外学者们进行研究和评议。由于研究者的立场与观点不同，对这场运动的人和事的评议自然是见仁见智的。但研究者们一致感到研究立宪运动的困难之一在于史料相对缺乏。中华人民共和国成立后，国家重视对近百年历史的研究，在中国史学会的主持下，曾出版过一套《中国近代史资料丛刊》。这套资料的出版对中国近代史的教学与研究曾产生了很好的推动作用，但这套资料丛刊却没有把立宪运动包括在内。

有关立宪运动的文献资料，除1979年中华书局出版过一部《清末筹备立宪档案史料》外，尚无一套比较完整的立宪运动文献资料丛刊，这给中国近代史的教学与研究带来一定的影响。为此，中华书局编辑部于1986年曾拟定编辑一套《立宪运动》的文献资料，作为《中国近代史资料丛刊》的续编出版，并邀请我作为这套文献资料丛刊的主编。我当时因为正在撰写《辛亥革命史稿》，无力承担此项工作而加以婉拒。当时中华书局近代史编辑室的主任陈铮向我表示这项工作可在《辛亥革命史稿》完成以后再着手进行，并希望我能将此项工作接受下来。当时我的研究生程为坤讲师也希望我将这项工作接受下来，并表示愿意全力帮助我完成文献资料的搜集与整理工作。这样，我就终于将此项工作接受下来，并开始注意有关立宪运动文献资料的搜集工作。1990年以后，《辛亥革命史稿》的撰写工作虽然已经完成，程为坤却已出国留学，我又年近七十，无力单独承担，此项工作遂告中断。其后，我曾争取与中国人民大学图书馆古籍整理研究所合作，希望继续完成这套资料的搜集与整理工作，后因故再次中断。已经搜集却又未经整理的有关立宪运动的文献资料只好堆积存放。

2002年国家清史纂修工程启动后，清史编纂委员会主任戴逸教授动员我组织力量，将《立宪运动》这套文献资料的整理工作作为国家清史纂修工程文献整理项目之一继续下去，争取完成。我考虑到早在1986年即已接受中华书局近代史编辑室委托，承担《立宪运动》的主编工作，中途虽因客观原因中断，但我内心总觉得对学术界和出版社欠了一笔账，不免感到内疚，现在有机会将这套《立宪运动》作为清史文献项目之一列入计划，这是给我完成上世纪中断了的《立宪运动》这套文献资料的一个极好机会，遂于2004年向国家清史编纂委员会正式提出申请，并于2005年获得通过，正式立项。

这套《清末立宪运动史料丛刊》总的要求是，能够较为全面地反映这场运动的发展全貌，对该运动发生的历史背景、酝酿与兴起、发展和声势、它与民主革命运动及清廷预备仿行立宪的关系、立宪团体、立宪派人士的思想与活动，以及该运动对于中国近代社会历史所造成的影响诸方面，均得到合乎实际的说明。

以往《中国近代史资料丛刊》的编辑方法大致有三种：一是按资料的类型进行整理编辑，如《太平天国》；二是按事件发展进行编辑，如《辛亥革命》；三是二者结合，如《第二次鸦片战争》。本套文献资料大体依照第三种形式，从以下八个方面对相关资料进行搜集、整理与编辑：一、立宪运动的酝酿与发动；二、立宪派与革命派的论战；三、清廷的预备仿行立宪；四、立宪团体；五、国会请愿运动；六、资政院；七、各省谘议局；八、有关立宪运动的外文资料。谘议局文献的选编范围涉及12个行省，即顺直谘议局、奉天谘议局、吉林谘议局、山西谘议局、山东谘议局、江苏谘议局、浙江谘议局、福建谘议局、广东谘议局、江西谘议局、湖南谘议局、四川谘议局。参加本项目的成员及分工如下：中国社会科学院近代史研究所李细珠研究员（立宪运动的酝酿与发动、福建谘议局），清华大学马克思主义学院王宪明教授（立宪派与革命派的论战、有关立宪运动的外文资料），首都师范大学历史系迟云飞教授（清廷的预备仿行立宪），北京大学历史系尚小明教授（立宪团体、国会请愿运动、山西谘议局、山东谘议局），中国人民大学历史学院牛贯杰副教授（资政院、湖南谘议局、广东谘议局），北京师范大学历史学院邱涛副教授（顺直谘议局），中国社会科学院法学研究所孙家红副研究员（奉天谘议局、吉林谘议局），上海图书馆上海科学技术情报研究所高洪兴研究员（江苏谘议局），广东警官学院法律系沈晓敏教授（浙江谘议局），中山大学历史系廖伟章教授（广东谘议局），南昌大学历史系黄志繁教授（江西谘议局），四川大学城市研究所何一民教授（四川谘议局）。

值得说明的是，这套文献资料丛刊立项伊始，清史编纂委员会考虑到我年事已高，故建议增加一位项目主持人，我们经过商议，聘请复旦大学历史系戴鞍钢教授为主持人。项目进行期间，他审阅了700余万字的文稿，并提出具体的修改意见，帮助我承担了不少审阅初稿的任务。牛贯杰副教授承担了大量烦琐沉重的学术辅助工作。清史编纂委员会文献组的王汝丰教授、出版组孟超编审对本项目给予了特别的关心与指导。没有他们的帮助，很难相信这套文献资料丛刊能够如期完成，在此表示诚挚的谢意。同时，山西人民出版社的领导也给予了特别的关注，编辑们付出了辛勤的努力，在此一并致谢。

当然，囿于种种因素，我们不可能将22个行省的谘议局文献全部搜求于内，只选择性地摘取了12个行省的相关文献，这些省份涵盖了沿江沿海、中原腹地、京畿重地与清王朝的龙兴之地——吉林与奉天两省。此外，我们对各省谘议局文献的选编原则以谘议局本身文献为主，因此，规模方面无法做到整齐划一，而且数量各有不同。这些不足和局限，衷心期待学术界进行批评和补正。

2014 年 10 月

凡例

一、本文献为类编资料，资料来源均在正文结尾处标明。

二、本文献按照立宪运动发生、发展的脉络分为三十卷，各卷内容为：第一卷，立宪运动的酝酿与发动；第二卷，立宪派与革命派的论战；第三至六卷，清廷的预备仿行立宪；第七至八卷，立宪团体；第九至十卷，国会请愿运动；第十一至十二卷，资政院；第十三卷，顺直谘议局；第十四至十五卷，奉天谘议局；第十六至十七卷，吉林谘议局；第十八卷，山西谘议局；第十九至二十卷，山东谘议局；第二十一至二十二卷，江苏谘议局；第二十三卷，浙江谘议局；第二十四至二十五卷，福建谘议局；第二十六卷，广东谘议局；第二十七卷，江西谘议局；第二十八卷，湖南谘议局；第二十九卷，四川谘议局；第三十卷，有关立宪运动的外文资料。

三、文献史料如有原名，一律沿用；如没有原名，则由整理者自行拟定，文中注明。

四、资料原文所用繁体字，在不会造成歧义的情况下改为通行简化字。某些具体人名、地名不在此限。异体字、通假字尽量保持文献原貌。

五、本书在纂辑过程中，对清末惯用的一些字词，悉仍其旧，如“豫备立宪”、“豫算”、“筹画”、“画一”、“澈底”、“坐次”、“帐目”、“缕晰陈之”、“详晰”、“人材”、“发见”、“札覆”、“叠次”、“身分”、“省分”、“择尤”等。文中还有许多反复出现的字词属于此种情形，不在此一一列举。

六、文献资料均由编者标点、分段与校勘。错别字用（ ）标出，并于〔 〕中标明正确字，脱字以【 】标明，衍字以〈 〉标明，无法辨识文字和原公文中故意省略之字，均以□标示。

七、原稿繁体竖排，今改为简体横排。原稿中“左”、“如左”、“左列”、“右”、“如右”、“右列”等文字均保留原貌，一律不作改动。

八、为便于读者更好地利用资料，整理者对有必要加注的地方一律加注，以脚注标明。

整理说明

一、本卷根据《清末立宪运动史料丛刊》的整体要求，收录了清末广东省谘议局的相关史料。全书根据史料特点及原有分类，参考时间顺序，共分为九部分：第一部分，广东谘议局筹办处第一次报告书；第二部分，广东谘议局筹办处第二次报告书；第三部分，《编查录》选编；第四部分，广东谘议局第一次会议报告书；第五部分，广东谘议局第一期会议速记录；第六部分，广东谘议局协会决议办理事类报告书；第七部分，广东谘议局第一次临时会报告书；第八部分，广东谘议局第二次常年会议报告书；第九部分，广东谘议局议案。每部分之下，又根据各文件分列细目，读者尽可做到一目了然。

二、为力求全面了解广东谘议局的来龙去脉，本卷收录资料囊括了广东谘议局筹办来往公文、议事报告、会议速记录等文件，完整度高、连贯性强，不仅呈现了谘议局的议事情形，而且还收录了部分调查报告及督抚与地方官员的往来函件，给读者提供了较为广阔的史料基础，俾使读者对于清末广东民主宪政、地方自治运动及其间发生的重大历史事件获得丰富的认知体会。

三、本卷所收录的史料，主要来源为中山大学等机构所收藏的广东谘议局历史档案。在档案资料的基础上，整理过程中以事件发生、发展及时间为序，进行了排列。当然，其中难免有部分内容可能存在时序错乱，细心读者自能察之。

四、原稿中“如右”、“如左”等字样及部分公文样式，皆保持原貌，不作更动。对于史料原件中的错讹脱落，区别对待。凡错字皆置于（）内，并于〔〕中标明正确字。需要说明的是，通假字、异体字和一部分繁体字考虑到文字用法等因素，不作为错字处理，保持原样，如“帖”、“祇”等。凡脱落而可以确定者，则径补入之，并在所补文字外加【】标明，衍字则以〈〉作标识。脱落严重，或原件模糊不清、无法辨识者，根据行间字数，以□标示。

五、本卷之编校整理，由编者独立承担，不假他手。然兹事体大，文字浩繁，错讹在所难免，敬希读者诸君不吝赐教。

廖伟章　牛贯杰

2015年6月

目录

一、广东谘议局筹办处第一次报告书

二、广东谘议局筹办处第二次报告书

三、《编查录》选编

四、广东谘议局第一次会议报告书

五、广东谘议局第一期会议速记录

六、广东谘议局协会决议办理事类报告书

七、广东谘议局第一次临时会报告书

八、广东谘议局第二次常年会议报告书

交议类

提议类

请议类

九、广东谘议局议案

一、广东谘议局筹办处第一次报告书

上谕

光绪三十四年六月二十四日内阁奉上谕：朕钦奉慈禧端佑康颐昭豫庄诚寿恭钦献崇熙皇太后懿旨，宪政编查馆资政院王大臣奕劻、溥伦等会奏，拟呈各省谘议局及议员选举各章程一折。谘议局为采取舆论之所，并为资政院预储议员之阶。议院基础即肇于此，事体重大，亟宜详慎厘定。兹据该王大臣拟呈各项章程，详加披阅，尚属周妥，均照所议办理。即著各督抚迅速举办，实力奉行。自奉到章程之日起，限一年内一律办齐。朝廷轸念民依，将来使国民与闻政事，以示大公。因先于各省设谘议局，以资历练。凡我士庶，均当共体时艰，同据忠爱。于本省地方应兴应革之利弊，切实指陈；于国民应尽之义务，应循之秩序，竭诚践守；勿挟私心以妨公益；勿逞意气以紊成规；勿见事太易而议论，稍涉嚣张；勿权限不明而定法，致滋侵越；总期民情不虞壅蔽，国宪咸知遵循。各该督抚等亦当本集思广益之怀，行好恶同民之政，虚公审察，惟善是从，庶几上下一心，渐臻上理。至于选举议员，尤宜督率各该地方有司，认真监督，精择慎取，断不准使心术不正，行止有亏之人托足其内，致妨治安。该王大臣所陈要义三端，甚为中肯。如宣布开设议院年限一节，自是立宪国必有之义，但各国宪政本难强同，要不外乎行政之权在官吏，建言之权在议员。而大经大法，上以之执行罔越，下以之遵奉弗违。中国立宪政体，前已降旨宣示，必须切实预备，慎始图终，方不至托空言而鲜实效。著宪政编查馆、资政院王大臣，督同馆院谙习法政人员，甄采列邦之良规，折衷本国之成宪，迅将君主宪法大纲暨议院选举各法择要编辑。并将议院未开以前逐年应行筹备各事，分期拟议胪列具奏呈览，俟朝廷亲裁。当即将开设议院年限，钦定宣布，以立臣工进行之准则，而副吾望治之殷怀，并使天下臣民晓然于朝廷因时制宜变法图强之至意。钦此。

督宪具奏遵设谘议局筹办处折

奏为遵设谘议局筹办处选派官绅，克期赶办，以重要政恭折，仰祈圣鉴事。窃臣于光绪三十四年八月二十三日承准宪政编查馆咨开，本馆会同资政院具奏，拟呈谘议局章程及议员选举章程一折。光绪三十四年六月二十四日内阁奉上谕：朕钦奉慈禧端佑康颐昭豫庄诚寿恭钦献崇熙皇太后懿旨：谘议局为采取舆论之所，并为资政院预储议员之阶。议院基础即肇于此，事体重大，亟宜详慎厘定。兹据该王大臣拟呈各项章程，详加披阅，尚属周妥，均照所议办理。即著各督抚迅速举办，实力奉行。自奉到章程之日起，限一年内一律办齐等因。钦此。钦遵查谘议局关系重要，现在尚未成立。各省应就省会地方先行设立该局筹办处，由督抚钦遵谕旨选派公正明达官绅创办其事，俟谘议局成立后，即将筹办处裁撤。其筹办处详细章程，由各省自行酌定，仍咨送宪政编查馆备查咨行。钦遵查照办理前来，遵即详核章程，参酌地方情形，将筹办处应行预备各节，妥为规划。一面遴选官绅，分任职务，以期次第举办。现拟派广东布政使司胡湘林、署提学使司沈曾桐、按察使司魏景桐、盐运使司丁乃扬为该处总办。札委奏请开复前广东廉钦道王秉恩为该处会办，以广州府知府高觐昌提调处务，另委补用知府谢师元驻处坐办。一面选延在籍正绅前贵州巡抚邓华熙等十六人为该处议绅，以后如查有公正明达绅士，仍拟随时添派。凡该处一切事务，由绅公议，由官执行，期通官民上下之情，藉收集思广益之助。此外，应需编查司选文案庶务各员，饬由司道慎选绅官分别派充，务期各称其职。臣伏查广东地居边海，风气早开，而僻壤穷乡仍多囿于闻见，遇事不免隔阂；加以民风强梁，巨族豪宗习于凌弱暴寡；甚至同邑异姓，同姓异支，睚眦微嫌，动成仇敌；如选举分区，余额归零诸端，支配稍或不慎，均可肇衅启争；此臣所为审顾踌躇，于筹办选举之事，不敢不慎之又慎也。现在筹办处既经设立，并由臣手订简明章程，分清权限，各专责成，其驻防专额议员亦经照章附入。本省办理仍由臣会商将军、都统核定。所有一切事宜自应依限赶办，以期速底于成。惟兹事体重大，操之过急，诚恐致滋流弊。且事属创举，条文繁密，各属官绅多未通晓，尤须派人讲解开导，乃能奉行无误。所有初选、复选之期，为时甚促，恐难依限办竣。臣惟有切实督催，不任稍延。该处应需经费，已饬司筹拨，并请准予作正开销。除分咨外，谨将广东设立谘议局筹办处办理情形，恭折具陈伏乞皇上圣鉴训示。谨奏。

督宪札委开办谘议局筹办处文（附发简章十二条）

为札饬事：案照广东应设谘议局筹办处。现经本部堂参酌直隶、山东章程核定简章十二条，以藩、学、臬、运四司为总办，遴委候补道为会办，以广州府知府为提调，候补府州为坐办，一面延请公正明达绅士为议绅，会同筹议。除编查文案以下各员，应由总会办遴选详委外，所有总会办等员应即照章派委，合就札饬。札到该司道等，即便遵照前赴谘议局筹办处，协同议绅，将一切事宜妥为筹议。督饬在处各员及地方有司妥为办理，毋负委任，仍将开办到差日期具报。此札。计抄简章一纸。

广东谘议局筹办处简章

第一条　本处为遵旨筹办谘议局而设，凡该局未成立之先，本处应行预备事宜，分别妥筹办理，名曰广东谘议局筹办处。

第二条　本处总办四人，以藩、学、臬、运四司任之。会办一人，遴委候补道员任之；提调一人，以广州府知府任之；坐办一人，遴委候补府州任之；皆禀承总督会商议绅照章妥筹办理。按总办四司均系现任人员，政务殷繁，未能常川到处。是以派候补道一人为会办，驻处办事以辅总办之不及。首府为各府之领袖，上下之枢纽，地方要政必应预闻。惟公事亦繁，故派坐办一员助之。

第三条　议绅不拘人数，选本省公正明达绅士任之。现当开办之初，延揽未能广及，以后如访得其人或外府有名望素著之绅，仍可随时续行延请。按本处为筹办谘议局而设，而谘议局实为通省舆论之代表，议院之始基。将来该局成立，全粤民人咸负其责。此时筹办伊始，绅士为庶民之望，自应与本省搢绅会同筹议，以免隔阂。惟定章初选、复选一切事宜，皆府厅州县专责。上司之督催，各属之禀承，上下相维，各有统属，是办事不能不属之于官。现拟以绅议官办为宗旨，凡事与各议绅会商公议，议定由官执行，务期官绅共表同情，藉收集思广益之助。诸绅乡望素孚，情关桑梓，必能维持公益，屏绝偏私，遇事和衷商榷，裨益匪浅。在处各官，亦宜虚怀咨访，折衷一是，均不得各存意见，致涉嚣陵。

第四条　本处设编查二员专司检察各属选举名册并编造表册簿籍等事，文案二员专司撰拟一切公牍稿件，庶务二员管理庶务及支应收发事宜。以上各项人员，除庶务应专委本省候补官外，其编查文案宜因材选任，务求各称其职，不拘候补、候选、正佐官阶。如绅士中有能胜任者亦可派充。

第五条　司选无定员。为派赴各区帮同地方官办理选举之用，专任绅士由议绅公举。

第六条　总会办、提调、坐办由总督派委，议绅由总督备文延请。编查以下各员，由本处总会办详委。司选员，绅举官定，由本处札委。

第七条　总办、提调为现任官，议绅为名誉所推，有义务之责，均不支薪水。其候补官，自会办以至庶务各员，分别酌给薪水。司选员俟派往各区时再行酌给。

第八条　驻防专额议员，照章由本省办理。所有选举事宜，应由本处协同旗官，督饬地方官筹办，仍由总督会商将军、都统核定。

第九条　本处应刊木质关防一颗，文曰广东谘议局筹办处关防，以昭信守。

第十条　本处一切公牍稿件由总会办画行，上申下行一律照办。

第十一条　以上各条为本处办法大纲，其办事详细规则以及应雇书职夫役暨一切经费等项由总会办酌议详办。

第十二条　本处俟谘议局成立即遵章裁撤。

督宪晓谕开办谘议局筹办处示文

为出示晓谕事：照得前准宪政编查馆咨开。光绪三十四年六月二十四日钦奉上谕：谘议局为采取舆论之所，著各督抚迅速举办，限一年内一律办齐等因。钦此。并颁到谘议局章程六十二条，议员选举章程一百十五条。复准宪政编查馆咨开，各省应先设立谘议局筹办处等因，当经札饬司道等刻日筹办各在案。查奏定章程，广东全省额定议员九十一名，自当统计通省选举合格人数多寡，分配各府直隶厅州应出议员额数，其驻防人员另设专额办理。至选举法初选举以厅州县为选举区，即以该厅州县官为初选监督。复选举以府、直隶厅州为选举区，即以该府、直隶厅州官为复选监督。其直隶州之有本管地方者，由该管官遴派教佐员为初选监督。直隶厅之无属县者，以附近之府为复选监督。初选举期前，应由初选监督分划本管地方投票区域，按照选举资格详细调查，将合格者造具选举人名册。其调查应由初选监督分设，并先期颁示选举日期及投票开票处所、投票方法，派定管理监察各员，分任其事。至复选事宜，即由该复选监督遵章办理。均经札饬筹办处转饬，一体遵照。惟现在筹办处甫经设立，而本年九月初一日即为各直省谘议局一律成立之期，定限綦严，为时极迫，所有调查选举各事又极头绪繁多，诚恐各属绅民等于例意未及周知，以致观望迟延，致逾定限。用特明白晓谕，为此示仰阖省绅商士庶人等一体知悉。尔等须知朝廷博采舆论，设立谘议局选举议员，使之与闻政事，集议建言，指陈通省利病，筹计地方治安。议员资格如此贵重，实为非常荣誉，莫大幸福。现值筹办选举之初，务宜仰体德意，恪守章程，凡有后开选举资格人民，万勿将自有之选举权轻忽放弃。如或调查员耳目未周，致有遗漏尔人民等，如自忖合于选举资格，尽可径赴该地方选举事务所，自行呈报，俾监督派员调查属实，一律列入册内。其被选举为议员者，有代表通省言论之权。众望所归，更不宜互相委卸，以期毋负朝廷轸念民依、旁求舆论之至意。其各懔遵毋违，切切特示。计开有选举议员权者：

一、凡属本省籍贯之男子，年满二十五岁以上，具左列资格之一者，有选举谘议局议员之权。（甲）曾在本省地方办理学务及其他公益事务满三年以上，著有成绩者。（办理学务及公益两项不能合计）（成绩者，学务以合于寻常劳绩保奖之例，公益以继续三年并无遗误为准。）（乙）曾在本国或外国中学堂及与中学同等或中学以上之学堂毕业得有文凭者。（师范简易科二年以上毕业及法政讲习科一年半毕业得有文凭者可视为同等）（丙）有举贡生员以上之出身者。（以文为限）（未考之荫生以生员论）（孝子顺孙曾经旌表者以举贡论）（丁）曾任实缺职官文七品、武五品以上未被参革者。（曾任二字包署理及代理在内）（武职保至提镇，曾充统领营官赏有勇号及黄马褂者，一律准有选举权。）（戊）在本省地方有五千元以上之营业资本或不动产者。（五千元营业资本或不动产两项得合并计算）（不动产如田地房屋之类）

二、凡非本省籍贯之男子，年满二十五岁，寄居本省满十年以上，在寄居地方有一万元以上之营业资本或不动产者，亦得有选举谘议局议员之权。得被选举为议员者：一、凡属本省籍贯或寄居本省满十年以上之男子，年满三十岁以上者得被选举为谘议局议员。不得有选举权及被选举者：一、品行悖谬，营私武断者。二、曾处监禁以上之刑者。三、营业不正者。四、失财产上之信用被人控，实尚未清结者。五、吸食鸦片者。六、有心疾者。七、身家不清白者。八、不识文义者。停止其选举权及被选举权者：一、本省官吏或幕友。（学务警务公所等处所设科长、科员文职应与教官一律者不在此限）二、常备军人及征调期间之续备、后备军人。三、巡警官吏。四、僧道及其他宗教师。五、各学堂肄业生。（指现在未毕业者而言）停止其被选举权者：一、现充小学堂教员。

本处申报遵札开办并启用关防各日期并移行

为申报事：案奉宪台札开，案照广东应设谘议局筹办处。现经本部堂参酌直隶、山东章程核定简章十二条，以藩、学、臬、运四司为总办，遴委候补道为会办，以广州府知府为提调，候补府州为坐办，一面延请公正明达绅士为议绅，会同筹拟。除编查文案以下各员应由总会办遴选详委外，所有总会办等员应即照章派委，札司道等即便遵照，前赴谘议局筹办处，协同议绅将一切事宜妥为筹议，督饬在处各员及地方有司妥为办理，毋负委任，仍将开办到差日期具报。计抄简章一纸，并刊本简章五张。等因。奉此。本司道等遵于本月十六日开办。督饬在处各员将一切应行事宜妥为筹议，并准善后局移送广东谘议局筹办处关防一颗前来，即于十九日敬谨启用。所有本处开办及启用关防各日期缘由，理合申报宪台察核，为此备由具申，伏乞照验施行。

本处详委编查文案、庶务各员并奉批由

为详请事：案奉宪台札开，案照广东应设谘议局筹办处。经本部堂参酌直隶、山东章程核定简章十二条，以藩、学、臬、运四司为总办，遴委候补道为会办，以广州府知府为提调，候补府州为坐办，一面延请公正明达绅士为议绅，会同筹议。除编查文案以下各员应由总会办遴选详委外，所有总会办等员应即照章派委，札司道等即便遵照，前赴谘议局筹办处协同议绅将一切事宜妥为筹议，督饬在处各员及地方有司妥为办理，毋负委任，仍将开办到差日期具报。计抄简章一纸，并刊本简章五张。等因。奉此。查简章内开第四条：“本处设编查二员专

司检察各属选举名册并编造表册簿等事，文案二员专司撰拟一切公牍稿件，庶务二员管理庶务及支应收发事宜。”应即照章派委。兹查有广东优贡知县刘令焕昌，直隶大挑知县王令栋，堪以派充编查员；广东候补知县曾令照声，候选训导沈溥霖，堪以派充文案员；广东试用通判尉倅燮，广东试用直隶州州判谢行钧，堪以派充庶务员。除分别札委该员等即日到处将一切应办事宜切实经理，毋负委任外，理合具文详请宪台察核俯赐批示祗遵。为此备由具详，伏乞照详施行。

督宪张批：如详派充，仰即分别札委饬遵。此（缴）〔檄〕。

本处职员衔名、籍贯表

职　掌	姓　名	行　号	官　　阶	籍　　贯
总办	胡湘林	揆甫	布政使司	江西新建
总办	沈曾桐	子封	署提学使司	浙江嘉兴
总办	魏景桐	荫伯	按察使司	湖南新化
总办	丁乃扬	少兰	署盐运使司	浙江归安
会办	王秉恩	雪澄	直隶热河道	四川华阳
提调	高觐昌	葵北	广州府知府	江苏丹徒
坐办	谢师元	荔裳	补用道广东补用知府	江苏武进
编查	刘焕昌	次铭	优贡知县	四川金堂
编查	王　栋	尧堂	直隶大挑知县	广东番禺
文案	曾昭声	黼廷	候补知县	湖南宁乡
文案	沈溥霖	拜言	候选训导	广东番禺
庶务	尉　燮	阜臣	试用通判	陕西南郑
庶务	谢行钧	崧甫	试用直隶州州判	广西苍梧

议绅衔名表

姓　名	行　号	官　阶	籍　贯
邓华熙	小赤	太子少保，前贵州巡抚	顺德县
张振勋	弼士	侍郎衔，裁缺太仆寺卿	大埔县
丁仁长	伯厚	日讲起居注，官前翰林院侍读	番禺县
吴道镕	玉臣	翰林院编修	番禺县
杨　枢	星垣	外务部左参议	广州驻防
梁　诚	震东	内阁侍读学士	番禺县
陈如岳	镇南	翰林院编修	南海县
黄葆熙	敬常	内阁侍读	顺德县
李庆莱	小岳	翰林院编修	南海县
戴鸿宪	仁黼	一品封职	南海县
吴应扬	星楼	刑部员外郎	香山县
李渊硕	孔曼	分部员外郎	顺德县
易学清	兰池	度支部主事	鹤山县
邱逢甲	仙庚	工部主事	世居海阳县，现居镇平县
郭乃心	冰壶	吏部主事	南海县
郑邦任	莘吾	分部主事	潮阳县
劳肇光	少芗	候选道	鹤山县
潘宝珩	佩如	江苏补用道	番禺县
江孔殷	少泉	江苏补用道	南海县
许炳耀	芝轩	江西补用道	番禺县
罗光廷	宝臣	江西补用知府	新会县
余乾耀	云眉	浙江补用知府	新宁县

本处办事期限清单

本处为遵旨筹办谘议局而设。自本年正月十六日开办起，距谘议局成立之期甚迫。现拟分订各期迅速次第举办，所有分期如左：

第一期：通行张发督宪开办告示，通饬各府厅州县开办选举事务。附发奏定谘议局章程议员选举章程，督宪开办告示，本处期限清单，初选、复选监督职掌要则，初选举、复选举事务所简章，初复选举区表各种文件。各府厅州县奉文日，应即在衙门设立办理选举事务所，规划一切事宜。各厅州县选定调查员以闰二月初十日前为限，俟本处派出之司选员到日，演讲选举办法。自开办日起至二月十五日。

第二期：遴选本省法政毕业学员到处派充司选员。本处编定选举资格表，选举浅说，文七品、武五品以上职官表，中学堂及同等以上各学堂表，选举人名册式，司选员办事细则，调查员办事细则，调查须知，分配选举额数简明法各种文件，以为司选员讲习之预备。司选员咸集本处演讲，考验司选员，榜示录取司选员姓名，核定司选员分派各府厅州县。薪水各员一律，川资多寡，以道里远近为差。司选员到处领札，并应用各种表册簿籍及薪水川资。（限三日内起程）自二月十六日至闰月初一日。各厅州县预备本处司选员与调查员演讲处所。闰二月初十日。调查员入演讲所听讲。各厅州县速行画定该管地方之投票区及投票所开票所。各厅州县先发初选举告示，张帖[①]城镇乡村各处。闰二月十一日至二十日。

第三期：本处发投票簿格式、投票纸格式及投票匦式于各府直隶州。该管之府直隶州按照所属厅州县画定区域若干，如式刊造发交各厅州县。调查员讲习毕，各厅州县应即开办调查。限闰二月二十五日。各厅州县广派绅董为补助调查员。各厅州县调查员会同绅董及各乡村正副携带各项表簿逐户调查，先造选举人

① “帖”，旧亦作“贴”之意，为保持原貌，不作改动。

名草册。三月二十日。调查员复查选举资格，各厅州县核定选举资格汇造选举人名册一律告成。以四月初十日为限。

第四期：本处发初选举投票所开票所细则并初选当选人执照于各厅州县，各厅州县申送选举人名册于本府直隶州汇申本处。本处按照选举人名册分配各复选区议员额数，请督宪核定饬知各府直隶州，即由各府直隶州分配各初选区当选人额数转饬各厅州县知照，并由督宪咨报民政部。（以上二条现议变通办理，凡府厅州县有电可通者，人名册造成日，立将全册人名总数速电本处，以凭汇报督宪分配议员额数。本处即电知该府直隶州分配初选当选人额数，转电各厅州县知照。各厅州县奉电后一面宣示人名册，预备初选举各项事宜。如未通电之厅州县立即送通电处转发，其名册均仍从速申送。）四月二十日。

第五期：各府厅州县榜示初选当选人额数并议员分配额数。各厅州县绘图呈报投票区及投票所、开票所地址于各府直隶州及本处。各厅州县保荐初选举投票开票管理员及监察员，呈请本府直隶州核定（或用申报），宣示选举人名册于各投票所。选举人呈请更正名册，各厅州县判定更正名册呈词申报本处。各厅州县选举人名册分存各投票所及开票所。以五月初十日为限。各厅州县布置初选举投票所。各厅州县发投票纸、投票簿、投票匭于投票所。本处预发复选举投票开票所各细则并议员执照于各府直隶州。各厅州县布置初选举开票所。五月二十九日。

第六期：行初选举。六月初一日。投票管理员、监察员送投票匭于开票所，并报告情形于初选监督。开票并榜示初选当选人姓名及票数。开票管理员、监察员具报开票情形附送票纸于初选监督。初选监督知会初选当选人。初选监督榜示初选当选人姓名、职衔，给与初选当选人执照，并申报复选监督。以六月初十日为限。各府直隶州张帖复选举告示并发所属张帖。各府直隶州派定复选举投票开票管理员、监察员。各府直隶州布置复选举投票开票所。以六月二十五日为限。各厅州县催饬初选当选人齐集复选举区。七月初五日。督宪咨报选举人名册于民政部。

第七期：行复选举。七月初十日。投票管理员、监察员具报投票情形连同投票匭移交开票所，开票并榜示复选当选人姓名及票数。开票管理员、监察员具报开票情形附送票纸于复选监督，复选监督知会复选当选人。复选监督榜示议员姓名、职衔给与议员执照并申报督宪及本处。（先用电报告）以七月为限。督宪分别咨报议员姓名、职衔，于资政院、民政部立案。

第八期：议员咸集广州。八月二十五日以前到。谘议局成立。九月初一日。

初选、复选区域表

复选区	监　督	初选区	监　督
广州府	知府	南海县	知县
		番禺县	知县
		顺德县	知县
		东莞县	知县
		从化县	知县
		龙门县	知县
		增城县	知县
		新会县	知县
		香山县	知县
		三水县	知县
		新宁县	知县
		清远县	知县
		新安县	知县
		花县	知县
		赤溪直隶厅附广州府复选	同知
		佛冈直隶厅附广州府复选	同知
韶州府	知府	曲江县	知县
		乐昌县	知县
		仁化县	知县
		乳源县	知县
		翁源县	知县
		英德县	知县

续表

复选区	监　督	初选区	监　督
惠州府	知府	归善县	知县
		博罗县	知县
		长宁县	知县
		永安县	知县
		海丰县	知县
		陆丰县	知县
		龙川县	知县
		连平州	知州
		河源县	知县
		和平县	知县
潮州府	知府	海阳县	知县
		潮阳县	知县
		揭阳县	知县
		饶平县	知县
		惠来县	知县
		大埔县	知县
		澄海县	知县
		普宁县	知县
		丰顺县	知县
		南澳直隶厅附潮州府复选	同知
肇庆府	知府	高要县	知县
		四会县	知县
		新兴县	知县
		高明县	知县
		广宁县	知县
		开平县	知县
		鹤山县	知县
		德庆州	知州
		封川县	知县
		开建县	知县

续表

复选区	监　督	初选区	监　督
高州府	知府	茂名县	知县
		电白县	知县
		信宜县	知县
		化州	知县
		吴川县	知县
		石城县	知县
廉州府	知府	合浦县	知县
		灵山县	知县
雷州府	知府	海康县	知县
		遂溪县	知县
		徐闻县	知县
琼州府	知府	琼山县	知县
		澄迈县	知县
		定安县	知县
		文昌县	知县
		会同县	知县
		乐会县	知县
		临高县	知县
		儋州	知州
罗定直隶州（兼初选）	知州	本管地方	由知州遴派教佐员
		东安县	知县
		西宁县	知县
连州直隶州（兼初选）	知州	本管地方	由知州遴派教佐员
		阳山县	知县
		连山直隶厅原附韶州，现改附连州复选	同知
南雄直隶州（兼初选）	知州	本管地方	由知州遴派教佐员
		始兴县	知县
嘉应直隶州（兼初选）	知州	本管地方	由知州遴派教佐员
		兴宁县	知县

续表

复选区	监　督	初选区	监　督
高州府	知府	长乐县	知县
		平远县	知县
		镇平县	知县
钦州直隶州（兼初选）	知州	本管地方	由知州遴派教佐员
		防城县	知县
阳江直隶州（兼初选）	知州	本管地方	由知州遴派教佐员
		阳春县	知县
		恩平县	知县
崖州直隶州（兼初选）	知州	本管地方	由知州遴派教佐员
		感恩县	知县
		昌化县	知县
		陵水县	知县
		万县	知县
府九州四 直隶厅四		府九，州四，直隶厅四，直隶州七，县七十九，共一百【零】三处。为初选举区者八十七，为复选举区者九，为初选举及复选举区者七，凡初选举区九十四，凡复选举区十六。	

初选监督职掌要则

第一条　凡各厅州县以所辖地方为初选举区，该同知、知州、知县遵章名为初选监督。其直隶州之本管地方所派教佐员代办者名亦如之。

第二条　初选监督接到本处札文后速将附发奏定谘议局章程、选举章程及本处期限清单、初选举事务所简章暨以后陆续所发各种文件详细讨论，务期于初选事宜研究明晰，如有疑义，准其随时电问本处。

第三条　初选监督奉札后，应即知照所属地方乡局正绅、劝学所、教育会及有商会处所各项人员会议，或商令设会研究一切办法，以为调查之预备。

第四条　初选监督速选绅董中之明白事理者为调查员，预备本处司选员到日听讲。

第五条　初选监督俟本处之司选员到后即将应办各项事件先行妥商筹备。

第六条　初选监督应于调查员外再行多选绅董为补助调查员，以广耳目之未逮。

第七条　初选监督遵照选举章程及本处期限清单，先行画定各投票区，并将各区广狭情形绘图具报复选监督及本处。（按：议员选举章程第二条内有“直隶厅无属县者以附近之府为复选区”之文。本处查广东省各直隶厅均无属县，自应遵照定章办理。现议定赤溪、佛冈两直隶厅以附近之广州府为复选选区，南澳直隶厅以附近之潮州府为复选区，连山直隶厅以附近之韶州府为复选区。拟援照广西办法，各直隶厅关于选举各事，其公文与所附复选区之复选监督用牒呈，余均照旧办理并详初复选举区表。）

第八条　初选监督应于调查员未出发之先，须将调查选举办法出示，并谕饬各乡村正副族长，俟调查员到时协同办理。

第九条　初选监督于调查员未送到人名草册时，须先期赶催，送到时应逐名审定，速造正册，详细校对无误。

第十条　初选监督应遵照本处期限清单内议变通办法各条，先将选举人名册内人名总数电知本处，其人名册仍限日兼程专送复选监督汇申本处。（正册三份，一申存复选监督备查，二申本处转申督宪。）

第十一条　初选监督于宣示人名册时，须开具姓名资格，按区列榜并书明如有错误遗漏，准于某日至某日期限内速请更正，违限不得再请等语。

第十二条　初选监督于宣示期内，有呈请更正者，应按照本处期限清单及选举章程第二十二条、二十四条办理。

第十三条　初选监督于更正确定后，将所更姓名、资格及呈词即速申报本处。（如更正关于名数多寡者即用电告或迅速邮寄）

第十四条　初选监督应将督宪所定该复选区议员额数及该初选区应出当选人额数，榜示各投票区，俾众周知，并标明本初选区若干初选举人，应若干票额得选初选当选人一名。

第十五条　初选监督应预饬拟派之管理监察各员，将选举章程内关于投票、开票、检票各条逐项解释。

第十六条　初选监督筹定各投票所并开票所地址，即行详报复选监督核定，并声明请发投票匦若干具，以便照数早日制成寄到应用。

第十七条　初选监督于投票区投票所开票所确定后，迅即示谕初选日期及区所各地址与投票方法。

第十八条　初选监督应饬知各调查员及补助调查员，令其各就本处传讲选举权利，极力鼓吹，俾选举人踊跃如期投票。

第十九条　初选监督遵照选举章程及本处期限清单，预将酌举各投票所及开票所管理员若干人，监察员若干人，呈请本府直隶州核定。

第二十条　初选监督按照本处期限清单将投票簿、投票纸、投票匦，发交各投票所管理员收掌。

第二十一条　初选监督所造投票簿除遵照选举章程第三十九条办理外并须逐页盖印编号。

第二十二条　初选监督交付投票簿、投票纸时，应嘱令加意保存，收缴时须逐一点验。

第二十三条　初选监督交付投票匦时，应嘱令投票管理监察各员遵照选举章程第四十条办理。

第二十四条　初选监督应饬投票管理员，遵照选举章程第四十一条至四十八条及第五十五条录出张帖投票所内，并告知投票人须将被选举人年龄、籍贯、官衔、职业、住址一概写入，惟不得夹写他事。

第二十五条　初选监督布置投票所、开票所及办理投票、开票、检票当选票额各事宜，除遵照选举章程第五节、第七节至第十节外，并遵本处续发之投票、开票所细则办理。

第二十六条　初选监督须饬知各区之选举人，如在本投票区投票时，凡同在初选举区内者（初选举区指一厅或一州一县而言），但使合格皆可投票举之，不必限定投举本区人（本区指各厅州县所分之投票区）。惟所举之人仍须以选举人名册内有名者为限。（此据宪政编查馆复江苏江宁等处电文疏释）

第二十七条　初选监督于当选确定后，所有榜示知会给照申报，除遵照选举章程第十一节办理外，并须于榜示上将被选举人住所、资格、票数开列。

第二十八条　初选监督接到复选告示，除遵照张帖外，一面敦促初选当选人应于某日前起程前赴复选区并带执照听候举行复选事宜。

第二十九条　初选监督须预筹的款于知会初选当选人启程时，每人酌给旅费。

第三十条　初选当选人收受旅费后，迁延时日逾期不赴由初选监督查明，将收过旅费追缴。

第三十一条　初选监督奉到本处迭次札发各件，均须随时陆续申报，遇有须速办之件应用电禀，以免稽延。

第三十二条　所有初选监督职掌未尽事宜，除按照选举章程办理外，本处如再有规定，另行札发照办。

初选举事务所简章

第一条　本所为办理初选举而设，俟选举事毕即行裁撤。

第二条　本所设于各厅州县署内。（如教佐员为初选监督，该所即设在教佐员署内。）

第三条　本所设所长一员、书记庶务无定员。（书记庶务员由所长酌派）

第四条　本所以初选监督为所长，主持所内一切应办事宜，其直隶州派教佐员为初选监督者，即作为该所所长。

第五条　书记员掌撰拟并收存文牍及造册等事，至赶造选举人名册时，再添书手数名分册缮写。

第六条　庶务员掌所内经费支应及一切杂务。

第七条　本所应设调查员，俟筹办处司选员到所日，演讲选举办法，复另选绅士、乡董到所研究，俟划定区后，分投帮助调查。

第八条　本所应预选投票管理监察各若干员。（详见初选监督职掌广东谘议局筹办处第一次报告书二十七要则）

第九条　本所办事人员除调查员出发日，应先行酌给川资外，其余各员公费均俟事竣由初选监督酌送。

第十条　所有该所办理选举一切经费，应由各厅州县垫款，据实核发，具报筹办处移请藩台核明分别办理。

第十一条　各厅州县如辖地过广，可会商士绅在外添设事务分所，同任调查，仍归本所所长总辖。

第十二条　本简章未尽事宜均按照谘议局章程及选举章程办理。

复选监督职掌要则

第一条　凡各府直隶州以所辖地方为复选举区，该知府、直隶州遵章名为复选监督。其附近各府之直隶厅无属县者，按照奏定选举章程第二条办理。（本处编定赤溪、佛冈两直隶厅附广州府，南澳直隶厅附潮州府，连山直隶厅附韶州府，别见初复选举区表。）

第二条　复选监督接到本处札文后，速将附发之奏定谘议局章程、选举章程及本处期限清单、复选举事务所简章详晰研究。所有关于复选一切事宜，先行规划，以为办理之预备。

第三条　复选监督奉札后，应先行设立复选举事务所，以为办理选举之总汇。本处派出之预备司选员，应即在该所居住以便接洽。

第四条　复选监督应查照期限清单，约计附入之厅及所属各州县选举人名册，将次告竣，预先电催，依限造成申送。

第五条　复选监督应查照附入之厅及所属各州县申送选举人名册时一律核正，速即汇申。惟仍须照期限清单内变通办法，先将该复选区人名总数暨所属各初选区人名数电告本处。

第六条　复选监督如接到本处所发督宪核定该复选区议员额数，应即分配各初选区当选人额数转饬各厅州县，并遵章榜示各初选区。（本处另有规定之分配选举额数简明法俟第二期续发）

第七条　复选监督于附入之厅及所属州县呈报投票区及投票所、开票所地址，当即核定并申本处，其初选投票、开票管理及监察员亦即核定。

第八条　复选监督接到本处所发制成投票匭式，即按所属各投票区数饬匠照造，先期如数颁发，以便投票之用。

第九条　复选监督于附入之厅及所属州县申报初选、当选人名册后，即颁发复选举告示。除照章将事项开列外并定初选当选人齐集日期。

第十条　复选监督各按全区初选当选人数多寡，派定复选投票开票管理员及监察员若干人。

第十一条　复选监督应依本处所发复选举人名册式刊印数帙，将各属初选当选人名册汇齐，造成复选举人名册及投票簿，除遵照选举章程办理外，并须逐页盖印编号。

第十二条　复选监督须酌定投票所及开票所地址预先布置，除照选举章程第二十九条至三十五条及第四十一条至第五十二条、第五十四条、五十五条外，仍参照本处续发投票开票所细则办理。

第十三条　复选监督按照本处期限清单，将投票簿、投票纸、投票匭发交该投票所管理员收掌。

第十四条　复选监督交付簿、纸、匭时，应嘱令加意保存。其投票匭应遵照选举章程第四十条办理。

第十五条　复选监督应饬投票管理员，将选举章程第四十一条至四十八条及第五十五条录出张帖，并告知初选当选人须将所举之人年岁、籍贯、官衔、职业、住址一概写入，惟不得夹写他事。

第十六条　复选监督应饬投票所管理员于初选当选人到投票时，应令先阅张帖各章程细则及后附电文方可写票投匭，其投票所举之人不以初选当选人为限。（附录宪政编查馆复山西电文）复选被选人不以初选被选人为限，凡于复选区内合格者均可当选。（又复江宁电文）复选被选举人本无人名册自可不拘等语。合观两电，足见初选当选人投票所举之人不以初选当选人为限之据。

第十七条　复选监督应饬开票所管理员，标明若干票额以上即当选票额得为复选当选人。如遇复选当选人不足定额时，可由复选监督示期再投，以足额而止。（复选当选人不足定额须投票再举。按：选举章程原无照五十七条办理明文。惟据宪政编查馆复浙江电有复选举当选即为议员，议员额数本有一定，一次投票不足应即再三投票至足额而止等语，自当援照办理。）

第十八条　复选监督于当选人确定后，所有榜示知会给照申报，除遵照选举章程第七十七、七十八条外，并须于榜示上将复选当选人住所、票数开列。

第十九条　复选监督须筹备款项，于复选当选人给与议员执照后酌给川资，催令先期来省，预备会议谘议局各项事宜。

第二十条　复选监督如遇有当选变更事务，应即遵照选举章程第八十一条至八十三条迅即执行办理。

第二十一条　复选监督如遇关于此次办理选举各项文件，应从速申转以免稽延。

第二十二条　所有复选监督职掌未尽事宜，均按照谘议局暨议员选举章程办理。

复选举事务所简章

第一条　本所为办理复选举而设，俟选举事毕即行裁撤。

第二条　本所设于各府直隶州署内。

第三条　本所所长一员，书记庶务无定员。（书记庶务由复选监督酌派）

第四条　本所以复选监督为所长，主持所内应办各项事宜，并随时移行附入之直隶厅暨所属各州县将选举各事从速办理。

第五条　书记员掌撰拟并收存文牍及造册等事。

第六条　庶务员掌所内经费支应及一切杂务。

第七条　本所应派定复选投票、开票管理员及监察员若干人。以上书记庶务及管理监察各员公费事竣后由复选监督酌给。

第八条 筹办处派出之预备司选员,应在所内居住,帮同办理选举事务。如各厅州县之司选员或有缺额时,即由复选监督饬令前往接办,随电知筹办处续派。

第九条 本所办理复选举一切经费，应由各府直隶州据实核发，具报筹办处移请藩台核明分别办理。

第十条 本简章未尽事宜均按照谘议局章程及选举章程办理。

通饬各属开办选举事务札

为通饬事：照得本处为筹办谘议局一切事宜而设，所有开办日期先经分别移行转饬知照在案。查谘议局成立以本年九月初一日为期，定限綦严，为时极迫。本处筹办伊始，亟须先从办理选举入手。惟事体重大且属创办，所有初选、复选各事，又极头绪繁多，本处有统筹全局，督率举办之责。预计各属办理选举时日迫促，若不分期筹定办法，计日程功，必至延误定期，关碍全局。现奉督宪出示明白晓谕，并经本处印发奏定章程，复参酌各省办法，订定办事期限、清单及一切简章细则、表册、簿籍各种式样，以为各属办理选举之依据。除将上列各种分次随文札发及分别通饬外，合就札饬。札到该县厅州，立即知照，刻日将奉到各件逐项详细研究，并出示晓谕遍发城镇、乡村等处。即在署内设立选举事务所，将初选举一切应行事宜按照本处期限清单次第办理，刻期告竣。此系奉旨饬办之件，钦限严切，毋稍刻延，致干重咎。仍速将设立选举事务所及办理一切情形，牒呈申报各该复选监督并申本处查考，毋违。切切特札。一札各厅、各州县云云。同上。及分别通饬外,合就札饬。札到该府州,即便知照。刻日将奉到转行各札,分别专差刻期递送各属,转饬遵照。一面出示晓谕,遍发城镇乡村等处,即在署内设立选举事务所。其有本管地方者,应遴派教佐员为初选监督。各速将初选、复选应行一切各事宜,按照本处期限清单次第办理,刻期告竣。仍随时饬催各属赶紧遵办。此系奉旨饬办之件,钦限严切,毋稍刻延,致干重咎。仍将设立选举事务所及办理一切情形具申本处查考,毋违。切切特札。一札各府、各直隶州。

分饬直隶厅无属县者遵章并入附近之府行复选事札

为札知事：照得谘议局议员选举章程第二条内开：直隶厅无属县者以附近之府为复选区等语。查该厅并无属县，其附近之府以韶、潮、广州为近，该厅既为初选区，自应照章以附近之韶、潮、广州府为复选区。所有选举一切事宜，应牒呈该复选监督办理。除分别饬遵外，合行札知。札到。该厅即便遵照毋违，切切此札。一札赤溪厅、佛冈厅、南澳厅、连山厅。为札知事：照得谘议局议员选举章程第二条内开：直隶厅无属县者以附近之府为复选区等语。查本省无属县之连山直隶厅，南澳直隶厅，赤溪、佛冈两直隶厅与该府为附近。所有该厅应行复选举事务自应照章附并该府办理。除分别饬遵外，合行札知。札到该府，即便遵照毋违，切切此札。一札广州府、潮州府、韶州府。

移查法政本省毕业学员名籍以凭选派司选员由

为移会事：案奉督宪张札发，谘议局筹办处简章内开，本处应派司选员为分赴各区帮同地方官办理选举之用。并奉督宪面谕，司选员应就法政学堂本省毕业生遴选各等因。自应遵照办理。应请贵司移会法政学堂监督，饬将法律速成科甲班、乙班毕业各员生，凡属本省籍贯者开具姓名、年貌、籍贯以及取列等第文凭，详列移送到处，以便核明人数多寡，分别遴选派充，合就移会。此移请贵司，希即查照，见复施行。一移提学司。

司选员办事细则

第一条　司选员由本处遴选法政毕业及明白事理之官绅派赴各府厅州县治所，每属一员。

第二条　司选员担任演讲谘议局章程、选举章程并一切调查选举办法。

第三条　司选员到所派各厅州县后，即会商该管地方官传集各调查员入演讲所听讲。

第四条　司选员除演讲外，应帮同该事务所筹办关于选举一切事宜。

第五条　司选员应办各事，须按本处所颁发之期限清单随时查照办理，不得稍有歧误，如有可同时举办者，应商请该地方官统同筹划。

第六条　司选员之派赴各府直隶州者原为帮同办理复选事务起见，如各厅州县司选员或有缺额时，应由该复选监督饬令前往接办。但该员于到各府、直隶州后事务尚简，应帮同各府直隶州视察所属州县是否如期举办，随时报告本处。仍一面商请各该府直隶州督催所属依期办理并预筹复选一切事宜，其余职务均与各厅州县司选员同。

第七条　司选员对于派往各府厅州县所办选举各事未尽事宜者，得商同地方官及办理选举各项人员随时更正。

第八条　司选员遇有疑议不能解释，可请由本处答复。如有办理为难情形亦可陈请本处核办。

第九条　司选员除办理选举外，不得干涉地方一切事宜及违反定章之行为，违者立即撤换。

第十条　司选员之职务，派往各厅州县者，须至初选举毕后。派往各府直隶州者，须至复选举毕后，方为竣事。其未毕以前不得率行请假告退并擅离所派往之地方。

第十一条　司选员由本处发给薪火、川资各费，不得再向地方官要求供应，亦不得收受一切馈遗。

第十二条　司选员自到所派各地方日起，将路程及职务内举办事件及该府厅州县办理选举情形悉登日记，每五日具报本处一次，并于记事簿内详悉（纪）〔记〕载，俟选举事毕缴查。此外，如有要事，仍当随时函报或商同地方官电告以凭核办。

司选员川资等次表

壹　等	贰　等	叁　等	肆　等	伍　等	陆　等	柒　等	捌　等
伍拾陆元	伍拾元	肆拾贰元	叁拾伍元	贰拾捌元	贰拾壹元	拾肆元	柒元
崖州直隶州	会同县	澄迈县	南雄直隶州	阳山县	龙门县	从化县	顺德县
感恩县	乐昌县	定安县	连平州	乐昌县	广宁县	清远县	东莞县
昌化县	临高县	文昌县	和平县	仁化县	开建县	花　县	新宁县
陵水县	儋　州	连州直隶州	大埔县	乳源县	佛冈直隶厅	赤溪直隶厅	增城县
万　县		连山直隶厅	嘉应直隶州	翁源县	韶州府	四会县	香山县
			长乐县	长宁县	曲江县	新兴县	新会县
			兴宁县	龙川县	永安县	罗定直隶州	三水县
			平远县	始兴县	海丰县	东安县	新安县
			镇平县	丰顺县	陆丰县	西宁县	肇庆府
			防城县	揭阳县	河源县	英德县	高要县
			信宜县	饶平县	潮州府	恩平县	高明县
				惠来县	海阳县		鹤山县
				遂溪县	澄海县		德庆州
				徐闻县	南澳直隶厅		封川县
				阳春县	雷州府		惠州府
				灵山县	海康县		归善县
				钦州直隶州	阳江直隶州		博罗县
				石城县	琼州府		
					琼山县		
					廉州府		
					合浦县		
					高州府		
					茂名县		
					电白县		
					化　州		
					吴川县		

以上所定司选员川资，系就由省出发者核算。若由各该地方官就本籍选派者，川资免给。如派往同府直隶州所属各州县者，应比照此表第七、八两等分别核发。其每月薪火五十元一律照给。一札各府、直隶州、厅州县。

司选员委札并札各属饬知

为札饬委事：照得本处筹办选举，参酌各省办法，选派官绅分赴各选举区域充当司选员，帮同各该地方官办理选举事务。其派赴各厅州县初选区者并担任与调查员演讲章程细则一切。其派赴各府直隶州复选区者，如该属之司选员有缺额时，应由该复选监督就近饬令前往该属接充，以期迅速而资得力。此项司选员往返川资，除由本省派赴起程者应由本处分别酌给外，每员每月给薪火银五十元。起程时先由本处酌给一月，其余应由各该地方官按月如数先行垫发，具报本处移请藩台核明分别划还拨抵，以归简便。兹查该员堪以派充是差，除分行札派外，合就札委。札到该员，即（使）〔便〕遵照，刻日前赴所派地方，按照本处所定办事期限清单暨司选员办事细则，商同各该府州办理选举事务。如遇属内州县司选员缺额时，应听各该府直隶州饬令前往该属接充，先行办理初选事宜，并任与调查员演讲一切。其驻府州时，应帮同各该府直隶州视察所属州县是否如期举办，或商请各该府直隶州督催所属依期办理。所有办理一切情形，悉登日记，每五日具报一次，并于记事簿内详晰纪载，俟选举事毕缴查。此外，如有要事，仍当随时电告本处以凭核办。该员务须实心任事，以期办理妥速，毋稍违延，致负委任。切切此札。一札各府直隶州司选员云云同上。商同各该厅州县办理选举事务，并任与调查员演讲一切。所有办理一切情形，悉登日记，每五日具报一次。并于记事簿内详晰纪载，俟选举事毕缴查。此外，如有要事，仍当随时电告本处以凭核办。该员务须实心任事，以期办理妥速，毋稍违延，致负委任。切切此札。一札各厅州县司选员云云同上，以归简便。兹查有司选员衔名堪以派充该府厅州县司选员，除分别札委外，合就札饬。札到该府厅州县，即便遵照。俟该员到时，按照本处发去事务所简章及一切细则，并遵依办事期限清单督同该员次第举办，毋违。切切。一札各府、直隶州、厅州县。

呈请奖给司选员及调查等员说帖并奉批由

窃本处筹办选举，各府厅州县拟派司选员一人，帮同办理并任与各调查员演讲章程办法一切。此项司选员原拟专就法政学堂法律速成科毕业各学员选用，旋据各属电复，各学员毕业后回籍多已充当教员等席，其能应派者甚少。嗣奉宪台面谕，官绅并用等因，又经按名饬传去后，惟事隔多日报到者仍属寥寥。虽经本处变通办法，以潮州、琼崖各属方言，他处人士颇少谙晓。业经电饬各该属就近选定，电请札派其余各府属县，核计人数尚觉不敷。揆厥原因，咸以此项司选员职务繁重，薪水无多，且又远出省门，奉差日短，以故愿派往者未能十分踊跃。本处详加体察，尚属实在情形，再四筹商，惟有仰恳宪台俯鉴下情，格外体恤。如此项司选员有能办理妥速，并无贻误者，俟事竣后官员则酌委长差，士绅则奖叙衔顶，以示鼓励，而资激劝。其各属所派之调查、管理、监察各员，服义务于梓桑，本属责无旁贷。但念员不支薪水，担任公益，且或多有抛弃固有之事业，出而热心任事者，设无奖励以鼓舞之，似亦未足以酬劳绩。可否一并仰乞宪施准，由各该地方官于调查管理监察各员中，事后择其尤为出力者，分别禀请，给予奖励之处出自宪裁。再现在法政学堂法律速成科乙班学员，昨经夏监督牌示，定期本月十九日行毕业礼，届期宪驾亲临，拟请面谕各该学员以毕业后应服义务。如奉本处委派司选员者，无论官绅均当一体服务，毋得规避诿卸。到差后尤应实心实力，始终其事，不得托故辞差等语。俾各该学员面承宪训，黾勉从公，庶于办理选举前途，裨益匪浅。所有以上拟请各节，是否有当，伏候察核俯赐，批示祇遵。本司道等谨呈。

两广总督部堂张批：据呈说帖均悉，应即如拟办理，并于法政学堂毕业训词内加勉及之矣，仰即知照。原折存。

调查员办事细则

第一条　各调查员于本处派出之司选员到后听讲一切办法，并应互相研究。如有疑义，必须质问明白。若仍未尽了澈，得请地方官或司选员函电本处解释。

第二条　各调查员奉初选监督札派调查某区后，定于何日往查应即先行通知该区内绅董，届期协同办理。

第三条　各调查员分赴各区调查应颁各种文件如左：一、谘议局章程、议员选举章程。二、本处期限清单。三、调查须知。四、中学堂及同等以上各学堂表。五、文七品、武五品以上职官表。六、选举浅说。七、选举资格调查表。（此表专备按户调查时，遇有合资格人偶然外出，可将此表注明自己住址，交该家属，嘱令返宅时照表填注缴还，并登入记事簿内。调查事竣时应清查记事簿，若有发过资格表未缴回者，即开列户，商请该乡绅董催收。倘该户偶有遗失必须记载汇报监督查核。）八、调查记事簿。九、选举人名草册。以上九项除本处刊发各种由初选监督分给各调查员一分外，其余表簿册式应由初选监督照发去格式刊印分给各调查员备用。至记事簿人名草册均须逐页盖印编号，调查事竣统呈监督察核。

第四条　各调查员应与绅董约定每日午前某时起至某时止，午后某时起至某时止会同调查。

第五条　各调查员务须携带笔墨册簿各表应用要件，会同绅董挨户查询，将合资格者登入草册。

第六条　各调查员于每日查讫时，如有乡人来问，当极力剖释讲解，使人民晓然选举权、被选权之贵重。

第七条　各调查员对于众人，均须谦挹，不得有伤感情以致调查窒碍。

第八条　各调查员遇有全家外出而本籍有财产至五千元以上者，访明邻右或亲族，仍列入草册，并须登载记事簿内，俟监督核定。

第九条　各调查员于调查财产一项必须向合资格人解说明白，此系应有选举权之资格，并非为派捐地步，切勿疑虑。

第十条　各调查员虽以画定之投票区域为限，如遇交界处所，各调查员应将草册彼此对勘以防遗漏。

第十一条　各调查员如于合资格人或有所疑，应仍列入草册并载入记事簿，呈候监督核定，不得任意剔出。

第十二条　各调查员将所认之区调查竣后，仍须按户复查，其应复查各类如左：一、所载资格不实者。二、虽有资格而现时丧失选举权及停止选举权者。三、界在疑似，须复查始明白者。四、姓名、年岁名项填注时或有错误者。五、遗漏或重复者。

第十三条　各调查员将查过各户再行详细复查后，即将草册及记事簿从速缴呈监督复核赶造正册。

第十四条　初选监督核定草册后，各调查员应帮同造具选举人名册兼任校对。

第十五条　各调查员于调查事项外，不得干预地方一切事宜并收受馈赠。

第十六条　各调查员赴各乡村调查时，应假寓闲旷祠宇，既便与乡人演讲，亦免有扰累民家之患。

第十七条　各调查员具系本籍人，例须由地方官监督所有来往文牍。地方官概用札谕，调查员概用呈禀。

第十八条　所有调查员一切调查方法应与本处所编之调查须知参酌办理，一切情形每五日具报初选监督一次，以便司选员汇报本处查核。

调查须知

一、调查须问其本人或其家属并可访之邻右。一、调查除填姓名外并可填别号。一、填写年龄时如有所疑，调查员须询问明白，必须年满二十五岁以上方可填注。一、填写籍贯如系职官及举贡生员均以官册为凭。一、填写住所须列详细地名并须冠以县名。一、凡各学堂监督、校长、教员、监学暨学务公所、劝学所、教育会中办事人员皆为办理学务，但满三年即可入册。一、公益事务所包甚广，谨就章程条文引申言之，如农学会、蚕桑会、种植会、戒烟会、赤十字会及办理赈饥平粜、施医施药之义仓善堂，与一切恤嫠育婴、卫生消防、义庄义地诸美举皆为公益。凡始终经理其事之乡董、会董，如曾由地方官厅承认，或一时尚未及立案而查确足满三年，远近称善，已有成效者即可入册。惟庙董不算。一、办理学务及公益两项不能并计，著有成绩者，学务以合于寻常劳绩保奖之例，公益以继续三年并无遗误为标准。（据宪政编查馆复山西电）一、凡曾在本省地方办理学务及公益当指全省而言，不以选举区内为限。一、曾在本国或外国中学堂及与中学同等或中学以上学堂毕业，验有文凭者均可入册。（本处另有表备查）一、本省、本府、本州县人，在他省、他府州县入学，如具有谘议局章程第四条之资格应一律入册。一、举贡生员出身以文为限。（据宪政编查馆复山东及江宁电）一、高等小学堂毕业生得有奖给廪增附各生文凭者均列入册。一、孝子顺孙曾经旌表者，得比照孝廉方正以举贡论（据宪政编查馆复山东电）一、未考之荫生得以生员论。（据宪政编查馆复浙江电）一、实缺职官对虚衔与候选候补者而言，曾任二字包署理及代理在内。（据宪政编查馆复山西电）一、参革职官惟所有中学毕业及生员以上出身一并革除，如有他项资格仍可入册。（据宪政编查馆复江宁电）一、文武官被参革后，业经开复原衔者，应与开复原官一律准有选举权，均应入册。（据宪政编查馆复浙江电）一、武职保至提镇，曾充统领营官与赏有勇号及黄马褂者一律准有选举权。其未充统领营官及仅赏有翎枝者不在此例。一、世职未经入营入学者应援用武五品以上办理。（以上二条均据宪政编查馆复湖北咨文）一、查有曾任现已裁撤之各衙门实缺或署理、代理各项人员，如系文七品、武五品以上均应一律入册。其现行官制可检本处所编职官表考查。一、营业资本及不动产两项合并计算足五千元亦可入册，惟须认明某项产业值价若干方可。一、如有自行填注五千元以上产业而调查员疑其冒报者，可列登记事簿，汇报初选监督复查。一、如有人不止五千元以上产业而其人祗愿填注五千元者应听其便。一、家有五千元以上之资产而父子、兄弟、叔侄同居应以家长之名入册。一、如家有一万元或一万五千元以上资产有子一人或二人，如未分析，祇准一人行使选举权，不得各以五千元论。（据宪政编查馆复吉林电）一、父有五千元以上之资产，而适为不得有选举权及停止选举权者，可以其子之名入册，但必须年满二十五岁以上。一、兄弟共有五千元，无论或兄或弟应以一人入册，惟仍须年满二十五岁以上。一、有选举资格而在外为现任官者一律入册。一、有选举资格而本人因事他出不在本籍者一律入册。一、现任教官非行政官一律入册。一、凡本省人具有谘议局章程第三条资格之一而寄居异府异县，若于寄居地方确系定居且置有产业，准其在寄居地方投票。其寄居年限及产业多少均可不论。惟须由本人呈请本籍选举监督声明愿在寄居地方投票。其本籍选举权及被选举权即行撤销。经批准后应将批词作为凭证呈请寄居地方选举监督，方可归入寄居地方行使选举权及被选举权。其未经呈明批准应仍照寄居人资格一律办理。（据宪政编查馆所发通电）一、外省寄居人须合谘议局章程第四条之资格者方可入册。一、外省寄居人如满二十年以上例准入籍，应试者得照本籍人一律办理。（据宪政编查馆复安徽电）一、凡有选举资格而适为不得有选举权之时，应由调查员汇送初选监督复查审定。一、品行悖谬、营私武断，指宗旨歧□干犯名教及讼棍、土豪、劣迹昭著而言，以被控有案为断。一、监禁以上之刑指现行律例徒罪以上而言，如有被冤后经昭雪者不在此限。一、营业不正指窝娼聚赌而言。一、失财产上之信用，指倒帐未还控官有案者而言。其虽被人控告，讯无实据或虽讯实而已经清结者不在此限。一、吸食鸦片指本身吸食现尚未戒净者而言。其种烟及赁田与人种烟等户，现值历行禁烟，如逾本省烟禁年限者，自应一并削夺其选举权。（据宪政编查馆复山东电）一、有心疾指有疯狂、痴呆等疾，精神异于常人者而言。一、身家不清白专指优娼隶卒而言，以向例不准考试出仕者为断。一、不识文义以不能自书选举票为断。一、本省官吏专指实缺候补各员而言，其学务公所之科长、科员准本省士绅充当者，与教官一例不在此限。（据宪政编查馆复浙江电）一、幕友指现当行政之任者而言。一、军人指现当征兵及现在营伍与充警兵者而言，其驻防旗人除行政之印官外不在此限。（据宪政编查馆复浙江电）一、巡警官吏指巡官、巡长而言，其警务公所科长、科员与学务公所一例。（馆电同前）一、僧道指现为僧道不预世务者而言。一、宗教师指充当神甫牧师者而言。一、各学堂肄业生指现在学堂未毕业者而言。

文七品、武五品以上职官表

文一品	二　品	三　品	四　品	五　品	六　品	七　品
正 太师 太傅 太保 太学士 从 少师 少傅 少保 太子太师 太子太傅 太子太保 各部院尚书 都察院都御史	正 太子少师 太子少傅 太子少保 各省总督 各部院左右侍郎 大理院正卿 从 各省巡抚 内阁学士 翰林院掌院学士 各省布政司 奉天左右参赞	正 都察院副都御史 宗人府府丞 翰林院学士 各部左右丞 大学堂总监督 大理院少卿 顺天府府尹 各省提学使司提学使 奉天交涉旗务民正三司司使 奉天吉林提法使 各省按察使司按察使 大清银行正监督 军机处领班章京 从 民政部内外城总厅厅丞 各省盐运使 总检察厅厅丞 奉天度支蒙务二司使司 大理院总检查厅厅丞	正 各部左右参议 顺天府府丞 国子丞 各省道员 掌印给事中 大理院推丞 京师高等审判厅厅丞 检察厅检察长 翰林院侍读学士 军机处帮领班章京 大清银行副监督 造币厂副监督 从 翰林院侍读学士 内阁侍讲学士 各省知府 各省盐运司运同 民政部总务处佥事	正 翰林院侍读 钦天监监正 给事中 各部参事 宗人府理事官 各部宗室郎中 京师地方检察厅检察长 顺天府治中 各部郎中 太医院院使 各府同知 直隶州知州 民政部佥事 知事 邮传部佥事 大理院推事 检察官 直省地方审判厅推事长 奉天提法司衙门佥事 从 各省监察御史 宗室监察御史 翰林院侍讲 宗人府副理事官 各部宗室员外郎 各部院员外郎	正 内阁侍读 翰林院撰文 钦天监监副 起居注主事 各部院主事 都察院都事经历 宗人府主事经历 各部宗室主事 太医院院判 京县知县 钦天监五官正 各省通判 民政部六品警官 京师地方检察厅检察官 直省高等审判厅推事、检察官 农工商部一等艺师 奉天提法司衙门二等科员 各县推事长、检查长 圣府管勾厅奏官	正 翰林院编修 各部司库 各部寺院 七品小京官 七品笔帖式 顺天府学教授 顺天府学训导 京师高等审判厅典簿 直省高等审判厅典簿 内客典簿 礼部读祝官 赞礼郎 鸣赞 民政部七品警官 大理院主簿 京县县丞 外县知县 按察司经历 直省初级审判厅推事、检察官 各府学教授 圣庙启事、伴官、司乐、典籍 京师地方审判厅典簿

续表

文一品	二　品	三　品	四　品	五　品	六　品	七　品
			京师地方审判厅厅丞 直省高等审判厅厅丞 检查厅检查长 奉天提法司衙门首科佥事 地方检查厅检查长 高等检查厅检查长	各省知州 盐运使司运副 民政部五品警官 大理院都典簿看守所长 京师高等审判厅推事 高等检查厅检查官 地方审判厅推事 奉天提法司衙门 一等科员 刑部民科推事长 地方审判科长 直省地方审判厅推事长 各厅州审判厅推事长	布政司经历理问 监运司运判 直隶州州同 州同 大理院典簿 京师地方审判厅看守所长 直省地方审判厅推事检察官 京师初级审判厅推事检察官 礼部礼器库簿正 奉天地方审判厅推事 各厅州推事 各府检查官 僧录司闻教 道录司演法	礼部礼器库司库典簿 奉天提法司衙门 三等科员 奉天高等审判厅典簿 地方审判厅推事 农工商部二等艺师 七品奉祀官知印书写 从 翰林院检讨 京师高等审判厅典簿 中书科中书 内阁中书 銮舆衙经历 钦天监灵台郎 京府经历 盐运司经历 直隶州州判 州判 礼部礼器库库使 奉天审判厅典簿

续表

武一品	二　品	三　品	四　品	五　品
正	正	正	正	正
领侍卫内大臣	左右翼前锋统领	一等侍卫	二等侍卫	三等侍卫
	八旗护军统领	冠军使	云麾使	步军副尉
从	左右翼总兵	火器营翼长	前锋侍卫	步军校
	八旗满州蒙古汉	健锐营翼长	副护军参领	监守信炮官
内大臣	军副都统	步军翼尉	副鸟枪护军参领	南苑门章京
八旗满州蒙古汉	外省驻防副都统	包衣护军统领	副前锋参领	陵寝防御
军都统	銮舆使	圆明园营总	副骁锋参领	陵寝管理
外省驻防将军	总兵	鸟枪营总	佐领	烧造砖瓦官
乌鲁木齐都统	统制官	前锋参领	步军协尉	分管佐领
察哈尔都统		护军参领	信炮总管	盖州牛庄二处满洲掌印
热河都统	从	鸟枪护军参领	南苑总管	防御
提督九门巡捕五		骁骑参领	陵寝副总管	关口守御防御
营步军统领	散秩大臣	陵寝总管	陵寝司工匠	黑龙江吉林等处管水手
各省提督	副将	围场总管	围场翼长	官
总统官	统领官	黑龙江管船炮水	商都达布逊诺尔	守备
		手总管	达里岗爱云总管	队官
		察哈尔总管	大仆寺马厂驼厂	
		城守尉	总管	从
		王府长史	黑龙江吉林等处	
		参将	管水手四品官防	四等侍卫
		统带官	守尉	委署前锋参领
			圣庙百户	委署护军参领
		从	都司	委署鸟枪护军参领
			管带官	委署前锋侍卫
		圆明园包衣营总		三等护卫
		包衣护军参领	从	下五旗五品包衣参领
		包衣骁骑参领		守御所千总
		吉林参领	城门领	印务章京
		黑龙江参领	包衣副护军参领	
		察哈尔参领	包衣副骁骑参领	
		驻防协领	包衣佐领	
		一等护卫	二等护卫	
		游击	察哈尔副参领	
		教练官	察哈尔副佐领	
右表遵依现行地方官制编列，其已奉裁各缺未列入。调查时如查确曾任实缺又文七品、武五品以及职官者，无论署任、代理，均一律选入选举人名册内，合并注明。				

中学堂及同等以上各学堂表

中学堂	中学同等	中学以上		
各府厅州县所设之中学堂毕业生，不论官立、公立、私立，但使得有文凭者一律办理。	初级师范学堂毕业生 中等农业学堂毕业生 中等工业学堂毕业生 中等商业学堂毕业生 中等商船学堂毕业生 附宪政编查馆复山西电有师范简易科，如照学部定章二年以上毕业法政讲习科如系一年半毕业者可视为中学同等明文，若查有此项资格之人即当列册内。	高等学堂毕业生 大学预备科毕业生 优级师范学堂毕业生 高等农业学堂毕业生 高等工业学堂毕业生 高等商业学堂毕业生 高等商船学堂毕业生 译学馆毕业生 方言学堂毕业生 大学堂分科内之实科毕业生	京师大学堂经学科各专门科毕业生 政治科各专门科毕业生 文科各专门科毕业生 医科各专门科毕业生 格致科各专门科毕业生 农科各专门科毕业生 工科各专门科毕业生 商科各专门科毕业生 分科大学之选科毕业生	通儒院
右表所列即谘议局章程第三条第二项之选举资格。或疑各项学堂粤省尚未遍设，即分科大学，京师亦甫举办。此中各项资格未必尽有其人，然如大学预备科、初级师范及师范简易科、法政速成诸科毕业者亦尚不少，且条文原有中学以上之学堂毕业明文，故不得不全行编入任调查者。但须遵照以文凭为据可矣。至在外国中学堂以上毕业者亦以文凭为据。				

选举浅说

（一）选举议员之缘起

（二）选举权之解释

（三）不得有选举权者及停止选举权者

（四）有选举权者之荣誉

（五）选举人名册

（六）选举方法

（七）选举区域

（八）投票时当注意之事项

（九）被选举权之解释

（十）不得有被选举权者及停止被选举权者

（十一）当选者之解释

（十二）当选者不可轻辞职

（一）选举议员之缘起：自光绪三十三年九月十三日上谕著各省督抚均在省会设立谘议局，慎选公正明达官绅，创办其事。即由各属合格绅民公举贤能，作为该局议员。是为议员名称发见之始。夫议员何来，必自大众，人民选举中来也。议员选举之事端绪繁杂，故宪政编查馆于谘议局章程外，另订选举章程一百十五条，同时上奏，奉旨宣布，此各省谘议局设立之由，亦即选举议员之缘起也。考选举制度创自泰西，诸国法虽不尽相同，而使人民行使选举权则一。在今日各国人民之有选举权已成习惯，久视为固有之权利，推原其始，实不知费无数心力而后得之今者。朝廷预备立宪并定开设国会年限，无非欲使人民与闻政事，以通上下之情，特令各省速设谘议局因之。各省必先选取举议员以代表全省舆论，我人民不费丝毫之力骤得此参预政权，躬逢数千百年未有之创举，各人民应如何欢忭鼓舞，依限选出议员为地方办事，以上副明诏耶。

（二）选举权之解释：选举权为参政权之主要者，即行选举之权利也，欲人之能适当行使选举权，不得不先说明选举权之意义。（甲）选举权为行选举之权利，非即议事之权利，人多误解选举权之意义。以被举为议员而有议事之权为选举权者，不知此为议员之权利而非选举权。选举权，盖于未有议员之先，得为选取出议员之权利也。故人之得为议员与否，全由有选举权者之所选择。其人苟为多数有选举权者所举则为议员，否则不得为议员，是选举权之重要可知也。（初选当选人即选举议员人，故必以有选举权者为合。）（乙）选举权非尽人皆有之权利，具一定资格之人乃克有之权利。关于选举之制度，有普通选举制，有制限选举制。普通选举者谓不设特别之制限，对于成年男子全与以选举权者也。制限选举者，谓成年男子非尽有选举权，而另以各项资格制限之者也。谘议局章程第三条系采用制限选举。今将有选举权者之资格分别本省人、外省人述之如次：凡本省年满二十五岁以上之男子具下列资格之一者有先举权：1. 曾在本省地方办理学务及其他公益事务满三年以上著有成绩者；2. 曾在本国或外国中学堂及与中学同等或中学以上之学堂毕业得有文凭者；3. 有举贡生员以上之出身者；4. 曾任实缺职官文七品、武五品以上未被参革者；5. 在本省地方有五千元以上之营业资本或不动产者；以上五项本省人之选举资格。凡外省人年满二十五岁以上，寄居本省十年以上，在寄居地方有一万元以上之营业资本或不动产者，亦得有选举权。以上一项外省人之选举资格。惟寄居年限及资产二者较本省人为严。

（三）不得有选举权及停止选举权者：有选举权者必要具一定资格，既依上述而明。然亦有虽具上列之资格仍不得有选举权者，请分述之如次：1. 品行悖谬、营私武断者；2. 曾处监禁以上刑者；3. 营业不正者；4. 失财产上之信用被人控告，尚未清结者；5. 吸食鸦片者；6. 有心疾者；7. 身家不清白者；8. 不识文义者。以上八者不得有选举权。（不得有者即剥夺之谓）此外尚有虽非剥夺选举权，而其选举权一时受停止者。说明之如次：1. 本省官吏及幕友；2. 常备军人及征调期间之续备后备军人；3. 巡警官吏；4. 僧道及其他宗教师；5. 学堂肄业生。以上五者皆指现时所处之地位不合，干预选举事务故，暂停止其选举权。

（四）有选举权者之荣誉：选举权非尽人能有之，也必具局章第三条五项资格之一或合局章第四条资格者始克有选举权。然或犯局章第六条情事之一则剥夺之，若局章第七条左列人等则停止之（局章即谘议局章程）。亦足见选举权之贵重，即有选举权者之为荣誉亦明。不观前此之科举耶？乡人有见人游泮者，则相与称贺，及其连掇巍科也，则尤啧啧艳羡，不置以为若某者，他日必迭司文柄登明选公或并企参预政权也。今朝廷予人民以选举权，使人民不必奉简书修剡牍，祇投一数寸之票纸，亦得操选贤之柄，其可羡可贺。为何？如抑又见近时所谓公司者，或有限或无限，多由股东合股而成。其公司之办事人，即由合股者选举之，非为股东无选举办事人之权。今朝廷予人民以选举权，是无异以股东待人民。人民当视国家之事业，一如人民之事业。至于以国家之事业为事业，其荣誉又何如耶？明夫此则知选举权之足宝贵。故凡人具有选举权之资格者，万万不可抛弃之。当各地方官派出调查员时，宜将自己所具备之资格，开列明晰，告知于调查员。其偶因事故未及通知或既通知而调查员未及登册，则于选举人名册宣示后，查悉呈明初选监督补入。至既有名在选举人名册内者，届初选举期须往投票，尤不可将至贵至重之选举权抛弃。须知此种选举权利极不易得，若有一人抛弃，设又有人从而效之，将使选举议员之事不能速收效果，或遂疑广东人民程度不及他省。其为害于立宪前途非细故也，且亦非广东人民厚自期许之意也。

（五）选举人名册：我国选举制度非采普通选举制，而采制限选举制。故有选举权者不可不具一定之资格，既以有一定资格为选举权之要件，则当于举行选举先要调查有选举权者资格之人而登于簿册，此选举人名册之所由设也。造册之法即登录有资格者之姓名，以证明其有选举权，其当登记之事项如次：1. 姓名、年岁、籍贯、住所、寄居年限，所以记载年岁者，选举权以二十五岁以上为条件故也，所以记载籍贯住所、寄居年限者，选举权之要件依于本省人、外省人之不同，而外省人须寄居本省十年以上者方有选举权故也；2. 办过某项学务及其他公益事务并其年限，所以登记此两项者选举权以办过学务及公益事务三年著有成绩为条件故也；3. 出身，所以登记出身者，选举权以举贡生员以上为条件故也；4. 官级，所以登记官级者，选举权以曾任实缺职官文七品、武五品以上为条件故也；5. 营业资本及不动产之某项所值确数，所以登记资产者，选举权以有五千元或一万元以上之资本及不动产条件故也；选举人名册当登记此五种事项，故欲造具此项名册，先当调查选举区域中之人民，孰为具此资格者。上列五项中惟一、二、三、四项显而易见，至欲调查人之财产，则人之贫富不欲人知，或且疑为勒捐，疑为科派，将其实数隐匿，此项调查最难著手。如任调查者，当先使人民知调查其财产并非藉以派捐，不过因选举制度采制限选举制，以财产资格为限制，故须调查人民之财产耳；选举人名册局章系定于初选举期六个月以前须一律告成。造成后初选监督呈由复选监督，申报督抚于选举期三个月前，颁发各投票所宣示公众。其宣示以二十日为期，如本人以为错误遗漏，于宣示期内呈请初选监督更正。此项呈请自收呈日起限于二十日内判定可否。如初选监督判定为无庸更正时，有不服者得呈请于复选监督。其判定期限亦如之，其由初选或复选监督判定者一律补入名册。若经过宣示期限不为呈请更正即为确定，不得再事呈请。今年为第一次办理选举，诸事草创，又因距九月初一日谘议局成立之期极为迫促，故本处所订办事期限清单系酌照临时选举办法，不得不将日期缩短，无非欲谘议局早日依期成立，为广东人民增进幸福。至复选举人名册以初选当选人为限，按照各初选区先后依次编列册内，所载事项与选举人名册同，所应增入者惟初选当选票数耳。

（六）选举方法：方今东西各国关于选举的方法各有不同，有采单选制，有采复选制。单选制者，谓使有选举权之人直接选出议员是也。复选制者，谓由有选举权之人先选出复选人，更令复选人选出议员是也。今国家颁行议员选举章程采用复选制。第一次选举为初选举，使各地方有选举权之人，在本地方有选举权者中（本地方即初选区）先择其公正明白者，选出之使为复选人（即初选当选人）。第二次选举为复选举，即集合前项之复选人，使之选出议员。当行初选举之际，所选出者必要在本地方选举人名册上列名者，以非具一定之资格则不得有选举权。非为本区之人（本区指初选区，不指投票区），则不能代表其地方之利益也。至行复选举时，则所选出者不必定为有选举权资格之人。凡年满三十岁以上，本省男子或年满三十岁寄居十年以上之外省男子，但使在复选区合格者皆得选出之以选举议员。非为本区植势力，不过欲为一省得良善之议员。设为本区区域所限，则有以下驷而充上厩之选者矣。抑选举章程所以采用复选举制之理由者，以现时方初行选举制，多数之选举人或无完全之政治知识，何人能胜任议员类不能鉴别之。若以议员之选举任诸此多数之选举人，则良善之议员必不可得。反是若自选举人中先选出少数之复选人，再使此复选人当选举议员之任，则此等少数复选人知识较富，见地较高，或能得良善之议员，此选举章程所以采复选制度也。

（七）选举区域：现行选举章程采用复选举制。既有初选、复选之分，因而选举区域亦有初选举区、复选举区之异。初选举以厅州县为选举区，复选举以府厅直隶州为选举区，各以所辖地方为境界。直隶厅州之本管地方及府之有本管地方者均作为初选举区。直隶厅无属县者以附近之府为复选举区。其所谓初选举以厅州县为选举区者，举例言之，如南海县隶属于广州府而为初选区，德庆州隶属于肇庆府而为初选区是也。所谓复选举以府厅直隶州为选举区者，举例言之，如广州府以府为复选区，罗定直隶州为复选区是也。至若以直隶厅为复选区者，粤东无之。又所谓直隶厅州之本管地方及府之有本管地方者，盖指该府厅直隶州于所属州县外尚有自己管治之土地者而言。（广东各府均无本管地方）此类本管地方，自当独立为初选区，特不过派员代办其事，及复选时仍以其府厅直隶州为复选区也。又所谓直隶厅之无属县以附近之府为复选区者，例如赤溪为无属县之直隶厅，即无所谓复选区。于是不得不以之为初选区，而以附近之广州府为复选区者也。（本处编有初复选举区表可查）以上第综言选举区域而已。然一选举区又须画分数投票区，以便投票人就近投票，故一县之中其投票区有多至十区者，但在甲投票区者不妨举乙区之人。盖章程以厅州县为初选区者，不过要在该厅州县求当选人，非必限于所分之投票区求当选人也。又一人于两处投票区均有住所者，祇许在一区行其选举，不得在两处投票区行其选举。唯定在何区投票，可听其人自择，调查时须问明之。至复选投票举出之人，但使同在复选区内合格者皆可举，不以初选当选人名册为限，并不以选举人名册为限也。初选区厅以该同知、通判为初选监督，州县以该知州、知县为初选监督。复选区府以该知府为复选监督，直隶厅州以该同知、通判、知州为复选监督。凡府、直隶厅州之本管地方作为初选区者，由该知府、同知、通判、知州遴派教佐员为初选监督。所有选举监督各以其本衙门为办理选举事务所。初选复选均应设投票管理员、监察员、开票管理员、监察员等职，其管理员不拘官绅均可派充，监察员则以本地绅士为限。

（八）投票时当注意之事项：得列名于本区投票所之投票簿者为投票人（即人名册内之选举人）。届选举期投票人应亲赴投票所自行投票，不得请人代理，到投票所后先阅所内张帖各项规则，即到管投票簿处在自己名下签字，方得领投票纸。其投票纸每人祇准领一页，领后即在所内备设各桌秘密书写，得自由选举己所欲举之人。独是投票方法本有数种：有记名投票法，有无记名投票法，有单记投票法，有连记投票法。记名投票法者，投票纸于被选人姓名外并记投票人之姓名也。无记名投票法，票上祇记被选人之姓名，无投票人自己之姓名也。单记投票法者，票上祇许记被选人一名。连记投票法者，票上可连记被选举人数名之制也。现行选举章程采无名单记法。每票祇准书被选举人一名，不得自书本人姓名。（惟将被选举人年岁、籍贯、官衔、职业、住址写入者不在此限。）所以杜贿赂、胁迫、避嫌等弊，而使少数者亦得其代表也。又投票人于投票所内关于投票事宜有所不明，虽得向所内职员质问，惟不得涉及私言或与他投票人谈话及有逗留窥视情事。此数者投票人不可不为注意。如有冒替及违犯规则等弊，管理员及监察员得令其退出。

（九）被选举权之解释：被选举权者，得当选为议员之权利也。被选举权与选举权同有以财产资格或资望、学识、名位等资格为要件者，有不以之为要件者。现行局章于选举权采制限选举制，无论本省、非本省以一定之财产资格为必要。而规定被选举权则并此财产要件而去之，盖选举权即加一定之制限，则对于所举出之人不必更立程式，强令选举人必于何种人内行其选举也。然被选举权亦非绝无制限，必有一定合格年龄者始能有之。请说明此年龄者始能有之，请说明此年龄之制限如次：本省人年满三十岁以上者方有被选举权，于此的年龄之制限，各国法互有不同，法兰西、德意志、比利时等国以二十五岁为及格，英吉利、美利坚等国以二十一岁为及格，日本议院法选举权以二十五岁为要件，被选举权以满三十岁为要件，现行局章采之。诚以被选举权为议员之基础，议员与闻政事责任綦重，未满三十岁之人，识力未富，阅历未深，不宜轻畀以代表国民之重任也。外省人年满三十岁以上，寄居本省十年以上者，亦有被选举权。外省人于年龄制限外，所以附加此条件者，以外省人若非久住居于本省，则其对于本省事项所感之利害关系尚轻，故不骤予以被选举权也。抑尚有当注意者，则被选举权与选举权及当选者之权利均有不同是也。被选举权与选举权不同之点，在选举权为得行选举之权利，在被选举权为得当选为议员之权利。一为能动，一为被动，判然不同。又被选举权与当选者之权利不同之点，在被选举权不过一种之资格，在当选者则得行使议员种种之权利。一为积极，一为消极，亦厘然特异也。外国学者尝谓被选举权利非真权利，不过一种资格，深有味夫斯旨矣。

（十）不得有被选举权者及停止被选举权者：前言被选举权须年满三十岁以上之本省男子，或年满三十岁寄居十年以上之外省男子，方能有之。然年满三十岁以上者，非皆有被选举权。此项人之被选举权亦有受剥夺或受停止者，分述之如次，有左列情事之一者不得不被选举权：1. 品行悖谬，营私武断者；2. 曾处监禁以上之刑者；3. 营业不正者；4. 失财产上之信用被人控，实尚未清结者；5. 吸食鸦片者；6. 有心疾者；7. 身家不清白者；8. 不识文义者；以上八项已见前不得有选权条下。惟被选举权为议员之基础。议员为一省人民之代表，责任甚重，故对于此数项人剥夺其被选举权也。次列人等停止其被选举权：1. 本省官吏或幕友；2. 常备军人及征调期间之续备、后备军人；3. 巡警官吏；4. 僧道及其他宗教师；5. 各学堂肄业生；6. 现充小学堂教员者；以上六项均指现时所处地位不合有被选举权。前五项已见停止选举权条下，惟小学堂教员停止被选举权，局章系另立专条。诚以小学堂教员职司国民教育，责任甚重，若被选举为议员，致旷厥职，殊于学务有碍，故虽不停止其选举权而仍停其被选举权也。

（十一）当选者之解释：当选者谓被选为复选人（即初选当选人，注见前）或议员（即复选当选人认也），受多数选举人所选举，其票数合于当选票额，且在当选人额数以内者为当选人（在额外者为候补）。故欲明当选人之意义，应先就当选人额数及当选票额一研究之。（甲）当选人额数。初选当选人额数按照议员定额加多十倍，每届由复选监督遵照督抚所定该复选举区议员额数十乘之，为该复选区初选当选人额数，分配于各厅州县。（选举章程第二十六条）今试设例以明之，条文所言初选当选人额数按照议员定额加多十倍者，便如广东议员额数为九十一名，则广东省之初选当选人额数，照此议员额加十倍为九百一十名也。条文每届以下云云者，盖复选区议员额数由督抚定之，复选监督即照此额以十乘之，为该区初选当选人额数，以分配于各厅州县。例如广州府为复选区，今假定广州府议员额数经总督定为二十名，则为复选监督之广州府知府，遵照此数以十乘之得二百名，以之为初选当选人额数，分配于各厅州县也。至其分配方法，由复选监督以该复选举区应出初选当选人额数除全区选举人总数，视得数多寡定选举人每若干名得选初选当选人一名，再以此数分除各初选区选举人数，视得数多寡定各该初选区当选人若干名。（选举章程第二十七条）又试设例以明之，如广州府复选区既假定议员为二十名，以十乘之该区之初选当选人数为二百名；又试假定该区之选举人总数为二万人，以二百除二万得数为百，以此得数定每选举人百名得选初选当选人一名。继复以此得数除各初选区选举人数，视得数多寡定该初选区当选人若干名。如南海县为初选区，今假定南海县之选举人数为三千人，以百除三千得数为三十，则定南海县得出初选当选人三十名。此分配方法第就无畸零之整数，设例言之。至各初选区有选举人数不敷出当选人一名，或敷选若干名之外仍有零数，致当选人不足额者，比较各初选区零数之多寡，将其额依次归零数，较多之区选出之。若零数相等，以抽签定其余额应归某区选出。此为初选当选人数分配之方法也。以上言初选当选人之额数，此项当选人选定后即齐集于复选监督所在地以待行复选举。复选之结果，其当选人即为谘议局议员。各复选区应得议员额数，每届由督抚按照各该复选区选举人名册总数以全省议员定额分配之，定若干选举人得选出议员一人。如广东议员定额九十一名，假定全省选举人总数为九万一千名，以九十一除九万一千得数为千，是选举人九万一千人应选出议员九十一人，平均分配每千人当选出一人也。计算既定，再以此数分除各复选区选举人数，视其数多寡定各复选区应出议员若干名。今假定广府之复选区选举人数为二万，以千数除二万得数二十，则广州府应得议员二十名。又各复选区有选举人数不敷出议员一人，或敷出议员若干人外尚有零数者，其办理方法与初选同。（本处另有编定分配选举额数简明法可参看）（乙）当选票额。何谓当选票额？谓必满若干票额始足当选也。初选当选票额如前例南海县有选举人三千名，因分配额数得选出初选当选人三十名，以三十除三千得数为百，半之为五十，即当选票额非得五十票以上不得为初选当选人。至复选当选票额，如前例广州全区应得议员二十名，其初选当选人即照此数以十乘之为二百名，又以二十除二百，得数为十，半之为五，即当选票额非得五票以上不得为复选当选人也。然无论初选复选，若得票满当选票额者不止一人，则按名次之先后以得票多寡为序，票数相同者以抽签定之。至当选人确定后，由初选或复选监督即日榜示，并分别知会各当选人。当选人接到知会后，自知会之日起于二十日内应呈明情愿应选。由初选或复选监督定期给与凭照。给照后，在初选则由初选监督将当选人姓名、职衔榜示，并申报复选监督。在复选则由复选监督将议员姓名、职衔申报督抚并由督抚分别咨报资政院、民政部立案，以上就得票及当选票额，且在当选人额数内者而言。若得票虽及当选票额，而当选人额数已满者，则作为候补当选人。初选、复选同此办法。

（十二）当选者不可轻易辞职：既为初选当选人，则有为复选选举人之权利。既为复选当选人，则有为议员之权利。此项权利经几许手续而后得之（手续犹言办理之次第），万不可轻易抛弃，盖为复选人则议员选出之权手操诸吾手，为莫大荣誉之事。彼不具一定之资格者，虽日夕希企有此权利，固无可得之理。设同有一般资格而他人占少数，我特占多数以得之，岂不自豪？如或无端抛弃之，不特彼辈以放弃诮我，即对于选举我为当选者之人亦深负其选举我之心。以此等人所以选举我为当选人者，深望我能代表其利益以选出良善之议员也。我若抛弃此资格坐失选出议员之权，对之能无内疚？至于复选之当选人，既有为议员之权利，尤不可轻易辞职。缘议员一职为各国人所重视，一为议员即有种种权利为普通人所无者：1. 普通人无议决各种事情之权利，而议员有之，凡本省订定章程及加收租税皆不可不经其议决；2. 普通人无提出议案之权利，而议员有之，若议员于各项事宜有见为应兴应革者可提出之请众会议；3. 普通人对于自己之言论须负责任，若为议员则在局中所发之言论，局外者不能诘责之；4. 普通人有犯罪之嫌疑时，官吏得随时捕拿之，议员于会期内除现行犯罪外，非得谘议局承诺不得逮捕；5. 议员虽不受薪水，然常驻议员有公费，其他议员有旅费，是仍得受公家之费用；为议员既有此数种权利，则得之实为至幸，乌可轻易辞职？况将来资政院选举议员，又可由谘议局议员公推递升耶。愿以遍告凡广东省内之有选举权者及有被选举权者。

分配选举额数简明法

凡各厅州县选举人名册造成后，呈由该复选监督汇申报于督抚，督抚据以分配各复选区应出议员额数，其法当以全省议员定额除全省选举人总数，视得数多寡，定若干选举人得选出议员一名。假定广东全省选举人总数为九万一千名，以议员定额九十一除之，得数为一千，是全省选举人每一千人即应选出议员一名也。列式如左：九一）九一○○○（一○○○ 九一○○○。再以计算所得之数，分除各复选区选举人总数，视得数多寡，定各该复选区应出议员若干名。假定广府复选区选举人数为一万五千，以一千除之得数为一十五，是广府复选区应出议员一十五名也。列式如左：一○○○）一五○○○（一五 一五○○○。又如上例设有一复选区选举人数不满一千，不敷选出议员一名，或敷选出若干名外，仍有零数，致不足全省议员定额者，应比较各复选区零数多寡，将余额挨次归零，数较多之区选出之。例如广州府有零数二百，肇庆府有零数二百五十，则所余之额应归肇庆府选出。其有两复选区零数相等，则抽签定之。以上为督抚分配各复选区应出议员额数之方法也。至若初选当选人额数，应由各复选监督遵照督抚所定该复选区应出议员额数以十乘之，定为该复选区应出初选当选人额数。即以此数除全区选举（入）〔人〕总数，视得数多寡定选举人每若干名得选出当选人一名。如前例广府有选举人一万五千，应出议员一十五名，以十乘之即应出初选当选人一百五十名，以一百五十除一万五千得数为一百，是各初选区每有选举人一百名，即应出初选当选人一名也。再以计算所得之数分除各初选区选举人数，视得数多寡定各该初选区应出初选当选人若干名。假定南海县为初选区，选举人数为二千，则以一百除二千得数为二十，是南海初选区应出初选当选人二十名也。列式如左：一〇〇）二〇〇〇（二〇 二〇〇。又如上例，设有一初选区选举人数不满一百，不敷选出初选当选人一名。或敷选出若干名外，仍有零数致不足初选当选人额数者，应比较各初选区零数多寡，将余额挨次归零，数较多之区选出之。例如番禺有零数五十，东莞有零数七十，则所余初选当选人之额应归东莞选出。其有两初选区零数相等，则抽签定之。以上为复选监督分配各初选区应出初选当选人额数之方法也。

附解当选票额。当选票额者，谓当选人所必需之票额也。初选当选票额以本区应出当选人额数除本区选举人总数，将得数之半为之。非得票满该额以上者，不得为初选当选人。如前例假定南海初选区应出初选当选人二十名，而其选举人总数为二千，则以二十除二千得数为百，半之则为五十。是初选当选票额非得票满五十以上，不得为初选当选人也。如或因不满票额致无人当选，或当选人不足定额者，应由初选监督就得票较多者（如有票五十以下或四十、三十者）按照应出当选人不足之额数加倍开列姓名（如不足三名即开列六名之类），即行榜示，于开票后第三日，在原投票地方，令原有投票人即就所列姓名内再行投票一次，以期足额。至于复选当选票额，则以本区应出议员额数除本区初选当选人总数，将得数之半为之，非得票满该额以上者不得为复选当选人。如前例假定广府复选区应出议员一十五名，其初选当选人即为一百五十名，以一十五除一百五十得数为十，半之则为五，是复选票额非得五票以上者不得为复选当选人也。如因不满票额致无人当选或当选人不足定额者，应照初选再行投票办法。其或票额虽足而当选人额数已满者则为候补当选人，俟有当选人缺额时挨次补入，务期足额为止。再此件甫经排印，适奉督宪发到宪政编查馆咨行章程解释汇钞，内复安徽电云：所有初选举以本区当选人额数除本区实在投票人总数，以得数之半为当选票额，至复选举当选票额计数亦同。谨按此电文与原定章程微有不同，现当照此电文办理。

初选举人名册式（附草册式）

姓名		年岁		本省　州府　县厅州人	住址		寄居年（本省人不填）
公务成绩、学务、公益事务							须三年以上
出身或举贡生员或某学堂毕业							
官阶文七品以上、武五品以上							须曾任实缺，未经参革者
资产、营业资本、不动产							分计或合计值五千元以上，寄籍须万元以上
姓名		年岁		本省　州府　县厅州人	住址		寄居年
公务成绩、学务、公益事务							
出身或举贡生员或某学堂毕业							
官阶文七品以上、武五品以上							
资产、营业资本、不动产							
姓名		年岁		本省　州府　县厅州人	住址		寄居年
公务成绩、学务、公益事务							
出身或举贡生员或某学堂毕业							
官阶文七品以上、武五品以上							
资产、营业资本、不动产							
姓名		年岁		本省　州府　县厅州人	住址		寄居年
公务成绩、学务、公益事务							
出身或举贡生员或某学堂毕业							
官阶文七品以上、武五品以上							
资产、营业资本、不动产							

选举人名草册式

<table>
<tr><td>姓名</td><td></td><td>年岁</td><td></td><td>本省　州府　县厅州人</td><td>住址</td><td></td><td>寄居年（本省人不填）</td></tr>
<tr><td colspan="4">公务成绩、学务、公益须三年以上</td><td></td><td colspan="2">应复查项下</td><td></td></tr>
<tr><td colspan="4">出身或举贡生员或某学堂毕业</td><td></td><td colspan="2">应复查项下</td><td></td></tr>
<tr><td colspan="4">官阶文七品以上、武五品以上须曾任实缺未经参革者</td><td></td><td colspan="2">应复查项下</td><td></td></tr>
<tr><td colspan="4">资产、营业资本、不动产分计或合计值五千元以上，寄居须万元以上</td><td></td><td colspan="2">应复查项下</td><td></td></tr>
<tr><td>姓名</td><td></td><td>年岁</td><td></td><td>本省　州府　县厅州人</td><td>住址</td><td></td><td>寄居年（本省人不填）</td></tr>
<tr><td colspan="4">公务成绩、学务、公益须三年以上</td><td></td><td colspan="2">应复查项下</td><td></td></tr>
<tr><td colspan="4">出身或举贡生员或某学堂毕业</td><td></td><td colspan="2">应复查项下</td><td></td></tr>
<tr><td colspan="4">官阶文七品以上、武五品以上须曾任实缺未经参革者</td><td></td><td colspan="2">应复查项下</td><td></td></tr>
<tr><td colspan="4">资产、营业资本、不动产分计或合计值五千元以上，寄居须万元以上</td><td></td><td colspan="2">应复查项下</td><td></td></tr>
</table>

复选举人名册式

姓名		年岁		本省　　州府　县厅州人	住址		寄居年（本省人不填）
公务成绩、学务、公益事务							须三年以上
出身或举贡生员或某学堂毕业							
官阶文七品以上、武五品以上							须曾任实缺未经参革者
资产、营业资本、不动产							分计或合计值五千元以上，寄籍须万元以上
初选当选							计票

姓名		年岁		本省　　州府　县厅州人	住址		寄居年
公务成绩、学务、公益事务							
出身或举贡生员或某学堂毕业							
官阶文七品以上、武五品以上							
资产、营业资本、不动产							
初选当选							计票

姓名		年岁		本省　　州府　县厅州人	住址		寄居年
公务成绩、学务、公益事务							
出身或举贡生员或某学堂毕业							
官阶文七品以上、武五品以上							
资产、营业资本、不动产							
初选当选							计票

选举人资格调查表式

<table>
<tr><td>姓名</td><td></td><td>年岁</td><td></td><td>本省　州府　县厅州人</td><td>住址</td><td></td><td>寄居年（本省人不填）</td></tr>
<tr><td colspan="4" rowspan="4">注意：
一、填注人选将此纸后面所载各章程详细看明；一、填注人合于第三条中各项之一或第四条者据实分别填注于下；一、填注人如有第六条、第七条情事者无庸填注；一、调查员如遇填注人外出时，即将此表交下并告住址所在，俟填注人返宅时按格填注送交调查员住处，倘填注人在家即请其照草册填注，无庸再给此表。</td><td>公务成绩</td><td></td><td colspan="2">凡办理学务或公益事务者须填注办事地方及职务并就职年月</td></tr>
<tr><td>出身</td><td></td><td colspan="2">凡在学堂毕业得有文凭者，须填注学堂名目及毕业年月
凡举贡生员须填注科分或年分</td></tr>
<tr><td>官阶</td><td></td><td colspan="2">凡实缺职官在籍者须填注官阶及历任地方并年月</td></tr>
<tr><td>资产</td><td></td><td colspan="2">凡营业资本及不动产分计或合计本籍值五千元以上，寄籍值万元以上者均为合格，其资本须填注字号地址，其不动产须填注某产及坐落地方</td></tr>
<tr><td colspan="8">摘录谘议局章程
第三条、凡属本省籍贯之男子年满二十五岁以上具左列资格之一者有选举谘议局议员之权：
一、曾在本省地方办理学务及其他公益事务满三年以上著有成绩者；
二、曾在本国或外国中学堂及与中学同等或中学以上学堂毕业得有文凭者；
三、有举贡生员以上之出身者；
四、曾任实缺职官，文七品、武五品以上未被参革者；
五、在本省地方有五千元以上之营业资本或不动产；
第四条、凡非本省籍贯之男子年满二十五岁，寄居本省满十年以上，在寄居地方有一万元以上之营业资本或不动产者，亦得有选举谘议局议员之权。
第六条、凡有左列情事之一者，不得有选举权及被选举权：
一、品行悖谬，营私武断者；
二、曾处监禁以上之刑者；
三、营业不正者；
四、失财产上之信用被人控，实尚未清结者；
五、吸食鸦片者；
六、有心疾者；
七、身家不清白者；
八、不识文义者；
第七条、左列人等停止其选举权及被选举权：
一、本省官吏或幕友；
二、常备军人及征调期间之续备、后备军人；
三、巡警官吏；
四、僧道及其他宗教师；
五、各学堂肄业生。
第八条、现充小学堂教员者停止其被选举权。</td></tr>
</table>

致南北洋大臣两湖制台饬寄谘议局图式电并回电

南京端制台惠鉴：谘议局成立期迫，所有建筑图式、经费办法亟须筹计。闻尊处特派专员赴日本调查，极佩尽筹务，请饬将图式及办法详细绘抄一分寄示，俾资则效，切祷。骏宥印。

天津杨制台惠鉴：谘议局成立期迫，所有建筑图式及经费办法亟应筹度。闻尊处业已兴工，务请饬将图式及办法详细绘抄一份寄示，俾资则效，切祷。骏宥印。

武昌陈制台惠鉴：谘议局成立期迫，所有建筑图式及经费办法亟应筹计。尊处谅已办有端倪，请即饬筹办处将图式及经费办法详细绘抄一分寄示，俾资则效，切祷。骏宥印。

南京来电

广东张制台鉴：宥电悉，赴东调查谘议局建筑办法委员业已回宁，容即饬将图式办法绘抄寄上。方感。

天津来电

广东张安帅、开封吴仲帅、济南袁海帅鉴：洪电悉。谘议局建筑问题最难定议，敝处早经饬令筹办处官绅统筹，详细估算，博参外制，详考内容。现估定议场、办公所、宿舍计十二万金有奇。为时甚促，九月开会万难工竣，复预筹办法，拟先假学务公所开第一会议。至常年经费，议绅薪水拟由会议厅编作议案公决，现行用款先饬司库筹垫。知关仅注，特以奉闻。骧。

武昌来电

广东张制台鉴：宥电悉。日本议院图由胡大臣、许大臣绘，约月底、月初可到。经费须按图定数，俟图到，绘副计费奉寄。惟规模阔狭，视坐席多少。日院局面较大，恐难全仿，祇可参酌，期迫能否落成，尚费筹画。尊处如何布置，祈示。龙沁。

呈请札饬官电局说帖并奉批由

窃本处筹办谘议局一切事宜，限于九月初一日成立，时期迫促，所有筹办各件自应力求敏捷，庶不至有误限期。查粤省各府厅州县交通不便之处尚多，若专恃文书往复，不免稽延时日。本处通行要件可以电代，札者拟先电后札。各属申复亦照此办理，以期迅速。拟请宪台札饬电报总局，转饬各官商分局，凡关于本处来往电文，务须速照发，不得错讹耽延，致误要政。是否有当，伏乞察核，俯赐批示祇遵。本处司道等谨呈。

督宪张批：折禀悉。已通电各属电报局，凡遇该处与本省府厅州县来往电文，务速照发，毋稍延误矣。仰即知照。

呈请札饬税务司说帖并奉批由

窃本处筹办谘议局一切事宜，开办伊始，头绪纷繁。凡章程告示及各项表册簿籍等件，应发各府厅州县者固多，各府厅州县申报于本处者亦复不少。文书来往全赖邮局传递足捷，以期速达。若稍迟滞，于筹办前途，贻误实非浅鲜。查邮政章程包裹类，如轮船铁道已通之处，长度厚可至二尺，重二十二磅；港轮船铁道不通之处，长宽厚各不得逾一尺，重不得逾六磅，寄费洋银三角。本处寄发各项文件均系按照邮局定章，照给寄费。惟恐各邮局或视为寻常函件，稍有延搁，致误要公。应恳宪台札饬税务司转饬管理邮政员，凡遇关于本处往返一切文件，遇目即递，毋得稍延片刻，并转饬各邮政分局一律遵办，以期迅速，而免迟误。是否有当，伏乞察核，俯赐批示祇遵。本处司道谨呈。

督宪张批：折禀悉。已札饬广州邮政司，于该处专设收信所，随时接递函件，加紧办理并令通饬各处分局，一律遵办矣。仰即知照。

通饬各属遇选举事宜从速电告邮寄札文

为录批札知事：宣统元年正月二十五日，奉两广总督部堂张批本处具折，凡关本处来往电文，请饬电局速发由。奉批折禀悉，已通电各属电报局，凡遇该处与本省府厅州县来往电文务速照发，毋稍延误矣，仰即知照。又本处具折，凡邮寄函件，请饬速递由。奉批折禀悉，已札饬广州邮政司。该处专设收信所，随时接递函件，加紧办理，并令通饬各处分局，一律遵办矣，仰即知照各等因。奉此。除遵批办理外，合就札饬。札到该府、直州，即便知照，嗣后遇有关选举一切事宜，务须从速先行电告本处，一面将应行邮寄各文件，交由邮政各分局加紧递送，仰即转饬所属一体遵照，均毋违延。切切特札。一札各府、各直隶州云云同上等因。奉此。除遵批办理外，合就札饬。札到该直厅，即便遵照，嗣后遇有关选举一切事宜，务须从速先行电告本处，一面将应行邮寄各文件，交由邮政各分局，加紧递送，毋稍违延。切切特札。一札各直隶厅。

照送各总会社绅董章程告示各件由

为照会事：案照本处奉督宪札开，广东应设立谘议局筹办处等因，当遵于正月十六日开办，所有开办大概情形，业经申报及分别移行各在案。查谘议局为预备立宪之机关，而选举议员尤为本处应行筹办之急务，事体最为重大，头绪又极繁多，钦限綦严，为时迫促。现本处筹办伊始，先将应办一切事宜，订立期限清单，饬属分期举办，计日成功，务期不逾九月初一日成立之限。惟事属创始，通省人民程度高下不齐，于选举章程，苟非先事讲明，难免临时阻碍。现经本处将奏定章程印刷多分，广为分布并奉督宪出示晓谕在案。贵绅绅董等情殷桑梓，具抱热诚，其余办理选举各事宜，尤与绅商学界有密切之关系。除将章程告示期限单各件分别照送外，相应备文照送贵社、总会、善堂烦为查照。并希知会各分会、各属善堂公同协力，劝导鼓舞，务使通省各地方人人皆知选举权利，踊跃争趋，以收指臂相联之助，实为公便。须至照会者。一照会各善堂、商会、绅董。

本处议绅致各属绅董通函

公启者：省城设立谘议局筹办处，筹办选举一切事宜，业于正月十六日开办。查谘议局为议院之基础，议员有与闻政事之权利，关系人民最为密切。现经筹办处将选举一切条告章程札发各府厅州县，饬令次第赶办，不得有逾限期。惟选举事宜，系属创始，各属士民，于谘议局之性质与议员之利益，恐不能一律了解，或以调查财产疑为抽捐，或已被选议员多方诿卸，种种误会在所难免。自非官绅合力，上下相维，深恐观望迟延，致逾定限。素仰贵绅梓乡望重，里闬称贤，用特函恳台端，将谘议局章程广为传布，与乡僻士民说明议员之荣誉及选举权之不可放弃。其章程第三条所载五千元以上之营业资本及不动产者，不过藉以调查选举资格，并非为派捐地步。务使人人欢欣鼓舞，恍然于朝廷重视舆论至意，踊跃争趋，速将选举应办各事宜实力筹备。所有办理情形，并望随时详细函知，径寄筹办处转致，是所企祷。广东谘议局筹办处议绅：吴道镕、张振勋、邓华熙、丁仁长、杨枢、李庆莱、陈如岳、梁诚、黄葆熙、戴鸿宪、郭乃心、易学清、吴应扬、李渊硕、邱逢甲、郑邦任、罗光廷、江孔殷、劳肇光、潘宝珩、许炳耀、余乾耀。

奉札移知各巡道兼充本处会办文

为移会事：宣统元年二月十八日，奉两广总督部堂张札开，照得广东现设谘议局筹办处，派委藩学臬运为总办，王道为会办，遴选公正明达各绅会议，奏明办理，业经分别咨行在案。此项新政创办伊始，各属或稍存徘徊观望之心，即不免坐失时机之虑，亟应派员督率，以免贻误。即以各巡道兼充该处会办，就近督催所属各府厅州县，按照该处办事期限清单，将应办各项事宜刻期举办，计日成功，毋得须臾延缓。除札各巡道遵即督率办理，并随时将所属办理情形报查外，札处知照。并将所定各项章程单表由处移送各道查核等因。奉此。查本处奉发章程告示并编订期限清单及各要则简章表件业已另文移送在案，兹奉前因，除分别移知外，合就移会。为此合移贵道，希为查照督催所属办理一切，并随时将所属办理情形移报查核，请勿延缓，望切施行。须至移者。一移各巡道。

移送各巡道章程告示各件由

为移送事：案照敝处前奉督宪张札饬设立。所有开办日期及办理大概情形先经分别移行在案。现查敝处筹办处选举，业将奉颁谘议局章程、议员选举章程，先后排印成帙。暨奉督宪出示晓谕，并经敝处编印办事期限清单及各种细则、表册以为各属办理选举之依据。除分行饬遵外，理合将章程告示及各种文件备文移送贵道，请烦查照施行。须至移者计移送谘议局章程、议员选举章程各种。一移各巡道。

札发各府、直隶州票匦及匦式纸由

为札发事：案照谘议局议员选举章程第三十八条，初选监督应按照定式制成投票匦，于选举期十日以前分交各投票所。又第七十一条文内称，复选投票匦定式与初选同各等语。查此项匦式虽经奉宪政编查馆颁发，但祇就图式阅看，诚恐或有误会，以致式样参差，殊非慎重选举之道。现经本处如式制造成匦，分别给发一具，于各府、直隶州并附发匦式二纸，以资印证。至式内声称投票口高五寸一语，已经本处核明，制造不必拘泥原图。所有各属内各初选区每区应分划投票所若干，即应需用投票匦若干，为数正多且重大之件，碍难邮寄，应由各该复选监督，迅饬所属刻日查明初选区内应设投票所若干，详晰申报。即由该复选监督按照全属内共需用投票匦若干，具速行如式代为制造。先期发给各属，以便初选投票之用。其制造此项票匦费用，应准各该复选监督据实开报，移请藩台核明，分别划还拨抵，以资办公而重选政。除分别札发外，合就札饬。札到该州府，即便遵照办理，毋稍违延。切切特札。计发投票匦一具，投票匦式二纸张。一札各府直隶州。

札饬会同驻防选举管理员办理专额选举由

为札饬事：宣统元年正月二十八日，奉两广总督部堂张牌开，宣统元年正月十二日准署理广州将军满洲副都统孚、汉军副都统庄咨开印房，案呈宣统元年正月初一日准督部堂咨开，宪政编查馆沁电内开，光绪三十四年十二月二十三日本馆具奏京旗驻防专额议员选举事宜一折内开，各省驻防由将军都统、城守尉就驻防旗员中，于投票开票管理员外酌派会办选举管理员一员，会同该管地方办理旗人选举。所有颁发告示及知会等件仍由各该地方官专办，以免纷歧。奉旨依议。钦此。除咨行外，希即迅转各将军都统及驻防衙门饬属遵办等因，咨会前来，呈请派员。随奉委派协领高冠兰充当会办选举管理员，会同地方官办理旗人选举事宜，理合呈请咨会督部堂查照办理等情。据此，相应咨会查照办理等因到本部堂。准此，合就檄行仰处即便转行地方官查照，会同办理，毋违等因到处。奉此。合行札饬。札到府县，即便遵照会同办理，毋违。一札广州府南海县。

移会驻防选举管理员知照另设驻防投票所由并札

为移会札饬事：宣统元年二月初二日，奉两广总督部堂张札开，准宪政编查馆俭电开，驻防拟另设投票所一节。本馆查核事属可行。所有各省向有满城地方，可酌划为一投票区设匦，以便初选投票。至开票所仍照章不得另设。除咨复外，希即迅转各将军、都统及驻防衙门照办等因。除分咨外，札处即便遵照等因到处。奉此。除札广州府南海县遵照外，合就移会，为此移请贵会办，希为查照办理施行。一移会驻防会办选举管理员协领府高等因到处。奉此。除移会驻防会办选举管理员查照外，合就札饬。札到该府县，即便遵照，毋违切切。一札广州府南海县。

二、广东谘议局筹办处第二次报告书

札饬会勘东门外马车厂后菜地为建造谘议局由

为札饬委事：照得谘议局定限九月初一日成立，为时极迫，所有建筑等事亟应赶紧经营。兹查东较场之北马车厂之后，有鱼塘菜地一段，地势开敞，且当孔道，以之建筑谘议局甚属相宜。本月二十二日，业经督宪张（即张人骏）、将军宪增，会同本处各议绅前往履勘，指定该地为建局基址。凡界线以内官地，应即一律搬迁，民地应即给价收用，以便多鸠工匠，刻日兴建，以期无误九月开会之期。合行札饬委。札到该县员，即便会同委员许令寅森、番禺县查明指定界内地方，计官地民地各若干丈，即行出示晓谕。如本系官地而现有居屋者，酌给迁费，令其刻即迁移；若系民地，令速呈验契，据照实给价，即由公家收用。谘议局为全省人民与闻政权之地，与全省人民利害关系至大且重。界内业户务速呈契领价，共图公益。限札到十日内按照指定界线，分别官地、民地，妥速办竣禀复，以便召匠勘估兴工，毋得刻延干咎。切切特札。一札番禺县补用知县许寅森。

呈请札委邓直牧焯森经理勘估工程事宜说帖并奉批由

窃谘议局地基前因各议绅谦让，游移迁延已久。昨经宪台召集特别会议，即日前往履勘，众议佥同，决定东较场北边地段为建筑谘议局之用。本司道等当即一面札饬番禺县周令汝敦，查明所绘地图界线以内官地、民地各若干丈。本系官地，现有居民者给费，即令搬迁。如系民地，令速呈契给价，由官收用。又查许令寅森历经办理购地事宜，均称妥协，并即札委该令会同番禺县周令办理购地等事，限于十日以内一律办竣禀复。一面邀令制造局坐办委员邓直牧焯森，到局详细商定，将谘议局建筑议事厅及各房屋长阔丈尺，布置周妥，先绘平面丈尺草图，以便刻期多召工匠，分别勘估，再行择日开工。惟谘议局为中外观瞻所系，规划固应周详，工程极为浩大且为期极迫，缔造良难。非有熟悉工程，办事敏捷之员经理勘估、监工等事，恐不免经营迟滞，致滋贻误。查该直牧与职道共事有年，深知其人办事结实，于工程尤夙研究。拟请宪台俯允，专札即委邓直牧经理勘估监工事宜，并由本处添委一二委员司事等帮同办理一切，俾期迅速而告厥成。再闻制造局拟委该直牧再行管解枪枝入都，自是藉资熟手起见。惟查该局此次所解枪枝无多，拟并请宪台饬该局另拣妥员管解，并加派工头一二名以资应用，似不至有误要差。俾该直牧免其管解进京，得以专心经理建局工程，实为公便。本司道等为慎重紧要工程，为事择人起见。是否有当，伏乞宪台察核，俯赐批示祇遵。司道等谨呈。

两广总督部堂张批：如拟办理，并即移会制造局知照可也。折存。

督宪致端午帅电

南京端制台鉴：贵处赴东调查谘议局建筑办法人员想已回国，敝处亟资则效。请饬将图式办法绘抄一份，迅赐寄示。至感。

督宪致陈筱帅电

武昌陈制台鉴：贵处赴东查考谘议局建筑样式人员谅已返鄂。请饬照绘一份并抄经费办法，祈速寄示，俾资则效。至感。

呈详据金溥崇等折呈鱼塘菜地作价报效建筑谘议局准予刊碑呈请酌给奖由

为详请事：宣统元年三月十二日，据留学日本毕业生番禺金溥崇、金溥芬呈递。节略。内称：窃学生兄弟前因游学日本，所有自置屋铺契据不能不随带往，嗣在日本同文书院毕业，由岑云帅咨拨溥芬入商船学校留学。惟上年因病在医院调理，医费极繁。虽蒙监学恩给而所欠尚钜，未能清理。昨年同乡陈君概允借资，俾得全行清理。惟筹还此款必需时日，即暂将自置大东门外田契二纸，交陈友收执作据，以昭信实。今年接到家信，闻要将该契田地圈建谘议局，嘱速寄契据回粤，托人呈验等语。在学生当日置田之志，早料其地必兴旺，故不惜重资购买，为异日集资建祖祠，设家族学堂之用。上年众善士议购此分建方便医院，又英人议在此建礼拜堂医院，均托人来说，允出每壹井地计价银壹拾两。学生亦不肯售让，明知此地日后断不祇值每井壹拾两之微。盖马路一成，则其地实亦不让于堤岸也。今上宪既择建谘议局事，为全省公益，学生固不敢梗阻，且私心亦极赞成。兹欲恳求照方便医院所议之价，每地壹井计价银壹拾两，需地若干即照算价若干，其所得之价银即作全行报效。将来刊立谘议局碑石，叙明此地由学生送出至为荣幸。其能否援案请奖之处悉听候宪裁。其粮税则请咨县所圈入谘议局地若干，准由学生照数割税拨回谘议局自行完纳。惟除建谘议局以外，则寸田尺地，无论官绅皆请勿照此价强令相让。盖恐别人为营利之故而迫学生失其固有之权利，实所难堪也。至所有契据，接信后即往陈友处取。恰陈友偕一外国人同游欧美，俟其回来再行取回寄呈。如何之处伏候宪示遵照等情。据此，查本处前以谘议局成立期近，因将择地建局一事于会议时迭次提议，并遍查城厢内外居民稠密，苦无空阔适宜地址。嗣由测绘学堂提调罗倅照沧觅得东较场之北鱼塘菜地一段，尚属相宜。又以各议绅意见不同，谦让游移，以致久而未决。闰二月二十二日，蒙宪台召集特别会议，并即日偕同各议绅亲往履勘。于是众议佥同，始决定该地为建筑谘议局之所。当经本处札饬番禺县周令汝敦，按照测定地图界线圈出建局地段，立标为识。查明界内官地而现有民居者，酌给迁费，饬令搬迁。如系民地，即令呈契给价由官收用，限于十日以内办妥。适查得东沙马路工程局委员许令寅森，于东门外购地情形颇熟悉，经即札委会同番禺县周令办理购地事宜，并具说呈请宪台俯允。派委邓直牧焯森经理勘估、监工等事各在案。至建局需地广长数，目前约计需地三十亩之谱。应俟建筑图式绘妥，布置大定，乃能决定亩数多寡。兹据该毕业生金溥崇、金溥芬节略所称各节，洵属急公好义。当此库款支绌之时，而建局要政刻不容缓。士民有一分输将，公家省一分罗掘。拟请宪台俯允，于谘议局成立之后，准予刊碑。由本处札饬番禺县周令，查明建局需地丈尺亩数，照数割税。核计应该地价银若干，并查明该毕业生年岁、三代履历，禀由本处详请宪台酌量奏请优加奖励，明以励其急公之志，隐以导其爱国之思，于办理新政前途不无裨益。再建局界线以内，有民房铺屋五间，润身社茶寮一间，马车厂一间，厕所二间。拟饬番禺县周令查明酌给迁费，令其速即搬迁。其鱼塘菜地向有养鱼种菜之人，一并给予鱼秧菜种之费，令其另行觅地以图生计。此外，东洋车停车场亦即易地妥为安置。所有毕业生金溥崇、金溥芬，报效建筑谘议局地价银两，请准予刊碑并酌量请给优奖。及界内之民房、鱼塘、菜地、铺屋、茶寮、马车棚厂、厕所一律酌给迁移等费各缘由，理合详请宪台察核，俯赐批示祗遵。须至详者。一详督院。

札饬遵照奉批给费饬迁并转饬金姓业主知照由

为饬遵事：宣统元年四月初二日，奉两广总督部堂张批本处呈详，据番禺县留学日本毕业生金溥崇等，折呈鱼塘菜地作价，报效建筑谘议局，准予刊碑奏奖，呈请察核批示由，奉批据详。已悉留学日本毕业生金溥崇等，报效建筑谘议局地段亩数如详，准予刊碑，按地价银两酌量奏请优奖。其余界内民房、鱼塘、茶寮、车厂、厕所等项，并准一律酌给迁费，鱼秧、菜种估价给还，饬令另行觅地以图生计。至东洋车停车场亦即易地妥为安置，以示体恤。仰即转饬番禺县遵照此檄等因。奉此。合就札饬。札到。该县委员即便遵照会同许令、番禺县将建筑谘议局地址，除金溥崇等地段作价报效外，其余界内民房、鱼塘、茶寮、车厂、厕所等项，一律酌给迁费，鱼秧、菜种估价给还。饬令刻日觅地搬迁，以图生计。至东洋车停车场，亦即易地妥为安置，以示体恤。迅即妥议酌给各费，出示晓谕，俾各居民人等速行领费，限日搬迁，并即转行业主金溥崇等知照，毋稍玩延。切切。计粘抄详稿一纸。一札番禺县委员许令寅森。

申报建局工程浩大札委魏令华烈帮同办理由

为移知申报札委事：宣统元年闰二月二十八日，奉宪台两广总督部堂张批本处折呈委员办理谘议局工程由，奉批如拟办理，并即移会制造局知照可也。折存等因。奉此。当经遵照札委邓直牧焯森，先将建筑谘议局议事厅及各房屋长阔丈尺布置周妥，并认真经理勘估监工等事在案。查谘议局定限九月一日成立，为时极为迫促。现定建局地址须先填塘奠基，始可经营建造，工程浩大，事体极繁，应即添委一员帮同邓直牧驻处办理监工各事，以期迅速而免贻误。兹查有广东试用知县魏令华烈堪以派委，除札委外理合申报宪台察核，为此备由具申，伏乞照验施行。一申督宪。

云云同上。堪以派委除申报及札委外，合就移知，为此合移贵司衙门，希为查照施行。一移藩司衙门。

云云同上。兹查有该员堪以派委，除申报督宪察核及移藩司衙门查照外，合就札委。札到该员，即便遵照常川驻处，帮同邓直牧焯森办理建筑谘议局监工各项事宜，认真经理毋负委任。切切。一札委员广东试用知县魏华烈。

承建谘议局工程条告十四则

计开：（一）各匠店分承建造谘议局，必须工坚料实，出具切结，保固五年内无倒坍等事。倘偷工减料，不能坚实，以至限内倒坍，该匠当照式赔修。届时如有避匿远飏，或改换店名，意图规避，定行饬县拘拿本人及本人之子到案，饬令赔修，仍令依限出具切结方能了事。其或遇意外之灾以致倒塌者，自与该匠店无涉。（二）粤中工程，每有原承之家转批别店包造，以致展转剥扣，工程不堪再问。此次谘议局工程必须声明，原承匠店自行建造，不得转批别店蹈以大包小恶习。倘经查出，即将该匠店从重议罚究办。（三）每次运到各项物料，须就近报明监工员司呈验。各项式样系属相符，眼同搬运到工，查记数目登簿，以便领取银两。领银后如用各项物料亦须报明监工登簿领用，不得无故任意搬动。（四）木料以北江杉木为主。册内均须声明，如有杂江臃肿不中绳墨，以及多节弯曲细小不堪之木一概不准搀用。倘经查确，定行议罚，勿得异言。（五）一切木料搬运到工，须由监工员司眼同锯刨，不得在别处配成运来，违者除将来料退回并酌议罚。其窗格、门扇、横楣、通气条、檐牙等项不在此限。（六）册开各项物料，如有遗漏或须更改，该匠目尽可先行补开陈明。倘应用物料失于补开，及章程内已开之料，该匠目自己漏开，日后均不得藉口称册内并无此料，不允承办。总以遵照原定章程建造，不以该匠之册为凭请增价值。先此声明以免后议。（七）册开砖瓦、木石、石灰及各项物料均有尺寸、式样、成色可核，估本亦有时价可稽，该匠不得任意浮开。譬如石开二丈，日后丈量祇有一丈五尺，当扣五尺所值银两。倘照册多用数尺，亦当按用多之料照补，俾昭平允。倘尺寸、式样、成色与册不符，定行剔出另换。如有意图蒙混，定行重罚。（八）所钉椿木长短粗细，未钉之先，须先告知，在工员司会同量过，方准开钉。设所定之椿原议计长四尺，如临时因地脚松浮改为六尺，则照加二尺所值银两。如定六尺因地脚坚实，改为四尺，照扣二尺所值银两。惟须量验后各登簿据比对，免后争论。（九）钉椿后凡安盖石胚或拌盖洋水泥与三合土时，须就近请监工员司复点一次，共椿若干条如数符合，用簿登记，然后盖填。如并未告知径行盖填，则将所钉椿数罚扣，以警玩忽，该匠无得异言。（十）册开每座宽深丈尺均系包皮，至桁数则照内度。所有应用各料尺寸均照册开之数交足。一切办法必须按照册开依造。其由本局改易者，临时酌量增减。（十一）每次领款由工程所缮具领纸交该匠自赴本局请领，每百两照章扣部饭银六两。考察工程之迟速及物料之多寡酌拨银数发给，后即由工程所牌示头门以昭核实。至各匠目领到工料银两之后，即须交付铺店发给散工。如有将所领工料银两勒不交给，倘经铺店工人禀揭，经本局查明属实，定当酌量惩办。（十二）承造之匠必须常在工次督率照料，不得远离，致误要公，违者加重议罚。倘因购料等事往来，必须豫告日期。（十三）估定价值，除照章每百两核扣部饭银六两外，余并无丝毫扣费。该匠目如有在本局及工程所员司行贿，希冀建造草率者，一经查出罚银五百两充公，情重者送县究办。本局及工程所员司亦不得向其索贿。如员司有因需索不遂，故意挑剔，准该匠目等指名禀揭，决不姑宽，各宜懔遵。（十四）该匠店等承造谘议局工程，所以必须分区包办者，原为速成起见。兹定限八月十五日一律完工，油饰装修在内。各匠店务宜依限赶造，不得逾限，违者定行酌量议罚。再石工向来疲玩，此次如敢故违，定行从重处罚。至各段工程如有两家交接地方，均须彼此会商办理完善，不得互相推诿，违者一并处罚。

札饬遵照查收李七记等业户铺价银两给领具报由

为札发事：现据该县委具说内称，窃知县等奉委收购大东门外马车厂后建筑谘议局地址，除金姓塘地已经该业主金溥崇等具禀宪局，呈请报效该地，各耕户应领鱼苗、补种及拆迁、耕寮、水厕等项，亦经知县寅森按照东沙马路成案核定，共银三百七十五两三钱二分。取具各耕户领状呈奉宪台批准照发外，其栅口店铺六间，一间为李七记之业。现据该业户禀称，原契因债在石室教民处押银二百两，经知县汝敦函询教士属实，数目亦符，应请宪局发银二百两下县，由知县汝敦函送教士代为赎取。一间为苏应樵之业，业主现在出外佣工，其原契买价不过六七十两。三十一年，知县寅森开办东沙马路时，曾经验过。现在尽可先行拆用，俟将来该业主缴到契据，再行给价。四间为刘仁和堂之业，所有印契已据该业户缴经知县寅森验明，共价银四百一十两零八钱一分。合将原契缴呈核鉴，拟请宪台饬将此项屋价照契先行核发，以便转给，俾免各租户观望。至各租户禀求迁费者，无不各存奢望，现在磋议，一俟议定数目，再行开单，另禀请示办理。计呈缴刘仁和堂印契八张等由到处。据此查缴来刘仁和堂契八张，验明契价相符，应存本处备案。至苏应樵之店铺一间，据称业主出外佣工，其原契买价不过六七十两，可先行拆用，将来缴到契据再行给价，应准照办。合将李七记店铺一间，应代为赎取银二百两；刘仁和堂店铺四间，共价银四百一十两零八钱一分；合共银六百一十两零八钱一分。札发札到该县委等，即便遵照，照数查收，会同分别妥为代赎转给，迅速办理。详细列单具报，毋违。一合札番禺县周令汝敦，委员许令寅森。

呈请核定建筑选举各项经费说帖并奉批由

窃本处筹办谘议局一切事宜，所有谘议局未成立以前应需各项经费，自当通盘筹划，以免临时支绌。综计应需经费分三大纲：一本处筹办经费、二建局经费、三各属选举经费。兹查本处筹办经费，业奉宪台批行，饬在司库筹拨，奏请作正，开销在案。其建局经费原拟官垫绅还。各属选举经费亦拟仿照各省办法，由公家稍为补助，以期办理迅速，聿观厥成。现查度支部咨宪政编查馆文开，内阁抄出直隶总督杨奏创办谘议局筹办处一折，请将建局经费及各属选举经费均作正开销等语。查谘议局所需建局一切经费自应照准作正开销。惟现在款项支绌，各属选举经费概由司局筹拨，公家财力实在未逮，仍应由各属就各该地方旧有公款自行筹备，以期众擎易举等因。是建局之费，直隶既奉准作正开销。粤省事同一律，似应照办。惟建造谘议局及制备局中一切应用器具，从少豫算需银约在十万元以上。曾经两次提议，各议绅咸拟请官先垫，再由绅士缴还归款。今既有直隶奉准作正开销明文，则绅还之说似不足恃。但此项建局经费为数甚钜，值此库款奇绌，指拨颇难，应否令士绅报效，或择大宗捐项酌量加抽，或由各库分筹，以济要需。且为时已迫，亟应早日兴工，庶免延误，应请宪台迅行核定示遵。至选举经费，查各省大都量为补助，以示体恤。如直隶、奉天两省，初选区给经费银三百两，复选区给经费银三十两。山东初选区给经费银一百六十两，复选区则无。湖南则按幅员广狭，分初选区为四等，一等每区给经费钱六百串文，二等每区给经费钱五百串文，三等每区给经费钱四百串文，四等每区给经费钱三百串文，复选区则一律给经费钱五十串文。盖各省情形不同，故所给经费数目微有差异。粤省日用昂贵，甲于他省。此次各属办理选举事宜，如设立事务所，调查造册，投票、开票及调查、管理、监察等员，置办一切，暨夫马火食，在在需款，用费浩繁。且年来各项新政，次第举行，纵令公款稍有赢余，多已悉索提用。至各项捐款已成弩末，更不宜向民间摊派，致扰闾阎。再四筹商，若以举办此项要公，专责各属就地筹拨，深恐或因款项无着，推诿延宕，致误定期。拟仿各省办法，酌量补助。分初选区为三等：一等给经费银三百五十两，二等给经费银二百五十两，三等给经费银一百五十两，复选区一律给经费银五十两。此系从十分撙节订拟，为数已属不赀，究应如何办理之处，统乞宪台察核，俯赐批示祗遵。本处司道等谨呈。

两广总督部堂张批：说帖已悉，建设谘议局经费既经直隶总督部堂奉准作正开销。广东事同一律，自未便执官垫绅还之说，致滋筑室道谋，迁延躭误。现拟择地何处，仿何式样，制备器具若干，应即从速估计，绘具图说，由各库通筹办理。一面仍请在处各议绅，向绅富殷商量劝资助，以期速集竣工。至各属选举经费，本应在地方筹措，惟恐因款项无着，推宕误期，亦系实情，按所拟等级给费。有无的实指项，或先为拨垫，嗣后仍责成各属设筹归垫。抑须分别饶瘠，饶区着令自筹，瘠区量予补助，一例克期责办。仰该处司道妥商议绅，核办具报，毋延。切切。原折存。

遵批呈核拨助各属选举经费清折并奉批由

窃宣统元年二月二十九日，奉宪台批据本处具说，议请核定选举经费由。奉批各属选举经费，本应在地方筹措，惟恐因款项无着，推宕误期，亦系实情，按所拟等级给费。有无的实指项，或先为拨垫，嗣后仍责成各属设筹归垫。抑须分别饶瘠，饶区着令自筹，瘠区量予补助，一例克期责办。仰该处司道妥商议绅，核办具报，毋延。切切。原折存等因。仰见宪台规划周详，体恤下情，无微不至，钦感莫名。本司道等遵即会同各议绅筹商，佥以各属办理选举，所有设所造册等费暨分给调查员夫马火食一切费用，需款浩繁。迩年来迭行新政，出款日增，无论瘠苦之区，固属力有未逮，即从前著名饶缺地方，稍有余款，亦已挪用几穷。此次办理选举经费，已奉度支部咨复宪政编查馆转咨直隶总督，不准作正开销等因。广东事同一律，自应责在地方筹措。但各属艰穷，情状早在宪鉴之中。其著名瘠区者，固须量为补助；其余各缺或地方寥阔，而事务复繁；或事稍单简，而交通未便；更有地虽不广缺尚称饶而户口殷繁，事项众多，用费即因而浩大者。如广属之南顺等县，潮属之海潮等县，调查员数动须数十，每员夫马二三十金，统计此项经费大约必须千余两上下。似此为数正多，若全数责令自筹，恐不免势成竭蹶，且或藉此向民间科派，致滋扰累。再四筹思，拟请将各属分别饶瘠并参酌幅员之广狭与事务之繁简，就此三义，悉心斟酌，折衷定议，区为三等，酌量补助。另列清折，呈请宪鉴。其第一等拟给银三百五十两，二等拟给银二百五十两，三等拟给银一百五十两，至复选区一律拟给银五十两，统计各府厅州县此项补助银两已在二万两以上。虽在公家财力支绌，指拨良难，然各属赔垫已多，得此非无小补。可否仰乞宪施准，饬司局妥筹拨给。如蒙俯允，应由本处通饬各属，经此次补助之后，所有不敷之数，应令会商本地绅士，各就地方闲款、公项筹用。如再不敷，即责成各该地方官赔垫，断不准藉端捐派，以为民害。想各该属身膺民社，大义难辞，且具有天良，既蒙格外宪施更必感而思奋，庶一例刻期责办，无误要公，于办理选举前途裨益匪浅。是否有当，伏候宪台察核，俯赐批示祗遵。筹办处司道等谨呈。计黏呈清折壹扣。

两广总督部堂张批：说帖及清折均悉，如拟办理，仰即备移司局妥筹支给，并由处通饬各属遵照。折存。

谨将酌拟补助各府厅州县选举经费银两分等列折恭呈宪鉴出

计开：

一等初选举区　　每区补助经费银三百五十两

南海县　新宁县　从化县　连平州　开建县　遂溪县　番禺县　龙门县

临高县　封川县　海康县　徐闻县　始兴县　平远县　镇平县　信宜县

仁化县　乳源县　翁源县　和平县　长宁县　陵水县　感恩县　昌化县

连山直隶厅　嘉应直隶州本管地方　罗定直隶州本管地方

南雄直隶州本管地方　连州直隶州本管地方　崖州直隶州本管地方

共计一等三十厅州县，合补助经费银一万零五百两。

二等初选举区　每区补助经费银二百五十两
茂名县　海阳县　新安县　乐昌县　广宁县　开平县　曲江县　英德县
河源县　大埔县　丰顺县　四会县　高明县　恩平县　吴川县　定安县
龙川县　高要县　琼山县　文昌县　阳山县　防城县　万　县　永安县
惠来县　会同县　乐会县　儋　州　西宁县　长安县　南澳直隶厅
佛冈直隶厅
共计二等三十二厅州县，合补助经费银八千两。

三等初选举区　每区补助经费银一百五十两
顺德县　增城县　香山县　花　县　新会县　三水县　清远县　归善县
博罗县　揭阳县　灵山县　澄迈县　东安县　海丰县　陆丰县　东莞县
新兴县　阳春县　电白县　化　州　饶平县　澄海县　普宁县　鹤山县
德庆州　石城县　合浦县　兴宁县
赤溪直隶厅　阳江直隶州本管地方　钦州直隶州本管地方
共计三等三十二厅州县，合补助经费银四千八百两。
以上初选区总共九十四厅州县，合补助经费银二万三千三百两。

复选区　每区合助经费银五十两
广州府　肇庆府　惠州府　潮州府　韶州府　高州府　廉州府　雷州府
琼州府
嘉应直隶州　罗定直隶州　南雄直隶州　连州直隶州
钦州直隶州　阳江直隶州　崖州直隶州
以上复选区共十六府州，合补助经费银八百两。
又驻防选举经费拟比照三等初选区补助银一百五十两。
统计初复选区连驻防共一百一十一处，合补助经费银二万四千二百五十两。

移行遵照奉批酌拟补助各属选举经费由

为移请饬遵事：宣统元年三月初一日，奉两广总督部堂张批本处折呈补助各属选举用费由，奉批说帖及清折均悉如拟办理。仰即备移司局妥筹拨给，并由处通饬各属遵照，折存等因到处。奉此。除移藩司衙门、运司衙门、善后总局、厘务总局及分行外，合将酌拟补助各府厅州县选举经费银两分等表一分移送。为此合移贵司衙门局，希为查照，妥筹拨给，望切施行。一移藩司衙门、运司衙门、善后总局、厘务总局。

云云同上等因。奉此。除移行外，合就札饬。札到该府州厅县即便遵照，毋违。切切。计粘抄酌拟补助选举经费表一分。一札各府直隶州厅州县。

申报饬驳南雄州请弛禁江西来粤牛只抽捐补助经费由并札

为申复札饬事：宣统元年三月十七日奉宪台督宪张札开，宣统元年三月初七日，据南雄州宋署牧寿嵩阳电禀称，奉拨选举经费未到，且不敷用，亟须筹款补助。查江西来粤牛只，虽禁出境，仍有私运。现据牛商禀请弛禁，自愿抽捐以助选举经费，可否准行，乞电示遵等情到本部堂。据此。除电饬遵照外，所有电稿合就抄录札饬札处，即便转饬，遵照毋违。计粘抄电稿一纸等因。奉此。查此案同日据南雄州宋署牧电禀前由到处。据此。当以办理选举经费只可就地方公款筹用，原不可科派民间，何能以抽捐补助？惟禁运牛只出口一事，本处无案可稽。经即函请藩司查案见复，以凭核办。旋准藩司函复内开：现接台函，据南雄州宋直牧电禀，选举经费不敷，拟弛禁江西来粤牛只，出境抽捐助费。惟闻前署州熊世池在任时，颇有轇轕，并有交涉，嘱即查明原委见复等因。查上年四月间，据署南雄州熊直牧，以合记公司违禁购运牛只出口，请给示禁勒碑，永远遵守等由通禀到司。嗣后未奉督宪批示是否批行，臬司衙门饬遵，亦未准移知有案来示，所云选举经费只可就地方公款筹用，原不准科派民间，洵属扼要之言。况牛只出境尤与别项不同，兹将熊直牧前具正副两禀照抄送呈察阅等语。随于三月十二日以本处筹议，均以办理选举，如实因补助经费尚不敷用，只应就地方公款筹划，不宜藉以抽捐。况此事经熊前署牧禀请勒石永禁，此中尤多轇轕，所请应毋庸议，电饬该署牧遵照在案。正申报间，适奉前因除转饬遵照外，理合将本处先行电饬及遵札转饬遵照各缘由，具文一并申复宪台察核。为此备由具申，伏乞照验施行。须至申者，一申督院等因。奉此。

查此事本处前经电饬遵照在案。兹奉前因合就札饬。札到该直牧，即便遵照毋违。计抄电稿一纸。一札南雄直隶州。督宪电南雄宋署牧阳电悉。前据该州禀，商人郭瑞生拟赴江西运牛来粤售卖，岁缴学费一千三百元。经善后局会同司道以利少害多，未便照准，详复饬遵。今商人又请抽收江西来粤牛捐，以助选举经费，难免蹈郭瑞生故智。选举需费已有补助之款，短当亦无多。此项牛捐既有窒碍，自难再办。督庚。

呈请电询宪政编查馆核复条议说帖并奉批由

窃本处自开办以来，迭经督同处员将奉发谘议局章程、议员选举章程暨解释汇钞，逐条研究，酌拟办法，催饬各府厅州县赶速办理选举、调查各事。现据各属驰报，有拟请酌量变通及应行请示者四事，理合具折呈请宪台察核，俯准电询宪政编查馆核复，以便遵办。司道等谨呈。

一、广东连山直隶厅本无属县，遵章应附韶州府复选。现据该府电禀，韶连相距过远，文牍往返，节节需时，深恐有误选举期限等语。查连山厅与连州辖地毗连，从前岁科试均附属应考，可否酌予变通，以连山厅改附连州直隶州复选，以免稽迟?

二、案谘议局章程第三条第五项之有五千元以上营业资本及不动产者，以在本省地方为断。惟查粤东经商外洋及港澳之商富，欣闻明诏开办选举，多以得与选举权为荣。然此项人等，每多拥资累万，而其本籍间有不及五千元之数者，可否量予变通？如查访确实，准照第三条第五项之资格办理。

三、案解释汇钞内复川省电，营业资本及不动产以所纳捐税为标准，但捐税所纳数目，应以若干为合格？

四、近拟建筑局，其议事厅图式，查各国形式不一。现各省甫议建造，闻有派员前赴日本考查者，有向宪政馆请颁图式者。究应如何方为合法，应否请颁发此项图式，以资仿造，抑或由粤省酌度建置？均请电复遵办。

督宪张批:说帖均悉,所论四节,已电宪政编查馆请示遵办矣,仰即知照。折存。

督宪札知准宪政编查馆复建筑谘议局办法电

督宪张札：宣统元年三月初四日承准宪政编查馆江电。内开：各省财力厚薄及谘议局议员人数多寡各有不同，所筑谘议局议事厅或从新创设或就改造均无不可。其新建者则宜仿各国议院建筑，取作图式，以全厅中人能彼此互见共闻为主。所有议长席、演说台、书记席暨列于上层之旁听席等皆须预备。若改造者亦应略仿此意办理，至议员席须照现在该省议员额数加多，以为将来酌增议员之地步，其工程无取过事华美，亦须备有规模，以求适用，而具观瞻等因。到本部堂。承准此，合就札饬。札到该处，即便遵照办理，毋延此札。

呈请电商学部改期考试优拔说帖并奉批由

窃查本年系考取优拔年分，于办理选举颇有关系。经本处函询提学司，定于何月考试优拔。旋准函复考试优拔定于六月、八月分别举行等由。当以本处办理选举期限清单定于六月初一日行初选举，七月初十日行复选举。考试之期适与选举同时，大有妨碍。复经本处函商提学司，可否展缓至七月底齐集，八月开考，庶几两有裨益。现准函复查考试优拔日期。前奉宪台札开：宣统元年二月二十三日准学部养电，开考试优拔试期应在暑假内举行等因。又奉学部颁发学堂假期表，本年暑假自五月十六日起至六月二十七日止。似此项试期系由部定，未便更改。昨拟八月考优尚须提前，惟与选举日期既有妨碍，应否稍为变通，自当电请部示。拟与本处会同具说，呈请宪台电商学部核复，以便遵办等由。窃以考取优拔与办理选举同为国家要政，均关紧要，俱不容缓。细译学部电文，考试优拔日期定于暑假内。盖以各学堂教员学生有准考优拔者，非在暑假之内，即恐有碍功课。惟选举事宜，系属创始，此项权利之观念尚未普于士民。而科试功名之心，久已成为习尚。现办理选举，士绅及有选举权者多有可以应考优拔资格，若同时并举，势不免纷纷希冀功名，而放弃义务，两事必致相妨，实于选举前途，大有窒碍。拟请将考取优拔日期展缓，七月底齐集，八月初开考，则应考者不必先期到省守候。而初复选举亦可赶办就绪，似此稍为变通，实属一举两得，裨益匪浅。本处与提学司往复函商意见相同，理合会同具说。仰恳宪台电商学部核复遵办，实为公便，是否有当，伏乞宪台察核，俯赐批示祇遵。再此件系广东谘议局筹办处主稿合并陈明。本司道等谨呈。

督宪张批：说帖均悉，优拔试期与选举期相值，自不无窒碍之处，已如拟电宪政编查馆学部核示办理矣。仰即知照。折存。

移藩学二司查照本处转奉宪政馆电复核准各条议由

为备移事：宣统元年三月初六日奉两广总督部堂张札开：案照连山直隶厅应否以连州为复选区，及粤商营业外洋暨捐税定率并优拔考试展期各节。前据该处逐条请示，业经转电在案。兹于三月初四日，准宪政编查馆电两件合就照录转行。札到该处，即便遵照办理，并移藩学二司知照毋违，计抄电稿一纸等因。奉此。除移藩提学司衙门知照外，合就备移。为此合移贵司衙门，希为查照施行。须至移者。计抄黏电稿一纸。一移藩司衙门、提学司衙门。

广东制台洪：勘电悉，连山直隶厅既向附连州考试，即就近以该州为复选区亦可，粤商营业外洋，愿回籍得有选举权者，应准变通入册投票，以示招徕。本馆前复川电所称，营业资本及不动产以所纳捐税为标准者，缘民人所有资本及不动产价格不能逐一调查，故不以捐税为准。查捐税名目各省不同，而其定率之多寡亦彼此各异。应以所纳捐税数目，按照本省现行捐税定率，查其资本及价值在五千元以上为合格。至谘议局建筑办法已另电达矣。宪政编查馆。江。

广东制台：勘电悉，优拔试期既难与选举期同时并行，应照来电展至八月初开考。除知照学部外，特电复。宪政编查馆。江。

分札饬知奉准电复以连山厅改附连州直隶州复选由

为饬遵事：案照选举章程，连山直录厅该厅本无属县，遵章应附韶州府复选。现据韶州府电禀内开：韶连相距甚远，往返不易，查连山科岁考向附连州，请援此例，以连山厅改附连州复选等语。经本处具说呈请督宪察核，电询宪政编查馆核复在案。旋于宣统元年三月初六日奉督宪张札开，案照连山直隶厅应否以连州为复选区，及粤商营业外洋暨捐税定率并优拔考试展期各节。前据该处逐条请示，业经转电在案。兹于三月初四日准宪政编查馆复电两件，合就照录转行。札到该处，即便遵照办理并移藩学二司知照毋违。计抄电稿一纸等因到处。奉此。除分别移行知照外，合亟将电稿抄录札发。札到该州厅，即便遵照，奉饬各节，将经连山直隶厅附入该州复选，连州直隶州为该厅复选监督，毋违。切切。特札。计粘抄电稿一纸。一札连州直隶州、连山直隶厅。

呈请会商核定驻防专额议员名数说帖并奉批由

窃查谘议局议员选举章程第一百八条“各省驻防专额议员之数，视该省驻防旧日取进学额全数，在二十名以内设二名，二十名以外设三名”等语。昨准提学司以广东驻防学额无定，向章六名到考，取一名，每届约取二十名左右，列折函复过处。现据南海县申缴驻防选举人名册前来，本处查核所申人数，计三百六十九名，转瞬举行初选，其应出当选人名数多寡，自当以先定设议员二名或三名为准，事关专额议员名数,本司道等为慎重选政起见,理合具说肃陈,呈请帅宪咨商副都统、将军、副都统核示,以便分别移行遵照办理。本司道等谨呈。一折呈督宪。

两广总督部堂张批：折禀阅悉，仰候咨商将军、都统核定见复。饬遵此檄。

移驻防会办管理员查照专额议员名数及分配初选当选人名数由

为移会札饬事：案据南海县将驻防选举人名总数申报到处。查贵驻防驻防选举人名总数计共三百六十九名，应即按照专额议员三名办法，分配初选当选人名数。除札广州府遵照办理外，合就移会。为此合移贵协领，希为查照办理施行。一移驻防会办选举管理员协领府高。除移驻防会办选举管理员查照外，合就札饬。札到该府，即便遵照办理，毋违。一札广州府。

详请通饬各属办理选举分别奖惩并奉批由

为详请事：窃本处筹办选举一切事宜，头绪纷繁，期限极迫，自开办以来督率在处各员逐日赶办，凡初选复选应用各项表册、细则、浅说等件，及派委各属司选员出发诸事均已一律依期完毕。至办理调查选举，责在初选、复选监督。本处固负筹办之任，亦难为越俎之谋。查期限清单定于六月初一日行初选举，七月初十日行复选举。经始之际，既已酌量变通，而屈指时期转瞬即是。各属议员名额，以选举人数多寡为分配之标准，必待选举人名册造成而后选举有所根据。此期一误，则议员名额无从分配，选举即势难如期。深恐因一县一州之因，循致生全体进行之阻碍，秩序稍乱，成立愆期，其能任此重咎耶？各府厅州县能识时务，对于选举一事，勉力奉行者固多，而固执已见，玩愒不前者，谅亦不免。拟恳宪台通饬各府厅州县，责令实心实力，务按期限清单所列事宜，刻期办竣。即以办理之迟速，以定功过。如能举办迅速，有条不紊者，准予优奖。其敷衍延宕，致累全局，分别记过撤参。各府州身任复选监督，有督催依限办理初选之责。如所属有玩误情事，应即一并加以处分，以资惩劝。致各府厅州县或因期满，或因事故，不免时有更调。当新旧交替之时，须按期限清单何事已办，何事未办，会衔禀报。不得稍存委卸，致干重咎。司道等为慎重要政起见，理合详请宪台察核，俯赐施行，并请批示祗遵，实为公便。为此备由具呈，伏乞照详施行。一详督宪。

督宪张批：已据详通饬各府厅州县遵照办理矣。仰即知照。此檄。

通饬遵照据长乐县禀初选开票不足额应援照苏省办法由

为通饬事：现据长乐县王令景沂飞足报禀称，近阅报载江苏各初（迁）〔选〕区开票，虽就投票实在人数折算，从无一次足额，往往至再至三，甚有及四次者。此间风气尤见闭塞，将来困难恐益加甚。所最虑者乡村各区，有资格人本少，放弃尤多。一次投票尚惧其裹足不前，渎至再三必无应者，耗时费财，皆所不计。诚恐终不足额，将无术以求其穷。再四筹思，拟请于初选开票后将不足名额若干，照章加倍开列，准即专在县城召集各区原投票人统行二次投票，附城人数稍多，届时再予设法招徕，或可勉冀足额。设再不敷，即照式再投以足额为止。如此略示变通，于定章无所违背。名额既显有制限，亦不至生弊端，而办理时可省无数周折。苏省各属多系照此办法，是否准予仿行，伏乞鉴核饬遵，实为公便等由到处。据此，当经本处以此次创行选举，初次开票或不足当选票额，重行投票自属意中之事。现查苏省既因初选不足额，即就初选监督所在地方召集再投。按之定章虽略有变通，尚非与条文抵触，应准仿行，以省周折。除电饬该令遵照并通饬各属援照办理外，合就札饬。札到该府直州，即便遵照，迅速分饬所属一体援照苏省办理，毋违。切切。一札九府七直州。

批杨沅等禀请以汕头另为初选区应不准行由并批府

广东谘议局筹办处批：据禀请以汕头另作为初选举区，自行选举调查，不归并澄海县办理等情。汕头虽属通商口岸，然土地人民皆有受治于地方之责，断无离官治而独立之理。据称该处商务繁盛，商民大都来自外县及外省者，所有选举调查各事虑有扞格等语。查奏定谘议局章程内开第四条"凡非本省籍贯之男子，年满二十五岁，寄居本省满十年以上，在寄居地方有一万元以上之营业资本或不动产者，亦得有选举谘议局议员之权"。又第五条"凡属本省籍贯或寄居本省满十年以上之男子，年满三十岁以上者，得被选举为谘议局议员"等因。是外省人寄居者如其合格均有选举人及被选为议员之权利，且该处通商日久，商务又素称繁盛，商民合格者必多，更不虑有向隅之叹。况选举各事必须地方官监督办理，方免纷歧，若如所请，另为一区，将以何人为之监督？岂复选时亦不归并潮州府办理耶？以上各节揆之公理，固所难安；准之事实，亦断无此办法。所请应毋庸议。至词称该处尚未奉到调查公文一节，应即饬催该府转饬，速行筹办，仍仰该绅商民等恪守定章，遵照批饬事理，协同该地方官妥商办法，以襄盛举，均毋违延。切切。此批。一批汕头合埠绅商杨沅等。

广东谘议局筹办处批：前据该绅等具禀，当经明白批饬在案。据禀前情实属混渎，该绅等既知复选应归潮州府，何以初选不归澄海县，致欲改并汕头巡警，或请由府委人代理。如此矫强，殊不可解，所请应立案不行。来禀用夹单式不合，并饬仰潮州府遵照，先令批饬事理，分别转饬澄海县及该绅等知照禀抄发。一批仰潮州府。

札发各属投票开票细则及各种表式遵办由

为札发事：案照本处筹办选举，所有第三期应发票簿、票纸、票匭，各种格式业已札发各属，如式制造备用在案。兹查第四、第五两期应发之初选、复选投票开票所办事细则及报告录，与初选、复选投票开票所管理监察各员及开票所入场券各表式业经审定。其期内应发初复选之执照除另文札发外，所有第四、五期应发各种细则表式合就分另札发。札到该府州、厅州县，即便遵照。将奉到后开各件查收，速将表式依样刊印，以便投票开票之用。现距初选之期已迫，所有一切应行事宜，均须依限从速举办，仍随时申报本道及本处查考，均毋违延。切切。计发各种细则表式。一札府九、直州七、州县八十七。

投票所办事细则

（初选复选同用，其不同者均于条下分别注明）

（一）初（迁）〔选〕监督应于所画各投票区内择一适宜之公所或祠宇为投票所。先期饬令各所管理员筹度一切，酌加修改，但期布置合式为度，其应用各项器具亦预为准备。（复选只一投票所已足，敷用应由该监督择定。）

（二）各投票所设立后，初选监督应将造成选举人名全册各造一分，分发各所宣示，任由公众到阅。（复选不用）

（三）凡宣示人名册期内，初选监督应就拟派该所之管理员、监察员中先派二人轮值保管人名册及宣示事宜。（复选不用）

（四）如本人查阅人名册以为错误或遗漏者，该所管理员当告知速即取具凭

证，呈请初选监督更正。（复选不用）

（五）凡初选监督如有判定更正者，各所管理员承命应即补入选举人名册内。倘该区投票簿已发到时，一并补入投票簿内。（复选不用）

（六）投票选举日期除由初选监督告示载明外，各投票所并应于门外预日牌示布知。（复选同）

（七）管理员收到选举监督送交册簿、纸券各件，均须逐一点收，登簿存记。（选举监督兼初选、复选而言）

（八）凡投票所须分出入两处，每处派二人轮值守之，非投票人及所内人员概不得阑人。如有巡警地方，应派巡警帮同视察。（复选同）

（九）投票所自大门内起，直至大厅前用木或竹作栅栏界。分东西两边，东边为投票人入处，西边为投票人出处。（复选同）

（十）投票所大门内，东边应设憩息处，多设（坐）〔座〕位，以为投票人暂时休息之所。（复选同）

（十一）投票所大厅门内，东边应设签字处及发票处，以管理员、监察员分掌之，案置选举人名册及投票簿。（复选同）

（十二）投票所大厅东边应设写票（坐）〔座〕位十处或八处，距离稍远，或以竹笪间隔，以彼此不能窥视为合。但仍须不碍光线，每案各置笔墨以备投票人写票。（复选同）

（十三）投票所大厅中设投票匭，以管理员掌之，其旁设投票录一册，登载应行报告各事以监察员掌之。（复选同）

（十四）投票所大厅西边出门处,设发开票入场券处,以监察员掌之。（复选同）

（十五）所内憩息处及写票处，除张帖选举章程第二十九条至第三十五条，又第四十一条至第四十八条，又第五十五条外，并择初选监督职掌要则第二十六条录出，令投票人详观，然后写票。（复选即删去初选监督要则第二十六条，补入复选监督职掌要则第十六条。）

（十六）凡投票所于出入憩息、签字、发票、写票、投票、给开票入场券等处均应张帖大字长条，以便触目。（复选同）

（十七）管理员及监察员自到所后，每日按时齐集，署名于记事簿内。如有因事请假者亦须注明理由，事竣呈选举监督查核。（复选同）

（十八）投票选举日上午七点钟，管理监察各员齐集投票所，准备一切，至八点钟开始投票。如管理员或监察员有事故不到时，其附城之投票所报由初选监督派员代理，若距城十里外者得由各员就附近之选举人中，公请代理，仍将缘由载投票录具报初选监督查核。（复选投票所缺员时应专由监督派员代理）

（十九）管理员或监察员当于首先到所之投票人同时有三人以上，即将投票匦盖锁全开，出示众人，以表其内空虚，始锁内层，匦屉其钥由监察员收存。其外盖俟投票完时，由管理员加锁并管锁钥。（内层锁钥复选由监督收存）

（二十）凡投票簿内虽无名，若经选举监督判定更正或增补，而期迫不及补正名册内者，如携有判决凭证，于选举日到所。管理员、监督员验明应准其在投票簿补正签字，即发给投票纸，仍补入名册，并将事由载入投票录。（复选不用）

（二十一）投票人虽簿内有名，现因犯谘议局章程第六条各项情事，丧失选举资格，已由选举监督通知本所者，该所管理员不得发给投票纸。

（二十二）投票人由东边进至签字处，除由监察员辨认外，并自陈姓名、年岁相符，始准在投票簿名下亲书到字，随由管理员发给投票纸一张。（复选领投票纸时，须呈验初选当选人执照。）

（二十三）投票人领投票纸后，即赴写票处坐定，将意中所欲举之人姓名写毕，即亲将票纸投入投票匦内，不得出示他人，亦不得请他人代投。（复选同）

（二十四）投票人投票入匦后，应即转向西边出门，监察员给与开票入场券一纸。（复选同）

（二十五）投票将毕时，各监察员得自行其投票权。（若复选如监察员有在初选当选之列者，亦得自行其投票权。）

（二十六）管理员、监察员除按照选举章程第三十三条之投票所启闭时刻不得无故偶离职守外，如投票之日，或因事故障碍，一日不能投毕，须展至翌日者，管理员应将外盖加锁，并住宿所中，以昭郑重。（复选同）

（二十七）投票完时管理员会同监察员将外层加锁，并加封条封固。无论何人不得违法擅开投票匦。（复选同）

（二十八）投票毕后，所有簿册纸券各件，管理员、监察员会同逐项点验数目，分别保管，并将投票始末情形载入投票录，以便报告。（复选同）

（二十九）投票毕后，翌日即将投票匦、投票簿、选举人名册，移交开票管理员收管。投票管理员或监察员须有二人护送，并将所余纸券及投票匭内外锁钥封固，连同投票报告录具缴初选监督。（复选除票匭内钥先由监督收存外，余与初选同。）

（三十）所内管理员、监察员应遵守事宜，除本细则外查照谘议局选举章程办理。

开票所办事细则

（初选复选同用，其不同者在本条下注明）

（一）初选监督于所在地方，择定一极宽旷之公所或祠宇为开票所。先期饬令（营）〔管〕理员将所中关于开票各事宜布置周妥。（复选开票所领票参观者人数较少，即稍狭窄亦尚无碍。）

（二）凡开票所管理监察各员，须先期将章程及本细则各条悉心研究，会同讨论，庶不致临时紊乱。（复选同）

（三）管理员及监察员须按时会集并署名于记事簿内，如有因事请假者，当记载事由，事竣呈送初选监督查核。（复选同）

（四）各投票所之投票匭及投票簿，选举人名册，某日某时送到开票所，该所管理员随时登载于记事簿。如各投票匭等均已送齐，立即报知初选监督酌定翌日开票时刻，先行榜示。（复选开票所如将投票所改作者，该监督俟报告投票情形后，当即酌定开票时刻榜示。）

（五）开票所除由初选监督榜示某日某刻开票外，并应于该所门外悬牌布知参观人座位若干数，如先到人入座已满时，再行牌示。后到者虽持有入场券一概免入。（此条复选时由该监督另酌办理）

（六）开票前一日管理员及监察员会集检点一切，如需用器具有欠缺时，须即筹备。（复选同）

（七）凡开票所已设有巡警地方，应由选举监督知会巡警官吏，选派警兵多人在外弹压，照料大门内外，以巡警数人守之。并派巡佐或巡长执行验视入场券之

事,如未设巡警处所,可代以巡勇,其验券即由管理员或监察员任之。(复选同)

(八)开票所大厅内设一开票台横列各席如下:

1. 置投票匭开票处。(其余各匭依投票区次第列置座下)

2. 置选举人名册及投票簿处。

3. 置得票计算单及登记簿处。

4. 置开票录处。(以上四项布置复选由监督酌定)

(九)开票台内中悬黑板一方,其两边各悬插票板一方,以为宣布各事及插票之用。(板式高宽尺寸酌定)(复选可不用插票板)

(十)开票所大厅前内设监督座。(复选同)

(十一)开票台旁两边作棚栏以界之,其外多设长凳为选举人参观(坐)〔座〕位,约计(坐)〔座〕位多寡先行牌示门外,俾众周知。(此条复选由监督酌定)

(十二)开票台应备笔墨、纸张、朱笔、粉笔、竹签、签筒及封条与存票纸箱等各项。(存票纸箱可分大小格,一置正式票,一置废票。)(复选同)

(十三)开票所应将选举章程自第四十九至第五十九条关于选举各条录出,张贴于开票台侧。(复选删去五十六、七两条补入第七十四至第七十七条)

(十四)开票日上午七点钟,司选员及管理监察各员,齐集开票所准备一切。初选监督带同各投票匭锁钥亲至该所,督同各员分担职务。八点钟即行开票。(复选投票匭锁钥亦由监督亲带至所)

(十五)开票管理员如查参观人入座已满时,应请监督牌示,限制人数。如监督未到而(坐)〔座〕位已满者,即由管理员示知停止后到者,以免拥挤。(此条复选由监督自酌)

(十六)开票管理员对于参观人,宜接以礼貌。但有扰乱秩序等事,不受劝阻者,得命之退出所外。(复选同)

(十七)开票时依投票区之次第,将匭取置台上,由监察员启匭,揭起匭屉。管理员将票纸逐一拆开,每唱一名毕,随将已开之票置插票板上。(插票板酌按票式大小匀列细长铁钉数行,每插一票,须将被选人姓名揭出,插于钉上,若同名者以次递加。)(复选票数较少可不用)

(十八)开票时监察员每听唱一名,即将得票计算单先写某人姓名随在单上第一格盖一选字。若再开一票仍系某人即盖两选字,余可类推。(计算单内应填

年岁各项，可以事竣后补填并钉装成帙。）（复选同）

（十九）每一投票匭内之选举票开完后，管理员会同监察员即将插板之票取下。按选举章程第五十四、第五十五条检票一次，分别有效、无效，另册记明。（复选时应照下条办理）

（二十）各投票匭依次开票并检票毕后，管理员、监察员按照本区当选人额数除本区实在投票总数，以得数之半为当选票额。（此据宪政编查馆复安徽电，已载解释汇钞。又复江电云，既以投票人实数计算，如须重行选举，自无庸照初次投票人之数，可照每次投票人实数核算。此条解释汇钞尚未及载，故附注于此。如须再次、三次投票，可照此办理。复选当选票额亦同。）

（二十一）开票已毕，监察员将计算单各人得票之数于格内，最末选字之下用墨笔乙之。计其得票若干，将总数填入首行，即高唱某人共得若干票。管理员随将某人票纸点计，数目相符，高声报明，始将其票纸作为一束收置存票纸箱内。（复选同）

（二十二）清算票额，其票数相同应抽签者，则将姓名写入签上，由初选监督临时酌派一人，将此签置筒中抽定之。（复选同）

（二十三）开票事毕，管理员、监察员将有效、无效之票及选举人名册、各投票簿得票计算单分别收存，会同造具报告，照章于翌日送交初选监督。（复选办法亦同）

（二十四）如当选人不足额，再行投票时，仍遵照本细则及投票所办事细则各条办理。（复选同）

初复选投票所投票录式

（初选则加某厅州县第几区，复选则加某府州等字样）

一、投票所设于某区内某处。一、本投票所于某月某日午前某时启门，举行初复选举投票。一、管理员某人、监察员某人均于某时先期齐集投票所。一、管理员某人或监察员某人至投票时未及到场，由初选监督派某人代理，或由管理员、监察员公举某人代理。（复选专由监督派员代理，已见办事细则。）一、管理员、监察员于未投票之先，将投票匭内层匭屉，当众选举人前揭示，始行盖锁。其内外之锁由管理员某人及监察员某人分别收存。（复选时内层之锁经开示后，应即缴呈监督收存，已见办事细则。）一、管理员、监察员于投票人到签字处时，逐次问明姓名、年岁、住所核对与投票簿相符，令签到字于簿。各人由管理员某人发给投票纸一张。一、投票人依次至写票处，由监察员某人监视其自行写票毕，自赴投票匭处亲投，随即由右门而出，并无逗留窥视等情事。一、监察员于下列选举人确认其非本人，即知会管理员不给投票纸，因命其退出投票所外。

住所　　某姓某名

住所　　某姓某名

一、管理员及监察员于左列之投票人，因某事违背定章收回其投票纸，令其退出投票所外。

住所　　某姓某名

住所　　某姓某名

一、左列之选举人虽选举人名册未载而其初选监督或复选监督判定凭证，管理员及监察员验确，因发投票纸一张准其投票。（此条复选不用）

住所　　某姓某名

住所　　某姓某名

一、午后六时投票已毕或未毕，由管理员、监察员宣示应闭投票所之时刻，即将投票匭外盖加锁。一、某日投票未毕，于某日续投。惟应叙明投票匭由管理员某人，取锁开其外盖，以俟投票，其票匭屉并未开动，余均照第一日叙法。一、投票完毕将票匭外盖加锁后，如未将锁缴呈初选监督时，其外锁仍由管理员某人掌管，内锁仍由监察员某人掌管。（复选投票完时其外锁应即缴复选监督）一、左列之选举人数经管理员、监察员当场核算分别记载。一、本区投票簿之选举人若干名。一、到所投票之选举人若干名，未到所领票之选举人若干名。一、本投票所前收交来之票纸及开票入场券若干张，发给若干张，收回若干张，余剩若干张。一、移送开票所各件：1. 投票匭一个；2. 投票簿一本；3. 选举人名册一本。此外所余纸券及投票匭内外锁钥用纸封固，连同投票录呈缴初选监督验收。宣统元年（　　）月（　　）日，投票所管理员、监察员某甲、某乙、某丙、某丁报告。以上各条如有未备，应增入者，或可从略者，应由各该所管理员、监察员公同酌议。

初复选开票所开票录式

（初选则加某厅州县，复选则加某府州等字样）

一、开票所设于某城内某处。一、某月某日某区投票所之投票匦、投票簿、选举人名册于某时移交到所，由管理员某人接收，依收到先后分列于下。（复选酌仿）一、本开票所于某月某日午前某时举行初、复选举开票。一、管理员、监察员均各按榜示时刻先期齐集，所有职务姓名分列如下：开票某人，记数某人、某人，检票某人、某人。一、管理员某人或监察员某人届开票时刻未到，由初、复选监督派某人代理。一、管理员与监察员每次开匦取票拆视、唱名记数毕，核算投票之数及投票人之数如右：某所投票数若干票，某所投票人若干人。右列票数人数适相符合。一、某所票数与某所人数如有不符者应将理由备载。姓名不符若干票（即名数不符，见宪政编查馆复云贵电），放弃选举权若干人。一、开票毕，管理员、监察员会同总检全区投票总数与全区投票人总数，其不符共若干票及放弃者共若干人。一、管理员、监察员意见相同决为有效者若干票。一、管理员、监察员意见，同决为无效各票列如下：1. 写不依式者若干票。2. 票中记载二人以上之被选人或夹写他事者若干票。3. 字迹模糊不可认者若干票。4. 不用投票所所发票纸者若干票。5. 选出之人不合被选举资格者若干票。又空白投票亦在作废之列，连上五项均为废票。有则备书，无则从阙。总计无效者若干票。一、午后某时检票完毕，管理员、监察员核算得票计算单，各人得票总数，朗读其姓名及票数，并检票纸一一对校均相符合。一、被选人之得票数如左：某姓某名若干票，某姓某名若干票。一、管理员于开票各事完竣后，将有效、无效之票与监察员分别收入存票箱内，公同封锁造具报告，连同各项簿册纸券申送选举监督收存。宣统元年（　　）月（　　）日，开票所管理员、监察员姓名、姓名、姓名、姓名、姓名报告，上列各式如有未详者由管理员、监察员酌拟增入。

投票所图式

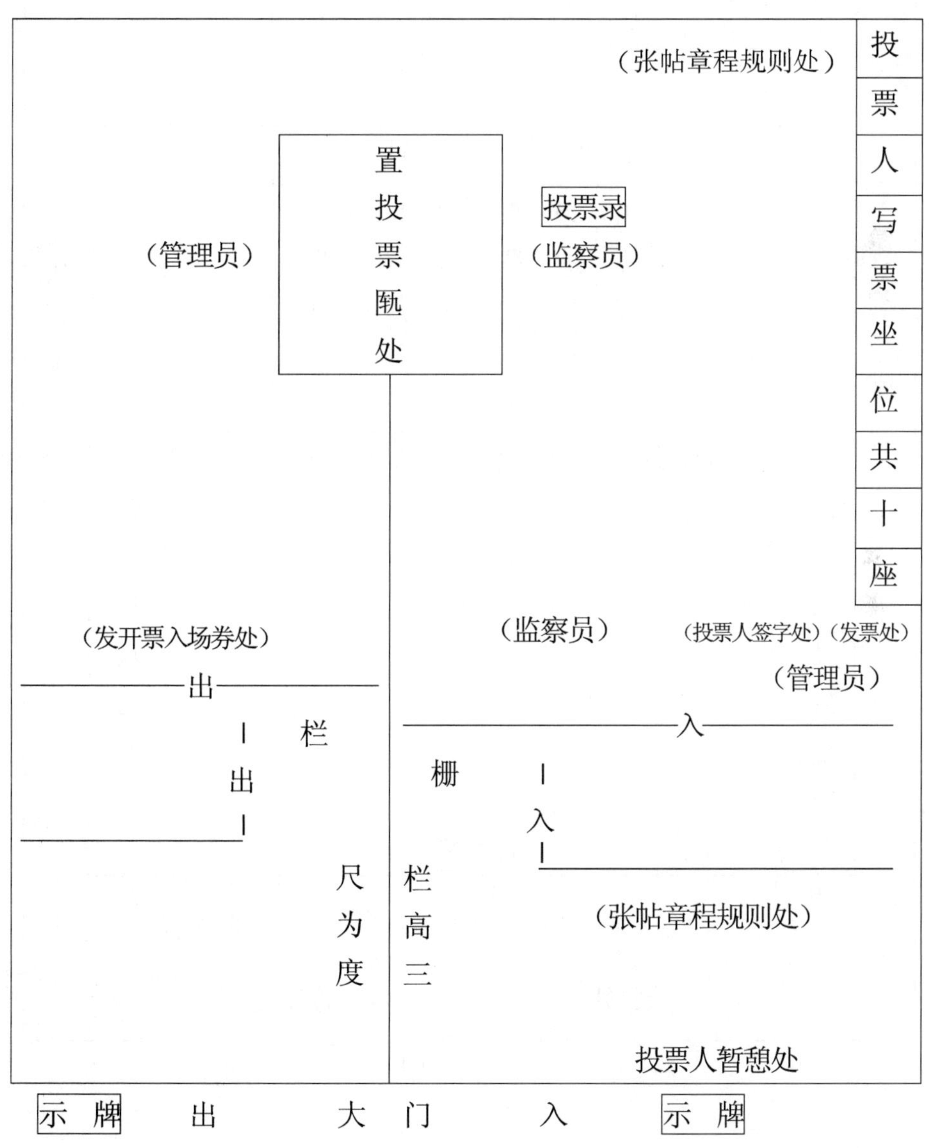

开票所图式

插票板　　黑板　　插票板

参观入座

管理员　　管理员

开票录　另册登记簿　得票计算单　人名册　投票簿　投票甄

参观入座

（监察员）　开票台　（监察员）

栏高三尺为度　　栏高三尺为度

监督座

栏　门　栅

验券处　　验券处

牌　门　牌

初选、复选开票所入场券式

开票所

州府复选举第　号

入场券

者准其入场参观开票时持有此票

宣统元年　月　日下午八点钟开票至下午六点钟止

县府州初选举第　区发

入场券

入场时应即免入参观若座位已满经牌示停止开票时持有此券者准其入场

宣统元年　月　日上午八点钟开票至下午六点钟止

初选、复选投票开票管理监察各员表式

投票		开票	
管理员	监察员	管理员	监察员

广东全省初复选司选员衔名及派往地方一览表

姓　名	官　阶	出　身	籍　贯	所派地方
凌彭龄		广府自治研究所毕业增生	番禺县	广州府复选
张　埙	拣发知县	法政乙班毕业员	安徽怀宁县	南海县
赵鹤清	拣发知州	法政乙班毕业员	云南姚州	番禺县
梁世纮		附贡生	顺德县	顺德县
陈炽昌		广府自治研究所 日本明治大学讲习毕业廪生	东莞县	东莞县
谢耀辉		广府自治研究所毕业生	从化县	从化县
李焕谦		法政甲班毕业员廪生	龙门县	龙门县
郑宝康		广府自治研究所毕业附生	增城县	增城县
梁宗璧	广西补用府经历	广府自治研究所毕业生	新会县	新会县
张翼廷	拣发知县	法政乙班毕业员	陕西汉阴厅	香山县
邓玉麟		广府自治研究所毕业附生	三水县	三水县
李毓琳		广府自治研究所毕业廪贡生	新宁县	新宁县
黄朝恩		广府自治研究所毕业生	清远县	清远县
陈宗轼		广府自治研究所毕业优附生	新安县	新安县
谭敦培		广府自治研究所毕业员	花县	花县
三音布	广东知县	法政乙班毕业员	蒙古正白旗	赤溪直隶厅
郑瑞璋		法政甲班毕业员附生	佛冈厅	佛冈直隶厅
林兆年		法政甲班毕业举人	番禺县	韶州府复选
蒙其艺	拣发知县	法政乙班毕业员	广西临桂县	曲江县
周承烈		法政甲班毕业附生	乐昌县	乐昌县
刘有容		法政甲班毕业附生	仁化县	仁化县
何维镛		法政甲班毕业附生	番禺县	乳源县

续表

姓　名	官　阶	出　身	籍　贯	所派地方
黄钟鏐		法政甲班毕业优廪生	阳山县	翁源县
金齐昱	拣发知县	法政乙班毕业员	杭州驻防满州镶蓝旗	英德县
李名瀛	特用道	广府自治研究所毕业员	东莞县	惠州府复选
陈熙台	拣发知县	法政乙班毕业员	福建诏安县	归善县
陈启图	试用巡检	增　生	四川绵竹县	博罗县
曾秉权	候选县丞	法政甲班毕业员	贵州贵筑县	长宁县
陈经庭		法政甲班毕业员附生	海丰县	永安县
陈炯明		法政甲班毕业员附生	海丰县	海丰县
陈仕东		法政甲班毕业员廪生	陆丰县	陆丰县
陈家骏		附　生	龙川县	龙川县
钟耀昆		法政甲班毕业员	长乐县	连平州
黎希孟	江西试用知县	法政乙班毕业廪贡生	增城县	河源县
董滂泽		广府自治研究所毕业附生	番禺县	河源县
张承祖		广府自治研究所毕业增生	东莞县	和平县
程鸿鋆	候补知县	法政乙班毕业员	安徽绩溪县	潮州府复选
杨　柳		优廪生	海阳县	海阳县
萧凤翥		举　人	潮阳县	潮阳县
林　堉		举　人	揭阳县	揭阳县
廖鹤州		法政甲班毕业员	饶平县	饶平县
方朝安		廪贡生	惠来县	惠来县
方朝泰		廪贡生	惠来县	惠来县
萧傅霖		法政毕业员举人	大埔县	大埔县
蔡卓勋		岁贡生	澄海县	澄海县
方祥麟		岁贡生	普宁县	普宁县
陈晋祺		优附生	丰顺县	丰须县
林其华		府学附生	南澳直隶厅	南澳直隶厅
苏耀宗	拣发知县	法政乙班毕业员	直隶交河县	肇庆府复选
李良骥	福建试用盐大使	法政甲班毕业员附贡生	番禺县	高要县

续表

姓　名	官　阶	出　身	籍　贯	所派地方
王培仁	拣发知县	法政乙班毕业员	直隶献县	四会县
傅汝枚	拣发知县	法政乙班毕业员	山西阳高县	新兴县
马鉴滢	拣发知县	法政乙班毕业员	直隶定州	高明县
刘际清	拣发知县	法政乙班毕业员	奉天海城县	广宁县
戴光华	江苏试用知县	法政甲班毕业员	四川眉州	开平县
周世棠	拣发知县	法政乙班毕业员	浙江奉化县	鹤山县
赵绍莱		广府自治研究所毕业增贡生	新会县	德庆州
叶保慈	广东候补典史	法政甲班毕业廪生	封川县	封川县
李如洵	广东候补典史	警察毕业员	陕西石泉县	封川县
黄念祖		法政甲班毕业增生	封川县	开建县
刘　崇	拣发知县	法政乙班毕业员	广西临桂县	高州府复选
何采铭	试用巡检	法政乙班毕业附贡生	福建上杭县	茂名县
黄荐鹗		法政甲班毕业员增生	嘉应州	电白县
凌福璜		法政甲班毕业员附生	番禺县	信宜县
柳庆春	广东试用盐知事	法政乙班毕业员	浙江山阴县	化州
梁百熙	候补府经历	法政乙班毕业员	广西桂平县	吴川县
葛延庆	广东试用县丞	法政乙班毕业员	浙江山阴县	石城县
刘福华	州同职衔	法政乙班毕业员	广西藤县	廉州府复选
彭　元	试用县丞	法政乙班毕业员	江苏元和县	合浦县
董炳坤	广东试用典史		陕西朝邑县	灵山县
邓显宗	候选知县	法政乙班毕业员附贡生	东莞县	雷州府复选
陈景棻		法政甲班毕业员附生	海康县	海康县
冯凌云		法政甲班毕业员廪生	遂溪县	遂溪县
陈天球		留学日本法政大学毕业生	番禺县	徐闻县
翟汝为	琼崖道丰裕库大使		浙江钱塘县	琼州府复选
欧其峻		法政甲班毕业员附生	琼山县	琼山县
许昌龄	前署顺德县训导		澄迈县	澄迈县
王绍祜	广西试用知县		定安县	定安县
云昌樑	两淮盐经历		文昌县	文昌县

续表

姓　名	官　阶	出　身	籍　贯	所派地方
李有琚	候选训导		会同县	会同县
李业隆		法政甲班毕业员	乐会县	乐会县
陈公贤	广西直隶州州判	拔贡生	临高县	临高县
吴照明		廪　生	儋州	儋州
裘日新	县丞职衔	法政乙班毕业员	归善县	罗定州初选
许炳成	县丞职衔	优附生	番禺县	罗定州复选
陈应岿		法政甲班毕业员增贡生	河源县	东安县
周桂芬	广东候补盐知事	法政甲班毕业员	浙江会稽县	西宁县
戴寿年		两广师范简易科毕业员优附生	番禺县	连州初选
冯秉彝		南区师范毕业生	南海县	连州复选
邓蔚森	广东试用县丞	法政乙班毕业员	湖北沔阳州	阳山县
朱理珏		法政乙班毕业监生	糊北沔阳州	连山直隶厅
刘爵成	试用盐经历	法政乙班毕业员	山东济宁州	南雄州初选
唐朝绳		法政乙班毕业员	广西藤县	南雄州复选
吴世昭		法政乙班毕业附生	广西庆远县	始兴县
张承皋		法政甲班毕业附生	嘉应州	嘉应州兼初复选
张易畴		举　人	兴宁县	兴宁县
钟兆文		附　生	长乐县	长乐县
邱耀铨		附　生	平远县	平远县
李宗海		法政毕业员优廪生	嘉应州	镇平县
胡又安	拣选知县	举　人	南海县	钦州初选
张正时		廪贡生	番禺县	钦州复选
林宝琦		法政甲班毕业附生	顺德县	防城县
吕懿文	广东试用知县	法政乙班毕业员	江西德化县	阳江州初选
高国章		举　人	番禺县	阳江州复选
周介祉	拣发知县	法政乙班毕业员	湖南善化县	阳春县
李仕隆	广东试用巡检	法政甲班毕业员	浙江钱塘县	恩平县
陈锡熙	候委教谕	拔贡生	崖州	崖州初选
邢定纶		拔贡生	崖州	崖州复选

续表

姓　名	官　阶	出　身	籍　贯	所派地方
张邦玑		增　生	感恩县	感恩县
韩桐森		文昌师范毕业生	文昌县	感恩县
林崇德		附　生	昌化县	昌化县
刘明钦	候选训导		陵水县	陵水县
林福春	前连山教谕		万县	万县

札发各府直隶州初选当选人及议员执照遵办由

为札发事：案照本处分订办事期限清单内开，第四期应发初选当选人执照于各厅州县，第五期应发议员执照于各府直隶州等语。现计距选举期未远，此项执照自应预行制发，以备初复选当选人确定后，分别给（与）〔予〕执照为凭。兹查该府州应出议员（　　）名，以十乘之共应出初选当选人（　　）名。又广州驻防专额议员三名应出初选当选人三十名所需执照，原祇按照实数核发。惟恐于中或有临时不应选者，照章应以候补当选人充选。若届时始行补领给发，深恐往返周折延误时期，合将初选当选人执照（　　）张并议员执照（　　）张随同札发。札到该府州，即便遵照，分别存发，并饬所属一体遵办，均毋玩延。切切。特札。

计开：广州府议员三十六名发议员执照七十二张、初选当选人执照七百二十张，广州驻防议员三名发议员执照六张，初选当选人执照四十张。韶州府议员三名发议员执照六张，初选当选人执照六十张。肇庆府议员九名发议员执照十八张，初选当选人执照一百八十张。惠州府议员六名发议员执照十二张，初选当选人执照一百二十张。潮州府议员十一名发议员执照二十二张，初选当选人执照二百二十张。高州府议员五名发议员执照十张，初选当选人执照一百张。雷州府议员一名发议员执照二张，初选当选人执照二十张。廉州府议员二名发议员执照四张，初选当选人执照四十张。琼州府议员五名发议员执照十张，初选当选人执照一百张。嘉应直隶州议员四名发议员执照八张，初选当选人执照八十张。罗定直隶州议员三名发议员执照六张，初选当选人执照六十张。南雄直隶州议员一名发议员执照二张，初选当选人执照二十张。连州直隶州议员一名发议员执照二张，初选当选人执照二十张。钦州直隶州议员一名发议员执照二张，初选当选人执照二十张。阳江直隶州议员二名发议员执照四张，初选当选人执照四十张。崖州直隶州议员一名发议员执照二张，初选当选人执照二十张。一札各府直隶州。

禀呈全省选举人名总数并分配议员额数请核示遵并奉批由

广东谘议局筹办处谨禀帅宪大人阁下敬禀者：窃本处于宣统元年正月十六日开办伊始，当即会商以谘议局未成立之先，须办议员选举。而办理选举人手，又须先行详细调查，粤东风气虽尚开通，第选举一事，系属创办未有之举。前奉谕饬，遴用法政甲乙两班毕业学员及通达事理之士绅派充司选员，分赴各区帮同地方官办理一切。复经本处拟订期限清单暨各种简明办法细则，分饬各属依限举办去后，惟调查、造册两项最称繁难，其督催赶办申册如限之各地方官与奔驰劳瘁，妥速查竣之，调查员属认真出力，即间有地居僻远山径丛杂，邮电未通地方，不无调查册报较迟之处，亦经迭次札电纷驰饬催办竣。现均先后陆续申报到处。本司道等综核广东全省选举人名数业已一律报齐，共计十四万一千五百五十八名，以议员定额九十一名除之，计一千五百五十五人应选出议员一名，并按照各复选区人数多寡，谨拟分配议员名额呈候核定。除另折详列附呈外，所有具报广东全省选举人总数，并拟分配各复选区议员名额，各缘由理合肃禀具陈，敬祈批示祗遵。再广州驻防议员额数定设三名，现核选举人数计三百六十九人，所有分配初选当选人名数另照专额章程办理合并陈明。恭请崇安，伏维垂鉴。本司道等谨呈。一禀督宪。

谨将广东全省选举人总数并拟分配各复选区议员额数列具清折恭呈钧核。计开：

广州府

南海县一万零六百五十五名

番禺县六千零五十名

顺德县八千三百七十九名

香山县五千一百零三名

东莞县一千五百三十一名

新会县六千八百一十六名

增城县一千一百四十四名

三水县一千八百一十九名

清远县二千四百零九名

新宁县七千四百七十三名

新安县一千四百六十四名

龙门县五百零六名

从化县七百五十五名

花县九百八十七名

赤溪直隶厅附二百零七名

佛冈直隶厅附二百四十名

以上广属共五万五千五百三十八名

广州驻防三百六十九名

韶州府

曲江县一千二百四十名

英德县一千零二十五名

乳源县八百七十三名

乐昌县三百二十三名

翁源县八百六十九名

仁化县四百九十名

以上韶属共四千八百二十名

肇庆府

高要县二千二百八十二名

四会县八百九十名

鹤山县二千一百五十五名　　高明县一千六百六十名
广宁县一千零零三名　　新兴县一千九百三十八名
德庆州八百九十二名　　开平县二千七百五十四名
封川县六百一十五名　　开建县二百七十六名
以上肇属共一万四千四百六十五名

惠州府

归善县一千九百二十一名　　博罗县一千三百七十六名
连平州七百二十八名　　和平县四百五十九名
长宁县六百零九名　　海丰县六百九十五名
陆丰县一千三百三十九名　　河源县一千七百三十一名
龙川县七百名　　永安县六百五十四名
以上惠属共一万零二百一十二名

潮州府

海阳县二千六百二十七名　　潮阳县二千三百六十五名
揭阳县四千一百二十八名　　饶平县一千二百七十七名
惠来县三百九十二名　　大埔县二千零七十七名
澄海县二千零六十八名　　普宁县九百六十六名
丰顺县七百二十二名　　南澳直隶要附一百零一名
以上潮属共一万六千七百二十三名

高州府

茂名县二千六百六十二名　　信宜县一千一百八十九名
电白县一千一百九十五名　　化州一千零七十六名
石城县六百四十三名　　吴川县七百八十三名
以上高属共七千五百四十八名

雷州府

海康县五百六十一名　　遂溪县五百五十四名

徐闻县五百五十一名

以上雷属共一千六百六十六名

廉州府

合浦县一千五百五十七名　　灵山县一千零零一名

以上廉属共二千五百五十八名

琼州府

琼山县一千四百三十八名　　定安县五百八十一名

澄迈县七百五十四名　　儋州四百三十四名

临高县八百一十二名　　文昌县一千零十名

乐会县六百六十一名　　会同县一千五百九十三名

以上琼属共七千二百八十三名

嘉应直隶州本管地方一千八百一十八名

兴宁县一千三百五十一名　　平远县三百九十六名

镇平县七百零九名　　长乐县一千五百三十四名

以上嘉属共五千八百零八名

罗定直隶州本管地方二千零一十八名

东安县八百七十七名　　西宁县一千二百六十名

以上罗属共四千一百五十五名

南雄直隶州本管地方一千九百八十五名

始兴县五百一十五名

以上南属共二千五百名

连州直隶州本管地方四百七十一名

阳山县四百六十名　　连山直隶厅附四百一十八名

以上连属共一千三百四十九名

钦州直隶州本管地方一千零八十二名

防城县八百三十三名

以上钦属共一千九百一十五名

阳江直隶州本管地方一千二百七十四名

恩平县一千三百九十二名　阳春县一千二百六十一名

以上阳属共三千九百二十七名

崖州直隶州本管地方二百七十名

万县四百六十七名　昌化县八十六名

陵水县一百七十八名　感恩县九十名

以上崖属共一千零九十一名

全省选举人共十四万一千五百五十八名，以本省议员定额九十一除之，计选举人一千五百五十五名应出议员一名，所除零数五十三名，广州驻防定设专额议员三名，其选举人三百六十九名。

谨拟分配各复选区议员额数如左：

广州府选举人数五万五千五百三十八名　选出议员三十五名　零数一千一百一十三名

韶州府选举人数四千八百二十名　选出议员三名　零数一百五十五名

肇庆府选举人数一万四千四百六十五名　选出议员九名　零数四百七十名

惠州府选举人数一万零二百一十二名　选出议员六名　零数八百八十二名

潮州府选举人数一万六千七百二十三名　选出议员十名　零数一千一百七十三名

高州府选举人数七千五百四十八名　选出议员四名　零数一千三百二十八名

雷州府选举人数一千六百六十六名　选出议员一名　零数一百一十一名

廉州府选举人数二千五百五十八名　选出议员一名　零数一千零零三名

琼州府选举人数七千二百八十三名　选出议员四名　零数一千零六十三名

嘉应直隶州选举人数五千八百零八名　选出议员三名　零数一千一百四十三名

罗定直隶州选举人数四千一百五十五名　选出议员二名　零数一千零四十

五名

南雄直隶州选举人数二千五百名　选出议员一名　零数九百四十五名

钦州直隶州选举人数一千九百一十五名　选出议员一名　零数三百六十名

阳江直隶州选举人数三千九百二十七名　选出议员二名　零数八百一十七名

右共分配议员八十二名，尚余九名，遵章比较各复选区零数多寡，将余额依次归零，数较多之区选出之。至连州、崖州其原数均不敷选出议员一名，应统归入零数比较。

连州直隶州原数一千三百四十九名　　应得余额一名

高州府零数一千三百二十八名　　应得余额一名

潮州府零数一千一百七十三名　　应得余额一名

嘉应直隶州零数一千一百四十三名　　应得余额一名

广州府零数一千一百一十三名　　应得余额一名

崖州直隶州原数一千零九十一名　　应得余额一名

琼州府零数一千零六十三名　　应得余额一名

罗定直隶州零数一千零四十五名　　应得余额一名

廉州府零数一千零零三名　　应得余额一名

右原数及零数较多者依次比较共得余额九名。

兹复将各复选区总计：

广州府应出议员三十六名　广州驻防应出议员三名　韶州府应出议员三名

肇庆府应出议员九名　惠州府应出议员六名　潮州府应出议员十一名

高州府应出议员五名　雷州府应出议员一名　廉州府应出议员二名

琼州府应出议员五名　嘉应直隶州应出议员四名　罗定直隶州应出议员三名

南雄直隶州应出议员一名　连州直隶州应出议员一名　钦州直隶州应出议员一名

阳江直隶州应出议员二名　崖州直隶州应出议员一名

以上广东省额共九十一名，广州驻防专额三名，如额。

督宪张批：禀悉既据调查一律报齐查核，另折开列分配各属议员名额并将余额依次归零选出，总分各数均属相符，适合定章办法。仰即查照办理，务令谘议局依期成立，是为至要。折存。

札各府直隶州遵照所分各复选区议员额数分配所属各初选区当选人名数由

为通饬事：照得本处办理选举事宜，现据各属先后将选举人总数一律申报到处查核，广东全省选举人总数合计十四万一千五百五十八名，以议员定额九十一名除之，计选举人一千五百五十五人得选出议员一名。兹查该州府除敷选名外所余零数比较他区为寡不可得余额一名，为多可得余额一名，州选举人总数本不敷选，惟比较他区零数为多可得余额一名。应即按照（　　）名分配各初选区当选人名数。除禀奉督宪核定并先经电函饬知照外，合就札饬。札到该府州，即便遵照，分别办理，毋违。切切。计粘抄该属选举人数清单一纸。一札各府直隶州。

各府直隶州分配初选当选人名数表

广州府属选举人总数五万五千五百三十八名，应出议员三十六名，以十乘之，应出初选当选人三百六十名，以三百六十除全属选举人总数，每一百五十四人（零数九十八）应出初选当选人一名。

初选区	选举人总数	应出初选当选人名数	零　数	零数较多应分得余额数	共计应出初选当选人数
南海县	一〇六五五	六九	〇二九		六九
番禺县	〇六〇五〇	三九	〇四四		三九
顺德县	〇八三七九	五四	〇六三		五四
东莞县	〇一五三一	〇九	一四五	一	一〇
从化县	〇〇七五五	〇四	一三九	一	〇五
龙门县	〇〇五〇六	〇三	〇四四		〇三
增城县	〇一一四四	〇七	〇六六		〇七
新会县	〇六八一六	四四	〇四〇		四四
香山县	〇五一〇三	三三	〇二一		三三
三水县	〇一八一九	一一	一二五	一	一二
新宁县	〇七四七三	四八	〇八一	一	四九
清远县	〇二四〇九	一五	〇九九	一	一六
新安县	〇一四六四	〇九	〇七八	一	一〇
花县	〇〇九八七	〇六	〇六三		〇六
赤溪直隶厅	〇〇二〇七	〇一	〇五三		〇一
佛冈直隶厅	〇〇二四〇	〇一	〇八六	一	〇二

广州驻防选举人三百六十九名，定设专额议员三名，以十乘之，应出初选当选人三十名。以三十（余）〔除〕驻防选举人数，每一十二人（零数九）应出初选当选人一名。

韶州府属选举人总数四千八百二十名，应出议员三名，以十乘之，应出初选当选人三十名。以三十除全属选举人总数，每一百六十人（零数二十）应出初选当选人一名。

续表

初选区	选举人总数	应出初选当选人名数	零　数	零数较多应分得余额数	共计应出初选当选人数
曲江县	一二四〇	七	一二〇	一	八
乐昌县	〇三二三	二	〇〇三		二
仁化县	〇四九〇	三	〇一〇		三
乳源县	〇八七三	五	〇七三	一	六
翁源县	〇八六九	五	〇六九		五
英德县	一〇二五	六	〇六五		六
惠州府属选举人总数一万零二百十三名，应出议员六名，以十乘之，应出初选当选人六十名。以六十除全属选举人总数，每一百七十人（零数十三）应出当选人一名。					
初选区	选举人总数	应出初选当选人名数	零　数	零数较多应分得余额数	共计应出初选当选人数
归善县	一九二一	一一	〇五一		一一
博罗县	一三七六	〇八	〇一六		〇八
长宁县	〇六〇九	〇三	〇九九	一	〇四
永安县	〇六五四	〇三	一四四	一	〇四
海丰县	〇六九五	〇四	〇一五		〇四
陆丰县	一三三九	〇七	一四九	一	〇八
龙川县	〇七〇〇	〇四	〇二〇		〇四
连平州	〇七二八	〇四	〇四八		〇四
河源县	一七三一	一〇	〇三一		一〇
和平县	〇四六〇	〇二	一二〇	一	〇三
潮州府属选举人总数一万六千七百二十三名，应出议员十一名，以十乘之，应出初选当选人一百一十名。以一百一十除全属选举人总数，每一百五十二人（零数三）应出初选当选人一名。					
初选区	选举人总数	应出初选当选人名数	零　数	零数较多应分得余额数	共计应出初选当选人数
海阳县	二六二七	一七	〇四三		一七
潮阳县	二三六五	一五	〇八五		一五
揭阳县	四一二八	二七	〇二四		二七
饶平县	一二七七	〇八	〇六一		〇八
惠来县	〇三九二	〇二	〇八八	一	〇三

续表

初选区	选举人总数	应出初选当选人名数	零　数	零数较多应分得余额数	共计应出初选当选人数
大埔县	二〇七七	一三	一〇一	一	一四
澄海县	二〇六八	一三	〇九二	一	一四
普宁县	〇九六六	〇六	〇五四		〇六
丰顺县	〇七二二	〇四	一一四	一	〇五
南澳直隶厅	〇一〇一				〇一

肇庆府属选举人总数一万四千四百六十五名，应出议员九名，以十乘之，应出初选当选人九十名。以九十除全属选举人总数，每一百六十名（零数六十五）应出初选当选人一名。

初选区	选举人总数	应出初选当选人名数	零　数	零数较多应分得余额数	共计应出初选当选人数
高要县	二二八二	一四	〇四二		一四
四会县	〇八九〇	〇五	〇九〇	一	〇六
新兴县	一九三八	一二	〇一八		一二
高明县	一六六〇	一〇	〇六〇		一〇
广宁县	一〇〇三	〇六	〇四三		〇六
开平县	二七五四	一七	〇三四		一七
鹤山县	二一五五	一三	〇七五		一三
德庆州	〇八九二	〇五	〇九二	一	〇六
封川县	〇六一五	〇三	一三五	一	〇四
开建县	〇二七六	〇一	一一六	一	〇二

高州府属选举人总数七千五百四十八名，应出议员五名，以十乘之，应出初选当选人五十名。以（一）〔五〕十除全属选举人总数，每一百五十名（零数四十八）应出初选当选人一名。

初选区	选举人总数	应出初选当选人名数	零　数	零数较多应分得余额数	共计应出初选当选人数
茂名县	二六六二	一七	一一二	一	一八
信宜县	一一八九	〇七	一三九	一	〇八
电白县	一一九五	〇七	一四五	一	〇八
化州	一〇七六	〇七	〇二六		〇七
石城县	〇六四三	〇四	〇四三		〇四

续表

初选区	选举人总数	应出初选当选人名数	零　数	零数较多应分得余额数	共计应出初选当选人数
吴川县	〇七八三	〇五	〇三三		〇五

廉州府属选举人总数二千五百五十八名，应出议员二名，以十乘之，应出初选当选人二十名。以二十除全属选举人总数，每一百二十七人（零数十八）应出初选当选人一名。

初选区	选举人总数	应出初选当选人名数	零　数	零数较多应分得余额数	共计应出初选当选人数
合浦县	一五五七	一二	〇三三		一二
灵山县	一〇〇	一七	一一二	一	〇八

雷州府属选举人总数一千六百六十六名，应出议员一名，以十乘之，应出初选人一十名。以一十除全属选举人总数，每一百六十六人（零数六）应出初选当选人一名。

初选区	选举人总数	应出初选当选人名数	零　数	零数较多应分得余额数	共计应出初选当选人数
海康县	五六一	三	六三	一	四
遂溪县	五五四	三	五六		三
除闻县	五五一	三	五三		三

琼州府属选举人总数七千二百八十三名，应出议员五名，以十乘之，应出初选当选人五十名。以五十除全属选举人总数，每一百四十五人（零数三十三）应出初选当选人一名。

初选区	选举人总数	应出初选当选人名数	零　数	零数较多应分得余额数	共计应出初选当选人数
琼山县	一四三八	〇九	一三三	一	一〇
澄迈县	〇七五四	〇五	〇二九		〇五
定安县	〇五八一	〇四	〇〇一		〇四
文昌县	一〇一〇	〇六	一四〇	一	〇七
会同县	一五九三	一〇	一四三	一	一一
乐会县	〇六六一	〇四	〇八一		〇四
临高县	〇八一二	〇五	〇八七	一	〇六
儋州	〇四三四	〇二	一四四	一	〇三

罗定直隶州属选举人总数四千一百五十五名，应出议员三名，以十乘之，应出初选当选人三十名。以三十除全属选举人总数，每一百三十八人（零数十五）应出初选当选人一名。

续表

初选区	选举人总数	应出初选当选人名数	零　数	零数较多应分得余额数	共计应出初选当选人数
本管地方	二〇一八	一四	八六	一	一五
东安县	〇八七七	〇六	四九		〇六
西宁县	一二六〇	〇九	一八		〇九

连州直隶州属选举人总数一千三百四十九名，应出议员一名。以十乘之，应出初选当选人一十名。以一十除全属选举人总数，每一百三十四人（零数九）应出初选当选人一名。

初选区	选举人总数	应出初选当选人名数	零　数	零数较多应分得余额数	共计应出初选当选人数
本管地方	四七一	三	六九	一	四
阳山县	四六〇	三	五八		三
连山直隶厅	四一八	三	一六		三

南雄直隶州属选举人总数二千五百名，应出议员一名，以十乘之，应出初选当选人一十名。以一十除全属选举人总数，每二百五十人（零数无）应出初选当选人一名。

初选区	选举人总数	应出初选当选人名数	零　数	零数较多应分得余额数	共计应出初选当选人数
本管地方	一九八五	七	二三五	一	八
始兴县	〇五一五	二	〇一五		二

嘉应直隶州属选举人总数五千八百零八名，应出议员四名，以十乘之，应出初选当选人四十名。以四十除全属选举人总数，每一百四十五人（零数八）应出初选当选人一名。

初选区	选举人总数	应出初选当选人名数	零　数	零数较多应分得余额数	共计应出初选当选人数
本管地方	一八一八	一二	〇七八		一二
平远县	〇三九六	〇二	一〇六	一	〇三
长乐县	一五三四	一〇	〇八四	一	一一
镇平县	〇七〇九	〇四	一二九	一	〇五
兴宁县	一三五一	〇九	〇四六		〇九

钦州直隶州属选举人总数一千九百一十五名，应出议员一名，以十乘之，应出初选当选人一十名。以一十除全属选举人总数，每一百九十一人（零数五）应出初选当选人一名。

续表

初选区	选举人总数	应出初选当选人名数	零　数	零数较多应分得余额数	共计应出初选当选人数
本管地方	一〇八二	五	一二七	一	六
防城县	〇八三三	四	〇六九		四

阳江直隶州属选举人总数三千九百二十七名，应出议员二名，以十乘之，应出初选当选人二十名。以二十除全属选举人总数，每一百九十六人（零数七）应出初选当选人一名。

初选区	选举人总数	应出初选当选人名数	零　数	零数较多应分得余额数	共计应出初选当选人数
本管地方	一二七四	六	〇九八	一	七
阳春县	一二六一	六	〇八五		六
恩平县	一三九二	七	〇二〇		七

崖州直隶州属选举人总数一千零九十一名，应出议员一名，以十乘之，应出初选当选人一十名。以一十除全属选举人总数，每一百零九人（零数一）应出初选当选人一名。

初选区	选举人总数	应出初选当选人名数	零　数	零数较多应分得余额数	共计应出初选当选人数
本管地方	二七〇	二	五二		二
感恩县	〇九〇		九〇	一	一
昌化县	〇八六		八六	一	一
陵水县	一七八	一	六九	一	二
万县	四六七	三一			四

答复各属函禀、司选员报告录要共二十六则

复署新安县润令。承询调查及迁居办法两事，具仰荩筹周匝，情见乎词，良用纫佩。查月前督宪所发开办选举告示，原有调查未及周知，如本人自忖合选举资格者，准向该地方选举事务所呈明，复查属实，一律入册等因。此虽指管辖地

方内偶有遗漏者而言。若如住居租界，有合选举资格之人，惓怀祖国，此项人等尤应曲加体谅，上以广朝廷德意，下以收侨外人心。想贤令尹，必能默察情形，随时与调查员或深明大体之绅商妥为筹议，固不必宣诸子墨也。至已迁居县属地方者，诚如台议，准与本籍人一体办理。除批词另发外，先此泐复。

复驻防选举管理员协领高。昨承函询，种切祗悉，兹特逐条裁复，仍希卓夺。专此布复：一、各厅州县办理选举，以该地方官为初选监督。章程具有明文。驻防初选开票事宜，既附于相近之开票所同日举行，则初选监督即由南海县兼理。惟届时应请台从赴所，会同监视，抑另派员前往，仍候酌办。一、办理选举事务所章程，原就选举监督衙门设立，则所长即以该选举监督为之，以便主持一切。今驻防既在公衙门内，设立选举事务所办理调查投票等事，所有所内事宜，拟请即由贵选举管理员兼理，呈候将军、都统核定。一、翻译生员应比照文生员论。同文馆保案作为翻译生员，应比照高等小学堂毕业生，得有奖给廪增附各生文凭者论。一、驻防人员服官本省者，原系作为京旗办理，但仍有补缺，离省城五百里之限制。现谘议局章程第二条，京旗及各省驻防均以所驻地方为本籍，是驻防人员即以广东为本籍，应有与闻政事之权。惟既在本省服官如系实缺或候补者应照谘议局章程第七条第一项条文办理。一、降调人员章程虽无明文，然非参革可比。如此项人员有生员以上出身者，应有选举权。

复博罗县司选员陈。昨接函询，各条兹特议复如后。一、父子、兄弟、叔侄同居，祗准一人行使选举权者，系指财产未经分析而言。如各人有他项资格不在此限。第二条同上。一、小学堂教员如查确系满三年以上，合寻常劳绩保奖之例者，可照谘议局章程第三条第一项办理。一、无论何项出身，均应按照谘议局章程第三条“年满二十五岁以上”条文办理。一、降调人员，如系曾任实缺或署理代理之文官降至七品，武官降至五品者，应注明原官及所降之官入册，如文虽降至八九品，武虽降至六七品，若有生员出身，或世职者，可以生员或世职入册。一、武职及武科如不识文义，应照局章程第六条办理。如非不识文义及有他项资格不在限内。不识文义不得有选举权及被选举权条文之第八项，现来函误作停止，合附辨正。

复高州府司选员函。查章程第七条第四项，宗教师系指外人宗教充当神甫、牧师者而言。应与僧道一例停止选举及被选举权。至僧录司阐教、道录司阐法既为中国职官，自与外教不同，应当别论也。仰即查照分别办理。此复。

复博罗县司选员陈。查当选票额原章系除本区选举人总数。嗣经宪政编查馆复安徽电，准除本区实在投票人总数核算，业于分配额数简明法末附载。至设得数为壹百零壹，半之为五十零五。窃以为零五数不便折算，当伸为五十一方合，又如余一十九名不能容法数者，当作零数登册存记，以为当选人不足定额之比较可也。日记所载演说词各条，均属详悉，殊堪嘉与。嗣后办理情形如何，仍当随时详告为盼。此复。

复新宁县覃。承询各条兹一一具复如左：（一）凡各学堂肄业生未经毕业，虽有举贡生员以上之出身，应照章停止其选举权及被选举权。（按此为免防修业起见，故暂停止两项之权，非剥夺也。）（二）有合选举资格之瞽者，不能签字书票，应不得有选举权及被选举权。（按此虽非与有心疾者一例，然定章投票纸无请人代投之例。既不能签字书票，则亦不得有此两项权。）（三）司选书记、庶务各员，应与监察员一律，不停其选举权及被选举权。（按选举章程第一章第三节所载，办理选举人员均无司选等项人员名目。）（四）身家不清白者，专指优、娼、隶、卒而言，以向例不准考试出任者为断。（五）初选人名册式前已札发，应由各该地方官照式刊印备用。

致东莞县。昨接贵县事务所函，以本处日前答复挂借沙田公款未清，承批沙田欠租未还，确系详复有案，未经清结，应比照被人控实尚未清结条文办理。查邑中挂借沙田公款一案，系去年经印委会算明确禀，准分作五年摊还。以本年六月为首年之限，如首年应摊还之款业已依限清还，能否作为清结，予以选举权等由。查凡属欠款被控未清，本当遵照馆章条办理。惟据称案关多数士绅，且经禀准分年摊还，如果递年依限清交，经该地方官承认者，未始不可通融酌办。但本年初行选举，以六月初一为初选举期，计算时日尚未满本年摊还之限。万一既行选举以后，未能如限清还，以致纷纷诉讼，成为选举无效，将何法以善其后耶？且此次因开办已迟，不得已将选举期变通展缓，以后三年一届。即须按照奏章，以正月十五行初选举，三月十五行复选举，计时均未到是年摊还之限，又将何以办理耶？本处为筹办选举之总机关，只知遵奉定章，或准与否并无成见。惟有责成地方官审察情形，妥筹禀办已耳。其或者将原拟分年摊还定限酌量提前，以免有碍行使选举权。且不虑予人口实，致滋诉讼，则更本处所深愿也。究应如何办理之处，务希执事及早与各该绅等熟商定一妥善之法，据实禀复，以凭核夺，是所切盼。

复罗定复选司选员许。承询票额投票各条，具见展卷潜研，大有心得，佩慰无似。查选举章程第五十七条“按照应出当选人额数”一语，本包上文“不满当选票额，致无人当选，或当选人不足定额”两层而言，章程特未分晰言之。今阁下所疑盖在当选不足额再行投票，未分别当选定额全数，抑票数不足之缺额等语。不知章程所言，当选人不足定额，则已经满当选票额之人即在定额之内，自不入计。其再行投票者，只系票数不足之缺额，可无庸以应出当选人额数一语为疑。若再行投票仍不足额，章程虽只有一次之语，第经宪政编查馆复浙省电，有一次投票不足，应即再三投票至足额而止明文。此虽只论复选，然初选即可照此办法，似亦不嫌行使选举权之数数矣。又拟将初次投票有效之人设法剔出，是仍泥于一选举权不能行使二次之义也。以上议复各节，希即查照办理。此复。

复河源县司选员黎。承询各事，兹特裁答如左：查本处所编调查须知各条除据宪政编查馆所复各省电文采入外，余只概举大端。若条文所未及载者，原可酌拟比照办理。今来书所引，调查须知各条，均系指同居未析产者而言。承询例如父有子数人均已析产异居云云，自不得以同居未析产者为比。应就各人本身有无资格暨是否剥夺及停止论，不必更求选举权之何所归属也。至在外为现任官及因事外出与现任教官三条，其所以载入人名册者，以现行章程系采籍贯、主业。本籍既有此合选举资格之人，若因其现时未在本籍即阙而不载，微特贻讥遗漏。且无端将其人公权夺去，万一当行初选举时，上列三项人等适值回籍，又须补正，岂不重烦手续。况选举章程第二十条“选举人名册应于选举期六个月前造成”，若再加入造册时间，则与行初选举期实相距阋七八月之久。此七八月间安能保上三项人等之必无回籍事耶？又况有造册时，其合资格人尚在本籍及投票时或因事外出者，此项人谅亦不鲜，以此比例，则上三项人等仍应列作正册，自无疑义。倘投票时仍未回籍，即作为临期不到，殆无不可。以每一初选区选举人数之众属，投票时断难保一无事故，全体选举人悉往投票之理。在办理选举者，只多费数页册纸，多费数行笔墨，得多数选举人即可得多数初选当选人，又何乐而不为耶？至填言注财产一项即如所议办理。此复。

复开建县司选员黄。径复者：本处于闰二月廿七日曾电肇庆赖守专差往封查明。足下已领札赴开任事否？正悬盼间，廿九日得接报告并是记计共十五纸，快慰之至，当即逐纸详阅具悉，演讲办法均有条理，至询绅士充当管理员应否有选举权、被选举权一切，查选举章程第十二条文系不得与于选举人及被选举人之数推寻立法之意。原非谓管理员无此两项之权。特既为管理员有投票或开票之权，若复与于选举人及被选举之数恐滋流弊，故条文不曰“停止”而曰“不得与于此数”也。至年龄资格，谘议局章程第三条明言“凡属云云”，凡者有总括之义。尊议以二十五岁为合格自是遵章办法。此复。

复开建司选员黄。查选举章程第十九条，选举人名册应载事项内有营业资本及不动产之某项所值确数明文，至若何调查确数方法未经载入。本处以现时中国户口财政正甫清查，一时未易能得确数，此次开办已迟，期限极迫，更难宽期以待。况复初行，选举权利观念未必深入人心，转恐因调查资产之故致生疑虑，观望不前。种种维难，因亦未遑规定界说。此不独粤东为然，外省亦多疑虑，不欲报明。今来函所称，虑有冒报一层，自是慎重公权起见，惟恐浮冒者甚少，匿报者（孔）〔恐〕多。若必细意苛求，更虑放弃愈众。总之，调查时如经本人承认资产合格者，应即先入草册，分别资本或不动产某项所值数目，填注汇呈监督复核办理。至调查员与管理监察各员职务既殊，任事期先后亦别，如各该员人数确实不敷分派，即以调查员兼充管理、监察等职未为不可。但充当管理员者仍遵章不得与于选举人及被选举人之数。统希查照分别办理，是所至要。

复博罗司选员陈。查选举人名册颁发各投票所，宣示公众条文。所谓宣示者，将此人名册置在所中任人公览也。本处所编初选监督职掌要则第十一条，按区列榜系参酌广西办法，欲使本区之人在投票所外一览了然。倘榜示或有错误，仍可进所内取册翻阅，以为更正地步。是加入榜示一层，实补章程所未备，如有须更正者，除在选举人名册内补正及列入投票簿内，并可于投票所门外牌示通知。此等办法，原于章程绝无出入，自可如议办理。至投票簿则可不必宣示也。此复。

复高明县司选员马。承询再行投票办法。查本条文所称按照应出当选人额数加倍开列姓名一语，系承上文，不满票额致无人当选或当选人不足定额两项而言。其分配法，所谓按照当选人不足之额数者，不足二字仍是总承两项统言，额数之不足三与六两数乃假定举例之词。与定章并无出入，即如尊议假定高明初选应出当选人二十名，设全无一人得满票额当选。自应加倍开列姓名，四十名若已有十七人当选，所不足定额者三人，自必加倍开列六名，断无按照假定二十名全额加倍开至四十名之理。照此推算当可释然。至设塾教授生徒，未经地方官立案者，不得与办理学务人员一例。统希查照，分别办理可也。

复嘉应州司选员张。承询各事，理想亦富，兹特答复如后：答一至四问谘议局章程第三条第二项，资格系指具有普通学识而言。故以中学堂毕业为界限，若如所举之警官、监狱、英文、专科、测绘等学堂，仅各占一部分，非普通之科学也。揆之二年以上之师范简易科，一年半以上之法政讲习科，类于普通者未可视为同例。且即以中学毕业而论，亦须验有文凭，不能但凭人言即予入册。五、京卿新官制尚未厘订颁行，所举各项差员现无明文改为实官。故本处所编文武职官表只就现行官制列入。六、如查确有五千元以上之资本尚未以之营业者可作营业资本论。七、如有五千元以上之财产，其家长确不愿有选举权可由家长指定其兄弟或子侄一人行使之，惟必以同居未析产者为断。八至九、祖宗遗留不分之产业及轮流管理之会产、尝产，此数者得以公产二字括之，既系公产无可分析，即不能认为各有五千元之资产。十、办理学务及公益事务条文以满三年著有成绩为准者，原以两项内范围太广，故以成绩规定之。如非确有成绩者，不得滥行入册。（继续二字，原系山西省电文宪政编查馆因而用之，近人已有评议，其实办理学务虽无继续二字明文，然决非可以间断、合计或数处合计也。）十一、劝学所、教育会所有办事人员为数甚多，须查确劝学兴教，认真出力，合著有成绩者为率。十二、如曾经前学使批饬，永远不准干预学务之人，其前时办理学务之年月自应消灭，可不待言。十三、如在外省曾任文七品、武五品以上职官，尚未回籍，因未知其历官地方及年月者可向邻族查问，明白入册。（年月如记忆不清，即将历官地方填注亦可。）十四、武五品以上，如未经实缺或署理、代理及未当过统领营官各项武员，虽保至提镇及赏有翎枝，不能入册，未经外任之花翎、蓝翎侍卫固不论。（虚衔与顶戴不同）十五、资产应照选举章程第十九条注明所值确数，若笼统填入恐有冒认之弊，须商之调查员善为解说以愿填明为要。又日记内有答镇平司选员数语未合，兹为正之。设如小学教员之为投票、开票管理员者，固应照小学教员停止被选举权并应停止其投票权。（即选举权）今乃云似仅停止其投票权为当，此语非也。

复嘉应州司选员张。承询各条裁答如左：（一）凡外国教士在内地设立之学堂，所有堂中教员及毕业学生应照学部不准立案办法，无庸入册。（二）商家所有帐目无论新旧各款均可不论，应以现有之资本为准。（积储货物可入算）（三）以财产资格让其子，如本身犯营业不正及失财产之信用与身家不清白三项仍不得移诸其子。此种解释甚为严密，但身家不清白一项，若其子已逮四世者，应照常人一体办理。（四）如兄有他项资格可以财产资格移诸其弟。（五）军医学堂年半以上毕业之学生，不能视为中学同等，尤不能视为大学分科之医学专门科。（可检本处前项所答函比勘之）（六）将弁武备陆军各学堂毕业生，现虽未充新军各项职使，然具有军人资格应以常备军人论。再粤商营业外洋财产经本处呈请督宪电商宪政编查馆核准，变通办理，前已通函各属。未悉鉴入否？兹再附一张即察入。

复兴宁县司选员张。顷接函询各事，兹特裁答如左：凡调查须知所列各条有解释章程所未及者，有为调查时所当注意应否列册之方法者，除先以章程各本条为依据外，并将须知各条彼此贯通，庶调查方有把握。非可随举一二条便可包括全部办法也。如甲条办理学务但满三年即可入册数语，系指示各项合格人员如满三年即合。其未注明成绩者以所问乙条宪政编查馆复山西电，有成绩合于寻常劳绩保奖之例明文。（例如保奖虚衔顶戴之类）故不复赘。查劳绩保奖以认真经理在事出力为合，即如丙条所称，各学堂董事组织学堂担任筹款此项人等，如满三年即系著有成绩，合于寻常劳绩保奖之例。不过电文尚简，故未及详言之耳。又丁条谓不得与于选举人及被选举人之数，指投票、开票各管理员而言，解释甚当，至调查员不在第一章第三节所列办理人员之内，其书记、庶务、司选各员名目亦不在章程内，倘合资格，准照监察员一律办理。以上议复各节即希查照并望转告各调查员，将调查须知暨所订各细则办法参观互勘，以免误会，是为至要。此复。

复东安县司选员陈。承问各条答复如左：（一）凡公产、尝款不能分析，其子孙虽有按年轮收之利，不得各以五千元论。（二）营业资本除行商店铺外，如铁路股票以本人名下为准。其由各族公家购认者，该族人不得展转借认作为有五千元之资本。（三）畜牧各牲口之资本，可以营业论。若债券则须有抵押足值五千元以上者方可入算。（四）不动产所包甚广。凡不能移动而确有所值者皆是，鱼塘、森林、矿山自当包括在内。至捐税各项名目繁多，各属所办捐税亦复参差不一，原难遽定标准，应如尊议按照该处田亩价值若干，年中入息若干为比例。

复佛冈司选员邓。顷接函询各事，兹特裁复如左：（一）凡未分析资产之家，无论兄弟若干人，只准一人行使选举权。应以年长者先认，倘不愿有此权时，再及次者。至集合多人之尝产不得互选一人认之。（二）捐税所纳数目。案经本月初六日奉宪政编查馆示复本处所问各条之一，当即函知各属遵照。近想察入矣。惟捐税数目仍未确定，大约因各省捐税参差不齐，骤难取准之故。现在办法，就产业论，均各按该地方现时价值五千元为率，又如有五千元之资财，存店生息确实有据者，虽未纳税，亦可准照营业资本办理。（三）吸食鸦片人，现时尚未净断，吞服戒烟丸者，仍予剥夺。以上议复各条即希查照办理为盼。

致石城县电。石城县葛鉴：高等小学校长照学部新章应兼教员者仍停止被选举权，如董事等非兼教员及管理者不在此限。各团乡正副继续任事虽满三年非有确著成绩者，不得以公益论。至被选为议员只须合第五条年龄资格即可被选。盖此项人有被人选举资格，原无选举他人资格，故不能列入选举人名册，即不能为初选当选人。本处所订复选监督要则第十五条，准投票人在投票纸上将所举之人籍贯、住址等项写入，即系预为此项人或被选时，因无名册可稽，藉以查访地步。所谓合格者即指此。第五条而言，设如有人年满三十岁又合第三条选举资格之一者，其合被选固不待言。否则只有三十岁年龄，又非第六至第八条所列各项者，亦合被资格。此普通选举国民之法，参阅浅说区域条第二则及被选举解释条便明。佳印。

致各府直隶州通电。广州、肇庆、潮州、惠州、韶州、高州、雷州、廉州、琼州各府，嘉应、南雄、罗定、阳江、崖州、连州、钦州各直隶州鉴：各属办理选举其调查已毕者速即复查，如调查未毕者催饬查竣，务于本月底开造正册，万不能逾四月初十日选举人名册造成之限。希即飞饬所属遵照定限，星速赶办，毋得贻误，干咎至要。真印。

致嘉应州邹电。汕头转送嘉应州邹鉴：昨据长乐县王令飞足报各节，现经本处核议，武进士如未曾任武五品以上实缺，或署理、代理者，应视武举人一例。又初选开票不足额时，拟照苏省办法，就近在县召集各区原投票人行二次投票，设再不敷，照式再投，以足额为止等语。查苏省初选、复选均已举行，其因初选不足额就近在县城召集再投。按之定章虽略有变通，尚非与条文抵触，准仿行并候通饬各属一体援照办理。即希用飞足报，专送该县王令遵照为要。径印。

复曲江县何电。曲江县何鉴：勘电悉，寄居广商，拟请在贵治入册投票。昨据商务分会电禀，当经本处以该商等确系定居，且置有产业，如田地房屋之类，可援照本省人寄居异府异县条文办理，并准略予变通，呈由贵处核明入册。移知各本人原籍地方官注销选举权及被选举权，仍饬本人补呈原籍地方官备案等语示复，并另电严太守转饬遵照矣。东印。

致各府直隶州通电。肇庆、韶州、惠州、潮州、高州、雷州、廉州、琼州各府，嘉应、罗定、南雄、连州、钦州、阳江、崖州各直隶州鉴：现在各属调查完竣，其选举人名册除造具三分申送及分存开票所外，按照章程每一投票所应分存初选全区选举人名册一分，以为宣示更正及本区投票人查阅全区合格人名之用。惟本届创行选举，期限极迫，名册告成之日，距初选举期不远。若必于每投票所分存全区人名册一分，深恐册籍浩繁，钞胥不及，以致躭误时期，转形窒碍。兹拟每投票所只分存该投票区人名册。至全属选举人名，另行列榜张贴各投票所内，并分别某区字样。榜上只写姓名，无庸填注资格等项，以省缮写之繁。似此酌量变通，于事实上较为简便，除分别通电转饬外，希即用飞足报速行所属一体遵照办理为要。支印。

致各府直隶州通电。肇庆、韶州、惠州、潮州、高州、廉州、雷州、琼州各府，嘉应、罗定、崖州、钦州、南雄、连州、阳江各直隶州鉴：各初选区所造选举人名册，必须按照所具资格项下填注合式，方能转申督宪咨报民政部。近闻填注公务及毕业等项多无成绩，及非中学同等者蒙混入册，颇居多数。为此希即飞饬所属，各初选监督速查，如有填注不合者，立饬审定补正为要。虞印。

复韶州府严曲江县何电。韶州严、曲江何鉴：歌电悉。营业资本谓之财。不动产谓之产。局章于此款后按语财产字凡五见分析甚明。况馆电于确系定居之下不曰且有财产而曰且置有产业，是产业二字应专指不动产之业而言，不包含营业资本在内，自无疑义。又外省寄居满二十年，只须查确扣足年限，得照本籍人办理。无庸泥曾经入籍应试为准，详绎例。准得照数字及局章第四、第五条之“寄居本省满十年以上”条文比例自明。此复。阳印。

致各府直隶州通电。琼州、惠州、肇庆、高州、廉州、雷州、韶州、潮州各府，崖州、嘉应、南雄、连州、钦州、阳江、罗定各直隶州鉴：各属选举人名尚有逾限未报总数者，又有先报总数随复续报增减者，皆由事前迁延，临时草率，以致全省总数未定，无从配额，实属延误可恨，如不逾限而又无错误者仅一二处而已。现定一律以本月二十日为截止之限。无论有无续报，统由各该管之府直隶州再行分别所属汇同电告，即作为定数。凡通电之处急电饬，余用飞足报，立饬所属一体遵办，勿再宕延贻误至要。元印。

申复遵将奉发城镇乡地方自治原奏清单等件依式刊竣并呈缴原本察核由并移行

为移送申复札发事：案奉督宪、宪台、督宪案验宣统元年二月十九日准陆军部火票递到宪政编查馆咨，本馆核议民政部奏城镇乡地方自治并另拟选举章程一折，业于光绪三十四年十二月二十七日具奏。奉上谕宪政编查馆奏核议，民政部奏城镇乡地方自治并另拟选举章程一折。地方自治为立宪之根本，城镇乡又为自治之初基，诚非首先开办不可。着民政部及各省督抚督饬所属地方官选择正绅，按照此次所定章程，将城镇乡自治各事宜迅即筹办，实力奉行，不准稍有延误。尤须将朝廷惠爱闾阎，官民共济之意，剀切晓谕。使知地方自治乃辅官治之所不及，仍统于官治之内，并非离官治而独立之词。周之比闾族，当汉之三老啬夫，其来自古。惟选举自治之职员责在州县而选择州县责在督抚。官绅皆得其人，方能有实效而无流弊。此外宪政馆奏定各衙门应归第一年筹办之事，现已据陆续具奏。至明年以后，所有分年应行筹备各事，并着内外各衙门，按限妥筹，次第举办，毋得始勤终懈，疲缓延搁，以致贻误实行立宪之期。用昭大信，而慰民望。钦此。查地方自治为民政部本管事务，创办之始，各省于该章程如有疑义，应随时咨询民政部决定。其民政部不能解决者，再由民政部咨询本馆办理。相应刷印原奏咨行贵督，钦遵查照办理可也。计刷印原奏清单一本，选举票等式一套等因到本部堂。承准此。查地方自治一事，现经宪政编查馆奏定归谘议局筹办处兼理所有一切应办事宜，应即由该处认真筹办合就檄行，为此案仰该处照依馆咨奉上谕及原奏清单票式事理，即便钦遵办理。并将发来原奏清单一本，选举票执照及投票匭等式一套，赶紧饬匠排印一千本套，分别移行各道府厅州县一体遵办。仍将排印原奏清单五十本，选举票等式五十套连奉发原本票式刻日呈缴，以凭分别咨行备案。如章程或有疑义即行呈请咨询民政部解决。至应否另订筹办此事简章仍由该处妥议详办。计发原奏清单一本，选举票等式一套等因。奉此。本司道等遵饬庶务员赶紧饬匠，将奉发原奏清单选举等式遵照式样刊刷，业已完竣。除分别移行各道府厅州县一体遵办，并将拟订筹办此事简章，另文详办外，理合将原奏清单五十本，选举票等式各五十套，连奉发原本票式具文申缴宪台察核咨行备案。为此备由具申，伏乞照验施行。须至申者。一申督宪。

以上云云等因到处。奉此。本敝处遵将奉发原奏清单、选举票等式，赶紧饬匠刊刷，业已完竣，除分别移行一体遵办，并将拟订筹办此事简章另文详办外，合将城镇乡地方自治章程并选举章程、选举票等式移送。为此合移贵司衙门道希为查照，一体遵照办理施行。计移送城镇乡地方自治章程并选举章程四本，选举票等式一套。一移各司道。

以上云云等因到处。奉此。查奉发原奏清单业已刊刷完竣，除分别移行一体遵办，并将拟订筹办此事简章另文详办外，合就札发。札到该厅州县、府州，即便遵照，一体妥筹办理。仍随时将遵办情形具报查考，毋稍违延。切切。计发城镇乡地方自治章程并选举章程五十本。一札府九、直隶州七、直隶厅四、各州县八十三。

具禀遵饬核明城镇乡地方自治宣讲书请电购以资研究由

敬禀者：窃宣统元年三月十五日奉宪台函开：现据上海预备立宪公会来函，并寄到城镇乡地方自治宣讲书一册，请为订购饬发等由，并抄录来函，并将原书送阅。尚祈核明此书是否宗旨纯正？解释明确？能否作为研究自治之讲本？应否订购通发各属官绅士民阅看之处？分别酌定见复，以便核夺各等因。并钞预备立宪公会正续两启，又城镇乡地方自治宣讲书一册到处。奉此。当即遵照将预备立宪公会所著城镇乡地方自治宣讲书，逐一披阅，详加考核。其书悉遵部定城镇乡地方自治章程阐发推演，文言道俗，秩叙井然，毫无踰越宗旨。固属纯正解释，亦极详明，乡镇偏僻之区，以之启发愚蒙，自无不涣然冰释，豁然理解。实足为办理自治研究之资，浅近易知，用意最善，拟请宪台电致该公会定购六千册，并饬即交上海广东官银钱分局史守继泽就近点收。遇有便轮，迅即妥寄本处，以便通发各属官绅、士民阅看，俾资演讲，裨益无方。共该书价银若干，即由该分局先行拨付，再由本处归垫，以省周折，而期妥速。所有遵饬核明城镇乡地方自治宣讲书并拟购备宣讲书以资演讲各缘由，是否有当，伏乞宪台察核，俯赐批示祗遵，肃此具禀。敬请钧祺，仰祈垂鉴。本处司道等谨禀。一禀督宪。

呈详本处筹办地方自治添委文案委员办理并奉批由

为详请移会札委事：宣统元年闰二月初三日奉宪台督宪张案验宣统元年二月二十九日准陆军部火票递到宪政编查馆咨，本馆核议民政部奏城镇乡地方自治并另拟选举章程一折（云云见前八十四页）等因。奉此。当即遵照饬匠将奉发原奏清单、选举票等式，遵式刊刷完竣，分别移行各道府厅州县一体遵办，并申报宪台督宪察核在案。查地方自治一切应办事宜，业经督饬本处各员次第妥为筹办。惟现在初选期近，各属缴到名册为数极多，一一均须复核。专以本处各员兼办尚觉人少事繁，似应添员办理地方自治文案，并研究筹办自治一切事宜。查有试用知县石光瑶，兹查该令堪以派委。除札委并移会藩司查照外，所有添员办理地方自治文案缘由，理合详请宪台察核，俯赐批示祗遵。一详督宪。

除札委并详请督宪核示外，相应移会，为此合移贵司衙门希为查照施行。一移藩司。

除详报备移外，合亟札饬。札到该员，即便遵照，刻日到差，认真经理一切，毋负委任。切切。此札。一札试用知县石光瑶。

两广总督部堂张批：据详已悉。地方自治事宜，法理绵密，规划必须详审，应准添委试用知县石光瑶办理文案并研究一切，俾臻周妥，仰即转饬。遵照缴。

呈请添设书记员办理地方自治及酌给委员津贴并奉批由

窃宣统元年闰二月初三日奉宪台案验内开：查地方自治一事，现经宪政编查馆奏定，归谘议局筹办处兼理所有一切应办事宜，应即由该处认真筹办等因。奉此。司道等当即遵照督饬在处各员妥为兼理，认真筹办，并详请添委石光瑶办理文案在案。惟筹办地方自治事务颇繁，似应添设书记一员，帮同办理，以期周密。查有陶勤训堪以派充，拟即令其刻日到处任事，更有请者，本处编查员王令栋学识优长，才大心细，于在处各员尤为特色，此次筹办选举一切事宜，深资臂助，现又兼办地方自治，尤著勤劳。拟请自二月起酌给津贴六十元，以示奖励，而资办公。所有拟请添设书记及酌给王令津贴银两缘由，理合具说呈请宪台察核，俯赐批示祇遵。本处司道等谨呈。

督宪张批：说帖已悉，如拟办理，仰即知照。

申复遵将奉发自治研究所章程依式刊竣并遵缴原本察核由并移行

为移送申复札发事：宣统元年五月初七日奉督宪张宪台、督宪张案验宣统元年四月三十日准陆军部火票递到宪政编查馆咨，本年三月十六日本馆具奏核复地方自治研究所章程一折。奉旨著依议，钦此。相应恭录谕旨，刷印原奏清单，咨行贵督钦遵办理可也。计原奏清单一本等因到本部堂。承准此，仰处照依准咨，奉旨及原奏清单事理即便钦遵，查照办理。并将发来原奏清单一本，赶紧饬匠排印一千本，分别移行各道府厅州县一体遵办，仍将排印原奏清单五十本连奉发原本一并缴回，以凭分别咨行备案，毋延速速。计发原奏清单一本等因到处。奉此。当即钦遵查照办理。将奉发原奏清单饬匠依式刊刷，业已完竣。除分别移行各道府厅州县一体遵办外，理合将刊刷原奏清单五十本，连奏发原本一并具文申缴宪台察核咨行备案。为此备由具申，伏乞照验施行。须至申者。计申缴刊刷原奏清单五十本并奉发原本。一申督宪。

以上云云。又前奉两广总督部堂张函开：现据上海预备立宪公会来函并寄到城镇乡地方自治宣讲书一册，请为订购饬发等由，钞录来函并原书送阅，尚祈核明是否宗旨纯正、解释明确？能否作为研究自治之讲本？应否通发各属官绅士民阅看之处？分别酌定见复，以便核夺等因。并钞录立宪公会两启，及城镇乡地方自治宣讲书一册到处。奉此。经即遵照将预备立宪公会所著城镇乡地方自治宣讲书详加考核，当以该书悉遵部定章程阐发，推演毫无踰越宗旨，固属纯正，解释亦极详明，足为办理自治研究之资，核明禀复。奉两广总督部堂张批：禀悉，既经核明预备立宪公会所著城镇乡地方自治宣讲书宗旨既属纯正，解释亦极详明，足为办理地方自治研究之资。候即电致该公会订购六千册，饬交上海广东官银钱分局史守点收，妥寄该处通发各属官绅士民阅看，俾资讲演。其书价即饬该分局先行拨付，再由该处归垫，仰即遵照缴等因。奉此。兹查奉发地方自治研究所章程，业已饬匠遵式刊刷完竣，订购预备立宪公会所著城镇乡地方自治宣讲书，亦已由上海广东官银钱分局史守点收，申解到处。除申报并分别移行一体遵办外，合将刊刷宪政编查馆核定地方自治研究所章程及上海预备立宪公会所著城镇乡地方自治宣讲书一并移送。为此备移贵司衙门道希为查照，一体遵照办理施行。须至移者。计移送地方自治研究章程三本，城镇乡地方自治宣讲书四册。一移藩学、臬运、四司、八道。

除申报并分别移行一体遵照外，合就札发。札到该府厅州县，即便遵照查收，妥为办理。再前发城镇乡地方自治章程各属需用必多，应再加发并即一并查收具报，毋违。切切。此札。计发地方自治研究所章程四六本，城镇乡地方自治宣讲书三十本、五十本，加发城镇乡地方自治章程二十本、三十本。一札九府、四直隶厅、七直隶州、八十三州县。

呈详设立自治研究所借用法政讲堂开办拟订简章请核示遵并奉批由

为详请事：宣统元年闰二月初三日奉宪台案验内开地方自治一事。现经宪政编查馆奏定，归谘议局筹办处兼理。所有一切应办事宜，应即由该处认真筹办等因。五月初七日奉宪台案验宣统元年四月三十日准陆军部火票递到宪政编查馆咨，本年三月十六日本馆具奏核复地方自治研究所章程一折，奉旨著依议。钦此。相应恭录谕旨，刷印原奏清单，咨行贵督钦遵办理可也。计原奏清单一本等因到本部堂。承准此。案仰该处照依准咨奉旨及原奏清单事理即便钦遵，查照办理。计发原奏清单一本等因到处。奉此。查地方自治一事办理固难，稍缓流弊，亦当预防。筹办之初，务使通省绅民于自治之名义范围及辅助官治而行之理，涣然了释。然后从事调查分区选举，议事董事等会，庶几纲举目张，秩然有序，乃可收上辅政治辑和，下蒙地方乂安之效。司道等公同筹议，拟遵照宪政编查馆核复地方自治研究所章程，先于省城设立地方自治研究所，通饬各属选送士绅入所肄业，将官治自治之限阈详悉剖明，相与讨论。毕业之后，始令各回原籍办理自治。现在设所需用房舍，万难从新建筑，而空间合用之所，又不易得，爰与广东法政学堂监督商酌，暂借用该学堂讲堂二间及应用一切器具，先行开办，以节糜费。至讲授科目，除遵照部章第五条所订各科外，拟酌加行政法大意、各国地方自治制度、户籍法、地方财政等四科，以资参考。所授各科讲义由司道等详加复核，分科编订，颁发各属为研究之本，以免歧误，而归画一。至管理及考试等规则，简章所未备者，悉照法政学堂现行规则办理。该所应设所长一员，教务长一员，拟即移请夏太史同和兼充所长，派委曾令昭声兼充教务长。即行开办，而免违误，并拟订简章二十四条以资遵守。除所内监学、文案、庶务等员及各科教员均就法政学堂原有各员分别札派延聘，另行详报外，所有拟设省城地方自治研究所拟订简章，移请所长，派委教务长各缘由，理合具文详请宪台察核，俯赐批示祇遵。

计呈拟订省城地方自治研究所简章一本。广东省城地方自治研究所简章目录：第一章，总义；第二章，学科；第三章，毕业期限；第四章，职员；第五章，学员；第六章，试验；第七章，管理通则；第八章，罚则；第九章，经费；第十章，附则。

广东省城地方自治研究所简章

第一章 总 义

第一条 本所定名为广东省城地方自治研究所。

第二条 本所讲授地方自治之学理实用，使绅民咸知自治名义范围，以其递及各府厅州县依次传习，俾实行地方自治为宗旨。

第三条 本所学科为法律政治之一部分，因暂借用广东法政学堂讲室先行开办。

第二章 学 科

第四条 本所讲授如左之学科：（一）奏定宪法纲要。（二）法学通论。（三）现行法制大意。（四）谘议局章程及选举章程。（五）城镇乡地方自治章程及选举章程。（六）调查户口章程。（七）其他奏定有关自治及选举各项法律章程。（八）自治筹办处所定各项筹办方法。（九）行政法大意。（十）各国地方自治制度。（十一）户籍法。（十二）地方财政。

第五条　各学科每来复之讲授时间：

学期 科目	第一学期每来复讲授时间	第二学期每来复讲授时间
奏定宪法纲要	四	四
法学通论	四	四
现行法制大意	四	四
谘议局章程及选举章程	四	四
城镇乡地方自治章程及选举章程	六	四
调查户口章程		二
其他奏定有关自治及选举各项法律章程		二
自治筹办处所定各项筹办方法		一
行政法大意	三	
各国地方自治制度	四	四
户籍法	四	四
地方财政	三	三
计十二科目	三六	三六

第三章　毕业期限

第六条　本所以讲授八个月为毕业，分二学期，以四个月为一学期。

第四章　职　员

第七条　本所之职员如下：（一）所长一员。（二）教务长一员。（三）教员若干员。（四）监学员二员。（五）庶务兼会计一员。（六）书记员一员。

第八条　本所职员、所长及教务长由自治筹办处请督宪分别延订札派。其他职员由所长选定后由自治筹办处聘请或委任之。

第九条　本所除第七条所定职员外，雇用书写生一名，使役四名。

第十条　职员之权责。（一）所长主持全所事务。（二）教务长为所长之补助，掌理教务一切事宜。（三）教员按时讲授所担任学科，编纂讲义，评阅试卷。（四）监学员掌监察学员勤惰，发给讲义核算积分，编造成绩表册。（五）庶务兼会计员掌管所内一切庶务兼理收支等事，造每月预算、决算等表。（六）书记员掌拟文牍编造各项表册，保管册籍，校对讲义录等事。

第五章 学 员

第十一条 本所学员由广东各厅州县选送本地士绅，经本所考取，方得入学。各厅州县至少须选送士绅二名。愿多送者（厅）〔听〕。

第十二条 本所学员以按照地方自治章程得为选民而文理通顺者为合格。其无选民资格，不得为地方自治职员者，各厅州县不得选送。文理不通顺者，本所亦不收录。

第十三条 本所不设学员食宿舍，各学员来省就学，川资费用均由各厅州县就地筹给。

第十四条 学员入学时须缴相片一张，呈具志愿书及履历书。

第十五条 学员入学后须遵守本所规则，毕业后务须各回原籍，凡关于地方自治事宜禀承地方官妥筹办理，以尽相当之义务，不得任便去留。

第六章 试 验

第十六条 本所试验分入学试验、学期试验、毕业试验三种。入学试验于开学之先行之。学期试验于满四个月时行之。毕业试验于满八个月时行之。

第十七条 学期试验、毕业试验评定分数分别等第悉照学部定章办理。

第十八条 毕业试验合格者一律给与毕业文凭。

第七章 管理通则

第十九条 本所之管理规则悉照广东法政学堂之现行规则办理。

第八章 罚 则

第二十条 学员违犯本所规则者，分别记过或斥退。

第二十一条 学员因犯规斥退或无故半途退学者，按其入学日期每月罚缴学费五元。

第九章 经 费

第二十二条 本所经费分开办、经常、临时三种。按月先期核定数目造具豫算表，由自治筹办处发给。

第二十三条 本所经费收支数目，按月由会计员造具决算表，呈自治筹办处查核。

第十章 附 则

第二十四条 本章程有未尽事宜随时酌量增改。

督宪张批：详折均悉。地方自治一事，法理绵密，而办理不善，则流弊滋生。自非先事研求不可，该处照章在于省城设立研究所，通饬各属选送士绅入所肄业，俟毕业之后再令各回原籍举办自治，洵得要领。所拟简章及酌加科学均甚妥协，既借法政学堂之讲堂以为讲习之区，应即如议。由该处移请法政学堂监督夏修撰兼充所长，派曾令照声兼充教务长，其余监学等员亦即分别札委延聘，迅速开办具报。仰即遵照。缴简章存。

三、《编查录》选编

广东谘议局全体议员名籍录

姓 名	别 号	籍 贯	官 衔	邮寄住址
陈兆澎	长洲	新会县	附贡生	线香街三十一号会城明伦堂地方自治事务所
蔡念谟	亦襄	南海县	举人，广西知府	西门外南岸乡环翠园
何履中	泰阶	清远县	贡生，五品顶戴	十八甫瑞芳洋纸店
黄朝恩	巨川	清远县	附贡生	十八甫瑞芳洋纸店
陈念典	敦甫	增城县	进士，礼部郎中	大南门迎恩里
刘冕卿	子修	番禺县	优贡，分省补用知县	西关宝源中约三十二号门牌
汤藻芳	厉余	花县	遇缺先选教谕	十三行同安街大生祥
莫伯洢	任衡	东莞县	拔贡	省城大观桥羊城报
卢铭勋	郊耆	东莞县	候选道总理各国事务衙门章京	十五甫一巷二号

续表

姓　名	别　号	籍　贯	官　　衔	邮寄住址
黄有恭	敬夫	南海县	举人	佛山太平沙大笪地两利号米铺店
黄梅年	六闲	南海县	廪贡训导	九江商务分会总理
赵宗坛（原）				
文为任（补）				
邝锡尧	翔波	新宁县	附生	打铜街怡发香港上环万信荣
陈柏森	苍史	新安县	五品顶戴，中书科中书	新安观澜同安公局
黄毓棠（原）	纬南	新安县	举人，候同知	新宁安良局
刘荣恩（补）	沛如	新宁县	甲午科举人	
陈岳英	玉芬	番禺县	附生	小东门三角市永胜里第八号
罗桓熊	公尚	南海县	举人，内阁中书	司后街内阁罗
区赞森	萝屋	南海县	举人，花翎知府用分省补用同知	扬仁中约广兴纶
杨蔚彬	西岩	新会县	运使衔浙江补用知府，前驻檀香山正领事	新会城柱石里省城西关宝源大街
区达名	宝甫一号莑梧	新会县	举人，内阁中书	新会潮连天官第
谢耀棠	蔚南	从化县	廪生，法政毕业学员	旧抚署前兰玉试馆
伍于瀚	躍云	新宁县	选用同知	新宁西宁市源益
孔继猷	瑞河	南海县	选用同知	省城西关汇源坊公昌押
邓　鼐	耀藜	香山县	举人	香山城内治安街京乡第
陈汝诏	鑑墀	顺德县	委用训导，附贡生	仁济大街泰利号转寄
黄英华	获洲	新宁县	选用知府	双门底广东文明书局
卢乃潼	梓川	顺德县	员外郎衔	西门外二围
黄培元	□屏	香山县	廪贡四品衔花翎，山东知县	香山县城西门口黄太史第
邓宪禹	葵白	三水县	花翎五品衔，内阁中书	省城宝庆南约两粤赈捐局
唐汝源	石昆	香山县	举人，内阁中书	香山城转唐家乡尚书第
刘曜垣（原）	淡如	香山县	同知衔议叙分发知县，举人	香山城内拱辰街刘居仁堂
李家壁（补）	心湖	香山县	乙酉科举人，大挑教职	香山县岐山乡

续表

姓　名	别　号	籍　贯	官　衔	邮寄住址
黄葆熙	敬常	顺德县	内阁侍读	西关逢源十约黄二宅
陈鼎勋	梓樵	新会县	候选知府	东关汛
邓家仁	君寿	三水县	举人，分省补用知州	西关时敏中学堂
周钟英	仲颖	番禺县	同知衔赏戴蓝翎	小市街荣盛金店
龙怡坪	商盘	顺德县	举人，花翎郎中衔	大良护沙公约
平　远（原）				
张品焕（补）	文坡	镶黄旗人	翻译，举人	小纸巷
吴迁善	复初	驻防	附生	西门内崔府街六十七号
崔　镇	静君	驻防正白旗	一品封职，三品衔郎中	光塔街太史第二百四十号
苏秉枢	星渠	英德县	附生，二品衔候补，四品京堂	西关十一甫仁爱新街京卿第
陈寿崇	祝尧	乳源县	拔贡	韶关弓箭街太邱书院
华祝嵩	呼三	曲江县	岁贡生	北江乌石街怡生祥店
李滋湘	楚三	河源县	举人	河源县城三江学堂
彭宝森	植三	陆丰县	贡生，议叙五品	陆丰县河田局
邓承愭	侣乔	归善县	岁贡生，候选训导	归善劝学所
陈炯明	竞存，一字月楼	海丰县	增生	海丰县劝学所
谢清棨	逸琴	博罗县	拔贡	博罗城内调查总局
黄云章	景苏	和平县	附贡生，县丞	和平东门外景星店
林　堉	君厚	揭阳县	举人，拣发知县	揭阳县火烧地东涯别墅
萧永华	琼珊	潮阳县	廪生，陆军部郎中	汕头棉安横街荣禄第
萧之桢	干臣	大埔县	优廪生	潮州开元街茶阳书院
王廷献（原）	少文	海阳县	举人，度支部郎中	潮州奄埠明诚学堂
赖　耀	小亭	普宁县	浙江知府	奇美乡
黄锡畴	辅之	潮阳县	廪生	汕头永泰街万成行
谢　陶	友潜	海阳县	法政毕业生，优廪生	潮州府城下东堤谢春发行
罗文光	云石	大埔县	附生	高陂市天生堂

续表

姓　名	别　号	籍　贯	官　　衔	邮寄住址
沈秉仁	友士	海阳县	附生	汕头第一津晓钟报
李镃渊	照依	澄海县	法政毕业生，附贡生	澄海城内泰来堂转竹林碧芳店
陈乃勋	松涛	揭阳县	岁贡，五品衔，候选县丞	揭阳县内陈氏宗祠
叶承训	学庭	新兴县	花翎五品衔，前新会县训导	新兴城劝学所
苏元瑞	伯赓	高要县	举人，二品顶戴，按察使衔，江苏遇缺题奏道	十二甫
易学清	兰池	鹤山县	度支部主事	十五甫正街
周兆龄	鹤谱	开平县	廪贡生	开平城官立学堂
张乃瑞	芝农	开平县	举人	开平长沙埠信盛押省高第街和安绸缎店
雷庆河	次淮	广宁县	附生，广西候补典史	广宁城元恺公所
何国铨	翊廷	高明县	附生	高明三洲墟鸿安转致朗锦乡
刘植卿	眉川	德庆州	刑部主事	高要禄步墟和生店转寄莫村美纶店
叶瑞图	洛川	封川县	乙酉拔贡，同知衔，原任增城县教谕，升授廉州府教授	廉州府学署
刘述尧（原）	慕唐	信宜县	举人，分部主事	信宜县东镇墟同福
廖德谦（补）		电白县	廪贡生	信宜县东镇墟同福
林晋堃	少吕	吴川县	拔贡，教职	吴川城南门外霞街村绛云馆
陈寿庚	禹廷	化州	附贡生，江苏候补道	化州总局
周廷励（原）	相辰	茂名县	直隶补用知府	高州府中学堂
梁宗渠（补）		茂名县	举人	
杨彦深	沧灵	茂名县	荫生，花翎，浙江补用知府	广潭乡
刘运熙	绩卿	灵山县	举人	灵山县十八练总局
王师信	义山	合浦县	三品衔，分部郎中	廉城西门外巩屯
吴　霏	韵松	徐闻县	廪贡生，法政毕业学员	雷州府城商务总局
吴泽琼	寿南	会同县	廪贡生	会同县劝学所
王绍祜	贺廷	定安县	廪贡，广西试用知县	定安高等小学堂转春内村
王国宪	尧云	琼山县	乐昌训导	琼州府西城外悦盛店

续表

姓　名	别　号	籍　贯	官　　衔	邮寄住址
陈公贤	任臣	临高县	拔贡，广西直州判	海口英合号临高劝学所
陈所能	才卿	澄迈县	举人，福建盐大使	澄迈县劝学所
赖文傑	慈云	罗定县	附生，议叙通判	罗定城外闸街仁裕店
黄玉钟	雨楼	罗定州	附贡生，教谕	罗定新街恒和兴店
陈鸿煊	仲卿	东安县	廪贡，五品顶戴，候选训导	东安县城宝兴局
黄颖奇	思乔	阳山县	拔贡生，广西直州判	阳山县城总局
邓云鹏	季程	南雄州	附生	南雄城宾阳门外封广隆店
邱逢甲	仙庚	镇平县	农工商部主事	广府中学堂
张养淮	丽洲	长乐县	廪贡生	嘉应长乐横流三江学堂
罗献修	补月	兴宁县	拔贡生，咨调广西直隶州州判	兴宁县中学堂
梁国璿	玉鄰	嘉应州	廪生	嘉应州上市黄泥墩背鹤和楼
赵绍彰	业甫	钦州	教谕	水东堡水东村
梁庭楷	孝则	阳江州	户部郎中	阳江城内梁农官第寄寓香山前山
郑润霖	慰农	恩平县	举人	君堂清湾乡清乡总局
郑绍材	贞山	崔州	举人	崖州城保安公局

办事处委员衔名表

职　掌	姓　名	别　号	籍　贯	官　衔	邮寄住址
书记长	古应芬	勷勤	番禺	附贡生	仓边街
议事课	许炳成	仲衡	番禺	县丞职衔，优附生	高第街
议事课	邹　鲁	海滨	大浦	议叙直隶州州判	
会计课	张正时	端甫	番禺	候选县丞，岁贡生	
文牍课	庄光第	耀环	番禺	州判职衔，优附生	都府街
庶务员	梁世纮	组卿	顺德	同知职衔，附贡生	十一甫
收发员	邱濬华	香俦	镇平	附生	

广东谘议局第一届议长、副议长暨第一年常驻局议员名籍录

名位	姓名	别号	籍贯	官衔	邮寄住址
议长	易学清	兰池	鹤山县	度支部主事	十五甫正街
副议长	邱逢甲	仙庚	镇平县	农工商部主事	广府中学堂
副议长	卢乃潼	梓川	顺德县	员外郎衔	西门外二围
	黄有恭	敬夫	南海县	举人	佛山太平大笪地两利号米铺店
	刘冕卿	子修	番禺县	优贡分省补用知县	西关宝源中约三十二号门牌
	莫伯洢	任衡	东莞县	拔贡	省城大观桥羊城报
	黄培元	□屏	香山县	廪贡四品衔花翎,山东知县	香山县城西门口黄太史第
	陈鼎勋	梓樵	新会县	候选知府	东门大街首约闸脚
	邓家仁	君寿	三水县	兴人分省补用知州	西关时敏中学堂
	杨蔚彬	西岩	新会县	运使衔，浙江补用知府，前驻檀香山正领事	新会城柱石里省城西关宝源大街五十一号
	谢耀棠	蔚南	从化县	廪生，法政毕业学员	旧抚署前兰玉试馆
	崔镇	静君	驻防正白旗	一品封职，三品衔郎中	光塔街太史第二百四十四号
	彭宝森	植三	陆丰县	贡生，议叙五品	陆丰县河田局
	陈炯明	竞存，一字月楼	海丰县	增生	海丰县劝学所
	苏元瑞	伯赓	高要县	举人，二品顶戴按察使衔，江苏遇缺题奏道	十二甫
	萧之桢	幹臣	大埔县	优廪生	潮州开元街荼阳书院
	陈寿崇	祝尧	乳源县	拔生	韶关弓箭街太邱书院
原	周廷励	相辰	茂名县	直隶补用知府	高州府中学堂
补	梁国璿	玉鄰	嘉应州	廪生	嘉应州上市黄泥墩背鹤和楼
	吴霏	韵松	除闻县	廪贡生，法政毕业学员	雷州府城商务总局

续表

名　位	姓　名	别　号	籍　贯	官　衔	邮寄住址
	王国宪	尧云	琼山县	乐昌训导	琼州府西城外悦盛店
	赖文傑	慈云	罗定县	附生，议叙通判	罗定城外闸街仁裕店
	赵绍彰	业甫	钦州	教谕	水东堡水东村

四、广东谘议局第一次会议报告书

（会期从宣统元年九月二十六日至十月十九日）

筹禁广东各项赌馆议案

（会议厅提出）

议 草

按粤省赌之类别有四，分列如下：

（甲）榜卜饷，查榜卜即围姓。本届据商人易启康等援案承办，认缴饷银三十万元，报效在内，分五场匀缴。前督部堂张批准有案。并详定在所解饷项，拨解工业学堂本科经费银八万元，其余二十二万元给还上年各商号借款在案。查此项系今明两年之赌饷，并非常年收款。既已指定拨解上项各款，目前尚无的款可抵，暂拟截至明年为止。但下届壬子科尚须考优一次，及以后无论何项考试，永远不准再有榜卜饷，即围姓名目，以绝鸩脯之根。

（乙）彩票饷。查本省彩票经前阁督部堂李以澳门彩票盛行，内地即不能禁绝，不如设法抵制，由司局详明准归商人承办，名为中和公司。自光绪二十六年六月起，每年抽缴七兑饷银十三万二千元，遇闰照加。嗣因销票未旺，禀明酌减。二十八年另据商人照原案承充，改名恒丰公司，三十一年退办。商人容尚恭等试办，亦以滞销求退。后仍由恒丰公司商人承办，每月认缴饷银三千九百余元。自三十三年十一月起饷，本年四月复据请加票额，每年共缴饷银五万七千五百余元，拨充水陆勇饷之用。查此项彩票赌饷原意在抵制外溢，在粤省赌饷中为数最微，且查近年所认之饷较之李前任批办时仅及十分之四。今若议禁应有两种之预备：一、本省彩票既禁，则外省彩票应分别奏咨，亦一律禁止来粤销售。一、澳门彩票应咨部照会葡使，亦一律禁售。世界无庇赌之文明国。吾国烟禁，外人均乐赞成，禁赌事同一律。以上两层如于事实上无所妨碍，则毅然行之可也。此项赌饷本属无多，现已分饬各营竭力撙节，似不必另行筹抵。

（丙）缉捕经费饷。查光绪二十六年，前阁督部堂李，奏准各路举办缉捕，饬令各营将番摊赌博改为缉捕经费名目。每年约筹银一百三十余万，交善后局充海防经费之用。是年九月改为商办，每年认缴二百万元。二十九年前督部堂岑复饬改为官督商办，分地招商承充，每年约收银三百万元左右。三十一年归并善后局，饬商加饷。现计岁收约银四百二十余万元。嗣以此项赌饷本属万不得已之举，通饬各属，如一属筹得抵款即先禁一属，一乡能筹得抵款即先禁一乡。一俟抵饷筹足，即将全省赌馆永远禁止各等由在案。旋据龙川、和平、长宁、连平、长乐、南澳等厅州县陆续筹抵有款，均经饬令严禁。钦廉一带，系属边境，早经禁设。本年前督部张并奏准，俟谘议局成立，会集议员公同筹抵以顾饷需等因。查此项番摊为害最烈，历来议禁者必先曰筹抵。似也顾承饷数目如此之巨，赌风愈炽之处，即赌饷愈多，亦筹抵愈不易。除照前督部堂奏案应交谘议局会议筹抵，一县有款即禁一县，一乡有款即禁一乡。如龙川等处办法外，现并饬局分电各属彻查，所管辖地方究竟有上项赌博者几处，无者几处，分别禀复，为节节收束之计。凡向无赌博之区，不准添设，以杜蔓延。盖赌博足以制造盗贼，人人能言之，堵绝赌风即所以堵绝盗源也。并宜将有赌各处及无赌各处详制一览表，分发各地方官及各处团体，以便互相稽察。如有向无赌博之处，而该处官绅徇隐纵容，察出即从严参办。如目前筹有别项的款若干即减饷若干，减去赌博地段及赌类名目若干。此事断宜官绅合力统筹，以除此甚于洪水猛兽之大害。

（丁）基铺山票饷。查基铺山票始于光绪二十七年，由宏发公司商人承办，每年认缴七兑正饷银四十二万五千元，另缴一次过报效七兑银十万元。此后承充之人及饷数颇多变更。三十三年商人易启康等加饷承充，正饷一百六十万元，另缴一次过报效银六十万两，又每月认缴官纸价银七千二百两。三十四年三月将原认农工商局股分改减，作为每报效实业经费银二万元。是年九月起每年另缴劝业公所经费银二千两，又一次报效制造军械总厂扩充经费银二十万两，士敏土厂经费银十二万元。至本年四月又加认正饷银四十万元，连旧额每年共缴七兑正饷银二百万元，以办足六年为满，均归善后局收充水陆营饷等项之用。查此项基铺山票应行分别筹抵及堵截之法，均照上条办理。

按赌博为粤省之大害，人人能言之。官抽赌饷，举办各项要政，尤属世界之骇闻。上开各条办法，但就目前筹度，为节节收束之计。按照谘议局章程第二十一条第一款提出于谘议局交议员公同议决。窃愿列会诸公详细讨论合筹抵制各该项饷糈之策，务使禁绝赌风，出水火而登衽席。本署部堂有厚望焉。再谨查光绪三十三年九月十三日谕旨，凡地方应兴应革事宜，议员公同集议，候本省大吏裁夺施行。遇有重大事件，由该省督抚奏明办理等因。此事关系重大，应俟会议厅决议后，分别由本署部堂奏明办理。并交谘议局切实筹议办法，裁夺施行。又现奉谕旨，有人奏请停收广东赌饷等语，著一并体察情形妥筹酌办等因。钦此。是此案应归入奏案办理，本署部堂已于上月间遵旨复奏，规画各节大致与右议相同。奏稿另录行知。

呈　文

为呈报事：窃本局前奉督部堂札发会议厅公决交议草案七条，遵经次第开议。其第一条筹禁各项赌馆议草，先于九月二十六日开第一读会公同议决，认为议案成立，惟筹抵事宜当待研究。旋于二十八日开第二读会，议员陈炯明提出办法四条：一、禁赌筹抵拟请分为两问题。二、禁赌问题绝对赞成，惟办法拟请定期一律禁绝。三、筹抵问题，非绝对反对，惟办法拟请清厘本省应销饷项，通盘筹充。四、清厘筹充，拟请迅行另题交议。并开具理由书称：内谨案禁赌议题，其办法一为分类，先禁乙种，次甲种，次丙丁两种；一为分期，视筹抵之迟速为禁绝之先后；一为分区调查，向无赌博之区截堵其蔓延之害。逐条讨论。窃以赌害亟应禁绝，惟原议筹禁之法，分类、分期、分区于粤东情形容有未尽。盖分类不过减少赌博名目，而赌徒罔利之心，仍可移此就彼。观于小围姓、花会等项既禁，而广东赌害仍不少减，可为明证。分期则无一定之年限，视乡邑之力为差。乡邑无力即永无禁止之日。岑前督部堂发起此议，已阅七稔，卒成画饼，可为明证。分区则向无赌博地段非邻于赌博之区，即属于穷僻无可设赌之地。十步之外仍可设赌，其所截堵者，已属甚稀。似此分别议禁，则赌害不能一旦豁除。然赌害不除，则新政施行诸多妨碍。此不能不提请更正为定期一律禁绝之理由也。定期一律禁绝则饷项骤绌，势不能不另行筹措。惟筹措之法责之乡邑，实属偏枯，必筹自全省，始见均平。粤省融销饷项，向称冗杂。非清厘岁出，无以为岁入之征收。非统计通盘，无以为弥补之计画。此不能不提清更正，为清厘本省应销饷项，由本省通盘筹充之理由也等情。当经公决，应交审议会议。随据审议长刘曜垣报称，奉发议员陈炯明提请修正禁赌议草一件，经于二十九日开会。会议计是日出席者三十四人已与本局所拟议事细则第四十六条不相违背，即将议草宣布，除审议长外，计表决依修正者三十一人，不赞成者仅二人。此案应作为通过等语。俟于十月初四日续开第二读会，将开审议会情形布告于议员，经得可决者多数，应请监督准照议员陈炯明提议案四条办理。并声明案经决定，毋庸再开第三读会等情。所有议员遵议筹禁赌馆并请修正草案缘由，理合据情呈报督部堂察核施行。须至呈者。

札　复

为札复事：接谘议局呈报筹禁各项赌馆议草。先于九月二十六日开第一读会，公决认为议案成立。二十八日第二读会议员，陈炯明提出办法四条，并开具理由书。十月初四日续开第二读会，经议员多数取决，请照陈炯明提议案四条办理等情到本部堂。据此。查陈炯明理由书大致以分类、分区不如定期一律禁绝，惟饷项骤绌不能不另行筹措。责之乡邑实属偏枯，筹自全省始见均平。清厘岁出，统计通盘各等语。是则于本署部堂交议之意，不无误会。赌饷之必应筹抵，在谘议局议员中，亦颇有深明时事，谓不筹抵即不能实行禁赌者。盖赌之不应有饷，与饷不应取之于赌，原可一言而决。然在未收赌饷以前，抑虽收而不至如此之巨。则毅然言禁，即禁矣。今日筹抵问题须先从事实上着想。法律之效力，但能拘束未来，而不能追溯既往。此过渡时代热心爱国之士所无可如何者也。广东赌饷自光绪十年奉旨弛禁，二三十年来继长增高。虽在历任贤明大吏亦断不能不从筹抵着手。当国家行政费、地方行政费未分之际，此项防练新旧军各费，势不能取偿于中央。近日鄂督陈制军奏请将湖北混成协饷由部拨款协助。经部奏复，仍由本省设法腾挪，其明证也。前任张督部堂奏复禁赌折内，声明无论筹得何款，均先拨抵赌饷。本署部堂奏折内亦声明与司道等筹有的款，分别减禁。何尝尽责之一乡一邑？惟龙川、长乐等处从前业经自行筹抵，禀准照办有案。况现在预备立宪，迭奉谕旨，官民共负责任。此次交议之意，无非以责任二字相为期望，以议员等为之模范。庶免徒托空言。目前则姑从分类、分区办起，亦非谓得此已足。盖除害之事除一分即少一分。犹之剿匪者欲歼巨憝，亦必殄其小丑。赌类既多，不能不就力所能及者，先行筹禁。并此不办不几空言之？愈无裨于实事乎？且此定期一律禁绝之说，虽为理论所称快，按之事实而逾远者也。恭读光绪三十三年九月十三日谕旨，凡地方应兴应革事宜，议员公同集议，候本省大吏裁夺施行。遇有重大事件，由该省督抚奏明办理等因。又谘议局章程第八章第四十六条，各省督抚于谘议局议案有裁夺施行之权。又本月初九日宪政编查馆电开，凡属国家行政皆由督抚照常奏咨。非谘议局所能置议，自无交局议决等语。此项饷需既以新旧军政为大宗，自系国家行政范围，援照鄂督近日奏案，不能不就本省设法腾挪。是目前舍筹抵二字，禁赌别无他法。既不能一律筹抵，则舍分类、分区亦别无他法。日来外州县禀报已有就地设法筹抵之事。可见各属官绅尚不乏深明大义，共负责任之人。本署部堂仍照奏案，一面与司道等筹议，倘有大宗款项，绝此颓波。能如陈议员一律禁绝之理论，固亦甚善。然此则可欣望而不可预必者也。至所称清厘岁出，照章程在明年提议。若谓统计通盘，则本署部堂履任以来，孜孜不遑，分饬各属开单呈报，俟有端倪自当分别奏咨。届时当抄稿行知，俾议员等得悉梗概，以符与闻政事，以资历练之谕旨。为此札复谘议局查照。须至札者。

质疑呈文

为呈请批答事：现奉督部堂札复（札同前文）各等因到本局。奉此。当于本月十六日誊发各议员查照，十七日照常会议。议员佥称，细读札复，不无疑义，请将札复先行开议。当经议决，按照谘议局章程第二十六条将疑义呈请批札。兹约举所有疑义之大意敬为陈之。查谘议局章程第二十二条，谘议局定可行事件呈候督抚公布施行。前项呈候施行事件，若督抚不以为然，应说明原委事由，令谘议局复议。第二十三条谘议局议定不可行事件，得呈请督抚更正施行。若督抚不以为然，照前条第二项办理。合两条观之，凡谘议局议定可行或不可行事件，督抚如不以为然者，有交局复议之权，而无将案取消之事明甚。又按第二十四条，谘议局于督抚交令复议事件若仍执前议，督抚得将全案咨送资政院核议。是复议事件，谘议局虽仍执前议，只有咨送资政院核议，亦无将案取消之事又明甚。即如第四十六条称，各省督抚并于谘议局之议案有裁夺施行之权。按语裁夺施行，即指第二十一、三十三两条所载事项而言。既指此两条，如裁夺以为不然，亦必令局复议，而无将案取消之事又明甚。今札复内只称仍照奏案，一面与司道筹议云云，并无令本局复议字样，是对于本局呈报议定事件裁夺以为然乎？否乎？如以为然，查照局章第二十四条按语，督抚若无异议有公布施行之责，自不当有仍照奏案，及能如陈议员一律禁绝之理论，固亦甚善。然此则可欣望而不可预必等语。如以为不然，则当按照局章声明交局复议字样，俾本局有所率循。今札复既不以表决为然，亦无交令复议字样，是不能无疑义者一也。即谓本月初九日宪政编查馆电开，凡属国家行政，皆由督抚照常奏咨，非谘议局所能置议，自无庸交局议决等语。此项饷需既以新旧军政为大宗，自系国家行政范围，遂按照馆电办理，此更不无疑义。查谘议局权限所得议决者，均以本省为限，未有馆电局章，固甚明晰。赌害属于本省应革之事件，筹抵属于本省义务之增加。督部堂原奏，业经声明本局按照局章第二十一条一款、五款均有应议之权限。即谓筹抵尚有分别，如以节省冗费，清厘中饱。筹抵固非义务，增加即无庸交议，此亦甚是。惟札复并未声叙，无从臆度。援引行政范围一语，实滋疑问。盖此次筹抵赌饷并非议减军饷可比，议减军饷属于行政范围，筹抵赌饷则属于义务增加。奏案局章两者具在。况馆电属于命令又非专为禁赌筹抵而发。局章属于法律，其效力最大，若稍加（傅）〔附〕会，遽以馆电废止局章。此不能无疑义者二也。札复勖本局须先从事实上着想，指导备极恳挚。然本局惟就事实上着想，鉴于历任前督，创议分期禁绝，何尝不日事筹款期于饷则抵，以至于无赌，则递禁以至于绝然。迄今七八稔，卒成画饼者。非果前督之绌于谋实事？前不为一劳永逸之计，即事后不免有日待一日之憾。此固势之无可如何者也。本局负全省之责，望议决一律禁绝。义无可辞，饷项骤绌势不能取偿中央，即不能不设法筹措，责无旁贷。惟筹措之权，应归官吏承认之责，乃属本局权限划清，始免侵越。故前次呈报中经请另题交议，并无拒绝筹抵之说，尚非不负责任可比。粤省舆论中亦有主禁赌不主筹抵者，本局从事实上着想，深悉无米实难为炊，故仍请另题交议，尚非不明时事可比。督部堂当可深谅，札复言下几以本局为不认筹抵，殊于呈报之意不无误会。此不能无疑义者三也。总之，本局议决大意，系主一律禁绝，通盘筹充。惟筹充应归督院承认，应归本局官绅合力，大害斯除均应各勉其难，以副全粤之责望。在本局毫不存互诿之意。前次呈报所有议决禁赌筹抵情形是否照准施行，抑是权限无庸交令复议。统希明白批示，以释群疑，实叨公便。为此呈请督部堂察核批示。须至呈者。

批　答

来牍阅悉。所开疑义三条，具见热心研究，殊所佩慰。惟查此次筹抵赌饷议草，前经交谘议局集议。其要点全在分区筹抵一层，在本署部堂交议之时原不过欲议员熟察本地情形，是否可以办到，初无固执此议之意。且禁赌属于本省应革事件，而分区筹抵又为本省义务之增加，照章自应交议。故本署部堂虽声明归入奏案办理，仍将此项办法交令切实筹议。所交议草及随同发交之奏稿，用意本极明晰，不难一览而知。而各议员将禁赌筹抵偏分而为二，且于分区筹抵之法不无疑虑，要请另题交议。本署部堂悉心裁夺，亦知分区办法诚如议员所论，故详加答复。仍照奏案与司道等通筹办法，以期得有大宗款项，逐项禁绝。至于果出何途，本署部堂实难骤决，无从遽尔交议。来牍至疑之处，颇多误会。特此批答。如果将来筹抵之款项确在谘议局应议权限之内，届时自当交令讨论也。此复。

裁撤警保总局议案

（会议厅提出）

议　草

查警保总局之设，在巡警道未经设官以前，原为巡警之预备，用意亦善。现既奏设巡警道，即不能不遵章办事。按宪政编查馆奏定章程，巡警道既设以后，凡与警察职掌重复者，均在裁并之列等语。此为主裁者最扼要之理由。此事博访地方舆论，参以官厅意见，以主裁之说为多。事关全省治安，并有部颁章程，究应如何次第改并，以利执行之处，应照谘议局章程第二十一条第一款提出，于谘议局交议员公同议决。另有司道合辞请裁警保总局议草经会议厅通过者附录于后。附藩学两司巡警道合词呈复裁警保总局议草。

窃查警保总局之设，其初因粤省京官奏办团练，经前督抚宪派程前臬司为总办，在籍提督何长清，侍讲丁仁长等为总理。卒以经费难筹，迄无成议。嗣据丁侍讲等续请举办，前督宪周以将来外官改制，尚须添设巡请一司，应将该局名为劝办全省警保总局，按年由善后局拨银二万两。旋经绅士潘履端拟具，具试办章程十条禀由藩臬转详，遂于光绪二十三年四月开办。维时各绅函请前督宪据情入奏，当以警察将设专官未允所请。去年八月又经该总局移请臬司，会同职道详请立案。奉前宪张批，巡警已设专官，事权自宜划一。按照宪政编查馆定章，巡警道既设之后，凡与警察职掌重复者均在裁并之列。绅设之警保总局，既为推广巡警之豫备，自属一事相因。此时若据以入告，诚恐有干部诘等因。此警保总局设立之原委，及始终未准立案之情形也。该总局章程有云，冀辅目前巡警之不及，而为将来普设之预备。果使注定此旨，自应饬令各分局仿照警章办理，以期合乎辅助与预备之初心。何以开办两三年来，因仍旧习，未闻有一二事之设施可为，举办巡警之嚆矢者。如警保兼有保甲性质，则从前保甲成规久已有名无实。且省城保甲总局早已改设巡警，何必再立名目，多一分歧。况巡警、保甲二者组织各别，尤不能无端强合。致与部章不符，其应裁之理由者一。该总局发给戳记，遍设分局者有数十处，经费谅亦不赀。现在清理财政，节省经费之时，如将该总分局裁撤，不特善后局年可省二万金，即各乡亦可腾出款项以资改办巡警之需。且粤省各厅州县绅局之公款，练勇之口粮较多，于他省原不止警保局为然。惟警保局一日不撤，则各乡所有局绅类皆受其影响，观望效尤，大足为巡警前途之障碍，其应裁之理由者二。各乡绅局改设巡警，虽间有局绅把持，然以练勇较诸巡警优绌立形，自不能不幡然易辙。自警保局一设，而乡局藉此为抵塞。如南海沙头团练局绅，因争办巡警与争办警保互控，其已事可为明证。近顺德勒流乡商人余倚盘、廖贵立因与局绅争办团练不胜，又拟办警保，继又请办巡警。此则以团练为护符，彼则以警保为抵制，前矛后盾。无非欲遂其盘踞之私，似此不胜枚举，在省城首事各绅公正明通，亦不料其流弊之至于此极，其应裁之理由者三。查警保总局原设局丁，本属无多，拟于裁撤时，将该局丁试验体格，分别拨充巡警差遣队，或备补巡警，或挑选教练，所学习尽可容纳，不至向隅。至各乡警保分局，酌量所管地段，划为警区，随择局绅之公正者充当警董。其局丁之强壮，粗识文字者改充巡警，分别守望巡逻，即将休息时间轮流练习。所需局费、枪械、预算一切，其不足者再行设法筹补。以期粗具规模，然后逐渐改良，俾臻完备。一转移间，局丁有所安插，固无流而为匪之虞。并与警保总局原定第十条所载“将来巡警普及，即可以现有之款，充作经费”之语亦相符合。惟该分局共有若干处，局丁若干名，及经费如何筹措，本司道无案可稽。俟将来定议裁撤时，仍应调取该局全案卷宗，查核明确，再行分局办理。所有遵饬议裁警保总局问题，理合具说会同呈请察核，提出交议，实为公便。

呈　文

为呈报事：前奉督部堂札发广东会议厅公决交谘议局提议草案七条，第二条内开查警保总局之设，在巡警道未设官以前，原为巡警之预备，用意亦善，现既奏设巡警道，即不能不遵章办事。按宪政编查馆奏定章程，巡警道既设，以后凡与警察职掌重复，均在裁判之列等语。此为主裁者最扼要之理由。此事博访地方舆论，参以官厅意见，以主裁之说为多。事关全省治安，并有部颁章程，究应如何次第改并以利执行之处，照谘议局章程第二十一条第一款提出于谘议局，交议员公同议决。另有道合司辞请裁警保总局议草一件等因。奉此。经将所发议草先期交各议员研究，旋于九月二十六日开议。是日议员到会者八十六人，除议长外，表决裁撤者七十七人，否决裁撤者八人，议案认为成立。惟于各分局之安置，尚有异议。随由议长宣布此议案应否付之审查会，经众赞成。随将此议案交审查会审查。九月二十九日，据审查会报告称，警保总局已认裁撤，惟各乡分局，全是将原有之团练等局改易名目。查团练局相沿日久，无非为保卫地方起见，且民捐、民办不领官款。此刻若将保局分局一并裁撤，恐盗贼窃发，或致疏防。不若于警保总局裁撤之后，各乡巡警未办之前，准各分局仍用团练名义，照旧办理。俟将来巡警普设，然后酌量地方情形裁撤等语。十月初一日开第二读会，即将审查会审查情形布告于会议。经得可决者多数，并由众表决，不必再开第三读会。所有遵议裁撤警保局议草缘由，理合呈请督部堂照议办理，伏祈察核施行。须至呈者。

札　复

为札复事：接谘议局呈报裁撤警保总局议草，于九月二十六日开议认为议案成立。惟于各分局之安置尚有异议。随由议长宣布此议案应否付之审查会，经众赞成。随将此议案交审查会审查。九月二十九日据审查会报告称，警保总局已认裁撤，惟各乡分局全系将原有之团练等局改易名目。查团练局相沿日久，无非为保卫地方起见，且民捐、民办不领官款。此刻若将警保分局一并裁撤，恐盗贼窃发，或致疏防。不若于警保总局裁撤之后，各乡巡警未办之前，准各分局仍用团练名义照旧办理。俟将来巡警普设，然后酌量地方情形裁撤等语。十月初一日开第二读会，即将审查会审查情形布告于会议。经得可决者多数，呈请照议察核等情到本署部堂。据此。查来呈所称俟巡警普设酌量裁撤，自系为过渡时兼筹并顾起见。应照局章第四十六条办理。为此札复谘议局查照，须至札者。

监所改良议案

（会议厅提出）

（附监所改良草章，另印发）

议　草

查吾国监狱积弊，由来已久。设非大加改良，不特贻笑列强，于人民之生命、财产、名誉极有损害。况此系奉上谕应办要件，则所当改良之，故不待烦言。又查各国改良监狱，无不遵照中央政府所订监狱法办理者。今吾国狱制尚待颁行，如任各属自为，风气无齐一之法以驭之，则不仅人存政举，人亡政息。且令一省之中，此府狱制与彼府狱制不同。一府之中此县狱制与彼县狱制又不同，杂乱无章。于狱政前途诸多窒碍。本署部堂有鉴及此，特拟就广东监所改良草章，俾各属改良时有所遵守，而昭划一，查谘议局章程第二十一条第六项规定，应交谘议局议决。附去草章一百本。

呈　文

为呈报事：前奉督部堂札发广东会议厅公决交谘议局提议草七条，第三条内开，查吾国监狱积弊已久，设非大加改良，不特贻笑列强。于人民之生命、财产、名誉极有损害。（全叙至）查谘议局章程第二十一条第六项规定，应交谘议局议决。另附监所改良草章一百本等因。奉此。经将所发议草先期交各议员详细研究。九月二十六日开议，是日议员到会者八十六人，全体可决，议案认为成立。惟案关法律，不能不审查明确，当由众决付之法律审查会审查。随据法律审查会报告内称，交议草章标列大旨，用意至为中要。凡两篇所定条理精密，语义简明，施之全粤当可收整齐划一之效。第二篇第十一条严用管狱职员，非毕业此学者不得与选，尤为改良根本上之要图。谨就草章详加审查，原订已无遗义，亦无窒碍难行之处。其中有一二应加修正者，不过仰体督部堂恤囚之至意，加意体恤，于原章尚无违背。查第一篇第十五条所有之银钱物品句下，请加“除本人著人领存外”八字。盖保存犯人所有物，原为犯人无人代为领存而设。若有人代为领存，经本人承诺则似可听其领回。第四十九条邮费须自办句下，请加“但经讯问，须发信不能自办邮费者，得以狱费支办之”，共二十一字。其不知书句，请作为第二项“不知书者，监所得为之代书，其来书得为之说明”，共十九字。前项为亟须发信不能自办费者而设，第二项为不识字者而设，第八十九条请改为“在监所人犯，如谋脱越等事，须强迫禁止之。如禁止不听，即捕获或跟追之。有反狱或拒捕者得以武器镇压致死无论”，共四十六字。案现行律囚人脱监越狱照本罪加二等，惟反狱始无论原罪之重轻是脱越不得与反狱同科。且其罪不至于死者，而遽以武器置之于死。揆之情罪或有未协，似不能不为之区别。又第一篇第十三章第九十八条下，请加一条“在监所人犯得传染病，或新入监所者来自传染【病】流行（流）〔地〕方，须置别室离隔之”，共三十一字。此条专为粤东频年患疫，各监所人犯多有传染而设。以上修正各条应请议长报告于会议等由。至十月初四日开第二读会，经议长将法律审查会修正理由报告于众，为逐条之审议计，是日列席者八十八人，可决者八十七人，否决者一人。至初六日开第三读会，决全案之可否。计是日列席者八十三人，全体可决，此案遂作为通过。所有遵议监所改良议草缘由，理合呈报督部堂察核。为此具呈，伏候俯赐裁夺施行。须至呈者。

批　答

来牍阅悉。所议修正监所改良草章各条，足补议草之所不及，具见议员详加讨论，斟酌入微，应即如议修正，惟字句间稍加润色耳。此复。

酌提尝产举办家族工艺厂议案

（会议厅提出）

议　草

案查粤东械斗之风，由来已久。推其原因：一、由于粤东家祠祖尝甚丰，劣绅思借械斗以为开销地步；一、由于无业游民太多，冀谋旦夕之饱，一经勾结，累月经旬不肯解散，动辄酿成巨案。由前之说，则愚而多财只益其过之为害也；由后之说则实业不兴之为害也。欲为正本清源之计，莫如酌提尝产兴办家族工艺厂，既可杜劣绅觊觎之心，复可开小民谋生之路。本署部堂详考粤省情形，参以同僚意见，均谓此举兴利除弊，二善咸备。揆之谘议局章程第二十一条第一款议决本省应兴应革之事，实属相符。兹特拟就简章五条，交谘议局议决后，复候裁夺施行。简章附后。

一、各乡尝款中，向有祭祀、修理、分胙及奖励等项开支。若拨建家族工艺厂，自应估计尝款之多寡，必定酌提之数目。兹拟尝款岁入在一千元以下者免其提拨。一千元以上者留四提六，以为办理此次工艺厂及学堂之用。惟各乡情互异，应由各厅州县择地方公正绅士，责成自行调查明确，禀官核明，分别提拨。如原定成数确有与地方情形不符者，准其变通办理。

一、家族工艺厂现甫议办。尝款多寡不一，自宜各就地方情形，多者大办，少者小办。或一姓自办，或数姓合办，总以逐渐扩充为主。一切建置之法，责成各绅自行经理，官为督责。成立之后，由承办之绅详列规则禀官核明，通报立案。

一、捐助地方善举银数至一千两以上者，定例准奏明建坊。今以族众公积之款为族众教育之资，与以己财捐助者不同。拟嗣后提拨兴学及建工艺厂经费若满二千两以上者，详请奏闻旌表，分别建坊。赐额一千两以上者，详请奖给匾额。

其多至五千两以上办有成效者，准另请优奖。

一、此项工艺厂议决后，分别奏咨立案。限一年以内举办，其尝有械斗地方，由地方官勒令举办。其素无械斗地方，由地方官劝令举办。如有抗不遵办者，处以违抗奏案之罪。由地方官出而干涉，代为分别办理，以儆效尤。

一、以上简章系筹拟大致办法，其各族举办，将办事细则应各体察地方情形自行妥拟禀办。

呈 文

为呈报事：案奉督部堂札发会议厅公决交议草案七条业经先后议决，分别呈报在案。查第四条所开，案查粤东械斗之风由来，（草案同前文）简章附后等因。当于九月二十八日开第一读会，经众认为议案并交庶政兴革审查会审查。嗣据该审查会报告书称，窃维议草所注意者，在于安置游民，消弭械斗。而为此提尝产办工艺之说，诚如所云，兴利除弊二善咸备。然械斗之乡，依赖祖尝者，固属有之。而苛派丁口者，实居多数。推其故，虽由于民间之好事，而实因裁判之迟延，一遇讼事经年不决，乡愚难于赴诉。即逞一时血气之暴，悍然求决死斗以泄忿。事后则罚款封祠，已至于不可收拾。若论治本之法，莫如慎选廉明牧令，遇有讼事，准情按法随到随结。民情已达，民冤已伸，小民虽愚，亦何乐及身而试锋刃哉。至举办家族工艺无论是否械斗乡族，皆为目前要图。但管理工匠均难得人，一族失败他族观望。征合多数意见，谓宜由劝业道赶办工艺局，附设家族工艺模范传习所，分普通、美术两科。额定各州县应派学徒若干人，毕业后听其各回本属兴办工艺，以开风气。又分设工艺陈列转运所，俾各族采购机器原料，并代销制成品物，以便交通。至提款之法，似不必拘定成数。因粤民尝产分蒸尝祭留，名目情形不同，支配各别。提拨难得公平办理，必多窒碍，拟请由地方官督同劝业员及公正绅士，分乡劝导。无论尝款之多寡，听其自筹自办。或房族分办，或数姓合办。款多者大办，款少者小办，逐渐扩充，共图发达。粤民富有营业思想，已有工匠之可靠，而购料销货，又皆利便。自无不闻风兴起，争先筹办。如此则工业日兴，小民之生计已宽，外溢之利权可挽矣等情。于十月初八日开第二读会，将该报告书宣布。议员有谓，听其自筹自办一句，全无实际，似宜修正。当经多数可决。复有议员谓，该会报告书既经决定另行修正矣。惟办理家族工艺模范传习所、工艺陈列转运所，有无窒碍？本日主管官在座，似应先行质问。又经多数赞成。随奉劝业道宪发出意见书，并问题七条，内开：查广东工艺局先经拟在增步制造旧局建设，禀准有案。现议附设家族速成工艺模范传习所，自属可行。惟事关全省，筹画宜周，规模亦不宜过狭。兹将应行商议各事列左：一、工艺局附设家族速成工艺模范传习所，组织务求完备，应用经费，原是出自地方公款。本属无分畛域，惟事繁费巨，实业经费有限，亟应并顾兼筹。除禀明督宪先行拨款开办，以为之倡外，应如何妥议补助，俾资经久？一、制造旧局地面宽大，房舍亦多，且旁有民田三十余亩，亦易扩充。局门滨河，货物起卸更便。于此改建工艺局，并附家族速成工艺模范传习所，形势适宜。惟该处离城有十余里之遥，不嫌远隔否？一、工艺局及家族速成工艺模范传习所之组织，以选举总司理人为最要。现在有无能胜此任之人？一、各项教习，非有专门之学，难于精进，应如何选用一家族速成工艺模范传习所所有艺徒？由各县于各族中挑送应以若干名为额，其学费、膳费、寄宿费应如何酌令筹缴？一、现议工艺陈列转运所是为出品销场及转运工艺原料起见。惟前经按照部章禀设劝工品物陈列所，应否俟前项经费筹定开办有期，再将此项工艺陈列转运所附设？一、工艺以能仿造洋货，改良土货，而不与向有手工争利为要义。照粤省情形而论，应习种类若干，以某项为主，并应博访周谘，预为筹及等因。众议应将此项意见书及修正报告书统付审议会审议。嗣准该会报复前来，十月十八日续开第二读会，互相讨论，多数决定再付审议。续据审议会报称，承交一件酌提尝产举办家族工艺厂，第一读会已公认为必当举办。至模范传习所为开办工艺之前提，众议员固多数赞成。主任官厅亦谓事属可行，禀准有案。第二读会所尚待讨【论】者，唯酌提尝款，多主进行主义，不能听其自筹自办而已。盖不办模范，无以开家族之先，不规定提尝，无以示进行之实。二者交相为用，不能仅举一端。至提款之法，原草以一千元上下，为举例原非拘定成数。观下文云准其变通办理可见。但原简章似太疏略，故讨论者未能满意，转生疑虑。今拟请修正原草，更附益数条，提请公定。一、提拨尝款，由承办之绅预估开办费若干，分年提出，逐渐扩充，以厂成立为止。俟工艺熟习，沽出制品除开销费用外所得余利，以四成拨归尝款，以四成预备扩充，以二成为在事出力人酬劳。一、各族尝款确有可提，而为顽固绅耆把持者，准该族人呈报地方官劝会公选贤能举办。如或藉端滋扰而侵吞有据者，按照侵吞之数倍罚，并从严革究。一、开办工艺工匠为先，今由劝业道赶办工艺局，附设家族工艺模范传习所，准各家族选定学徒，呈请地方官申送入局肄习。毕业后各回本属，兴办工艺。又分设陈列转运所，俾便于采购器械及原料，并代销制成物品。一、各族绅士承办此项工艺厂，系延用传习所毕业，得有优等文凭之工匠。倘有意外亏本，承办之绅如无侵吞，不负责任。附录条答劝业道提出工艺模范传习所及陈列转运所问题。一、地方兴利，官民同负责任，凡地方之行政费无一非出自地方人民之负担。此事既禀由督宪拨款开办，将来各家族保送学徒，酌收学费、寄宿费足资补助。一、学徒距离城市，易于专心，故西儒恒言校地与脑根有关系。制造旧局地敞、水通，最为适宜，不嫌远隔。一、工艺局系劝业道应有之职掌，所有局内坐办、稽查、会计、庶务、文案、收发部章均经规定应设专员管理。家族工艺传习所不过附设，无须另行选举总司理，为须绅商襄助之处，可由官访查择派，或由绅商公荐。一、选用专门教习，除专聘外，兼以考验之法行之。预列问题：甲、需用何种机器价目若干；乙、需用何种原料价目若干；丙、每日能造成品物若干，丁、造成品物若干，获利若干；戊、教成学徒需时若干；巳、组织此项工厂至少须集资本若干。考验时，凡应考者须照以上所开列问题开具清折，如曾在工艺学堂毕业或外国大工艺当工者，并须呈验文凭荐书，将来即按照清折考成。一、本此系为培植各家族工艺人才起见。各家族保送学徒，应请由官妥定各府州县总额，其学费、膳费、寄宿费等项每月每人共计不得过六元之数。各学徒学成后即遣回各家族赶办工厂，充当工匠，无须在官局服务。一、工艺陈列转运所与劝工品物陈列所性质略同。工艺局开办后劝工陈列所断不至久延。工艺陈列转运所可以附设在内，取事实之上利便。一、工艺以能仿造洋货，改良土货，而不与向有手工争利为要义，自是名论。尚有二义：一、原料注重土产后及外产；二、制造注重必须品兼及销费品。本此三义，一面开办易见成效，织染、画漆、刺绣等类，一面征集条议，俟聘得某项巧工匠即开某项工料等情前来。于十月十九日开第三读会，由众表决。计是日出席者六十七人，已有五十七人可决，此项议案遂已完成。除将修正简章另录呈核外，所有议决交议酌提尝产举办家族工艺厂一案缘由，理合呈报督部堂察核。为此具呈，伏候裁夺施行。须至呈者。

批　答

来牍阅悉，候行劝业道查照议案切实筹办。此复。

设立游民教养院议案

（会议厅提出）

议　草

案查粤省赌厂林立，不务正业而贪非分之财，人人皆有。此种思想良由年少失教，无一艺足以自赡，始为荡子，继为博徒，终则流为盗匪。论者谓禁赌为弭盗之本原，而教养游民尤为本原中之本原也。惟游民之夥，非遍设教养院以广容纳，仍于大局无裨。应赖各慈善家协力合筹，以助官力之所不逮。查粤省善堂款项条分两大宗：一、平时捐集之款，即为各善堂之基本金，岁有积蓄。一、临时集捐之款，遇有水旱偏灾，随捐随赈，无一定之金额。省城善院共有数十处，其最著者称为九大善堂。凡慈善事业应办之事，一经提倡，巨款咄嗟立办。去年西北两江水灾，不数月集款数十万，平时赠医、赠药、施棺等项费亦不赀。固由粤民好义，出于天性，亦由各善堂信孚中外所致。今议劝设教养院，工场内多一艺徒，即市井中少一游手，亦即地方上少一莠民。弭盗安良为慈善家一最大事业，且慈善事业多是分利，惟此教养院一面化导游民，一面制出物品，是分利之中仍有生利主义。查天津游民习艺所制品既夥，亦能畅消。常年经费入款比较出款尚属有盈无绌，成效已有明征。京师内外城教养各局，以从前粥厂、煤厂等费改拨支用，其不足者另行募捐，以资补助。内城公立贫民教养院，官绅合办，程督有方，尤为工勤费省。又立教养工厂，专收年轻之贫民为工徒，分为初级、中级两等，以三年为卒业。外城教养第二局，组织略同。论者谓此项经费入不敷出，只在初开办之两三年。果能办理得法，则此后无俟续筹，且可永沾利益，似非虚言。京师自马路交通，无业游民以东洋车养活者，约以万计，此亦安插之一端。然亦赖有官立公立贫民教养院，及各教养局为最后安置之尾间。故巡警干涉强迫之作用有所施，迩来盗丐渐少，闾阎稍安，实由于此。粤省游民习艺所，于本年六月开办，款项具由警费支拨。该所只容三百人，尚须推广。兹拟遍设教养院，先从省城办起，由名誉最著之善堂合设一教养院以为倡率，其余合数善堂或十数善堂并力设置，或酌认基本金若干遍联自治。社会各绅并七十二行商合办，或劝中外各埠商侨捐助，复联合报界以鼓吹之。俟省城办有端绪，推及广潮两属之繁富城乡。然后逐渐扩充，以期遍设，总以地方之饶瘠为筹办之后先。所有掌管出入经费由首事绅董举充，概不由官经手。惟须列报预算决算表册式，刊印征信录，以示大公。一面由地方官派员，随时稽核，并将章程规则送交警署详院备案。就粤省情形而论，慈善家魄力颇厚，亦多热心此事，当属易举。欲言地方自治，尤以此为先务，谅绅商等无不赞成也。此事业经本署部堂征集同僚意见，均属相同。揆诸谘议局章程第二十一条第一款之意亦相符合，应交谘议局议决施行。

呈　文

为呈报事：案奉督部堂札发会议厅公决交议草案七条，遵经次第开议分别录报在案。其第五条设立游民教养院草案内开，案查粤省赌厂林立（草案同前文）等因。当于九月二十八日开第一读会迨宣布毕，佥谓设立游民教养院一事，实举办地方自治要务。经众可决，认为成立。旋于十月初五日开第二读会以便再同表决，而议员有以修正草案请者，谓于“复联各报界以鼓吹之”句下，拟请改为“所有掌管出入经费由首事绅董举充，概不由官经手。惟须列报预算决算表册，或刊征信录，以示大公。就粤省情形而论，慈善家魄力雄厚，亦多热心，此事洵易举行，谅绅商等无不赞成也。俟省城办有端绪，即一面将办有成效章程抄发，饬令各府厅州县筹拨公款，多者多办，少者少办，限期一律成立。如果经费不足，力行募捐，藉资补助。依照京师内城官绅合办方法，以求普及”等语。当日出席议员共八十一人，只有九人否决，是可决者已居多数。复于十月十二日开第三读会再由议长将原案既修正案宣布，以取众公决。计是日议员出席者共七十六人，全体可决。此项议案经已完成。自应遵章报告，听候施行。所议决修正设立游民教养院草案缘由，理合呈报督部堂察核。为此具呈，伏候照验施行。须至呈者。

批 答

来牍阅悉。此项议草当本署部堂交议之时，即期官任筹设之劳，而绅员经管之责，乃能逐渐扩充，永无流弊。议员等对于原议所修正者，所见相同。尚无窒碍难行之处。应候札行巡警道按照议案，联合绅商限期筹设。先从省城办起，俟办有成效再行推及各属可也。希即知照。此复。

联合教育会劝学所议案

（会议厅提出）

议 草

查部定教育会章程，原奏有云仅恃地方官吏董率督催，以谋教育之普及。戛乎难之势，必上下相维，官绅相通，藉绅之力，辅官之不足，学务乃能发达、定章。省城学务议绅等有发起教育总会之责，各地方学务总董等有发起分会之责，粤省教育总会业经各议绅等拟有简章，送由提学司核准，允为筹助开办经费，并照请从速妥择会地在案。惟发起分会者，尚属寥寥，于会社上无联络、统一之机能，即于教育上无画一整齐之行。使此项教育会照章当与劝学所联为一气，共图教育之发达，盖一主意思机关，一主执行机关也。各属执行机关次第成立，而意思机关所以尚未发达者，盖有数因。定章劝学所各于本城择地设置，薪水公费得就地方情形酌定。况粤省各厅州县前此已有学务公所为之基楚，遵章改办尚非难事。教育会则凭借毫无，本尽义务，入会各员并需岁纳六元以上之会金。按照章程应行举办之事不在少数，经费开支亦仅取给，于是，外此则倚赖财力赞助。一般之名誉会员多少有无，又皆不可必之数也，此一因也。实行宣讲组织小学师范讲习所既皆劝学所所有事，而教育会章程此类复各有专条。会中应编本境教育统计报告所刊事项，与劝学所章程详绘图表各节亦复相仿。彼误会者不疑定草为骈拇，即目该地为赘旒。其会章条文下间有注明，此条应与劝学所会商办理字样，又转疑于他项相同之点，原可各办各事，两不相谋，坐是因循益生障碍，浸至发起无人，此又一因也。今成立之劝学所几及十之八九，则教育会会地便可附设劝学所内，不必另谋。会员率寒素居，多年额会金酌予减少，书记、会计照章均为教育会而设，而劝学所亦实有应办之事，节省财政，彼此兼任，无庸另置专员。其各区劝学类系教育中人，如愿充会员，经会长认许，一体入会，互相研究以利执行。会内调查事务亦觉声息相通，易知实况。惟研究问题仍属之教育会施行事件，仍属之劝学所。其间互相维系，应会同办理者，亦即就近商办，各按章实行。至总董虽尽具有会员资格，既被举为总董，即（母）〔毋〕庸列入会员。期于呼吸相应，权限各清，吻合定章，联成一气。查江苏教育总会张会长謇，在通州本藉组织会所，深得此意，似宜酌量仿行。至已经成立之教育会概仍其旧。再得省城总会以为之枢纽，则联络统合之机能益备，而画一整齐之行使可期矣。冥行孤征，虽勤不远，万众齐足，进步必捷。此亟应提议者也。附列联合简章十一条请公决。

教育会劝学所联合简章

第一节　联合之宗旨

第一条　遵奉定章以教育会与劝学所联络一气，期于补助教育行政，图教育之普及。

第二节　联合之办法

第二条　凡各地方仅有劝学所，而尚无教育会者。教育会可即附设劝学所内，以归简易。由照章有发起会务资格之人公同组织。其并劝学所亦尚未成立之处，应先行发起教育会，择定会地。再由会内组织劝学所，所有推举总董为各区选择劝学员，均征取会员之同意。

第三节　事实上之便利

第三条　照劝学所章程各区劝学员每月赴所会集一次，呈交劝学日记，由总董汇核。有商订改良各事，即于是日研究条记，携归本区实行。若与教育会联合，则一切改良研究问题可得多数会员之讨论。

第四条　定章劝学所职员薪水、公费各就地方情形酌定。而教育会会员则为名誉职，且须年纳六元以上之会金。夫会金之所以必不能少者，一以供会内之支给，一以表入会之意向。今议联合，则会内费用较省，所纳会金自可酌减。

第五条　定章教育会得置书记员、会计员，而劝学所亦实有应办之事，今议上项职员不分畛域，通融办理。惟既资兼任，应由劝学所在公费项下酌量补助。

第六条　定章实行宣讲组织小学师范讲习所，既劝学所所有事。而教育会章程内此类复各有专条，会中应调查各学堂事实及编作境内统计报告亦多，与劝学所章程所载统合办法，推广学务，详绘图表各节用意相仿。以上概由会所商同办理，期免隔阂，而便施行。

第四节　权限上之说明

第七条　劝学所为执行机关，教育会为意思机关。无论成立之期孰先孰后均互相维系，不为隶属。

第八条　会员、劝学员，查照定章资格相等。惟会员可具愿书介绍入会，请会长审察允许。劝学员必由总董选择，禀明地方官札派。是劝学员皆得享入会之权利，会员则不定膺劝学员之职务。

第九条　劝学所总董仅具有会员资格，惟既被选为总董，则于会员内毋庸复列。总董及会长、副会长彼此亦不兼任。

第十条　凡会所应按照定章，各办各事。惟前项所开商同办理，及此外应行会商筹举事件，一切文牍书函有应会衔发布者，各因其事之性质归一面主稿，一面会核。惟不复文移，以省繁牍。其事理上应得相商，而名义上各有主管者，可先送通过，然后由主管一面分别发布。由是义会所簿册文件应分为公有、专有两种，归书记、会计分类掌理，随时由主管之总董及会长、副会长审查。

附　则

第十一条　劝学所、教育会本有部定专章。本章程所列不过联合施行之大概，其详细规则仍应由各会所就该地情形妥为商订，呈由地方官禀报提学司核定遵办。

呈 文

为呈报事：案奉督部堂札行广东会议所公决交谘议局提议草案七条。第六条内开，查部定教育会章程原奏有云，仅恃地方照前议草全叙至联合简章十一条请公决等因到局。奉此。当经将简章十一条先期交各议员研究，九月三十日开第一读会，是日列席议员八十六人，各讨论教育会与劝学所之性质，有以为应期设立教育总会，然后再议联合者。有以为先行联合，然后谋设教育总会者。经议长宣布表决，可决者八十一人，议案认为成立。惟众意皆以付之审查为便，由是有学务特别审查会之设。议长选定学务审查员十一人，经将此案交令审查。旋据报告内称，联合教育会劝学所议草，原为联络一气，以补会育行政之不逮，谋其普及办法，未尝不是。然二者之外观似同，性质实别。再三研究，有不必联合之理由一，有不能联合之理由三。查定章每州县设一劝学所，其总董及劝学员由提学司与地方官札派。若教育会纯任民间组织，总分会不相隶属，是二者之性质不同。学部既各定专章，自应各行其是，此不能联合之理由一。定章所载，劝学所之所有事，一劝学、二兴学、三筹款、四开风气、五去阻力，无非劝导之事。至于教育则在讲求教育进步。其章程一则曰以求增进学识，再则曰徒袭用教育之名，并不设研究所以求学问则解散。是其设立之名义不同，此不能联合之理由一。今各属成立之劝学所虽多，然仍有尚未成立者。且有成立而有名无实者，是劝学急宜整顿，自无暇与教育会联合使之兼理，此不能联合之理由二。劝学所人员定章酌给薪水、公费，教育会会员则纯任义务，且须岁出会金，讲学治事二者攸分，此不能联合之理由三。有此数因，未易发生善果，仍以不联合为便等由。至十月初十日开第二读会，议长经将报告书宣布于众，各议员互相辩论，以联合为然者得多数，应将报告书取消。至十月十九日开第三读会仍就原案取决，计是日列席议员共六十七人，可决者五十一人，此案作为通过。所有遵议联合教育会劝学所简章并议决情形，相应备文呈请督部堂察核并乞准照施行。须至呈者。

批 答

来牍阅悉。教育会与劝学所联合办法，不外遵照定章联络一气，共图教育之发达，既经三次读会表示可决者，始终占居多数。并声明审查所出报告理由书经已取销。此案作为通过，候行提学司通饬各属，酌量本地情形妥为办理可也。此复。

调查公款支配学费议案

（会议厅提出）

议　草

查地方原有公款名类甚多，地方应办之公益亦不止教育一项，而无不先从教育入手。其书院、宾兴、义塾、册金、卷金、文会、书田、学谷、科举、花红之类，尤于教育性质为近。前两广学务处，曾有通饬提拨办学，至今未尽实行。此项公款，仍分两种，城乡公有及一乡或数乡公有者曰地方公款；一族公有及族内数支或一支公有者曰家族公款。缘粤省人民多聚族而居，自成村落，往往以家族而占地方之势力也。今议责成各区及各族董事，分段调查，酌留若干，酌提若干，定为成数汇总于劝学所，及时推广小学，通筹支配，为实行均费之预备。至支配之法，公款办公学，族款办族学，甲乡之款不移用于乙乡，丙族之款不分拨于丁族。其应通力合作者则听其便，由绅经理，官为保护之。至于缉捕花红一款，已另案提议。兹具简章一份，并调查表式二纸，照谘议局章程第二十一条第六项应提出交谘议局议员公决。

一、公款分为两种，一地方公款，二各族公款。均须调查分别提拨，其从前已经拟充学费及一切新政之用者亦于表内填明。

一、公款名目甚多，如书院、宾兴、义塾、册金、卷金、文会、书田、学谷、花红之类，尤于学务性质为近，均应切实调查，分别列表。

一、调查之事由各属劝学所总理其成，归地方官督率办理。

一、调查应就各属所分学区，每区所属城乡村堡，逐段分查，责成各区劝学员任之。由地方官按照区员数目，一律给谕办理，不得推委。其有已设教育会者，该会会员亦有担任调查之义务。

一、城乡村堡管款绅董及各族管款族董，应由地方官分别给谕，饬俟劝学员到查应开列实数，并一面出示通行晓谕。

一、劝学员调查所及凡地方公款及各族公款应分别填入所发调查公款表。

一、调查公款表应分每城、每乡、每村堡，各自填写，不得合城乡为一表，或合数乡数村为一表，其有一款而为城乡公有或数乡公有者，应就该款所存之处填之，惟注明与某某等乡公有，以清眉目。

一、调查公款表，劝学员所填，应自第一层至第八层为止，交付劝学所总董。其第九层现在拟提成数、第十层应留成数，应由总董会商城乡村堡绅董及族董酌量情形，分别应留若干，应提若干，始行填入，并统结总数填于表末一行。

一、各区将调查公款表填齐后，由总董再将此表所列拟提地方公款总数，及所列拟提各族公款总数，分别城乡、村堡一律填入所发酌提公款办学表。然后酌量地方款多款寡，足办公学几间，各族款足办族学几间，并与各城乡绅董及族董商定设校适中之地，均填明表内。

一、提款办学系主就地就款办理。甲乡之款不移用于乙乡，丙族之款不移用于丁族。其有一乡或一族之款不足办一学堂者，可联数乡或数族合设，由总董随时商酌。

一、所发两项表式均应各填三份，以一份存劝学所，一份存地方官署，一份缴呈提学司核夺。

一、各表经司署核准后即由劝学所总董及劝学员，会同城乡绅董、族董，按照指定地方及时设校。所有核定之款，绅提绅办，不经官吏之手，只任督责保护。

一、设校之所，照章租借寺庙公所或各祖祠为之，以节经费。

一、各区劝学员调查所至，应声明此是为公益，恺切劝导以消阻力。

一、各该地方如有劝学所尚未成立者，应先酌提地方公款赶紧设立，以便分别调查。其组织劝学所之法，另详劝学所与教育会联合简章。

一、各城乡绅董、族董如有把持隐匿，阻挠情弊，应准劝学员据实禀报地方官惩罚。

一、各员董如有办理得力者，有多数成绩者，应由地方官酌奖以示鼓励。

呈 文

为呈报事：案奉督部堂札行广东会议厅公决交谘议局提议草案七条。第七条内开查地方原有公款，（议草见前）照谘议局章程第二十一条第六项应提出交谘议局议员公决，并附列简章十七条等因到局。奉此。当经分交议员预期研究。九月三十日开第一读会，是日议员列席者八十六人，互相讨议，多以为广东学务不能普及之原因虽由提倡者之不力，故每以学费无着为藉口。今以公款支配学费为普及教育起见，同人必乐于赞成，应请交审查会审查等语。随由议长宣布表决，可决者八十二人，议案作为成立。旋交学务特别审查会审查。据报告内称，谨查原草调查公款支配学费，系为推广学务起见。细目所举义塾、文会等项应由绅董、族董酌量情形，分别留提办法亦当。近日学务退缩，能多办一校即多得一益，自宜实力举行。惟书田、学谷一项各族体例不同，名称亦异。有为常年津贴，凡小童赴学得分领者。有为终身享有，已得国家奖励始能收受者。此种特定奖励款，其性质本属公项，其利益则归私人管领。如果学生毕业，亦可均沾利益。在各族规定，原意本与劝学宗旨互相吻合。该管领人愿行提充与否，只可婉为劝导，勿徒过于急激，盖提款办学，专仗各族三数有力绅长实力推行，万一因嫌生妒，因妒生仇，则不惟特定款项无从提拨，即共同款项亦固之阻挠。自当分别声明，免生争讼。此则本省各处情形歧异之点也。拟修正如下，第二条应加“但各族款内，有经特定为奖励款项已归私人管领者，由劝学员分别注明，设法劝导”等由。至十月十二日开第二读会，经将审查会报告书宣布于众，计是日列席议员七十六人，可决者六十八人，议案作为通过。并众决不开第二读会，以省繁重。所有议决调查公款支配学费并修正缘由，相应备文呈请督部堂察核，并乞准照施行。须至呈者。

批 答

来牍阅悉，候并同原案札行提学司切实办理。此复。

本局与袁督部堂来往要函：

来 函

径启者：现当预备立宪时代，各省均设立谘议局，为采取舆论之所。恭读迭次立宪谕旨，曰发愤为学，曰使绅民明晰国政，曰设谘议局以资历练。夫不学则不能明晰，不明晰则不知所以历练。故他省于谘议局未开议以前，多有研究会、预备会之设。而其他小团体林立，已隐然养成议事之习惯。近阅各报各省开局以后议场形式，时或参差不齐。其提议案由在会之人亦未尽深知其意，赞成与反对并无确凿之可否。此固共见共闻，亦应历之阶级无可如何也。往事如此，来日方长，照章议长、副议长、常驻议员、书记长等均有薪津公费，议员亦有旅费，合计岁縻甚巨。设于闭会以后，不从学字入手，以求明晰，而历练则转口。明年开议不仍形式、精神均无进步乎？且此一年之内如各议员对于地方利弊，漠不关心，亦何贵有此通省代表为常驻之员，不将利弊时时讨论，恐局外之人且将以书院膏火相诟病。何以为敛人民矜式乎？鄙人对于广东谘议局有监督之责。窃以为与其临时裁制，为消极之监督。不如先事讨论为积极之监督。积极者何？即由学而明晰而历练之谓。国民有政治上知识，而后所议之政治亦不致大远于事情。此岂毫无研究、毫无经验即可畀以建言之权者哉，今闭会在迩，贵正副议长正宜宣告此意，略参他省研究会之办法。即以各属议员为调查员，常驻议员为编辑员。由正副议长审定，按月报告于敞处，并可据以咨部，以见广东议员实事求是之成绩。调查之法当先分别门类，或任农林，或任工商，或任学务，或任水利等项，各就议员所长及土地所宜担认一门，须实地调查绘图贴说，不得仅取纸上空谈。按月报告到贵局，分交常驻议员亦各就所长分辑。如有疑义，并由局中函询本人，务期确当乃止。编辑之时，常驻议员应于寻常开会时提出讨论，经议长审定认为应行编辑，按月呈送一分到敞处，如此则议员虽散处四方，而心目中时时有地方利弊之观念，对于谘议局亦息息相通，而不至隔膜。常川议员亦得周知各处地方利弊，担任编辑尤合于饩事之相称，不至有受之为泰之讥。且至明年开会以前，于应行提议之案，由全体已了如指掌，不至有隔阂盲目之弊。须知各省谘议局同时发起若不结实从学字上做去，则终无明晰历练之一日，其谓之何？究应如何分配调编辑门类及常驻议员寻常会期或更延请深通法政人员演讲法政学大意，庶畛域之私可以默化，而国民程度自此继长增高，裨益实非浅鲜。须知议员号称全省代表，责任匪轻，至于权利义务之界说，辨之宜严。文明各国视议员为义务，而吾国或视议员为权利，毫厘千里。粤省素号开通，谅不至此。总之，朝廷既界士庶以建言之权，亦必各自循省是否有建言之资格。圣门四科列入政事言语者，仅有数人。诸君子既须明晰政事以发抒其言论，岂无本之学所能办此？为此函请贵正副议长，请烦查照上开事项妥议。见复施行。祗颂台安。

本局复袁督部堂函

海观大公祖大人阁下：敬肃者，比奉鼎函，备承矩诲，循省再四渐歉，骈营遵经宣告。窃维宪政宏奥，苦无津逮，今得明公谆谆垂训，想见学有本原，闭会日台从亲临。议员等正欲倾听演说法政大意，面承指教，藉作南针。乃明公惜齿牙之余论，仅令书记宣读普通勉词，重辱奖饰，益增愧悚。夫立宪政体官民同负责任，必人人有政治之常识，乃能享受立宪之福利。谘议局者，立宪基础也，建言之权在议员，行政之权在官吏。议员无常识则失表决机关之权能，官吏无常识则失执行机关之权能。伏读光绪三十四年八月初一日上谕有云：现值国势积弱，事变纷乘，非官民交勉互相匡正不足以促进步而收实效。又云：凡我臣民皆应猝厉精神，赞成郅治。以明公耆硕或者无须历练，若议员等则自维谫陋，既乏过人之行能，又无协会之补助。顾权责所在，不敢不勉。当未奉尊函之先，已迭经与各议员商榷：一、拟设机关报搜集各省之议草，交换智识，考察本省之利病，切实指陈。二、拟设编查会，各区议员分任调查，常驻议员专任编辑。三、拟设研究会，选录新政法令及通人著述，相与讨论。无一不与尊旨吻合。从学入手之谕，敬闻命矣，惟是议员从学原因义务，不因权利。查外国议院制亦有岁费日，当已成为辨偿之通例。今明公计及公费、旅费之糜款，虑议员受之为泰，而责以既廪称事。然则各行政官厅岁糜盈千累万，亦将如百工居肆视缺分入息之多寡，为报称之比例，差乎质之明公，当不谓然矣。推大君子初心或欲爱人以德，不自知其言之过甚，原可受之不辩。但恐外间未及细察，疑谘议局为利薮，且将以疑谘议局者疑官厅不亦轻。朝廷而羞当世之士耶？在明公既不吝金玉，在议员等亦颂不忘规，甚愿共体官民交勉，互相匡正之谕旨。嗣后议员等如有未逮，务请法语教导。若再入以影响之词，窃虑社会对于谘议局之建言不生信仰，即对于官厅之行政不生信仰。议员等不必计如通省舆论何如窒碍，宪政何惟明公其察之。

袁督部堂复本局函

披展环章，知诸郡子于鄙人前函所商闭会以后，从事调查编辑研究利病，增进程度之说，颇不以为河汉，佩慰奚如。承示行政官厅不无糜费，匡天之处，深惬鄙怀。回忆下车之初，即督饬所属裁冗节糜，亦诸君子所共见共闻也。粤语潮音方言各别，兼以闭会旬日，计应多数散归。复布区区以代面晤，至组织三层办法。既在未接专函以前，即经商榷就绪。所有上项章则，日内希即见示，俾鄙人先睹为快。何如专此，顺请均安。

选举劝学所总董议案

（陈议员炯明提出）

议　草

按各属教育不能发达，原因复杂，而劝学总董或不得人实居重要。盖劝学所为一属教育行政之机关。总董不得其人，纵教育如何整顿，法制如何完善，徒费苦心，卒成人亡政息之憾。查劝学所原章，总董有一定之资格，选自地方官禀由提学司札充，有黜陟而无任期。然各属情形，地方官多半选结识绅士，而无按照一定之资格。其热心教育，乡望素孚者固不乏人，而藉学盘踞阻害教育者亦有其类。现拟变通办法：一曰定任期。满任则举行改选，其有办学卓著成绩者得由地方官保请连任，或由提学司特予连任。一曰定选举。用无名单记投票法，以得票最多数者为当选。凡属办学人员及中学以上之学生有投票权。届期由劝学所办理，地方官为监督。似此办法其乡望素孚者必在被选之列，其阻害教育者亦得裁汰之处。庶人存政举，而教育可期发达。按照局章第二十一条第六款提请公决。

拟选举劝学所总董简章、学务审查会报告。

一、劝学所总董照章由地方官选择，禀请学宪札充。现拟推广办法，准由各项学务人员公同票举，其得票多者仍由地方官列册禀请学宪发札，以符部章。

一、选举权以各学堂监督、校长、教员、官立师范毕业生、高等小学堂以上毕业生及其他法政警察等学堂领有文凭者，用无名投票法。

一、任期以三年为满任。惟有成绩卓著者（每年劝立学堂二三区投案为据）得被连举，但不得三次就选。

一、前任将满，由管学官定期宣布续选，惟不能逾各学堂年假后三日。

附换任另选二则：

一、劝学所总董，于任期内有徇私争利，破坏已成学堂及已成学堂而维持不力，被人控告有实据者，随即撤去另举行选充。

一、劝学员学期下乡查学一次。有放弃责任全不查学，有名无实者，随即撤去。另举行选充。

呈 文

为呈报事：窃议员陈炯明提出选举劝学所总董议案。据称：按各属教育不能发达，原因复杂，而劝学总董或不得人，实居重要。盖劝学所为一属教育行政之机关。总董不得其人，纵教育如何整顿，法制如何完善，徒费苦心，卒成人亡政息之憾。查劝学所原章，总董有一定之资格，选自地方官禀由提学司札充，有黜陟而无任期。然各属情形，地方官多半选结识绅士，而无按照一定之资格。其热心教育，乡望素孚者固不乏人，而藉学盘踞阻害教育者亦有其类。现拟变通办法：一曰定任期。满任则举行改选，其有办学卓著成绩者，得由地方官保请连任，或由提学司特予连任。一曰定选举。用无名单记投票法，以得票最多数者为当选。凡属办学人员及中学以上之学生有投票权。届期由劝学所办理，地方官为监督。似此办法其乡望素孚者，必在被选之列，其阻害教育者亦得裁汰之处。庶人存政举，而教育可期发达。按照局章第二十一条第六款提请公决等语。当于十月十五日开第一读会，即得多数可决，并决定交审查会审查。旋准该会拟具简章四条，并附换任另选二则。内开：一、劝学所总董照章由地方官选择，禀请学宪札充。现拟推广办法，准由各项学务人员公同票举，其得票多者仍由地方官列册禀请学宪发札，以符部章。一、选举权以各学堂监督、校长、教育、官立师范毕业生、高等小学堂以上毕业生及其他法政警察等学堂领有文凭者，用无名投票法。一、任期以三年为满任。惟有成绩卓著者，每年劝立学堂二三区报案为据，得被连举，但不得三次就选。一、前任将满，由管学官定期宣布继选，惟不能逾各学堂年假后三日。附换任另选二则：一、劝学所总董于任期内，有徇私争利，破坏已成学堂及已成学堂而维持不力，被人控告有实据者，随即撤去另举行选充。一、劝学员学期下乡查学一次。有放弃责任全不查学，有名无实者，随即撤去另举行选充等语报告前来。随于十月十八日开第二读会，迨宣布后，议员谓该会所拟简章大致甚妥。惟第二条制限选举人格似乎过隘，拟请改为：一、选举权以教育会员、本属议员、自治会研究所各员、各学堂监督、校长、教员，并前经倡设学堂商办学务各员绅及法政警察等学堂领有文凭各员、官立师范生、高等小学堂以上毕业生当之。以无名投票法，多数取决，较为周密。至末后一条溢出原案界线之外亦应删去等语。均经多数可决，并公认不开第三读会，此项议案作为完成，除拟定简章另录呈核外，所有议决选举劝学所总董议案缘由，理合呈报督部堂察核。为此具呈，伏候裁夺施行。须至呈者。

札　复

为札复事：前据广东谘议局呈报选举劝学所总董议案一件，当发学司议复。兹据称定章各厅州县均设劝学所一处，委视学员一人兼充学务总董，为全境学务之总会。总董得人与否，关系一属学务之兴衰。此次谘议局选举劝学所总董议案，志在得人善任，兴学立教，用意至为良美。细核议决简章四条，其大要在变官选举为公选举，改无任期为有任期。以第一、第三两条为主体，其第二、第四两条所规定，是由第一、第三两条所发生。查简章第一条云劝学所总董，照章由地方官选择，禀请学宪札充。现拟推广办法，准由各项学务人员公同票举，其得票多者仍由地方官列册禀请，学宪发札，以符部章等语。按选举总董部章于官选、公选初无确定明文。粤省开办之初办理未能尽一，由地方官选举者固属不少，此外如嘉应州、花县、增城等属亦有由公选举者。惟学事方起，风气未开，但期劝学所早日观成，藉资劝导。故无论官选、公选一经禀举司署概加札派。自顷宪政萌芽，民智日启，各属士绅多知争选举之权，间有以改从公选为言。惟是已设劝学所，各属官选者实居多数。其中不少办理得力之员，倘一时无故概加撤退，另行选举既无以昭激劝，亦恐难免纷更。但以事理论，官选自不如公选之公。议案简章第一条，请由各项学务人员公同票举自属可行，惟当稍加分别，受之以渐。兹拟凡各属未经设立劝学所，选定总董者以后概照第一条办理。其已经举定札委者照旧供职，俟任满再行另举。其中途因事撤差或自行辞退者亦归公选。如此逐渐改良，似方尽善。再劝学所总董向以各厅州县视学员兼充。视学员一职，在新订直省官制原为州县佐治之官。原章并声明由司考取详请委用等语。惟考取委用详细章程由考察政治馆会同各部议订通行。现在尚未颁到，将来新官制实行自应遵部章办理，合并声明。又简章二条云“选举权以教育会员本属议员、自治会研究所各员、各学堂监督、校长、教育，并前经倡设学堂商办学务各员绅及法政警察等学堂领有文凭各员、官立师范生、高等小学堂以上毕业生当之。以无名投票法，多数取决”等语。按教育会章程除会长、副会长外，会员多少原无定额。各属开办教育会，志在多集会款，多收会员，往往照章岁出六元以上之会金，即可备员充数，若与学堂各员及毕业各学生同有选举权，其难易似欠分别。至自治会研究所各员及前经倡设学堂商办学务各员绅，界限亦嫌空阔，宜防滥冒之弊，似应稍加别择，以昭慎重。其高等小学堂毕业生按照定章，核其年岁尚在未成年之内，似不应有选举权。当以中学堂以上毕业生为限，其余各项人员均属妥协。又查简章第三条云“任期以三年为满任，惟有成绩卓著者每年劝立学堂二三区报案为据得被连举，但不得三次就选”等语。案总董任期部章亦无明文，惟续定提学使权限章程，劝学所总董一年一次札委。均于年前下札，平日如有敷衍因循者，应由提学使随时撤换等语。是满任虽无定期而每年应由提学使考核功过，分别留撤。议案拟以三年为满任，是略仿教育会会长之例，自系为防溺恋栈起见。惟年终换札一节仍应遵照部章办理。至总董成绩自以劝办学堂为主，而办理报告、巡察学务、劝筹学款等事并属总董职掌所关。应由提学使考核功过，分别办理。又简章第四条云前任将满，由管学官定期宣布续选，惟不能逾各学堂年假后三日等语。案定期宣布句下似应加“禀明提学使”五字。至附换任另选一则云“劝学所总董于任期内有徇私争利破坏已成学堂及已成学堂而维持不力被人控告有实据者，随即撤去另行选充”等语。案此条被人控告有实据者以下应改为由提学使随时撤退，另饬选充较妥等情具说前来。查原呈简章四条用意甚是，但官选改为公选骤然施行诚不免于纷更，说帖所拟逐渐改良之处，更为详备。其余驳改数处，均为权限防流弊起见，经在会议厅通过，应即此办理，除札令通饬详报外，为此札复谘议局查照。须至札者。

统一本省财政议案

（莫议员伯洢提出）

议　草

窃维筹备立宪以清理财政为前驱，以统一财政为归宿。度支部者，中央财政之统一机关也。藩司者，地方财政之统一机关也。现在已法定国库独立。度支部复奏请各省财政统归藩司，经于宣统元年四月初六日钦奉明降谕旨。各省财政头绪纷繁，自非统一事权不足以资整理，嗣后各省出纳款目除盐粮关各司道经管各项，按月造册送藩司或度支使查核外，其余关涉财政一切局所，着各该督抚体察情形予限一年次第裁撤。统归藩司或度支司经管，所有款项由司库存储分别支领，即由各督抚督饬该藩司等，将全省财政通盘筹画，认真整顿。仍着度支部随时考核，分别劝惩以副综核名实之至意等因。粤省财政以藩、运、关、善后、厘务五库为最著。此外与财政关涉者尚有沙捐、清佃兼税契局、官纸局、堤工局、膏牌局，或另立，或隶属。多一经理财政之局所，即多一位置冗员之窟穴。多一位置冗员之窟穴，即多一蠹蚀金钱之弊端，固属非计。即提学、巡警、劝业三司道所需经费，各筹各用，亦觉难于稽核。谘议局职任权限，有监察财政之责。若不早日提请统一本省财政，将明年开议预算决算案时，检计繁重，恐难表决。拟请凛遵财政统归藩司之谕旨，除盐运司经管各项按月造册送核外，其余关涉财政一切局所，依限次第裁撤。援照各新政司道衙门适例在藩司署内设立度支公所，分科办事，每年当可节省糜费数十万。即以截存之款，留作地方行政之用。官厅少一分虚耗，粤民即少一分担负。至提学、巡警、劝业各署款项亦应归总藩库收发，以蕲符合度支部统一分明之意义，而便确立谘议局监察财政之基础。

谨拟具理由书并录议案提请公决。

议案

一、请钦遵宣统元年四月初六日谕旨，本省财政除盐运司经管按月造册送藩司查核外，其余关涉财政一切局所，依限次第裁撤，统归藩司经管，以节糜费。

一、请参照在京各衙门统由度支部收发之部章，将广东提学、巡警、劝业各署款项统由藩司收发以便检计。

一、请援照各新政，司道衙门在藩署内组立度支公所，分科办事，为统一本省财政机关预备明年提出预算、决算案时检计。

一、请将裁截之款留作地方行政费之用。

呈文

为呈报事：窃本局议员提出统一财政草案四条。一、请钦遵宣统元年四月六日谕旨，本省财政除盐运司经管按月造册送藩司查核外，其余关涉财政一切局所依限次第裁撤，统归藩司经营，以节糜费。一、请参照在京各衙门统由度支部收发之部章，将广东提学、巡警、劝业各署款项统由藩司收发以便检计。一、请援照各新政司道衙门在藩署内组立度支公所分科办事，为统一本省财政机关，预备明年提出预算、决算案时检计。一、请将裁截之款留作地方行政费之用。并开具理由书称，窃维筹备立宪以清理财政为前驱，以统一财政为归宿。度支部者，中央财政之统一机关也。藩司者，地方财政之统一机关也。现在已法定国库独立。度支部复奏请各省财政统归藩司，经于宣统元年四月六日钦奉上谕。各省财政头绪纷繁，自非统一事权不足以资整理。嗣后各省出纳款目除盐粮关各司道经营各项，按月造册送藩司或度支使查核外，其余关涉财政一切局所，着各该督抚体察情形，予限一年次第裁撤。统归藩司或度支司经营，所有款项由司库存储，分别支领，即由各督抚督饬该藩司等，将全省财政通盘筹画，认真整顿。仍着度支部随时考核，分别劝惩，以副综核名实之至意。钦此。粤省财政以藩、运、关、善后、厘务五库为最著，此外与财政关涉者尚有沙捐、清佃兼税契局、纸局、堤工局、膏牌局，或另立，或隶属。多一经理财政之局所，即多一位置冗员之窟穴，即多一蠹蚀金钱之弊端，固属非计。即提学、巡警、劝业三司道所需经费，各筹各用，亦觉难于稽核。谘议局职任权限，有监察财政之责。若不早日提请统一本省财政，将明年开议预算、决算案时，检计繁重，恐难表决。拟请凛遵财政统归藩司之谕旨，除盐运司经管各项按月造册送核外，其余关涉财政一切局所，依限次第裁撤。援照各新政司道衙门适例，在藩司署内设立度支公所，分科办事，每年当可节省糜费数十万。即以截存之款，留作地方行政之用。官厅少一分虚耗，粤民即少一分担负。至提学、巡警、劝业各署款项亦应归总藩库收发，以蕲符合度支部统一分明之意义，而便确立谘议局监察财政之基础。谨具草案提请公决等情，当经编入议事日表集众会议。于本月十三日开第一读会公同研究，可决者六十七人，否决者四人。此项议案遂作为通过，并公认无庸再开第二、第三读会。所有议员提议统一财政草案经众表决缘由，理合呈报督部堂察核。为此具呈，伏候俯赐裁夺施行。须至呈者。

批　答

来牍阅悉。统一财政本是奉旨应办之件，议决之案所见甚是。但兹事体大，办法不得不力求详慎，现在藩司署内已设立统一财政筹办处，俟查确实，拟定办法再行知照可也。此复。

振兴女子小学校议案

（陈议员炯明提出）

议　草

按女学为教育之根本，尽人皆知。然粤省对于女学之振兴，尚属寥寥。各属风气未开，振兴女学尤多窒碍。兹拟振兴女学办法。第一期当以开通风气为入手，开通风气当以筹办初等女小学为先。着筹办初等女小学，当通饬地方官会同劝学所，依限一律筹设官校一所为提倡，严以考成，自无不可咄嗟立办。盖男学则以造就师范为入手，女学则各属风气未开，当以小学为入手，使之习化成俗，而后阻力可去。且此项教习不必拘定女师，因十二龄以下之女子尚可暂延男教习教授，自不患师资无人，而各属由官筹办一所属于小学，为费无几，亦不虑筹款维艰。事关女学前途，按照局章第二十一条第一款提请公决。

呈　文

为呈报事：窃议员陈炯明提议振兴女子小学一案。并开具理由书称，按女学为（故）〔教〕育之根本，尽人皆知。然粤省对女学之振兴，尚属寥寥，各属风气未开，振兴女学尤多窒碍。兹拟振兴女学办法。第一期当以开通风气为入手，开通风气当以筹办初（第）〔等〕女小学为先者。著筹办初等女小学当通饬地方官会（名）〔同〕劝学所，依限一律筹设官校一所为提倡，严以考成，自无不可咄嗟立办。盖男学则以造就师范为入手，女学则各属风气未开，当以小学为入手，使之习化成俗，而后阻力可去。且此项教习不必拘定女学师，因十二龄以下之女子尚可暂延男教习教授，自不患师资无人。而各属由官筹办一所属于小学，为费无几，亦不虑筹款维艰。事关女学前途，按照局章第二十一条第一款提请公决等语。当经编入议事日表。于十月十三日开第一读会，各议员多数可决，应即作为通过。惟议员中有主张先办女子师范者，有主张以师范责成官吏，以小学责成家族举办者，有主张办小学而兼办师范者，遂公决交付特别审查会审查。(读)〔续〕据审查会报告书称，承交陈议员振兴女小学一件，谨查第一议会周议员延励提议饬令府州兼办师范得多数赞成，自应以小学及师范两种互相研究办法。案周议员所议凡府州皆遵章设立师范一所附设初等小学堂。其各县属之不能办师范者，仍先由官议立初等女子小学，原与陈议员之议并行不悖。盖有力者勉为其难，不足者暂行其易也。提修改于下议题：请删去“子小”二字，议草内自尤多窒碍以下改为“夫振兴女学办法第一期，当以开通风气为入手，开通风气当以筹办女师范及初等女小学为先着。前此奉部通饬，凡各府州县均当由官设立女子师范一所，日久多未成立，大抵借口教员、经费两难办到。兹拟变通办法：凡府属及直隶州属均经遵章设立女师范一所，并附初等女子小学。其州县不能设立师范者，亦必先设官立女子小学一所，以为提倡，使之习化成俗，而后阻力可去。至经设女子小学者，一时教员难得，不必拘定女师。因十二岁以下女子尚可暂延男六十岁以上者为教习，庶不至师资乏人，再行延阻”等情。复于十月十八日开第二读会将该报告书宣布，而议员有谓凡教习当以品行论，不当以年岁论。审查会所拟“六十岁以上者”六字似可删去。又经多数可决，并由众决不开第三读会。此项议案遂作为完成。除将该修正案另录呈核外，所有议决振兴女学一案缘由，理合呈报督部堂察核。为此具呈，伏候裁夺施行。须至呈者。

札　复

为札复事：前据广东谘议局呈报振兴女学议案一件，当发学司议复。兹据复称，女学为教育根本，既尽人知之，因根本尚有缺点而急谋补救方法，则此件议案关系于教育前途甚大。粤省自光绪三十三年春经司署拨款就省城开设女子师范一所，并附属两等小学堂。三十四年秋续附蒙养院，于校舍四偏以供师范生实地练习。虽曰事属草创，规模粗具。而各女生循循礼法，款款学修，实足示全省女学之模型。无如各属风气不开，虽举行奏章已久，而兴办女学尚寥若晨星者，师资之难得与经费之难筹，藉口迁延，以至今日也。谘议局公决振兴女学办法，拟变通定章，凡府及直隶州均设立女子师范一所，并附初等女子小学，其州县不能设立师范者，亦必先设官立女子小学，以为之倡。至已设女子小学，一时教员难得者不必拘定女师，即暂延男师为教习亦可。自是为提倡女学期易办到起见。惟是此事前奉学部电饬预备立宪九年之内，所有女子师范、女子小学、保姆讲习所、蒙养院，统应按年分别筹定（别）〔列〕入表内。经议自明年起，先就各府直隶州厅兴办女子师范一所，以为养成女子小学教习之计。并仿照省城女子师范，附设女子两等小学、蒙养院兼附保姆讲习所讲习保育幼儿方法，期于裨补家计，有益于家庭教育为主旨。其各州县亦当酌量地方情形逐渐添设，如无力兴办师范女校，则先由地方官倡办女子小学一所，以为模范。凡此皆本署司所已计及奉发，谘议局议案大致用意相同。惟各属女子师范、女子小学及时兴办所需教员实属不少，幸而省城女子师范本年底甲班学生期满毕业。拟自明年伊始分派各府厅州县，按照毕业等第分别担任女子师范小学各项教员。将来各属女校逐渐推广，省城女生逐班毕业衔接。分布预算既定，数年以后各属女师范生毕业亦多，而女小学教员更无虞不给矣。十二岁以下女子尚可暂延男师为教习之说，原属不得已而思其次。果其得已，似无取变通定章或转予顽固者以口实。定章明言堂长、教习均须以女子年岁较长，素有学识，在学堂有经验者方可准充也。至筹画经费一层，议案内尚未提倡。自应一并酌议办法，俾有把握而免迁延。本署司曾于八月间呈其说帖，调查公款以供学费之支配。嗣于九月并拟具调查简章表式，呈明宪台核发谘议局公决通过在案。女学经费亦应在支配之列。拟无论女子师范小学，除由官倡办者，应归各地方官担任筹款。其由地方绅董倡办者，即提拨地方公款。由家族族董倡办者，即提拨族中公款。但由绅董、族董倡办之女学，必先经地方官核准报司立案，方能提拨公款以为经常费用，庶不致互起争端而障碍女学等情具说前来。查原呈请自明年起先办各府州县女子师范学堂一所，并附设女子两等小学、蒙养院兼保姆讲习所，其各州县亦酌量逐渐添设。如无力兴办女子师范，则先由地方倡办女子小学一所为模范等语。核与该司复称现在学务公所之规画大略相同，惟聘用教员仍以遵照部章为便。至筹划经费一层，即照谘议局公决，调查公款支配学费原议办理。经在会议厅通过，除札饬外，为此札复谘议局查照。须至札者。

筹弭盗贼议案

（黄议员有恭提出）

议　草

近来盗贼充斥，掳劫频仍，白昼拦抢，层见叠出，商旅裹足，甚至中人之家，纷纷携眷避迁城镇，官弁置若罔闻。事前疏于巡防，事后亦鲜缉获，动辄诿卸于官之卫民不如民之自卫。然官弁不先为设法防虞剿办，则乡团亦无能为力。事关全省大害，略将防御、严办两层筹弭提议请公定。

一、营兵经已裁撤，地方之守御已疏。现靠各路巡防营勇，又多用船载聚于一处，不能巡防乡落。迨掳劫案出，始行靠线踩缉。无论不能破获，即能如愿而乡民已先受害。今宜札饬各路营官，将各勇分路驻防。其勇船则择要分泊，各有地段专司，闻警报则齐出追捕，以为地方团勇之声援。

一、有抢劫掳案出现，由事主报明，应责成地方文武限期破获。

一、由地方官谕各乡局绅，联乡多设团勇，一闻邻乡警报，即传锣四出截拿，使贼无所逃匿。并着令各乡多备起火，如遇贼劫夜间，则鸣锣报警，多放起火为号，俾邻乡一望皆知，立到救护。

一、近日清乡之弊，委员并勇驻办数月，往往不能捉一真匪。而勒缴花红银动以千万计，于匪何损，而匪之亲属已不胜其扰。迨弁勇一散，各匪仍复故辙。如此清乡，徒扰乡民，于事何补？今宜札令武弁认真靠线，随时向各匪乡围拿。至于清乡一节，须查明确匪与乡局绅商定，花红若干，俟获匪后审实，由官弁行知局绅，责成该乡绅耆勒令如数缴出。如谓清乡不缴红，则获匪后难于缴交。岂未获匪时尚可勒交，而获匪后反不能勒交耶？但清乡具红之后，宜仿前方水提耀办法，将各乡匪姓名、年貌、父母、兄弟、妻子尽行开列，其有报死及报远飏者，亦须另列查核。每年印派分贴各营汛局厂，俾照缉拿。亦使匪徒有所顾忌，不敢潜回。

一、严办窝家。如著匪由该乡屋里拿获者，应照李水提购拿吴照陆兰清示谕，其花红银责归该乡缴交，且治以窝庇之罪。如被掳捉有胆敢窝藏被掳之人者，除将其屋宇毁拆严办外，并将窝藏之屋前后五家究罚，以惩其不先举发之罪。

一、严办庇匪、保匪劣绅，如有实据确证应由官革究。

一、近日禁买军火，乡间绝少快枪。而贼之枪械精良，远胜于我。无怪其横行无忌，应准各乡绅耆具结，由局绅禀县备价，向军械局购买，印以火烙，每年查验一次，以防流弊。

呈　文

为呈报事：窃本局议员黄有恭提出筹弭盗贼一案据开具理由书称，近来盗贼充斥，掳劫频仍，白昼拦抢，层见叠出，商旅裹足，甚至中人之家，纷纷携眷避迁城镇，官弁置若罔闻。事前疏于巡防，事后亦鲜缉获，动辄诿卸于官之卫民不如民之自卫。然官弁不先为设法防虞剿办，则乡团亦无能为力。事关全省大害，略将防御、严办两层筹弭。提议请公决，并拟办法七条。当于十月十七日交付会议经众表决，交由审查会审查。嗣准该会报告略谓，查阅议草办法七条尚属治标之事。至缴红缉匪流弊已多，五家并坐株连已酷，尤为窒碍难行。惟乡间绝少快枪一层，自是实情，由绅备价购领，事属可行，应照所议呈请立案等语。旋经议员否决时将闭会，公决再由常驻议员协会妥议。随于十一月初八日开第三次协会时，众推陈鼎勋、梁国睿、邓家仁公同修改。续据该议员等拟具修正筹弭盗贼草案报告书及治本六条、治标十四条前来。二十二日第五次协会经众可决。所有本局议决筹弭盗贼一案，理合备文并修正草案呈报督部堂察核。为此具呈，伏候裁夺施行。须至呈者。

札　复

为札复事：现据广东谘议局呈称，本局议员黄有恭提出筹弭盗贼一案，据开具理由书称，近来盗贼充斥，（以下同前文）为此具呈伏候裁夺施行等由，连同清折一扣缴送前来。查筹弭盗贼标本兼治，自不待言。惟折开各条应俟下期开会时，如果（鹿）〔陆〕续提议得多数【议】员当场可决方合呈报。缘开会以后所有未经议决之件，应行作废。宪政编查馆前复浙抚电致为明（浙）〔晰〕也。为此札复谘议局查照。须至札者。

人命相验地方官宜遵例自备夫役议案

（罗议员献修提出）

人命至重也。查例载凡人命呈报到官，该地方印官立即亲往相验，只许随带仵作一名、刑书一名、皂隶二名，一切夫马饭食俱自行备用，并严禁书役人等不许需索分文。定例本极周密，无非所以重人命也。当孝钦皇太后垂帘训政时，阅刑部奏案人命甚多，特降懿旨重申定例，地方官出乡相验，特制两牌，分书本官自备夫马、不准需索分文二语，负以前驱，令乡民具知德意。勒石衙署头门，永远遵守，违者准事主告讦治罪。如律廑怀民瘼，明见万里，意至美，法至良也。

初一二年尚有行之者。今则仍蹈故辙，每一命案出动【索】夫价银三四百元，递加至七八百元不等。大票费亦称是，衙门以此为发财之路，而闾阎已饮泣破家矣。且因此娄索，遂生六弊。杀人者或为贫户，则多数夫价末由取盈。书役则唆尸亲开花，波累非辜，满天飞洒。正有如前两江总督刘坤一、湖广总督张之洞会奏所云：被告家不足，则派之族邻。小村单户，则派之一半里外之远邻者。一夫造孽，殃及池鱼，弊一。吓诈取财，倘有不遂，则故入以罪，非曰喝打帮凶，则曰主使造谋。官或明知莫须有之辞，然以案关人命，未便摘释。马牛虽不相及，怀璧实为其罪。无端受玷，拖累靡穷，弊二。既欲择肥而噬，势必上下其手、喧夺主宾，善良居然戎首，正凶逍遥事外。若辈正利凶手远飏，乃得恣其欲壑。追捕搜匿，鸡犬频惊，弊三。所有命案因此之故，获办正凶抵法者百无一二，是以凶徒罔知惩警，往往故为寻衅，倾陷正人，而命案层出，纷如乱丝。小则伏杀报仇，大则械斗结怨，弊四。族邻畏罪忌累，迫而私和。人命习焉，不以为非，且诩智而得计。死者封冤复盆终古，弊五。夫价索足，然后出乡，动需时日，尸已腐变，仵作从中舞弊，相验难得真情。两造无以折服，或开棺再验，或上控蒸检，惨不忍闻。展转株连，被告瘐毙，原告荡产，弊六。有此六弊，亲民官吏夫岂不知况，违例害民，律有明条。宜吁请制宪严饬各地方印官，相验人命，遵例自备夫马，不准书役需索，果怀恤民之心，轻车简从，夫马所费无多。给诸官不过一二十金，派之民动费三数百元。且书役犬马也，人民子孙也，剥削子孙之财，以肥犬马，谅亦父母斯民惄然有所不安也。谘议局宗旨，首在指陈通省利病，筹计地方治安。印官相验人命，违例需索，实地方之大病，损害人民治安者也。请提出请公决。

呈　文

为呈报事：窃议员罗献修提出，人命相验，地方官宜遵例自备夫役议案。据理由书开，人命至重也，查例载凡人命呈报到官，该地方印官立即亲往相验，只许随带仵作一名、刑书一名、皂隶二名，一切夫马饭食俱自行备用，并严禁书役人等不许需索分文。定例本极周密，无非所以重人命也。当孝钦皇太后垂帘训政时，阅刑部奏案人命甚多，特降懿旨重申定例。地方官出乡相验特制两牌，分书本官自备夫马、不准需索分文二语，负以前驱，令乡民具知德意。勒石衙署头门，永远遵守，违者准事主告讦治罪。如律廑怀民瘼，明见万里，意至美、法至良也。初一二年尚有奉行之者，今则仍蹈故辙，每一命案出动索夫价银三四百元，加至七八百元不等。大票费亦称是，衙门以此为发财之路，而闾阎已饮泣破家矣。且递因此婪索，遂生六弊。杀人者或为贫户，则多数夫价末由取盈。书役则唆尸亲开花，波累非辜，满天飞洒。正有如前两江总督刘公、湖广总督张文襄公会奏所云：被告家不足，则派之族邻。小村单户，则派之一半里外之远邻者。一夫造孽，殃及池鱼，弊一。吓诈取财，倘有不遂，则故入以罪，非曰喝打帮凶，则曰主使造谋。官或明知莫须有之辞，然以案关人命，未便摘释。马牛虽不相及，怀璧实为其罪。无端受玷，拖累靡穷，弊二。既欲择肥而噬，势必上下其手、喧夺主宾，善良居然戎首，正凶逍遥事外。若辈正利凶手远飏，乃得恣其欲壑。追捕搜匿，鸡犬频惊，弊三。所有命案，因此之故，获办正凶抵法者百无一二，是以凶徒罔知惩警，往往故为寻衅，倾陷正人，而命案层出，棼如乱丝。小则伏杀报仇，大则械斗结怨，弊四。族邻畏罪，忌累迫而私和。人命习焉，不以为非，且诩智而得计。死者封冤复盆终古，弊五。夫价索足，然后出乡，动需时日，尸已腐变，仵作从中舞弊，相验难得真情。两造无以折服，或开棺再验，或上控蒸检，惨不忍闻。展转株连，被告瘐毙，原告荡产，弊六。有此六弊，亲民官吏夫岂不知况，违例害民，律有明条。宜吁请督宪严饬各地方印官，相验人命，遵例自备夫马，不准书差需索，果怀恤民之心，轻车简从，夫马所费无多。给诸官不过一二十金，派之民动费三数百元，谅亦牧民者愁然有所不安也。谘议局宗旨，首在指陈通省利病，筹计地方治安，印官相验人命，违例需索，实地方之大病，损害人民治安者也。谨提出请公决等情，当于十七日开第一读会，由众表决。可决者多数，复由议员议加数语，谓“地方官如有不实力遵行此章者，议员得呈候督抚查办”共二十二字。又经多数可决，并公认不开第二、第三读会。此项议案遂已完成。所有议决人命相验，地方官宜遵例，自备夫役一案缘由理合呈报督部堂察核。为此具呈，伏候裁夺施行。须至呈者。

札　复

为札复事：前据广东谘议局呈报，地方官相验人命，宜遵例自备夫役议案一件，当发臬司议复。兹据复称，地方官相验命案，勒索扰累，例禁綦严，前奉刑部议复两江督宪刘、湖广督宪张会奏恤相验一条，亦经遵旨通行在案。然差役之弊，防不胜防，藉案婪索，仍恐在所不免。原议请宪台通饬地方官自备夫役，严禁需索，自系为除积弊而恤民生起见，可以照行。至称地方官如不实力遵行，议员得呈候督抚查办等语亦可照行。惟议员所言必得之于本地绅耆，倘有因地方官拂其所欲，藉端倾陷，议员据以呈报，督抚即据以查办。是欲通民隐转长攻讦之风，不可不防其渐。应由议员于呈内书明原报之人姓名及一切证据，以凭查办。倘查是虚诬，在议员自属无心之误，原报之人似不可恕。应即照例坐以诬告本管官之罪等情具说前来。查此条为严杜差役需索起见，本地方官应除之弊，自可照行。司议加入诬告一层，更为周备。经在会议所通过，应即照办。除札行外，为此札复谘议局查照。须至札者。

诉讼保释条例议案

（莫议员伯浀提出）

议　草

会议厅因吾国狱制尚待颁行，拟就广东监所改良草章，交谘议局会议表决，具见行政官爱惜人民生命、财产、名誉至意。但非先从改良民刑诉讼入手，则无以清狱制之源。查外国诉讼虽刑事被告人，亦无任意拘束其身体于公庭者。惟于讯问后认为可科禁锢以上之刑，然后发勾留状。虽已发勾留状，而苟能证明其随时到案听审，仍得令其归家，所谓保释例也。中国旧例民事诉讼，亦有拘留，不特被告可留，原告亦可留。夫民事事件，不过一私人与一私人之关系，非若刑事犯有害于社会者可比。而因于诉讼致受拘禁，于职业上既大不便，于名誉上尤有所妨。更就原告一方面言，往往有因此不敢为诉讼者矣。至光（诸）〔绪〕三十二年，修订法律大臣奏上诉讼法草案，始有保释制度之规定。关于民事者：第一百十一条，凡审讯原告、被告及各证人均不得拘留。第一百二十四条，如被告并未具结取保，呈请将银款或财产作保者，公堂查明如判被告理曲，该银款或财产足抵被控之数并堂费，即可允其所请，将被告释放。关于刑事者：第四十七条，如叛逆、谋杀、故杀、强劫并他项重罪之案，不准取保外，其余各案被告均应准其取保候审。于停审期内亦不得将被告拘留。第四十九条，凡例应拘留之被告，于审讯中应另置一所，不得与已定罪之人同狱监禁。例准取保尚未觅有保者亦同。近年吾粤大吏，奉到法典草案，始将旧日之班馆，易名为民事候质所、刑事候质所。而其拘留之习惯如故也。有因行贿拘留者。有因徇情拘留者。有因动气拘留者。有拘留数日者、数月者、数年者。有因拘留而丧志者。有因拘留而破产者。有因拘留而伤残肢体者。有因拘留而饿死瘐毙者。且其拘留后之苛索虐待习惯如故也。（甲）拘留候质所必须通门头钱，视其人之身分为差，否则不得探亲、通信及输送衣服卧具。（乙）拘留候质所，官派家人在所管理，不发口粮，不发棉衣、巾扇、卧具。拘留之人无钱花用，则饥不得食，寒不得衣，劳不得息。（丙）拘留候质所钱银服物概行剥夺。（丁）拘留候质所于省释时，仍勒派堂钱。（戊）拘留候质所遇有疾病，须向管理之人花钱打禀。（己）【拘】留候质所遇有死亡，请验需时，仍与生人杂混，最易薰蒸传染。（庚）拘留候质所如何罪名，本人不知。（辛）拘留候质所如何期限，本人不知。（壬）拘留候质所管理不如法，饮博弹唱易于习染。（癸）拘留候质所筑造不如法，嚣隘污秽，有碍卫生，故粤人有宁入大监坐，不愿候质所之谚，可想见耳。将来民刑诉讼法颁布，自无虑此。惟现在尚未实施，即会议表决之改良监所章程，亦恐不能一律举办，为一时补偏救弊计，似宜先行查照修订法律馆诉讼法条文并采用先进国诉讼法公例，订阅诉讼保释章程。谨遵馆章第二十一条第一款提出议案，为粤人请命。

条　例

第一条　本条例自民刑诉讼法颁布以前于广东适用之。

第二条　凡民事诉讼不得拘禁原告人或被告人，但认为必要拘禁时仍依以下数条之规定。

第三条　原被之保释由公正绅士或殷实商店立保证书，保其随时到案听审，但因财产诉讼得命被告人提出银数或财产单据为保证金。保证金额由承审官定之。

第四条　保释中若要传被告人赴质，须先期二十四时票传之。

第五条　保释中被告人受票传而不依时赴质，得取消其保释，仍勒限保证人督促其赴质，但有正当之事由者不在此限。

第六条　被告人或原告人受传不赴，经勒限交审三次以上，仍不赴审者，审判官得宣告诉讼之结果，但有正当之理由者得申异议再行传讯。

第七条　保释人受勒限三次以上不交被保人赴质者，审判官得加以滥保之制裁。

第八条　取消保释时，得没收其保证金，但有正当之事由者对之可申异议。

第九条　被告人胜诉时，不问保证金已没收否，当还付之。

第十条　本条例之规定刑事被告人亦适用之，但因其情节得不许其保释。

按本议案之趣旨，凡民事被告人皆欲其必许保释，故第一条至第九条皆专就民事被告人而规定。惟刑事被告人亦有不可以一概论者，故第十条加一但书也。

呈　文

为呈报事：窃议员莫伯洢提出诉讼保释条例一案。据理由书开，会议厅因吾国狱制尚待颁行，拟就广东监所改良草章，交谘议局会议表决，具见行政官爱惜人民生命、财产、名誉至意。但非先从改良民刑诉讼入手，则无以清狱制之源。查外国诉讼虽刑事被告人，亦无任意拘束其身体于公庭者。惟于讯问后认为可科禁锢以上之刑，然后发勾留状。虽已发勾留状，而苟能证明其随时到案听审，仍得令其归家，所谓保释例也。中国旧例民事诉讼，亦有拘留，不特被告可留，原告亦可留。夫民事事件不过一私人与一私人之关系，非若刑事犯有害于社会者可比。而因于诉讼致受拘禁，于职业上既大不便，于名誉上尤有所妨。更就原告一方面言，往往有因此不敢为诉讼者矣。至光绪三十二年修订法律大臣奏，上诉讼法草案始有保释制度之规定。关于民事者：第一百十一条，凡审讯原告、被告及证人均不得拘留。第一百二十四条，如被告并未具结取保，呈请将银款或财产作保者，公堂查明如判被告理曲，该银款或财产足抵被控之数并堂费。即可允其所请，将被告释放。关于刑事者：第四十七条，除叛逆、谋杀、故杀并强劫他项重罪之案，不准取保外，其余各案被告均应准其取保候审。于停审期内亦不得将被告拘留。第四十九条，凡例应拘留之被告，于审讯中应另置一所，不得与已定罪之人同狱监禁，例准取保尚未见有保者亦同。近年吾粤大吏，奉到法典草案，始将旧日之班馆，易名为民事候质所、刑事候质所。而其拘留之习惯如故。也有因行贿拘留者。有因徇情拘留者。有因动气拘留者。有拘留数日者、数月者、数年者。有因拘留而丧志者。有因拘留而破产者。有因拘留而伤残肢体者。有因拘留而饥死瘐毙者。且其拘留后之苛索虐待习惯如故也。甲、拘留候质所必须通门头钱，视其人之身分为差，否则不得探视通信及输送衣服卧具。乙、拘留候质所，官派家人在所管理，不发口粮，不发棉衣、巾扇、卧具。拘留之人无钱花用则饥不得食，寒不得衣，劳不得息。丙、拘留候质所钱银服物概行剥夺。丁、拘留候质所于省释时，仍勒派堂钱。戊、拘留候质的遇有疾病，须向管理之人花钱打禀。己、拘留候质所遇有死亡，请验需时，仍与生人杂混，最易薰蒸传染。庚、拘留候质所如何罪名，本人不知。辛、拘留候质所如何期限，本人不知。壬、拘留候质所管理不如法，饮博弹唱易于习染。癸、拘留候质所筑造不如法，嚣隘污秽有碍卫生，故粤人有宁入大监坐，不愿候质所之谚，可想见耳。将来民刑诉讼法颁布，自无虑此。惟现在尚未实施，即会议表决之改良监所章程，亦恐不能一律举办。为一时补伪救弊，似宜先行查照，修订法律馆诉讼法条文并采用先进国诉讼法公例，订立诉讼保释章程。谨遵馆章第二十一条第一款提出议案，为粤人请命条例。第一条，本条例自民刑诉讼法颁布以前于广东适用之。第二条，凡民事诉讼不得拘禁原告人或被告人，但认为必要拘禁时仍依以下数条之规定。第三条，原被之保释由公正绅士或殷实商店立保证书，保其随时到案听审，但因财产诉讼得命被告人提出银数或财产单据为保证金，保证金额由承审官定之。第四条，保释中若要传被告人赴质，须先期二十四时票传之。第五条，保释中被告人受票传而不依时赴质，得取消其保释，仍勒限保证人督促其赴质，但有正当之事由者不在此限。第六条，被告人或原告人受传不赴，经勒限交审三次以上仍不赴审者，审判官得宣告诉讼之结果，但有正当之理由者得由异议再行传讯。第七条，保释人受勒限三次以上不交被保人赴质者，审判官得加以滥保之制裁。第八条，取消保释时得没取其保证金，但有正当之事由者，对之可申异议。第九条，被告人胜诉时，不问保证金已没收否，当还付之。第十条，本条例之规定刑事被告人亦适用之，但因其情节得不许其保释等语。当于十月十五日开第一读会，业经全体可决，并公认交法律审查会审查。旋准该会报称，承交一件诉讼保释条例议草，经本会开会审查此件，实为除弊之急务。当诉讼法未颁行以前，本省自应一律暂行原订十条。按照粤省情形，均堪适用。惟其中有应修正或应添加者另开于下，用请公决。一、第二条拟改为凡民事诉讼不得拘禁原被告人，若认为必要拘禁被告人时，仍依下数条之规定得以取保。二、第二条至第十条所有“保释”字样均改为“取保”字样。三、拟加一条“原告三月不到质，将控案照例一律注销”。四、拟加释放二条，以符本条名目。甲、民刑事判定释放之人，不得过二十四时释放。乙、民刑事判定释放之人得令具保，但不得索取分文等由。应即再付会议。十月十八日开第二读会，各议员谓该会所拟修正及增加四条，第一、二、四等条均甚妥适，惟第三条似应取消。随由众表决，可决者已得多数。又有谓原草第九条当付还之一由，应改为当于公堂付还之，复经多数可决。此案便即通过。至十月十九日开第三读会遂由多数议员决定，依照前次会议办理。此项议案即已完成。除条例另录呈核外，所有议决诉讼保释条例一案缘由，理合呈报督部堂察核。为此具呈，伏候裁夺施行。须至呈者。

札　复

为札复事：前据广东谘议局呈诉讼保释条例议案一件，当发臬司议复。兹据复称，中国现行例审办案件，凡轻罪及干连人证均应交保看管，不准率行拘禁。考之外国诉讼法，虽刑事被告人，须于讯问后认为可科禁锢以上之刑方行勾留。其有能证明随时到案者，仍得归家，与中国现行例法异，而意则同。无如地方官习焉不察，往往以不应拘禁者滥行拘留，既禁之后，复漠不关心，一任丁役欺凌需索。原议指陈弊窦可谓痛切，核其保释条例大都取法外洋，用意良善。惟议以原、被人均不得拘禁，则有未可概论者。中国民情狡诈百出，控诉事件类皆有讼棍主持，隐匿真情，告张为幻。原告则图告而不图审，被告又往往畏累，匿不赴质，累月经年案悬莫结，幸而到案，一经交保又恐判结无期，纵使传保押交保人亦无如之何，徒累无辜，案仍悬宕。虽原告两月不到，原有将案注销之例。然或被告不甘寝息，或案内枝节横生，有非可以注销了之者。然则地方官之有时将原、被告拘留，盖亦出于不得已，非必罔恤民隐也。窃以为现时诉讼法尚未实行，审判厅亦未成立，似宜先行通饬各厅州县，恪遵定例。凡民事原被告及刑事轻罪暨干连人证，概不得率予拘留。其有不得不拘留者，仍听地方官斟酌办理。

惟须速行审结，不得任其延押，违者照淹禁例参处。一面严饬将原有之监羁及待质所一律改良，认真整顿，务将从前腐败之习一扫而空。其诉讼一切事宜仍俟新法颁布再行举行等情，具说前来。查司议极为中肯，经在会议厅通过，应即照办。除札行外，为此札复谘议局查照。须至札者。

革除差役议案

（雷议员庆河提出）

议　草

差役之害甚于虎狼。每奉办票拘案件，不论民事刑事，必多带皂役数十成群下乡骚扰、索钱索食、剥牛宰猪，穿房入室，搜掠衣物，甚有强奸妇女者。如或向斥，彼必诬以殴差碎票，瞒耸县官。县官不察，从而添拨差勇，为害更烈。若遇命盗重案，尤必故纵凶犯移累亲属，株连择噬，任意鱼肉。常有一人犯罪，合族邻里皆其拖累者。至带人到案，无论民刑事，先押留差馆私刑，酷诈必满所欲，始行禀解。如案未判决交差看管，更得监禁凌虐，为所欲为。种种作恶，合省人民痛之恨之。地方官亦无不知之，乃屡拟裁革，终不能为民除害者。一则积重难返。一则州县办案不能不用人，革一差复一差，易其名而其人如故，其害民如故。民膏易尽，溪壑难填，冤抑无诉。今欲廓清积弊，以保全人民之生命财产，自非革除差役，改用巡警不可。谨遵章程第二十一条第一项之规定提请公决。略拟办法如左。

一、裁革差役须彻底扫除。凡从前当过差役人等一概不准改名混（允）〔充〕。巡警如有冒混一经查出或被人指控，立即严惩革究，并将保人从重惩罚。

一、改用巡警。凡招募警兵，必有正绅担保。应募之后，必有警官约束教导，申明法律，用以办案。凡违法害民之事，彼当有所顾忌，而不敢妄为。如有奉票下乡，不守法律，该巡官与保人同任其咎。

一、州县巡警，兵额尚少，用以办案，恐不敷分布。应饬地方官赶筹的款，增广兵额，以供差遣。如果筹款为难，应准地方官体察情形酌定限制，由诉讼人捐助，藉充警费。务限以三月内筹足兵额，裁革差役，以除民害。如或因循推诿，延不改革，立将地方官参处。

一、向来差役奉票下乡，少者十余人，多者百数人。除勒供饭食外，另索脚力钱，少者二三十元，多者数百元。往往有讼事未终，是非未明，先已倾家荡产者。今改用巡警办案，须限定人数。凡拘拿被控命盗、奸、拐重案派警兵四名以下，如户、婚、田、土寻常案件，派警兵二名以下。无论远近，俱不得索取脚力，只可酌给饭食。仍按道里远近、来往日期，限定每名每日给饭食钱二百文。如有滥索以违法论。

一、县官及司捕下乡，勘验命盗重案，向来差役藉劳需索，使民人劫上加劫，冤上加冤。今改用巡警，应一律禁止，无论随带警兵多少，俱不得勒索分文。

一、无论刑事民事诉讼，原、被告奉票后限以十五日到案。如有逾限，则是情虚畏审，准加派警兵到诉讼之家守催，以免延案，其饭食俱由诉讼之家供给。而该警兵奉票办公只可催速赴案，仍不得勒索酒肉费用，稍涉骚扰。

裁汰胥役规定衙费议案

（郑议员绍材提出）

（拟加入雷议员庆河革除差役议草并议）

议　草

豺狼当道，过者必为所伤。虺蝎在途，行人尽逢其毒。衙署之有胥役，所谓当道之豺狼，在途之虺蝎也。夫长官政务多端，不能躬亲琐细。于是有吏胥以供应，接有差役，以备驱使，用意原为治安起见。无如世风日下，人事日非，一入其中，与之俱化。非无厚朴之辈，究竟奸狠者多。举国家之衙署为鬼蜮之渊薮鹮也，而披隼翼狐也，而假虎威，遇一事变乱，黑白勒索者多端。传一案颠倒是非，刁难者万状。至于贪壑不满，欲慾海难填，更复豺牙宓厉。其噬物也愈深，虺毒潜吹其中，人也弥险。举凡讼狱案件，一切治理既半归其掌握，遂暗受其变更，势不至合。国计民生为之糜烂，雕残不止。有时奸谋发觉，官长严惩。他复心狠如刀，口甘似蜜，弥缝左右，贿赂私人，卒致积弊难清，旋复施毒如故。种种弊端，真堪发指，蠹国病民，莫此为甚。虽有廉明有司，其如此辈何？况有司不必廉明乎？总之有司廉明，彼则敛迹藏锋，旋没旋出。有司不廉明，彼则肆残助虐，作福作威。此无他，皆无划一之衙规，以致此也。方今预备立宪，为实行地方自治之初，若一沿其故辙，不加改良，必于行政前途大有窒碍。谨拟办法八条按照局章第二十一条第一项提请公决。

一、各衙门所使胥役但取足用，不得繁多，宜择向来办事勤能，心地笃实者酌留，务令少一胥役以少一民害。

一、经此次裁汰之后，凡有事故告退者，须令地方公正绅耆保举补足，不准私相顶替。

一、各衙门规费，看事之大小定数之多少。如遇四大案，堂费银多不得过十五元。如细故小案，堂费银多不得过十元。均原、被均开。不论原、被，入呈费一不得过四百文。

一、差役无故不得擅下村乡骚扰。除弹压衅端，捕拿要犯，不拘人数多少外，其余索讼小事，有时传案，多不得过二人，其费每人每十里限定给钱二百文，批明票尾，不准多索。并不准足着白袜，坐轿下乡，勒碑署前，以垂久远。

一、罪犯人等应看其罪之轻重处置，不准监禁者违例重刑，勒索分文。（此条虽居监所改良之一，但恐必需时日，故今并提及之。）

一、开垦为当今急务。凡民间报垦，有请谕，请照报米升料及庄折立米纳粮缴课，一切等件不准该房书需索分文，以致阻挠垦务。

一、现章规定后，通饬各属官员，一面照章裁汰胥役，规定衙费，一面遍贴告示，使百姓通知，共守成规，不至为胥役鱼肉。如各属胥役人等有违章情弊，许百姓呈控。查实小则革斥枷示，大则拿禁严惩。

一、各属官员均宜照章办理，严驭其下。如或失于检察，重则参革究办，以儆效尤。

呈 文

为呈报事：窃议员雷庆河提出革除差役案。据理由书开，差役之害甚于虎狼。每奉办票拘案件，不论民刑事必多带皂役，数十成群下乡骚扰，索钱、索食、剥牛宰猪、穿房入室，搜掠衣物，甚有强奸妇女者。如或向斥，彼必诬以殴差碎票，瞒耸县官。县官不察，从而添拨差勇，为害更烈。若遇命盗重案尤必故纵凶犯，移累亲属，株连择噬，任意鱼肉。常有一人犯罪，合族邻里皆受其拖累者。至带人到案，无论民刑事皆，先押留差馆，私刑酷诈，必满所欲始行禀解。如案未判决，交差看管，更得监禁凌虐，为所欲为。种种作恶，合省人民痛之恨之。地方官亦无不知之，乃屡拟裁革，终不为民除害者。一则积重难返。一则州县办案不能不用人，革一差易其名，而其人如故，其害民如故。民膏易尽，欲壑难填，冤抑无数。今欲廓清积弊，以保全人民之生命财产。自非革除差役，改用巡警不可。谨遵章程第二十一条第一项之规定，略拟办法六条提请公决。又据议员郑绍材提议裁汰胥役规定衙费一案，并开具理由书称：豺狼当道，过者必为所伤。虺蜴在途中，行人尽逢其毒。衙署之有胥役，所谓当道之豺狼，在途之虺蝎也。夫长官政务多端，不能躬亲琐细，于是有吏胥以供应。接有差役以备驱使，用意原为治安起见。无如世风日下，人事日非，一入其中，与之俱化。非无厚朴之辈，究竟奸狠者多。举国家之衙署为鬼域之渊薮鹯也，而披隼翼狐也，而假虎威，遇一事变乱，黑白勒索者多端。传一案颠倒是非，刁难者万状，至于贪壑不满，欲海难填，更复豺牙宓厉，其噬物也愈深，虺毒潜吹，其中人也弥险。举凡讼案件，一切治理既半归其掌握，遂暗受其变更势不至合。国计民生为之糜烂，雕残不止。有时奸谋发觉，官长严惩。他复心狠如刀，口甘似蜜，弥缝左右，贿赂私人，卒至委员难清，旋复施毒如故。种种弊端，真堪发指，蠹国病民，莫此为甚。虽有廉明有司，其如此辈何？况有司不必廉明乎？总之有司廉明，彼则敛迹藏锋，旋没旋出。有司不廉明，彼则肆残助虐，作福作威。此无他，皆无划一之衙规以致此也。方今预备立宪，为实行地方自治之初，若一沿其故辙，不加改良，必于行政前途大有窒碍。谨拟办法八条，按照局章第二十一条第一项提请公决各等语。当于十月十二日开第一读会，计出席议员七十六人，全体可决。并由众决交法律审查会审查。旋准该会报称，承交一件《革除差役议草》，并加入《规定衙费议草》，一并审查。经本会审查得衙署积弊，本非一端，自非悉数廓清，实无以为民除害。然当此裁判厅制尚未实行之时，自不得不先去其甚。罢差用警及规定衙费，自是目前正当办法。况罢差用警一层，前经奉有谕旨，尤当切实奉行。惟两议草所拟办法有可照行者，有当修正者。经本会详加参酌一炉合冶，拟为修正简章，谨开具报告以便公决。一、裁革差役须彻底扫除，凡从前当过差役人等，一概不准改名，混充巡警。如有冒混，一经查出或被人指控，立即严惩革究，并将保人从重惩罚。二、改用巡警。凡招募警兵，必有正绅担保。应募之后，必有巡官约束教导。如有奉票办案，不守法律，该巡官与保人同任其咎。三、通饬各府州县体察地方情形，事务繁简，酌量差遣警额，并妥筹的款，自奉文到日，限二月内将改办情形禀报察核，三月内一律实行。如有因循推诿，延不改革，立将地方官参处。四、用警办案派票拘刑事被告人，得酌量差遣不计外，凡票传刑事原、被告及拘传民事原、被告均除警兵二名以下，无论远近均不得索取分文。五、诉讼案件向有陋规，如堂费、房费等名目，裁差用警后，此项规费若不酌定额，房书衙丁仍多需索。惟各属地方不同，案讼法未行，以前殊难一律通行。诉讼费应由各属地方官酌量情形划定规费。限奉文到日，二月内禀由大吏核准，悬于公堂墙壁，以俾众览公守等情。复于十月十九日开第二读会将该报告书宣布，议员有谓修正各条均甚妥当。惟第二条“与保人同”四字似宜删去。随即由众表决，是日出席六十七人，可决者五十一人，已得多数，并公认不开第三读会。此项议案即已完成。除将修正办法另录呈核外，所有议决革除差役及规定衙费各缘由，理合呈报督部堂察核。为此具呈，伏候裁夺施行。须至呈者。

札　复

为札复事：前据广东谘议局呈报革除差役规定衙费议案一件，当发臬司议复。据复称差役之害，尽人皆知。原议简章自第一至四条，裁革差役，改用巡警，持论甚美。惟现时各属巡警多未设立，章制难语完全。侦探之学亦鲜讲求，派出办案，窃恐难收成效。且诉讼法亦未实行，倘稽查察稍疏，未必不蹈差役故辙。似不如暂仍其旧，俟各级审判厅成立后，再图改革，期臻完善。但差役未裁，则需索终难尽绝。与其禁之徒托空言，曷若明定章程示以限制，似宜如议，通饬各厅州县就地方情形酌定衙费数目，禀候核定遵行等情具说前来。查差役之害，固尽人皆知，改用巡警亦恐骤难收效。俟各级审判厅成立，组织司法警察，差役自然消灭，此时不必多为更张，司议甚是。规定衙费一层拟饬各州县就地方情形酌核禀办，尚属可行。经在会议厅通过应即照办，除札行外，为此札复谘议局查照。须至札者。

保护内河航路议草

（梁议员国璇提出）

地方之衰旺，以商务为枢纽。而商务之运送，以江海为最多，则保护内河航路一策，亦最要矣。粤河以东西北三江为大，而韩江次之。韩江上通江赣，本为饷盐运道，其出入货物以油、米、豆、糖为大宗。近年汕头商务发达，凡本境、邻境采办百货者，无不就此转运，故舟楫往来日见繁盛。查西江自争捕权后，由水师派轮巡缉，盗风顿戢。东江有陆提驻扎下游，尚称安靖，其河源以上则堪问。北江扒船兵勇不甚得力，隆冬之际劫匪仍出没，不常至潮嘉等处。则自汕头进口以内韩江沂流而上延袤数百里，节节空虚，毫无准备，劫盗横行。几至无地不有，无时不有，商船遭害厥为最重。由是言之，则办有成效者或可不谋更改，其办未完善及全未举办者，自不能不加之意也。兹拟办法三条如下：一、举办水面巡警，水巡条理精密，缉盗自易。一、将扒船水师之制改良，除照东江下游办法，准其沿堤设立炮垒外，遇有港汊分歧之处，并许酌添快艇，为侦探警报之用。一处有警，上下游扒船齐往围捕。有畏葸不前者，察实从重治罪。一、设勇船若干号，遇帮船载货启行之日，准其拨勇护送，以备不虞。并另订专章劝谕沿河各乡，于货船遇盗时，能出力协同，捕获者或力不能协捕，能悉盗迹，通知营勇跟获者，分别奖励。如沿河村落，敢有庇匪窝盗者，察实严究，以为辅助。斯三者办法之不同，原各视其地方财力为差，惟缉捕为行政上之责任，东西北三江既由官拨款项，则韩江事同一律，应无歧视。拟请制宪札饬各巡道，各就地方体察已办未办情形，分别应设应改之计画，克日禀复核办。否则航路多阻，货物障碍，虽日言振兴土货无济也。然否，诸众公决。

呈文

为呈报事：窃议员梁国璇提议，保护内河航路一案。并开具理由书称，地方之衰旺，以商务为枢纽。而商务之运送，以江海为最多，则保护内河航路一策，亦最要矣。粤河以东西北三江为大，而韩江次之。韩江上通汀赣，本为饷盐运道。其出入货物以油、米、豆、糖为大宗。近年汕头商务发达，凡本境、邻境采办百货者，无不就此转运，故舟楫往来日见繁盛。查西江自争捕权后由水师派轮巡缉，盗风顿戢。东江有陆提驻扎下游，尚称安靖，其河源以上则不堪问。北江扒船兵勇不甚得力，隆冬之际劫匪仍出没，不常至潮嘉等处。则自汕头进口以内，韩江沂流而上延袤数百里，节节空虚，毫无准备，劫盗横行。几至无地不有，无时不有，商船遭害厥为最重。由是言之，则办有成效者或可不谋更改，其办未完善及全未举办者，自不能不加之意也。兹拟办法三条于下：一、兴办水面巡警。水巡条理精密，缉盗自易。一、将扒船水师之制改良，除照东江下游办法，准其沿堤设立炮垒，外遇有港汊分歧之处，并许酌添外艇，为侦探警报之用。一处有警，上下游扒船，齐往围捕。有畏葸不前者，察实从重治罪。一、设勇船若干号，遇帮船载货启行之日，准其拨勇护送，以备不虞。并另订专章，劝谕沿河各乡，于货船遇盗时能出力协同捕获。或力不能捕，能悉盗迹，通知营勇跟获者，分别奖励。如沿河村落敢有庇匪窝盗者，察实严究，以为辅助。斯三者办法之不同，原各视其地方财力为差。惟缉捕为行政上之责任，东西北三江既由官拨款项。则韩江事同一律，应无歧视。拟请制宪札饬各巡道，各就地方体审已办未办情形，分别应设应改之计画，克日禀复核办。否则航路多阻，货物障碍，虽日言振兴土货无济也。然否，请公决等语。当即编入议事日表。于十月十三日开第一读会业经多数可决。并谓事关地方治安，应请发交审查会审查。旋准该审查会报告书称，承交梁议员国璇提出，保护内河航路议草一件，当即开会审查。窃维议草所注意者因系行旅之艰难，商务之阻碍，而为此保护维持之计，韩江如是，凡沿江沿海各州县一律如是。原议办法三条，各视其地方之所宜，以为设施之计画。应请制宪分移水陆提督，并札饬各镇道，各就地方情形设法保护。庶航路不至梗塞，而商业可望振兴。然否，请公决等情前来。十月十八开第二读会将该报告书宣布，又经多数可决，并公认不开第三（请）〔读〕会。所有议决保护内河航路议案缘由，理合呈报督部堂察核。为此具呈，伏候裁夺施行。须至呈者。

札 复

为札复事：前据广东谘议局呈报保护内河航路议案一件，当发劝业道议复。兹据复称，粤东河道纡曲绵长，四通八达，商务之盛固由交通便易。而盗风之炽亦因港汊过多，故保治安而兴商业，自以保护内河航路为要义。职道职司劝业航路与商务有密切关系，自应切实考求。近数十年粤省盗风猖獗甲于天下，惟韩江僻处，潮州少闻匪患。是以近年言治盗者均注意于东西北各江，并无提议及韩江者。现又劫盗横行，商船遭害，亟应及时整顿以卫商旅。查韩江延袤数百里，河道浅窄，轮船固难行驶，即笨重扒船，亦难畅行。梁议员所拟办法三条。第一条举办水巡警。繁盛河面船只湾泊太多，奸宄潜匿，易滋事端，诚非巡警不足以资稽察。第韩江虽有商船来往，究与繁盛河面不同。省河仅三十余里，办理水巡，费逾巨万。韩江数百里之遥，岂易遍设？惟有参酌第二、第三两条办法，依照东江下游，沿岸设立炮垒。相隔约二十里即设立一所，每处并添配飞划一艘，无事可在炮垒瞭望或乘飞划巡缉。一旦有警，水陆亦能兼顾上下炮垒，并可闻警赴援。每炮垒一座飞划，一艘约需银四百余两。每处最少亦须配勇两棚，以韩江三百余里计之，约设炮垒二十四座，巡防营勇两营方敷分布自东江上游。前因下游添筑炮垒，贼匪无隙可乘，遂上窜河源以上一带。业据该处绅商禀请，依照下游办法，添设炮垒，经宪台咨商陆路提台酌核办理。自应俟咨复后，再行核办。其北江一带前经水师提台厘订章程，派韶安水军四营，分段巡缉，每段相隔约十余里，办理本属完善。嗣因争回西江捕权后，西江沿途搭客码头须添派勇船，搜查搭客军火。将韶安水军左营舢板，连管带座船共三十三艘，调往西江所遗河段，即由韶安前后右三营分巡。于是每段相隔不免稍远，巡缉自难周密。现称北江隆冬之际，劫匪仍出没无常，似应将韶安左营调回北江。西江沿途搭客码头，即另行添派勇船前往。惟现在局储支绌，韩江及东江上游既须设立炮垒，西江复须另添勇船，核计开办常年两费均属不赀。应如何筹拨之处，职道未敢擅拟。其余梁议员所请严定弁勇捕匪不力，村落窝匪庇盗之罪及派勇随时护送货船，劝谕各乡协力捕匪各节均尚可行。此外办法章程拟请咨会陆水提台及札饬潮州镇道，体察地方情形，分别办理。西江自争回捕权后，经水师提台设法整顿，两年以来不闻盗警。东江下游经陆路提台筹画，布置备臻安谧。自应照旧办理，毋庸更改，是否之处，仍候核明，札复饬遵等情具说前来。查保护商船稽查盗匪本是应办之事，该道所议水巡经费太多，骤难举办亦系实情，至韩江及东江上游添设炮垒，韶安左营调回北江。西江另添船勇，各节应候本署部堂咨商陆水提台斟酌核办，经在会议厅通过。除札行及另候分咨外，为此札复谘议局查照。须至札者。

筹禁械斗议草

（区议员达名提出）

广东械斗之风原因复杂，其发见而为地方历史之污点者，厥有十端。大姓人口动以万计，以强凌弱，以众暴寡。小姓畏惧，联盟各族，置枪置械，力图抵御，其致斗之原因一。积仇思逞，势均力敌，同好同恶，互相挑衅，其致斗之原因二。或争地界，或争海利，投讼不理，久讼不结，计无复之，乃议决斗，其致斗之原因三。因哄酿斗，势易解散，请官弹压，阻滞百端，近求武弁，藉口权限，其致斗之原因四。多尝之姓族劣所涎，煽成械斗，藉讼开销，其致斗之原因五。无尝之姓，必无族规，习为斗匪，遇事即发，其致斗之原因六。舞龙竞渡，易起争斗，一有命案，鸣锣结垒，斗象已成，不可收拾，其致斗之原因七。乡族演戏，互争棚口，结队哄打，继以炮刀，广潮两属，此风尤夥，其致斗之原因八。番摊博头，互争地家墟场，啸聚蛮争触斗，其致斗之原因九。联宗结会，徒党往还，搢绅无识，势成尾大。稍惊风鹤，招集守御，外匪混入，利在焚劫，其致斗之原因十。总此，恶因叠生恶果。或阖族入教，希图干涉。或大夥为盗，不归乡土。官吏思为拔本塞源之计，详革功名，收押房老，封祠封产，缴红罚款虽重，械斗仍多，故止斗之事，至今尚无美善方法。若非劝惩互用，消弭斗端，浇风终不可革。谨就管见所及，略拟办法十二条。按照局章二十一条第一款提议请公定。

一、联乡止斗弭盗局，曾经何提督长清详请奏准立案。现乡间多举办自治预备，所拟附该所明定止斗规约，禀官立案，永远遵行。

一、乡间自治宣讲所宜编定止斗口说，往各族宣讲械斗惨状，止斗理由，以资观感。

一、乡内各姓推定族正、族副，遇有斗事发生，即禀官解散。

一、械斗多由族中二三族孽构成，生事之人或恃强房、或恃门荫。该族正副，均有禀办之权，遇事指名送究。

一、曾经械斗之乡，遇有斋醮、杂耍等事项，该族长得有禁止权。

一、械斗将成，该族绅耆，不能禁止，宜即禀官或电禀请即弹压，倘地方官延宕误事出三日外，致成斗案。止斗局得据情通禀大宪。

一、乡有斗事发生，武弁带勇分扎两姓，不得藉端骚扰邻村，别生事故，致各姓纷纷雇人防守，多肇斗衅。

一、兵勇往斗乡弹压，以堵截外匪要务，惟不得抢截行人衣服财物，致生乡邻恶感，倘有不法勇弁，为该营主是问。

一、各族子弟敢有擅将尝田庙产按银或聚众敛钱助斗，置买枪炮者，除永远胙革外，仍禀官究治。

一、宜禁止帮斗。他族有斗者，各族如有斗匪往帮，该族绅耆不能禁止时，该族长得指名禀官，其名永登罪册。

一、械斗已成事后，凡官定该族罚款，或帮斗罚款，应提出五成拨归该联乡自治公所，办理止斗之用。

一、联乡止斗，宜先设工艺场所，教习无业之人，其款项或提拨尝产，或集公益捐，随该绅耆就地方情形办理。

呈 文

为呈报事：窃本局议员区达名提议筹禁械斗议草一案，据理由书内开，广东械斗之风原因复杂，其发见而为地方历史之污点者，厥有十端。大姓人口动以万计，以强凌弱，以众暴寡。小姓畏惧，联盟各族，置枪置械，力图抵御，其致斗之原因一。积仇思逞，势均力敌，同好同恶，互相挑衅，其致斗之原因二。或争地界，或争海利，投诉不理，久讼不结，计无复之，乃议决斗，其致斗之原因三。因哄酿斗势易解散，请官弹压，阻滞百端。近求武弁，藉口权限，其致斗之原因四。多尝之姓族劣所涎，煽成械斗，藉讼开销，其致斗之原因五。无尝之姓必无族规，习为斗匪，遇事即发，其致斗之原因六。舞龙竞渡，易起争衅，一有命案，鸣锣结垒，斗象已成，不可收拾，其致斗之原因七。乡族演戏，互争棚口结队哄打，继以炮刀，广潮两属此风尤夥，其致斗之原因八。番摊博头，互争地家墟场，啸聚蛮争触斗，其致斗之原因九。联宗结会，徒党往还，搢绅无识，势成尾大。稍惊风鹤，招集守御，外匪混入，利在焚劫，其致斗之原因十。总此，恶因叠生恶果。或阖族入教，希图干涉。或大夥为盗，不归乡土。官吏思为拔本塞源之计，详革功名，收押房老，封祠封产，缴械缴红，罚款虽重，械斗仍多。故止斗之事，今尚无美善方法。若非劝惩，互用消弭衅端，浇风终不可革。谨就管见所及，略拟办法十二条。按照局章二十一条第一款提议请公定。一、联乡止斗弭盗局，曾经何提督长清详请奏准立案。现乡间多举办自治预备所，拟附该所明定止斗规约，禀官立案，永远遵行。一、乡间自治宣讲所宜编定止斗口说，往各族宣讲械斗惨状，止斗理由，以资观感。一、乡内各姓宜推定族正、族副，遇有斗事发生，即禀官解散。一、械斗多由族中二三族孽构成，生事之人或恃强房，或恃门荫。该族正副均有禀办之权，遇事指名送究。一、曾经械斗之乡，遇有斋醮杂耍等事项，该族长得有禁止权。一、械斗将成，该族绅耆不能禁止，即禀官或电禀，请即弹压。倘地方官延宕误事出三日外，致成斗案。止斗局得据情通禀大宪。一、乡有斗事发生，武弁带勇分扎两姓，不得藉端骚扰邻村，别生事故。致各姓纷纷雇人防守，多肇斗衅。一、兵勇往斗乡弹压，以堵截外匪为要务。惟不得抢截行人衣服财物，致生乡邻恶感，倘有不法勇弁，为该营主是问。一、各族子弟敢有擅将尝田庙产按银或聚众敛钱助斗，置买枪炮者。除永远革胙外，仍禀官究治。一、宜禁止帮斗。他族有斗者，各族如有斗匪往帮，该族绅耆不能禁止时，该族长得指名禀官，其名永登罪册。一、械斗已成，事后凡官定该族罚款或帮斗罚款，应提出五成拨归该联乡自治公所，办理止斗之用。一、联乡止斗。宜设工艺场所，教习无业之人，其款项或提拨尝产，或集公益捐，随该绅者就地方情形办理等语。当经编入议事日程，于十月初六日开第一读会。各议员对于此项议案均极赞成，惟于条文内有谓须修正者。有谓械斗之起，各处原因不同，则禁止之法亦当有别，宜交审查会研究，以期完善者。随表决应交审查会审查与否，计出席议员共八十五人，已得七十九人可决。此案遂作为成立。当即交令审查。旋准审查会报告书称，承交审查筹禁械斗一件，当即开会研究。佥以筹禁械斗，应分为治本、治标两办法。盖我粤械斗之风，其原因虽不同，而其大本皆由于无意识，无意识皆由于无教育。其因事之重大而争者无论矣。间或以薄物细故，亦逞一朝之忿，即奋不顾身，从事于激烈之举动。迨至行政官以法律相绳，罚款拘囚，致举乡流离有悔之而【不】及者。其事可恨，而其情实可矜。是以治本之法，莫如提前开办地方自治。由自治所调查区内学童人数，设立简易识字学堂，以谋教育之普及。并一面按照该地方情形著为论说，痛陈利害，随时宣讲，以祛其惑。使遇争执时，知出于正当之解决。此其本也。若现在地方自治未经成立，自不得不为急则治标之计。惟查原议草章程第十二条设立工艺场所与制台所提出举办家族工艺用意相同，业经通过，无容另为规定。第二、第四、第九各条悉照原议。其余各节间有未尽妥协之处，谨就敝会意见所及，略为修改。是否可行，请公决。第一条、本省各属械斗之风最为地方之害，非提前开办地方自治未易消弭，现乡间如经举办自治预备所者，由该所明定止斗规约，禀官立案遵行。其未举办自治者，一律责成族正副办理。第二条、一乡间自治宣讲所宜编定止斗口说，往各族宣讲械斗惨状，止斗理由，以资观感。第三条，一乡内各姓宜推定族正副，遇有斗事发生，族正副不能止斗者，应即禀官解散。第四条、一械斗多由族中二三族孽构成，生事之人，或恃强房或恃门荫，该族正副均有禀办之权，遇事指名送究。第五条、一曾经械斗之乡，遇有醮会演戏等事，最易挑衅，地方官应分别禁止，不准举行。第六条、一械斗将成，该族绅耆禀请弹压，不准门书差役需索留难。倘经禀报后，地方官延宕误事出三日外，致成斗案者，自治会或族正副得据情通禀大宪，严加参处。第七条、一地方官到乡弹压，所带兵勇差役不得勒索供应及藉端抢掠。第八条、一文武差勇弹压斗乡，务宜分扎两姓，堵截外匪。惟不得骚扰邻村，别生事故。倘有不法差勇藉端滋事，为该管官是问。第九条、一各族子弟敢有擅将尝田庙产按银，或聚众敛钱助斗，置买枪炮者，除永远胙革外，仍禀官究治。第十条、一宜禁止帮斗。他族械斗，各族如有斗匪往帮该族，绅耆不能禁止时，应将帮斗各匪指名禀究，否则与斗乡一律惩办。第十一条、一关于斗案罚款，应由地方官尽数拨归该乡自治会办理简易识字学堂及宣讲所，不得移为他用等情。十月八日，开第二读会时将该报告书宣布，请众会议，即由多数决定。依审查会修正，呈候施行。查是日出席议员七十四人，计否决者十六人，已符多数取决之例，此项议案作为完成。除修正议案另录呈核外，所有议决筹禁械斗一案缘由，理合呈报督部堂察核。为此具呈，伏候裁夺施行。须至呈者。

札　复

为札复事：前据广东谘议局呈报禁械斗议案一件，当发臬司议复。兹据复称，粤东械斗之风由来久矣，禁者自禁，斗者自斗，固由文武弹压未尽得力，亦民俗犷悍有以致之也。易俗移风，端赖诸绅，匡其不逮。原议由自治所调查区内学童人数，设立简易识字学堂，以谋教育之普及并著为论说，随时宣讲，与前奉宪台发交谘议局议决举办家族工艺，皆正本清源之道，相辅而行，不但弭斗并可弭盗。此外控开办法十一条，均属切实可行等情具说前来。查禁止械斗，由官绅通力合作，事属可行。惟原开办法第一条“提前办理地方自治一语”，牵涉筹备宪政案及地方自治筹办处，拟定期限清单不应加入。应改为“自治会未成立以前，由各族正副拟定止斗规约，禀官立案遵行”。又第八条“惟该管官是问”一语，宜酌改为“该管官应负其责”。经在会议厅通过，应即照办。除札行外，为此札复谘议局查照。须至札者。

维持监所改良议草

（陈议员鼎勋提出）

按监所改良章程备极完善，经本局议决复请施行，将来普及各属自可一扫积弊。惟有改良之章程，尤贵有维持之方法，盖前者为监所内部组织改良问题，后者为监所外部保护改良问题。非此则虽照章改良，事实上仍可以破坏。谨就管见所及，酌拟两条提请通饬，永著为令。合附理由按照局章第二十一条第六款提请公决。

一、请通饬各属，凡谘议局议员可随时至监所视察，如有人犯申诉勒索实在情弊，由议员转达行政官厅查办。（理由）监所改良须有监察机关方能维持不敝。查谘议局章程第二十八条，议员有纠举之权，故根据此条而提请得为监所之监察。

一、请通饬各属，嗣后不得派家人至监所管事，致滋流弊。其已派者立予撤退，永著为令。（理由）监所积弊莫甚于有狱官派家人至监所管事，盖需索作奸皆由此辈。且城狐社鼠足以左右在狱职员，前南番新监曾经发见此弊。故拟请通饬禁止，于难持监所改良最关紧要也。

呈　文

为呈报事：窃本局议员提议维持监所改良议草称，按监所改良章程备极完善，经本局公同议决，复请施行，将来普及各属自可一扫积弊。惟有改良之章程，尤贵有维持之方法。盖前者为监所内部组织改良问题，后者为监所外部保护改良问题，非此则照章改良，事实上仍【可】以破坏。依照局章第二十一条第六款规定，酌拟两条提请公议，呈候通饬，永著为令。请通饬各属，凡谘议局议员可随时至监所视察，如有人犯申诉勒索实在情弊，由议员转达行政官厅查办。一、请通饬各属嗣后不得派家人至监所管事，致滋流弊。其已派者立予撤退，永著为令。并说明理由。谓第一条盖因监所改良须有监察机关，方能维持不敝。查谘议局章程第二十八条议员有纠察之权，故根据此条，而提请得为监所之纠察。其第二条则由监所积弊，莫甚于有狱官派家人至监所管事，盖需索作奸皆由此辈。且城狐社鼠足以左右在狱职员，前南番新监曾经发见此弊。故拟请通饬禁止，于维持监所改良最关紧要等语。查该议员所请提议之事项委系与局章第二十一条第六款所载议决，本省单行章程规则之增删，修改事件条文相符，自应准予编入议事日表。本月十七日开第一读会，议员意见多数相同，计出席者八十人只有五人否决。复经公认不必再开第二、第三读会。此项议案遂即作为成立。所有议请维持监所改良一案，经众表决缘由，相应备文呈报督部堂察核。为此具呈，伏候裁夺施行。须至呈者。

批　答

来牍及折均悉。议案第一项议员亲察监所，系为防弊起见，事属可行。至谓如有人犯申诉勒索实在情弊，由议员特达行政官厅查办等语，与谘议局章程第二十八条亦不相背，议案第二项按之谘议局章程第二十一条第一款，系属应革事件，且与本署部堂饬订广东监所改良暂行章程第二篇第四十条宗旨深相符合，应即如议办理。此复。

筹拟粤省禁烟议草

（张议员养淮提出）

按洋药之为害中国，甚于洪水猛兽，固尽人知之，而痛之者也。自奉旨严禁以来，朝野上下耳目一变。热心爱国者方引领拭目以冀其成功，然而至今未大收其效者，盖其间有为之障碍者焉，有应认真举办而未办者焉。仅就鄙见所及，分拟吾粤禁烟办法二种，照局章第二十一条第一款提请公决。

一、裁撤膏捐。光绪三十一年十一月善后局举办膏捐，叩其故则曰兴办新政，需款孔繁，盖其所以设立膏捐之意，固纯为筹款起见，而丝毫与禁烟主义无涉也。不知者或以膏捐为有助禁烟，甚或疑膏捐为禁烟而设。噫！何其误耶？膏捐者，万无补助于禁烟，而大窒碍于禁烟者也。查禁烟宗旨，望吸烟之人日少。而承办膏捐宗旨，专望吸烟之人日多。观于善后局招商承充，必以价高者得之。每易一商，则必责令加饷若干。夫膏饷何以能频频加，非利吸烟之人日多而何哉？然则禁烟者朝廷而禁，禁烟者膏捐局也，此于宗旨上当裁撤也。宗旨已歧，办法自生冲突，此无可疑者。开灯之店，钦章已悬为厉禁。无如此等烟馆，皆承认膏饷之店。案发后，将不封究耶，则烟可不禁。将封究耶，则有碍饷源。（膏捐商人为多收膏饷计，势必联络各烟店暗令开灯。如被封究，则设灯者少，即认饷者少。）进退荆棘，此于办法上当裁撤也。国家对于人民而禁烟，亦犹父兄对于子弟而禁之，既以为当禁，则词严义正而禁之可也，不可又从而利之。乃一方面告以勿吸，一方面幸其多吸。阳托仁政，阴肆贪污，名不正言不顺。行政如此，尚复成何事体，此于政体上当裁撤也。噫！全省膏捐年来不过一二十万，原非赌饷六七百万可比。而因此区区之数，置国家大害于不顾，辱国病民，为新政贼。行政官何乐乎此耶?

一、官专卖膏。设立官膏局由官委员专卖，凡吸烟之人编列名籍，分给膏牌，按籍稽牌，按牌售膏。非有牌者不准买膏，亦不准吸食，违者从严惩治。其最扼要之宗旨，则在于售出之膏价虽年年递加，而售出之膏数，期于日日递减。譬如去年卖十成，今年卖七成，明年再减限，其数所以与膏捐商人之宗旨绝对反对者在是，所以收确实之效果者亦在是也。此举本可联合各省统筹全局妥拟办法。然先从一省办起，俟办有成效各省仿而行之，固无不可也。至于官局所得赢余之利，首以之开设禁烟局办理一切禁烟事宜，再有余始可以之助办他之新政。盖此种利源并非永（永）〔久〕不息可恃，为挹注大宗而实随洋烟之减少而递减者。倘倚为推行各新政之的款，非有碍于各种新政之将来，即有悖于递减膏数之本旨，不可不注意也。此不过粗言其略，其详细章程岑前督任内所委刘庆镗赴台湾查取日人在台之官卖专膏章程可资参考，仍须各察地方情形酌量变通禀准办理。

呈　文

为呈报事：窃议员张养淮提出筹拟粤省禁烟一案。据理由书内开，按洋药之为害中国，甚于洪水猛兽，固尽人知之，而痛之者也。自奉旨严禁以来，朝野上下，耳目一变，热心爱国者方引领拭目以冀其成功。然而至今未大收其效者，盖其间有为之障碍者焉，有应认真举办而未办者焉。仅就管见所及分拟办法二条：一、裁撤膏捐。一、官膏专卖。照局章第二十一条第一款提请公决等语，并准戒烟总会呈称，窃禁烟立约本以图强，禁令不严转误大局。今洋药递减尚未实行，内地土烟业经禁种，洋土进口，进口日以加增，闻印商居奇多贩土烟以刺洋药，漏卮益巨，言之痛心。此次禁烟官民负责，而洋烟流毒，深入社会，亲民官吏耳目难过。地方官绅无权强迫，留医赠药，旋戒旋吸，野草春生。且烟藉恒言不吸则病，或以致死，藉口抵赖。父兄妻子劝戒无从遑论。会董今欲收效，非清来源，严行干涉，实无办法。董等昨经联同阖省戒烟会所大会筹议，逐年加紧事宜。于九月二十四日公同草议，二十五日重集议决。一、免膏捐由官设专煮局。加征膏店煮膏费，以期稽查严密，按约递减。一、编烟（藉）〔籍〕由官会同各会所照给烟牌，征收吸烟木牌费，以期禁例普及按减烟量。一、严定罪名罚例，以期禁令之实行。一、推广乡俗禁例，以助官力之不逮。四者均关重要，理合详具节略呈请议决，转报督宪核准施行。附呈节略一扣等由前来，当于十月十二日开第一读会，业经全体可决，并公认交由法律审查会审查。旋据该审查会报称，承交一件筹拟粤省禁烟议草，并加入粤东自治会禁烟请议书，一并开议。当经本会详加审查。张议员提出二件：一为裁撤膏捐。查现在禁烟情形，膏捐实滋流弊，此项亟应豁免；一为官膏专卖。事难遽行，尚非本省目前所能办到。欲期统一禁烟事简易行者，诚莫善于禁烟总会所拟设专煮官局。按煮加征既可补膏捐之豁免，因征寓禁，尤可收束之计画。查阅该总会禁烟节略并煮烟章程筹画周详，均属切实可行。该总会办理戒烟事实上研求与经验，并属有素。所拟办法，自非纸上空言可比。当经本会议定悉照所议，呈请督宪施行，又编烟籍征烟牌费及严定罪名罚例，推广乡俗禁例，三件均关重要，自应一律呈请施行。为此报告并请公决等情。随于十九日开第二读会，遂将该报告书宣布，由众决定，依照戒烟总会所拟章程陈请施行，并决定不开第三读会。此项议案作为完成。除将办法另录呈核外，所有议决筹拟粤省禁烟一案缘由，理合呈报督部堂察核。为此具呈，伏候裁夺施行。须至呈者。

札　复

为札复事：前据广东谘议局呈报禁烟议案一件，当交善后、禁烟两局分别议复。兹据善后局复称，豁免膏捐似应由禁烟局核明办理。又据禁烟总局复称，原案请豁免膏捐由官设专煮局加征膏费一条，业由职道珏于改拟简章，请另设稽征公司禀内详晰禀候，核示遵办。其编烟籍收牌费一层，本局前于办理换牌案内声明限以一年将应减尽。如届时未能减尽者，即编入烟籍。至换牌一事，本局向不收取分文。惟制造木牌既众，需费颇多，兹谘议局既议征收牌费，俾如戒烟分会藉资津贴，似属可行。拟俟明年三月换牌时核定，每牌收费若干，详请开办。其编烟籍一事，仍限至明年九月一年期满，体察情形酌核办理。至严定罪名罚例一条，查现办禁烟，惟禁种已缩短期限，勒令于宣统元年下半年一律禁绝。禁贩禁吸，尚无明文，似须咨请禁烟大臣将各项罪名从严酌定，通饬遵办。至罚例可因地制宜，应由臬司巡警道会同本局议定后详明立案推广。乡俗禁例必须地方绅士及自治会妥议，由局核明，冀助官力之所不逮等情先后具说前来。查原议设立烟膏专煮局与专卖无异。此事应由部臣主持，全国一律方能办到，暂应毋庸置议。其编烟籍、收牌费、严定罪名、罚例各条，或已经举办，或斟酌试办，或须咨商禁烟大臣核办。应由禁烟总局次第详候核夺施行，经在会议厅通过。除分行外，为此札复谘议局查照。须至札者。

请查绝户不准粮差讹索议草

（叶议员承训提出）

州县征收粮税，按户督催，户有的丁，当负责任。奈有有粮无田者，有有户无人者，谓之绝户，又名亡户。溯其原因，或被水冲变为沙积，或因山塌变为荒堆，或祖宗置业之始税溢于田，至子孙变业之时，田短于税。更有败落之家，利得重价以屯田作民田，将上税作下税，田去而税不去，户存而田不存。衰微之余，或外出不返，或似续不继，并有有户无人者。州县按额催收，粮差按户追讨，该户有人则追呼户丁，该户无人则追呼同姓。今日追甲，明日追乙，百端骚扰，鸡犬不宁。若被拘拿，无论是否的丁，必勒索数十金，始肯开放。一不应其所索，任意混指，鹿马难分，虽有公正绅耆代为申辩，贤明县主洞悉枉诬，而其家已破者不知凡几矣。即使闻风逃避而粮差住扰，亦必饱索脚费方行退去。苦累不堪，而该绝户之粮终无人代纳。民人徒受其害，国家实无分毫之益，而税额空存。州县亦苦于赔累，只开粮差择噬之门，官民交病，莫此为甚。方今皇恩广运，豁免积欠，宪政预颁，勤求民隐。应请督宪颁发告示，通饬各州县立将属内绝户，切实列册报告。详请藩宪立案，永不准粮差混指讹索，以免扰害。事关本省利病，谨遵局章第二十一条提请公决，谨拟简章如左：

一、州县绝户，该属内绅董知之必详，应由地方官出示晓谕，饬令各乡族绅耆，确切查明，限期禀报。由地方官察核明确，造册详请立案，不准粮差混指讹索。此是为各乡族除害起见，当无隐匿不报者。

一、调查绝户专责之绅董，恐有欺朦混报，希图补粮者，应明定罚例，声明如有田亩而混报绝户者，一经查出或被人指控，即将该户产业悉数充公，并将该绅董惩究，以杜混冒。

呈　文

为呈报事：窃议员叶承训提出，请查绝户不准粮差讹索议草一件。当即开会审查，佥谓绝户之株累与粮差之讹索，种种弊端，各属人民同一受害，诚有如议草所云者。然推其讹索之弊尚不止藉绝户为名也，贫者欠粮累及殷富，一人欠粮累及一族。未完则曰追粮，已完则曰验票。至票已验矣，粮已清矣，则又藉查税契之名，多方讹索。师爷则有茶金、轿金，粮差则有饭钱、脚钱，视粮户之大小以为讹索之等差。一不应其所求，即加以抗粮、殴差、匿契、短税各大题，瞒禀州县主添差拘拿，往往有小康之家因此而倾家荡产者。小民之膏血几何？何堪受此朘剥耶？请大宪通饬各州县，征收粮税切实查明，如是死亡绝户，确无的丁者，不准粮差藉端扰害。其他按户督催，亦应追问的丁，不得拖累别户。并不得藉验票查契之名，多方讹索。倘有各种情弊，经绅民据实禀明，立予查究。如此则粮差无可售其奸，而小民自实沾其惠矣。是否请公决等情前来。随于十月十八日开第二读会，爰将该报告书宣布，而议员有谓于条文中拟再加入除额征尚有羡余、平余、杂费、私规，现在督部堂已分制表式，饬令填报。即将此款抵拨一条，并拟将报告书内贫者欠粮以下各意作为附加，以清题界。当经多数可决，复由众决，不开第三读会。此项议案遂即完成。除将修正案另录呈核外，所有议决请查绝户不准粮差讹索一案缘由，理合呈报督部堂察核。为此具呈，伏候裁夺施行。须至呈者。

计呈清折一扣。

札　复

为札复事：前据广东谘议局呈报清查绝户，不准粮差讹索议案一件，当发藩司议复。兹据复称，任土作贡，国有常经，维正之供，古垂明训。粤省各属征收钱粮从前本有鱼鳞册，按户稽征，丝毫不紊。迨经兵燹以后，册籍多已无存。其中或因户口迁移，人亡产绝。或因贪图重价，业卖税存。以致有户无人，有粮无田，比比皆是。州县惟知按照递年征册催科，粮差遂即藉端骚扰，种种情弊，诚有如议案所云者。自应严行查禁，以除民害。查核现议简章，饬令各乡族绅耆将绝户确查禀报立案，不准粮差混指讹索及本有田亩混报绝户。查出分别究惩两条，是为清粮杜弊，实事求是起见，似可照行。通饬各属出示晓谕，责成各乡绅董，各就本乡详细确查，遇有前项绝户，勒限禀由地方官核明勘确。如户丁逃亡，税亩具在，或田经变卖，粮税虚存。即查明现在营业之人姓名，勒令推割过户，注册输纳，不准再有隐匿诡寄。如系人亡产绝，而原户所载税亩又均被水冲坍陷，基址无存者，亦准分别造具清册。详请奏明豁免额粮，俾昭复实。倘敢控报，希图尝试，一经查出，即将该业户及原查绅董分别究罚惩办。似此办理，粮差既无从讹索，而该族殷实各户亦免代受追呼拖累之苦。至额征尚有羡余、平余、杂费、私规，请将此款抵拨一条。查各州县征收地丁银米应得平羡相沿已久，系为批解倾销火耗及署中一切办公之需。现值清理财政，业经通饬各属据实开报。应俟查复，由该局妥核办理。且绝户虚粮既拟查明豁免，似亦无须拨补。又附则一条征粮应问的丁，不得拖累别户，自系正办。惟查验税契一事，现奉度支部咨行改章整顿税契，如有隐匿，自应随时查验究办。业将奉行章程详晰示谕，饬属遵照。应由各州县另行认真查办。如果粮差敢藉催粮之名，因而查契，致有讹索滋扰情弊，一经查出或被告发，讯实立即从重究办，以儆效尤等情具说前来。查清查绝户，不准粮差讹索，事属可行。惟原呈只问户之绝不绝，而不问田之存不存，稍欠赅备。盖有户虽绝而田存者，有田不存而粮存者，司议如户丁遽亡，税亩具在，或田经变卖，粮税虚存，即查明现在管业姓名，勒令推割过户，注册输纳，不准再有隐匿诡寄。如系人亡产绝而原户所载税亩又均被水冲坝陷，基址无存者，亦准分别造具清册，详请奏明豁免额粮等语。办法尚为周到，其拨抵查税两层，所议亦均妥善，经在会议厅通过，应即照办。除札饬外，为此札复谘议局查照。须至札者。

裁撤善后局议草

（陈议员炯明提出）

按善后局之设，其名目与缘起均为本省筹办善后事宜。原非本省官制设，以司出纳而为第二之藩库。讵事后名实不符，积重难返，弊窦最多，中饱最巨。蠹国病民，粤省元气几为索尽。而司为之官，反等虚设。现国家正当厘订官制，划一权限之时，正宜及早裁撤，清厘出纳，归属藩司以一事权。此其应裁之理由一。该局出纳无制，一面供应大吏取求，百方罗掘，只计承饷有人，不计地方有碍。奸商利于剥削，贿赂争承，而仍取给于民。故一捐兴，中饱半之，奸商倍之，点滴不悉归公，民生日以致困。此其应裁之理由一。粤省元气已凋，政府诛求仍旧，大吏无拒绝之能，不得不卸肩于该局。该局无点金之术，不得不尽剥于商民。若经裁撤，彻底盘清，藩库止有此数，在吏无所卸肩，前弊悉绝。此其应裁之理由一。省一冗局，即省一冗费。归属藩司，节省局费，当在不赀，截除中饱，更属难算。此其应裁之理由一。事关本省利病，按照局章二十一条第一款应提请公决。

呈　文

为呈报事：窃本局议员提议裁撤善后局一案，据开具【理】由书称，按善后局之设，其名目与缘起均为本省筹办善后事宜。原非本省官制，设以司出纳而为第二之藩库。讵事后名实不符，积重难返，蠹国病民，粤省元气几为索尽。而司库之官，反等虚设。现国家正当厘订官制划一权限之时，正宜及早裁撤，清厘出纳归属藩司以一事权。此其应裁之理由一。该局出纳无制，一面供应大吏取求，百方罗掘，只计承饷有人，不计地方有碍。奸商利于划削，加价争承，而仍取给于民。故一捐兴，中饱半之，奸商倍之，点滴不悉归公，民生日以致困。此其应裁之理由一。粤省元气已凋，政府诛求仍旧，大吏无拒绝之能，不得不卸肩于该局。该局无点金之术，不得不尽剥于商民。若经裁撤，彻底盘清，藩库止有此数，大吏无所卸肩，前弊悉绝。此其应裁之理由一。且省一冗局，即省一冗费，归属藩司，节省局费，当在不赀，截除中饱更属难算。此其应裁之理由一。事关本省利病，按照局章二十一条第一款应提议等情。恭读本年四月初六日上谕度支部奏，各省财政事宜统归藩司，以资综核而专责成一折。各省财政头绪纷繁，自非统一事权，不足以资整理。嗣后各省出纳款目除盐粮关各司道经管各项，按月造册送藩司或度支使查核外，其余关涉财政一切局所，著各该督抚体察情形，予限一年，次第裁撤，统归藩司或度支使经管所有款项。由司库存储，分别支领，即由各督抚督饬该藩司等将全省财政通盘筹画，认真整顿等谕。钦此。是则关于财政一切局所，经已奉有体察裁并明文，而该议员所请提议又系根据局章第二十一条第一款所载，自应付之会议俾公同研究，俟表决后呈候酌夺施行。当将此项草案编入议事日程，于本月初一日开第一读会。计是日出席者八十四人，互相讨论，各议员意见多同，否决者止四人耳，认为议案成立。至本月初四日开第二读会，再行讨论，以冀周详。计是日出席议员八十一人，众议同前，否决只有二人。此案遂作为通过，并声明不再开第三读会以便进行。所有议员提议裁撤善后局经众表决缘由，相应呈报督部堂察核。为此具呈，伏乞俯赐裁夺施行。须至呈者。

札　复

为札复事：据谘议局呈报，提议裁撤善后局一案，开具理由书。经过两次读会多数意见相同，请察核裁夺施行等情到本署部堂。据此查善后之设，历经前任督抚奏办，只因赌饷相承，颇招诟病，又以军需至急，饷项继长增高，赌祸亦勾连固结。本署部堂心焉非之，故从根本上解决。赌饷既除，则该局之腥膻自去，应如何酌量归并，亦自易着手。今日筹抵尚未实行，则赌饷势难遽去，即不能无一局所为之枢扭。如不禁赌筹抵，而但曰撤局，即仅归入藩司，其腥膻之传染自在。故善后局之被人指摘，其原因固在赌饷也。本署部堂有见于此，并按宪政编查馆本月初九日电，有在行政范围仍由督抚奏咨，无庸交局议决之语。故于日前已专折奏陈财政困难情形。内称粤省各局所出纳均属正经款项，惟善后局所收以赌饷为大宗，腥膻相习，辄为人所诟病。然赌饷之减禁，既是筹抵之有无。而饷需之筹拨，又以该局为枢扭。就目前情形，只得将该局冗员糜费切实裁汰。惟善后名义究有未符，拟援山东成案改名为筹饷局，仍由藩司总理，并派员会办，以昭周密，庶符本年四月间谕旨各等语。与来呈用意亦尚相似，而办法则取乎渐进，盖有由也。更有可资研究者，各省所以设善后等局，原始于中兴，诸督抚彼时何以不责成藩司出纳而别立局所？盖藩司出纳有一定之堂期，而军需刻不可缓。又藩司所管显系正供，而局所则专储特别款项，且局所所糜费者系局员人等种种销耗。而藩司衙门在他省亦有书吏侵渔、减平、扣色诸弊。际此改弦更张之时，更应博采周谘，以期尽善。除由本署部堂裁夺办理并候旨钦遵外，为此札复谘议局查照。须至札者。

恩平改隶窒碍议案

（恩平自治会员梁锡庆等请愿）

莫兆梧等为敝邑改隶，形势窒碍，舆情弗浃，伏乞代恳督宪及资政院宪据情上奏仍旧隶肇，以顺舆情而保治安事。窃恩平向隶肇庆府道管辖，形势利便，民情相安。光绪三十二年岑前督宪奏将恩平、阳春及新宁之广海改隶阳江，邑民疑虑，历将窒碍情形禀达各宪在案。按恩平地势仅迤南一小部分较近阳江。然由县治赴阳，陆路一日有奇方达州治，与赴肇等。惟赴肇则水线直达省郡，加以道府同城，文件迅捷。赴阳既无河道可通，且道署驻高州，公事由县治赴阳，江抵高州，再绕折达省。水陆纡回千有余里，名近而实远，稽误殊多。况由恩至阳江一路陆程阻隘，设有警耗，贼或乘机扼险。消息中断，援兵不至，恩民何堪设想？近虽添设电报，然电报所经之处不能遍置护兵，缓急究未可恃。其窒碍者一。肇郡中学堂，就原有端溪、星岩各书院，膏伙提充兴办，业已成立有年，改隶必别立中学堂于阳江。经费按属派捐，势所不免。恩境素瘠，矧以匪乱之余，异常奇困。现办高等小学堂，迭费罗掘，始克就绪，又复添筹此项，何以应付。其窒碍者二。恩平旅港沪及英美各埠工商，向与广属之新宁、新会，肇属之开平号称四邑，立有公所，保护华侨，其款项由零星抽集而成。一闻改隶与广肇，畛域既分，嫌疑斯起，欲委蛇从事则召侮，欲自辟门户则势孤。现闻广肇华侨以恩平既改隶阳江，遂有外视之心，风潮迭起，各怀怨愤。其窒碍者三。凡此数端，皆事势所必至。然其受害未酷，其为祸未显。至论及改隶后之现象，捕务吏治均为形势所格，匪患交迫，民生不聊。更有不得不仰恳诸公俯赐挽救者，盖恩地形势除迤南一小隅较近阳江外，其东西北三面，邻接广属之新宁，肇属之开平、鹤山、新兴四邑，人烟稠密，土匪勾结，外匪狼狈相依，所害腹地。故办匪纲要，东必会同新宁，西北必会同开新鹤三邑，实捕务天然联络之形势。三十二年新宁大隆洞、鹤山泗合等处均有匪徒啸聚，势甚猖獗，四出蹂躏，幸均隶广肇罗道及肇庆府管辖，由道宪移会柯参戎围捕。赖太守亲临办清乡，严札各属会剿，彼此兜捕，匪始敛迹，此其铁证。自改隶后府州分辖，肇庆员弁歧视阳江兵力单薄，不足以资调遣，匪徒生心，死灰复燃，时出没于恩开、新鹤交界地方。故扫劫全村，抢毙多命，掳人勒赎之案层见叠出。乡民日夜戒备，防不胜防。此改隶后大受内地匪害之实在情形也。阳江那龙合山、尖山等处为由恩赴阳咽喉，向为盗薮，邑人经由此地迭遭劫掳。如许浩、陈元进、周振贵、李学润等勒赎至五千余金，少亦数百金。商民冯四既遭贼劫，又被推溺河中，尸首无踪。其他劫杀没尸，截抢财物者，亦时有所闻。恩平既隶阳江，有事控诉不能不经履其地。邑人语音不同，匪徒易于别识。一履阳江地面，辄觉草木皆兵，神魂惊悚。加以道署远驻高州，由阳赴高所经八甲、大八等处匪穴尤多，跋涉尚可不辞，而抢掳实难防御。此又改隶后复受江春匪害之实在情形也。查同治五年蒋抚宪奏请将阳江县改为直隶州。以开平、恩平、阳春三县改隶州属，欲藉以弹压土客善后。嗣因舆情不便，开平绅士关钧培等，于同治六年赴部禀准复归旧隶。其恩平、阳春两县复经绅士刘荣辇、冯聘桂等，于同治七年以改州不便，禀准瑞督宪据情代奏，奉部议饬新任李扶宪查复。旋以改隶窒碍，委是实在情形。于同治八年奉旨着仍归肇府管辖。此次岑督宪奏改隶政策，原欲控制阳宁海疆，兼及春恩两邑。查恩平不濒大洋既非藉改隶州属便易控制，且原奏称恩平土客杂居。查客民自同治八年资遣安插后，恩境已无客民足迹，似于现在情势未及细察。虽岑督宪志在安民，非必好事纷更。然使改隶，果便前次蒋抚宪奏，改时无劳，渎请翻案。即此次改归州属亦已奉旨数年，案经奏定，何必多此哓渎。只以改隶后，邑人生命财产大受恐慌，其余官事、民事、商界、学界均多窒碍。况新宁之广海已仍归旧隶，恩平事同一律，不当歧视。业经据情迭禀各大宪及政府列宪，未蒙照准，人心皇皇，焦急万状。贵局为采取阖省舆论之所，凡不便于地方者，得代表舆论要求政府之不行为，伏乞鼎力维持。决议代恳督宪及资政院宪据情上奏，俾得仍旧隶肇，以安地方而顺舆情，实为公便。

呈 文

为呈报事：窃本局准恩平县自治会请议书开，恩平向隶肇庆府道管辖，形势利便，民情相安。光绪三十二年岑前督宪奏将恩平、阳春及新宁之广海改隶阳江，邑民疑虑，历将窒碍情形禀达各宪在案。按恩平地势仅迤南一小部分较近阳江，然由县治赴阳，陆路一日有奇，方达州治，与赴肇等。惟赴肇则水线直达省郡，加以道府同城，文件迅捷。赴阳既无河道可通，且道署驻高州，公事由县治赴阳，江抵高州，再绕折达省。水陆纡回千有余里，名近而实远，稽误殊多。况由恩至阳江一路陆程阻隘，设有警耗，贼或乘机扼险，消息中断。援兵不至，恩民何堪设想？近虽添设电报，然电杆所经之处不能遍置护兵，缓急究未可恃。其窒碍者一。肇郡中学堂就原有端溪、星岩各书院膏伙提充兴办，业已成立有年，改隶必别立中学堂于阳江，经费按属派捐，势所不免。恩境素瘠，矧以匪乱之余，异常奇困。现办高等小学堂，迭费罗掘，始克就绪，又复添筹此项，何以应付。其窒碍者二。恩平旅港沪及英美各埠工商，向与广属之新宁、新会，肇属之开平号称四邑，立有公所，保护华侨，其款项由零星抽集而成。一闻改隶与广肇，畛域既分，嫌疑斯起，欲委蛇从事则召侮，欲自闭门户则势孤。现闻广肇华侨以恩平既改隶阳江，遂有外视之心，风潮迭起，各怀怨愤。其窒碍者三。凡此数端皆事势所必至，然其受害未酷，其为祸未显。至论及改隶之现象，捕务吏治均为形势所格，匪患交迫，民生不聊。更有不得不抑恳诸公俯赐挽救者。盖恩地形势除迤南一小隅较近阳江外，其东西北三面邻接广属之新宁，肇属之开平、鹤山、新兴四邑。人烟稠密，土匪勾结，外匪狼狈相依，扰害腹地。故办匪纲要，东必会同新宁，西北必会同开新鹤三邑，实捕务天然联络之形势。三十二年新宁大隆洞，鹤山泗合等处，均有匪徒啸聚，势甚猖獗，四出蹂躏，幸均隶广肇罗道及肇庆府管辖，由道宪移会柯参戎围捕，赖太守亲临办清乡，严札各属会剿，彼此兜捕，匪始敛迹，此其铁证。自改隶后府州分辖，肇庆员弁歧视阳江，兵力单薄，不足以资调遣。匪徒生心，死灰复燃，时出没于恩开、新鹤交界地方。故扫劫全村，枪毙多命，掳人勒赎之案层见叠出。乡民日夜戒备，防不胜防，此改隶后大受内地匪害之实在情形也。阳江那龙合山、尖山等处为由恩赴阳咽喉，向为盗薮。邑人经由此地，迭遭劫掳。如许浩、陈元进、周振贵、李学润等勒赎至五千余金，少亦数百金。冯四既遭劫贼又被推溺河中，尸首无踪。其他劫杀没尸，截抢财物者，亦时有所闻。恩平既隶阳江，有事控诉不能不经履其地，邑人语音不同，匪徒易于别识。一履阳江地面，辄觉草木皆兵，神魂惊悚。加以道署远驻高州，由阳赴高，所经八甲、大八等处，匪穴尤多，跋涉尚可不辞，而抢掳实难防御。此又改隶后复受江春匪害之实在情形也。查同治五年，蒋抚宪奏请将阳江县改为直隶州，以恩平开平阳春三县改隶州属，欲藉以弹压土客善后，嗣因舆情不便，开平绅士关钧培等于同治六年赴部禀准复归旧隶。其恩平、阳春两县，复经绅士刘荣辇、冯聘桂等于同治七年以改州不便，禀准瑞督宪据情代奏，奉部议饬新任李抚宪查复，旋以改隶窒碍，委是实在情形。于同治八年奉旨仍归肇府管辖。此次岑督宪奏请改隶政策，原欲控制阳宁海疆，兼及春恩两邑。查恩平不濒大洋，既非藉改隶州属便易控制。且原奏称恩平土客杂居，查客民自同治八年资遣安插后，恩境已无客民足迹，似于现在情势未及细察。虽岑督宪志在安民，非必好事纷更。然使改隶果便，前次蒋抚宪奏，改时无劳，渎请翻案。即此次改归州属，亦已奉旨数年，案经奏定，何必多此哓渎，只以改隶后邑人生命财产大受恐慌，其余官事民事商界学界均多窒碍。况新宁之广海已仍归旧隶，恩平事同一律，不当歧视。业经据情迭禀各大宪及政府列宪，未蒙照准，人心皇皇，焦急万状。贵局为采取阖省舆论之所，凡不便于地方者，得代表舆论要求政府之不行为。伏乞鼎力维持决议，代恳督宪及资政院宪，据情上奏，俾得仍旧隶肇，以安地方，而顺舆情等情前来。当经交查，嗣由请议审查会认可。遂于十月十五日开第一读会，由多数议员决定再交法律审查会审查。随据该会报称，承交一件，恩平改隶窒碍，经本会审查访之该县绅民，均以改隶阳江为不便。本局为舆论之代表，无妨代为呈请。为此报告是否有当，仍请公决等语，自应再付会议。十月十九日开会，宣读审查会报告书，复由多数议员可决，依照恩平自治会请议书，呈候裁夺。此项议案作为完成，所有恩平改隶窒碍一案，经本局议决代呈缘由，理合备文呈报督部堂察核。为此具呈，伏候裁夺施行。须至呈者。

札　复

为札复事：前据广东谘议局呈报恩平县改隶阳江诸多窒碍议案一件，当发藩司议复。兹据复称，恩平地处肇庆之南，距府城数百里，距阳江仅百数里，壤地相接，车辅相依。改隶阳江，弹压巡缉自系便捷，经前督宪岑奏请仍改阳江直隶厅为直隶州，以附近阳春、恩平二县隶之。是为控驭海疆险要起见，原议本属允当。惟详核议案，备陈恩地形势，除迤南一小隅较近阳江外，其东西北三隅邻接广属之新宁，肇属之开平、鹤山、新兴四邑。人烟稠密，匪徒勾结扰害，办匪纲要东必会同新宁、西北必会同开新鹤三邑，捕务形势天然联络等语。并所陈窒碍各节，逐加研究，亦系实在情形。且查阳江州专辖阳春一县，核与钦州南雄三直州体制尚无殊异。拟请将恩平一县仍改归肇郡管辖，以资防缉，而顺舆情，似属可行等情具说前来。查恩平改隶阳江原为控驭形势便利起见，既据胪陈恩地形势，与阳江隔山阻海，控驭不便司议亦同，应即照此办理。由本署部堂奏明仍改隶肇庆，既资防缉，亦顺舆情，经在会议厅通过。除札行外，为此札复谘议局查照。须至札者。

香山勘界维持会来函

公启者：澳门勘界一事节节失败，危机在即，人心惶惶。全粤父老子弟呼号奔走，冀谋挽救之策。窃查谘议局章程廿一条十二项有收受自治会或人民陈请建议事件之规定，本会于九月初四、十一两日会议，全体议决，遵照谘议局章程廿一条规定，提出澳门勘界一案于贵局请为建议当道，以挽危局，而靖人心。贵局议员公正明通，素负人望，定能合力筹维，顾全桑梓。或者至疑谘议局，应办事件原以本省之事为止，澳门勘界事关外交，似非谘议局所能涉及。然二十一条案语明有与资政院所定权限有国家地方之分一语，是国家之行政资政院议之，其在地方之一部者谘议局亦得言之。论者谓谘议局议事之范围即以督抚行政之范围为标准，信不诬也。况决议与建议之性质不同，决议之事即交督抚执行，故当在谘议局职任权限以内者。建议不然，在督抚职任权限内之事均得开陈意见，以俟采纳，执行与否听之，督抚在谘议局不为踰越权限也。前曾将所呈递前督部堂张、勘界大臣高意见书，并节略地图早呈台电。倘以后有查询之件，本会当随时开陈以备考核。肃此。香山勘界维持会代表杨应麟、陈德驹为陈请建议澳门划界事项。查宪政编查馆奏陈谘议局章程权限折内，军事外交裁判等事断非议员所能干涉。但以人民各具国家思想，苟实有所见，不妨上书陈请定例。在内由都察院代奏，在外由督抚代奏，已开其例。其必以谘议局代为陈请建议者，因表示众议所在，以备督抚采择。其裁夺之权则仍统诸督抚，以执行此件。查与部章相符，应可作归谘议局议案，交谘议局会议。

呈　文

为呈报事：窃本局准香山勘界维持会函称，澳门勘界一事，节节失败，危机在即，人心惶惶。全粤父老子弟呼号奔走，冀谋挽救之策。查谘议局章程第二十一条第十二项有收受自治会或人民请建议事件之规定，本会于九月初四、十一两日会议，全体议决，遵照谘议局章程二十一条规定，提出澳门勘界一案于贵局，请为建议当道，以挽危局，以靖人心。贵局议员定能合力筹维，顾全桑梓，开陈意见，以备督宪采纳执行等语。查谘议局章程第二十一条规定，谘议局应办事件其十二项有收受自治会或人民陈请建议事件等语。是本局对于外交事件，虽不能议决呈请执行，而可以议决请采择。现在澳门勘界虽已停议，然界务一日不清，则领土之权终归丧失。无论日后在何处开议，不能不预定宗旨，以冀葡人就我范围。旋将勘界事宜列入十月初四日议事日表，以征各议员意见。是日开会，会议议员等谓，外交应守秘密，宜交审查会密议，且须征集熟悉澳界情形，热心界务者，以期收益等语。此第一次会议澳门界务之情形也。十月十一日议员介绍谙习澳事数人到局谘询。据开具节略内称，光绪十三年中国欲在澳门设关征收洋药税厘，以防走漏。葡人要求利益，中国派委税司金干登至葡京议立节略四款。其第二款谓清国允许葡国永居管理澳门。俟两国派员妥为会订界址，然后特立专条。其未经定界以前，一切事宜俱依现时情形，彼此不得有加减改变之事。第三款谓未经大清国允准，葡国不得将澳门让与别国。第五十三款谓此次和约均缮清葡英三国文字，以后遇有清葡文内字义未尽明晰，应以英文解释等语。查葡人初至澳门是在明嘉靖十六年。明代岁征其地税银五百余两，我朝因之。当日以水坑门、三巴门、新关门为界址。界墙虽毁，其遗迹尚有可考。道光间前督部堂林文忠公厉行鸦片之禁，尝奏称澳门华洋杂处，于禁烟之役每多棘手，宜以兵力示威，使之慑服等语。葡人亦会禀称，若因搜查鸦片，用兵围拿，恐致骚动，请限以日期，驱逐净尽等语。是当时中国于澳门主权犹未失也。至道光十五年纳税之事渐形怠慢。至道光二十九年始，全行停纳。曾经南海、香山两县会同禀报在案。自此以后葡人益恣其蚕食。道光季年侵占西沙、潭仔、过路湾，同治二年又佔塔石、沙岗、新桥、沙梨头、石墙街等处，是时附近土人见其暴行强夺，群情哗然。大吏迫于物议，与之争论，葡人竟逞强不服，复于同治十三年闯入华界，拆毁关闸汛墙。光绪五年并吞龙田村，光绪九年并吞旺厦，设警察分署。无何，荔枝湾、石澳、清洲三处亦冒为己有。且越界建立闸门，自为界址，华人名之曰关闸。光绪十五年，又以关闸外北山岭村一带作为局外中立地，请于我政府。为我政府所拒，而澳门陆地毗连之区已为葡人囊括靡遗矣。当金干登立约归来时，值前督部堂张文襄公得总署来文，大骇，曾上疏陈利害：其一曰葡人不足为患，而我可以病葡，我竞迁就立约，贻笑万国自损主权。其二曰澳门附近皆由并吞窃据而来，士民怨愤，久无可泄，今竞不为究问，反畀以管理之权，失人失地，徒生他日滋长之祸。其三曰国内租界不少，自有此举将必援为例证，乘机伺便，接踵效尤，应之不可，却之不能。况帮缉鸦片，英人同致其力，又将何以酬之？又曰葡人贫弱，虽允我不以澳门让诸别国，又安能保他人不效并吞之志，而力取之。尔时地已属葡，我局外旁观，欲争亦不得矣。又曰订约须声明澳门系由中国让与葡人永远居住，免其地租。惟仍是中国之物，与别等属地不同。观约内有不得让与别人之文可知主权仍然在我。又宜画清水陆界，陆界以原日之三巴门、水坑门、新关门各围墙为界，界外土地尺寸皆须还我，水界则不得。援公法两国分画水界之例，以河心为界，澳门系我土地，让与居住，与两国土地交涉不同。水界内可任其船只出入，而不得受其管辖。其指出最重要之点则曰查赫德申称草约四条，与澳门新报所载者，文义轻重悬殊。第一条洋文内悉与葡国别处属地无异字样。草约内载澳门字样凡三见，洋文皆作澳门及澳门附地二字，不难将围墙外村落附近小岛，皆可作附地。观至与葡国别处属地无异一语尤谬。殊非准其驻澳本意，语多含糊，宜防狡混。最后则曰所陈皆属草约，立论未定，宜极力坚持。彼能就我范围，自可照此立约。如其不从，是异约出自葡国，自可任作罢论等语。是则张文襄对于澳门界务深具激昂缜密之致，据所陈流弊，确为当日实情。总署昏瞶，为区区烟税所诱，铸成大错，殊为可恨，至其争回主权一说，以不得让与别人一语为证。查澳门之租与葡国，其性质与内地之租界及日本之永借地无异，自不能与征服属地同日而语。惟画界以旧围墙为止，恐操之太促，事属难行。盖今日澳地之精华，几多在旧围墙以外，能否遽尔捐弃，还诸主人颇为疑问。况原约有以及属澳之地一语，则其意显指旧围墙之外而言。查光绪二十八年葡人藉词修浚河道，请将约内未定之事，妥酌订明。其词曰前定和约已认澳门附近属地为葡国永居管理，应将该属地之界址广阔等丈量妥订。按对面山、大横琴、小横琴各该岛是澳门生成属地，既经条约认明，敢请会商妥定等语。其用意不特欲将澳门陆地附属者并入其内，即水面附近诸岛亦欲席卷而有之。光绪三十三年立草约时，已在葡人占据西沙、潭仔、过路湾、塔石、沙岗、新桥、沙梨头、石塘街、龙田村、旺厦村、荔枝湾、石澳、青洲岛等处之后，条约内所称属澳之地与现时情形二语，殆即指以上诸地。光绪二十八年政务处于其增改中葡条约折内叙述其力拒葡人之言，曰中国海边岛屿向隶府厅州县，从无此岛属于彼岛之事。只能就澳门现管界址，照约勘明，不得于界外另有属地。其所谓现管界址，殆指以上所列被占各该村落地方而言。今必旧围墙为限，恐难自解于历次之允诺。惟对面山、大小横琴、与光绪三十三年葡人强欲吞并之湾仔、银坑诸地则必不能容葡之人足迹，自无待言矣。葡人虽经光绪二十八【年】的政务处之驳斥，野心未死，竟敢于光绪三十三年在小横琴岛起建兵房，是年又谋占湾仔，张挂告示，迫轮船渔船换照，据医院派医发照。至银坑之船，非有葡人执照不能停泊。绅民禀牍有案可稽。或不严厉与争，此数岛将无归赵之日。不特立约前所侵占者，久假不归已也。至张文囊谓约中词义，中西文大相悬殊者，则以当时立约人心存愚弄，为此狡狯之故。查金干登在葡京所立之节略四条云：中国坚允葡国永驻管理澳门以及属澳之地，与葡国治理他处无异。此节略本文固甚明晰，及该国遣使来京订立和款，复于第二款内引其词曰，前在葡京所订永居管理澳门之全款，大清国仍允无异等语。并不全引节略第二款之文，惟曰永居管理澳门而隐去以及属澳之地与他处无异二语。译汉文时并漏去全款之全字。夫节略第二条之内，最重要者固为澳门二字，而属澳之地与他处无异两句其重要亦不逊之。葡人之得以日肆其蚕食要求者，即根抵于此二语，乃当时立约竟漏去之。而曰永居管理澳门之款，使阅者以为所让者推澳门，不必起争。洋文则下全字使节略第二条所谓属澳之地与他处无异二要点，已包括无遗。彼葡人之狙诈，金干登之欺弄总署诸人之昏瞶，误国有足令人发指者。是则中葡条约已失败于前，吾人不能不为补牢之计，以善其后。方今香山人民愤葡人之恫喝，势甚汹涌。晓谕之不可抑，制之又不能，万一衅开自我，酿成战斗，贻朝廷以南顾之（尤）〔忧〕，自非得计。应请督部堂迅派重兵，屯驻香山一带以资弹压，而补各自治会劝谕之不逮。现高大臣与马使交涉虽已中止，将来或移之京师，或仍在粤东开议，不能不预定宗旨，以与之周旋。查划界之性质有三：一、两国相邻界址不清者，则须互提证据，以为定点。二、两国交战乘势割据，则割据多寡由战胜国要求，被战胜国惟婉却务使其范围之缩小。三、两国交谊甚笃，甲国划出土地俾乙国有所栖止，则予地之多少，其权应甲国，乙国惟有婉求欲范围之稍广。以上三大性质，清葡今日之界务应属于第三款。今观于高大臣与马使之会议。马之强项颇类第二款，俨然以战胜国自居。而高在之神理则类第一款，几忘澳地之昔为我有者。马之所失在故意，而高之失在认理未清，长敌气，而丧失主权最足为累。或谓葡人若不认此次划界属地第三款之性质。与其交荷兰平和会公判亦不肯就我范围，我将奈何？是亦不能（夫）〔失〕所争者而属于第一、第二款之性质，可由和平会公判而定之可也。若属于第三之性质，实无受第三国公判之理由。此举必不可行。若果葡人作无理之要求，则先问葡人对于我国是否有战胜国之资格，然后再开谈判可也。如再开谈判马使仍前要挟，与其姑息，宁可废约。或疑条约非双方之合意或害自国之生存深恐未易遽废。不知光绪十三年中葡条约就英文而论仅有澳门及其附地等语，其所谓澳门及附地者既无经纬之度数，又无木石之标识，则必俟勘定界址而后条约始为完成。以未完成之条约苟欲废之，曷尝不可。况附地二字可无界线，自人之解释而殊。受者欲其范围之扩张，授者欲其范围之缩小，两者不协。何如废前约而更定新约之为愈乎？所有中葡划界，应先行派兵以防暴动，及不必交荷兰平和会公决，并谈判不协应请废约缘由，就管见所及应请公决，呈请督部堂转达外务部核办等由。随请各议员表决，全体可决。应照谘议局第二十一条第十二款呈候卓夺。所有本局议决香山勘界维持会陈请建议中葡划界缘由，相应呈请督部堂查核，并乞裁夺见复施行。须至呈者。

批　答

来牍阅悉。中葡勘界事已中止，所请应无庸议。此复。

奖劝商团民团议案

（自治会请愿）

按欧美商场，无不设有商团义勇队。农工团体壮者皆属民兵，诚以国之卫民，恒不同民之自卫。商团联合系以保卫商业目的组织而成。故上海商团与洋商义勇队联如一气，列入万国团练会，并经民政部立案嘉许。我国古制寓兵于农，凡属国民皆于农隙以讲武事，诗歌所纪，播为美谈。粤省商团由来已久，朔望会哨，店户各出一人。坊众冬防，益相注重。其闻有火警，瞬息即列队赴救，尤征义勇。此外，四乡团练咸同而后习惯自然，诱掖之，奖劝之，整顿改良使一蹴而跻于上海商团和各国民兵之列。不糜公款，而得一般之公民义勇协助政府保卫闾阎，此诚筹备宪政之所当有事也。现奉部章通筹乡警，警察性质所以维持秩序，墨化愚顽，与商团、民团目的在自卫身家、自保财产，两者实互相为用。乘此提倡乡警之日，正商民讲求自治之时，引而进之，俾高尚人格，守分安业之公团，皆知自卫国家义务，稍尽棉力之负担。此固东西国俗之所当然，想亦我国政府之所切望者。谨参酌上海商团和公会章程，与粤省团练办法，筹设改良。

奖劝之方如下：

一、奖劝商团应仿上海办法。查上海华商设立商团公会，合各殷实商店之股东、大班、买办、大写、司事等公同担任，以重人格，其不及格者概不与会操。衣冠履枪弹均自备，月科费二元。每礼拜日与洋商同操，均由洋员教练。故上海商团名誉卓著。今谨拟其大纲如下：

甲、省佛陈龙江门西南等商务繁盛之区，由商民禀请一律设立商团公所，寓团练于产家，地方官应予立案，给示保护。

乙、此项商团，系以名誉行商担任，与旧有之募集团丁充当者有天渊之别，应名为商团体育会。

丙、入会资格以身家清白，热心公益，现有五千元以上之商业营业资本，为同人所公认者，方得入会。

丁、各会员均制佩徽章，其徽章式应禀明存案。所有操衣冠履均由会员自备，枪枝弹药准其禀明缴价给领。此项枪枝由团长编号分领。如有疏失，立应禀明究追。倘有私售别人，从重议罚。有犯规，勒令出会，及自行放弃出会者，须将枪枝缴销。

戊、体操时间及内容之组织，由公团自定，每年秋冬间请地方官阅操一次，地方官厅予以品物之奖励。

己、各会员以保卫商务为己任，维持治安，足匡官力之不逮，该会员因事谒见地方官，应优礼相待，概免拜跪，如有讼事，亦不得任意拘押，以重人格。

庚、商团系为保卫其商业起见，遇有事故，出队弹压，保卫系其自尽义务。如力有不足，地方官应为之补助。

辛、如因事故，该会团守卫得力，确于地方治安著有成绩。地方官应择(尤)〔优〕赠予徽章或给扁额，以示表扬。

壬、商团既为守卫而设，平日体操打靶，应听教员及团长指挥，认真操练。其放弃责任徒挂虚名，及有恃势欺人，违犯法律，损辱名誉之行为并商业倒闭者，均应勒令出会。

癸、会员年岁以由十八岁起至五十岁止，年逾五十即出会。会员姓名、年岁、籍贯、商业，每年造册呈报地方官立案，以杜冒认。

一、四乡团练糜费丛弊，实应淘汰。今欲依照民兵办法，而教育尚未普及，乡民无荣贵军人之观念，组织良难。且此项目兵系由民间自由组合而成。现在人民无此程度，实在无从举办。惟充实国力端在于是，希望观成。仍应设法谨就管见，略举筹办之法如下：

甲、旧有团勇悉以游民充当，系为防御劫盗而设，而虚糜坐食，自应分别裁汰。凡有匪警之区，以民团成立时期为裁撤团丁时期。未有匪警之区，酌量减少团丁，预款以为组织民团之用。

乙、除设商团各城镇外，已有匪警之区，劝令该地方选出壮实农民，仿古时寓兵于农之制，于八月、十一月督令操练，号衣枪药由该地方公款拨给。于习操两月内每月每人酌给公费银五元，以资鼓励。于未有匪警各区，由就近绅民酌量情形劝办如上例。

丙、停操后，其操衣枪药悉收存警局或团局。

丁、凡入团者均由地方绅耆保送入团，三年内守规则无过犯者，应饬该乡族加胙一份，以示优异。

戊、此项民兵既具有人格，并有册籍。遇有讼事地方，官应谕该乡绅耆带同该人前往，不得径由差勇拘传，以资激励。

己、此项民团以操练满六年止，以后免操。另换新班，其未满六年忽而中辍，议罚并革胙。

庚、各民团遇有事变，能为地方捍御灾患者，应由地方官详请给予功牌，以示荣贵。

辛、各民团专为保护乡闾而设，除为该地方防御力外，地方官不得调往当兵。

壬、已入团之队及六年期满退出之队，地方有事均应出队守护。

癸、各团队随时应由各团局派员，宣讲自治要义，俾其通晓时事，发其爱国之感情。

上拟商团、民团办法，约举大要，国民幼稚，办事首贵因时。如右所陈，其中为难有非笔墨所能尽得。徒法不能以自行，故不能不有赖于地方官吏。而地方官吏又或以此为非切要之图，善用兵者无赫赫之功。王道平平，近效难观，而粤匪遍地。非此实无以图存，勉为其难，想终有办到之一日。事关全省大局，应请建议斟酌改正，呈请督宪核行。

呈　文

为呈报事：窃本局准粤商自治会呈送奖劝商团、民团议草一扣，略谓欧美商场无不设有商团、义勇队、农工团体，壮者皆属兵民，诚以国之卫民，恒不如民之自卫。商团联合系以保卫商业之目的组织而成。故上海商团与洋商义勇队联同一气，列入万国团练会，并经民政部立案嘉许。我国古制寓兵于农，凡属国民皆于农隙以讲武事，诗歌所纪，播为美谈。粤省商团，由来已久，朔望会哨，店户各出一人。坊众冬防，益相注重，其闻有火警，瞬息即列队赴救，尤征义勇。此外四乡团练，咸同而后习惯自然，诱掖奖劝，整顿改良，使一蹴而跻于上海商团各国民兵之列。不糜公款，而得一般之公民义勇协助政府，保卫闾阎，此诚筹备宪政之所当有事也。现奉部章通筹乡警，乡警性质所以维持秩序，默化愚顽，与商团民团目的，在自卫身家、自保财产，两者实互相为用。乘此提倡乡警之日，正商民讲求自治之时，引而进之，俾高尚人格，守分安业之公团，皆知自卫国家义务，稍尽棉力之负担。此固东西国俗之所当然，想亦我国政府之所切望者。谨参酌上海商团公会章程与粤省团练办法筹设、改良、奖劝之方。拟具商团民团办法各十条，请建议斟酌改正，呈候督部堂核行等情前来。当经请议审查会认可，准照（偏）〔编〕入议事日表，付诸会议。本月十七日，开第一读会，据本局议员声称此项议案为中国今日最要之问题。盖列强环伺危机已伏，此中原因在于民力不充，无以补助国力。商团、民团者，即民力之所以补助国力者也。故举办商团、民团实今日中国救亡之唯一手段。夫商团之起，昉于外国，近者上海亦已仿办，且经立案而为法律所许矣。若民团则中国习惯由来已久，兹不过就其有者而改良之耳。且九年立宪之后全国皆兵，朝廷亦早于此预期于民，而民焉可不早为之备。近来征兵时逃，由于国民无当兵观念，若从此而提倡，以补征兵之所不及，振其尚武精神，鼓其爱国热力，一旦有事实，足以上安国家，下卫闾阎，万一之生机或在于是。细查章程亦颇完善，惟末后应加一条，谓“一本草案简章，如有未尽事宜，得由商团、民团随时体察妥酌，呈请地方官核准施行”等语，更为妥贴。随由议长宣布表决。计是日列席议员七十九人，可决者七十六人。并公认不开第二、第三读会。此项议案遂作为通过。除章程另录呈核外，所有会议表决奖办商团、民团草案缘由，理合呈报督部堂察核，伏候裁夺施行。须至呈者。

札复

为札复事：前据广东谘议局呈报奖励商团、民团议案一件，当发巡警、劝业两道各就主管事务会同臬司议复。兹据巡警道会司复称，奖励民团其目的在自卫身家、自保财产，意亦甚善。但细绎条文，按诸部章，以及考察地方情势，有不能不再加研究者，请为宪台缕晰陈之。议案有云乘此提倡乡警之日，正人民讲求自治之时，是固默认为自治范围以内矣。然按之宪政编查馆奏复核议地方自治章程第五条，自治范围以教育、实业、工程、卫生及诸善举为限等语。至于御敌防盗，关于保卫身家财产者，其治内则属于警察之范围，其对外则属于海陆军之范围，各有制限不相轶越，诚以自治不能离官治而独立。凡关于官治所有事者皆不在自治权限之中。该议案对于官治专就奖劝之一方面而言，漫无限制，揆诸防微杜渐之意，殊非所宜。即如民团之戊辛两项，于审判厅之发拘传票及督练公所之征兵均有妨碍，竟损及国家之司法行政权。此其不可行者一也。议案又云劝令该地方选出壮实农民，仿古时寓兵于农之制，于八月、十一（日）〔月〕督令操练，拨给号衣枪药等语。按三代以后兵与农分，汉于民兵外参用募兵，至唐中叶而民兵尽废，宋开宝间发渭州民立为保毅军，是为义军之始。王安石有志复古，熙宁四年，诏保丁肄习武事。五年诏保丁上番次番迭相更代。哲宗即位，司马温公上疏罢之。其略云，兵出民间，虽云古法，然畎亩戎服，事既草创，征发无法，比户骚然。又保甲中往往有自为盗者，亦有乘保马行劫者，保丁保马本欲除盗，反更益盗。是古人有慨乎其言之矣。今昔情形不同，如近来之乡团保甲旗籍皆兵，何尝非古制之遗意。然终窳败不可收拾，同为世所诟病。况自欧化东渐，警察森严，新军林立，农兵合制，更无当于预备之宪之时期。不惟无益，且恐团丁散处约束难周，一旦有事，枪药号衣，取如外府，怯于公战，而勇于私斗。当此民智未能普及，万一械斗激变，鼓噪抗官，官吏难于拊循，绅耆无从解散。此其不可行者二也。议案所称四乡团练糜费丛弊，实应淘汰。固已明斥其非，仍复参酌粤省团练办法以资考镜。其所议办法十条除奖劝外，所有团兵如何招选，方为合格？团费如何捐集，方不扰民？团体如何组织，方能固结？团队如何管束，方能服从？以及局所之名称，团长之权责，目兵之支配，训练之课程，经费之管理，检查及出入之预算决算，并与乡警各区之权限，应如何分划，以免冲突？如何策应，以资补助？以上各节皆属要端。虽未详订章程，亦应于议案中提纲挈领，方有准绳。就现在绅局之情形而论，局所无常驻之员，局绅无任过之责，经费向无稽查，难保不资中饱。枪械不时遗失，适足以资寇兵。其受病原因虽甚复杂，实由于章程未善，缔约不严，致令任劳怨者之无人，而为强有力者所盘踞股不远。该议案绝不一虑及此，行之已久，安知无縻费丛弊，不为旧时团练之续耶？此其不可行者三也。议案又云，乡警民团互相为用，惟是二者性质易相混淆。查宪政（遂）〔逐〕年筹备事宜，宣统三年筹办乡警，四年推广乡警，五年（组）〔粗〕具规模，六年一律完备。诚以乡警完备之后，所有保卫身家财产之事均由巡警任之，责无旁贷。何必于此外别设民团，竟至两种机（开）〔关〕，同时并立，使地方多加一分扰累？现筹备推广乡警，定限綦严，势不能不就地筹集警费。其筹集之法，尤莫便于以团勇经费拨充。粤省乡局名目不一而足，既有各种乡局，复设民团，则地方之财只有此数，将来筹集警费何以给之？如或将旧有之各乡局改易今名。窃照如从前团练局一变而为警保局，复再变而为团保局，辗转纷更，何裨实际？且查警保局原定章程第十条，尚有将来巡警普设，即可以现款充作经费之语。今议案并此而无之，则是预备乡警之前途，并难希望于万一。屈指分年筹备时期，转瞬即届，其贻误于宪政者匪轻。此其不可行者四也。查旗丁、绿营、团练、保甲改为巡警，迭经奏准有案。即如北洋旧有民团几同告朔，自设乡警以来，津沽一（常）〔带〕纵横二百里，盗贼屏息，闾阎安堵，已有明征。其组织天津四乡巡警，及附近海河各乡巡警共设八局，划为十五区。每局约万户上下，每区约三千户左右，按五十户挑选巡警一名，以身家清白，体壮识字者为合格。其工食由各村董酌定，绅耆保送，禀请派员试验。即由巡官在本区择地按日调集，（沟）〔讲〕授警察大要，并操练各法，早出晚归，仍可照料本村事务，于两个月毕业。以后每一星期调集一处，拔其（尤）〔优〕者为巡长，按等递升。而所最注重者在查户口、重巡罗、防灾害，颇为简要易行。现保定及州县乡警亦多仿设所，为自卫身家财产者，已有成效可观。核与该议案劝办民团之目的无异，取长舍短，不过一转移间而已。原议民团一项诸多障碍，按照部章及迭次奏案似宜改为巡警，略仿天津乡警办法，以省縻费，而免纷歧。事关警务，不厌求详节。经本司道等悉心讨论，意见相同。附签复议案两条察核。戊、此项民兵，既具有人格，并有册籍，遇有讼事地方官应谕该乡绅耆带同前往，不得径由差勇拘传。按民团与军队不同，海陆军现役军人均属遇有讼事先行通知该队长官，其余仍应直接拘传。此乃各国通例不得影混，以碍法权。辛、各民团等为保护乡闾而设，除为该地方防御出力外，地方官不得调往当兵。按各立宪国，凡成年男子均有当兵义务，当兵亦有一定年限。惟现入中学堂、高等学堂始得有征兵犹豫之权利。本条不得调往当兵，恐于将来征兵亦有妨碍等情。并据劝业道会司复称，粤省商务繁盛，年来风气开通，制造改良工艺，竞胜商业发达，愈形进步。商团之设，所以谋自卫保公安，自是切要可行。而奖励商团尤宜设法维持，妥议办理。兹粤商自治会建议拟仿照上海办法分议章程十条。用意甚善，惟上海商团公有租界、内地之分，租界有华商商团公会，内地南北市有商团体操公会，章程亦各不同属。在租界者系华商与洋商联合。有会操者，有不会操者，枪枝有自购者，有由工部局发给者，闻限制颇极严密。属在内地南北市者，系华商自办领管，另有章程。自治会现议各章按之上海定章如何，无从考核，然最要关键，商团以何人为领袖，枪枝如何领发，如何保管，如何稽查，章程如何限制奖励，如何核给，自应调取上海章程，参酌粤省情形，熟审利弊以资规定，而期实行。现已分别函查。容俟查取详核，另文禀办等情，各具说前来。查法推巡警之外，复设民团，徒滋纷扰，无裨事实。说帖所陈四不可行，自系实情，应即一面设广乡镇巡警，以尽保护地方之责。（人）〔又〕商团之设，始于上海，其立意原欲稍收回租界之自卫权。若仿照办理，失其本意，则流弊滋多。自当调取上海章程，参酌粤省情形再行核办。以上均经会议厅通过，除分饬外，为此札复谘议局查照。须至札者。

请订约束外人游猎议案

（粤商自治会请愿）

为呈请建议事：窃敝会前因香山乡民对于澳门勘界事异常愤激，纷纷组合义团以防不测，特于九月十一日会议公决举员前往劝导，诫勿暴动。十二早，鄙人与各员赶往香山，分途演讲，旋闻谷都各乡居民势甚汹涌，当于十七八日赶赴前山、翠薇、北山、南屏各处，力为劝导。同时香山县沈令瑞忠亦奉督宪电饬驰往劝谕。乡民深知大义，举办甚属文明，并无暴动。惟所往前山、北山各处，目击葡人携枪结队，深入各乡落，任意游猎，礼拜日尤盛。查八月间沙面屈臣氏洋商携枪往番禺慕德里司乡落游猎，枪伤乡民，几酿事变。今葡人未受许可，肆行游猎，不特有辱国体，实属有碍邦交，拟请诸公商订约束外人游猎章程，呈请督宪照会各国领事，公同遵守，以重邦交，实为公便。

呈文

为呈请事：窃本局准粤商自治会呈称，敝会前因香山县属乡民，对于澳门勘界事异常愤激，纷纷组合义团，以防不测。特于九月十一日会议公决举员前往劝导，诫勿暴动。十二早，鄙人与各员同赶往香山，分途演讲，旋闻谷都中乡居民势甚汹涌。当于十七八日赶赴前山、翠薇、北山、南屏各处力为劝导，同时香山县沈令瑞忠亦奉督宪电饬驰往劝谕。乡民深知大义，举动甚属文明，并无暴动。惟所往前山、北山各处，目击葡人携枪结队深入各乡落，任意游猎，礼拜日尤盛。查八月间沙面屈臣氏洋商携枪往番禺慕德里司乡落游猎，枪伤乡民，几酿事变。今葡人未受许可，肆行游猎，不特有辱国体，实属有碍邦交，拟请建议阻止等情前来，当交请议审查会审查。旋据该会长报告，此事系保公共治安，并非关涉外交，应付会议。随编入议事日表。于本月十三日开第一读会。迨宣布毕，据各议员声称，我国与外人订立约章，向无任令在内地游猎明文。查光绪元年十二月初十日英国麦领事陈请洋人在内地通商游猎一事，经前总理衙门咨复两江总督谓，洋人持照往内地游历载在中英条约第九款。惟游猎一层则是条约所无，不得以游历混作游猎，当据理剖办等因，可为明证。自应援案呈明督部堂请照会葡领事，约束葡人勿令携枪入内地游猎，致滋事端等情。计是日出席议员七十一人，业经全体认可，并公认不开第二、第三读会。所有会议粤商自治呈请建【议】阻止外人游猎一事及经众表决缘由理合呈请督部堂察核，为此具呈伏乞照验施行。须至呈者。

札复

为札复事：案照谘议局呈称，窃本局准粤商自治会呈称，敝会（同前文）理合呈请察核等由，本署部堂经已阅悉，除照会葡领事谕令葡商人等知悉嗣后勿得在前山等处各内地任意游猎，以期消患未萌而保治安外，合就札复谘议局查照。须至札者。

筹办简易识字贫儿院议案

（粤商自治会请愿）

按九年筹备清单第一年编辑简易识字课本、国民必读课本，第二三年设厅州县简易识字学塾。学部编订简易识字课本折内，申明简易识字学塾专以教授年长失学人民及寒酸无力入学之子弟。预计七年须得识字人民百分之一，八年五十分之一，九年二十分之一。而自治选举章程亦以不识字义，不能自署姓名者，为消极资格之一。是此项简易识字学塾，诚为预备立宪最重要之举，亟应筹办者也。抑更有进者，粤学沈坠，惨不忍言。民立学堂款绌谤丛，为世诟病，苦衷莫谅，下贻讥于社会，上见责于学官，勉强支持，卒归倒闭。救亡急思兴学，悔生平误作痴人。粤学近情固有如是之可哀可痛者。而推原其故，一校之设，岁需数千，一子入学，费常逾百。中文繁杂，本与洋字不同。加以奏定学章，尚多余毒。教员讲授绝少心肝，于是前有之学生多归私塾。私塾为其衣食计，曲从各父兄之见，无从改良，学务就衰，实由于此。现拟速办简易识字贫儿院，专收贫寒子弟之童年无力入学者，务节省则筹办易，收效速则信用多。用以救学务之穷，化私塾之见，再进而各私塾皆可仿办初等小学简易科，则粤学之兴，未必不无小补。举其办法约有十章。

一、院舍。城镇即由各街坊筹出公地，乡间即在祠宇设立。

二、级任。每院初年收满八岁至十三岁贫儿一班六十人，下年添收一班共壹百二十人，计两年毕业。以后每年一班毕业，递收一班补入，每班以一教员专任教授。

三、校具。校具务从廉省，不设军乐。

四、教科。除署假、年假、星期日外，每日以六小时，初课以简易识字课本之二三千通用字。以认字、解字、写字、复认、复解、连上复认解相间。授继以认字、解字、写字、串字、复解、连上复解相间。授继兼课以国民必读课本，每日以讲解写字、复解串句、信札、连上复解相间。授继以讲解、复解、串句、写字、信札、珠算相间，授文字以能作浅近信札及阅浅义报纸，珠算以通晓加减乘除为及格。

五、免费。贫儿分极贫、次贫两种。极贫概免学费，并给以书纸笔墨；次贫免费外，其书纸笔墨均自备。

六、附学。间有中人之家，识见开展，其子弟入小学而绌款，入私塾而不愿，专意此项教育者。省会巨镇酌收月费壹（员）〔元〕，乡镇约六毫，乡间约三毫，准其附学，以免向隅，并资挹注。

七、宿膳。院中教员学生均不备宿舍，不设火爨，学生轮值洒扫、烹茶。（附学者免）于附近择一值事，司钥匙照料启闭，免雇工役，免备食宿之桌椅、灯火、爨具。

八、衣履。各学生概免操，衣帽、革履均穿寻常衣服，不用新制，只须洁净。贫者并免鞋袜。

九、毕业。以两年为毕业期。毕业后递升各小学及工商各小学。品行优者任保送之义务，其各自谋生者听。

十、议罚。入学者无故退学，罪其父兄。犯规者责成父兄诫饬，再三不改即斥退。

依右办法其开办常年两费预算如下：

甲、开办费、院舍皆以公地祠宇为之，每院（扯）〔址〕计修改费四十元，六十位及教席（棹）〔桌〕椅费壹百元，每院约费壹百两。

乙、常年费、级任教员每院一员，聘热心教育，品端耐劳，素无嗜好者任之，省城巨镇每员酌送全年修膳金由壹百五十元至壹百八十元，乡镇由壹百元至壹百四十元。乡间因地仍可酌减。贫儿书纸笔墨及教员笔墨费约四十元。预算城镇每院常费约壹百六十两，乡镇约壹百两。

依右经费其筹办方法有四：

甲、开办费责成城镇乡绅商以捐集款项举办。

乙、常年费由办事员除捐集存款出息外，不足以该地方殷富及公款项下分认年捐充之。

丙、其未筹有款项不能举办贫儿院者，可以学塾办法酌收学费以充之。

丁、有私塾能照此独力举办者准其立案，并由学官常予以语言品物之奖励。依上所拟如可照行，当由省会刻即举办。简易识字学塾为筹备宪政期限必应遵办之事，除由督宪、学宪提倡举办外，自治范围有担任教育之义务。敝会当另集同志广为劝捐担任。于明年在省城河南巡警范围内、每警局段内各设简易识字贫儿院一所。其办法应由各警局邀商该段内街坊担任筹出院舍，所有聘教员任管理，及开办常年两费概由办理简易识字贫儿院同人筹拨，以为之倡。事关全省学务，应请建（设）〔议〕公决。呈请督宪通饬各府厅州县一律酌行。

呈　文

为呈报事：窃本局准粤商自治会陈请建议筹办简易识字贫儿院一案，据请愿书内开，按九年筹备清单。第一年编辑简易识字课本、国民必读课本，第二三年设厅州县简易识字学塾。学部编订简易识字课本折内（甲）〔申〕明简易识字学塾专以教授年长失学人民及寒酸无力入学之子弟，预计七年须得识字人民百分之一，八年五十分之一，九年二十分之一。而自治选举章程亦以不识字义，不能自署姓名者，为消极资格之一。是此项简易识字学塾，诚为预备立宪最重要之举，亟应筹办者也。抑更有进者，粤学沈坠，惨不忍言。民立学堂款绌谤丛，为世诟病，苦衷莫谅。下贻议于社会，上见责于学官，勉强支持，卒归倒闭。救亡急思兴学，悔生平误作痴人。粤学近情固有如是之可悲可痛者。而推原其故，一校之设岁需数千，一子入学费常逾百。中文繁杂，本与洋字不同，加以奏定学章尚多余毒，教员讲授绝少心肝。于是前有之学生多归私熟，私熟为其衣食计，曲从各父兄之见，无从改良，学务就衰，实由于此。现拟速办简易识字贫儿院，专收贫寒子弟之童年无力入学者，务节省则筹办易，收效速则信用多。用以救学务之穷，化私塾之见，再进而各私塾皆可仿办初等小学简易科，则粤学之兴未必不无小补。并拟具办法十章及经费预算数目二条，筹款方法四条。请决定呈请通饬各属一体酌行等情前来。先由请议审查会认可，随即编入议事日表。于十月十五日开第一读会，经多数议员可决，并公认复交特别审查会审查。旋准该会报告书称，广东学务开办数年，而无识字贫儿院，大为缺点。今得商董力为提倡，筹款兴办，俾贫穷子弟无力入学者，得此以广开愚昧，默牖性灵，以收教育普及之效，诚善举也。简章十条，审慎详明，似可照办，是否请公决等语。当于十月十八日开第二读会，宣布该报告，又经多数可决。并由众决定不开第三读会。此项议案遂即完成。除简章另录呈核外，所有议决筹办简易识字贫儿院一案缘由，理合呈报督部堂察核。为此具呈，伏候裁夺施行。须至呈者。

札 复

为札复事：前据广东谘议局呈报简易识字贫儿院议案一件，当发学司议复。兹据复称，简易识字学塾系目前亟应筹办之学，非识字则不能为立宪之国民，非简易则无由图教育之普及。此项议案陈请出于社团，表决取诸多数，具征视线之所集。先得我心之同，然简章各条备极斟酌，惟欲求推行之无阻，宜不厌先事之加详。外国贫儿院之设教养兼施，收育孤苦儿童，授以粗浅工艺，学书习计亦所有事，与识字学塾性质既殊，且部定编辑课本宗旨，原以教过时失学之愚民及一般苦寒之子弟，似无庸再标贫儿字样。或转隘识字范围。此名称之待商者一也。学堂以科目为原则，惟其繁重，故一日六时，支配课程，轮流周转，程度之浅，至简易小学而极矣。今不曰简易科而曰简易识字，不曰初等学堂而曰识字学塾。顾名思义，至无论肩挑负贩，习艺傭工，洁已以进来者不拒。乏科目之苦，人图之无之略识。况入小学而并无资格，由不能（镇）〔整〕日读书，定课六小时虑多窒碍。二部教授半日学堂，似宜参酌其间，以劝业者，此时间之待商者又一也。国民教育至少应入初等小学数年。第言识字已无求全责备之心，加以简易更含犹贤乎已之意。讵云能是之已足，聊为缺憾之弥缝。自非已过学龄而质又蠢愚，及虽届学龄而境实赤贫者，决不愿其受此愈于不学之教育。如谓中人资产识见开通，而子若弟容有不入小学，及无力入小学未免过虑。况为父兄者既能月纳一元或数毫，则以供小学受业，料似亦绰乎有余。何必仅进识字学塾，此附学条之待商者又一也。按照学部奏定分年筹备事宜清单，本年应颁布上项章程课本。近阅政治官报知课本已编出两种，先在京师及近畿数省试验，然后颁行。其章程尚未发布，盖亦审慎周详之意。司署正在磋订暂行章程，并拟先于老新城东西关、河南等处试办学塾二十所，以为之倡。选员择地，粗有端绪。粤商自治会既另集同志担任劝捐，期以明春就巡警范围以内分段设塾，多多益善，尤所祷望等情具说前来。查简易识字学塾与贫儿院本系两事，该司条办之处极为明晰。现在简易识字学塾既在筹办，应即无庸置议，经在会议厅通过。除札行外，为此札复谘议局查照。须至札者。

谘议局关于粤防在谘议局门前建造高楼与本局有碍呈总督文

呈　文

为呈复事：宣统元年十月十六日奉督部堂札开，宣统元年十月十一日准宪政编查馆真电开，准广州将军电称，准贵督咨据筹办处禀称，粤防在教场界内新建楼房，有碍谘议局眼界，应饬行拆毁，务令该局围墙外余地四十丈等因，将详情呈候本馆核夺前来。查该防所筑楼房是在教场界内，业距局门十有七丈且为看守教场起见，自应准其建筑。至谘议局前留地四十丈不准建房一节并无规定明文，希转饬遵等因，到本署部堂承准此。为此札行谘议局查明粤防在该处建筑楼房究竟有无障碍具复察核等因。奉此。伏查本局前面围墙距现拟兴建铺户之处仅及七丈并无一十七丈之遥。当本局未经建筑之先，该处实为土堆纵横数十丈，高约二三丈不等，嗣因本局卜兆于官路之北，由筹办处各司道禀奉前督部堂将军及各议绅会同复勘，见该处土堆横亘于前，不特有碍观瞻，并且确嫌蔽塞。故不惜钜赀，用工削平，若乘便即就此处建造楼房，较之向日之土堆愈形障碍也。自奉前因，经于十月十八日提出会议。各议员详加讨论意见相同，均以门前建造高楼与局对峙，实于本局有碍。是该处之不便兴筑，夫固全省代表之公言，而非个人之私意也。又查将军致宪政编查馆咨文，初则曰就演武厅旧墙基筑楼三间以资看守，继又曰立宪无不尊重人民权利，苟非有违法律，断无强制人民权利之自由者各等语。现下局前地段其为筑望楼以守教场，抑开商场以辟利源，未奉将军明示，不敢悬揣。但由前之说，看守公事也，似不得谓之人民权利。由后之说，该处公地也，人民欲享权利之自由，当受法律所裁制。以公地而作私产，于法律上似有窒碍。且此处建筑不特本局认为有碍也。观于将军咨宪政编查馆文，内有上年现任高雷阳道王秉恩复欲在操场建盖局房。前将军以观操所需，即时函阻之语。则前将军亦认为有碍，已凿凿有据。如仅筑楼三间以资看守，则现时演武厅屋宇尚存，似可派兵驻扎。至谓该厅为各大府（简）〔检〕阅将士之用，不便稍事通融，则（较）〔校〕场内容正富，由东至西一百一十余丈，由南至北一百一十三丈有奇，区区数椽随处皆可建筑，似不必定在演武厅右，本局门前也。即谓局前并无规定留地四十丈明文。然自官路以迄极南亦有一百余丈之广。宁可缩入四五十丈始行建筑，似不必逼近官路致碍交通。况此时不过有意兴工，并未著实动作，与垂成房屋商请拆徙者不同。拟请督部堂仍照原案咨请饬照办理。一面咨复宪政编查馆酌留局前余地，勿任建筑，准予存案，实为公便。所有遵札查明局前建筑，确有障碍情形理合呈复督部堂察核。此具呈，伏候照验施行。再本局后墙外突破有人在此搭盖篷厂，广建房屋。此处与议员驻室相距数丈，当即饬役查询。旋据复称，系建盖庄房，以为停厝棺柩之用等语。查庄房建设当在荒郊，于杳无人烟之地始为合式，今逼近局后建造，幽阴之气只尺相通，殊于卫生有碍。应请督部堂迅饬巡警道派员严行干涉，毋许密迩本局后墙一带地方筑造厝柩房屋，致妨卫生。合并呈明须至呈者。

批 答

来牍阅悉。此事已由本署部堂会同将军归入奏案办理，候即录稿分行查照可也。至谘议局后墙外，近复有人建筑庄房，据呈甚于卫生有碍。究竟如何情形并候札饬巡警道查明复核候办。此复。

五、广东谘议局第一期会议速记录

宣统元年九月二十六日第一次议事速记录

一点二十分钟开议

议长宣布会议厅交议草案三件：一、筹禁广东各项赌馆；二、裁撤警保总局；三、监所改良。

第一件　议案筹禁广东各项赌馆

议长使书记长朗读议案之全草既毕。

督部堂代表王观察秉恩先登台，谓："赌之应禁人所共知，惟禁赌必先筹抵饷，然筹抵非官绅合力不为功。且筹得一处则先禁一处，筹得足抵一赌之款则先禁一赌，为节节收束之法。切实商办自易为力云云。"

第一号议员谓："此议案须分两问题研究。盖禁赌为一问题，筹饷又一问题故也。故本议案须先议禁赌，然后再议筹饷。若必待筹足抵饷而后禁赌，则永无禁之一日。若谓一方筹得抵饷则禁一方，亦不可者，以禁此而彼不禁，则此方赌徒仍可往彼方赌博，是禁犹不禁耳。且毅然先行禁赌为民除害则欢欣鼓舞，数百万之饷无难即时筹抵云云。”

第八号议员谓：“此议案须先禁赌，然后再筹抵饷筹抵之法，则开垦官荒、民荒及裁各冗员其费亦自不赀，而清理财政亦筹款之最重要办法云云。”

二十九号议员谓：“赌博为广东大害及妨碍新政之施行。伏读迭次上谕暨制宪复陈情形，诚非禁绝此害不能救广东于危乱。而勉赴九年筹备之期早在圣明洞鉴暨堂廉烛察之中，无俟赘言。兹欲筹禁，只以饷项待抵之故，为节节收束之计。别其种类为四。先禁甲种，次禁乙种。丙丁两种之禁期视筹抵之迟速为差。此等办法原非得已，然窃有不能妄附赞成者，谨将理由揭其简要备陈于左。赌博不能分类禁绝之理由。赌虽不一，而染赌之人其罔利之心则一，原非择定一赌以为嗜好。分类禁绝不过减少赌博之名目，而嗜赌之人，既有此数，仍可移其罔利之心于未禁之赌类，无论实际毫无裨益。即太仓去一稗米，仍于赌害不能遏绝。观白鸽票、花会等项既除，而广东今日之赌害毫无少减，可为明证。况番摊基铺山票之为害最钜，又最普及，不（此）〔止〕之禁，实等于无禁。是分类禁绝不能妄附赞成者一。赌博不能分期禁绝之理由。分期禁绝出于筹一禁一之硕画期，于饷则递减以至于无，赌则递禁以至于绝。然事实上有不能行之，适如所期者此类是也。盖禁绝年期既无定限，一视筹抵之迟速以为差。而筹抵之实行又责望于乡邑，现在各属地方举办要政，安能两面兼顾及早筹抵。以一省之力既可限于抵款无出，置之分期禁绝一乡一邑为力甚微，更以抵饷无出，暂就苟安。自岑前督创议以来已阅七稔，除龙川等处饷少易禁外，卒无有应之者。非粤人果无好义之心，实常年抵饷有非一乡一邑所能筹备之处。此分期禁绝有不能妄附赞成者二。赌博不能分区禁绝之理由。筹抵为禁外兼以截堵为禁，办法固胜一筹，然欲藉收实效，窃有不能无疑者。盖广东各属其乡市之稍繁盛者向皆有赌博，前后相望不隔一里。其向无赌博者非邻于赌博之区，即属于穷僻无可设赌之地，似不截堵亦无蔓延之势。今只截堵，此等区段其逾十步之外，注集于有赌博之区，而为赌博者如故。此政施行非敢为实益毫无，但为益者盖仅是分区禁绝，有不能妄附赞成者三。筹抵不能偏枯责成乡邑之理由。赌饷用于国家行政费，则一国筹之。用于一省行政费，则一省筹之。以此办法，国民对于筹抵之负担，方足示公平而昭折服。若以国费、省费责之一乡一邑为经常之负担，无论不能胜其负担，即胜焉而于国税、地方税之原理有不抵触乎？况一乡一邑断无力受偏枯之负担，即赌害永无禁绝之期。是筹抵责望乡邑有不能赞成者四。水陆营饷不能一省筹抵之理由。军事上之设施为对外，而非对内。对外之权操自中央政府，故对外之费亦当支自国税。今日国税与地方税虽尚未分划。然水陆营饷当筹自国家不当筹之一省，自可无疑。若对内之费属于警察，中央与地方各分其责，一省分筹理所当然。是地方行政费，不含有军事上之性质。以属之国家费支办之水陆营饷，责之一省筹抵，有不能妄附赞成者五。于国法上有不能赞成之理由。一国之禁令不可不统一，若彼此矛盾必无益于国家与地方之发达。今若于犯榜卜禁者律以严重之刑，于为番摊者等于保护之列。同一赌博而刑否各异，世界开明国断无有此奇异之法律。现今正在筹备宪政，兹事为国法所关，有不能妄附赞成者六。于政治上有不能赞成之理由。赌博为政治上之妨碍，其显而易见者。诚如制宪复陈中之所述。今若禁一留一，则其为妨碍者仍在，是不能妄附赞成者七。于国税上不能赞成之理由。国税、地方税均以公平为原则，筹抵责之一乡一邑其不公平显甚，是不能妄附赞成者八云云。"

三十九号议员谓："今日为广东谘议局开议第一日，禁赌为开议第一案，必须统筹全局。查广东赌饷常年收入六百六十四万余元，善后局藉以融消。行政官虑及禁赌后支款无着，故发生筹抵问题。一曰分地筹抵。某县有款则禁某县，其乡有款则禁某乡，此以邻为壑之见也。一曰分时筹抵。何时筹得抵款若干则禁赌若干。无论赌具同一毒害不能分期申禁。即如其说，基铺山票二百万元，缉捕经费四百余万元，设如谨筹得抵款百数十万禁乎不禁乎，从何项着手乎，此月攘一鸡以待来年之见也。揆之事实皆不可行者也。若鄙见则专就法律根原上解决，不独广东人民不必遽议筹抵，即广东行政官亦不必遽议筹抵。因赌饷作何开销未有分注。即如督部堂复陈粤省赌饷情形折有或有添练新军，新军饷糈应归国家行政费。况现在预备立宪时代，凡立宪国所谓有代议之权利，即有纳税之义务，系指正当税法而言。试问赌饷于税法是何性质，较之洋土药税厘为害更烈。近年中央政府毅然颁行烟禁，即由中央政府筹措抵款，盖税法权有所专属也。今议禁赌，事同一律。惟是禁烟必要分年禁，赌则不必分年。因吸烟与种烟遽难净尽，且须与外人订约。至禁赌系属内政，务赌之人随时可以改务正业。则禁赌随时可以执行。伏读三十三年九月十三日上谕有云：‘凡地方应兴应革事时，议员公同集议，候本省大吏裁夺施行，遇有重大事件由该省督抚奏明办理。’禁赌之事于宪政有重大之关系，今日似宜将速行禁赌不能担负筹抵理由通过。请制宪电奏，然后再议禁赌方法云云。”

督部禀代表谓：“此条议案须先由通过众与否。已完成第一读会手续后，再行于第二读会商议办法云云。”

议长即宣布督部堂交来之第一条禁赌之议案。应禁、不应禁，赞成禁者起立。全体起立，于是第一件议案之第一读会经通过。

第二件　议案裁撤警保总局

议长使书记长朗读全草毕。

第一号议员谓：“警察全设之后，警保局自应裁撤。但现时警察未全设，似裁撤应暂置缓云云。”

第八号议员谓：“警保局不过为未有警察而设，今警察多已成立，则此局应行归并。并当派员调查城乡市镇各厅州县暨本省边隅之地警察成立者，则将警保局之勇兵改为巡丁，及局中绅董或为巡官、巡长实为两便云云。”

第三十九号议员谓：“本省单行法及大吏提出之议案，谘议局议员可以表决可否。现设警察，而使前此类于警察者归并之，此系部章，非我谘议局议员所可表决可否者。至裁撤警保局，省城则应由大吏处理，至各府州县及乡镇地方如何裁撤法应由审查会审查云云。”

议长宣布赞成裁撤者起立。不起立者八人。

督部堂代表方参议谓：“此事问题亦在裁撤与否，而已既经多数赞成则可以，无容再行第二、第三两读会云云。”

邱副议长谓：“如总局果裁，则尚有分局多所，应如何裁法及裁后地方治安之责应归何人，凡此诸节应否交审查会审查云云。”

督部堂代表方参议谓：“此事已决议，不宜再更。”

第四十二号议员：“谓警保局糜费无效，裁撤当无异议。惟各属警保局多系旧时团练，乡局不过更易其名，如一律通裁，须审查其公款归官绅遴选公正人管理，以为一切筹办自治、调查户口、补助警费、改良教育之用。其有各乡联合而局所在城在镇者仍拨归该乡区之用，以杜纷争云云。”

议长宣布赞成付审查会者起立。不起立者四人。于是遂决定将此事付审查会审查。

第三件　议案监所改良

议长使书记长朗读全草毕。

督部堂廖代表谓：“督部堂之意以为监所改良乃国家最要之事，而改良之方法则极复杂。我国监所黑暗特甚，尤不容不亟改良。说者谓社会应办而未举办之事甚多，胡汲汲于罪人之监所，尤多有借口监所改良必费巨款为辞者，其实不然。盖改良监所则能改不良者为良，而犯罪日少，国家已少一不良之人，即国家多得一良人之用。且国家虽每岁须出多额之经费以理监所，然监所已改良则入监所者不致倾其财产而犯罪日少，亦可节省无数国家缉捕之费。是大有造于社会经济、国家经济。是以西人有言曰：入其国，观其监狱而知其国之文野。诚不诬也。若我国监狱，而不改良实一大污点也。况外国设领事裁判权于我国者，固藉口于法律之残酷暨监所之黑暗，是改良监狱于国际问题实有关系。至改良监所，我国较他国有为难者，则以监所与刑法极有关系。现时中国刑法正在修改而未完成是也。至改良监所不可不有划一之制度，不然处处不同，其规制大不可也。但现在监所章程仍未制定，今为谋一省监所统一起见，先行草此暂行章程，然各处人情风俗不同，一人之见识复有限，故望各议员悉心斟酌地方情形，将条文中妥为研究增减删改俾臻完善，使监所大放光明，则督部堂之所深望者也云云。”

议长宣布赞成改良监所者起立，不起立者二人。改良监所第一读会已通过。议长使书记代宣布本日三件议案，除禁赌于二十八日经第二读会外，其余第二件议案已决议归审查会审查，第三件议案又应归法律审查会审查，均须略加时日再行付第二读会云云。议事既终。议长摇铃散会。

由议长宣布散会摇铃时正三点钟。

是日政界到会者：督部堂代表王观察，方参议，黄参议，廖参议，提学使司、按察使司、巡警道六司道代表。

是日议员到会八十六人，缺席者李监渊、陈寿庚、沈秉仁、杨彦深、张养淮、陈念典、平远、赵宗坛共八员。

宣统元年九月二十八日第二次议事速记录

一点十分钟开议

议长宣布会议厅交议草案三件：一、筹禁广东各项赌饷之第二读会；二、酌提尝产举办家庭工艺厂；三、设立游民教养院。

第一件　第二读会之筹禁广东各项赌饷

六十九号议员谓："本日不应有第二读会，何则督部堂之议案原在设法筹抵赌饷，前日赞成乃只在禁赌，不在筹抵，实与原意未合。若云筹抵自是国民应尽义务，故不可以为第二读会云云。"

五十五号议员谓："查番摊之禁实不容缓。惟是赌饷为广东特别之负担。现集议筹抵，以目前广东情形而论举办新政，如学务、警务、调查户口、筹办自治诸大端在在需款，筹措已非易事，而重加责成该地方官绅筹抵赌饷，诚恐顾此失彼，且查各属饷数多寡不等，其负担亦不公平，提议一县有款即禁一县，一乡有款即禁一乡，似仍有窒碍难行之处云云。"

八十七号议员谓："督部堂提出禁赌议案，在第一读会议长特问全体议员赞成禁赌博与否，各议员均以赌为广东唯一大害，禁赌为广东唯一要政，全体无不赞成之理。此议案大体遂通过第一读会，查议案内容分赌之类别为四项：甲榜卜、乙彩票、丙缉捕经费、丁基山票。其榜卜、彩票两项业经督部堂奏请克期禁绝，其饷经以裁节水陆防营相抵，无俟另筹。此甲乙二条自可全体公认，无庸置议。惟丙丁二条原议欲分县分乡筹抵，初次读会各议员已多有反对者。余亦略有所见，请缕述之。一无分县分乡筹抵之理。二无分县分乡筹抵之办法。今欲认定赌饷之应为全省筹抵，或应为一县一乡筹抵，尚先分别赌饷为全省之行政费，抑为各县各乡之行政费，其饷项虽亦分县收入而是否分县支出，若经费既为全省融消则抵款亦应为全省通筹方为合理，且可望整齐划一不致纷扰。况山铺票一项分厂之设于各州县者无几，而总厂实居大宗，虽欲分县分乡亦苦无从着手。此不行之理由一。各州县认缴之赌饷多寡不齐，多者如新会一县认饷于二十三万八千元有奇，少者如赤溪厅仅认饷四千余元，高州之吴川仅认饷三千余元，其差率之相去几近百倍。设分县筹抵之议行，则同是本省人民，甲县之负担比较乙县直增加至数十倍以上，岂得谓平？然此犹属多寡问题。若钦谦等属向无赌饷者，该处人民原同此享有本省公共之权利，而独能特别邀免义务之负担，则又何说？且试问省城西关、东南关等处几占缉捕经费之半额，亦将责之分县筹抵乎？其不可行之理由二。一省之中甲县禁乙县开，一县之中甲乡禁乙乡开，微论赌馆移植随时随地可以召集博徒，禁犹不禁。此不可行之理由三。筹抵之款既系永远之认缴，非一次之匀摊。计一县赌饷每年须缴数千金者，非筹得数万金之活款则常款仍不足支持。若每年数万或数十万者比例，应筹之活款亦须加十倍以上，方不虞绌。试思各县中果能肩此钜款否乎？其不能行之办法一。分县分乡筹款势不能不假权力于地方官绅，官绅得人或亦能体察该地方情形妥为筹办，若遇贪劣之官绅则将藉此巧立种种税则名目，开种种苛细杂捐，肆意抽剥，以图中饱地方，将不胜其扰。是人民未见禁赌之利先受苛税之害。万一办理不善如钦廉因糖捐小节，而酿成大祸，则后患岂堪设想？其不能行之办法二。禁赌与禁烟不同。不禁则已，禁则雷厉风行，同时一律屏绝。若专责成各州县官绅，则断无不藉口于经费无出互相推诿者，则禁赌一语不过悬之理想永无望事实之进行，可断言也。考分县筹抵之法为岑前督所拟订，当时札谕叠颁力为劝导，而应之仅区区龙川和平等数县。迄今数年此外各州县之继起者，寂无所闻。然则此政策之可行与否，其验久已见矣。今日欲实行禁赌，岂容再采以有名无实，绝不适用之政策，贻误我大局乎？其不能行之办法三。综上诸端则此案之应加修正无可疑者。第熟察社会一般之心理不惟分县分乡不能公认，即筹抵二字亦多持极端反对者。其说谓各省无赌饷惟广东有之，各省无赌饷而不碍新政之推行。岂广东除去赌饷而不筹抵，遂不能自立？若禁赌仍须筹款抵饷是于各种正税杂税而外，广东人较之他省永远增重赌税之负担，为无穷之累。此一说也。更有进者则谓禁赌如禁烟，不独广东全省人民不有筹抵之义务，且并广东行政官吏亦不必负筹抵之责任。其责任可诿之中央政府，其经费直可由政府负担。此又一说。不知赌饷用款如练兵等费固属国家行政范围，若谓国家行政费即可推归政府。本省官吏人民概可弛其负担，政府之费将从何出？况赌饷之指拨为地方行政费者甚多，试问教育费、实业费、巡警费、制造军械费前此取给于赌饷者，今将概诿之政府为我筹抵耶？政府贸然许我，岂非广东特别之幸？其如不衷理论之要求，必无效果。使中央政府概不允为筹抵，本省人民又绝对不承认担负，然则试问诸公果欲实行禁赌否乎？抑遂帖然不筹不抵而遂违禁赌之目的乎？不筹不抵，将禁赌以后各种新政之藉赌饷维持者一律停办，有此政体乎？余平心论之，分县分乡筹抵款可绝对不承认，合全省筹抵款似未可绝对排斥也。然则六百余万之赌饷果将何术可以筹抵乎？余之见则以为筹款之法，必先使人民周知，此款作为何用而后众情乐于输将。故人民具有纳税之义务，即当有预算决算之权利。本年按章虽未能举办预决算，然全省支销数目不妨使议员与知与闻。伏读上谕有使人民与闻政事以示大公之语，谘议局第二十六条谘议局于本省行政事件如有疑问得呈督抚批札，若督抚认为必当秘密者应将大致缘由声明。今按本省全年收支之款及赌饷之如何融消，各议员均在怀疑之列，财政非军事外交可比，似无秘密之可言。应请督宪分饬各局所将全年收支数目交谘议局公同查阅，庶于饷项提拨知之既悉，则抵款事宜或亦筹之有方也。”

三十三号议员谓：“筹抵之不能托空言。八十七号议员之意见正与鄙意相合。兹不赘。至于督部堂分区筹抵之法多数皆不赞成，惟是不赞成分区筹抵则于不之禁乎？是万不可。故如此不能不请督部堂修改议案草，限定时期将各项赌博一律禁止，然后查其赌饷之用处且须官员合力以除此大害。先筹抵（项）〔饷〕而后禁固，大不可者也。必须先行禁止一面筹抵，盖国家若不先行禁赌以除民害，则无以对人民。已禁，而人民不筹抵饷，则人民无以对国家。至筹抵方法则须另行提议云云。”

八十三号议员谓：“按督部堂提议禁赌博草案四条：一曰榜卜即围姓，一曰彩票，一曰铺票山票，一曰缉捕经费即番摊。然前二条经奏定榜卜明年截止，彩票本年冬截止，永远不准再充，可毋庸议。惟基铺山票、缉捕经费岁承饷银六百余万之多，禁绝如此之难，诚有不能不磋议者。查前督岑之加番摊饷也通饬各属必一属筹得抵款即行禁一属，一乡筹得抵款即先禁一乡，一俟抵饷筹足即将全省永远禁绝等由。此殆未之深思耳。夫小围姓难害及妇人、孺子，而番摊即害及于妇人、孺子所依赖者。今但将小围姓严禁而于番摊则增加饷项，许其明目张胆开设。然则其注意仍在筹饷，不在除赌博之害也。且所谓一属一乡必能筹得此款者即先行禁止。一俟抵饷筹足即将全省赌馆禁止之议，尤为事实上难行之事。夫于一省最高级之行政官无力抵除赌饷而益复增加之，饬令各地自为之计，是何异以鸩酒饮人而曰能解此毒？吾再不强尔饮乎？况其势亦有万不能自筹者。何以故赌饷敛自赌徒，而赌徒不必尽属本乡本属之人，赌徒去即赌饷悬。以聚合他处赌徒之饷而令其一乡一属陡加担任之义务，有是理乎？无论偏僻州县、贫瘠乡里于筹抵一层实有力不从心之欲。即令极富足之州县或于一隅之地岁须另供百数十万之赌饷能乎？否乎。即使一属一乡能自筹抵禁绝而邻境则未能如愿禁绝能保其人不就邻境之赌乎？自岑前督通饬后今五年之久矣，能实力奉行者筹抵者不过五六州县。夫岂其余州县之人民独不爱其乡里哉？何寂然无应之者？此其故亦大可思矣。草案为节节收束之计，于查禁诸法，言之綦详。又云目前筹有别项的款若干即减饷若干，减去赌博地段及赌类名目若干，是自任筹抵与前之专诿诸一属一乡者不同。然尚有当拟议者，苟筹得之款不必适合赌徒现供分别之饷，则所谓减去赌博地段者，不知于何为先减去赌博名目者于何为是？此诚煞费斟酌也。总之，今日为预备立宪时代，万不能留此秕政，害我国民，不特山铺票番摊宜禁绝，即凡类于此者亦宜悉数禁绝。禁之法则雷属风行，犯者加等治罪，官绅营弁庇者参革，而又责成警局时派暗查踩缉私赌，禁卖赌具，密派干员及各处团体以纠察地方官吏之奉行不力者，庶赌风其自熄乎。至安置游民既别见草案，不再赘。若筹抵一节本局有议决之权，而无筹饷之责，应俟督部堂尽谋所及提出草案，再行集议，并请将本省出入款项颁发一册到局，以备审查，以为他日议决抵款张本。是否可行，请公定云云。”

二十九号议员谓：“谨按第一议题禁赌办法：一为分类先禁乙种，次甲种，次丙、丁两种；一为分期视筹抵之迟速为禁绝之先后；一为分区调查向无赌博之区截堵其蔓延之害；逐条详加讨论，窃以赌害亟请禁绝。惟原议筹禁之法分类分期分区，拟请更正为定期一律禁绝。盖分类不过禁减赌博名目，而赌徒罔利之心仍可移彼就此，观小闱、姓花会等项既禁而广东赌害不复少减可为明证。分期无一定之年限，视乡邑之力为差，乡邑无力即永无禁绝之日。观岑前督创议以来已阅七稔，卒成画饼，可为明证。分区则向无赌博地段非邻于赌博之区，即属于穷僻无可设赌之地，十步之外仍可聚。截堵甚稀，况要政施行妨碍滋多，不痛绝于一时必饮鸩以偕亡。此不能不提请更正为定期一律禁绝之理由也。定期一律禁绝则饷项骤绌，势不能不别行筹措。惟筹措之法责望一乡一邑，拟请列正为清厘本省应销饷项，由本省通盘筹充。盖责之乡邑实属偏枯，筹自全省始见均平。然粤省融销饷项向称冗杂，非清厘岁出无以为岁入之征收，非统计通盘无以为弥补之计画。此不能不提请更正之主旨及其办法揭要如左：一、禁赌筹抵拟请分为两问题。二、禁赌问题绝对赞成，惟办法拟请定期一律禁绝。三、筹抵问题非绝对反对，惟办法拟请清厘本省应销饷项，由本省通盘筹充。四、清厘筹充拟请迅行另题交议。”

二十一号议员谓：“粤省赌博甲于天下，滥觞于同治初年，至今日已达极点。前经督抚大吏及同乡京官屡议禁革而未收效果者，皆筹抵之说误之也。夫赌饷者，国家视为大利；赌博者，粤人视为大害。利害相形当，权其轻重。而按之当今时代，其万难筹抵者其理由有四：一、筹抵不能定年限也。按一属筹得抵款即先禁一属，一乡筹得抵款即先禁一乡，一俟抵饷筹足即将全省赌馆永远禁止等由。言之似属甚易，惟可先禁其赌馆而不能先禁其赌徒，则未禁者为丛渊，而先禁者徒为鹯与獭耳。倘十年百年仍不能有所筹抵，将若之何？既无年限，必任各属随时筹措，是虚悬一筹抵之想，以俟将来。则年复一年，有名无实，永无禁赌之一日。何贵有今日之会议也。二、筹抵不能分区域也。赌馆可以分区稽查，而赌饷不能分区筹措。甲区有赌馆而乙区之人为赌徒，乙区有赌徒而丙区之人为赌商。若责成有赌馆之区担任赌饷，饷将何出？如合一县之力以筹之，则县东有赌，县西无赌，此乡有赌，彼乡无赌，必如何筹抵乃为公平？所谓节节收束之计难言也。三、筹抵有害于良民也。赌饷虽出于承饷之赌商，而由赌彩抽出，实出于赌徒也。今日筹抵是必取诸民间，公款盖以赌徒而亦纳赌饷矣。乌乎可？四、筹抵有碍于新政也。方今举行新政，一切从实际出发，事宜在在均要筹款，业已民穷财尽。今又筹款以抵赌饷，则新政之款更难筹措。盖筹款以办新政尚可言，筹款以抵赌饷，不可说也。然则赌之为害在所必禁，刻不容缓，即欲筹抵赌饷，亦必要先由善后局调查该饷所用详细数目，表列明白交来，俾得斟酌其能否撙节，查其有无滥费。然后公拟预算表宣布于民，方能筹款。盖所筹者为正当办公之款而非筹抵赌饷之款，谁不乐从？且行政费用有国税，有地方税，不能蒙混，皆当合官绅之力筹足，不能放弃。拟请督部堂于禁赌筹款分作两问题，先行严禁赌博。一面饬善后局将赌饷如何开销详细列明，公议其能否撙节，有无滥费，拟定预算表，分别国税、地方税，合力筹办，未有款而不可筹者也。如何请公议决施行云云。”

七十三号议员谓：“谨按制府所颁议案首列筹禁广东各项赌馆，诚以赌为广东害者尤钜，除害而后能为兴利也。然而向日犯赌者为匪徒，欲禁则禁之矣。今日开赌者为饷商，藉口饷源，不免投鼠而忌器。最可怪者，岑前督通饬各属筹禁而旋加赌饷至百余万之多，是不啻怜病夫之羸瘠，而重其负担，策以驰驱也。故自颁布筹款抵禁之示五年于兹，更经贤能大吏踵事重申。除龙川、和平、长宁、连平、长乐、南澳等厅州县外，绝无嗣响。此数州县者赌风原不甚盛，承饷无多，现存公款可以移挪补苴，是以得所藉手。若承饷至万金以上者，以八厘起息计，非第三者是母本十五万金以上不能抵此万金源源之饷。况如新会、新宁各县有二三十倍于此者。所以言禁赌则众口一词，言筹抵则徬徨瞻顾。今安分贫民担负赌徒之饷，羊易牛死，李代桃僵。情事既非能平，而又重以难胜之责任，宜乎观望裹足而不前也。然则权宜收赌饷诚为饮鸩止渴，而饬属筹抵又如剜肉医疮。窃思疮未愈而肉既尽矣。是赌固害民，筹款然后禁赌亦累民也。故责斯民以筹抵，一县有款即禁一县，一乡有款即禁一乡，万一地瘠民贫之乡邑，款无所出，而将忍而与此终古乎？况此禁彼开，前拒后进，以邻为壑，掩耳盗铃。殊非一视同仁之规，适等月攘一鸡之诮。抑或勉强勒派，则悉索难弊未除，而民困愈甚，实为无策，何也？盖各属自举办新政以来，地方公款既经悉数提拨，殷户损输，亦等发棠难复，必得八千余万母本，八厘之息，然后能抵六百余万之赌饷。斯时欲特别筹一钜款以期取盈，将捐杂税则不胜其扰，将洒派田赋之内，则上违国宪，下敛民怨。倘多方搂括驯至民穷财尽，亦非国家之利。譬如忿嫉附骨之疽，决意去之，攻割刮削，不培元气，则疽去而身必危。是以禁赌为治广东之要略，而责民筹抵犹当熟审利害，未敢率意附和也。至谓赌禁则若辈失所依附，铤险可虞，则属啻言。闻赌博铸造盗贼矣，未闻禁赌转滋盗贼也。如若所言，则广东今日之赌盛极矣，何以盗贼公行曾日不少息。昔马中丞抚粤时奏请禁赌，行五家连坐法。所以赌徒敛迹，改谋正业，其效可见也。况又举办家族工艺厂，设立游民教养院以善其后哉云云。”

二十九号议员谓：“此件第二读会意见各别，请交审查会。”

邱副议长谓：“此件赞成交审查会者请起立。”不起立者三人。遂决定交审查会审查。

第二件　议案酌提尝产举办家族工艺厂

议长使书记长朗读议案原草。

第八号议员谓："督部堂提议拟提尝产举办家族工艺厂。此乃立宪时代之善政，使国无游民，而人在自爱，实为本省应兴之事，极其赞成。惟查简章之内犹有酌商之处。拟尝产在一千元以下者免其提拨，如在八九百元之数免其提拨，未免便宜。一千元以上者留四提六，如在一千一二百数提六留四，未免太苦。兼有各宗族之大小不同，各用度亦异，此举犹当酌商。再者拟兴学及建工艺厂之经费若满二千两以上者，详请奏闻旌表，分别建坊，赐额一千两以上者，详请奖给匾额。此二项皆有指名赏赐。其多至五千两以上者亦当指名赐赏若何，方能鼓舞国民好义之心云云。"

第三十九号议员谓："酌提尝产举办家族工艺自是要政。可决其有良好之效果，但须得完全补助法以利进行。细阅简章所拟酌提数目，恐有窒碍。盖广东家族公产分蒸尝祭留名目。蒸尝之配非输值收取，则按丁派与祖遗产业无异，可以互相按揭，于法律上不能提拨祭留，则专留作祭祀、修理、分胙、奖励等项开支。岁入在一千元以上者因不多见，间或有之，未必即属诸该家族最高之祖祠，或再传三传四传之分房不等。粤人之分房之成见颇深，未必肯以分房之尝款拨充阖族工厂之经费。至谓若有械斗地方，由地方官勒令举办。独不思一经械斗，方且科及丁口税亩，尝产之损失更无待言。虽欲提拨，乌可得耶？鄙见以为工艺厂含有营业性质，是生利非分利，与寻常公益不同。粤人富于生计思想及集资方法，各家族多欲举办工艺厂，培养子弟。此举不难于筹经费，而难于得工匠。查农工商部曾设立工艺局于京师，各省亦应有工艺局之设。应请劝业道赶办广东工艺局附设家族速成工艺模范传习所，招选各家族工徒实地学习各种工艺。并分设一工艺陈列转运所，以便各家族采购机器原料及代销制成品物。当道若照此提倡，自然闻风兴起，即祖尝不足，必能另行设法，无俟强迫为也云云。"

五十五号议员谓："酌提尝产举办家族工艺厂既可杜劣绅觊觎之心，复可开小民谋生之路，甚盛事也。但查工艺厂之性质有二：有以救贫为目的者，有以营利为目的者。以救贫为目的者在日本谓之救贫组合，其事业由慈善会组织者为多，一如监督提议游民教养院之意。若以营利为目的，其中资本必须大集，运转必须迅速，生产费必须减少，管理必须得法，方期有利可营。否则成本有亏，必致不能持久。由是各族引为殷鉴，势必一蹶不能复振。拟请由各府州县之善堂先行办工艺厂，以为家族之模范。如办有成效将来实业学生毕业时，派回各府州县会同劝业员组织家族工艺厂，似较推行尽利也云云。”

二十一号议员谓：“议草提祖尝办艺一案言之似属甚是，惟揆之乡间情形有未尽可行者。议草谓祖尝入息在一千元以下者免提，在一千元以上者提六留四，有械斗之乡则勒其举办云云。有不能赞成者有三。一、难查其确数，查乡间入款最是庞杂，如鸭埠禾虫、看沙果、用鱼塘□门之类，非经营人不能查其确类。惟沙田尚可以按亩稽查。惟沙田之利息甚微，必有沙田十顷左右方能有一千元以上之入息。而乡间祖尝有如此丰厚者则甚少，若不论其何项入息只计所得之数，又无从得其确据。若压派其捐输，骚扰将不堪问矣。二、难得其普及。比如有二姓同居一乡，甲姓丁多而尝薄，乙姓丁少而尝厚。所提者俱是乙姓之尝，甲姓子弟能习工艺否乎？是一千元以下免其提拨，吾恐有过万之尝业恐不肯提也。三、工艺不能言勒办，按无械斗之乡则劝办，有械斗之乡则勒办，似甚公平。惟无械斗之乡尝不满千，虽劝无益，有械斗之乡尝已荡散，必不满千，勒之亦终不成也。在鄙意不如由官提倡，先办官立工艺厂以为起点，然后按姓劝办较易集事云云。”

四十二号议员谓：“家族提尝举办工艺厂。大宪为小民谋生，计意周且渥，又督部堂议提拨祖尝展兴工艺，原为家族止斗弭盗起见。故简章于械斗地方尤为注意。惟广东械斗之族，一经械斗尽将祖尝化消，事后缴械具红各项多由变产而来。查全省械斗地方，指不胜屈。近岁新会顺德等属斗案罚款每姓数且逾万。惩戒极严，事后尝业倾败，室庐多圮，欲提拨之恐不易得也云云。”

三十三号议员谓：“本条草案固人人以为善者。但须有补助机关，乃可收效。近外国生产输入，我国有志之士动辄振兴工艺以为对待。乃数十年未见实效者，以无教师也。今之办法须分三期：第一、先办工艺传习所，官为提倡，慈善家继之。其工艺复须分为普通与美术。美术者，三年毕业，普通者一年毕业。若不先办模范传习所，而遽调查各族尝款，则恐民滋疑惧，为害不少。至酌提而以强迫行之，尤非所宜。以工艺有营业性质，与教育不同也。设办法得其人当趋之不暇矣。至奖励亦当有之事，然办此事责之州县官则不如责之劝业员之为愈云云。”

一十九号议员谓：“议案说，广东械斗之风由于祖尝甚丰。此说有未尽然。习由好事之徒，因嫌怨竞争，酿成巨祸。械斗之初，迫勒起事之人破家荡产，复由亲至疏倾家充费，事后罚后，东张西罗以求了事。常有一次械斗，经十余年不能偿还钱债，可知非尽由祖尝丰厚。故械斗一件，将来当另提议案严办。至于提祖尝开设家族工艺厂，原是以地方自有之钱自办公益最是好事。惟尝款岁入千元以上方准提拨，恐此等祖尝无多。除是沿海乡村有沙田、鱼埠、鸭埠、蚬埠、蠔塘出息者，始有此巨款，就南海西樵地方而论，多是不足千元之数。况提六留四是一次提拨或每年提拨，章程内尚未声明云云。”

五十四号议员谓：“中国贫弱，由于工艺不兴，人所尽知。惟提尝款以兴工艺一节，粤省尝产多寡不一，其族之人数多寡亦不一。有族大而尝小者，有丁微而产钜者，以千元以上为提拨甚不公平，亦难实施。今莫如劝办之法，选公正绅士分区办理，如学务然。庶有所专而成效可著云云。”

二十九号议员谓：“此条在第一读会系应否付议之问题，其如何办法似不必涉及。故今日只在是否应通过第一读会之问题而已。至提拨祖尝以兴工艺最为善政。以祖宗之尝，教族中之子弟使之衣食有赖，不致流为盗贼，酿成械斗，实一举而二善得者。其办法则须在第二读会方议云云。”

议长宣布提拨祖尝一节人多不认，但此问题须在第二读会方行再决。至今日则但决议案成立不成立而已。如赞成兴办工艺者请起立，不起立者数人，遂决议将此条付审查会审查。

第三件　设立游民教养院

议长使收记长朗读议案原草。

十九号议员谓：“议案谓广东赌厂林立，致令国多游民。此说诚然是，则设教养院实与禁赌相辅而行。设立之法，由官提倡，次由九善堂劝捐。先从省会开设，次及乡落，逐渐推广办法最好。但是赌博不禁，不能生国民信仰之心，即无以作富商踊跃捐签之气。总之，赌博不禁，凡谘议局所言应兴事件，恐难有效。”

六十八号议员谓："伏阅第五条议草设立游民教养院，实地方自治要务。官倡其先，绅商善界岂有不乐赞成？惟当先决定实行禁赌问题，此议即可取决读原议草云，粤东赌馆林立，不务正业而贪非分之财人人皆有。此种思想良由少年失教，无一艺足以自赡，始为荡子，继为博徒，终则流为匪类。亦推原之论，而按之现在则不然。譬如人身未病，当预加调补，使病不能侵，及病势已成，非攻泻于先，何从施补。今之游民无一非赌徒矣。无分少壮皆逐于赌博场中，即三尺孩童亦沾染，于博彩话头深印脑际。所以无业游民，纵亲戚拾荐雇工营业，亦不能一朝居。盖赌如磁石，引针大有摄力，不急行禁绝，即有多数教养院，彼心有所系，必不耐习，未几复遁于赌。不观之征兵，既有月粮，且望出身，亦非甚辛苦，而逃走无数。因所招多游手闲民，平日先染赌习，心常思恋。始方招入省营，可以出入自由偿其赌博大愿。及缚束稍久，即不复耐，不畏追缉，相约而逃。况善堂所设立教养院，难比营规乎。请将各赌刻期禁绝，一面筹设教养院以为善后，禁赌必政界诸公担任。设教养院则合绅商善界各应担任。如禁洋烟必政府实行严禁，善界之戒烟会乃不惜赠药施药也云云。"

议长宣布此件议案赞成否，否认者仅一人。

议长宣布三十日议案三条：一、裁撤警保总局第二读会；二、联合教育会劝学所议章；三、调查公款支配学费简章。

二十九号议员谓："裁撤警保总局现审查未完不能于三十日为第二读会，须改于十月初一日行之。众赞成遂改定十月初一日行裁撤警保总局第二读会。"

议长宣布散会时正四点。

是日政界到会者，督宪代表王观察，方参议，劝业道、藩臬、巡警劝业道四代表。

是日缺席议员共十人，汤藻芳、邝锡尧、陈岳英、邓宪禹、罗桓熊、赵宗坛、沈秉仁、平远、黄颖奇、王师信。

宣统元年九月三十日第三次议事情形

一点三十分钟开会。

议长宣布本日议案二件：一、为联合教育会劝学所；二、为调查公款支配学费。皆督部堂交议者。

第一件　联合教育会劝学所议案

议长宣布后即使书记长朗读议案原草。

卢副议长谓："广东之教育会，非特各府州县多未成立，即省城教育总会亦未告成。以前虽经二次组织，惟第一次之组织，大吏未任筹地与费，第二次组织，学司未肯准其立案，以致不能成立。现复有人起而组织，而学宪以吴议绅现定教育会简章，须俟该简章拟定照办，始免重复。惟简章至今未经公布。故研究此件时并请诸君研究教育总会，庶总机关成立，消息灵通，始易收效云云。"

三十九号议员谓："吴议绅所拟简章至今尚未公布，则谘议局直可通函取阅云云。"

二十二号议员谓："教育会与劝学所本立于对等之地位，互相监督，复互相维持者。原以分立为宜，但分立则无款，合之则窒碍良多，须交审查会审查云云。"

五十二号议员谓："二者并合并无窒碍，且正合于今日之情状。且可联合学界为一气公同办事，复可消其意见，除去阻力。因分立则多树党故也，是以此章程不必交审查会，直可认为通过云云。"

三十九号议员谓："联合二者甚为便利，然此事似仍交审查会审查云云。"

议长宣布认此议案者起立，不起立者五人，并定交审查会审查。

五十四号议员复起立谓："二者联合足以省费甚妥。但就教育会之名义思之，似必确有教育之实迹，互相会通，庶足以集思广益。窃拟条例三则：一、省城教育总会附设学务公所也。省无总会，则声气不通，今拟总会联合学务公所，由提学司择品学纯正者以充会长，勿兼他职，并与各分会互相通报讨论。二、府厅州县分会附设劝学所，会员不拘多少，会金不拘有无，但能宣扬教育并将学堂成绩报之总会便为成立。三、仿学报章程专将教育事理刊刻分布教育会，以摩荡热诚交换智识为主义。各处分会会员每季详叙其本处学堂情形，及各教员讲义详细汇报总会，即由总会会长批评驳正汇刷成编，以分售各处，将其所入之费以为总会办公薪金云云。”

第二件　调查公款支配学费议案

议长使书记长朗读议案全草。

三十三号议员谓：“此章程甚好，盖教育不普及之原因在无款。今之调查公款即强迫教育之入手，前学务公所札饬调查书院费、卷金、花红等即是此意。然所以未能实行者，实有原因。人之志向不同，有以教育为急务者，有以团练为急务者，有以自治为急务者，若不分定范围，使某项调查所得归于某项，则终无益于事，甚且纷争。至调查章程十七条亦甚完备，调查各事专责之劝学员，亦未尝不然。宜以其所调查者归多少于劝学所，庶免加义务不加权利。此条为普及教育起见，料同人必多赞成，可为交特别审查会审查。”

议长宣布赞成此议案者起立，不起立者四人，遂完第一读会。

议长复宣布此二件关系重大，是否应特开特别审查会，赞成开特别者起立，不赞成者四人。遂定开特别审查会以查此二件议案。

三十九号议员谓：“特别审查会各员或由议员公推，抑由议长选派亦须决定。”

议长宣布表决由议长选派者起立，不起立者八人，遂定特别审查各员由议长选派，遂议毕。

是日缺席议员共八位。第一号、第十号、第十八号、第二十号、第四十二号、第四十四号、第六十七号、第六十三号。

是日政界到者：督宪代表王观察，方、黄、廖三参议，学司代表，臬司代表。

宣统元年十月初一日第四次议事情形

一点三十分钟开议

议长宣布本日议案三件：一、裁撤警保总局第二读会；二、裁撤善后局；三、筹办城镇乡地方自治。

第一件　裁撤警保总局第二读会

议长使书记长朗读审查会报告书谓："查前年举办警保劝设分局。各乡之举办者多将团练各局改名领戳，藉资联属。其办法均以联乡团，严守卫，除盗贼，安良善为宗旨，开设以来，民尚称便。现查逐年筹备清单，乡镇巡警尚须数年方能筹办。各分局为自谋保卫起见，自不能遽行裁撤。如谓警保名目与巡警相妨，似可仍名团练，以副其实。藉可辅目前巡警之不及，俟将来开办自治推广巡警，再行设法改并云云。"

六十九号议员谓："各城镇乡已设巡警者则警保局即宜裁撤，其未设者则暂留之，似为较当云云。"

三号议员谓："巡警举办之后，警保局自在淘汰之列，但现今各乡镇自治未办，巡警亦未普及，则如审查会之报告暂留警保分局，以维治安亦未尝无少补。俟警察全设之后，再行一律裁撤云云。"

邱副议长谓："各乡之警保分局多为旧时之团练保甲所改。设自筹自办并非动用公款，则各乡之警保局改回团练保甲之名，责其团练保甲之实，以维治安，则暂留之未为不可云云。"

六十九号议员谓："普及警察为行政官厅应有之权限。现各处之已办巡警者即宜裁去。警保局惟未设者则暂留，庶不致妨巡警之统一云云。"

三号议员谓："警保局其害非洋烟之比，于巡警未普及以前何必即时裁去，致万一贻地方之忧云云。"

十四号议员谓："巡警与团练须分为二。巡警足以防水盗，而团练则足以制劫贼。城中多小盗，故宜巡警。各乡多劫贼，故宜团练。警保局者即团练之真相也。今一旦裁去各乡警保分局，则一旦劫贼骤临，将何以防御。故以为城中之警保总局则先裁撤，而各乡之分局则宜暂留云云。"

三号议员谓："无论现在之巡警未普及，即普及矣，而官办之各城乡巡警其费有限，即其额不多，其力亦微，何如一方任之人民自筹款而自办理警保，以补官力之不及云云。"

六十九号议员谓："各国皆注重于巡警，则裁警保局以兴办巡警于收回领事裁判权实大有关系云云。"

八十九号议员谓："警保有类巡警，定章已定须为合并，原不待言。故现在须急办城镇乡地方自治团体。若巡警未遍设，遽行裁撤各乡警保分局，则亦未见其可。是以不如将警保局改为保甲局，以实行清乡，清绝盗源，举办自治实为适当云云。"

三十九号议员谓："第一读会已决定裁撤警保总局，至各乡分局款由自筹，自可各酌其地方情形或裁或留各听其便云云。"

六十九号议员谓："警保局万不及巡警，故宜即撤。"

三号议员谓："今日研究非在二者优劣问题。不过于巡警未遍设以前暂留之以维地方治安耳云云。"

二十九号议员谓："行政官厅为统一巡警起见，似不容不裁。然以利害计，则警保局非有害于民。巡警未普及，姑留之，未为不可云云。"

第二件　裁撤善后局事件（第二十九号议员提出）

议长使书记长朗读提出议案之理由全草。

二十九号议员谓："善后局之害已详提出议案理由书，然亦为共见共闻者。已为广东之害则宜定一时期实行裁撤，清核数目，且须及早决议。盖以其为我粤之害，早一日裁撤，则广东早去一日害故也。而裁撤后所省之款即足以抵赌饷之一云云。"

八号议员谓："裁善后局以归并藩司则权限划一，藩司之库得以扩充，司库之官不至虚设。况裁一冗局即省一冗费，以之抵饷禁赌，实莫善于此云云。"

四十六号议员谓："裁撤善后局未为不是。但善后局为出纳财政之处，若谓用款过多，则移之他处，亦复如是，将若之何？至种种弊窦之说，归之藩库即可免乎？现当清理财政，一俟清理财政以后，再议裁撤似较为当云云。"

三十九号议员谓："对于二十九号议员裁撤善后局议案绝对赞成。试将意见陈述。先述谘议局地位。有代议权利即有纳税义务，地方税法须通过谘议局表决。正当税法自应遵照局章第二十一条第五项增加担任义务。如于部章不符，紊乱财政之事件，亦应遵照局章第二十一条第一项提议呈请革除。否则谘议局适成为行政官聚敛之机关，议员为行政官聚敛之器械。何以对国家？何以对邦人？次述善后局之沿革。善后局初名军需局，于咸丰初年因军事设立，同治年间改为善后局，光绪年间法越衅起，又改为海防善后总局。次述善后局之性质。粤省入款如田赋、盐课、关税、厘捐各有专司，今且奉设清理财政局为统一财政之机能。若善后局收入除膏牌甑捐等项为销费品税法外，余则赌饷及一切苛细杂捐，多半蠹国病民，伏读宣统元年四月初六日上谕度支部奏，各省财政宜统归藩司以资综核而专责成一折，各省财政头绪纷繁，自非统一事权不足以资整理。嗣后各省出纳款目除盐粮关各司道经管各项，按月造册送藩司或度支使查核外，其余关涉财政一切局所着各该督抚体察情形，予限一年次第裁撤，统归藩司或度支使经管等因。现正藉裁撤期内，恭译谕旨不特善后局应裁撤，凡经理财政各局所如厘务局等均当裁。鄙人今日不过发表赞成二十九号议员意见，下期再拟统一粤省财政议案及理由书送呈议会公决云云。"

议长宣布赞成此议者起立，不起立者四人，遂通过第一读会。

第三件　筹办城镇乡地方自治（二十九号议员提出）

议长使书记长朗读议案理由全草。

督部堂代表方参议谓："现在筹议自治内容，恐有未悉者，请述之。现在照章预备筹办地方自治，先从地方自治研究所入手，办理自治原不分省府州县及城镇，惟研究所则先自省城而后及府厅州县。故再设地方自治研究所则未免重复。至第一条自治公所以预备筹办自治非为不可，但地方官筹款维艰，恐亦未能猝办。自治督办一节，则窒碍良多，似不可行。第三条则由第二条生出，自治督办一节既未可行，则此条亦无庸有矣云云。"

二十九号议员谓："议草所言研究所乃研究自治之办法，并非研究自治之学理。故曰设办理乡镇地方自治研究所及筹办公所则并无与自治研究所重复之理由，且由省自治研究所毕业而后办城镇乡自治研究所，又毕业而后办地方自治则办法未免迟延。何如先设公所先为预备筹办之为愈也云云。"

督部堂代表方参议谓："注意设立此等公所，以为急办地方自治，用意未常不善，但以归于民办矣。民办则当仿天津自治期成会办法，不应与自治研究之名目相混。且预备立宪年表城乡镇自治成立系分年办理，则自治研究所毕业后而后筹办未为不可，急设公所似可不必云云。"

二十九号议员谓："成立虽有年限，惟能早成未尝不可。况以经研究之人协同地方官办理，尤易见效。否则任之官吏筹理，不知何时能成立自治也云云。"

三号议员谓："二十九号虑及官吏迟办，未免太过。盖已设自治筹办处以专办此事，复有预备立宪年限以促其成立，何必更为诸等设立也。况此事不过自治中之一部小事而已，自可归自治筹办处办理，不必再行研究云云。"

二十九号议员谓："自治为立宪之要图。此而谓之小事，恐不知何事为大云云。"

三号议员谓："已有自治筹办处办理，如其不善，再监督之不迟，何必于今遽行如此耶云云。"

二十九号议员谓："由后监督实有不可云云。"

三十九号议员谓："谘议局为国会与地方自治之枢纽。地方自治之筹办实为谘议局范围内急应筹办之事。若一味俟自治筹办处办理，未免成依赖性质云云。"

三号议员谓："并非依赖，不过由后而监督之耳。盖今正设处筹办自治，何以能知其不办，复何以知其办而不善云云。"

议长宣布请众表决，赞成此议案者起立，起立者二十七人，未及过半数，此议案遂不能通过。

议长宣布初三日开审议会审查会，初四日议事三件：一、筹禁广东各项赌馆续第二读会；二、监所改良第二读会；三、澳门勘界事。

议长摇铃散会时三点二十分钟。

是日缺席议员共十一人，第一号、第十号、第十八号、第三十号、第三十三号、第三十八号、第六十七号、第四十三号、第六十三号、第九十三号、第九十四号。是日政界到会者，督部堂代表方参议、廖参议、臬宪代表巡警道代表。

宣统元年十月初四日第五次议事情形

一点三十分钟开议

议长宣布本日议案三件：一、筹禁广东各项赌馆续第二读会；二、改良监所第二读会；三、澳门勘界事。

第一件　筹禁广东各项赌馆续第二读会

议长使书记长朗读审议会报告，二十九号议员修正议草全文，其办法四条。

一、禁赌筹抵拟请分为两问题。

二、禁赌问题绝对赞成，惟办法拟请定期一律禁绝。

三、筹抵问题非绝对反对，惟办法拟请清厘本省应销饷项，通盘筹充。

四、清厘筹充，拟请迅行另题交议。

第八号议员谓："赌博应一律禁绝，此次开会已详言之。然定期一律禁绝则广东财政骤绌，势不能设法整理，然整理之法非清厘岁出，无以为岁入之征收，非统计通盘无以为弥补之计画。此不能不清厘本省岁出岁入款项而为通盘筹充之理由也。兹将拟请修正之主旨及其办法揭要于左。（一）禁赌问题绝对赞成，惟办法拟请定期一律禁绝。（二）筹抵二字绝对反对，盖赌饷为广东特别之负担，实不公平，若承认筹抵二字，则是承认广东本应负担此赌饷也。（三）整理财政，查外国每年岁出岁入例必公布，咸使闻知，本省未弛禁赌以前，财政未为不足，即初认缉捕经费时亦不过一百三十余万，迄今承至六百余万。而财政未见有余，若非通盘计算无以示信于百姓，百姓不信则筹款愈难。拟请于未提出预算案以前由监理财政局并藩运两司严核各项浮开、短解、侵吞、中饱等弊，以裕饷源。（四）赌博既禁饷项骤绌，拟请奏减各项京饷协饷。（五）准由本省官绅士商人等条陈筹款方法交局决议。谨就二十九号议员修正案主旨略为增加删改为第二之修正，是否有当请公定云云。”

第五号议员谓：“禁赌绝对赞成，筹抵二字绝对反对。应请监督据情代奏示期一律禁赌，止收一绝大病国殃民之赌饷，以正政体，以挽人心，以绝赌商之望，不能筹抵之说比例于禁烟协饷等项。应归于中央政府通盘筹画，应兴应革之事项实力厘定，将全省财政统筹裁汰之外，若仍不足则将京饷、协饷以及应举行新政之国家税项下凑足，以免再抽苛细杂捐，流弊滋多，譬诸剜肉疗饥，肉尽乃亡云云。”

第十一号议员谓：“洋烟之毒祸天下，赌博之毒祸广东，夫人能言之矣。今者朝廷初行宪政，不惜数千之饷以禁烟，奚惜数百万之饷以禁赌。况赌之为害犹有甚烟者乎？夫赌以渐增饷为公用，若必责广东以筹抵，似非政令之平。且各州县为土氛扰乱者，数十年民族凋残于今犹烈，当此民穷财尽，救死恐有不赡之虞，若款必待筹而后赌可禁，则恐终无禁赌之一日矣。害去太甚，是有望于执政者云云。”

第二十九号议员谓：“禁赌为众所赞成，而筹抵则未能一致。承认赌饷用之于行政费，无饷则行政费无所自出。而他省亦无代为负担之事，似此则筹抵赌饷非可绝对拒绝也。惟应筹何款以抵饷，则在行政官其认与否，仍须交谘议局议是为得当耳云云。”

第三十九号议员谓：“筹抵赌饷问题，筹抵则无力担负，不筹抵则难望实施。鄙见以为谘议局系为预备立宪而设，议案应从宪法上解决，乃能确当。凡立宪政体无不偏定税法通制，国用饷项为立宪国税法所无。明年即届厘订地方税法期限，必须将不合税法之赌饷革除。修正案第二款拟请定期一律禁绝，不如改为拟请遵照宪政分年筹备事宜，于明年厘订地方税章程期内一律禁绝。至筹抵之法不能概责之粤人，其中有二大理由。溯查光绪十年以前善后局开支，拨自藩关库款，并无赌饷之收入。而积存恒多至数百万。自甲申中法事起，前督张之洞奏弛禁赌，以济军需，今且日增赌饷，又多集捐财政，反见支绌。此何以故？一、因甲午摊派赌款；二、因庚子摊派赔款。中间复经刚毅之搜括，动逾百万。疆臣不得不竭尽地方之款，以应国家之急。既应国家之急，不得不另筹地方之款。是则赌饷者名为直接之地方费，实则间接之国家费。此不能概责粤人筹抵之理由一也。然此尚曰根源解决。请再言证据。解决去年善后局统计推算岁入九百八十八万八千余两赌饷，连按饷报效元水代借共四百三十余万两，约占总额每百分之四十四分。而其支出之款除巡防营九十营薪饷二百二十余万两，水师大小轮船七十六号薪饷三十余万两，其性质界在国防、省防之间，未能确定为国家费与地方费外。其余正当地方行政费，如教育、警察、实业等项约二百万两，以四十四分计之，则赌饷之用作地方费者仅值八十万两耳。此不能概责粤人筹抵之理由二也。然则必如何而后可。查度支部清理财政章程第十七条声明，各省款项若有不足，于每年编订预算报告册时由各省督抚商同部臣设法筹措，深得宪法通济国用之义。近年粤省财政支绌极矣，岁计比较，恒不敷二三百万。若禁赌后复骤短四百余万，而中央政府方且以广东向称殷富，凡百指拨，必视他省独多。比来制府已札行司局确查各项实数，以便和盆托出，取信于部。鄙意以为修正案第三款，拟请清厘本省应销饷项通盘筹充，不如改为拟请遵照章于明年五月编造预算报告册时商同度支部将京协各款合全国通盘匀定，以杜偏枯而免行政长官为难。然此尚曰将来解决，请再言现在解决。伏读光绪三十三年诏设谘议局谕旨，遇有重大事件，由该省督抚奏明办理。制府对于禁赌案经奏明在前修正案第四款，拟请迅行另题交议，不如改为钦遵谕旨先行电奏饬部立案，以为明年预算案革除赌饷之张本。今日议员之所能表决者，惟有根据宪法，其权责已尽，若不能实行则官长之责，议员不任咎也。”

第二十四号议员谓：“三十九号议员指出不必由粤省担负之说甚是。惟明年禁止之说绝对不能赞成，盖禁赌之事早一日则粤民早苏一日，何必等至明年。若待至明年则又何必今日提议。”

第三十九号议员谓：“言论上解决应如此，若在事实上恐不能实行。”

第二十四号议员谓：“禁赌虽速已为众所公决，何得再迟？”

第三十九号议员谓：“可否参用两说，请行政官一律禁止，如力办不到，至迟明年五月一律禁止。”

第五十二号议员谓：“三十九号议员之议论实与前次之议论矛盾。至谓根据于宪法明年自当禁绝，并不须筹抵，则督部堂何必今年交出提议？故三十九号议员之议论实绝对反对。”

第三十九号议员谓：“前次议论主张之大旨，是表明粤省人民及行政官均不遽议筹抵，注重先行电奏，通过中央政府协助筹措。今日不过指出证据畅发前说耳，并非前后矛盾。至谓何必交出提议，请看原折便知实况云云。”

第二十四号议员谓：“必于本年定期一律禁绝，不必俟至明年云云。”

第五号议员谓：“期限之争实所不必。盖必有抵饷而后能禁，而何时能筹得饷实所难定。似此则督部堂亦难定期云云。”

第八十七号议员谓：“三十九号议员谓‘赌饷不入地方税’。此言甚非。盖地方税最为复杂。故赌饷所用，实莫辩其为国家税、为地方税。若待至明年则行政官将此归入地方税，亦莫如何。况赌饷而冠以海防经费，尤可借言海防以延长之。总之，禁赌不能宽延至明年。至不筹抵饷而徒言禁赌，则赌无可禁之日。若徒以根据于宪法之空言，实难望诸实事也云云。”

第三十九号议员谓：“奏案声明赌饷有碍宪法，既禁之后必不能改易名目开收赌饷。如以根据宪法为空言不能有效，岂议员凭空解决反有效乎云云。”

第六十八号议员谓：“必先筹抵然后禁止，与督部堂之意亦不符。盖原议草本谓赌害甚于洪水猛兽，似此则安容不速禁止耶云云。”

第五十二号议员谓：“若根据宪法明年五月即可禁止，是大不然。盖明年五月不禁，而本局则须明年九月始开，谁其监督之耶？止有听其自然消灭而已。余以为不筹款则无以抵饷，不抵饷则无以禁赌。不过抵饷方法须经谘议局认可耳云云。”

第三十九号议员谓：“议案表决公布闭会后，常驻议员有催办之权责云云。”

第三十三号议员谓：“根据宪法此论不能公认。盖谓根据宪法，则明年可消灭，何必今日提出议案。”

第三十九号议员谓：“因未得禁赌之抵饷，所以交议云云。”

第三十三号议员谓：“陈君修正案,既经审议,今日只有鞭紧不肯放松云云。”

第三十九号议员谓：“修正案拟请定期，余指证应定明年五月。修正拟请通盘筹充，余指出应通盘筹充之证据是鞭紧非放松云云。”

第三十三号议员谓：“将二十九号之修正案，责于行政官厅，似胜于根据宪法云云。”

第三十九号议员谓：“以请定期三字责请行政官厅，我辈议员近于放弃言责，且不根据宪法，又将何以责行政官厅。”

第四十二号议员谓："前二十九号议员之修正案，已经审查员议决，今忽不提及类于取消，恐非本局之规则。"

议长宣布赞成审议会报告二十九号议员之修正案者起立，起立者五十五人，遂取决二十九号议员修正案之办法。

议长宣布，此案既再三研究经众取决，依二十九号议员修正案之办法，则第三读会之决议则不外如是。今拟省去第三读会，赞成者起立，起立者五十四人。于是决定省去第三读会。筹禁各赌馆之议案至此完成。

第二件　改良监所第二读会

议长使书记朗读法律审查会报告书谓："窃维监狱改良，造端于慈善家而助进国家及社会之发达，各国已收实效。吾国刑法主义，向未改良，故监狱积弊几于熟视无睹，言之痛心，现新刑律业经修改，监狱积弊非一扫而空，无以仰副国家明刑弼教之至意。况内无以保护人民之生命财产名誉，外无以撤回各国领事裁判权。是监所改良，所当克期举办不俟烦言。然改良监所非有完善章程不能推行尽利。交议草章程标列七大旨，用意至为中要。而两篇所定条理精密，法令简明，施之粤省各属当可上整齐划一之效。第二篇第十一条严用在狱职员非毕业此学者不得与选，尤为立行改良根本上之要图。谨就草章详加审查，原订已无遗义，亦无窒碍难行之处，其中有一二拟请酌加修正者。自当另录附呈，以资献赞。惟各属情形不同，监羁亦复不一，既有改良之章程，尤贵有施行之方法，爰就本会意见，参议数条，一并报告以便公决。"

监所改良草章拟请酌加修正者如左。

一、第一篇第十五条所有之银钱物品句下拟加"除本人著人领存外"九字。理由。保存犯人所有物原为犯人无人代为领存，而设若有人代为领存，经本人承诺则听之。

一、第一篇第四十九条"邮费须自办"句下，拟加"但经讯问须发信不能自办邮费者得以狱费支办之"二十一字，其不知书句作为第二项如下"不知书者，监所得为之代书，其来信得为说明"。理由。前项拟加为亟须发信而无钱者。设后若拟加为不识字而接到信者设。

一、第一篇第八十九条拟改为"在监所人犯如谋脱越等事须强迫禁止之，如禁止不听得即捕获，或跟追之，但反狱或拒捕者得以武器镇压之，致死无论”。理由。现行律囚人脱监越狱本罪上加二等，惟反狱始无论原罪之重轻，但谋助力者皆监斩、监候，是脱越不得与反狱同科，且其罪不至死。本条称监所人犯系指一般适用民刑看守所有此情事，遽用武器致死，虽属万不得已，亦当为之。分别查日本普通狱则反狱逃走等非常之变事出急遽，只不告上官得即追迹。我国警察尚未普及，虽不能不予看守者以武器镇压之权宜。然现行律与新章案保护人命至重，似不能不稍加审慎，且恐开奸人以贿赂复仇。藉词免责之渐，故此条拟请修正。

一、第一篇第十三章拟加一条“在监所人犯得传染病或新入监所者来自传染病流行地方须置别室隔离之”。理由。粤省近年传染病时有，人犯染此虽赅括病者之内，然仍须拟加此一条分别办理。

第二十五号议员谓：“按监所改良须从省城办起，以为各府厅州县之倡。查中国监狱黑暗，故外人以此为藉口，不服我中国法权。必改良之以收回领事裁判权，此对于外交之当改良也。又曰监狱之良否，国家文野所由分。西人有言入其国先观其监狱，足见其内政，此对于内政之当改良也。今日对于外交内政均当改良监狱。兹欲决议改良实行之方法。鄙意当分为四款办法：一、先从省城设立总机关以监督各府厅州县监狱之成绩，有能克期改良者记功有差，如系虚应故事有名无实者记过撤任，以明赏罚，而昭激劝，自无时兴时废之弊。二、须设改良监狱练习所，俾有志治狱人员，得以入所练习，分官绅为两班。官由候补典史考入，绅由各府厅州县选送。官绅均自费，先期四个月卒业，以应急需。三、调查前南番两县改良监狱传习所学员几何人及法政速成卒业生有治狱资格者，先派往各府厅州县协同地方官切实一律改良。如人数不敷，则俟练习所四个月卒业时日亦未久也。四、倡设出狱人保护事业。由各府厅州县自治会或请各善堂提倡设立，以收养出狱后无依赖者。如组织得法，于犯罪预防最为有效，亦可以达改良之目的云云。”

第三十九号议员谓：“改良章程甚完善，可请众决可否云云。”

议长宣布此议案通过者起立，不起立者一人。此议案遂通过第二读会。

第三件 澳门勘界事

此件由香山勘界维持会请愿，唐汝源议员介绍，请议审查会认可。

议长使书记长朗读香山勘界维持会来函。

第二十九号议员谓："今日对于界务当为切实之办法。第一根据宪政编查馆奏陈权限折内十二款，发明认定此件为实有所见，请制宪代奏以表示众议所在。第二根据条约及历史上之确证，划清中葡界址，认定何处为中国领土，何地为葡国租界，作为明确舆图加以注明。由本局审定布告中外同胞，确认界址，为中国领土之自卫，并呈缴政府及大吏以资考证。第二、界址既明，葡人如有非经本国外交官所许可而侵越中界一步，示胁迫之举动者。我国民具有国家一分子，有自卫国家之责，得视越界之葡人为私人性质，实行自卫国家武力。而排除侵害国家领土权之葡人，第如依国民皆兵之例，当集办民团，切戒暴动，为国家自卫之预备。第五、现界务已经变局，当切实调查其内容为本局议请代奏之预备。"

第五号议员谓："澳门租借，初不过一隅，以后逐渐占据，实迫处此。澳门形势，乃吾粤门户，乃政府已放弃失策于前，今又欲秘密败事于后，诚不可解者。况在弱国尤不宜秘密，非恃民气以为后盾实不可者，所须戒者惟暴动耳。此事无论如何据章为谘议局权限应行之事，则须设法为之办理。"

第十三号议员谓："中国交涉往往失败，皆守秘密之弊。今者中葡划界高使虽已停议。甚虑政府仍守秘密，使国民皆在梦中，失败之机伏于此矣。鄙人意见，必须要求督部堂电奏政府，以后与葡国开议划界事，宜请将议案明白宣布。使国民皆得研究，并准国民呈意见书以资采择，据理力争，纵需时日，必须达其目的，万不可遽然书押，服民心挽国权在此一举云云。"

第三十九号议员谓："此事极应代达，惟现在会议中止，外交变动。其所以中止之故，皆赖民气耳。但以后欲筹对待之策，非确实知其底蕴不可。拟函致香山勘界维持会，通知总会开特别会研究此事方法，将其实况报告本局似应较有把握。"

第五十二号议员谓："此事交审查会审查，拟一办法云云。"

第六十八号议员谓："此事重大，关系全国。须联合各省谘议局协商办法云云。"

第二十九号议员谓："今日问题只问成认否，为议案与否耳。"

第三号议员谓："此事关系重大，即无香山勘界维持会之请愿，亦须提出议案。安有不成为议案之理。盖外交全恃民气。舆论者，民气之发生，而谘议局则舆论之代表也。此事不认为议案，是失代表舆论之责任。故不独本局应成议案，并须联各省谘议局以协商办法。"

议长宣布赞成三号议员之说者起立，全数起立。

议长摇铃宣布散会时四点二十分钟。

是日缺席议员：第六号、第十号、四十五号、六十三号、六十五号、六十八号；是日政界到者督部堂代表方参议、廖参议、藩司代表、臬司代表、巡警道代表。

宣统元年十月初五日第六次议事情形

一点十分钟开议

议长宣布本日议案三件：一、裁撤善后局第二读会；二、游民教养院第二读会；三、调查公款支配学费第二读会。

八号议员谓："善后局蠹国害民，人人皆知，自当裁撤为宜云云。"

许久无人驳议。

三十九号议员谓："对于此问题概皆赞成，可作为成立不必开第三读会。"

二十九号议员谓："此议案请众表决，并请表决省去第三读会云云。"

议长宣布赞成此议案并省去第三读会者起立，不起立者二人，遂决定成立。

此议案并省去第三读会。

议长宣布议第二件设立游民教养院第二读会。

二十九号议员谓："设立游民教养院为现时最要之举。因民之为盗贼者非出自天性，实饥寒逼迫。所以致饥寒者，工艺不兴故也。如是则虽有警察以干涉之，无教养之民多，则警察之力亦有所穷。现在监所既定改良，此举尤不容缓。

盖无此院则犯罪必多。故于改良监狱之前，须有游民习艺所，使人不致犯罪。于改良监狱之后，须有出狱人保护事业，使人不致再犯。然后改良监狱之能，事始毕。至游民教养院之设，尤与经济有大关系，盖生产之多全恃劳动者众。收此游民为劳动者以生产，于经济界实增莫大之活动力。且游民已有所以教养，则不致引良人子以为非，于普及教育亦甚有关系。此游民教养院必须设立之理由也。至原议草中由地方官派员随时稽核数字，则须删去。盖由善界出而经理，无庸为干涉故也。至谓此不过由官监督之意义耳。其实官督商办无在不见，其弊惟将其章程规则报告警察署则足矣。至捐款若干则如何请奖，亦宜明定，以资奖励云云。”

三十九号议员谓：“然后逐渐扩充之句下须加‘由地方官一律劝办’数字。而删去‘总以地方贫瘠为筹办之先后’。因见有款无人而事不办者有之，有人无款而事举办者有之。是事以人为断，不以地方贫瘠为断，故宜改为由地方官一律劝办为妥云云。”

议长宣布对于二十九号议员之修正赞成者起立，不起立者九人，遂定删去由地方官派员随时稽核一句。

议长宣布请表决三十九号议员之修正。

五十二号议员谓：“二十九号议员之修正其劝办之‘劝’字尚浮，须通融改为‘复由报界以鼓吹之，所有掌握出入经费由首事绅董举充，概不由官经手。惟须列报预算决算表册或刊征信录以示大公。就粤省情形而论，慈善家魄力雄厚，亦多热心此事，尚易举行，谅绅商等无不赞成也。俟省城办有端绪，即一面将办有成效章程抄发，饬令各府州县筹拨公款，多者多办，少者少办。限期一律成立，如果经费不足，力行募捐，藉资补助。依照京师内城官绅合办方法，以求普及’。较妥云云。”

议长宣布赞成五十二号议员之修正者请起立，不起立者八人，作为第二读会通过。

第三件、调查公款支配学费第二读会。

议长使书记长朗读学务特别审查会报告书谓：“谨查原草调查公款支配学费系为推广学务起见，细目所举义塾文会等项性质既合，由绅董族董酌量情形分别留提办法亦当，近日学务退缩，能多办一校即多得一益，自宜实力举行。惟书田学谷一项各族体例不同，名称亦异，有为常年津贴，凡小童赴学皆得分领者。有为终身享有，已得国家奖励始能收受者。此种特定奖款，其性质本属公项，其权限则归私人管领。如果学生毕业，亦可均沾利益。在各族规定原意本与劝学宗旨互相吻合，各该管领人愿行提充与否只可婉为劝导，勿徒过于急激。盖提款办学，专仗各族三数有力绅长实力推行。万一因嫌生妒，因妒生仇，则不惟特定款项无从提拨，即共同款项亦因之阻挠。自当分别声明，免生争讼。此则本省各处情形歧异之悬也。拟修正如下：第二条应加'但各族款内有经特定为奖励款项已归私人管领者，由劝学员分别注明设法劝导云云'。"

七十九号议员谓："办学不能无经费，此经费责之私人固无其力，望之官款则亦有限，其借以维持者其惟公款乎？然公款则调查甚难，因管理公款之绅耆不愿交出。而调查者复碍于情面无论不知，即知亦将莫言。原议草简章第四逐段分查，责在各区劝学员任之，其实无济于事，因无专责也。拟改为逐段分查由劝学所派调查专员，以劝学员为补助员，另设一秘密调查员，则三者协办似易为力云云。"

议长宣布明日将学务审查会报告书及修正草印好发各人研究，再商办众认可。

议长复宣布初六日议案原三条。惟第二条请收回单龙毫改铸正色之议案提出人已告假，改日再议，众认可。

议长摇铃散会时二点四十分钟。

是日缺席议员共十三人。

宣统元年十月初六日第七次议事情形

一点十分钟开议

议长宣布本日议案二件：一、改良监所第三读会；二、筹禁械斗。

第一件　改良监所第三读会

第八十三号议员谓："对于审查会报告书之第一篇第八十九条，如禁止不听句下，拟加入'不告上官'四字。其理由：因看守人非得上官命令不得有捕获之权故也云云。"

第三十三号议员谓："禁止不听，即得捕获或跟追之。即字已包含不告上官之意，似照报告原文已可无庸加此四字云云。"

议长宣布赞成照报告原文修正者起立，不起立者八人，遂决定照报告原文。

第四十六号议员谓："原草章第二十条每二月一回将民刑事被告人在所在监候审日数造册报告于审判厅，原为催速审判官使之清理积案。但二月之久，始报告一回，仍嫌报告太疏，应请改为每月报告一回。使审判官从速清理，以免久累，似属较妥云云。"

第二十四号议员谓："第三读会性质只可改易文句不能改易文义。今将每二月一回改为每一月一回是改易文（句）〔义〕似未合于第三读会性质，以仍照原文为是。"

议长复宣布赞成除法律审查会报告之修正原章外概照原章者起立，皆起立。第三读会通过遂完成。

第二件　筹禁械斗（四十二号议员区达名提出）

议长使书记长朗读原草。

第三十九号议员谓："四十二号议员之筹禁械斗议草系极赞成者，但条文中仍拟酌改数处。（一）第五一条须改为'戏会易挑宿衅，曾经械斗之乡由地方官禁止该乡五年戏会'。（二）第八【条】之后拟加入一条'一兵勇到乡弹压不得勒索供应及藉端抢掠'。（三）第十【条】之终宜删去'其名永登罪册'一句云云。"

第六十九号议员谓："对于四十二号提议筹禁械斗议草之修正。查我广东械斗之风为害最烈，亦最惨。推其原因，不能不责成地方官及严惩帮斗之人兼实行乡间野外巡警，以善其后而弭斗风。

一、查械斗未举发之先多起于细故，每有互讼经年而地方有司不能处决。即处决矣，或有类于偏袒，而民气不能平。大凡压力过重，其反动力必大而且速。故械斗之风多由地方官不善调和而生，且有利用械斗而从中取利者，拟请议由大吏责成地方官凡有械斗发见之处，当将该管地方州县等官实行摘顶撤参。庶以后地方官不至玩视，亦可杜其利用械斗之心。

一、严惩帮斗之人。查近年斗案多有邻村邻县之人，每藉口同宗，当代为雇勇运械为之保护，以助官力之不及，并有禀准大吏代为设防，其名目非独不可。然实则利用在官者之一言，遂明目张胆越境帮斗，且有利用开仗则工钱每日一元、二元不等，而又行同强盗地雷花炮，所至糜烂，而终于抢掠，以遂其欲壑，直至不可收拾。彼等则偃息而逃，而大吏又不之咎。试问始事之乡，一时之忿，果计及此乎？拟请议将查明帮斗之族人从重惩办，并以后无论何姓何乡不得藉口代为设守防。

一、当实行乡间野外巡警，以善其后，而弭斗风。查城镇亦有大族聚居而向械斗者，以其设官也。近年械斗每起于细故，如争放田水、误伐林木、口角辱骂、打架、盗牛等类不过个人之事，苟有巡警执而治之，亦个人应得之罪，何至酿成巨案。但巡警现未遍设，而乡中无识之人，辄以个人之事牵及全群，遂谓欺我一族。而所谓之绅衿耆老又利用此言，希图闹大，以遂其从中取利之私，遂至不可收拾。某房派具花红银若干，每丁每名派缴花红银若干，尔时乡佬变产，卖儿流离转徙，伊谁之咎？拟请议俟后就地筹费，速行乡间及野外马上巡警，各乡居民一遵警令，勿蹈从前团练之弊。如遇有个人之罪，即治其个人不准牵及全体，以免滋闹地方，幸甚云云。”

第五十四号议员谓：“四十九号议员筹禁械斗议草至为赞成。惟条文内似有可添订而尚待商量者，谨将管见录出，请再审定。

第三条拟于‘斗事发生’句下，添入‘一面由正副长邀集各姓绅耆会议止斗方法，一面禀官解散’。

第五条拟改为‘遇有斋醮杂耍等项可挑斗衅之事’。

第七条拟于‘分扎两姓’句下添入‘极力弹压或迅请添拨能遏斗为止，惟不得骚扰邻村’。

第十条‘其名永登罪册’句拟改为‘治以斗匪之罪’。惟条内第三句宜改用‘族中如有子弟往帮’。其理由：因名登罪册似未足以生其畏惧故也云云。”

第五十五号议谓："械斗之起，各处原因不同，则禁止之法亦当有别。各条办法请交审查会研究，祈于完善，再请督部堂立案以实行之云云。"

议长宣布此议案赞成通过，并交审查会者起立，不起立者六人，遂交审查会审查。

议长摇铃散会时二点四十分钟。

是日缺席议员共九人，第十号、十三号、十五号、二十三号、三十号、四十五号、四十八号、五十一号、六十七号。

是日政界到者督宪代表方参议、廖参议。

宣统元年十月初八日第八次议事情形

一点三十分钟开议

议长宣布本日议案三件：一、酌提尝产举办家族工艺厂第二读会；二、请收回单龙毫改铸正色；三、请设农林学堂。

第一件　酌提尝产举办家族工艺厂第二读会

议长使书记长朗读审查会报告书谓："窃维议草所注意者在于安置游民，消弭械斗，而为此提尝产办工艺之说，诚如所云兴利除弊二善咸备。然械斗之乡依赖祖尝者固属有之，而苛派丁口者实居多数。推其故，虽由于民间之好事，而实因裁判之迟延。一遇讼事经年不决，乡愚难于越诉，即逞一时血气之暴，悍然求决死斗以泄忿。事后则罚款封祠，已至不可收拾。若论治本之法，莫如慎选廉明牧令，遇有讼事准情按法随到随结，民情已达，民冤已伸，小民虽愚，亦何乐及身而试锋刃哉。至举办家族工艺，无论是否械斗乡族，皆为目前要图，但管理工匠均难得人。一族失败，他族观望，征合多数意见，谓宜由劝业道赶办工艺局附设家族工艺模范传习（民）〔所〕，分普通、美术两科。额定各州县应派学徒若干人，毕业后听其各回本属兴办工艺，以开风气。又分设工艺陈列转运所，俾各族采购机器原料并代销制成品物，以便交通。至提款之法，似不必拘定成数，因粤民尝产分蒸尝、留祭，名目情形不同，支配各别，提拨难得公平，办理必多窒碍。拟请由地方官督同劝业员及公正绅士分乡劝导。无论尝款之多寡，听其自筹自办，或房族分办，或数姓合办。款多者大办、款少者小办、逐渐扩充，共图发达。粤民富有营业思想，已有工匠之可靠，而购料销货又皆利便，自无不闻风兴起，争先筹办。如此则工业日兴，小民之生计已宽，外溢之利权可挽矣。是否有当，请会议公决云云。”

第六十号议员谓：“‘由劝业道赶办工艺局附设家族工艺模范传习所’下一句宜改以‘俟省工艺局办有端绪，即将筹办章程分札各府厅州县上【抓】紧一律举办工艺模范传习所，俾得就近派人学习，毕业归办家族工艺以省学徒费用，而资普及。盖因原报告谓附设家族工艺模范传习所额定各州县应派学徒，然其费用动需二三百金，筹之官恐未必实行，筹之民恐力量不足。总之，欲兴工艺，省为之倡，府厅州县踵其后，或者学徒就近学习，毕业归办家族工艺稍易为功，谨请修正云云。”

第二十九号议员谓：“提尝产以办工艺最为良好之政策。因我广东工艺不发达之故，至人民游手者多，盗贼因而滋炽，故办工艺以安插游民实为不容缓之图。但我国之习惯，聚族而居者，其尝产多为族绅所盘据。若不调查而实行干涉之，则如原报告所谓，听其自筹自办者实敢决其必无实效。至嫌原议草第一条尝款岁入千元以上者留四提六办法未善，则改为累进法，而不用比例法，未为不可。其余二三四五条自是正当办法。若能实行干涉政策，官督绅办，将见工艺兴，游民少，盗贼自稀，巡防亦可酌裁，实省无数之经费。至家族速成工艺模范传习所，工艺陈列转运所，自是要办之事。但家族工艺不先筹及应如何办法，则家族工艺不能成立，前二者虽开办亦无所用云云。”

第一号议员谓：“于报告书分乡劝导句下，删去‘无论尝款之多寡’，添改为‘视其乡之大小，核其数之多寡，酌限以开办时期’，又于‘款少者小办’句下加入，‘到时不办，官得干涉之，由此逐渐扩充，发达自速’，似较为妙云云。”

第五十五号议员谓：“工艺性质一为救贫，一为营业。而本草案则似属于救贫组合之一种，似不若于各府州县由善堂先设工艺模范，办有成效。以粤人营业思想发达，各家族必能踊跃兴办。否则不先预为完全之筹划，则前者亏本，后者视为畏途。则欲促工艺发达，反致阻工艺发达大不可也云云。”

第三十九号议员谓：“欲解决此问题必在经验上、根本上研究之而后可。历来办工艺者最难得是良匠师，匠师不良，无望其能发达。至六十号议员谓各府州县亦须分设工艺模范所是又不然，观于法政警察师范各学堂何一非在省城设立。是今日问题先解决设工艺模范传习所、工艺陈列转运所，而后兴办工艺始有把握云云。”

第二十九号议员谓：“办理两种工所由家族工艺而来，故今日须先讨论家族工艺如何干涉，使其成立，而后两种工所开办始有所用，不致空无实际云云。”

卢副议长谓：“此事须先解决办理两种工所，而后解决办理家族工艺提尝之方法。”

第二十九号议员谓：“无工艺则无所用两种工所，报告书听其自筹自办而所谓工艺者何在？”

正议长谓：“现办工艺苦难得良师，诚如三十九号议员所谓，且亲自经历而来，故宜先决定办两种工所方法。”

第六十三号议员谓：“事必有其次序，此事应先解决酌提尝款以办家族工艺厂，而后解决办理工艺模范传习所、工艺陈列转运所，因督部堂交议之案是酌提尝款以办家族工艺故也，否则须先将此问题另改名目而后可云云。”

第二十一号议员谓：“干涉主义恐启劣绅提款虚糜之弊。”

第二十四号议员谓：“此议案已经第一读会交审查会审查，则今日须先取决审查报告书如何，再及他议始为合例云云。”

第二十九号议员谓：“报告书原不合，不过听其自筹自办一句，全无实际。”

议长宣布赞成将审查会报告书听其自筹自办句修正者起立，不起立者十九人，遂决定将报告书听其自筹自办句另行修正。

第三十九号议员谓：“酌提尝产办家族工艺厂已决定将报告书修正，则本日主管官在坐应将办理家族工艺模范传习所、工艺陈列转运所，有无窒碍先行质问。”

陈劝业道谓：“二者之办理有一意见书，敢请各议员先为解决，遂将意见书交书记长朗读。”

广东劝业道意见书：查广东工艺局先经拟在增步制造旧局建设禀准有案，现议附设家族速成工艺模范传习所自属可行。惟事关全省，筹画宜周，规模亦不宜过狭，兹将应行商议各事列左：

一、工艺局附设家族速成工艺模范传习所，组织务求完备，应用经费原系出自地方公款，本属无分领域。惟事繁费钜，实业经费有限，亟应并顾兼筹，除禀明督部堂先行拨款开办以为之倡外，应如何妥议补助俾资经久？

一、制造旧局地面宽大，房舍亦多，且旁有民田三十余亩，亦易扩充，局门滨河货物转卸更便。于此改建工艺局并附家族速成工艺模范传习所，形势适宜，惟该处离城有十余里之遥，不嫌远隔否？

一、工艺局及家族工艺速成工艺模范传习所之组织，以选举总司事理人为最要，现在有无能胜此任之人？

一、各项教习非有专门之学难于精进，应如何选用？

一、家族速成工艺模范传习所，所有艺徒由各县于各族中挑送，应以若干名为额，其学费、膳费、寄宿费应如何酌令筹缴？

一、现议工艺陈列转运所系为出品销场及转运工艺原料起见，惟前经按照部章禀设劝工品物陈列所。应否俟前项经费筹定开办有期，再将此项工艺陈列转运所附设？

一、工艺以能仿造洋货，改良土货，而不与向有手工争利为要义。照粤省情形而论，应习种类若干，以某项为主，并应博访周谘，预为筹及。”

第三十九号议员谓：“陈观察所言似皆易于措办，此事请审议会审议后再行答复云云。”

第三十九号、三十三号议员谓修正报告书亦宜一律付审议会云云。

议长宣布赞成将陈观察意见书及修正报告书付审议会者起立，全体起立。

第二件　取回单龙毫改铸正色（六十九号杨议员蔚彬提出）

议长使书记长朗读原议草。

第四十七号议员谓：“六十九号议员所陈收回单龙毫改铸正色之议，此议甚是。鄙人甚赞成，鄙人欲加议多铸大元一项，以利便商场交易。查市场上各行交兑汇单，全以大元为定点，如无大元，交单毫双毫要补水，补水多少无定价，时有高低，此九八行代客交兑汇单之难于出入。倘能多铸大元，市场甚为利便。不特交兑汇单之利便，且各买卖亦甚利便，更可以抵御西银纸。如大元少，各商迫用西银纸作大元。而西银纸比中国大元每百元价高三元，如能多铸大元，直可以与西银纸相抵，不特此也。内地惯向香港采买洋货，必用西银纸。如用单双毫每百元补水七元，如系大元现补三元，是多铸大元可以与西银纸平兑。商场中年中收回利权不少，并利便交兑汇单。”

第六十八号议员谓：“银币为国家血脉，必贵流通。所以能流通，必恃乎信。有信则纸币亦能及远；不信则上先作伪，出纳不均，安能通用？如单毫龙钱成色甚低，平式不足，地方鲜用，惟港澳杂色银多，故尚消用。然地方不用单龙毫反用港单毫，固以其成色高而平式足。其实地方通用之故，必以能纳粮米，交饷厘税为要。查现在之单龙毫既不通用，而以双龙毫交纳粮税每枚只作一钱四分，与所铸明库平一钱四分四厘显背，而用港单毫交反占高数。夫双龙毫平低固矣。惟是此等银非铸之自民，乃国家所铸也。既云库平收入，又以为未足，每枚补水四厘，何所示信？今六十九号拟请收回单龙毫改铸正色。其中有殊失国体一言极为重要，则单龙毫内地不能通行必须改铸。惟现行之双龙毫既铸明库平，断不能另索补水。以至银币出纳失大信，于国中方可推广币制云云。”

卢副议长谓：“近来省城已停铸单龙毫，多铸大元。而大元绝不见在市面，须调查之云云。”

第六十九号议员谓：“若停铸单龙毫，而不改铸，势必至用港毫，是自己抵制自己。至近来各省龙毫不通用之敌，皆由铸局多。若止一局铸造，则无不通行者云云。”

第四十一号议员谓：“凡铸造货币无论金货、银货皆未有十足成色者。惟有币制之国所铸货币则有一定之纯分与公差，我国银货之不能通行，其原因虽甚复杂，而成色太低，重量不足亦为失信用之一大原因，故鄙人对于六十九号议员之提出议极赞成。惟议草内所云外洋单毫其成色较大元尽高等语，似尚欠研究。查各国币制有单本位、复本位之别，而单本位中又有金单本位、银单本位之殊。现在世界各强国皆用金单本位制度。本位既定，则市面一切交易皆以金币计算，而银币则有一定之制限，谓之补助货。所以然者，因银货成色较低，若无制限，恐政府因易于获利，未免滥行铸造，以致供过于求。银价下落，物价腾贵，易惹起市面之恐慌。故凡属银货，其成色皆较金货为低。无所谓小毫高于大元也云云。”

第六十九号议员请众表决议案成立否。

正议长宣布赞成议案成立者起立，不起立者十四人。

副议长复宣布赞成将此议案交审查会者起立，多数赞成。

第三件　请设农林学堂（十一号梁议员廷楷提出）

议长使书记长朗读议案本草。

第三十三号议员谓：“办理农林学堂本甚要者，但原草未将办法说明，且现时高等实业学堂本科迟迟未办者，实因须经费二十万耳。若以此钜大经费责之州县办理似有难行。故仍请十一号议员将办法拟出以为研究。”

第十一号议员谓：“其办法有奏定专章不须再拟。”

第五十五号议员谓：“农林中学须绝大经费恐非易办，惟先办农务总会、农务分会以为研究，似较事易实行云云。”

第五十二号议员谓：“各处中学堂本有文实两科。实科之中有农、有工、有商，似不必再有此等农林学堂。且农工商亦各因地而宜，若各地一律概设农林学堂亦有未当。”

第二十二号议员谓：“近日小学堂亦分文实科，似不必再设农林中学。”

第六十号议员谓：“现在部章催办各实业学堂，府设中学，县设小学。而实业学校中自有农林之一部，可请督部堂催速各属举办实业学堂便可云云。”

议长宣布赞成议案成立者起立，全体不起立，此议案作为不成立。

议长摇铃散会时三点四十分钟。

是日缺席议员共十一位，六号、十号、十三号、三十号、四十三号、四十五号、六十四号、六十五号、六十七号、七十五号、七十九号。

是日政界到者督署方、黄、廖三代表，劝业道暨藩臬、巡警道各代表。

宣统元年十月十二日第九次议事情形

一点三十分钟开议

议长宣布本日议案五件：一、设立游民教养院第三读会；二、联合教育会劝学所第二读会；三、调查公款支配学费第二读会；四、筹拟粤省禁烟；五、革除差役。

第一件　设立游民教育院第三读会

议长使书记长朗读第三读会。

五十二号议员意见书谓："原草劝办之'劝'字尚未切实，须改为'复由报界以鼓吹之，所有掌管出入经费，由首事绅董举充，概不由官经理。惟须列报预算决算表册或刊征信录以示大公。就粤省情形而论，慈善家魄力雄厚，亦多热心此事，尚易举行。谅绅商等无不赞成也。俟省城办有端绪，即一面将办有成效章程抄发，饬令各府州县筹拨公款，多者多办，少者少办，限期一律成立。如果经费不足，力行募捐，藉资补助仿照京师内城官绅合办方法，以求普及'。复读二十九号议员意见书删去原草'由地方官派员随时稽核'数字。"

议长宣布赞成除五十二号、二十九号议员修改外，其余照原草者起立，全数起立。此议案完。

第二件　联合教育会劝学所第二读会

议长使书记长朗读学务审查会报告书曰："联合教育会劝学所，原欲联络一气为教育行政补助机关，共图教育之普及，办法未尝不是。然其表面似同，实则性质各别。再三研究，有不必联合之理由。一、有不能联合之理由三，请说明之。查定章每州县设一劝学所，其总董及劝学员由提学司与地方官札派。若教育会纯任民间组织，总分会不相隶属，是所与会性质不同。学部既各定专章，无妨各行其是，此不必联合之理由一。定章所载劝学所事，一劝学、二兴学、三筹款、四开风气、五去阻力，无非劝导之事。教育会研究宗旨，在讲求教育进步。其章程一则曰以求增进学识，再则曰徒袭用教育之名，并不设研究所，以求学问，则解散是其设立名义不同也。此不能联合之理由一。今各属成立之劝学所既十之七八其未定成立者，尚不少成立而有名无实者亦多，劝学所急宜整顿，安能更附设教育会乎？此不能联合之理由二。劝学所人员定章酌给薪水公费，以答其劳。而教育会会员令岁出六元以上之会金，以表入会之意，分明一是办事性质，一是讲学性质，此不能联合之理由三。有此数因未易发生美果，即或有品学兼优之人如江苏总学会之组织，亦恐善办者少，而不善办者多。要之学务繁盛之区，二者急宜并立。否则先行筹设劝学所，实力举办，俟其发达，然后设立教育会以益之。吾粤学务日见衰落，主持教育者当务为扩充之。计画不当为简易之科条，拟请提学司筹助教育总会赶紧成立，以为各属之观感。一面札催各府州县先有劝学所者严为整饬。总董有不称职及不符众望立为淘汰，选品端学正、热心办事者以充之。劝学所得人，然后联合各学堂堂长、教员发起分会，择地另设，酌筹公款津贴开办经费，则留心学务者皆不惜纳会金而协力办事。则学务之进化，教育之普及，可徐以俟也。是否有当请公决。”

第三十九号议员以此件拟先研究教育总会，故前函提学使将吴议长所订简章送到。现未送到，应请改异日再开第二读会。旋面向提学司代表质问，何以不将该简章送来。

学司代表谓：“来函只取简章并未声明取吴议长所订简章，故前此只将奏定教育会简章送来。今已欲吴议长之简章即日当即送局云云。”

第二十二号议员谓：“督部堂提出联合劝学所教育会议草，谓教育会当与劝学所联合，一主意思机关，一主执行机关。研究问题属之教育会，施行事件属之劝学所，权限分明，共相维系，似觉办法之甚善。然联为一气则可合为一处，则不可。查学部定章每州县设一劝学所，以为全境学务之总汇，选派总董兼县视学总核各区之事务。另设教育会，公举会长综理会务，研究教育，以求增进学识，并参考他处兴学之法，详察本地风土所宜。条陈于提学司，并时应提学司及地方官之咨询，与劝学所性质不同，办法亦异。而于调查学堂、详记教育、统计报告，各节又不惮与劝学所复举者，盖欲其互相发明，实事求是，以期学务之发达，非好为区别也。今因劝学所次第成立，教育会发起寥寥。议将教育会附设于劝学所，以为联合办法。窃恐无益于教育会，而有碍于劝学所也。何也？劝学所开办已久，有公费以为设施，一切学务均归范围。教育会附设于其间，书记、会计通融兼任。所有实行宣讲、组织小学调查、学堂教育、编作统计报告各节，凡与劝学所相仿者一律联合商同办理，则教育会所专有事者只研究教育以备顾问已耳。然查劝学所定章于会集劝学员研究外，又有每星期研究教育一条。所与于研究会者，无一非热心教育之人。举凡教授管理之法，改良推广之方，皆可切实讲求，以为执行之预备。是研究问题并为劝学所所有事，即整顿劝学所可矣。又何必附设教育会而多生障碍耶？为附设之说者，直示人以敷衍办法，不过使劝学所多标一教育会之名目，地方官多缴一教育会之简章，粉饰外观，无裨实际。然此犹就学风纯朴之地方言也。设遇嚣张之士习，必有假教育会之名联合党派聚集劝学所，而与总董争权，势必至于分意见而起冲突。一切应行会商筹办事件将尽归于放弃。反不如不附设教育会，而劝学所尚有专责也。所谓无益于教育会，而有碍于劝学所者也。粤学务日见衰落，主持教育者当务为扩充之计画，不当为简易之筹谋。拟请提学司筹助教育会赶紧成立，以为各属之观感。一面札催各州县督同劝学所总董及各学堂之堂长发起教育分会，择地设立。为之酌筹公款、津贴、开办经费，则留心学务者皆不惜岁纳六元以上之会金，而切实举办。又与劝学所互相发明联络一气，则可期学务之进化而谋教育之普及云云。"

第二十九号议员谓："联合与并合不同。并合则两者融化为一，联合则仍各独立，一为执行机关，一为意思机关，权限上仍各行其是。报告书误解联合为并合，故生种种之疑难，实则剖明联合非并合，则无反驳矣。其中所言不必联合之理由一，不能联合之理由三，尤未尽确。盖一之理由谓所与会性质不同，各有专章，无妨各行其是。据此以为不必联合，是仍以联合为并合故。有此疑难，不知联合后仍是性质不同，仍系各行其是。二之理由谓设立名义不同，办事各异，不知联合后名义与办事均非混同。仍要设研究所为教育会实地求学，且劝学所职员有限，联合教育会自可增一最大之意思机关，更为有益。三之理由谓劝学所急宜整顿，不能再附教育会。此说更属非是。盖劝学所固应整顿，而教育会在所必设，非谓整顿良好劝学所即无须设教育会也。四之理由与一之理由同一误会，无庸赘述。总之，联合非并合，解此即无疑问矣。又二十二号邓君一不以合一处所为然。按办事上只患权限不分，不患时地相同。一个人可作数个，机关一处所可作数个地位。虽办数种事务，仍是权限不同。此不妨合为一处也。二谓性质不同，办法亦异，此语仍是误解联合为并合者。三谓研究问题为劝学所所有事。即主张整顿劝学所，无须联合以生障碍，此仍与报告书三之理由同误，至如何障碍未能说明，似非足据。四谓联合只使劝学所多标一名目，此就办理朽败而言，非联合办法之必至如此。五谓新旧分党，惹起冲突。此亦不然，盖劝学所章程总董有一定之资格，三十岁以上曾习师范或曾出洋游历者始合格。由是观之，则有教育知识者始能为总董，故劝学所原非位置学究之地，教育会亦非位置新学之地。两者俱以热心教育之人为之，不分其为新为旧也，且新旧之争过渡时代或所不免。原不必因联合而始见。六谓当为扩充，不当为简易。按准其联合则难办者可办，是增多教育会即为扩充，非为简易也。鄙人盖主张联合者，又主张联合为随意法者。故拟提出修正案三条。一为省城教育总会应另设立不必联合，其组织简章应交本局议妥。二为各属分会其经设立者不必联合，愿联合者听。三为各属分会其未设立者准其联合，其力能独设不用联合者听。至于交议联合简章十一条大致不差，似可照行。惟第六条商同办理并未分清何事何机关为主动，尚恐临时微有互诿耳。请研究。"

第五十五号议员谓："报告书主张不联合则绝对反对第一读会，以第一读会时乃赞成联合经已议决云云。"

第七号议员谓："归并联合性质不同，诚如二十九号议员所言。然众皆误认联合为归并，可否再修正报告书照二十九号议员修正案议决。"

第三十九号议员谓："第二读会必根据第一读会始生效力。学务公所之吴议长简章不来是不能开第二读会。因第一读会谓俟吴议长教育会简章送来先研究办理教育总会故也。"

第六十三号议员谓："今日问题是两问题，非可混一。陈议员提出之办法联合与否听其自由，立法固宜如是之不统一耶？况劝学公所为行政机关，教育总会为意思机关。若合并之必多窒碍，亦犹立法行政之不能混一，且其中权限甚不分明云云。"

第二十九号议员谓："联合则权限不患其不分明，若归并时则反是。如以一兼数机关之任务，其权限亦因各机关而异，并不混淆，前经剖明联合非并合，可无虑窒碍也云云。”

第三十九号议员谓：“六十三号以三权为比例似不适当。何也？以二者均为学务上之补助机关也。”

第二十九号议员谓：“法律有强行法，有随意法。三【十九】号议员知之否？至谓鄙人反对报告书无十分条理。请将其理由说明不宜，皮里自为春秋可也。”

议长宣布赞成报告书不联合者起立，计起立者二十四人，不及过半数，应将报告书取消。再宣布将此事交审议会赞成者起立，不起立者仅十四人，遂决议交审议会，俟报告后续开第二读会。

第三件　调查公款支配学费续第二读会

议长使书记长朗读学务审查报告书其文如下：“谨查原草调查公款支配，学费系为推广学务起见，细目所举义塾文会等项应由绅董族董酌量情形分别留提办法亦当。近日学务退缩，能多办一校，即多得一益，自宜实力举行。惟书田学谷一项各俗体例不同，名称亦异。有为常年津贴，凡小童赴学得分领者。有为终身享有，已得国家奖励，始能收受者。此种特定奖励款，其性质本属公项，其利益则归私人管领。如果学生毕业，亦可均沾利益。在各族规定原意本与劝学宗旨互相吻合，该管领人自愿提充与否，只可婉为劝导，勿徒过于急激。盖提款办学，专仗各族三数有力绅长实力推行。万一因嫌生妒，因妒生仇，则不惟特定款项无从提拨，即共同款项亦因之阻挠。自当分别声明，免生争讼。此则本省各处情形歧异之点也。拟修正如下，第二条应加‘但各族款内有经特定为奖励款项已归私人管领者，由劝学员分别注明，设法劝导’。”

第五十二号议员谓：“报告书第二条加入之语，能否得众承认，并谓将此事由学务公所专派人调查，请议长宣布。赞成报告书者起立，赞成者多数，第二读会遂通过。”

第六十八号议员谓：“请将其报告书及七十九号议员意见书可行与否，由众取决。”

议长宣布赞成七十九号议员意见书者起立，起立者五人。又宣布赞成六十八号议员意见书者起立，起立者二十六人。此二意见书可决不及半数遂取消。

议长宣布审查会报告书第二读会既通过，可否不开第三读会。全数可决不开第三读会。

第四件　筹拟粤省禁烟

议长使书记长朗诵张议员养淮拟粤省禁烟议草暨粤商自治会禁烟议草。

第三十九号议员谓："张议员之议草二种，而官膏专卖局则恐不能实行，以与彼有烟台条约故，今只问表决此议案与否。"

第五十二号议员谓："禁烟原为最要。但七十九号议员无章程，而戒烟总会则有章程而不完备，应将章程再加研究。至禁烟实与烟台条约无碍，因自己约自己故也云云。"

议长宣布承认此二议案者起立，全体起立，并决定交审查会。

第五件　革除差役

议长以雷议员庆河请革除差役议草与郑议员绍材裁汰胥役、规定衙费议草合并同议，命书记长先后朗读雷议员庆河请革除差役议草暨郑议员绍材裁汰胥役规定衙费议草。

第五十号议员谓："革除差役已奉部章，不过未实行者耳，拟已办有巡警者宜一律用巡警，其未有巡警者则促其速办巡警以改革之。"

第六十八号议员谓："此事绝对赞成，但一面革除差役，一面促办巡警，若待办巡警而后革除，则必无革除之日。故若革除差役之后，适足以催促各地方举办巡警。"

议长请表决交审查会，全体赞成。

是日散会三点三十五分钟。

是日缺席议员共十八位，第十号、十三号、十六号、三十三号、三十八号、四十二号、四十三号、六十七号、七十二号、七十三号、七十四号、七十五号、七十八号、七十九号、八十号、八十六号、九十一号、九十四号。

是日政界到会者，督部堂代表王观察、方参议、学臬运司暨巡警道代表。

宣统元年十月十三日第十次议事情形

一点三十分钟开议

议长宣布本日议案五件：一、统一本省财政；二、振兴女子小学；三、保护内河航路；四、裁撤州县收发委员；五、请订取缔外人游猎章程。

第一件　统一本省财政

议长使书记长朗读议草。

三十九号议员申论议案理由谓："谘议局职守权限有监察财政之责，即有担任增加义务之责。朝廷筹备立宪，凡百新政待举需财，明年各省试办预算决算，必提交谘议局表决。我辈议员若不精研财政理法，预定应付之方针，届时开议认之，固恐惹起粤人咨怨，否之又恐阻碍宪政进行。鄙人所为提出统一本省财政者此也。盖统一财政有数利，凡预算决算不外量出为入。粤人每年输入官府之额与官府每年输出之额两相比较，其中虚縻中饱，虽不得其确数。然有最正当之理解，足以证明之。试检查历任制府之奏报，至去年张制府奏报，除随时另立名目征抽捐款划出不计外，岁入行政长官亦必乐于赞成也。"

二十一号议员谓："三十九号议员之议草，尚有须研究者。至谓统一本省财政裁撤归并各局所者，抑先调查而后裁撤乎？抑裁撤后而后调查乎？若裁撤后而后调查，则事实益滋纷乱。若调查而后裁撤，则进行又复迟延。现在财政局已办，亦是统一财政之机关。归并各局系奉上谕定于明年，何必是议云云。"

三十九号议员问二十一号议员谓："财政局与藩库之性质如何能知之否云云。"

二十一号议员答谓："余只言理由之应如何，绝非争意气。"

三十九号议员谓："此是讨论，不是争意气。因财政局系清理旧数，统一财政拟归藩库，是管理银钱，性质已殊无妨并行也。"

议长宣布赞成议案者起立，不起立者四人，并表决省去第二、第三读会，统一财政之议案以完成。

第二件　振兴女子小学

议长使书记长朗读议草。

二十九号议员申论议案理由谓："女子为教育上之根本，尽人而知。乃我省之女子小学，寥寥无几。而于外州府尤甚，风气未开故也。为开通风气计，则女子学宜先从小学入手。盖年龄在十二岁以下，其教师尚可以男子充之。阻力已少，经费无多，较易办理。若无经费，则每县一区，责成地方官办理，亦自易易。"

五十二号议员谓："办女学必先从师范入手，否则虽有小学，十三岁以后，将无学堂之可入。若已办女子师范，则附属一小学亦未为不可。"

八十七号议员谓："原议设一小学似未足以普及，因十二岁以下之女子不能远来就学也，所能受教育者只在城之女子而已。以只在城女子受教育之学堂，其款筹之在城则恐不足，筹之各乡又不公平。故不如由官办一师范，而小学则责之乡村较为普及。"

二十九号议员谓："现在风气未开，恐师范未易举办。然余谓办女子小学者非谓即不宜办师范，其能办师范者亦听云云。"

五十二号议员谓："宁可不办小学，不可不先办师范，因少年女子尚可男女同学故也。若办师范则责之官吏未为不可云云。"

二十九号议员谓："非谓师范不宜办，不过须先办小学，以开风气。且今年办小学，明年未尝不可办师范。其所以先宜办小学之故，因女师范风气未开，人未肯来。而女师范之师【范】亦难得其人，且小学较之师范其经费亦不巨大故也。"

五十二号议员谓："先有师范而后能办小学是一定之次序，若论经费则以之办小学者，孰若以之办师范之为（愈）〔易〕。"

六十八号议员谓："振兴女学以师范为先，予意亦然。小学则可现时之家族办理，至以男子为女小学教员实多流弊。"

八十七号议员谓："二十九号议员谓因风气闭、经费难、师范少，当先办小学。其实有此三因，益当先办师范。况非师范，尤难谋女学之普及。盖以现在而论，女子小学未尝无人，所难者十二岁以后无学堂可入耳。至办师范用强迫手段，一州县办一所，实不为过云云。”

二十九号议员谓：“地方人民程度高者办师范否？则先办小学实无不可。”

五十二号议谓：“余之言论，非与原议抵触，实为原议之补助耳云云。”

六十三号议员谓：“本议案本日为第一读会应先表决议案成立否云云。”

议长宣布赞成议案成立者起立，不起立者三十二人，已得过半数赞成，议案遂成立。并决定交审查会审查。

第三件　保护内河航路

议长使书记长朗读议案原草。

议草朗读毕，书记长代议长问各议员对于此议案有意见否？许久无陈述者。议长宣布赞成此议案者起立，不起立者十七人，此议案遂成立。

四十九号议员谓：“事关地方治安应请交审查会审查。”遂由众决定将此议案交审查会审查。

第四件　裁撤州县收发委员（周议员兆龄提议）

议长使书记长朗读议草。

八十八号议员谓：“自岑前督改门丁用收发而后，而收发之弊，甚于门丁。理由。书所言实有不足，而无太过。至疑裁撤后而无善后办法，其实不然。因近有会议厅之章程仿行之实最善者也。”

三十九号议员谓：“收发之弊非特民知，官亦知之。但官不能事事躬亲，裁撤之后必思一善法庶乎有济。”

八十八号议员谓：“收发纵不裁，亦须整理。否则为民之害，实不堪言。”

六十八号议员谓：“若各州县能如督宪之议事厅办法联络官绅，则断不致疑代官办事无人，亦不致虑其有流弊云云。”

臬代表谓：“审判厅设立以后，门丁收发委员自当淘汰，故此议案似不必提议云云。”

四十九号议员谓：“审判厅设立后，虽此辈在应淘汰之列，然未淘汰以前亦须先行整顿。”

议长宣布赞成议案成立者起立，起立者二十七人，不过半数。此议案遂取消。

第五件　请订取缔外人游猎章程

议长使书记长朗读议草。

四十二号议员谓：“中葡约章向无准其入内地游猎明文。查光绪元年十二月初十，英国麦领事申陈洋人在内地通商游猎一事，请如所请。旋经总理衙门咨复江督文据洋人持照往内地游历载在中英条约第九款。惟游猎一层则是条约所无，不得以游历为游猎，致滋事端，当据理剖辩云云。来书拟请本局商定章程。此系外务部权限，本局未便代议。惟有请督宪转达外部，如何办理，永资遵守云云。”

五十五号议员谓：“国际公法，外人游历内地者，必须得其国之许可，否则可禁止之。今葡人竞敢入内地游猎，是明犯公法，直可捕之，不必订立取缔游猎章程。”

六十九号议员谓：“外人游猎内地，若不禁止，是密认之。凡外人带枪枝，尚有章程以取缔之，则外人不能在内地游猎更无论矣。但在此处订立约束游猎章程则恐有起交涉，只可电达外务部严行禁止。”

二十八号议员谓：“此事从本局不能代订章程，亦不可不代为上书云云。”

十九号议员谓：“外人游猎内地直可禁之云云。”

三十九号议员谓：“此事关内政外交甚钜，无论如何均须代其陈请云云。”

二十九号议员谓：“外人入内地应受内地之法律，故外人游猎有权以禁止之。然现中国与各国所订之条约不同，若有立约准其游历者，则须订立游猎章程。如无立约准其游历者，则直禁止之，无庸再订约束章程。故此中情形非本局所能悉。应代请督宪斟酌情形办理，以保内治外交云云。”

议长宣布赞成代请督宪电达外部设法办理者起立，全体起立。

是日缺席议员二十三位。

宣统元年十月十四日第十一次议事情形

一点三十分钟开议

议长宣布本日议案五件：一、清中饱；二、请饬州县遍设农牧售种所；三、筹设预备立宪宣讲所；四、拟定征收田赋画一；五、请饬地方官倡设义社以备急灾。

第一件　清中饱

议长使书记长宣布议草。

五十二号议员谓："清中饱原甚赞成。但前日莫议员统一财政议案经已包括，似可归并为一。"

议长宣布赞成将此议案归并统一财政者起立，不起立者八人，遂将此议案归并统一财政议案中。

第二件　请饬州县遍设农牧售种所

议长使书记长朗读议草。

三十九号议员谓："设立此所，原甚善者。惟请饬州县则力不有逮，至第一条提拨公款流弊甚多，即现时之劝业分会可为明证。"

五十二号议员谓："题目'请饬州县'，四字诚如三十九号议员谓，不甚妥适。因畜牧之事不必依赖官吏故也。"

议长宣布赞成此议案成立者起立，起立者六人。此议案遂取消。

第三件　筹设预备立宪宣讲所

议长使书记长朗读议草。

六十四号议员谓："对于此议案极为赞成。惟第四条办法，必先介绍入所，取券听讲，恐觉繁难。因现在风气未开，虽设法召集尚恐无人。不如在繁盛之区，随时讲演，听者自来，尤为便当。至第五条筹款一节，不如自筹自办。”

八十七号议员谓：“宣讲所不过自治一部之事，且其章程之中所谓宣讲者亦界说不明，其所谓宣讲所之组织、宣讲所之经费、宣讲之范围，亦不甚洽，谘议局应议一省之事，此属自治一部，若各地方已办自治，则自治团体自能办理，不必由本局提议。”

五十二号议员谓：“宣讲所非不应办，惟宣讲章程已经颁行，其人已有所属，其书亦有所定，实不必另行定章。”

议长宣布赞成此议案者起立，全体不起立。此议案遂取消。

第四件　征收田赋画一

议长使书记长朗读原议草。

议长宣布赞成此议案成立者起立，起立者三十三人，不过半数。此案亦即取消。

第五件　请饬地方官倡设义社以备急灾

议长使书记长朗读原议草。

六十八号议员申明理由谓：“此议案因于急灾而设，若遇急灾，或俟在宪及各善团派人赈救，则为时已久，缓不济急，且恐无以普及。故不如由各地方举办，一有灾害立可筹拨，各乡互相救助，亦易为力。”

议长宣布赞成此议案者起立，起立者十二人。此议案亦取消。

议长摇铃散会时二点四十分钟。

是日缺席议员共二十九位：第一、第十、十一、十三、十八、二十、二十四、二十五、二十八、三十、三十二、三十三、三十四、四十、四十二、四十八、六十二、六十七、七十六、七十九、八十一、八十三、八十五、八十八、八十九、九十一、九十三号。

是日政界到者督宪代表方参议，藩、臬、巡警道各代表。

宣统元年十月十五日第十二次议事情形

一点二十分钟开议

议长宣布本日议案六件：一、请查绝户不准粮差讹索；二、诉讼保释条例；三、停止就地正法章程；四、选举劝学所总董；五、筹办简易识字贫儿院；六、恩平改隶室碍。

第一件 请查绝户不准粮差讹索

议长使书记长朗读议草。

三十九号议员谓："吾粤之有虚粮绝户，粮差之利，人民之害。曾记李文忠督粤时出一笑话。有李某甲绝户欠粮，适李某乙新从美洲回，粮差以为可欺也，讹千讹百，喝锁喝拿。乙曰：无须，我随汝见官。去粮差，先向官说。官心窃喜，高坐堂皇，严词恫吓。乙曰：当问鸿章叔允否？官怒曰：胡说。李中堂是安徽人，汝是广东人，乌能冒认叔侄。乙曰：如此则我是美国藉，某甲户是欠中国粮，乌能责我完纳？官语塞，乃纵之去。此中扰累可见一斑耳。今叶君提出请查绝户不准粮差讹索，鄙人要赞同。惟是赋税为国家维正之供，不能缺额，必须设法填补。查广东额征地丁银数档案多有不符，据会典则谓百二十六万四千三百四十两。据光绪十八年粤督报销，则谓额征一百一十一万八千九百三十六两，短征银二十六万八千四百八十三两，合计一百三十八万七千四百一十九两。现据最近藩署地丁钱粮册，无闰之年，额征一百二十九万零一百零五两零五分二厘。然输自人民者，当不止此数，其中侵蚀正多。现在制府编制米石地丁实数表，通饬各厅州县填报，即以此项拨抵绝户之粮最为正当，将来税法厘然可无需此。目前既未编定户籍，又未清丈田亩，欲急脱粤人之苦，不得不为治标之计。原草似未见及。可否于'以免扰害'句下，加入'若虑赋税不能缺额，应请酌提关于赋税各规费拨抵'数语，简章内加入'除额征除征外，尚有羡余、平余、杂费、私规。现在制府已分制表式通饬填报，即请将此款拨抵一条，必如此规画乃可实行’云云。”

二十二号议员谓：“此议案实为赞成，然现在粮差之讹索，实不止绝户。讹索之来，贫者欠粮，移于富者。钱粮已完，复行查票，意外生端，更查税契。其害实难言状，应请一律严禁。”

议长宣布赞成原案者起立，全体赞成，并由众表决交审查会。

第二件　诉讼保释条例

议长使书记长朗读议草。

三十九号议员申明理由并谓：“议员有代表舆论之责，有指陈通省利病之责，此等弊政若不立请革除，无以对粤人。鄙人提出此案为同胞请命，但恐智识不逮，各处情形不同。今日第一读会如可通过，可否迅交法律审查会，一面请诸君研究，务求达此除害目的，方不负吾粤人付托。”

议长宣布赞成此议案者起立，全体起立，并决定归法律审查会审查。

第三件　停止就地正法

议长使书记长朗读议草。

二十九号议员谓：“就地正法章程原非国家刑典，乃属省例。因咸丰三年盗贼滋炽，权济一时，日久相沿，流弊最多。观陈启泰之奏可知梗概，然言官屡请停止，疆吏终主保存，部议复创调停说。其得暂用此章程者，实有特别之条件。今日办盗情形多与部章出入，流弊益甚。观陈兆棠之治惠，杀三千余人，其间实有冤抑。钦廉各吏，日报杀戮冤抑者亦时有所闻。然所以有此流弊者，实就地正法章程未停止，阶之厉也。死者不可复生，一有冤抑情何以堪？凡有人心，宁勿痛除此弊。其应停止之理由具载议草，无庸赘述。惟须有一言者，停止就地正法，并非阻碍治盗，不过大权归之君主以符成宪。此鄙人区区之心，欲与诸君子研究而实行之者也。”

八十七号议员谓：“二十九号议员之论原为慎重人命起见。但以广东而论，若停止之，受其利者不过一小部分，受其害者实居大多数。即明年颁布新刑律，事实上能实行否亦未可知，盖就地正法原为万不得已之举。故其例章以现有军务省分及各省实系土匪、马贼、会匪，游勇啸聚草泽抗拒官民兵，形同判逆者为限，然试问广东如钦廉等有此否乎？有则就地正法实难骤停。况非就地正法即无以清乡，无以清乡即无以预备立宪，停止就地正法必须递解土匪众多。一一递解之差役须增加数百，而递解之经费亦不赀云云。"

二十九号议谓："八十七号议员之言云，非就地正法即无以清乡，实有误处。盖停止就地正法，并非停止治盗，仍有正当行刑之方法。又清乡亦非以杀人为事。至递解不便一层，观陈启泰原奏，攻击此说自可了然，无庸多虑云云。"

第一号议员谓："就地正法本为严防盗贼起见，若遽停止恐难办到云云。"

议长宣布赞成此议案者起立，起立者二十一人，以未过半数，取消此议案。

第四件　选举劝学所总董

议长使书记长朗读原议草。

五十五号议员谓："此议原甚正当。惟劝学所已有部章，非一省单行法，可以由谘议局变更者可比，似须加以研究云云。"

五十二号议员谓："选举实不背部章，因部章原规定总董由地方官访地方公正绅士以充之，是其意实含选举。兹云选举不过由其原意推行正式选举耳。若总董不行选举，实难得适当之人。"

四十六号议员谓："议草选举限于学界，终嫌不普及，不如改为凡有公民资格者即有选举权为当。"

五十二号议员谓："此事专属于学界，故以学界选之实无不当。"

二十四号议员谓："此议案鄙人绝对赞成。若由官札派之弊，凡总董总理一县之学务，则必由一县多数学界所公认。若由官禀请札充，则徒凭一人之意见，而非多数人之认可。其不可一也。总董由于官派，则黜陟之权操之于官。官得施其压制，自非特立不挠者，不得不虚与委蛇。其不可二也。既无任期，则不肖者势必多方盘踞，于是与官朋比为虎作伥，大之则摧残学界，蹂躏地方。其不可三也。而且黜陟之权，学界不与，则官为护符，纵有劣迹屡经上控，一遇札查，洗刷殆尽。其不可四也。"

二十三号议员谓："议草当要斟酌。因有公众举选、州县官保举、提学司札派三种，三种并行究竟将何遵从？议草谓凡办学之人有选举权，未免无界。须以已立案之校长、教员始有选举权，方有范围。议草谓中学堂以上学生有选举权非所宜，不如改为中学以上毕业生、师范一年以上毕业生庶有选举权较为当云云。”

三十二号议员谓：“选举劝学所总董之议无不赞成。而各学堂之教员、校长、监督多属从前局绅所充，或由夤缘地方官而来，故多不称职。愚谓各学堂教员、校长、监督，皆须用选举法，即或地方官荐用外处教员，亦必由本地绅士十人以上赞成者方可。陈议员提不及此，殆谓总董得人庶职可无旷乎？不知为劝学总董者究未免有徇情之处，不如合总董教员、校长、监督一切如所议选举法为当云云。”

议长宣布赞成议案者起立，不起立者十四人，赞成已过半数。此议案遂成立。并由众表决定交审查会。

第五件　筹办简易识字贫儿院

议长使书记长朗读议草。

议长宣布赞成此议案者起立，不起立者八人，此议案遂成立。并表决定交审查会。

第六件　恩平改隶窒碍

议长使书记长朗读恩平自治会请愿书。

九十号议员谓：“此事恩平自治会请议，由鄙人介绍。查同治五年蒋抚宪奏改阳江县为直隶州，经以恩平割归州属。嗣因隶州窒碍，于同治七年恩平绅民禀准瑞督宪具奏。奉部议饬新任李抚宪查复，旋由李抚宪查实复奏。至同治九年，奉旨仍归肇府管辖，成案具在。民情之不便已可概见。此次岑督宪重提前议，合邑绅学商界及旅港沪英美商民函电交驰，均以比年来贼风猖獗，劫掳之案层见叠出，为改隶窒碍之根据。请愿书中条列各节，尤以捕务为最要。何则？盖恩平民居多在东北，贼匪亦以东北为盛。东与新宁、开平毗连，北与鹤山、新兴毗连，近年如属内之夹水尖石、新兴之天塘、鹤山之泗合、开平之马岡、新宁之大隆峒等皆为匪薮，土匪与外匪勾结扰害腹地。一办清乡则逃往邻县交界地方，此拿彼窜，故必联络新开鹤宁四邑合办，彼此兜捕方易得手。改隶后府州分辖，联络甚难，即令广肇员弁不分畛域，而必经本州详道禀请大吏分札广肇员弁，经数番之周折始生效力。土匪之窃发成败在于仓卒，挹河救火，糜烂已多。故迩来贼风炽盛，其根源实发生于此。又改隶后，邑民缘事经阳江，屡被劫掳，舆情之不愿，亦其一端。至以官事民与交通上言之，赴肇庆则一水可达，且广肇同道，道府同城，有事联络易，而消息灵。赴阳江则由恩平之南部山岭绵亘，路线既甚崎岖，且道署不驻州城，有事由阳江历高州其中水陆递转极形周折，此亦窒碍之一端。事关一邑利病，舆情不洽。本局为代表舆论之机关，且局章第二十一条十二项有收受本省自治会人民陈请建议事件之规定，又第二十二条谘议局议定可行事件呈候督抚公布施行，应否代为转致制宪请诸君研究云云。"

第一号议员谓："岑前督出改恩平归阳江实为无理，请愿书所言不便之处亦甚详，此事本局应为代达。"

五十二号议员谓："书中所言三种窒碍，均非确当。盖盗贼仅可合力追捕，中学学费亦非难事，华侨亦尽可如前相安。故此事本局不应为转请，若转请则有二不宜。阳江改州，官制已定，变更官制，非本局有权一也。预备立宪自治，区域正当改划，免地有大小贫富，致酿成办事难易之分，施政有速迟之弊，程度有高低之差。若因改恩平归阳江地较贫小，遂改变，恐将来于自治区域之改划实多窒碍二也云云。"

二十九号议员谓："本局虽无行政裁判权，然非无言论权。此事已于舆情不顺，理应代为陈请云云。"

二十五号议员谓："本局对于此议案有代为转请之权，自当转请。"

八十八号议员谓："恩平之于阳江地方远近形势之睽隔，言语风俗习惯之不同，本不宜改隶。惟自岑督奏请改隶以来已有四年之久，今欲复隶肇庆权在大部，恐督宪亦不易为力。既据该邑绅士陈请建议并缴呈恩平隶属历次改变成案，时间短促，恐诸君尚未研究清楚，可否按照本局收受章程将全案交审查会审查然后表决云云。"

三十九号议员谓："广东谘议局自以关系一省利害者为界限，犹之外国国会以国为界限，州会以州为界限，所言改隶窒碍良然。但只属诸恩平一区划，如不问界限，凡有人民陈请，即为代达，恐变成衙署收理词讼，日不暇给也云云。"

四十九号议员谓："此事二方利害相反，本局似不宜代请，由恩平人自呈请大吏可也云云。”

议长宣布赞成此议案者起立，不起立者三十四人，已得多数赞成，议案遂成立。并表决归审查会审查。

议长摇铃散会时三点四十分钟。

是日缺席议员共十六位：第十号、十一号、十三号、二十一号、三十号、三十五号、三十八号、四十号、四十七号、六十二号、六十七号、七十八号、七十九号、八十二号、八十五号、七十八号。

是日政界到者，督代表方、藩臬代表。

宣统元年十月十七日第十三次议事情形

一点三十分钟开议

议长宣布本日议案八件：一、收回单龙毫改铸正色（第二读会）；二、联合教育会劝学所（第二读会）；三、筹开榆林港；四、人命相验，地方官宜遵例自备夫马；五、维持监所改良；六、请清理诉讼案件；七、筹弭盗贼；八、奖办商团民团。

二十四号议员谓：“筹禁各项赌馆事，督宪已复文，此事关系重大，应请变更议事日程，将此事于本日先行提议多数认可。”

议长宣布将筹禁各项赌馆议案添改于本日第一件再议。

第一件　筹禁各项赌馆

二十四号议员谓：“禁赌议案现经督宪札复。然细案札开似与奏定谘议局章程违背。谘议局章程第六章第二十二条云：‘谘议局议定可行事件呈候督抚公布施行。’其按语云：‘前项呈候施行事件，若督抚不以为然，应说明原委事由令谘议局复议。’第二十三条云：‘谘议局议定不可行事件，得呈请督抚施行。若督抚不以为然，照前条第二条办理。’是凡谘议局议定事件督抚如不以为然者，惟有令局复议，而无取消之权也。又按第二十四条云：‘谘议局于督抚交令复议事件，若仍执前议，督抚得将全案咨送资政院核议。’是复议事件虽谘议局仍执前议，亦只有送资政院核议，又无取消之权也。明矣！即如第八章第四十六条云：‘各省督抚于谘议局之议案有裁夺施行之权。’其按语云：‘裁夺施行即指第二十二、二十三两条所载而言。’是所谓裁夺施行者，如经督抚裁夺以为不然，亦必令局复议，非谓得将议案取消也。今札文只云仍照案一面与司道筹议云云，并无令谘议局复议字样，是不啻将谘议局呈报之议案显行取消。按之奏定局章似相违背。札内又引：‘本月初九日宪政馆电开，凡属国家行政皆由督抚照常奏咨，非谘议局所能置议。’不知禁赌议草声明，按照第六章二十一条一项议决，本省应兴应革事件，而提出不能引电开为取消之据。应宜将札复呈请改正，添入交局复议字样。庶此议案始得继续，然后再将驳议，再行讨论，方为正办，请公决云云。”

六十三号议员请代表解释札文中所谓禁饷为国家行政费。

督宪代表谓：“现在国家行政费与地方行政费尚未划清之时，赌饷拨归营饷，故解释为国家行政费。”

六十三号议员谓：“交议草案明言赌饷拨归营饷及举办新政并一切杂费，是不尽属国家行政费，且番摊名为缉捕经费又属地方行政。”

督宪代表谓：“地方行政费与国家行政费实尚未分。”

六十三号议员谓：“已不分，何能取消不再交议。”

督宪代表谓：“制宪因有馆电之制限，故国家行政费可不交议。”

二十九号议员谓：“不然。军饷虽为国家行政，然此时国家行政费与地方行政费尚未分明。若云筹抵是必增加本省之负担，应照局章二十一条第五款归本局议决。不得云赌饷拨归营饷，今欲筹抵属于国家行政即不付议。且制宪原奏明言筹抵是增加义务之负担，应照局章交议奏折具在。何得忽解释为国家行政费不交议也?”

督宪代表谓：“局章在前，馆电在后，故不得不从馆电办理。”

二十九号议员谓：“馆电属于通饬，并非专为筹抵而发。今言筹抵若为消极的固无须交议，若为积极的则不能不增加负担，增加负担则必交议，否则违背局章。且局章经奏定无论馆电，非为筹抵而发。即比附解释其效力，何能废止局章。”

督宪代表谓：“制宪交议筹抵办法，议员既不赞成，自无容再行交议。议员如有筹抵方法，仅可另题提出。”

二十九号议员谓：“筹抵之权应归制宪，本局不能代庖。承认负担之权应归本局，制宪亦不能制限。本局修正案明言筹抵另为一题，请迅速交议，是明系官绅共负责任，并无反对筹抵之处。制宪为本省行政长官，禁赌责有攸关，不得拒绝。一律禁绝筹抵，则是增加负担，自不得拒绝本局议决。”

督宪代表谓：“此事当在事实上解决。现在贵局不能筹有方法，所以不再交议。”

二十九号议员谓：“本局未尝不共负责任，但筹抵问题必须制宪交议方可云云。”

督宪代表谓：“现筹无的款，故交司道议，非有不交局议之文云云。”

二十九号议号谓：“札文言下有不交议意，惟此是不能。盖赌害为广东应革事件，按照章第二十一条一款，本局有议禁绝之权，制宪亦有为禁绝之责。筹抵若增加本省负担，按照第六款亦应交议。且张前督经奏准，俟谘议局成立，会集议员妥商。制宪原奏同一声明，本局应议，前言通盘筹充，并非谓划清国家地方之费。不过谓现在节省，后应筹充若干，增加负担若干，故应交议云云。”

三十九号议员谓：“赌饷为新军、旧军薪饷支费一大宗。若无抵款，率行示禁，恐易兆乱。但此项赌饷既多用诸国家行政费，现在国家税与地方税尚未划清，财政紊乱。我辈议员于名义上万不能遽认筹抵。若遽认筹抵，则粤人对于谘议局必多疑怨。立法机关不生效力，即行政机关不生效力。惟行政长官则准可筹抵。（甲）奏请减解京协各饷。查广东每年筹解一千五百余万两，占全国十分之一，若减一分筹解，则轻一分筹抵。议员不能言者，行政长官得以言之。（乙）裁撤縻费，厘剔中饱。以制军严明，抚鲁时已筹得一百六十万。广东财政出入较钜，当不止此。此皆人民所已输出，行政长官为之截存，无须交议者也。（丙）加征销费品税。如烟酒等类或整顿各项课税，亦属可行。如须应增加担负义务，应交由谘议局表决，自有可否之权。日前决议分禁赌、筹抵为两问题。细阅制宪札复内开，仍照奏案与司道筹议，又言统计通盘，分饬各属开单呈报。俟有端倪，自当分别奏咨。届时当抄稿行知，俾议员得悉梗概，是则行政长官于筹抵一层自负责任。此问题作为解决。至禁赌问题，顷闻方代表对书记长说称，制军筹抵赌饷略有把握，明年当可一律申禁。虽一私人与一私人言论。然既为制军代表，亦可窥风制军禁赌实心，当为粤人感谢。今日惟有查照原决议案，仍请定期一律禁止云云。"

四十二号议员谓："札文疑问甚多。先照局章第二十六条，呈请制军批札云云。"

二十九号、六十三号、二十四号各议员均主张将札文质问督宪。

议长宣布赞成质问督宪者起立，不起立者三人。

议长询各议员质问方法。

六十三号议员谓："质问分三问题：一、禁赌是否属谘议局权限；二、定期何时禁绝；三、如何筹抵方法。"

众决定由议长派人拟质问书。

第二件　收回单龙毫改铸正色第二读会

议长使书记长朗读财政法律审协会布告曰："承交请收回单龙毫改铸正色议草一件。当经伯洴、炯明偕同提议，议员杨蔚彬到铸银局调查，与程太守先进晤谈。据言分量系照部颁砝码较合，成色系用中国旧银镕铸。历年铸出单毫及双毫共八百余万两多，行销各省。单毫已停铸八年。光绪二十四年曾拟收回改铸，及光绪三十二年又拟收回，只收得银元五万余元。各银号虑私铸搀赚，不肯代收，是以中止。查粤厂从前所铸单龙毫分量成色均逊港毫。诚如杨议员所言，提请收回改铸。查划一币制是属国家行政，现在部章尚无公差之法定。若专为维持市面计，则单毫多已行销外省，停铸多年，两经收回，均未见效。又孔议员继猷附议请多铸大元。查据程太守言，去年已铸出六百余万元，由启昌等银号与善后局交手，运去上海，坐收员水之利。若不设法限制，虽日言多铸，亦于广东银市无益。然此是另一问题，当再详确讨论。"

五十五号议员谓："据报告书所云则此议案理应取消。"

议长宣布赞成取消此议案者起立，起立者五十七位，已过半数，遂取消此议案。

第三件　联合教育劝学所第二读会

议长宣布此事前交审议会审议，今日开审议会，以人数不足三分之一，未及会议，应改归十八日开议。

第四件　筹开榆林港

议长使书记长朗读议草。

二十九号议员谓："本议案若为设军港，则属海军问题，本局无权涉及之。若为开商埠，则无切实办法。"

三十三号议员谓："本议案或设军港或开商埠主旨不明。若军港则海军处前已定明以榆林为南方军港，无俟再议。若开商埠则实难办，观于黄埔之不能成立，与香洲之成立后，无甚起色可为明证。"

三十九号议员谓："议草明为军港，军港非本局之权限可议，当取消此议案云云。"

议长宣布取消此议案者起立，起立者五十九人，此议案不成立。

第五件　人命相验，地方官宜遵例自备夫马

议长使书记长朗读议草。

五十二号议员谓:"本议案为人民之利益,应为通过并省去第二、第三读会。"

议长宣布赞成此议案者起立。不起立者十六人，已得多数赞成。

二十九号议员谓："此议案宜加监督之法，否则本局虽经议定，督宪虽经施行。其如官吏之违背何？故宜加一条谓'地方官如有不实遵行此章者，议员得呈候督抚查办'。根据于二十八条，本局有此权限者也云云。"

议长宣布赞成二十九号议员之说者起立，起立者多数，并由众决定省去第二、第三读会。

第六件　维持监所改良

议长使书记长朗读议草。

二十九号议员谓："改良监所章程经本局决议不久，必将实行。然若无人监

督之，则将来必至有名无实。议草由议员实行监督一项是根据局章二十八条而来，至管监人照章虽用毕业生，然若用家人以制肘之必至复败，南番监所改良是其前辙。议草二项实以防此等流弊云云。”

七号议员谓：“此议案似可归并本日第五件议案，并可省去第二、第三读会云云。”

议长宣布赞成此议案者起立，不起立者五人，并由众决定不开第二、第三读会。

第七件　清理诉讼案件

议长使书记长朗读议草。

三十六号议员谓：“议案甚善，惟为刑事诉讼、民事诉讼尚未明言，其各项条文多未确当。若在民事诉讼犹可，若在刑事诉讼则恐有不可行。其最窒碍者，则原被告等迭传不到，将案取消之一项。盖极便于畏罪者之消案也。”

二十四号议员谓：“本议案章程多不完善，须决定议案成立与否，如成立再交审查会改正。”

六十八号议员谓：“此议案可与诉讼保释合并云云。”

三十三号议员谓：“此议案用意诚良。然第六【条】再行上禀概不收理一节，实甚不适，足以大开官吏压适抑人民之路也。”

三十九号议员谓：“此议案各条皆有人指驳，止有题目好而已。若交审查会须条条为之另做，亦甚难事。”

六十三号议员谓：“无论内容如何，须先表决议题成立与否。”

议长宣布赞成此议案成立者起立，起立者二十二人，不过半数，遂将此议案取消。

第八件　筹弭盗贼

议长使书记长朗读议草。

十九号议员谓：“盗贼治本之法在禁赌与设游民教养院及清查户口。然治本之法尚须有待，故于议草所拟先注意于治标云云。”

五十二号议员谓：“议草言盗贼之害原甚痛切，惟治标一言则鄙意反对之。

盖盗贼贵在治本，不在治标。若谓治标而多设防营，则防营愈多，杀人日众，如之何其可也。至勒交花红，实开官绅之私图。行清乡亦止扰乱地方，为著匪者飏，被胁从者受害而已。窝家之办尤且不可，因多为势所迫也。议草中所言，故实行甚久，恐无济于事。"

四十二号议员谓："议草中所谓谕局绅者，适足以饱其私囊。清乡效果亦只可获从盗及小盗而已，其甚者是以农民塞责。故此案须加研究云云。"

六十三号议员谓："现在清乡，实为制造盗贼之手段，故弭盗若非从调查户口入手，终无实效。"

议长宣布赞成议案成立者起立，不起立者二十一人，并由多数决议交审查会。

第九件　奖励商团民团

议长使书记长朗读请愿书。

二十九号议员谓："此议案为中国今日最要之问题。盖列强虎视瓜分以成，此中原因，在于民力不充，无以补助国力。商团民团者即民力所以补国力者也。故举办商团民团，实今日中国救亡之手段。商团各国均有，上海亦已照办，且已有成案，而为法律所许。民团则中国习惯向来已有，兹不过就其有者而改良之耳。且九年立宪之后，全国皆兵，朝廷亦早已以此预责于民，而民焉可不早为之备。近来征兵时逃，由于国民无当兵观念。若从此而提倡以补征兵之所不及，振其尚武精神，鼓其爱国热力。一旦有事，实足上安国家，下卫闾阎，万一生机或在于是。非然者外兵骤来，无人与角，瓜分之惨，将在眉睫间矣云云。"

三十三号议员谓："此议案绝对赞成。因防勇征兵额已有限，亦不足恃。若非商团民团为之补助，实未足以处于今日竞争世界。至商团则章程甚善，民团则资格、额数等未有规定，宜交审查会审查。"

二十九号议员谓："商团章程之善固无论矣，而民团疑嫌有未规定。然无论如何，添加一条：（一）本草案简章如有未尽事宜，得由商团和民团随时体察，妥善呈请地方官核准施行，则随时随地均适宜矣。"

议长宣布赞成此议案者起立，不起立者六人，并由多数表决定，照二十九号议员所拟添入一条。复多数表决省去第二、第三读会。

议长宣布散会时三点四十分钟。是日缺席议员共十四人。

是日政界到者督代表方、臬代表、警道代表。

宣统元年十月十八日第十四次议事情形

一点二十分钟开议

议长因事告假，以邱副议长代理。

邱副议长宣布，本日议案十二件：一、酌提尝产举办家族工艺厂第二读会；二、诉讼保释条例第二读会；三、筹禁械斗第二读会；四、联合教育会劝学所第三读会；五、筹拟粤省禁烟第二读会；六、革除差役第二读会；七、振兴女子小学第二读会；八、保护内河航路第二读会；九、选举劝学所总董第二读会；十、清查绝户不准藉差讹索第二读会；十一、筹办简易识字贫儿院第二读会；十二、恩平改隶室碍第二读会。

第一件　酌提尝产举办家族工艺厂

三十三号议员谓："家族工艺问题其简章尚未完备，拟于原章第一条内，兹拟尝款岁入之下，拟请改为在一千元以下者免其提拨，下加注如愿提者听。一千元以上者除族中定例开支外，留四提六以下不改。盖一千元及留四提六皆略举标准之词，以准其变通办理，故非拘定成数。添入除族中开支外，则所提者居有余之数，断非勉强，至留四提六亦不为多。盖不如是，则工艺厂不能办也。原章第二条无碍。唯此下请添入二条：一、提拨尝款由承办之绅预估开办费若干，分年提出，逐渐扩充，以厂成立为止。俟工艺熟习，沽出制品除开销费用外，所得余利以四成拨归尝款，以四成预备扩充，以二成为在事人出力酬劳。一、各族尝款确有可提而为顽固绅耆把持者，准该族人呈报地方官劝令，公选贤能举办。如或藉端滋扰，办无成效，而侵吞有据者，按照侵吞之数倍罚并从严革究。原章第三条无碍，不必改，唯应推为第五条。此下，又请添入二条：一、开办工艺，工匠为先。今先由劝业道赶办工艺局附设家族工艺模范传习所，准各家族选定学徒，备具保证金呈请地方官申送入局肄习，毕业后各回本属兴办工艺。又分设陈列转运所，俾便于采购器械及原料并代销制成物品。一、各族绅士承办此项工艺厂系延用传习所毕业得有优等文凭之工匠者，倘有意外亏本，承办之绅，如无侵吞，不负责任。原章第四条内，如有抗不遵办者以下，请改为须将实在不能举办事由，呈明地方官察核。此条应推为第八条。此下请添入一条：一、此项模范传习所先就省城开办，以为之倡。如各府厅州县官绅能照章仿办或实力劝办得多数家族工艺厂成立者，核计提拨尝款在二万两以上者，照寻常劳绩奖励；四万两以上，照异常劳绩奖励。原章第五条无碍，应推为第十条云云。"

五十二号议员谓："原章第四条谓限一年一律成立，其加入之案则谓呈请地方官申送入局肄习，毕业后始回属办理。如此恐二者文意相抵触，可否改正云云。"

二十九号议员谓："此议案前已议决，若加入三十三号议员之各条未免不合云云。"

议长问审议长此议案前付审议会审议如何，结果望报告。

审议长报告谓昨日开议后人数不足，审议无效云云。

三十三号议员谓："审议长报告审议无效。惟鄙见以提尝方法尚须研究，其交来原草仍尚简略，故为设法增补。若再有不完善者及应加入者，可于第三读会行之云云。"

议长宣布承认原议草应添加入三十三号议员意者起立，不起立者十二人。

议长宣布劝业道质问之条答及审议会如何情形。

六十三号议员谓："审议会于条答事有讨论而无结果，应交审议会再审议。"

七号议员谓："此条答系为本案之附，似不须多加讨论。"

二十九号议员谓："条答须加讨论，因甚多不合处，保证金即其一也。"

三十九号议员谓："即将条答中保证金提出即议修正如何云云。"

二十四号议员谓："条答中不合处甚多，不能单提出保证金修改而止，须交审议会审议。"

议长宣布赞成交审议会者起立，不起立者五人。

第二件　诉讼保释案例

议长使书记长朗读法律审查会报告书曰："承交诉讼保释条例议草，经本会开会审查，此件实为除弊之急务。当诉讼法未颁行以前，本省自应一律暂行原订十条，按照粤省情形均堪适用。惟其中有应修正或应添加者另开于下，用请公决。

一、第二条拟改为凡民事诉讼不得拘禁原被告人，若认为必要拘禁被告人时，仍依下数条之规定得以取保。

二、第二条至第十条所有保释字样均改为取保字样。

三、拟加一条：原告三月不到质，将控案照例一律注销。

四、拟加释放二条以符本条名目。

甲、民刑事判定释放之人不得过二十四时释放。

乙、民刑事判定释放之人得令具保，但不得索取分文云云。"

议长随使书记长将报告书添加者逐条朗读，以便取决。一、多数赞成照加。二、多数赞成照加。三、少数赞成照加，当即取消。四、甲乙两项均多数赞成添加。

六十九号议员谓："原草第九条当付还之句应改为当于公堂付还之。"众赞成更改。

第三件　筹禁械斗

议长使书记长朗读庶政审查会报告书曰："承交审查区议员达名筹禁械斗议案一件，当即开会研究，签以筹禁械斗应分为治本、治标二法。盖我粤械斗之风，其原因虽种种不同，而其大本皆由于无意识，由于无教育。其因事之重大而争无论矣，间或者以薄物细故亦逞一朝之忿，即奋不顾身从事于激烈之举动。迨至行政官以法律相绳罚款拘囚，致举乡流离有悔之而莫及者。其事可恨，而其情实可悯。是以治本之法，莫如提前开办地方自治所，调查区内学童人数，设立简易识字学堂，以谋教育之普及，并一面按照该地方情形著为论说，痛陈利害，随时宣讲，以祛其惑，使遇争执时知出于正当之解决。此其本也。若现在地方自治未经成立，自不得不为，急则治标之计。惟查原议章程第十二条设立工艺场所与制台所提出举办家族工艺用意相同，业经通过，无容另为规定。第二、第四、第九各条悉照原议，其余各节间有未尽妥协之处。谨就敝会意见所及，略为修改，是否可行，请公决。第一条：一、本省各属械斗之风最为地方之害，非提前开办地方自治，未易消弭。现乡间如经举办自治预备所者，由该所明定止斗规约，禀官立案遵行。其未举办自治者，一律责成族正副办理。第三条：一、乡内各姓宜推定族正族副，遇有斗事发生，族正副不能禁止者，应即禀官解散，否则以知情不报论。第五条：一、曾经械斗之乡，遇有醮会演戏等事最易挑衅，地方官应分别禁止，不准举行。第六条：一、械斗将成，该族绅耆禀请弹压，不准门书差役需索留难。倘经禀报后，该地方官延宕误事出三日外，致成斗案者，自治会或族正副得据情通禀大宪严加参处。第七条：一、地方官到乡强压，所带兵勇差役不得勒索供应及藉端抢掠。第八条：一、文武差勇弹压械斗乡，务宜分扎两姓，堵截外匪。惟不得骚扰邻村别生事故，倘有不法差勇藉端滋事，为该营官是问。第十条：一、宜禁止帮斗他族。械斗各族如有斗匪往帮，该族绅耆不能禁止时，应将帮斗各匪指名禀究，否则与斗乡一律惩办。第十一条：一、关于斗案罚款，应由地方官尽数拨归该乡自治会办理简易识字学堂及宣讲所，不得移为他用云云。”

二十九号议员谓：“报告书第三条中‘否则以知情不报论’一句似未甚善，应行删去。因族绅往往逼于势力不敢禀报，原有不得已之情在云云。”

议长宣布赞成报告书之修正者起立，不起立者十六人。

议长复宣布赞成删去‘否则以知情不报论’者起立，起立者三十九人，已得多数。并由多数决定省去第三读会。

第四件　联合教育会劝学所

第五件　筹拟粤省禁烟

第六件　革除差役

以上三件审查会未有报告。

议长宣布以上三件因未经审查会报告，改于次日会议。

第七件 振兴女子小学

议长使书记长朗读学务特别审查会报告书曰："承交陈议员振兴女子小学一件，谨查第一议会员提议饬令府州兼办师范得多数赞成。自应以小学及师范两种互相研究办法。按五十二号议员所议，凡府州县皆遵章设立师范一所，附设初等小学堂。其各县属不能办师范者，仍先由官议立初等女子小学。原与陈议员之并行不悖，盖有力者勉为其难，不足者暂行其易。也拟修改于下：

议题请改为振兴女学。

议草内自尤多窒碍，以下改为：夫振兴女学办法第一期当以开通风气为入手，开通风气当以筹办女师范及初等女小学为先着。前此奉部通饬凡各府州县均当由官设立女子师范一所，日久多未成立。大抵藉口教员经费两难办到。兹拟变通办法，凡府属及直隶州属均经遵章设立女师范一所并附初等女子小学。其州县不能设立师范者，亦必先设官立女子小学一所，以为提倡，使之习化成俗，而后阻力可去。至经设女子小学者，一时教员难得，不必拘定女师。因十二岁以下女子，尚可暂延男师六十岁以上者为教习，应不至师资乏人再行延阻云云。"

六十号议员谓："振兴女学报告书末云'十二岁以下女子可延男师六十岁以上者为教习，庶不致师资乏人再行延阻'。似女子小学教习以年岁为限，仍恐师资乏人。依鄙见，十二岁以下女子，有教师严正诚实可靠为地方所共信者，尽可延为女教师，不必限以年岁，总以教师品行为断。庶免教师乏人再行延阻之患。请修正云云。"

五十二号议员谓："报告书中'六十岁以上者'六字可以删去。用人以品行论，不当以年岁论。且十二岁以下之女学，虽非六十岁以上者为教员当亦无碍。"

议长宣布赞成报告书者起立，不起立者二十一人。

议长复宣布赞成删去报告书"六十岁以上者"六字起立，不起立者十六人，并由众取决不开第三读会。此议案遂完结。

第八件 保护内河航路

议长使书记长朗读庶政审查会报告书曰："承交梁议员国璿提出保护内河航

路议草一件。当即开会审查，窃维议草所注意者系因行旅之艰难，商务之阻碍，而为此保护维持之计。韩江如是，凡沿江沿海各州县一律如是。原议办法三条，各视其地方之所宜，以为设施之计画。应请督部堂分移水陆提督，并札饬各镇道各就地方情形设法保护，庶航路不至梗塞，而商业可望振兴。是否，请公决。”

议长宣布赞成报告书者起立，不起立者九人，并由众表决省去第三读会。此议案遂完结。

第九件　选举劝学所总董

议长使书记长朗读学务特别审查会报告书曰：“（一）劝学所总董照章由地方官选择禀请学宪札充，现拟推广办法，准由各项学务人员公同票举，其得票多者仍由地方官列册禀请学宪发札以符部章。（一）选举权以各学堂监督、校长、教员、官立师范毕业生、高等小学堂以上毕业生及其他法政警察等学堂领有文凭者，用无名投票法。（一）任期以三年为满任。惟有成绩卓著者，每年劝立学堂二三区报案为据，得被连举，但不得三次就选。（一）前任将满，由管学官定期宣布续选，惟不能逾各学堂年假后三日。

附换任另选二则：

一、劝学所总董于任内有徇私争利，破坏已成学堂及已成学堂而维持不力，被人控告有实据者，随即撤去，另行选充。

一、劝学员学期下乡查学一次，有放弃责任，全不查学，有名无实者，随即撤去，另举行选充。”

四十六号议员谓：“劝学所总董若非品学兼优必不能胜其任，若如报告书之选举用无名投票，恐有从中舞弊者云云。”

六十八号议员谓：“奉读劝学所审查会报告，选举劝学所总董所列简章均当。惟第二条选举权专以各学堂监督、校长、教员、官立师范毕业生、高等小学堂以上毕业生及其他法政、警察领有文凭者为限，似未周妥。劝学所总董为管理全属学务之职，各学堂校长教员皆受其调查，按期禀报提学。若总董专由其选出，每因见好，定多回护。师范毕业生亦多充各小学堂教员者，以外府州县计，高等小学堂以上毕业未多，法政警察已得文凭者尚少。倘选举时里居稍远或身任学业职务不能齐集，则就近少数互为标榜，交相附托，所举非人，于学务前途难问矣。现在教育会成立虽少，各府县中亦有先设，以后亦渐多设。其会员或未经学堂出身，又非任校长教员，而无非热心兴学，誉望素孚，能以财力助学者。又方今自治研究各员将来有为地方扩充学务之任者，本局各属议员尤有稽查学务建议，振兴之责者。其他各邑中开办学堂，商办学务各员绅，功成身退而现不担任监督、校长、教员之职者，似此选举总董重要之事岂可一概抹煞，而仅以现在堂员、教员及学堂出身者限之乎？谨拟添入数类于内，可否修正请公定。

一、选举权以教育会员本属议员、自治会研究所各员、各学堂监督、校长、教员并前经倡设学堂商办学务各员绅及法政警察等学堂领有文凭各员、官立师范毕业生、高等小学堂以上毕业生当之，用无名投票法多数取决云云。”

五十四号议员谓：“选举权已有定则，被选举权亦当定一资格云云。”

二十四号议员谓：“部章劝学所总董有一定之资格，依之即可，无庸另定云云。”

五十二号议员谓：“报告书最终一条涉及劝学员宜删去云云。”

议长谓：“删去之诚是。盖非删去，无此清议案之界线云云。”

议长宣布赞成二十四号议员被选举资格照部章不另定者起立，起立者多数。

议长宣布赞成五十二号议员删去报告书最终一条者起立，起立者多数。

议长宣布赞成六十八号议员添加一条者起立，起立者多数，并由众表决省去第三读会。此议案完成。

第十件　请查绝户不准粮差讹索

议长使书记长朗读庶政审查会报告书曰：“承交请查绝户不准粮差讹索议草一件，当即开会审查。佥谓绝户之株累与粮差之讹索种种弊端，各属人民同一受害，诚有如议草所云者。然推其讹索之弊，尚不止藉绝户为名也。贫户欠粮累及殷富，一人欠粮累及一族，未完则曰追粮，已完则曰验票。至票已验矣，粮已清矣，则又藉查税契之名多方讹索。幕友则有茶金、轿金，粮差则有饭钱、脚钱，视粮户之大小以为讹索之等差。一不应其所求，即加以抗粮、殴差、匿契、短税各大题瞒禀州县主，添差拘拿，往往有小康之家因此而倾家荡产者。小民之膏血几何？何堪受此朘剥耶？拟请大宪通饬各州县征收粮税切实查明，如系死亡绝户确无的丁者，不准粮差藉端扰害。其他按户督催，亦应追问的丁，不得拖累别户，并不得藉验票查契之名，多方讹索。倘有各种情弊，经绅民据实禀明，立予查究。如此则粮差无可售其奸，而小民自实沾其惠矣。是否，请公决云云。”

三十九号议员谓：“于条文中拟应行加入一条曰‘除额征尚有羡余、平余、杂费、私规，现在督宪已分制表式饬填报，即将此款抵拨，并拟将报告贫者欠粮以下各意作为附加以清题界’云云。”

议长宣布赞成三十九号议员所拟之添加及作为附加者起立，起立者三十七，已得多数。

四十九号议员谓：“请查绝户不准粮差讹索，此诚美举，经于十五日开第一读会多数取决，但立法必期无弊，方可推行久远。鄙人对于此议案有不尽满意而不得不修正者。议草中言溯绝户之原因，或被水冲变为沙积，或因山塌变为荒堆等云。夫因水冲、沙积、山塌等而变为绝户，此因意外之天灾，非人事之所能为，不准粮差讹索，此固无弊可言。若因利得重价上税作下税，田去而税不去，户存而田不存，以致绝户，亦免其粮，有不胜流弊者。盖如此而可以免粮，则人人必利得重价卖田而不卖税，以致户存而田不存者。若是则绝户必多，绝户多则虽得贤明之有司而此法亦不能行矣。此所谓立法必期无弊，方可推行久远。鄙人对于此议案不能不修正之理由也。兹拟于简章下加一条如左：‘一、自此法施行以前，无论绝户之原因如何，一经查确，概不准粮差讹索。以后凡田地有因水冲、山压等意外之天灾，以致变更者，必须禀请地方官勘确详请立案，方得援例。’如此则卖田而不卖税之绝户不得援例，而弊无由生矣。是否有当，请公定。”

议长宣布赞成四十九号议员之添加一条起立，起立者二十一人，不过半数，作罢论。并由众表决省去第三读会。此议案完成。

第十一件　筹办简易识字贫儿院

议长使书记长朗读学务特别审查报告书曰：“广东学务开办数年，而无识字贫儿院，大为缺点。今得商董力为提倡筹款兴办，俾贫穷子弟无力入学者得此，以广开愚昧默牖性灵，以收教育普及之效，诚善举也。简章十条审慎详明似应照办，是否请公决。”

五十二号议员谓：“毕业一条毕业后句以下删去。”

议长宣布赞成五十二号删去一节者起立，起立者三十八人，并由众决定省去第三读会。此议案亦完成。

第十二件　恩平改隶室碍

此议案交审查会审查，因报告书未来。

议长宣布改于次日。

议事毕。

议长摇铃散会时三点四十五分钟。

是日缺席议员共二十位。

是日政界到者藩宪代表、臬宪代表。

宣统元年十月十九日第十五次议事情形

是日一点二十分钟开议

议长宣布本日议案八件：一、联合教育会劝学所（第三读会）；二、筹拟粤省禁烟（第二读会）；三、革除差役（第二读会）；四、筹弭盗贼（第二读会）；五、酌提尝产举办家族工艺厂（第三读会）；六、诉讼保释条例（第三读会）；七、恩平改隶室碍（第二读会）；八、澳门勘界事（第二读会）。

第一件　联合教育会劝学所

议长宣布第二读会已将学务审查报告是回复议案原状。今赞成照原议草办理者起立，不起立者十六人，遂决定照原议案办理。

第二件　筹拟粤省禁烟

议长使书记长朗读法律审查会报告书曰："承交一件筹拟粤省禁烟议草并加入粤东自治会禁烟请议书一并开议。当经本会详加审查张议员提出二件：一为裁撤膏捐。查现在禁烟情形，膏捐实滋流弊，此项亟应豁免。一为官膏专卖，事难遽行，尚非本省目前所能办到。欲期统一禁烟，事简易行者，诚莫善于禁烟总会所拟设专煮官局，按煮加征，既可补膏之豁免，因征寓禁，尤可为收束之计画。查阅该总会禁烟节略并煮烟章程筹画周详均属切实可行，该总会办理戒烟事实上研求与经验并属有素，所拟办法自非纸上空言可比。当经本会议定悉照该会所拟章程呈请制宪施行。又编烟籍、征烟牌费及严定罪名罚例、推广乡俗禁例三件均关重要，自应一律呈请施行。为此报告并请公决云云。”

议长宣布赞成报告书者起立，不起立者三人。此事全照戒烟【总会】所拟章程陈请施行，并由表决省去第二三读会。

第三件 革除差役

议长使书记长朗读法律审查会报告书曰：“承交一件革除差役议草并加入规定衙费议草一并审查。经本会审查得衙署一弊，本非一端。自非悉数廓清，实无以为民除害。然当此裁判所制尚未实行之时，自不得不先去其甚，罢差用警及规定衙费自是目前正当办法。况罢差用警一层，前经奉有谕旨，尤当切实举行。惟两议草所拟办法有可照行者，有当修正者，经本会详加参酌一炉合冶。拟为修正简章，谨开具报告，以便公决。（一）裁革差役须彻底扫除，凡从前当过差役人等一概不准改名混充巡警。如有冒混，一经查出或被人指控，立即严惩革究，并将保人从重惩罚。（二）改用巡警，凡招募警兵必有正绅担保，应募之后，必有巡官约束教导。如有奉票办案不守法律，该巡官与保人同任其咎。（三）通饬各府州县体察地方情形、事务繁简酌量差遣警额，并妥筹的款，自奉文到日限二月内将改办情形禀报察核，三月内一律实行。如有因循推诿延不改革，立将地方官参处。（四）用警办案，除票拘刑事被告人得酌量差遣不计外，凡票传刑事原被告及拘传民事原被告均派警兵二名以下，无论远近，均不得索取分文。（五）诉讼案件向有陋规，如堂费房费等名目。裁差用警后，此项规费若不酌订定额，房书衙丁仍多需索。惟各属地方不同，诉讼法未行以前殊难一律通行。诉讼费应由各属地方官酌量情形，划定规费，限奉文到二月内禀由大吏核准，悬于公堂墙壁，以俾众览公守。”

一号议员谓：“报告书第二条‘保人’二字宜删去，因已为巡士自有巡官任责，保人可不任责故也。”

三十七号议员谓："事实上宜添加一条，即花户名册惟粮差有之，应行使之处出，否则何人应纳税将莫之知。其次，则粮差每用钱向官捐，已改为巡士应免之。"

一号议员谓："三十七号议员虑及花户名册，诚是。惟可令粮户自报，因申明为民除弊，民当无不乐报也。"

三十九号议员谓："三十七号议员之说可以无庸加入。至法律审查会报告书一、二、四、五等条甚当，惟第三条略有讨论。查旧山西抚臣赵尔巽奏准裁汰捕役等项，改募朴实壮丁作为巡警。光绪三十三年民政部奏准通饬依照，并声明自此次裁汰之后，各该地方官不得徒饰虚文，藉词搪塞，业经奉旨通行在案。且宪政分年筹备事宜清单，本年限内府州县巡警粗具规模，明年限内一律完备。张、袁两督会衔奏报筹办宪政情形，亦谓府州县巡警饬令巡警道严为催督，一律依期禀办。是则裁革差役，改用巡警应有实行期限。此条拟改为：（三）遵奉民政部奏准裁汰捕役，改设巡警成案及分年筹备宪政事宜清单，通饬各厅州县于本年限内将改办情形禀复察核，明年限内一律实行。如有因循推诿，延不遵改或名实不符，查照延误宪政，定章参处云云。"

二十四号议员谓："若照预备立宪年限清单则此议可无庸提出，兹所以提出者实为去害务速而已，愈速愈妙，何庸待至明年。"

五十二号议员谓："有巡警之地方即改，无巡警者即行赶办云云。"

议长宣布赞成法律报告书者起立，不起立者十六人。

议长宣布赞成三号议员删去"保人"二字者起立，起立多数。

议长宣布赞成三十九号议员改一条者起立，起立者少数，遂决定将报告书删去保人二字办理并由众表决，省去第三读会。此议案完成。

第四件　筹弭盗贼

议长使书记长读庶政审查会报告书曰："承交一件筹弭盗贼议草，本会经即审查。佥以粤东多盗，为各省冠，闾阎无所宁居。亟应设法克期肃清，自不待言。近年防营缉捕岁糜钜饷，何尝不日事肃清，但不为正本清源之计，徒事治标逐末之谋，愈肃清而愈滋炽。向来不肖官吏反视粤东为产盗之区，而不咎其所挟持之政策，纯属谬妄，塞孔补漏，毫不为我粤谋一日之安。乡绅噤若寒蝉，视乡土如秦越，尤乏随时献替之人。以故盗贼不能一日肃靖，皆治标逐末之谋致之也。今本局成立，对于弭盗问题，责有攸关，自当亟筹正本清源之计。在本会讨论无过于清查户口，注重职业。其无职业者，每县设游民教养院及兴办家族工艺以安插之，而盗贼自可绝其来源。又推广巡警以司缉捕，奖励乡团以资守望，则伏莽自难潜滋。二者为正本清源之计。今家族工艺、推广巡警、奖励乡团，业拟次第举办。而清查户口（现在各属清查户口总数其实在情形尚是奉行具文），注重职业，县设游民教养院一层，尚待设法切实举办，洵能务此则盗自可言弭。查阅黄议员议草办法七条，尚属治标之事，至缴红缉匪，流弊已多。五家并坐，株连已酷，尤为室碍难行。惟乡间绝少快枪一层自是实情，由绅备购领，事属可行。应照此议呈请立案。为此报告并请公决云云。"

十九号议员谓："现在抢劫掳案日出，必俟清查户口，立游民教养院及兴家族工艺厂，以绝盗贼之来源。但院厂未卜何时成立，而清查户口者尚属具文。乡落之巡警不易设，而举办乡团者又有名无实。恃此而弭盗正如以西江之水而苏涸辙之鱼，恐数者未成立而间阎已不胜其扰矣。此必有任其咎者云。"

三十九号议员谓："十九号议员言治标甚善，惟议草究无切实办法，第四、五两条尤不能实行云云。"

五十一号议员谓："缴花红一节，督部堂已奏定革除，可无庸议。第四、第五两条可删去之。"

十九号议员谓："报告书全为空文，并非实事求是之道。"

四十二号议员谓："筹弭盗贼题目甚好，惟条文多不能行。"

议长宣布赞成此议案者起立，起立者少数，报告书遂行取消。

议长宣布将原案删去第四、第五两条赞成者起立，起立者五十人。此议案尚须修改，又届闭会之期，由众决归常驻议员办理。

第五件　酌提尝产举办家族工艺厂

议长使书记长朗读审议会报告书曰："承交一件酌提尝款举办家族工艺厂第一读会，已公认为必当举办。至模范传习所为开办工艺之前提，众议员固多数赞成，主任官厅亦谓事属可行，禀准有案。第二读会所尚待讨论者唯酌提尝款，多主进行主义，不能听其自筹自办而已。盖不办模范无以开家族之先，不规定提尝无以示进行之实。二者交相为用，不能仅举一端。至提款之法，原草以一千元上下为举例，原非拘定成数。观下文云准其变通办理可见。但原草简章似太疏略，故讨论者未能满意，转生疑虑。今拟请修正原草，更附益数条，提请公定。

原章第二条无碍不必改，唯此下请添入二条。

一、提拨尝款由承办之绅预估开办费若干，分年提出，逐渐扩充，以厂成立为止。俟工艺熟习，沽出制品，除开销费用外，所得余利以四成拨归尝款，以四成预备扩充，以二成为在事出力人酬劳。

一、各族尝款确有可提而为顽固绅耆把持者，准该族人呈报地方官，劝令公选贤能举办。如或藉端滋扰而侵吞有据者，按照侵吞之数倍罚并从严革究。

原章第三条无碍不必改，唯应推为第五条。此下又请添入二条。

一、开办工艺工匠为先。今先由劝业道赶办工艺局附设家族工艺模范传习所。准各家族选定学徒，呈请地方官申送入局肄习，毕业后各回本属兴办工艺。又分设陈列转运所，俾便于采购器械及原料并代销制成物品。

一、各族绅士承办此项工艺厂系延用传习所毕业得有优等文凭之工匠者。倘有意外亏本，承办之绅如无侵吞，不负责任。

原章第四条内如有抗不遵办者，以下拟请改为须将实在不能举办事由呈明地方官察核。此条应推为第八条，此下请添入一条。

原章第五条无碍应推为第十条云云。

又续读条答劝业道提出工艺模范传习所及陈列转运所问题。

一、地方兴利官民同负责任，凡地方之行政费无一非出自地方人民之负担。此事既禀由督部堂拨款开办，将来各家族保送学徒酌收学费、寄宿费足资补助。

一、学徒距离城市易于专心，故西儒恒言校地与脑根有关系。制造旧局地敞水通最为适宜，不嫌远隔。

一、工艺局系劝业道应有之职掌。所有局内坐办、稽查、会计、庶务、文案、收发部章均经规定，应设专员管理。家族工艺传习所不过附设，无须另行选举总司理，惟须绅商襄助之处可由官访查、择派或由绅商公荐。

一、选用专门教习。除专聘外，兼以考验之法行之。预列问题：甲、需用何种机器价目若干；乙、需用何种原料价目若干；丙、每日能造成品物若干；丁、造成品物成本若干，获利若干；戊、教成学徒需时若干，已组织此项工厂至少须集资本若干。考验时凡应考者，须照以上所开列问题，开具清折。如曾在工艺学堂毕业或外国大工艺厂当工者，并须呈验文凭荐书，将来即按照清折成考。

一、本所系为培植各家族工艺人才起见。各家族保送学徒应请由官妥定各府州县总额，每名膳费寄宿每月每人共计不得过六元之数。各学徒学成后即遣回各家族赶办工厂，充当工匠，无须在官局服务。

一、工艺陈列转运所与劝工品物陈列所性质略同。工艺局开办后，劝工陈列所断不至久延。工艺陈列转运所可以附设在内，取事实上之利便。

一、工艺以能仿造洋货，改良土货，而不与向有手工争利为要义。自是的论，尚有二义：（一）原料注重土产后及外产；（二）制造注重必须品兼及销费品。本此二义，一面开办易见成效织染画漆刺绣等类，一面征集条议俟聘得某项精巧工匠，即开办某项工料云云。”

议长宣布赞成照审议会报告办理者起立，不起立者十人。此议案完成。

第六件　诉讼保释条例

议长宣布此议案照第二读会修改定者办理，赞成者起立，不起立者五人。此议案完成。

第七件　恩平改隶窒碍

议长使书记长朗读法律审查会报告书曰：“承交一件恩平改隶窒碍请议书，经本会详加审查。佥以治属应否变更，关乎治理之得失。而改隶有无窒碍，卜诸舆情之顺逆。查恩平沿革，同治以来旋复旋改。其所以旋复者，必有窒碍之实情。其所以旋改者，亦必有控制之利便。后者关乎治理问题，似由行政长官讨论得失，以判改复尤为亲切。前者关乎舆情问题，现既由该县自治会据情请议，自系舆论所在。本局为本省采舆论之所，似应准如所请代恳制宪裁夺施行。为此报告是否有当，仍请公决云云。”

议长宣布赞成依报告书代为陈请起立，不起立者十人，遂定代为呈请。

第八件　澳门勘界事

审查会会长报告审议情形及办法。

八十八号议员谓："澳门划界事关系外交，宪政编查馆议复于式枚奏陈谓谘议局章程权限折内有云，外交之事非议员所能干涉者。此语诸多窒碍。本局对于澳门勘界屡经开议，左右为难者，亦以此故。不知外交事于人民身家性命财产有绝大之关系。假如外交失败，举人民身家性命财产尽付外人，各谘议局亦袖手不言乎？虽其下声明，但以人民各具国家思想，苟实有所见，不妨上书陈请等语。然代奏与否，其权仍在督抚也。今审议会所拟勘界办法固甚妥善，可否请议长一面将现拟办法呈请督宪代奏，一面通电二十一行省联同电请编查馆务将'外交断非议员所能干涉'一句重加删改，以符庶政，公诸舆论之旨云云。"

二十九号议员谓："此事无论如何应先代为上陈，并将审议会报告情形一并呈请施行。"

三十九号议员谓："外交之事爰人民请愿者，本局有代陈权，行政官不能承诺也。"

六十九号议员谓："此事一面须代为陈请，一面请澳门附近之岛派兵及练巡警先行守土。"

议长宣布赞成代为陈请及照审议会所拟办法办理者起立，全体起立，并由众表决省去第三读会。

陈议员炯明临时动议五件。

一、本局应订请假及辞职两种细则。

二、本局为本省行政监察之机关，应按照局章第二十八条详订纠举细则，呈请批准公布施行。

说明局章二十八条，本省官绅如有纳贿违法，谘议局得指明确据呈候督抚查办。又按语官绅如有纳贿违法情事，人民必遭其冤抑，自应立予纠举，俾顺群情等语。是本局有纠举之特权，自应详订细则实行其监察之职任。右三种细则现当闭会在即，应由本日议决委付常驻议员办理。

三、本局应议决闭会后，举办调查、编辑、研究三事，为实行历练之预备。

四、本局应办一机关报，名为广东谘议局舆论报，其简章须另附。

五、本局各议员闭会后，应就各地方提倡建议协会及设法组织政党为本局之后盾。

第一件照章应有由众决议，归常驻议员订定。

第二件经多数赞成，亦并定归常驻议员订定。

第三件经多数赞成举办。

第四件决议，报固应办，然此可归私人举办，不必在此决议。

第五件将“政党”二字改为“补助机关”，亦经多数赞成。办理事毕。

议长摇铃散会时三点三十五分钟。本年定期会议事终。

是日缺席议员共二十七位。

是日政界代表到会者惟方参议一人。

六、广东谘议局协会决议办理事类报告书

本报告书报告自去年闭会以后至本年开临时会以前常驻议员协会决议办理之事及财政之支销数目。（本初七日决议之事现未发行，则于发行后补报告。）此外，各官厅团体之来文、局员之变更则另为一册。此识。

宣统二年四月初十日

粤盐商包积弊情形事

宣统二年二月二十八日致晏参议函。海臣赞候、连规、翰候、季宽仁兄大人阁下：昨承驺从枉道临□聆伟论，钦佩莫名，并许力予维持，扫除敝省锢习。谨先代五岭士民九顿首致谢。昨所开清折内，三府三厂，一时未得主名。经再(妨)〔访〕查，所谓三府者，即广粮通判也；三厂者，则沙头沙尾、东关三处缉私厂也。该厂有扒船，并有勇丁三四十名，每日开河巡缉，专向下河船户及承运船户，索取点心钱等项，并与沙头沙尾之华光虾蛏等串同走私。因华光虾蛏

等，每藉工盐名目，或索外私，或于泥筏及上下沙等船偷取盐斤趸卖，更或恃众挟，制藉端生事。岑宫保督粤时，曾议将盐折银，伊亦不允，几至停工。盖工盐一日不革除，即河面之私一日不能清缉。此又昨日清折内所未及开者。大抵粤盐积习已深，非改弦而更张之，万难涓滴归公。是在办理者之得其人耳。弟偶有所闻不惮缕述，聊备采择。肃泐只请公安，诸惟霁照不备。

三月初三日再致晏参议函。海臣参议大人阁下：比辱从者，敝局特开协会欢迎面奉□□敝省盐务积弊及赌饷岁额。当经分折缮呈，并请将整顿盐课所得之款截留赌饷拨抵之用，承允鼎力，良用馨祝。窃以使节来粤，由于商包盐纲，而商包盐纲，又由于筹抵赌饷，去夏丰润制府遵□□，二日复陈禁赌情形，声明嗣后粤省无论筹得何款均先尽赌饷拨抵。经奉朱批，着照所请。袁制府遂根据成案，招商包承盐务，为筹抵赌饷之计划。嗣因两粤同乡京官反对，先后奏奉并案妥议。督办盐政处，乃会同大部奏，派执事确查。折内熟权利害亦以筹抵赌饷，有资无著为前提。忖思中国财权以盐政为最完固，中国税法又以盐政为最纷纭。现在朝廷特设督办盐政处为统一机关，断不能独令粤人增加义务。事关国税，非敝局权限所及。究应如何办理，查复到日，大部自有权衡。所不能已于言者，赌饷问题关系本省利弊耳。查粤盐弊混，凡官厅、公所、场漏、船户、埠馆，一切所在，其员司人役耗蚀甚钜。袁制府续陈改良盐务折有谓，各项规费岁糜不赀，暗耗明销，埒于正课。夫以兼管盐政之大员指陈盐务之积弊，当必确有闻见。似应逐一厘剔，化私为公，奏明此款专留充抵赌饷，不能提拨最为正当。请申言其理由。广东开收赌饷，始于中法之役。张文襄奏请驰禁，以济军需。由是而摊派甲午赔款，摊派庚子赔款。中间复经刚革相之搜括，动逾百万。疆臣遂竭尽地方之款，以应国家之急。既应国家之急，不得不另筹地方之款。饮鸩止渴，流毒至今。是则赌饷者，名为直接之地方费，实则间接之国家费。所应留抵者一。凡立宪政体无不编定税法，通制国用。赌饷为立宪国所本无。本年已届厘定地方税期限，必须将不合税法赌饷革除。所应留抵者二。按照宪政分年筹备事宜，试办各省预算、决算。而度支部清理财政章程第十七条曾声出，各省款项若有不足，于每年编订预算报告册时，由各督抚商同部臣设法筹措。所应留抵者三。矧先尽抵拨之谕旨，曾经宣示宇内乎。执事为国为民，清查盐务将来不论如何整顿，如何改章，务请于原额三百三十余万两外，其余悉照奏案先尽拨抵赌饷。剔盐场之积弊，即以除赌博之剧害。除赌博之剧害，即以助宪政之进行。匪惟地方之幸，抑亦国家之福。此则敝同人等所为祷祀以求者也。公陈意见，无任屏营。敬请勋安，惟照不备。

三月初七日三致晏参议函。海臣参议大人阁下：前上意见书，计登记室。顷□□尽画已定。粤盐仍是商包，分年增饷，惟章程尚未宣布，外间不无疑虑。敝局谨照权限所在，函叩台端。（一）袁制军奏请商包承盐，原为筹抵赌饷。而执事又为奉查奏案而来，盐饷虽属国税，而赌饷则属地方应革事项。现在增出盐饷，能否全抵赌饷，或不能全抵，是否遵照奏案，先尽留抵赌饷。（二）从前之不以商包为然者，系因五分六厘之限制，未说明自然货价与增加饷价，多有流弊。现在增出盐饷，是否出自剔除中饱，抑出自义务增加。以上两问题，务请迅赐示复。敬请勋安。

三月初九日续开协会与晏参议谈盐饷抵赌事，是日因晏参议安澜偕同梁主政致广到局，面复质问。当续开协会，入座后，晏起言昨接贵局来函，原拟即复，但此中曲折非面述不能详尽。兹就贵局所质问答复之。此次商包承盐，第一年饷额五百八十万。原额三百七十余万，增出约二百万，而番摊一项岁饷三百余万，不足相抵。至一百万，鄙人为广东人计，另生一筹款方法。曾向制府献议，使赌害早日禁绝。邱议长询问此方法是否须粤人义务增加，能否指出何项。晏对此系应当事，不必粤人义务增加。但权限外，事未便宣布，将来能否办到，非可预决。至此次承盐，已经有密电至部。鄙人奉查盐务，禁赌属地方官权限，能否办到，有无流弊，则非我所知。惟鄙人止能将承盐所增出之款，留抵赌饷。此第一问题，可以能决矣。至第二问题，现时办法，概要系不归一家包办。上河、下河各商联络一气，价数相平，使盐价不至大涨，亦不至大落，自无抬价病民。则第二问题可以解决。邱议长询问盐价是否有限制。晏答粤盐与淮盐不同，向无定价，限制颇难。惟设法不使其价增长而已。历将二处盐法征引比较。邱复问几时可将增出之盐饷提出抵赌。晏答四个月内。各人嫌迟。晏答此事须复堂官奏办，不能不需时，再速则不敢答应。莫任衡起言商包承盐，系因袁制军奏抵赌饷。其中有赞成者喜赌害之可除，有反对者懼义务之增加。若无需义务增加，而能筹抵赌饷，自然舆论一致。敝局质问书正为此耳。顷闻京都所述，经已电部，将增出盐饷准抵赌饷，深为感激，可否将此电明白宣布。晏答中有为难。莫复陈宣布之利，与不宣布之害。如不能宣布全文，可否节出关于抵赌饷之言宣布。晏答诸请放心。莫言："敝同人虽可相信，惟粤人视线所注重者，在此要点，如不宣布，恐酿风潮。"晏答该电意不出余款准抵赌饷而已。莫言："第一问题已闻命矣。若第二问题，联络平价亦是一法。但递年加饷数目若干？如何办法？"晏曰："第一年五百八十万，第二年六百二十万两，第三年则以能否销至宣统元年引额，如能则递加至六百五十万，第四年则递加至六百八十万，第五年则递加至七百二十万。"莫言："新商一千二万，旧商只得五百八十万之数，是否另提中饱之款。"晏答中饱在外。莫言："提出中饱，是否照奏案，仍留抵赌饷。"晏略沈吟乃答："我推诚相告，五十万以外则留抵赌饷。"莫言："何以五十万以内不留抵？"晏答："五十万以内须留为添置缉私轮船之用，亦无非以盐务所出之款维持盐商之意。"莫言："中饱实数查出若干？"晏言："现正调查未得实数，但从前既经查提及实在不能剔除者，不在此限。"莫言："此次承商加价，而中饱又在外，则所增之款从何而出？"晏略答数言。梁主政接言曰："系平上下河之兑价，增产业以平场价，严缉私以增销额。三者所出之款。"邱议长问："现时章程可宣布否？"晏答："只定大纲，详细章程现尚未定。因章程之立，必求无弊，故必需时日也。"晏随畅论，为政重在得民，禁赌为粤人最希望之事，余必尽力。有一事可以证明之者。近有人向盐政大臣泽公密陈，广东禁赌，不过化公为私，不必将盐款拨抵。经泽公电饬就近查明，余即电复力争，随将电文口述略谓（粤东禁赌诚难免化私为公，惟国家收取赌饷，实非政体所宜。且此次盐务增款，本为禁赌而起。粤人希望甚殷，谘议【局】及自治研究社一再要求，并谓赌饷但能筹抵，粤人自有禁赌方法。人心所系，名誉所在，不得不以此款拨抵。至于如何禁法，能否无弊，责在民政部，本处不能担此责任也。）云云。邱议长亲自执笔纪录送晏复视，由晏将所录者亲笔改正数字。各议员起立道谢。邱议长笑言："禁摊若成，当为我公铸半截铜像。"晏笑答："此次盐饷增出，尚不足抵番摊，则半数之功亦未能成，如铸像只可自肩以上。"晏复言："各位所望于余者，余已力任。然余尚有要求各位之处。此次之所以舍多取少者，实不欲破坏盐商世业。煞费苦心，诸多棘手。尚望各位维持。"邱议长请将本日谈话登报，晏极赞成。宾主一揖而散。

三月十三日四致晏参议函。海臣参议大人阁下：昨荷宠临，备聆谠论，并许力为肩任，将盐务增款抵赌饷。所以为敝省谋者既周，且挚感，且不朽。当将辩论所及，代为宣布。连日访诸舆论，则有未尽释然者。特再为执事详陈之。一、以盐价漫无限制也。查敝省盐价从前每斤不过制钱二十枚，浸假而加至二分有奇，浸假而加至三分五六，递年比较一起，即不得再跌。若如尊谕所云，悉照时价，似近宽泛。盖盐之丰歉，价之涨落，惟业盐者独知之，食盐者实无从稽核。倘藉口部章未有限价，虽藉每斤增至一钱，亦无从诘责。此虽愚民之过虑，然履霜坚冰，不可不慎。频年米珠薪桂，民已不堪，若盐再增价，恐贫民不免鼓噪，大非地方之福，亦非商人之福也。若谓淮盐亦未有定价，粤盐亦事同一例。但未加饷以前，未归全省专卖，盐价可以不定。既经加饷，又改专卖，操纵自由，自不能不显示限制。伏乞悬一标准，虽至贵时亦不能逾此，庶可以消释群疑。一以赌博之未能尽禁也，盐务增款实由禁赌而生。赌不尽禁，赌徒将舍此而趋彼，是禁犹未禁也。番摊流毒，酷于山铺票，去其太甚，似乎差强人意。然太甚且不能尽去，则粤人不无缺望矣。执事竭尽荩筹，盐务只（赠）〔增〕二百万，以之抵番摊饷，尚短百万。将先禁省城乎，则外府病矣。将先禁外府乎，则省城病矣。枝枝节节而为之，实属无此政体。若谓中饱在外，可以少抵。然执事曾说，陋规不过五十万，将留为商人置船缉私之用，则又成画饼矣。若谓别筹的款，无扰于民。然或取给于目前，不能行诸久远。数年而后依然仰屋，必有倡言驰禁者。根株不绝，死灰必燃。附骨切肤，恒怀惴惴。诚知执事煞费经营，煞费斟酌，始转而为此。然为浮屠者当合失，粤人实有厚望焉。凡此皆外间之议论，敝局有代表舆论之责，故不惮缕陈，尚求赐复。再章程如已订妥，亦望宣示。盖敝局权限所在，凡粤民义务之增加，皆当提议。临岐未及走送，尚希鉴原。敬请轺安。诸惟朗照不备。

三月十三日晏参议复函。兰池、子川、仙庚仁兄大人阁下：今夜十二钟，贵价至接奉钧函只悉。一是承询二事，具征远虑，钦佩无似。盐价限制难以遽定，前曾面述拙见。盖多则病民，少则病商。欲得一适中之数，实非易事。若但以标准二字立论，则去今两年省垣河兑价值，似即可作为比例。河兑不涨则岸价自不能增，但天时人事不可逆料。所谓吾能料其常，不能料其变也。即如来教，从前盐价每斤不过二十余文，逐渐加增二分有奇，以至三分五六，此亦无可如何者。不独盐价为然，他物似此者亦多矣。现定办法若无意外之虞，似不至于再增。至谓盐之丰歉，价之涨落，食盐者无从稽核。此谓远乡小民则可耳。诸君子近在省城，岂有不知者？况官督商办，非纯乎商包之性质。（各埠仍系分办，势处竞争，并非专卖。）食盐者即不能稽核，官亦断无不能稽核者。但履霜坚冰，实亦不可不防。可否试辨一二年后，再看情形，折衷定制。未识诸君子以为何如？筹抵番摊所短百万，此时似已另有可筹之款。若虑其不能持久，则亦有不能持久者，可以易之。此在贵局及早图维耳。鄙人如有可以尽力之处，亦必为之赞助也。夜已过半，心力不支，聊抒鄙意。尚希察照。总之，此次只以解决新旧两商问题为重。俟具奏后，乃定章程，彼时当再请教一切也。此复。即请台安不宣。贵局诸兄大人同此。不另。

宣统二年三月十六日发北京电文。北京盐政大臣泽公爷钧鉴：粤盐积弊素深，去年袁督奏请改良盐务，筹抵赌饷。晏参议奉查奏案，陋规不全除，盐价无限制。粤人切恨赌害，抵饷无着，则禁赌无期，尤为觖望。谨遵馆章召集全省议员，于四月初十开临时会公同研究。粤盐一案乞缓定。粤谘议局印。

整顿粤汉铁路事

宣统二年二月二十七日致龙参议函。敬启者：顷据陈君庚虞，以粤路关系之重大，风潮之剧烈，嘱敝局切实维持。特开临时会建议，实行查办之策等语。函寄前来。查路事之腐败，证据显然。既由王观察查复于前，复由袁制府奏陈于后，今又幸执事南旋查办。想此中弊混，从此可一扫而空。兹将该函送请镜察。并希垂教，专此敬请台安。惟照不备。

宣统二年二月二十五日致粤汉铁路公司函。径启者：顷接曲江南水大坑口分局函称：敝处大坑口乡乃粤汉铁路工程第十二段地方，并不设局购地，亦不会商地方官绅通知估价给值。而该工程师石板二郎，不遵定章，恃势欺民。于正月间率行开工，将界石嘴一带地方，民间坟骸挖起数十具，屡阻弗恤，混乱抛弃，凄惨已极。凡此小民莫不触目伤心，沿途痛哭，行道之人不忍闻见。目下群情汹汹，万口一辞。谓彼已违章强挖，我等惟有以一死对待而已。弟等一则为铁路股东之一份子，一则为闾里祸福之影响，睹此情形，势将决裂。虽经再三开导，极力排解，但人心愤恨，恐无知之辈，乘机生事。祸患堪虞，粤路前程不堪设想。除一面禀请曲江县勘办外，为此函恳设法调停拯救，以免激成祸变等情前来。查贵公司购地本有定章，何致如来函所称，未经估价给值，遽行开工强挖，如果所陈非虚，殊足为贵公司之玷。为此函达，务祈迅派干员查明妥办，以免生事，而保公安。并希将办理情形，详复敝局，是所切祷。专此敬请台安。惟照不一。

二月廿九日粤汉铁路公司复函。敬复者：二月二十五日准台函，接曲江绅耆投报，大坑口起迁骸罐一事。查公司购地委员已奉督宪札委高令世澄，昨经前往。二十二日业接来电，此事已经开导完结，众情贴服。谨将原电另带抄呈察览。至购地事宜，沿途设局办理。前蒙龙参议核定规则遵行。又骸罐每具迁费四两，早有定章。仰承垂注，同深感篆。再此事昨已先复陈君寿崇矣。专复敬请时安。惟照不备。计抄呈电报一纸。

电报附录。黄沙速送总理鉴：十九日会同曲江县往勘大坑口点验，挖起金塔四十七个，标记坟堆四十七穴，乡民心甚不平。务要石工程师分认何处挖起，方允领回。并有被泥压盖，坟穴尚多不能迁移。群情愤恨。再三开导，绅耆乡民既往不咎。诸多劝导，先将金塔领葬，以免抛露。有坟墓者亦速迁移。□□□即申饬泥工头，以后有坟处勿犯。其将泥坟主认迁，众情贴服。遵照俟坟墓主开列姓名到后，即给迁费。谨将会同曲江县勘办情形电陈以副廑怀。在省领款五百元除支薪水开办费所存无几。现大坑口已九十余穴，尚有未点验。另各处已挂号八十五穴，陆续发给迁费，急需款支应。请发款二千元，速派人解至沙口勿延。高世澄叩。

宣统二年三月二十一日再致粤汉铁路公司函。径启者：前据曲江县大坑口安良分局函。陈工程师不守定章，强挖坟骸，几酿事端各情。当经函准贵公司以已经完结，众情贴服。见复。并将高委办理情形电文钞示在案。现复据该安良分局函称，此事于二月十九日县委会勘后，迄今尚无切实办法普□□□□□闻不遵停挖。凡混乱抛弃之筋骸，固未分清给领。被泥压盖之坟穴，犹不将泥运开。以致已挖者无从领葬，未挖者无从迁移，际此清明时节，不得祖坟祭扫。民心愤恨，愈激愈深，恳速调停等情前来。核与高委员电报迥异。用特据情再达，务祈贵公司迅电县委从速办结，幸勿迁延。盼切祷切，专此即颂。时祺。

宣统二年三月十八日致粤路股东共济会函。公启者：现敝局同人以整顿路事、筹议禁赌为吾粤目前重大事件，非开临时会议，不足以资挽救。经联名陈请业蒙制府核准，并定四月初十日为开会之期在案。窃维路事积弊甚深，赌博为害至烈，宜如何建议整饬筹弭之处，非广征舆论不足成立确当之议案。夙仰贵会为粤路股东团体于路事关系较切，利害较悉。当有真知灼见，足为敝局议案之补助。为此函达并公推敝同人莫任衡、邓君寿、杨西岩三君陈述意见。贵会何日召集会议，请预日函知，俾得趋聆大教。务恳贵团体切实指陈，详细开示，于四月初十以前函送到局，以备印交敝同人研究，足纫公谊。专此即请公安。不备。

调取本省单行章程事

宣统二年二月二十六日呈督部堂文。为呈请事：窃查局章第二十一条第六项，有议决本省单行章程规则之增删修改等事件等语。是本局对于本省各项单行章程，均有议决增删修改之义务。惟是事项甚多，章程亦繁，逐一调查，恐亦未能详备。似请督部堂分行各署局厂所查照，凡属本省单行者，无论何项章程规则，统望各检一分移送本局，以为各议员研究之用。庶会议时何项宜增删，何项宜修改，早有定见。不致漫无预备，实为公便。所有请发本省各项单行章程规则缘由，理合呈请督部堂准照施行。须至呈者。

宣统二年三月初二日奉批答：来牍阅悉。候札行调查局将本省单行章程规则之属于地方行政者，汇录一份，移送谘议局可也。此复。

宣统二年三月十一日奉调查局移送单行章程文。为移送事：宣统二年三月初二日奉制宪袁札，据贵局请送本省单行章程规则等由。除批候札行调查局外，合就录批径饬。札到。该局即便遵批办理具报。并粘钞批一纸，内开来牍阅悉。以下同前批云云。移送谘议局可也。此复。等因。奉此。查地方行政之规定与人民之权利义务有直接关系者，在法理上统谓之单行法。而谘议局章程第二十一条六款所载单行章程规则仅为单行法中之一部分。应即按照法定范围，详检章程规则二十九种，添临时书记依照条文钞录，并将旧案缘由起以及执照式样，一并缮齐汇订三帙。除申报制宪外，相应备文移送。为此移请贵局，希为查照检收施行。须至移者。计移送单行章程规则三本。

调取盐课款目报告表事

宣统二年三月二十四日呈督部堂文。为呈请事：窃查本局议事细则第六十四条内载，得向各官署局所调取关于审查事件之文卷等语。伏维现时筹抵赌饷与盐饷颇有关系。本局为筹议禁赌等事，请开临时会议，当经呈奉核准在案。兹既会期在即，凡原日盐务岁出入各数目，自应切实调查。谨据议事细则所定，呈请督部堂行知广东清理财政局。查取光绪三十四年、宣统元年两年关于盐课岁出入正杂各款报告表，迅赐饬钞一份移送过局，以备考查，并资比较。是为公便。为此具呈，伏候准照施行。须至呈者。

三月二十九日奉批答：来牍阅悉。候行知清理财政局，查取光绪三十四年、宣统元年两年，关于盐课岁出入正杂各款报告表，径送谘议局可也。此复。

征取各府州县志书事

宣统二年二月二十六日呈督部堂文。为呈请事：窃维风俗习惯各处不同，而欲详细周知，不能不稽诸志乘之所记载。查我粤各府州县均有志书，其中有一再重修者，有多年未修者，或详或略，未必一致，然记载诸事要皆信而有征。本局议员虽皆籍隶广东，但幅员辽阔，甲县之人未必尽知乙县之事。现正切实调查而博访周咨，亦当征诸文献，以辨传闻之虚实。拟请督部堂分饬各府厅州县查照，务将各该属志书刷印一部，刻日移送本局，以资参考，实为公便。为此具呈，伏乞督部堂准照施行。再此项纸张工墨费应否由局分别备解，并候批示祇遵。须至呈者。

宣统二年三月初四日奉批答：来牍阅悉。候分饬各府厅州县查照，务将各属志书，刷印一部，刻日移送谘议局，以备参考。至此项纸张工墨为数无多，即由各该属自行于地方杂款内开销可也。此复。

番禺令滥刑女子许有事

宣统二年二月初五日诘番禺令函。敬启者：昨阅省城各报均载，有女子许有奉押在贵署候保所。又不安分，被看管。家人将其□□情形，面禀贵县升堂亲讯。适置有新刑具，状如木椅，中藏一手，下可穿绳，将该女子手指捆住。先喝门房拷打，再换亲兵，又唤皂役痛打。致该女子号咷大哭，叫喊连天等语。虽各报措词微有不同，而大致不外如是。是否果有其事，抑或坊间失实，均未可知。但披阅之余颇深骇诧。查该女子逮案之由，不过民事上之亲族关系耳。案经讯明，发县取保，似可无庸再事刑求。即谓该女子在监所之中又不安分，自应按照监所改良章程办理，处以薄惩，似不宜施以未经法部规定之刑具。谨按谘议局章程第二十八条，本省官绅如有纳贿及违法等事，谘议局得指明确据，呈候督抚查办。按语又谓谘议局为一省舆论所集之地。官绅有赂贿违法情事，人民必遭其冤抑。自应立予纠举，以顺舆情，敝局职司所在。此同人等所为，不能已于言也。报纸所载是否实情，用敢专函质问。即希示复为盼，专此敬请□安不备。

二月初五日接番禺令复函。敬复者：顷展贻函，谨悉一切。查女犯许有，系奉巡警道发下之犯，传属保领，不肯到案。该女犯在监佯为癫狂，掷毁火水油灯，殴打伤人。敝县是以提案诘讯，稍加戒饬。掷毁火水油灯，几生危险。在监殴人，例干责罚。敝县施以戒饬，自系正当办理。戒饬系向有之刑，无所谓之新刑具。贵绅等如不见信，不妨来署观看也。报纸所载，殊为失实，未可深信。专此布复，敬请筹安。

宣统二年二月十八日呈督部堂文。为呈请事：现准粤商自治会函开，接女子许有投词。据称小女子香山人，原由祖母郭氏许配同邑翠微乡吴姓。父锦泉光绪三十二年住广西当工程师，遗女与后母洪氏、叔镜池、婶陈氏居河南。光绪三十四年，后母洪氏、庶母王氏与叔婶催吴□□以家贫拟从简，并减礼金，祖母允，后母庶母及叔婶以无资陪嫁作罢。由是常骂逐迫，令只身返吴家。自缢蹈海均遇救。□□□堂庶伯母陈氏念佛，矢志不贰。去腊返省，被叔婶及大姨打，投警所公断，展转押解。正月二十六日复解番署押羁所，惨受家丁自称袁制台李鸿章弟杨家将等，又伴婆女犯锁禁空房。凌辱万状，索费不遂，诬为愿往。杨令提堂不由分说，以木凳穿掌再三刑讯，镣锁手足后交□□□□□。但吹箫至昨初九日送交广仁善□□□□□饬令自由。女子当以官衙无理，无辜刑□□□□令诉明雪，未蒙府准。今蒙善长优待，函讨原配到领。惟庶母王氏及叔婶大姨等□□□辱，衙署如此黑暗。伏乞代为申雪，死亦甘心等语。伏思监狱改良，既奉通饬照办。而狱中积习仍然如是，尚复成何政体。据报前情除函达广州府知府核办外，用再函请贵局，秉公核议代呈，方除残酷，实为公便等由。准此。查本局先于月之初四日见报登番禺县杨令恕祺擅用非刑审讯无罪女子许有一事。本局议员以事关违法，当即函询该县有无其事。旋准复称戒饬系向有之刑，无所谓之新刑具。如不见信不妨来署观看等语。于原函所援监所改良章程一层，概置不答。戒饬用何刑具亦不□□似觉答非所问。正在派员设法查取此案确凿证据。旋据粤商自治会函关以上各节，藉悉该女子许有因家庭变故，自投警局伸诉。经警局讯明，发交番禺县传领，是警局已认为无罪可知。而杨令竟视同刑事人犯，押之羁所，已属不合。既又纵令管狱家人索贿，索诈不遂，滥用私刑。又听信家人之言，诬以佯狂滋闹，复以非刑毒打。若使杨令于堂讯之时，该女子入闸狱情形，何难辨别真伪。乃偏听蜚语，擅作威福，弁髦朝廷务恤囚之意，以遂其残酷之心。违背成规，擅造刑具，谨查钦定六部处分则例内载“凡问刑衙门，于刑律所载应用刑具之外，创立名目和设非刑者，系州县官革职等语”，定例何等綦严。近复屡奉朝旨以停止刑讯，改良监狱为言。杨令竟置若罔闻。近闻此案经奉督部堂札府查办，应有正当办法。惟本局既准粤商自治会来函，理合代为转达。拟请督部堂再予札府，提取私造之刑具，立予销毁。并提同番禺管狱家人暨伴婆等，与该女子集案澈讯，分别惩办。案关滥刑纵役，应如何办理之处只候钧裁。再该县近在省垣尚敢违旨□法，其他州县离省较远保无有如该令之残酷殃民者？仍请督部堂通饬各州县钦遵谕旨，停止刑讯，并按照本局议决之监所改良章程办理。并饬各管道府严加查察，遇有酷吏立予禀揭，庶宪政前途方无阻碍。此案经常驻议员协会议决，遵照局章第二十八条据实纠举，呈请查办。是否有当，候批示施行。须至呈者。

二月廿一日奉批答：已札饬广州府查明核办矣。至各属看守所委员，现在遴派监狱学生前往，分别充当。与来牍用意相似，希即知照。此复。

三月十九日再呈督部堂文。为呈请事：窃本局前粤商自治会秉番禺县知县杨令恕祺办理女子许有一案，违法非刑，陈请本局建议。当经查照局章纠举，呈请督部堂派员澈查在案。旋奉批复已札饬广州府查明核办矣。至各属看守所委员，现正遴派监狱学生前往，分别充当。与来牍用意相似，希即知照。此复。等因。奉此。仰见督部堂慎刑恤狱之至意。查女子许有，其素行本局实未深悉。惟系番禺县奉巡警道札发饬属传领之人，乃杨令指为罪犯押之羁所，滥用非刑，违法已有确据。距今月余，未闻奉查委员据实详复，抑详复而未宣布。本局无自得知。比年迭奉诏屡以停止刑讯改良监狱为言。此案若稍有瞻徇，不特蹂躏法规，抑恐障碍宪政。究应如何办理，谨遵局章第二十六条，呈请督部堂察核并批示施行。须至呈者。

三月□日奉批答：此案业于广州府严守会同陈守复查，禀内明晰批示矣。除录批知照外。此复。

三月二十六日奉札复。为录批径饬事：据广州府严、候补府陈光焘会禀会查许有一案详细情形等由到本署部堂。据此除批仰按察司转饬外，合就录批径札谘议局即便遵批办理具报。须至札者。

计粘抄批一纸禀悉。此案以许有在羁所是否有不受约束情事，为杨令应否惩戒之前提。前批本甚明晰。既据会查许有在羁所有种种滋闹情事。杨令提案责打手掌，以不便拉扯，用木凳束指而戒饬之。同一掌责或在台，或在凳为以梃与刃之比。尚无另有非刑情事。惟杨令于监狱羁所改良未能虚心研究，一闻责备，动辄斥人为卑污。诚如该守前禀未免粗率，应行司记过一次以示惩。至许有在家庭骨肉之间，多所乖忤。据录各供，殊堪诧异。夫众好必察，古训甚明。设如该女子之祖母各供其家庭之际，为设身处地，亦必有愁然不安者。虽仁人志士善善从□而文明交拜之新人，究何以对匍匐公堂之二老。该守等谓既赋宜家之什，足盖往昔之愆。本署部堂雅不欲责备以求全，而人伦风化所关，即彰瘅是非所出。仰按察司转饬遵照。并张将办理此案大概情形录批，通饬各属总以注重伦常，改良监狱为必要。切切。此缴。供折存。

弛禁香港华文报纸事

宣统二年三月十六日呈督部堂文。为呈请事：窃本局现准商务总会抄文，香港华商公所来电内开，华文各报概禁入口，大碍省港商务，隔绝外埠侨情，贻笑外人，窒塞民智。乞请转呈督部堂弛禁，以维商业等由前来。查香港华文各报曾奉督部堂饬属查禁在案。现该华商公所称商务有碍，亦是实情。仰恳督部堂俯念省城商务与香港华文报纸息息相关，且经港商全体电陈，足征侨情所在。苟非有妨碍治安者，应请悉予弛禁。兹准前由。理合代为呈请督部堂察核，只候准照施行。须至呈者。

三月二十五日奉批答：来牍阅悉。查此案曾将禁止港报入口缘由，请民政部备案。希即查照此段电部原稿抄发。北京民政部鉴：洪。粤省距香港密迩。有等不逞之徒辄至香港开设华民各报。

限制赌饷事

宣统二年三月二十一日呈督部堂函。敬肃者：窃维粤东赌博其饷以海防经费之岁入为最多。其□以海防经费之中人为最烈。论者每比以洪水猛兽，诚不为过。伏读明公复陈粤省赌饷筹办情形一折。略谓饷则递减以至于无，赌则递禁以至于绝等因。仰见明公惠爱粤人，祛除赌害之至意，凡隶帡幪者宜如何仰体德意相与赞成。乃近阅省垣报纸载有赌商欲揽西关、东南关、老新城等处海防经费，纷纷赴善后局禀请加饷承办一事，见闻所及，不禁怃然。窃维赌饷一宗，在大府则冀其自有而无，在赌商则更欲增高继长。设使善后局员果能以明公之心为心，必不与递减之旨相违，即不为赌商所愚弄。岂肯再于将禁未禁之海防经费准令加增数乎？夫赌饷愈重，则筹抵愈难，势必致禁革愈无可望。本局为粤民计，为政体计，合无仰恳俯准札饬善后局，所有一切赌饷现纵未能立即禁绝，切宜暂仍其旧，勿再增加，以俟筹有的款分别严禁。务期钦遵奏案办理，实为公便。是否有当，敬候□裁。专肃只请钧安。

三月廿四日奉复函。敬复者：辱惠函以赌商纷纷争承加饷各节，殷殷垂问，具见热心桑梓。甚佩！此案前据善后局详已批饬藩司复议，务期不背奏案，无碍饷需。俟复到再行核办。此复。即颂大安。

宣统二年三月二十三日奉督部堂札文。为录批径饬事：据善后局详，老新城、东南关缉捕经费另改商人李耀兴等兼承，请察核立案等由到本署部堂。据此除批仰东布政司即转行外，合就录批径札谘议局，即便遵批办理具报。须至札者。

计粘抄批一纸。详悉万商鸿图既系杨副将洪标诡名，何以该局毫无闻知，直至承办三年之久。复经各商争承禀讦，始幡然变计。此端一开而鸡鹜纷争，遂有吴应勋等来辕之禀。总之，该局既归并在即，缉捕经费即番摊赌博，必应禁止，人所共见共闻。来详徒以另缴报效，及多觅担保为辞。即准予李耀兴兼承，徒觉自乱其例。总之，饷必递减以至于无，赌必递禁以至于绝。本署部堂早已奏闻，行知该局在案。其在未实行以前只须期限未满，尚无欠饷等情，及有切实担保者，即不必率行更动。若斤斤诡名与否，则所谓李耀兴者，又谁能确指为何人？徒多自□。该局现已克期归并，为日无多，自应由藩司核议以专责成。仰东藩司即详加考核妥议，具复核夺。并分别移行知照。此檄。

禁各省彩票到粤分售事

宣统二年二月初四日呈督部堂文。为呈请事：宣统元年十月二十三日奉督部堂札开，照得本署部堂于宣统元年八月二十四日恭折具奏遵旨筹议赌饷各缘由。今于十月十八日差弁赍回原折，奉朱批，著照所请该部知道。钦此。查折稿先经刊印附送在案。兹钦奉前因，除分别札行查照钦遵办理外，为此札行谘议局查照。惟粤省赌饷之害，前督部堂张奏陈在先，本署部堂奏复于后，其大宗赌饷不能不设法筹抵，其为数较少者则毅然先行禁绝。近阅报载江苏谘议局案，亦请禁江南、安徽等彩票，并限制广东、湖北等省彩票，不准到苏售销。可见文明日进，人有同情。粤省赌害既多，若不先择其力所能办者即行禁绝，亦将见憎于他省。而阻其售销，是彩票一项不禁亦禁也。故本署部堂对于粤省之赌博亦同抱一律禁绝理想。而筹抵尚未实行，则驱除赌害，惟力是视。所有广东榜卜饷即闱姓截至明年为止，及广东彩票截至本年冬底为止，不准再售。宣统二年之彩票亦不准他省彩票来粤售销各等因。即饬善后局查照原奏钦遵谕旨，分别饬商停止，永远不准复开，以符奏案，而绝祸根。并将饬停情形，由善后局具报。并分行知照等因。嗣准善后总局移同前由。具见督部堂驱除赌害，培养元气之至意。查江苏谘议局议决永远停止彩票一案，业经限制各省彩票不准到苏售销。现广东彩票既蒙截饷，饬商停开，则各省彩票似应一律禁其来粤。兹闻市上仍有湖北大小彩票及上海集益保商票销售。拟请督部堂迅将广东禁止彩票理由，录案分咨各省督抚，勿令该省彩票到粤分销。并请札饬各地方官，一体查禁，以期净绝，实为公便。为此具呈，伏候迅赐施行。须至呈者。

二月十六日奉札复。为札复事：照得本署部堂于宣统元年八月二十四日恭折奏遵旨筹议赌饷各缘由一折声明，粤省彩票一项截至冬底为止，并不准他省彩票到粤运销。于十月十八日差弁赍回。原折奉硃批着照所请，该部知道。钦此。先经钞录折稿，恭录硃批咨行钦遵在案。兹据广东谘议局呈称，广东彩票既蒙截饷，饬商停开。则各省彩票似应一律禁其来粤。兹闻市上仍有湖北大小彩票及上海集益保商票销售。拟请迅将广东禁止彩票理由，录案分咨各省督抚，勿令该省彩票到粤分销。并请札饬各地方官一体查禁，以期净绝，实为公便等由到本署部堂。据此应即照案钦遵查究，以一禁令。除咨两江、湖广总督，江苏抚院查照，转饬承办彩票商人勿令来粤分销。凛遵奏案，助绝祸根，实纫公谊。望切。及札广东善后局移会巡警道，通饬所属地方文武一体查禁。如有销售外省彩票商人店铺，即行追究封罚，勿稍玩弛，仍一面出示晓谕遵照外。合就札复谘议局查照。须至札者。

西宁县属外人建筑事

宣统元年十一月二十八日呈督部堂函。敬肃者：本局现据肇庆府议员叶瑞图函称。窃府属之都城圩地方，隶西宁县管辖，商业向称繁盛。前有外人欲在圩内收买地段，建筑教堂。经县绅商禀县禁止，经前县杨令介康批准不许私相买卖在案。现复有外人于圩内买地建筑，工将告成。不闻县令出而阻止，且外间纷说外人拟再买县属鹅公山以屯积物货。查鹅公山逆对西流，颇形险要。若外人于此建筑商埠，则西流市利，必为之囊括无遗。现三罗地面盗贼滋多，将来民教不安，□恐借此必酿成交涉。西江缉权方争回自办，而于外人收买地段创立教堂，经营商埠，置之不理，将不难为西江捕权之续。用特函请代达督部堂尚希卓夺等语。查外人不能在我国收买地段载在约章，且于向无教堂之地创建教堂，尤不能不加制限。可否请将该函所言情形，饬县查明系何国建筑，照会该国领事官，照约核办。肃此敬请钧安。伏维荃照不一。

宣统元年十二月初八日奉札复。为札复事：宣统元年十一月二十八日接谘议局函称，本局现据肇庆府议员叶瑞图函称。以下同前函云，照会该国领事照约核办等由前来。查教士在内地置买教堂公产，系为条约所准。惟租买之业须与该处附近民居并无妨碍，舆情亦属允协，方能兴建。西宁县属都城圩等处系属内地。

西江通商，虽准洋轮暂往停泊，惟仍不得开设行栈。究竟现在何国教士在该圩买地建筑教堂？何国洋商拟买鹅公山屯积货物？应饬详细查勘，刻日禀复，以凭酌办。除札西宁县遵照檄指事理，迅速查明情形禀复察夺外，合就札复谘议局查照。须至札者。

请核各项细则事

宣统元年十二月初七日呈督部堂文。为呈请核定事：窃查谘议局章程第四十五条所载，凡议事细则及旁听细则，由谘议局议定，呈请督抚批准后公布之。又第十条所载互选细则，五十二条所载办事处办事细则由谘议局自定各等语。本局开办之初拟订以上各项细则并常驻议员及守卫等细则，经将印本呈由谘议局筹办处转请察核。随奉文行。宣统元年九月二十二日准宪政编查馆个电开，查谘议局章第四十五条订明议事细则及旁听规则，由局议定，呈督抚批准等语。现在贵省谘议局此项细则如何批定即希速行咨送来馆备查等因。准此。查该局所订上项细则，昨由筹办处代为缴呈本署部堂，披览条文，尚属赅备。惟议事细则第七条得以延会句下，应添“但以一小时为限”七字，第八条得以延会句下，应添“但以二小时为限”七字，第十二条第二项若监督有紧急议决之要求时一句，照章应改为“若监督有交令急应议决之事时”。又旁听细则第七条第一项，由监督要求禁止旁听时一句，照章应改为“由监督特令禁止时”。此外，脱字讹文亦尚有未及校正者，应由该局迅加修改，并详细校刊径呈复核，以便照章批准。随时转咨宪政编查馆备案等因到局。奉此。复由各议员公同研究，多以原拟尚属简单，随即详加修改。计议事细则十章一百四十六条，较之原本益加绵密。其余旁听细则七条，议员互选细则十六条，常驻议员细则十三条，守卫细则七条，办事细则二十五条，均照原拟略事修饰，理合缮具清折三份呈请督部堂核定俯赐批准公布施行。并分别转咨宪政编查馆、资政院备案，实为公便。为此具呈，伏候照验施行。须至呈者。

宣统元年十二月十九日奉批答。此次增订各项细则，披阅再过较之原拟条文，既加完密，应即公布。一面由本署部堂转咨宪政编查馆暨资政院备案可也。此复。清折三份分别存送。

查禁惠州府鸽票花会等赌事

宣统元年十二月初五日呈督部堂函。敬肃者：粤省赌博种类甚繁，而为祸最烈，足以害及妇孺者，则莫如花会与小围姓二事。曾经迭奉各前大吏通饬严禁在案。现在本局准惠州归善县保和社绅函称，该县水口圩、万年乡及博罗县属七女湖三处横直十里地方，复有白鸽票厂即小围姓旧名五间出现。曾经该处自治社绅保和社绅分赴陆路提辕及府县署禀请封禁。该县饬差刘勖查复。讵该役通同作弊，受贿包庇。求代转呈札饬该属府县，拘封严究等语，正在核办间。又按广东地方自治研究所学员罗江等函称，惠州、陆丰县属开设花会票厂十余间，悉在上砂、下砂、螺溪、五云、新圩、田心坝、黄塘、东坑等处，均由该县河田分司钟巡检亮辉父子得规包庇。叠经该处乡绅彭思睿等旅省研究所学员罗江等，分别上控，均未奉批，求属严查等情。查谘议局章程第二十一条第十二款，收□本省自治会或人民陈请建议事件，又第二十八条本省官绅如有纳贿及违法等事，谘议局得指明确据，呈候督抚查办各等因。则上列两函均在本局范围之内，理合据情上渎请听。应请迅赐密札惠州府确查具复。如果所事非虚，务恳从严惩办，以除赌害，而儆奸贪，实纫公谊。专肃敬致钧安。诸惟垂察不备。

禁向臭冈丛葬事

宣统二年二月二十一日呈督部堂文。为呈请事：窃本局之东名曰臭冈，向属掩埋狱囚之所。查历来每遇决囚时，土工将尸棺舁至该处，常有暴露二三日，始行埋葬，而埋葬亦甚浅率。该冈与本局距离不及半里，现值春令，多扇东风。若果仍前浮厝，则顺风所及，尸气薰蒸，似于卫生不无妨碍。昨经饬传坟山局山保谕饬另觅一适当之地埋葬狱囚。兹据报称，小北门外横枝冈火药局之南，有一山场，土名二望冈，大片田左为湖南会馆义地，右为爱育善堂义地，咸丰年间曾将枭首之红头贼匪丛葬于此。若以之掩埋囚犯，似甚相当等语。本局复查无异。相应呈请督部堂俯准，札行按察使司及巡警道迅饬南番二县，严谕仵作、土工以后如有处决人犯，务须舁往大片地掩埋。不得仍向臭冈丛葬，免碍卫生。实为公便。为此具呈，伏乞准照施行。须至呈者。

三月初八日奉札复。为札复事：宣统二年二月二十三日据广东谘议局呈请，饬南番二县严谕仵作、土工，以后如有处决人犯，务须舁往大片地掩埋等情，不得仍向臭冈丛葬，免碍卫生，实为公便等由到本署部堂。据此。应如所议办理。除札广东臬司会同巡警道分饬南番二县谕饬遵照外，合就札复谘议局查照。须至札者。

裁撤去腊添派守卫事

宣统二年三月初九日呈督部堂文。为呈报事：案奉督部堂批本局具呈请暂加守卫由。奉批三个月内，暂加守卫四名，并酌给饭食银，用示体恤。事属可行，仍俟工程完竣，冬防稍松，即速裁撤，以符原案。希转饬该守卫长知照。此复。等因。奉此。当经函请巡警道照数选充。并准巡警道札饬本局守卫长钟琳，在东关一局巡士内选用在案。随由该守卫长选得区灿、周其、林广、林得等四名来局派充守卫。计自宣统元年十二月初八到差日起，至本年三月初八日止。已经三个月期满，自应裁撤，以符原案。除将该守卫送还巡警道衙门外，理合将暂加守卫经已裁撤缘由，呈报督部堂察核施行。须至呈者。

海康县秦令治理乖方事

宣统二年三月十七日呈督部堂文。为呈请事：窃本局现准雷州府绅士法政举人吴天宠等呈具请愿书内开，窃维行政虽循宪法，公论端在乡评。查前署海康县知县（奏）〔秦〕广绶治理乖方，挟前年告假回籍，倡办垦务。之前翰林院庶吉士农工商部主事李晋熙，因加赋劝阻，有拂其意之嫌。遂诬指为揽买军火，主谋械斗，包减征价，从中渔利，强霸垦荒，关说坦案各等情，禀请奏革。奉督宪批府查禀。前雷州府元守，以干预词讼，实有其事电复。嗣奉高雷阳道宪饬，据高雷两郡诸绅公禀并函，准调补广州府前雷州府宪复称，未闻李绅有干预讼事等由。蒙会同贵局筹办处司道宪禀，奉督宪批准补入选员名册内，饬将秦令广绶记过示惩。随于甄别案内，与元守同列弹章，是皆政事有乖自贻伊戚。亦足见宪明鉴别，公论难逃。乃元守不自引咎，复以李晋熙干预词讼，交府县察看为请。并以其弟教职李晋焘娶再醮妇关氏为继室，居心贪鄙，难资师范等由，禀奉督宪批行斥革。其李晋熙交府县察看一节，则饬按司会同藩学二司察核办理。绅等伏查李晋熙遭秦令挟嫌诬禀，迭奉饬行查明，已准补入当选员之列。是案经昭雪。李晋熙亦于去年十月回京供职。何须再交府县察看，似觉无此办法，想藩学按宪各自有权衡，仍恳俯赐咨请核明公办。至李晋焘之娶再醮妇为继室，系雷郡习（浴）〔俗〕，中年以后娶继室者，多择再醮之妇，通郡皆然。况关氏家贫如洗，亦无亲属子女可依，自愿改适。凭媒说合，经备身价洋银三十元，交其姑陈谢氏亲收，并由陈谢氏主婚。后陈谢氏为穷所迫，听唆呈控。在金县主案下批饬巡警局绅劝处。旋经局绅举人何沂、岁贡陈毓棠劝补身价六十元。两甘息讼有案可稽。讵事越七载，其前府宪元忽指为不堪师表禀革，未免强词。周内显系，自干吏议，故入人罪以遂其捏朦泄忿之私。绅等梓里关怀，难甘缄默。除联名公禀列宪外，理合公请列位先生大人据情转恳督宪核行免革，以顺舆情，而昭公允等由。查李绅晋熙平日束身自爱，征诸舆论尚属相符。前被秦令诬陷，经蒙洞鉴批销，准将该绅补入选举人名册。已于客岁十月入京供职。其前雷州府元守所请交府县察看之处，拟请督部堂行司注销。至李晋焘娶再妇瞧为继室，闻系雷属习惯。虽陈谢氏听唆捏控，既经局绅调处息讼。事越七载，始行禀革，其中恐有挟嫌。可否再札海康县澈查原案，禀复核办。以公舆论，以免冤抑。为此具呈，伏候裁夺施行。须至呈者。

三月二十一日奉批札。来牍已悉。所称前海康县知县秦广绥治理乖方各等语亦足观舆论之公，而该革员尚有被参冤抑之□。候札行藩学两司并案查明，分别禀候核夺。此复。

保护内河航路事

宣统二年三月二十六日呈督部堂文。为呈请事：窃本局上年呈报保护内河航路议案一件，嗣奉督部堂札复候咨商陆水提台，斟酌核办等因在案。现又访闻韩江一带盗劫复披猖。即从本年二三月内计之，潮府城北门外蔡家围河面，叠有货船在此遇匪，被其劫掠一空。且劫有伤人之事。查蔡家围离城约仅里许，且有府税关设立于此。该盗匪竟敢公然无忌截劫商民，其他僻远难保不愈加猖獗。若不据实呈请督部堂札饬该管道府妥筹保护，则商贾裹足，潮嘉一带商务顿衰。拟请督部堂俯准，一面严饬潮州镇道立将迭次抢劫匪犯悉数务获，分别追赃，给领究办。一面再咨陆水提台速筹办法或查照劝业道议复各节，分饬速行举办，以卫商旅，实为公便。理合具呈，伏候裁夺施行。须至呈者。

宣统二年四月初十日奉札复。为札复事：据谘议局呈称云云，以卫商旅等由前来。查劝业道议复保护内河航路原案，韩江之外兼及东西北各江。经本署部堂札饬按察司营务处及潮州镇道并分咨去后。旋准水师提台咨复内开，查各路水军舢板，北江原定韶安四营，西江原定肇安三营，省南及省北原定广安四营，分段巡缉。嗣因西江及省南一带河面辽阔，水流湍急，近来轮拖渡单行轮渡开摆极多，往来如织。贼匪常有行劫轮渡，复骑轮船转劫别船。行驶极远，湖南舢板断难追及。是以裁去西江肇安三营。省南广南安两营舢板添置轮船加密派段。盖河道深阔之处惟轮船始资利便，而浅窄之处亦为惟舢板方能畅行。因地制宜，未可稍涉拘泥也。前年争回西江捕权后，与英领事商定添置□江、大江、清江巩工固。并于西江省南一带轮渡搭客埗头每处派勇船一艘，查搭客军火。因一时钉造船只为难，且为节省经费起见，即将北江韶安左营调赴西江上游，省北广安前营调赴西江下游及省南各处。而省北及北江均各少去舢板一营，布置自难周密。现北江常有匪出没，省北亦极空虚。自宜将韶安前营调回北江，并将广安前营调回省北，以资巡缉而靖航路。西江及省南各处搭客埗头，搜查搭客军火亦极紧要，自应另行添派勇船，惟此项弁勇不能他调。而船只日久坏烂，修葺需费似不合算。不如仿照东江办法，建筑炮垒，每处派勇两队，并配长龙一艘。无事既可搜查搭客、军火，有警亦足以防御。计西江上下游及省南一带搭客埗头，约须建炮垒三十余座，长龙三十余艘，添募巡防勇三营，始敷分布。虽开办常年经费，为数稍巨，然后从此航路得保治安，于商务实有裨益。至谭游击另案所请，裁撤西江大小兵轮，添置湖南舢板一节，不特西江河面辽阔于舢板实不相宜，具与争回西江捕权原案亦不符合。西江自争回捕权，添派大小兵轮认真梭巡，两年以来，不闻盗警。自应如劝业道所议照旧办理，毋庸更改。相应咨复。为此合咨贵部堂，希为核夺饬遵，见复施行。……（以后下文，因原书字迹难于辨认，不再收录辑入本书。——编者注）

七、广东谘议局第一次临时会报告书

一件请召集开临时会并酌定会期呈文

为呈请事：窃查局章第三十三条，载有临时会于常年会期以外，遇有紧要事件经督抚之命令，或议员三分之一以上之陈请，或议长、副议长、常驻议员之联名陈请均得召集。又三十四条载，有凡召集开会应以三十日以前由议长将本届开会应议事件预行通知。又据第三十一条按语谓，临时会期则督抚酌定之各等语。是遇有紧要重大事件尽可随时召集会议，并于三十日以前预备议案及先行呈请督部堂酌定开会日期。兹查整顿路事、筹议禁赌，皆广东目前之最紧要最重大事件，似非仅常驻议员所能表决。若必俟常年会始行开议，则时机迫切，恐不及待。经于十二日开特别协会研究此项问题，议长暨常驻议员等，均以非开临时会会议，不足以维持全局。拟援局章第三十三条第三项办法，联名呈请督部堂公布召集临时会，俾议员等公同研究，冀收集思广益之效。至会期应以何日开始，并乞迅赐酌定批示施行。须至呈者。

批　答

来牍阅悉。据陈整顿路事、筹议禁赌，为广东目前重大事件。请照定章召集临时会，并酌定开会日期。本署部堂核与定章相符。应如所请办理。即定于四月初十日为开会日期可也。此复。

整顿粤汉路事议案

（常驻议员提出）

议　草　（莫议员伯洢拟稿）

商办广东粤汉铁路公司，其集股之多且速为中国商业所无，其业弊之深且固亦为中国商务业所无。查粤路全线六百四十九中里，就普通建设成本估计每里约需银二万元。除合兴已成三十余里及移交地基材料外，全路约需成本一千二百余万元。而原定招股章程限四百万股，共二千万元，连摊还赎路本息尚绰有余裕。尔时众情踊跃，股份突逾一倍有奇。计第一期所收股银元八百八十一万七千五百六十二元，第二期股银虽未截报，闻约八成五，亦不下一千万元。若使办理得人，分段同时兴筑，今日当可全路告成，推广支线。乃路棍朋比，营私害公。自丙午年接办迄今筑路基，由黄沙至石碑坑已行车者不过一百六十余中里，又由石碑坑至波罗坑已成而未行车者亦不过一百里。而收支处现报存款仅得三百余万两。据龙参议决算第一段至第五段每里成本银四万元，固属糜费。据邝总工程师预算，第六段至第十四段，每里成本银三万六千八百九十四元一毫，亦觉浮滥。且第一段至第五段施工较易，第六段至第十四段施工较难。邝为一手经理之人，何以工易而成本反重，工难而成本反轻？尤足为作弊之旁证。去年经袁督部堂参揭，大部特派龙参议建章查办。此事关系广东通省利病，谘议局为法定通省舆论机关，自应仰体诏旨切实指陈。仅于临时会提出将采集各处指出弊混之证据与整顿之方法条列如下：

弊混证据

（甲）收支部

一、浮支新泰厚元水。（见查账员布告清册天字第三页）

一、进少元记息项大元。（见查账员布告清册天字第三页）

一、查存汇丰、渣打、万国银行揭款账目不符。（见查账员布告清册天字第六页）

一、查存收支所与宝通银行来往账目不符。（见查账员布告清册天字第八页）

一、暂付暂借多不计息。（见查账员布告清册天字第九页）

一、买入港纸补水与沽出港纸得水比较未免吃亏。（见查账员清册地字第十五六页）

一、以大元易港纸，以港纸易大元，补水与得水比较未免吃亏。（见查账员清册地字第十页）

一、以毫子易大元，以大元易毫子，补水与得水比较未免吃亏。（见查账员清册地字第十页）

一、郭道记交二期股银不交现款。（见查账员清册地字第七页）

一、虚进虚支股银八十五万余两。（见查账员清册地字第六七八页）

一、己酉年列报总公司取银账目不符。（见查账员清册地字第三页）

一、揭出银两取息甚微。（见查账员清册天字第四页）

一、漏支宜源银店息项。（见查账员清册天字第九页）

一、冒支香港汇隆银店揭款厘金。（见收支所息簿）

一、个人挂借巨款或计息或不计息，即计息亦从轻。（见收支所息簿）

一、用人太滥，糜费太多。（见收支所丙午丁未戊申己酉薪金簿福食杂用簿）

一、每月每日存仓存柜银两动辄数十万，虚耗息项不少。（见收支所月结及大流簿）

一、保证揭款办法参差。（见收支保证底单）

（乙）工程部

一、首段至五段路工成本昂贵异常。（见查账员清册地字第二、三、四页）

一、联生公司承揽第五段工程未开车以前曾由公司挑泥培补完好，此款应向联生公司扣还。（见查账清册地字第五页）

一、未立续约，先付联生公司工价九万余元。（见查账员布告点名另单）

一、按支联生公司工价多于原约。（第五段事）（见查账员布告点名另单）

一、重支献兰北洋行货项。

一、重支喝式洋行镕验费。

一、重支山博新北洋行镕验费，现核出不止重支，直是三支。

一、朱商贤伪单串骗。

一、联生公司承揽第五段开山筑路工程立续约支价弊混。

一、联生公司承揽第六段开山筑路工程立续约支价弊混。

一、合记公司承揽第七段开山筑路工程立续约及支价弊混。

一、英合公司承揽第七段开山筑路工程立续约及支价弊混。

（以上各条均见查账员布告重支弊混合同单据清折）

一、开投工程材料弊混。（见查账员清册第二、三页）

一、各包工承揽各段工程逾期概不照约议罚。（见查账员清册第二、三页）

一、总理梁诚虚报邮传部冒称用去黄沙屯积地价四十余万两。

一、总理梁诚报部决算首段至五段路工成本不符。

一、雇用洋工程司薪费虚糜过巨。

一、总工程司邝孙谋滥支多数薪费及索补纸水之无理。

一、五段工程司程师李耀祥不胜工程之任且诸多弊混与支应员卫章甫朋比为奸。

一、胡舜琴擅离职守，滥支薪费。

一、李翰祥不胜总会计之任，引用私人甚伙。

（以上各条具见查账员布告银两数清册第五、六页）

一、购买唐洋物料每由邝总工程司经手而洋单不能交出者尚多。（见查账员布告咨询答复第五、六页）

一、重支洋单曾经邝工程司盖章实为串弊之的据。

一、购买外洋物料滥支佣钱。

一、伯著、卫德两洋行本系原厂，邝总工程司硬指为代理以掩给佣之非。

一、购运外洋物料本无水脚按柜，邝总工程司特别滥交非作弊即浪费。

一、购运外洋物料、水脚、燕梳等费异常昂贵。

一、坚匿卫德洋行合同。

（以上各条见查账员签询答复清折）

一、五段支应员卫章甫串同李耀祥棍骗兜吞源聚泰石子银八百余元。

一、五段支应员卫章甫捏报失窃希图吞款一千二百两有据。

一、五段支应员卫章甫骗吞宝安窑瓦渠筒银七百余元有据。

一、五段支应员卫章甫串同潘秀廷、张全私立合同承运沙石泥工渔利。

一、五段紧水坑桥监工邝桂甫工头区力曹锦克扣小工粮银有据。

（以上五条具由稽察员指出请龙参议查办）

一、五段副工程司李耀祥监造湖洞桥工翼墙崩裂有据。

一、五段叔伯塘路基迭次崩卸有据。

一、五段工程司李耀祥串同承揽人联生公司捏报叔伯塘路基被水冲为平地，希图公司补置。

（以上三条见督办粤汉路铁路大臣驻粤分局案卷）

一、五六段路线沿北江而行异常危险，将来养路费必多。

一、五六段加基以避水患殊非上策。

一、首段至五段并无难造工程亦无大桥山洞，成本每里四万余元难免糜费。

一、舍公司开山石不用以重价购买英石，每井价由十一元零至十五元五毫，以五段支应员卫章甫经手订购者为最昂。

一、七段桥梁未竣工者尚多。

一、各段桥梁俱以红毛泥捞石子做趸，糜费甚巨。

一、八段路基系建良公司承揽未竣工，遽予收，基公司吃亏甚大。

一、八段波罗坑监工叶坡山打桥趸椿六百余条，用小工费共四万余元，每条椿费洋七十余元，糜费之多，作弊之巨，罕有伦比。

一、八段波罗坑桥礅椿费洋四万余元仍未竣工，本年三月下雨数日即被水冲坏，以前用去巨款化为乌有。

一、七、八、九段工程糜费最巨，其中有不应建桥而建桥，不应做涵洞而做涵洞者甚多，糜费之巨，弊混之多，当以此为最。

一、七、八段路基沿北江河边而行建造御水石堤及砌鱼头石，工巨费糜，殊堪浩叹。

一、八段盲子峡路线迂曲，贴近河边异常危险，非从速改线不可。

一、各段监工太多，薪费优厚，浮开工数之弊在所难免，且沿（送）〔途〕雇用小工不少，公司向不派员查点，亦属失计。

一、八、九段工程因改造糜费者比比皆是，其中以桥梁涵洞工程为最巨。

一、九段英德桥打椿寔不合法，本年三月一场水即将已做之数万金工程冲坏，前功尽弃，材料随水冲去者不少。

一、八段波罗坑桥所用石子系就地雇工拾取，每井价三元至四元已属奇贵，而九段英德桥就地雇工拾取，石子每井价七元五毫，十二段桥工就地雇工拾取石子，每井价十元至十元有奇，尤为昂贵之极，难免弊混。

一、九段英德桥打椿有将数十尺之长木截短改作短椿者可（限）〔恨〕。

一、普通工程打十五尺至卅五尺，工价约一毫零至二毫零而止，惟九段英德桥打椿每尺报价四毫、三毫半、四毫半不等，难免弊混，且别处打椿所有咕哩上落椿及木匠打椿箍安椿架煤炭灯油、家私、杂物俱由承揽人自备，惟九段英德桥打椿此等费用均是公司所出，尤属骇人听闻。

一、九段英德桥工打椿挖沙，既属判与承揽人包办，而本公司每日雇用小工少则百多名，多则一百五十名以备承揽人调用，尤为可异。该段工程司哈利士、监工梁显廷、支应陈庚平，实难辞咎。

一、八段筑路既无预算表亦无平水图。

一、各段工程司在段上订购物料，判运泥土、沙石，每用重价判与承揽人包办，私立合约，不报公司，此中弊混难免。

一、各段开山筑路工程承揽人逾限竣工并不按照合同议罚。

一、工程上所用唐洋物料由邝工程司及货仓总司事许裁之经手购物者居多，小数物料不计，即大宗物料亦甚少招投，故铁器、枕木由董事邝甘泉串同外人承办，木料杉板由查账员许美成即许善诏所开之顺隆木店承办，沙石由梁总理之弟梁老十即厚甫私串外人承办，诸如此类不胜枚举。

一、各段承揽人包办筑路开山工程，其按柜银两或用股票，或用做小生意之店号出单，或用铺屋契据不等，儿戏已极，其中以前任董事梁某及现任查账员许善韶经手为最多。

一、首段前任支应员同伙梁丽文亏空公款四百元，伪单冒领洋银一百元，迄今仍未清还。

一、首段前任监工梁焕文五日内侵吞小工工数值银八百元，嗣由该段工程司查出革除而侵蚀之款迄未追缴惩罚。

一、首段前任支应员朱佩林亏空公款一万八千余，迄今仍未追缴清楚。

一、查账员指揭工程弊混，曾刊印成书分别布告，讵邝工程司以为诬捏，自刻辩诬书派送外洋各埠，此系邝工程司个人之事，竟滥支公司印刷费、邮寄费数百两，闻股东多不公认。

一、前任支应员沈伯明、林栋朝亏空公款各数百元，迄今仍未追缴清楚。

一、铁路处测量工程司及测地夫薪甚巨，亦属糜费之一。

一、洋工程司除应领薪水外复有所谓公费支给，为数不赀，而每次赴省或出巡工程一切费用及在工程厂所用柴薪、马匹、艇脚、家私、杂物器用、餐具、药料与夫因病就医等项小费俱由公司支给，糜费不赀。

一、工程处雇用小工因病送往博济医院就医，年中支销医药等费用几及万金，此亦糜费之一。

一、梁总理、金董事往清远、英德巡阅工程，一次只一两天，内报销费用百余金，内有一柱系犒护勇五十元，可谓阔绰手段。

一、邝总工程司自开办迄今出巡工程，每年不过数次，而每次报销兜轿、船艇、挑工等费十余元或数十元不等。

一、己酉年年结迄今未能清出布告之故，系因工程账房司账人黄兆之、尤辉廷、周章垣等错账万余金，对数不出所致，是否错误抑系经手人亏空，现未查确。

一、翻译员朱琴叔重支献兰洋行货账，自经查账员揭出，即已如数填还，本年由工程账房呈出购买港纸之宜源银店单，查系梁总理代款项填缴。经查办处往宜源查确有据。

一、购买唐洋物料发给货账其货单上必须盖有邝工程司图记方能到工程处领银。日前查账员查出献兰北洋行重支货项单据，俱盖有邝总工程司怀如至道坦四字印章，有无串弊，明眼人当能（辩）〔辨〕之。

一、邝总工程司胞弟邝芹生，以不谙工程之人派充首段监工，月薪由三十员加至六十元，嗣派充五、六段总监工，月薪陆续加至一百四十元。

一、邝总工程司族昆邝桂甫，以不谙工程之人，派充监工，月薪由三十加至六十元。

一、路线由北江河边过，经邮传部顾问员沙海诋为不合，曾于查勘后著有意见书存查办处。此虽勘路洋工程司威林士之过，亦未始非邝工程司不善办理之咎也。

一、各段私判工程及承运泥土、沙石，向由该工程司填给凭单，交支应员代向工程账房领款，常有并无承揽人姓名开列单上，蒙混领款者，殊属不合规则，而工程账房亦绝不抵驳，是否串弊尚待确查，此等领银凭单公司中人名之曰老虎，询不诬也。

一、邝工程司经手定购铜轨合同有涂改字迹情弊。

一、定购铜轨鱼尾铁螺丝合同并不指明西门士马丁钢，抑别色麻钢，且于成色高下、牵力多少亦概不详列明晰，以上等价购次等货在所难免，是否串弊，明眼人当能（辩）〔辨〕之。

一、邝工程司深居简出，甚少出巡，故工程腐败，若此工程员役弊混，若此实属有负股东重托。

一、首段至五段石子未铺齐且铺路多用红石子恐不耐久,而价亦昂贵,每井由七元半至八元三毫不等,较比长堤堤工局购用之蛇头弯上等红石子其价格贵至倍蓰。

一、首段至五段车站未尽建筑齐全。

一、西村站工料不坚实，现将倾跌，非拆卸重建不可。

一、首段至五段路面多未够阔，斜水太直，将来修路费不赀，若完全告竣每里成本当在五万元以上。

一、已行车之路现止一百六十里，雇用养路洋工程司一员名活爹路，每月薪费数百金，殊觉无谓。

一、总工程司眷用器物，亦由公司支给，虽丁未年以后不敢开支，然从前滥支之款数百元似宜追回以（重）〔充〕路款。

一、寄贮车头、车辆房屋迄未建设，现有车头、车辆无相当之地安置，深恐雨淋日炙不耐久。

一、邝总工程司请领材料漫无限制，绝不稽核，故偷窃变卖渔利者不少。

一、机器总管理雇用洋员礼利充当，每月薪数百金，此亦糜费之一。

（以上各条见股东共济会清折）

一、私立合同。

一、串投工程。

一、虚报小工。

（以上三条见股东共济会清折）

一、西村站墙壁甫建即倾虚耗巨款。

一、盲子峡工程危险弊混。

（以上二条见总商会清折）

一、土方码数不符。

一、梁总理、邝工程司滥用私人，有梁家祠、邝家祠之谚。

（以上二条见粤商自治会清折）

（丙）材料部

一、点存货仓，各物料多少不一，与账不符。

一、账目错乱，舛误所在多有。

一、华洋账目不完全。

一、前任货仓总管月薪九十元，现任总管月薪三百二十五元，相去径庭。

一、货仓无正式之簿记，无一定之办法。

一、账目延不交出，任意坚匿。

一、五段工程司李耀祥串同卫章甫勒扣联昌石价千余有据。

一、许裁之经理货仓数年并不将存货真数列册点验，货仓或多或少，且任意作价相差四五万元。

（以上见粤商自治会清折）

（丁）购地部

一、以多报少，被控有案。（见粤商自治会清折）

一、购地延误。

一、价目不一。

一、测量地亩图线不实。

一、周麟台坐办兼购地已革，仍滥支薪水。

一、账目糊涂，簿籍不全，碍难查账。

一、购入民地过割未清。

（以上见自治研究社清折）

（戊）车务部

一、车守疏虞，时有失窃。

一、车务帮查二人久不到差。

（以上二条见自治研究社清折）

一、滥发长行免暗耗巨款。（见自治会清折）

（己）总工司

一、总工司本年股东定期会并不宣布年结，违背商律。（见自治会清折）

一、用人太滥，薪费太优。

一、记账用洋文不合。

（以上见自治研究社清折）

一、梁总理月支薪费二千两，系属擅加。（见查账员宣布进支清册十五页）

一、各段护勇克扣灯油银，私灭伙夫额，并冒报勇死，骗领恤款。（见总商会清折）

一、干设罚款。

一、设会滥支。

（以上二条见股东共济会清折）

整顿方法

（子）催订章程

公司以章程为要素。粤路章程自光绪三十二年具禀商部，文内声明另订详纲专章。乃距今四年尚未提出，丛生百弊，是其总因。应责现届董事长速开股东临时会，详定章程，俾资遵守。

（丑）酌定薪水

公司薪水应为相当之酬报。查京张铁路詹天佑月薪五百两、公费三百，两总办亦八百两，分段工程司二百两，川汉铁路总理李稷勋月薪五百两，而粤路总理则多至二千两，其协理工程司及办事人等则均属过优，人皆视为利薮，宜从新比较各路，概行更定。

（寅）严议罚款

铁路查出作弊，照部章五倍议罚，但粤路作弊太多，应从前年股东所似十倍议罚，亦科以商律应得之罪，以儆效尤。

（卯）催速购地

现在韶关至坪石尚未勘路，各段工程亦未如期竣工，大半因购地延误所致，应催速南北购地委员赶购。

（辰）招包工程

各段工程及桥梁涵洞等皆系自办，故得以上下其手，应仿中外路工普通办法招投工料，同时兴筑，匪惟省费，并可速成。

（巳）慎重收支

公司出纳机关固宜统一，但仍恐徇情舞弊，应责成董事及稽察员随时稽查。

（午）担负责任

路棍惯技，利则争趋，过则争诿，自后应明定责任，无论董事、总协理、工程师及一般职员如查出某人弊混即归某人任咎。

（未）预储人才

铁路为专门工业，分业务、建设、机械，均由学而来。丁未年股东会议会有设立铁路学堂之议。但现在款绌事亟，筹办需时，似宜急则治标，一面派选聪秀子弟出洋先学速成业务，一面为铁路学堂之计画。

（申）布告预算表

凡规画路线无不预算，全路成本详细表列，粤路开办数年，未闻有预算之布告，故侵吞蠹蚀莫可究诘。近日邝工程司迫于公论，始将第六段到第十四段调制预算表，共计二百七十中里，须成本银玖百玖拾陆万壹千四百一十四元。而第十五段至第二十一段尚未之及，应责成一并调制，刻日布告，俾众具知。

（酉）设立职员会

粤路之弊在于权责不分明，又不统摄。应设立一职员会，分科治事，受成于总协理，与董事局对立，遇事乃能整理。

（戌）派员分赴调查

吾国路政官办以京张为最完善，商办以浙江为最完善。应派职员前往调查，为改良之张本。如款目簿计、材料簿计、材料购买规例、行车管理法、工人约束法、议事规则、治事规则种种均须注意。

（亥）职员营业限制

从前粤路公司中人，串放现银者有之，串投工程者有之，串交材料者有之，百弊由此而生。自后应严禁受职人员与关于本公司一切买卖交易，查出议罚，以杜藉公营私。

议决整顿粤路及拟修章程议案

呈 文

为呈报事：窃本局此次开临时会议，常驻议员提出整顿粤路一案，内别为二。一曰纠举弊混之证据，二曰讲求补救之方。当于四月十五日会议，经各议员公同研究，已得多数可决。惟该公司章程，开办数年，迄今尚未拟定，以至无可率循，百弊由此而生。故决定代拟章程以备股东采择，随即选出议员代拟草章凡十章一百十二条，业经迭次讨论意见尚无不合，自应遵守呈报，恳请督部堂照议决指证弊混各条，分别按名，照章惩办，并饬令该公司按照本局代拟公司章程草案暨补救各条，于八月初一日招集股东会议议决，以期实力整顿。所有议决整顿粤路及拟修章程各草案，理合缮折呈请督部堂裁夺公布施行。须至呈者。

计呈整顿粤路议案拟修章程草案各一扣。

札　文

为札复事：接谘议局呈报整顿粤路议案并拟修公司章程及各团体来件，当经本署督部堂详加披览，具见议员维持本省铁路用意至为周密。惟案经邮传部奉旨撤查，谘议局所请照议决指证弊混各条分别按名照章惩办并饬该公司按照谘议局代似公司章程草案暨补救各条，招集股东会会议议决之处，应并咨邮传部酌核办理，希候据案咨部，并将拟修公司章程草案札发粤路公司备阅可也。仍希谘议局将代拟章程草案补缮一份送院备案为要。须至札复者。

呈　文

为遵札补缴事：宣统二年六月初一日奉督部堂札开，接谘议局呈报整顿粤路议案，并拟修（以下同前札文云云）送院备案为要等因。奉此。遵即督饬录事速将此项章程草案清缮一份以凭补送存案。兹已缮就，理合备文补缴，伏候督部堂察核备案施行。须至呈者。

商办广东粤汉铁路股份有限公司章程草案

第一章　总　则

第一条　本公司遵照现行商律，经商部奏准归粤省商办，定名为商办广东粤汉铁路股份有限公司。

第二条　本公司为建筑粤汉铁路，自广东黄沙起到湖南交界之坪石止，必经之干路及一切必要之支路。

前项干路工竣，倘湘路未成，本公司得一气接筑其代修权利及赎路年限，届时按照三省原章程酌订呈商部存案。

（附说）光绪三十一年粤湘鄂三省代表员在鄂会订专章，三省建筑铁路，各筹各款，各从本境筑建，务期全路早日接通。三省同时并举，尽款先修干路，干路未成以前，三省皆不得另修支路，致误大工。湘省愿将宜章以下至柳州属境永兴县止之路，让归广东代修等因。倘粤路工竣，湘路未成，应由本公司一气接筑，以期粤湘鄂三省干路早日接通。其代修权利及赎路年限仍仿三省原章补订另报。现本公司先筑粤汉干路，由省黄沙发轫，经番禺、花县、清远、英德、曲江、韶州、乐昌至湖南交界之坪石地方共六百四十九中里，并接筑至湖南郴州永兴所属。

第三条　本公司商办期限俟全路告成，粤湘鄂三省交通开车之日起，以九十九年为期，期内悉系完全商办，不受变更。

前项期间内每岁所获行车溢利，除去股息及公司各项支销暨赎路经费外，每百元提取五元报效国家。此外一切赢余积款不受地方挪借及一切捐输。

（附说）查光绪三十二年本公司禀部章程奉批，粤汉系奉旨准归商办之路，嗣后酌度情形，再定年限。应仰承国家特别优待至意，仍照原章请以九十九年为期，期内不得变更商办局面。

第四条　广东全省支路，除广九、广埔潮汕、新宁广澳经奏明准办在前者不计外，此后凡有支路均准本公【司】陆续招股承筑，如确系粤人自集华股，按照本公司章程声请勘办，须经本公司许可转呈农工商部、邮传部核准存案。

第五条　从前合兴公司合同内所得之权利，如附近矿产、官荒石山、林木支路等项概归本公司享受，并请地方官实力保护。

第六条　沿路需用车站路线地方，如系官荒，应由本公司向地方升科作为公司物业。

第七条　护路弁勇遵照奏定铁路章程第二十二条，禀请督宪委派，其口粮由公司发给，惟沿途工匠纷繁，易兹事端，倘营弁有不听指挥或保护不力者，随时由本公司禀请撤换。铁路告成，其护路巡丁即归本公司自雇。

第八条　本公司系钦奉谕旨准归商办，一切用人理财不受地方干涉。

（附说）第四至第八各条系光绪三十二年禀部简章经奉商部照准。

第九条　凡本公司铁路经由之处，所有一切事件，应请地方官实力维持，悉照奏定重订铁路简明章程第四条、第十四条办理。

第十条　本公司勘定路线，其左右两面各十英里以内，他人及别公司均不得筑造平行线之铁路，以保本公司路利而杜争端。

第十一条　本公司应筹设银行为财政机关，未筹设以前应指定【其】他之一银行为存放银两之所。

依前项规定本公司所有现在存放之银两及将来各项进款除按月预算支款划出备支外，悉应存放银行生息。

（附说）查各国铁路均设银行以为机关。现在银行一时未能开办，所有存储款项应由董事局于交通、大清两银行中择一与商酌暂为料理，统筹全路每月客脚，货脚及各项进款约若干，各项支款约若干，预行划出备支外，即储存银行。按月照行价计息，每十日彼此对数截算一次，其余暂未动用之款，于卖长期或四个月或六个月或对周以月息五厘上下为断。

第十二条 本公司总办事处设在广东省城西关黄沙，总车头未建设以前暂设在西关宝华正中，约将来若筑支路，其分设各处者则称办事分所，冠以本公司名及地名归总办事处统辖。

第二章 股 份

第十三条 本公司股份实集八百八十一万七千五百六十二股。每股银五元，伸计银四千四百零八万七千八百一十元，酌分三期收足。

第十四条 本公司得设不买卖让与股份。

（附说）凡购本公司股份，如有来本公司报明愿将祠堂蒸尝股份及自己姓名股份，欲永传子孙不准子孙变卖让与者，本公司应为之另立不动股份分号簿登记。并于原股票驻明永传子孙不准变卖及转按转揭字样，加盖关防保护并由本人登报声明。

第十五条 本公司如欲添招新股，应集股东会议，其议决方法按照公司律第一百十五条办理。

第十六条 凡附本公司股份者当守本公司呈部奏定之章程。

第十七条 本公司收入支出均以双龙毫为本位。金钱银元、纸币照此伸算。（但日后，部定各省通行货币是否便利作为本位由股东会议决。）

第十八条 本公司股本周年六厘行息，闰月不计，每年二月登报，三月凭息折发给。

第十九条 公司股票以股银交清之日制付并附息折，其股银未清以前先制收条为据。

第二十条 于股东应缴之股银不能如期缴纳时，应由本公司登报催告约定期限，二次仍不照缴，即失其股东之权利。但股东有对抗之理由时不在此限。（关于前项之理由以股东总会议决之）

第二十一条 本公司股票应按照公司律第二十八条办理。

第二十二条　本公司设有股东名册所记各项如左：

一、记股东姓名、籍贯并现在所住及递信住址。

二、记各股东数及股票号数。

三、记各股分附入与转买后附入之年月日。

第二十三条　本公司系华商自集华股，不收外国人股份，惟原系中国人而曾入外国籍者，本公司仍认为中国人，有权可以附股，惟附股后即与中国人无异，仍须遵守中国商律及本公司章程。如有用外国籍名及牵引外国人干预本公司之事，本公司有权将原发收单股票息折注销作废，去其股东权利。

第二十四条　本公司股份不得转售或抵押与外国人，违者其股票作废。

第二十五条　公司每年结账赢余除提二十分之一作为公积，二十分之一报效国家，二十分之一为董事查账员总办理酬劳，又二十分之【一】为公司中各职员之酬劳外，其余按股分派于各股东。

第二十六条　公积遵照商律，以满资本总额四分之一为止，非股东会之议决不得动用。

第二十七条　如无违背本章程第二十四条之规定，愿将股票转售者，可向本公司索取印就之售股券，填写明晰，由售主及中证人签字与股票息折同交本公司收支所代为过户。

第二十八条　股票息折如有遗失毁废，得觅二倍其股数之股东作保证人，向本公司填具请补书，一面登二种以上新闻广告满二月，无人争论，即填给新股票息折。

第二十九条　股东息折遗失、转买分开、合并或更名号须换股票息折者，应由该股东按缴本公司所定相当之费。

（附说）分开者指一票数股分开为一股一票也，合并者指数股合为一票也。

第三十条　本公司不得自己收回或抵押所出股票。

第三章　股东会议

第三十一条　股东会议分寻常会议、特别会议两种。

第三十二条　寻常会议每年二月招集，即议决前一年终所结股分、银钱、地亩、材料工程支销及开车后客货之运脚利息之分派、各项账目，并为次年董事查账员之选举。

第三十三条　寻常会议时应将董事局提出之书类及查账员报告之情形调查而议决之。

第三十四条　前条之调查得由股东会选任临时检查员。

第三十五条　特别会议由董事局认为紧要事件或由本公司股本三十分之一股东说明事由请求开会时招集之。

（附说）查公司律股（果）〔东〕请求开会须有股本十分一，本公司集股至八百余万，若依此规定则股东殊难请求开会，应请准予变通定为资本三十分之一，得请求开会。所以保股东之权利也。

第三十六条　有前条第二项之请求，董事局不于一月内照办，各股东得禀由本管长官核准自行招集股东会议。

第三十七条　股东会之会期、会场并所议事件距会期三十日前由本公司先行登报通知。

第三十八条　无论寻常会议、特别会议，各股东有十股者得一议决权，十股以上者每加二十股得一议决权，百股以上者每加五十股得一议决权，一千股以上者每加百股得一议决权，一万股以上者每加五百【股】得一议决权。

（附说）按日本株式之金额不得下五十元，故规定一股为议决单位。我国公司律规定每股银数至少五元并以一股为议决权单位，本公司每股五元金额过轻，应请准予变通以十股为议决权单位。因律载十股可为董事，未有可为董事而不能得议决权者，并照公司律第一百条，但书制限十股以上议决权以防偏重。

第三十九条　有不满十股之股东得联合十股推举一股东或托其他股东代表到会议事亦得一议决权。

第四十条　股东委托代表人所出凭证应于三日前缴本公司查核。

第四十一条　凡非本公司股东不得为股东代表人。

第四十二条　凡赴会之股东应先将股票呈念号数、份数，以便照给各种票券。

第四十三条　非领有入座券者不得入座发议，行使议决权与选举权亦如之。

第四十四条　股东会开会时由股东公举主席一人，此主席本人姓名所占本公司股份至少须有二千股以上，议决后即销除主席之名。

第四十五条　凡于股东会之议决有特别之利害关系者，不得行其议决权，但得到场会议。

第四十六条　寻常会之议决，按照公司律第一百一条办理；特别会之议决，按照公司律第一百三条办理。

第四十七条　股东会议时，如股东临时有他事提议，须得众股东十人以上之赞成，并主席之许可方可列入议案。

第四十八条　股东会议时有一议决权之股东将账目签注者，即应得所签之账目交出会场撤查之。

第四十九条　股东会议无论寻常、特别均得展长会期。

第五十条　股东会议由书记登录，主席签字议决之事，董事局必须遵行。

第五十一条　股东会议招集及议决方法如有违背现行商律及本章程之规定者，各股东得于议决一月内请求本管长官宣告其无效。

第四章　职员选任及薪给

第五十二条　本公司置董事七人，查账四人，总协理各一人。

第五十三条　董事查账员由股东总会选任，总协理由董事局公举，呈由股东会可决，不得其可决时，须另举，再决之。

（附说）按公司以董事为纲领，应有进退总协理之权，公司律七十六条之规定亦即此意。但本公司各股东心理深妨串举为弊，咸有推重股东权之趋向。查公司律五十二条股东议决之事董事必须遵行，是总协理如不孚众望，股东议决开除董事在必遵行。然与其事后否决不如事前可决之，便移而易之精神一贯毫无抵触。本草案为此调和，一以保董事局之特权，使之由干生枝得收一气联（落）〔络〕之益，一以慎重选任杜串举之弊，而释股东之疑虑也。

第五十四条　凡本公司十股以上之股东其有左开资格之一者，得为董事及查账员。

（一）一人姓名占满本公司股五千份上以者。

（二）铁路学堂毕业得有凭照者。

（三）襄理路事确有经验者。

第五十五条　凡具有左开资格之一者得为总协理。

（一）办理路事确有成绩者。

（二）铁路学堂毕业得有凭照者。

第五十六条　董事查账员、总协理及司事人员曾犯左开之一者不得充任。

（一）曾经倒产挞欠未清者。

（一）曾被人控告吞蚀款项（无论公款、私款及营业款）查有确据者。

（一）曾被人控告棍骗钱财查有确据者。

（一）恃洋教、洋籍为护符欺压良懦禀控有案者。

第五十七条　董事任期三年，每年留三分之二按举轮替，但得连举连任。

（附说）查公司律董事任期一年，每年留三分之二按举轮替，依此规定则实际上每年轮替三分之一，除初年制签外，董事会期无非三年，故本草案就实际上三年为言非与公司律抵触也。

第五十八条　查账员任期一年，总协理任期三年，但各任期满后均得再选任之。

第五十九条　董事、查账员于任期内有怠于职务或违背定章及股东会之议决时得由股东辞退之。

第六十条　总协理于任期（丙）〔内〕有怠于职务或违背定章及股东会董事局之议决时得由董事局商承股东会辞退之，但不得其可决时，董事局对于本事件不负责任。

第六十一条　选举权数之计算与议决权数同。

第六十二条　各所所长由董事局在十股以上之股东内公推聘用，其自所长以下一切办事人员概由总（办）〔协〕理雇用开除并负其责任。

第六十三条　总协理、各董事、查账员薪水均由股东会议定，其所长以下职员薪水由董事局议定。

第六十四条　本公司大小职员俱实力办事，无挂名干修等名目。

第五章　董事局之权责

第六十五条　董事局为公司执行机关之总纲，以董事组织之。

第六十六条　董事局之会议按照公司律第八十五条至九十七条办理。

第六十七条　本公司所发公司文函电票据及与人订立合同等件均由董事局署名其往来文件底稿，董事局须保全之。

第六十八条　董事局有指挥监督总协理及以下一切职员之权。

第六十九条　董事局视工程营业之必要得分设各所或合并之，每所置所长一人。

第七十条　各所办事规则、款目簿计及购地章程、材料购买规则、工程管理法、行车管理法及客货车价一切条规均由董事局核定之。

第七十一条　董事局有措置动用银钱之权，但不得违背公司律第七十五条之规定。

第七十二条　董事局关于前条之事项如系恶意或过失至银钱有亏损时，董事局当负其责（侹）〔任〕。

第七十三条　凡包工购料及承载客货确有情弊，致公司受损失时，董事局应赔偿其损失。

第七十四条　董事局所聘任之职员致有前条损事项亦由董事局负其责。

第七十五条　董事局于开会一月前，应将本公司股份银数、地亩、材料、工程支销、开车后客货之运脚、利息之分派、并预算次年工筑程限及其分费目分别列表提出于股东会议。

第七十六条　前条列表须经股东会允许后方准实行。

第七十七条　董事局所提出之账目非经股东会承认之后不能卸责，但有不正行为时不问股东会业经承认与否，察出后仍当负其责任。

第七十八条　董事不得兼充查账员。

第七十九条　董事应逐日在公司专心业务，其办事规则由董事局自定。

第八十条　董事局执行业务不得违背定章及股东会之决议。

第六章　查账人权责

第八十一条　查账员有监查公司营业之状况及纠正账目虚伪之责并有质问总协理之权。

第八十二条　凡工程营业所到之地，查账员有分投查察之责。

第八十三条　查账员察出各所所长、司事及工程司等确有情弊时，应据实报告董事局处分之。

第八十四条　于董事局确有情弊或董事局于各职员之情弊显有偏袒时，查账员应随时登报布告股东，由股东请求开会核议。其报告费由公司支之，查账员于前项情弊经报告于股东，股东若放弃其开会请求权时，查账员对于本事件得不负责任。

（附说）查账员为监查机关。董事局有弊时应有总会请求权，惟公司律八十四条不认之本条规定，登报布告其请求之权，仍归股东，所以救未备而不至抵触也。

第八十五条　查账员不得兼充董事暨各所各长。

第八十六条　查账员不得侵董事局及总协理之权限。

第八十七条　股东对于公司疑虑时可询问查账员，查账员有据实答复之义务。

第八十八条　公司账目应按照公司律第一百九条所载，各项每年由各所分类造具清账，经稽核所之核定，由查账员复核无讹签名册上交董事局，刊印报告于各股东。

第八十九条　每年股东会议宣布账目时，查账员应证明账目无误，并负其责任。

第七章　办　工

第九十条　工程师应聘用本国人，但须聘用外国人时，按照部定铁路雇用洋员合同格式禀报核准，然后聘用之。

第九十一条　本公司购地悉照商部订定铁路购地章程办理。

第九十二条　本公司全路各段建筑程序办法及工程成本暨竣工、验工日期，应由总协理督同总工程司制造详细图表交由董事局核定宣布于众股东。

第九十三条　本公司全干路工程限宣统某年某月完竣，如逾限不能完工应由董事总协理负其责任。

第九十四条　各段公程应分段招包工料，同时兴筑，其招包办法以投标法行之。

第九十五条　招工包办各种工程应先缴交押款，其合同内应载明建筑办法、竣工期限及包工之一切章程。

第九十六条　铁路例得附设电报德律风，本公司俟援办时另订详章。

第九十七条　本公司路线有与他公司联接者，当随时商订共同行车章程。

第八章　会　计

第九十八条　本公司账目自开办日起，每月终一结，每年终一总结，所有股份、银钱、地亩、材料、工程支销、开车后客货之运脚利息之分派，随时分派随时分别登诸报章，俾众周知，并于次年分送年结。无论一人自占或数人合成，均以满一百股送年结一份。

第九十九条　本公司经营账目各员遇有替补时，须由替补人交代清楚并负其责任。

第一百条　本公司俟全路告成之日各处开车所入运费，除去各项应支外，如有赢余按照第□条办理，但不得移本分派。

第一百零一条　本公司系准归商办，所有出入账目无庸造册报销。

第一百零二条　本公司除遵章预算决算外，另于每季分别门类刊发营业报告书一次，其支配分送照送年结办法。

第九章　罚　则

第一百零三条　本公司总协理董事、司事人等违背商律及本章程者，凡属股东得禀请本管官处罚之。

第一百零四条　本公司自董事以下一切职员，非执行其职务不得串为于本公司营业之事项，违者罚以百元至五千元。

第一百零五条　除按照商律罚例办理外，其于本公司营业及财产确有弊混侵蚀情事应照邮传部订定铁路章程五倍处罚。

第一百零六条　经被控实及处罚之职员人等须开除其职任并所有本公司之权利概行销灭。

第一百零七条　本罚则对于本公司经过各人员无论何时均得发见其确证而处罚之。

第十章　附　则

第一百零八条　本章程于宣统二年（　）月开股东特别会经众议决，呈部核准立案，永资遵守。

第一百零九条　除本章程特定外，悉依商律办理。

第一百一十条　本章程各条应办事件本公司另订施行细则，由股东总会议决呈部存案。

第一百一十一条　本章程以后续添更改，须开股东会按照公司律一百十五条办理，一面呈部核准存案。

第一百一十二条　本公司除筹设银行外亦须自设铁厂及开办铁路学堂，届时由股东会议决举办。

请电留梁诚清理粤路交代议案

呈文

为呈请事：窃本局提议整顿路事，当具草案发交议员核议，正在开会间旋准股东共济会函开，路事以总理为重，闻总理梁诚已拜使德之命。在朝廷用人，敝会股东何敢置议，惟总理为股东所选举，对于公司应负责任。现大部正在派员查办路事，总理亦未选定，应俟查账清楚，接替有人，方能卸责。恳据情转呈督部堂电奏饬令暂缓行期，清理交代等情到局。业于本月十五日开第一读会会时并付议会令各议员公同研究。随有议员声称粤路之交通，系夫三省之发达。粤路之交涉，系夫大局之安危。若夫运粮以济荒，运兵以平乱，是又关于本省地方治安甚大，粤人所亟望其成功者也。忆昔粤路公司草创之时，官绅龃龉，备历艰阻，幸赖各表同情，踊跃认股，遂成数千万之大公司。讵开办多年，糜款甚巨，而成路无多，资本今将告空，腐败达极点，路局几成不可收拾之势。所幸者前督办大臣张洞烛其奸，严电申斥。旋由政商二界，举员查出弊混，分局总办王道台据实禀陈督部堂封章入告。皆按诸事实，不稍瞻徇，而奏中牵涉梁诚之参案尤重，业经奉旨着邮部切实查办矣。窃谓今日欲讨论粤路问题，不可不先行研究梁诚参案。查王道禀复有梁诚于查账吃紧之时，并未核准辞退，亦未交代清楚，辄自起程进京之语。若然则梁诚置粤路大局于不顾，视国家法律如弁髦。本局有根据法律监督地方之责，凡官绅有不法举动，自当援引法律以监督之。粤路为营业公司，请依商律研究梁诚之参案。查商律第三十条云，无论官办、商办等各项公司及各局均应一体遵守商部定例办理，据此则梁诚当入法律范围之内矣。又商律第一百十三条云，公司有权可以订立详细规条章程以补律载之不足，惟不得与明定之条例有所违背。据此则梁诚及公司办事人等不能借口奉公司之特例而违背商律矣。又查商律第一百十一条内载公司结账，必有赢余方能分派股息，其无赢余者不得移本分派。讵梁诚为粤路总理，竟与律背驰。于收第二期股银时减收若干，以作第一期之股息，其违背商律者一。又查商律第一百廿六条内载，公司创办人总办或总理人等有不将律定布告各事布告或布告不实者，依其事之轻重罚以少至五（员）〔元〕多至五百元之数，梁诚于黄沙购地事布告不实，其违背商律者二。商律第一百二十八条内载董事总办等违背商律及公司章程被人控告商部，商部应视其事之轻重罚以少至五元多至五千元之数。梁诚被参有案，其违背商律者三。又商律第一百二十九条内载总办或总司理人等有偷窃亏空公司款项者，除追缴及充公外，依其事之轻重监禁，少至一月多至三月，或并罚以少至一千元多至一万元之数。若系职官并详参革职。梁诚于总理任内，公司收九十余万大元，并不注明大元，欲以毫子相混干没银水四万余两。汇丰、渣打两银行存款数目不符，查账员签询则认为忘记补列。公司管账人凭伪单发银历九月之久，十余次之多，均未比对觉察。梁诚身为总理，所司何事？岂能不任其咎，其违背商律者四。且梁诚于丁未年十二月十七日呈邮传部、农工商部代奏电文有云粤路协理黄景棠告辞，前经电达在案，现董事局以路工吃紧，遵律选派罗守光廷接办，查罗守众望所归，原举坐办管理股银毫无亏短。又今年正式会复举总办逊让再三，才德兼全，绅商咸服，以充协理，洵属得人。除咨呈督部堂外，应恳电奏准立案。观此电则股银若有亏短，梁诚当任其咎矣。以上种种情形梁诚之违背法律已成铁案。乃竟不待查办，擅离职守，忽膺使命，不日成行。若不迅请督部堂电咨外务、邮传、农工商各部，奏留梁诚在粤清理交代，听候查办，恐梁诚一旦出洋赴任，事外逍遥，实于路政前途关系匪浅等语。经出席议员多数可决，并交令审议会开会审议。续据审议长以承交暂留梁诚清理交代一件，经于十六日开会已有多数赞成，应据情呈请督部堂电致政府，饬梁诚暂缓成行，以清理经手未完事件等词报告前来，又于十九日开第二读会宣布审议情形，再行会集公决，计可决者复得多数。谨据谘议局章程第二十八条将本局议决梁诚违法溺职，应请电留缘由，理合备文呈请督部堂察核，伏乞俯赐电咨奏明请旨饬令梁诚暂缓赴任，留粤清理交代，以顺舆情，而维路政，实为公便。须至呈者。

批 答

来牍阅悉。所陈系本署部堂专折奏闻奉旨交邮传部切实查办之件。自应静候邮传部查明奏复请旨饬遵，来牍请予电咨邮传部，请旨饬令钦差出使德国大臣梁暂缓赴任之处，本署部堂实不能如议施行。此复。

再请电留梁诚议案

呈 文

为呈请转咨事：窃本局呈请电留梁钦使诚清理粤路交代一案，经奉督部堂签复（同前批答云云）等因到局。奉此。经即誊发议员查照，迨二十五日开会，议员杨蔚彬请照原案仍请督部堂电咨，旋据各议员详加讨论，佥以本局为代表舆论之机关，而此次临时开会，又为整顿粤路起见。粤路关系重要之人，交卸未清，遽尔拜命成行。匪惟揆之商律诸多未合，即按之粤路前途亦殊大关碍，既为众股东群请建议，本局自不得不据情呈请。兹承批示自应静候邮传部查明奏复请旨饬遵，何敢再渎。惟查局章第二十一条十二条款系特许通达人民之情悃，而向例奉旨查办之件，并未禁止人民续行通达情悃，本局按照局章向例不敢壅于上闻，特以格于馆电不能径呈邮传部核办，惟有呈请督部堂准予据情转咨。在督部堂案经奏闻奉旨查办，固应静候奏复似难遽准如议施行，但由督部堂自出名义电咨与转据舆情电咨似微有区别，为此肯呈仍请督部堂体酌局章向例，准予通达情悃，转电大部。倘有碍难照准之处，可否准照宣统元年九月，宪政编查馆漾电办理并希示遵。须至呈者。

批　答

来牍阅悉。案经奉旨交部查办，希仍静候邮传部查明奏复，请旨饬遵。此复。

请派委詹京卿总理路事议案

呈　文

为呈请电咨事：现据粤路股东陈请，略谓粤汉铁路开办历四五年之久，縻款至千百万之多，仅筑得轨路一百余里，众情愤恨，舆论哗然。推原其故，无非总理之未得其人所致。本年四月一日开股东正式选举会以詹京卿天佑得票为最多，照章应委为总理。案经造册报部，自应静候复核札委。惟现在工程吃紧，势难稍缓须臾，请局据情电部迅赐宣示，以慰众情，而顾路政等语。查宣统元年十月初二日奉督部堂札知，宪政编查馆漾电内开，谘议局议事权限属奉谕旨不得逾越，自应恪遵办理。该局所议事件既以本省地方为限，自毋庸与京师各署文电往还，除俟资政院成立后，得照定章随时报告呈请资政院核办外，现在该院未成立以前，如有关系该局争执事件，暂准由督抚分别据情电咨核复，以昭慎重，而清权限等因。本局权限既明，自难与部直接。但路工握要，总理贵得其人，查詹京卿天佑历办张绥、川汉等路著有成绩，工程熟悉，乡望素孚，此次选举得票最多，尤见舆情所向，若蒙委为总理，洵可为粤路庆得人。理合具呈，仰恳督部堂俯念粤路之关系极大，总理之资格难求，迅赐据情电咨邮传部，请即宣示派委詹卿天佑回粤总理路事，俾顺舆情而维路政，实为公便。为此呈请督部堂察核施行。须至呈者。

批　答

来牍阅悉。已据情电咨邮传部矣。此复。

维持中葡界务议案

请议书（勘界维持会杨应麟等请愿）

窃自界务停议，葡谋日亟，大局阽危。谨将近日葡人举动，暨地方危险情形详陈之。澳门本属租借，实无海权。葡人于停议后，今春突在前山内海白石角海面新设水泡拦截内河。去岁又将湾澳河中水泡移近湾仔岸边，似此狡谋日甚，显背增减变更之条，阴行得寸进尺之计。海权一失，不独蹂躏边隅，势必牵动全局，可危者一。湾仔为我国领土渔业，亦我国内政，去年湾仔商人奉官札办鱼苗局，葡领竟照会督宪勒令撤销，虽经大吏驳复在案，而葡人反谓湾仔为两国所争之地，其言固谬，其谋难测，内政可任干涉，地方将非我有，可危者二。不特此也，各国均有租借，各省均有海权，万一援利益均沾之说，一葡人倡于先，众葡人继于后，砧俎之肉有限，列强之欲无厌。由是以思其害，伊于胡底。前蒙建议维持枌榆感戴，今界务危险倍逾于昔，幸逢开会有期，迫再备诉情形，合词请愿，务恳建议呈请督宪俯念疮痍，及时补救，则不特全粤有赖，亦大局悠关也。

呈　文

为呈请事：现准勘界维持会请议书称，窃自界务停议，葡谋日亟，大局阽危，至亦大局悠关也等情前来。当经请议审查会认可，旋于四月二十九日会议据议员再三讨论，以为此事本属外交，不在本局议事范围之内，惟查宪政编查馆议复考察宪政大臣（于）〔与〕奏陈谘议局章程权限折，军事外交裁判等事断非议员所能干涉，但以人民各具国家思想，苟实有所见，不妨上书陈请等因。今该会既来局请议，自应查照局章第二十一条十二款办理，转请核办，业经多数可决。理合据情具呈，伏候督部堂裁夺施行。须至呈者。

禁古劳小山票议案

请议书（粤商自治会请愿）

窃本会据鹤山县绅商任超治、劳世选、古容光等函称，窃查绍荣公司承办广东全省山铺票，原定山票每条收银一钱零八厘，去年该公司遵章在东莞石龙开收半毫山票，经东莞县绅林达高禀奉善后局严饬绍荣公司将此项山票停收，如违定行严罚在案。乃该公司又复在敝邑古劳墟添设阜诚山票分厂，每票一条收银三分六厘，按之定章实减收三分之二。忖思山票一项与小围姓同以千字文为赌博。小围姓经奉严禁，而山票暂准承商者，诚以山票每条收银较多，贫民不易猜买。当道权衡经重特严一毫（伍）〔五〕仙之限制，用意良深。今古劳厂违章减收，妇孺趋赴，每会收票常百十万，为祸之烈与小围姓等。敝邑频年灾异，元气凋敝，近复苦旱，财力愈竭，贪念愈狂，典揭既穷，流为娼盗。此而忍可，国不可以为国，人不可以为人矣。昨报载谘议局以古劳毫半山票害及省城贫户经呈请督院饬属严禁古劳山票来省销售，并请不准名利公司兼收小票，查前善后局撤销此项小山票经有成案。今既明知其害，自当一律禁绝，安有省城贫民不忍任其受害，而各属贫民可任受害之理。素仰贵会热心公益，关怀大局，用敢联请贵会主持公论，据情陈请谘议局建议呈请督院饬属一律严禁，以苏民困，而保治安等语。查赌为盗媒，流毒最惨，操此业者已属非人，乃政府饮鸩承商助虐，近竟有折收五仙之小票出现，尤属不成世界。本会提议设立禁赌会实行施禁，连日调查肇庆、新会、新安、清远、鹤山各处皆有此等赌徒，而以古劳山票为害最烈。据函前由合请贵局建议陈请督宪迅饬各地方文武先将此项山票一律禁绝，亦罚该商以违章害民之罪，实为公便。

呈　文

为呈报事：现据粤商自治会呈具请议书内开，窃本会据鹤山县绅商任超治至罚该商以违章害民之罪等情到局。查古劳小山票来省销售，前经本局呈奉督部堂饬属查禁在案。现该自治会请将凡折收五仙之小山票一律禁绝，无非为地方除害起见。当于四月二十七日集众议，各议员均称，此项小票贻害地方诚非浅鲜。惟承办山票章程未奉札交到局，其违章与否，本局无自深悉。如果承赌商人减价折收，系与原章违背，应请督部堂通饬各属查照，原案一律禁止。此案经多数可决，理合呈请督部堂察核施行。须至呈者。

批　复

来牍阅悉。候行广东布政司查明，如果违章，应即通饬各属严行禁止。此复。

请速遵恩诏释放囚犯议案

议　草（议员邓家仁、邓□鼒发起）

窃维舜典著告灾肆赦之文，周官详三宥三赦之之法。罪之有赦由来已古，自秦并诸侯，大赦天下，递汉而后凡即位改元皆有大赦，遂为常制。我朝因之，未之或止。盖一王之始，非徒市天下以惠，殆将令荡涤瑕垢，与民更新也。适者恭逢皇上登极颁布恩诏，内有云除真正死罪不赦外，其余自光绪三十四年十一月初九日以前已发觉、未结未发觉、已结者咸赦除之。圣谕煌煌，久已遍贴誊黄宣示中外，及逾年之久，访闻各府州县并未将应赦罪囚提核省释，不肖胥役因缘为奸，阻滞留难，志图需索，至使浩荡皇仁不能下逮小民，身幽囹圄，戴盆何以望天？彼罪囚之中，岂无父母妻子赖以为养？然或迫饥寒无知犯法，或因株累久被拘囚，今遇赦不赦，其妻孥之奄奄待毙者，更将转徙流离，无可告诉。况现各监狱未尽改良，渐届暑时，秽臭熏蒸，尤易发生疠疫，言念及此，良用恻然。所以华侨轸念同胞，前月尚有恤囚会之发起，本局为民请命，亟应呈请制宪迅即通饬各属，限文到三日内速将应赦人犯，一律取保释放，并严饬胥役不准需索分文，庶沐天恩之普及，咸改过以自新，似于朝廷省刑恤狱之要政不无关系。谨遵局章，提议请公决。

呈　文

为呈报事：窃本局议员提出请速敬遵恩诏释放囚犯一案。据议草内开窃维舜典著告灾肆赦之文，至省刑恤狱之要政不无关系等情。当于四月二十九日会议，各议员详加讨论，意见相同，经即表决，可决者已居多数。理合呈请督部堂察核施行。须至呈者。

批　复

来牍阅悉。查去年恩诏到粤，久已颁布行通省各牧令，援赦查办之禀已属不少。现称各府州县亦未将应赦罪囚提核省释。所指不肖胥役因缘为奸，阻滞留难，志图需索，恐必全无其事。惟罪犯应赦系指到案供招，业已定罪者而言。若案尚未定，则罪名之轻重未分办理，自有区别，非举囹圄囚系而尽释之也。然皇仁必须普被，得情尤贵，哀矜候札广东按察司调核各属五种月报如有罪犯应赦，延未禀办者严札饬催，并通饬各属严查书役有无舞弊，分别究惩。其情罪重大及罪案未定者仍应缉究，不得稍涉玩纵。此复。

保护山林议案

议 草（镇平农务分会商务邱理中、劝业分所邱兆中请愿）

广东全省地势东南面海，北负山，其山则南大领也。广东除濒海各州县外其治所在南大领山层中者居十之七八。故以全省计山多而田少，田之利已不足以养。而山利复不兴，此广东之民所以流移四出也。盖广东于中国为户口最繁之省，户口多而樵采于山者复取之无禁，故全省之山童者，十九原有之林采取将尽，新造之林复无所闻。于是民生日用应有之木材燃料或仰给外省，甚且给于外洋。此自穷之道也。且山林尤于水旱有关，近年灾旱之频仍，水道之淤浅，论者皆谓由通省皆童山者之故。然则造林之法固不可不急请求矣。夫有山则有草木，其致于通省皆童山者，则旧有法律固不足以保护山林。其大端也。今虽为预备立宪之年，而山林警察尚无实设之期，似宜先于本省特设专章，以为山林保护，庶几原有之林得所保护不致摧残而胥尽。新造之林有所保护，易相劝勉而成功。查广西保护山林已定有省例通行。今参采西省通例之可行于东省者，兼斟酌本省特别情形，拟为广东保护山林专章，呈请谘议局建议施行。

保护山林专章

一、此项专章系钦遵宣统元年五月十六日所奉谕旨，通饬各省振兴农林实业，并照部颁布分年筹备事宜表，第二年开垦林业之条特着保护山林专章通行遵保。

二、山岗原野凡用人力开垦投资种植之山林是有主之物产皆在保护之列。（释例）山岗原野包括人家、风围、坟林、园林而言。人力开垦〈东〉投资包括独资（合）〔和〕团体而言。山林包【括】竹、木、花果、药品及一切食用品诸植物而言。有主对于天然而生不经人而言。有主之物产包括官有民有而言。

三、窃盗山林物品计赃估价加倍赔偿，仍照刑律科罪。

四、放纵牲畜损害山林物品者，或放火故烧者，应计所损伤照数赔偿，仍按刑律科罪。

五、失火误烧山林物品计所损伤照数赔偿。

六、应归保护之山林，其四周与人连界处，各画出宽三丈之地为防火界。路之内不许栽植树林，并每年秋季必用人工划除界路内之草以防延烧并免侵占。

七、同一主人之山林区域宽广者，应于自己林界内划分小区开通防火界路，以宽三丈为度，或按年栽植一区，每区以界路为识别，尤易管理。

八、违背第六、第七两条不开通防火界路者，遇山林被焚时或争讼林界时皆失受保护之效力。

九、林界内原有通行大路者，人行之路须留宽六丈，牛马车经行之路须留宽八丈，方许种植，否则失受保护之效力。

十、林界内原有沟池、坡塘、桥梁、凉亭、庙宇、古墓名胜关于公众利益游憩者，山林主人均宜保管修理。

十一、林界内遇土石崩溜时，宜即修整完固以保公安。

十二、山林遇虫害发生时，宜立即用力驱除，并通告邻林主人同时并力驱除。

十三、山林藏猛兽及为害林木之禽兽，宜通告邻林主人协同出力除灭。

十四、违反前四条一规定者科以二元以上十元以下之罚金。

十五、区域内原有或新造之官有山林，四邻林主均有公同保护之责。

十六、在久经荒废之山岗原野出力投资垦种山林，如有附近村民出头阴挠或害其林产物或阻塞其运道者均各按律治罪。

十七、此次专章议决后应请督部堂定为省例，所有未书事宜随时由局续行酌订。

（附说）查广东山林之障害，莫甚于隆冬之候，放火焚山，其原因有种种不同：【一】由樵者利砍枯柴省人工便于挑鬻。二由耕者利用草灰待雨后流入田亩。三由牧人利生嫩草待春风吹茁新芽。四由猎户利于从禽惊栖伏便于追逐。有兹种种原因，每当物燥风高，遂有一星燎原之势，乡人习见不怪，无赖辈有视为戏举，非有所利而亦乘风纵火以为乐。观者平情而论。彼农樵牧竖之求利，未尝不择地而施，虽有迫近山林之时未必预存故害之意。若猎户则但择林业雀集之地便私图，而不计人害，害常及于有主之林，其居心固（己）〔已〕善恶半矣。彼无赖之戏举又有甚焉，行迹所至，往往一日燃放数十处，且必值风势飞扬之时，其为害也常连累百数十里，历数日夜而弗息。无论天生人为之林一炬成灰，岩崩石裂，岂非公益之罪魁，文明法律所难宥者乎？现所拟单行法于焚山案立法独严，庶几邦人诸友，咸知从此造林有保护而无障害，结合团体踊跃从事，上副朝廷与林业之至意，下副南方草木之旧观，兹非地方之幸福欤。

呈　文

为呈报事：窃准嘉应州镇平县农务公会劝业分所呈具保护山林，请议书内开，广东全省地势云云拟为广东保护山林专章，呈请建议并开列专章十九条且加附说。据云查广东山林之障害云云，兹非地方之幸福欤等情到局。当于四月二十七日会议，各议员佥称森林之利本属地方公益，本局无不赞成，惟所拟章程是否尽善，应交法律审查会逐一审查。旋据该审查会细加讨论，已将原章修正拟并为十七条。经于五月初二日开第二读会公同研究，复得多数之可决，理合将议决保护山林专章，缮呈伏候督部堂察核公布施行。须至呈者。

批　复

来牍阅悉。所议保护山林章程，甚为周密，应准饬知劝业道分行各属查照施行。此复。

请核办韩江流域劫案议案

请议书（大埔县自治学员黄鹰甲等陈请）

窃埔邑张举人克诚本月十二日由广州首途赴本邑劝学所总董之任。十七日舟次潮郡之意溪北开面仅离咫尺，三更后突群盗猛至，拥入船中，各执双刀洋枪逞凶肆劫衣箱、银物，搜括一空，刀伤客伴胡玉邻及水手刘清等船户。刘贤赴水投该关饷船喊救，而强盗肆意饱掠鼓棹而去。十八日张总董赴海阳县报案。勘验确后于竹木门外，拿获劫盗李荣五、蔚观盛、窝盗邓烈三等供认亦确。然赃不追究，案尚虚悬，因是之故，张总董惨能久待，迫得面谒海阳尹及镇道府各宪哀诉处理。乃告立经二十余日，盗案如故，贼匿亦如故。此诚可大诧异者也。查韩江一带近数十年并无劫案。乃数年来官吏荒嬉于上，平素既不为预防有劫，复不严捕缉。而差役遇有劫案，官吏既无严责其捕缉，复得因此而鱼肉平民，几有反视劫案为利之心。而贼匪既可偿其大欲，又可免捕缉，横行之来，实由于此。计韩江一带去年至今劫案之多既百余起，仅就去年十月二十九日起至目今其劫案之多既贰拾陆起。（别详于表）此皆汕头各报载之綦详者也。而报案者乃属寥寥，追原其故，始知每一报案，差役勒索多端。被劫者徒重耗报案之资财，而案又从无破获，故虽遇劫相戒以不报为愈。夫潮汕相距咫尺，以汕报日载劫案，潮州官吏岂无见闻，如查得其讹也，则不应任其枉造谣言，惑乱商旅。如查得其实也，则人民以最贵宝之财产、生命惨被劫伤，而竟隐忍不敢报案，则究竟何因而至此？官斯土而为民父母者，岂可视人民之痛苦如秦越，而不一求其原因乎？以陈府尊素称严明，如张总董亲遭劫夺，面谒陈府，差役尚勒索补禀银贰元肆毫，谒吴道差役又勒索补禀银伍元。其严明不如陈府，其被劫又属细民不能面谒陈情者，其勒索之横多更可知矣。张总董虽为差役勒索，尚为获得有匪，纵赃案两悬，较之已被勒索而从未获匪者既相去天渊，以视遭劫被伤而亦不能报案者更相去远矣。嗟嗟行人不幸而遭劫，已经片物之无存，哀吁父母之矜怜，反受衙役之讹索，甚至视官衙有甚于劫匪而不敢报案。揆诸设官保民之初意，岂若是乎？窃查谘议局章程二十一条第十二节有收受本省人民陈请建议事件，理合联名据实恳请转达督宪，迅赐派员查明各劫案核办，一面严饬潮州道镇府各宪法规定严缉劫匪，究窝追贼，按法惩办。并令各衙门严禁衙役勒索积弊，庶公安可保而吏治因以清焉。为此公请俯赐察核施行。

呈 文

为呈报事：现据潮州府大埔县地方自治学员黄鹰甲等陈请，谓埔邑张举人克诚本月云云而吏治因以清焉等词。并开列韩江流域劫案表前来，核与局章第二十一条第十二款相符，当付议会。随于五月初二日会议，佥称盗贼披猖，文武官捕务废弛，复于失主报案，任令衙役需索，殊足为地方大害。应将该劫案表转呈，（即）〔既〕经多数可决，理合备文连表呈候督部堂察核施行。须至呈者。

批　复

来牍阅悉。韩江一带盗劫频闻，及张绅克诚被劫一案，前据呈报并绅商电禀已批饬司处移会镇道严行缉捕，妥筹办法在案。现既列表呈阅自应逐案勘缉，候札广东按察司会同营务处移行遵照勒限严缉，如再玩纵，定干参撤〈参〉不贷。此复。

纠举饶平县龙令违法纳贿议案

议　草（议员李鉴渊提出）

州县为亲民之官，对于地方造福固易，为祸亦烈，故我朝特悬厉禁。凡官吏有违法纳贿者，即置于法，所以饬吏治也。自官方既坏，州县益无所忌惮。每署一任补一缺则从而剥削之、蹂躏之。大吏即虞耳目之难周，同僚又以见好为能事，因而闾阎饮恨，百姓蒙冤，吏治之坏几于彼此一辙矣。然据所闻未有饶平县令龙朝翌之甚者也。该令自到任以来历今三载，毫无善状，案牍山积，苞苴是闻。加以举动无常，喜怒不测，种种劣迹，藉藉人言。夫以饶自黄冈变乱以来，反侧未安，得良有司，以抚循之方虞不足。若如该令之种种谎谬势必再惹起祸变，而生绝大之影饷，非请制宪查办撤参，不足以肃官方而维治安。仅就闻见所及逐列于左。

一、饶平县附城詹姓押店被贼撞劫，向县禀报。适该令侦知该盗委系道韶乡人，即诣围捕场获黄木胜一名，仍责该乡绅士具限送匪，嗣竟以仅具花红六名，得银八百元，悬案不理。

一、隆都店仔埠贼伤杀防勇，经潮州镇孙军门剿办，该令藉名查办，即带差勇勒具萧姓花红一千二百元。该姓苦于筹付，将所开有名捆送，该令拒不肯受，勒齐银项始许销案。

一、黄冈张邓两姓因争蚶场事，将酿成械斗。经两姓绅耆严请弹压，该令（暨）〔既〕置不理。侦知斗案已成，地方蹂躏，即行诣乡，多方迫勒，计得三千两。只以一千五百无通禀为统计所经费，余则没入私囊。

一、黄冈前年因略染时疫，有巫创设神坛书符咒于白扇上，旁盖以八卦印，谓悬诸门户可除灾害。适有余三平者，过于迷信，至坛求白扇以归。道遇该令，即张大其词，妄指为白扇会匪，枷禁数天，勒银五百元，始行释去。该事系柘林巡检关晋祺经手。

一、该令因赴隆都办案，特请张五祥到行辕商酌学务，突以庇匪恐喝，竟勒去八百元，妄称为缉捕之用。

一、吴少鹤隆都洋商也，因病故。该令素不识面，因涎其富即亲临吊祭并挽以联云“君去已千秋执绋无从思范叔，我来迟半月泛舟恨不识陶朱”得拜跪银四百元。

一、水口乡因私开花会一案。该令竟不分良歹，多方罗织，叠带差勇多名横封邱姓祠屋数十所，滥捉无辜，致关乡老少流离，十室九空。

一、黄冈上步乡余永秉，人素安分。该令无故加以匪名，押勒银二百元，始行放去。

一、黄冈余家发因窝家一案，经黄冈分府严（鞠）〔拘〕取，具口供解县核办。该令因与分府素挟意气，竟认家发为线工，不问而开释。

一、该令素具赌癖，朝夕以麻雀为事，莅任以来结案只有六起，余则批而不讯，或讯而不结，或并批而无之。

一、该令对于结案时只具空白两纸，勒令两造补录供辞，先行画押，即为了事。所具甘结率无只字，或事越数月，不见堂判。

一、该令对于一切新政，一味敷衍，学务日形退步。城中设巡警局一所，巡士只有十名。习艺所一处，习工则只有数名，他若教育会、待质所实未举办，则混行瞒禀。

一、饶平县差役陈峰、黄进无恶不作，前被控告经前任李府宪提分别严惩。陈峰则声明不准再行承充，黄进则礅禁海阳监。嗣进竞逃脱，上宪追拘，案悬未了，该令抵饶探悉两犯善于是剟削，寄以心腹无所不为，阖邑侧目。

呈　文

为呈报事：现据议员李鉴渊提出纠举饶平县龙令违法纳贿议草，并将实据十三款一并开列。当于四月二十七日会议，随据各议员声称龙令既有违法纳贿确据，自应遵照局章第二十八条办理，业经多数可决，理合备文连同议案清折呈请督部堂察核施行。须至呈者。

批　复

来牍阅悉。举饶平龙令违法纳贿如果属实，自非严予撤参，不足示儆。已行司委员驰往撤查禀复矣。此复。

纠举东安县典史违法收讼刑勒孀妇议案

议　草（议员陈鸿煊提出）

朝廷修订法律，分民刑事诉讼，所以慎刑也。而民事之中仍视其职之应收受与否方得行裁判诉讼之权。立法綦严，无可稍假，不谓竟有违法之典史敢擅收民辞，刑押勒遵，嘴责孀妇。其悖如此骇人听闻者。查东安典史钱其俊性极贪劣，与蠹役联络，招收讼事，有走递文书马差文富觊孀妇陈关氏有屋。在邻托关氏侄陈连发说合租借。因欺其婶侄不识字，（倩）〔请〕人伪批为契。关氏又有侄陈连升，闻知即与理论。文富贿控于该典史，勒令断卖。关氏不允，该典史胆肆威虐，将关氏嘴责三十杖，陈连发四十，陈连升锁押。关氏以孀寡无奈，愤欲寻死，舆论大愤。煊四月初旬经县城来省，曾语各绅须将该典史违法肆虐情形先申诉县主，严加惩责，未知如何办法。迨阅四月二十二日报纸将此事函登报章，声着其恶。窃思酷吏虐民，不顾国法，岂顾名誉？似此违法，窃权妄刑凌寡，以区区一典史尚敢如此，则职位稍大者，更可淫刑肆虐，民曷聊生？立宪前途何堪设想？本局为民请命即当据法纠陈。谨按局章二十八条提出请公决。

呈　文

为呈报事：窃本局议员提议纠举东安县典史钱其俊擅理词讼，刑勒孀妇一事，据议草开朝廷修订法律云云二十八条提出等语。当于五月初二日会议，佥谓官绅违法，本局原有纠举之权，今既指明确据，自应照章呈候查办。可决者业得多数，理合具呈，伏候督部堂察核施行。须至呈者。

纠举番禺县杨令违法非刑仍请照章办理议案

议　草（常驻议员提议　莫伯洢拟稿）

窃谘议局为朝廷法定之代表言论机关。日前本局纠举番禺县杨令恕祺违法非刑一案，始终根据法律。三月二十六日奉督部堂札复内开，据广州严候补府陈光龙会禀会查许有一案详细情形等由到本署部堂。据此，除批仰按察司转饬外，合就录批径札谘议局即便遵批办理具报等因。查札复未有录票，如何禀复不得而知。但细译批词就法律言，本局固不能遵批具报。就事实上言，亦不能遵批具报。盖杨令之是否违法应以许有当时有无犯罪为断，不必问其平日经过之历史，与日后发生之案情。查女子许有初由巡警道札发前番禺县周令饬属传领。因传领不到，再发杨令核明原卷提讯核办。其非罪犯之确据一。严守查复禀内亦谓因其叔许镜池不愿赴领，许有亦不愿回家。原聘吴姓尚未过门，未便移解香山县传领，故将其发落善堂。其非罪犯确据二。许有既非罪犯，自不应置之女羁，乃杨令任意妄为，视同刑事人犯交押羁所。即此已属违法，又复轻听家丁一面之词并未讯明原委，录取确供，率尔非刑掌责。及闻舆论责备，不知避嫌，自行具禀督部堂辨护，硬指为系奉警道寄押之犯，故入人罪，捏蒙上司，胆妄已极，尚复何惮不为。查律载凡妇人犯罪，除犯奸及死罪收押外，其余杂犯责付本夫收管。如无夫者，责付有服亲属邻里保管，随衙听候不许一概监禁，违者笞四十，况许有本无罪之可言。予此杨令违法之铁证也。杨令是否非刑应以刑制为断。伏读督部堂批云，杨令提案打责手掌，以不便拉扯用木凳束指而戒饬之，为问用凳束指掌，责女子是否刑制所规定，答云同一掌责或在台或在凳，为以挺与刃之比。准此类推，同一死罪，刑律何以书分绞斩。明明非刑而可以梃刃附会，充义至尽。恐开地方官滥用非刑之端。查六部处分则例内载，凡问刑衙门于刑律所载应用刑具之外，创立名目，私设非刑者，州县官革职。此杨令非刑之铁证也。伏念近年迭奉明谕改良监狱停止刑讯。番禺近在省城，杨令尚敢违法非刑，僻远州县，上官耳目不及，更恐难免。日前本局呈请督部堂通饬各州县凛遵停止刑讯之谕旨。并按照广东监所改良暂行章程办理，全为尊重法令起见，非为许有讼冤也。至对于本案，请札府提同管狱家人，暨伴婆一干人证，与许有集案澈讯，分别惩究，最为平允。严守案奉札饬查办，自应集讯明白，以昭折服。讵查办草率，仅凭番署人役之言据以禀复，致与杨令禀词颠倒矛盾，一则言许有先掷毁洋灯，而后殴人，一则言先殴人而后掷毁洋灯。其不足以成信谳，已可概见。而续奉会同陈守查办仍不集讯，显系为杨令掩盖。本局权责所在，既接受陈请，不得不遵章纠举，但纠举后查办如有不实不尽，能否再生效力，条文简略不敢妄揣，惟有仍照局章第二十六条呈请批答。倘无庸再予批答，似属本局争执事件，惟请督部堂查照去年宪政编查馆漾电，据情电咨核复，以便遵守并将质问条件开列。

（一）议员纠举官绅违法呈请查办是否有遵批具报之责任？

（二）饬属传领女子是否可称罪犯，是否可以收羁？

（三）将饬属传领女子认为犯，收押女羁是否违法？

（四）用木凳束指掌，责女子是否刑制所有，是否非刑？

（五）违法非刑照律是否仅止记过？

（六）宪政编查馆江电内称，如有按照局章第二十八条呈请查办之事，但须指明确据，即可照章查办。现照议案所指能否作为确据，应否照章查办？

（七）若查办不实时，能否续行呈请，应否照章查办？

呈　文

为呈报事：窃本局议员提出纠举番禺县杨令违法非刑，仍请照章办理一案，业经开具理由书，并质问七条交付议会公同研究。当于四月廿九日会议，计表决时已得多数之可决。谨将议决议草案缮呈，伏候督部堂察核批答施行。须至呈者。

请实行部定税契章程通饬裁撤税契委员议案

议　草（陈议员乃勋提出）

国家之法律，不容官吏变更，尤不容官违背，所以尊重朝廷保护人民也。查税契一项向章归各厅州县经征，光绪二十九年广东税契章程虽奏请变通，亦无税契委员之名目。宣统元年度支部奏准，整顿田房税契酌提加收之款，抵补洋土药税章程。广东以宣统元年十月初一日实行。计开办条款第五则云，粤省税契向归各厅州县经征，自光绪三十年改章以来，剔除中饱收数，日有起色，本税契局司理印发契纸勾稽比较等事，随时督催整顿查核。各属征税尚鲜弊窦，应仍由地方官办理，毋庸设局经征，免滋窒碍云云。是税契新旧各章概归地方官办理，无所谓税契委员也。乃自三十一年以来潮州、揭阳、饶平等县有特委之税契委员，设局税契，沿至于今，旧章既无其例，新章亦无其条。此等委员甚非所以符定法也。在大吏派此税契委员之意，初不过欲整税务起见。然去年粤省新章开办，各条款既明，认为地方官办理日有起色，尚鲜流弊，又何必多此违法派遣之委员。况复其流弊所至演出种种违法殃民之事乎？兹仅就此税契委员违法殃民之大者言之。查向章定例，田房税契每产价一两征税额银三分、科场银一分、火耗银一厘二毫。又凡民间活契典当田房一概免其纳税。光绪二十九年广东奏准变通整顿税契章程，每产价一两，断卖契征洋银六分，不必另立税科耗羡名目。典按契征洋银三分。嗣又详订章程凡购买田塘地基，既税契后加建盖房屋及承租官地加建上盖房屋均照地价加二倍投税，每两征洋银六分。其承租官地建屋后，将上盖房屋典按断卖与人，亦照典卖民业办法。宣统元年度支部奏定，税契章程无论旗籍、民籍买卖，每两一律征银九分，典卖每两一律征银三分。凡断田房及洋人永租屋地教堂、置买公产暨购地建屋、租地建屋，租地断卖上盖房屋等契一律每两改征银九分。其按典田房及租地典按上盖房屋等契一律每两即征洋银六分，以归划一。度支部试办税契章程第一条买价一两一律收税九分，此外丝毫不准多收。第二条典价一两一律收税六分，此外丝毫不准多收。是民间必有买卖、按典、建屋等事发生方有税契。而税契新章旧章买卖、典按均有定额如上，固不容丝毫多收。而度支部试办税契章程第十八条有违章浮收，从重究办之例，所以严杜多收，法至严也。今税契委员在县每年悬定税契总数若干，分摊各乡村，每乡村多者数万，少者数千，既不问其税契章程，各种税契定额之多少，尤不问其乡村本年之有无买卖，按典等事。每年总须本乡村搜足其数为止。以视丝毫多收，违章浮收者，其违法之情节为较重。况复官书惶惶，急如星火，有买卖、按典之家固属负税过度，而无买卖、按典之家，亦应按额供摊。富者既惮其扰，贫者甚至于逃此税契，委员违法殃民之一。查光绪二十九年广东奏准变通税契章程第五条，严禁需索，每契纸一张绝卖者售银七钱二分，典按者售银三钱六分，扣留四成作为经手。售卖契纸办公经费，每产银价一两征银三分，均扣留半成为书役饭食、烟油、笔墨之需，充给经费。如该书役等向民间多索分文或串通舞弊，查出尽法惩办。又查宣统元年度支部奏试办章程第十八条，此次新章各省均应实力奉行，如有不肖官吏，借端扰民及或侵蚀中饱，违章浮收，即由各该督抚等指名严参，从重究办。又查加征之税，每分准扣一厘为经征官吏办公，是税契既纳足定额，不容违章浮收，借端扰民，犯者有严参从重惩办之例。而差役多索分文犹应尽法惩办，以其办公之费定章，既先有扣留故也。乃税契委员下乡，督催带同局友、夫役兼借县差统计四五十人不等，夫马取于乡村，伙食给予乡村，大乡每日供给百数元，小乡亦三四十元，契额之多少视供给之厚为断，枷棒在户，鸡犬无声，是税契委员违法殃民者二。查定章凡典卖田宅不税契者笞五十，契内田宅产价一半入官。是田宅典卖不税契者不过笞五十，契内田宅产价一半入官，今税契委员查得未税契者竟照契价加二三倍处罚，以归其私囊，如不能遂其欲者，必吓以罚作充公，偿其私愿而后已。此税契委员之违法殃民者三。夫税契委员之流弊如此，新旧各章复无其制，而粤省既以去年十月初一日实行。度支部宣统元年奏准之税契新章，即应将税契委员事务照章归地方官办理，立即裁撤税契委员，以苏民困，仍应将从前一概章程与度支部税新章抵触者一律明示注销，免致州县借端附会，而蹈税契委员上列各种之违法殃民各节。否则法立已逾施行期而不实力奉行，国家又何贵有法乎？凡兹所言税契委员仅就揭阳、饶平两属知者而言。其他各县难保不同受此弊害。应请督部堂一律饬司立即裁撤，实行新章。再查粮差下乡催粮，往往藉查验契据，多方需索，并请通饬申禁不准再事勒索，违者重办。事关地方应革，谨据局章提议请公决。

呈　文

为呈报事：窃本局议员提出请实行部定税契章程通饬裁撤税契委员一案。据议草开国家之法律云云。谨据局章提议等词前来，当于四月二十五日会议，经众赞成交由审查会审查。至五月初二日再开会议，多数可决。理合呈报督部堂察核，伏候裁夺施行。须至呈者。

批　答

来牍阅悉。已查照前案并行东布政司遵办，委员驰往饶平县澈查参办矣。此复。

筹设粤杭铁路议草

议　草（常驻议员提出）

窃维国之强弱，视乎交通之便否。在昔我国风气未开，人安固陋出门。百里言语已殊，越省旅行若适异国，燕赵齐楚老死不相往来。海通以还外人沓至，租界遍于内地，航路达于港渠。昔之闭塞不通者咸藉外人以通之。彼其初非欲侵略我土地也。自甲午以后乃乘我国新创，群起为极东经营之法，在筑铁路，当是时，俄于满洲，英于长江，德于山东，法于滇桂，相继要求各如其愿。虽建设，卒多未成。而其计画已横贯腹地，盘拔要塞矣。所余者东南数省之沿海线耳。其所以独遗此数省者何哉？以日本已视为己之势力范围也。日本自甲午战胜以来，(席)〔乘〕方兴之势，经营台湾不遗余力，欲藉台湾为根据，以兼并东南，故闽浙数省之铁路为其必谋之物。徒以财政困难，资本缺乏，且调查未竟，利害难衡，迟迟至今不敢妄动。兹者勘查既毕，宣布国中谓东南铁路为利滋多，由浙入闽至于粤省绵亘二千余里，资本仅八千余万。沿途所经通商口岸凡十有二，地势平坦，土味膏腴，既笔于书，复刊于报，力促其资本家急起经营，论者谓日本苟非棘于外交，则久已提出要求于我政府。呜吁！国之交通机关犹肢体之有脉络也。脉络既失，命濒于危。交通机关属之于外人，其制我死命者，几希我国人其亦闻而与兴起乎。夫从前已失之各国者方陆续筹款赎还，今日岂容坐视未失者之于外国，伏愿我东南三省联合天群，亟起倡办。庶免外人之要索，而保三省之利权。事固关系于大局，尤为关切于粤省。除函致闽浙谘议局会商办法外，合照局章第二十一条第七款提请公决，认定东南三省铁路为中国自办铁路。由浙闽粤三省谘议局提议将来由三省集资创办。其办法条件俟此次公决后再行详细订立。

呈　文

为呈报事：窃本局常驻议员提出筹设粤杭铁路一案，开具议草称，窃维国之强弱（同议草云云）再行详细订立等由。当于四月二十五日会议研究随经各议员公同表决，全体赞成。理合呈报，伏候督部堂察核施行。须至呈者。

札　复

为札复事：前接谘议局咨呈拟联合闽浙谘议局会商杭广铁路办法一案除批。来牍阅悉。地方应兴应革之利害为谘议局最宜首先注意。现在文明交通欲规划大端，只能在地理上论形势，不能在省界上分畛域。来牍拟联合闽浙谘议局会商杭广铁路办法。有此伟议，足以增言论之价值，深为佩感。事关三省利害，希并候本署部堂分移闽督部堂、浙抚部院知照，以资提倡。此复。等因分行外，合行札复，即希谘议局查照。须至札者。

议决修正筹弭盗贼议案

议 草

广东尔来监贼充斥，掳劫之案层见叠出，居者、行者交受其病。谓为治之不严，则清乡兵勇棋布星罗。谓为杀之不疾，则拿获盗匪即行比照土匪、游勇、马贼就地立决。然而盗风顾不少戢，何者？治盗不治本。正如野草不尽，春来复生。虽日事诛锄无益也。盗势已张，若不兼治其标，则又如病者外邪深入，虽高语培养无当也。是则目下治盗之策，自非标本兼（权）〔治〕不可。第治本之法者有二：有宜统治一乡者，有宜专治一族者。治标之法亦有二：一原有兵勇驻扎之地，一现无兵勇驻扎之地。今略拟诸条如下，以备采择。抑更有方者，各处患盗情形不尽相同，即治法不能不因之少异。故详细章程，由府州县官绅自行协商。此则其大较也。

治本六条：

一、推广巡警。

一、兴办实业。

一、设塾徒学堂。

一、设游民教养院。

一、设宣讲所“宣讲圣谕，古今乡约族规及本府州县志中乡贤先达事实之足以风世者”。

一、立约正约副、族正族副、房正房副，“给以札谕责成稽查劝导，如有各项匪徒，准其出首捆送，有成绩者荣以顶戴扁额”。

右列诸条本（屈）〔届〕议案有已及者，有未及者。各就地方情形实力举办。

治标十三条：

一、原有兵勇驻扎地面，无论水陆皆由统领官划清地段，钉立椿记，禀明某段现派某营某哨巡防，并将姓名地段榜示通衢，俾众闻见以专责成。如该管地段出有劫掳重案，一经事主报觉，轻则撤差，重则革办。统领知情徇隐者，一体治罪。其有能先事出力，攻破贼巢，擒拏匪首或当场拿获要匪者，分别从优给奖。

一、密派干员及地方团体不时查报营弁办匪情形，以杜讳匿。

一、现无兵勇驻扎地面，许视乡之大小，公举村正长副长若干人，编列乡勇队伍。讲明兜拿截捕诸法，明定赏罚章程，考查本境道里大小，远近分合，并邻境犬牙交错，奸宄易于藏匿处所。

一、乡勇应用枪枝军火，由村长备价联名具结禀地方官出文向军械局购买。除枪枝到日由官派人督同编号烙印外，其领用乡勇姓名造具清册两分，一存乡局官署，如枪枝或有意外损失，经村正、副长公认者，准〈到两〉报名销案。但须将失落姓名、月日、事由登记以备查考。

一、望楼碉堡各就地之所宜，但应设警钟一具，以钟声之多少定被盗村落之方隅。无警钟者以锣以角听其便。

一、邻近警局营盘有曾安电报、电话者，许其附搭各线以便急时速请保卫。

一、出力捕获匪徒之村长，由官从优分别给奖。

一、荒屋山径及河道纷岐停泊舰艇之处，无论官兵乡勇各就所驻之地派人实力巡查，疑者诘问，确者拘执。

一、闻警后无论官兵乡勇在本境者奋勇围捕，在邻境者闻报后亟应邀截。如有故存膜，视情事致贼踪得由该管地方飏逸而去者，该带兵官及团长应负其责任。

一、劫掳重案地方官延不禀报，或禀报情形不实，及不能督同营弁依限破获者分别参撤。

一、庇匪保匪劣绅，查出实据，照通饬章程严办。

一、盗党有能将其匪首或著名巨匪大憝捆送或杀毙者，经官审实，许其自新或给奖录用。

一、以上各种办法由制宪专札各地方文武员弁，限文到一月后，即将办理情形详细禀报，以免诿卸。

呈　文

为呈报事：窃本局前议决筹弭盗贼一案，当经具呈奉督部堂札复内开：筹弭盗贼标本兼治，自不待言。惟折开各条应俟下期开会时，如果陆续提议得多数议员当场可决，方合呈报等因。奉此。现开临时会经议员提请续议，于五月初二日由众表【决】交令法律审查会逐条审查。旋据该审查会以开会修正，计治本六条，治标十三条报告前来。初三日再付议会公决，可决者已得多数。理合缮呈，伏候督部堂察核公布施行。须至呈者。

修正筹弭盗贼议案（以下同前议草云云）

治本六条（以下同前议草云云）

治标十三条（以下同前议草云云）

札　复

来牍阅悉。所陈治本六条，自应分饬主管衙门实力举办。其治标十三条恐尚有难于遍举者，候行营务处兼缉捕总局通饬各地方文武员弁分别查酌施行，详报备考，希即知照。此复。

焚掠新军营房议案

请议书（粤商自治会陈基建等请议）

为陈请建议事：窃敝会昨据侨商陈钦典、叶实源、梁沛荣、何福惠等函称，以粤省今春军警冲突，遽因小故，七营精锐惨被摧残。叛据毫无，卒以迹近二字，冤沈莫白。商等痛受外侮，切望祖国富强，军政如斯将何所赖？此事业经查办，伸雪有日，朝廷自有权衡。伏维纳税当兵均属国民义务。新军冤，抑公论昭然。惟正月初三日，新军突被痛击，四散走避。巡防营大队入据营盘，将各军物抢掠净尽，其不能搬运者亦概蹂躏。是夜竟将营房焚毁。未尽，越日初四，复堆什物引火全焚。此项军物营房何莫非国民膏血，此而抢毁，法律何存？此事人人皆知，中外共愤。贵会隐忍实属放弃。巡防营勇清乡所到，焚掠民房已成习惯。若不严办，此后军费谁乐输将？该防勇胆大妄为，肆行抢掠，尤于地方人民大受鱼肉，伏乞贵会主持公道，据情陈请谘议局建议呈请督宪认真严办，以肃军纪。并责令该营长官赔偿损失，以重公帑，而慰民情，大局幸甚等语。查除夕元旦军警冲突，初三日新军被击，四散奔走，巡防营勇长驱入营，尽将军物搬卖。是夜及初四日复从容将营房焚毁，万目共观，自是实情。据函前由应请贵局建议呈请督宪核办。

呈　文

为呈报事：现据粤商自治会开具请议书称，窃敝会昨据侨商云云请督宪核办等请前来。当交请议会审查会审查。旋准该审查会认可，请付议会，随于四月二十七会议，业经多数可决。理合呈请督部堂札饬劳务处澈查严办，以肃军纪，以服舆情，实为公便，为此具呈，伏候察核施行。须至呈者。

札　复

为札复事：前接谘议局呈请饬查新军营房被毁一案由。查此案业经奉旨派员查明，奏请分别议处矣，合就札复。希谘议局即便查照。须至札者。

一件呈报临时会禁赌议案

呈　文

为呈报事：窃本局此次开临时会会议提出禁赌议草，经于四月十七日开第一读会先行宣布，分对于禁赌及整顿盐务两办法，各议员均承认，以整顿盐课所赢之款为拨抵赌饷之问题。唯其间禁赌期限及整顿盐务各方法尚待蹉议，随付审议会审议。旋据审议会报内称，一请旨宣布广东各项赌博一律禁绝期限。粤东赌博经前张李两督部堂先后奏请弛禁。案经奏定，则废止须出自圣裁，故必先请旨限期，然后筹抵之责任，乃专商民之注视。乃一矧九年筹备事宜，本年应实行地方自治，厘订税率，赌博既碍自治之设施，赌饷亦违背租税之原则，若不屏绝则大碍宪政之进行，是为粤民计而禁赌不容一日缓，为宪政计而禁赌愈不容一日缓。此所以首当请旨宣布期限之理由也。二以盐饷抵赌饷总以筹足八百万两以上为断。粤东赌饷四百数十万，而本局调查通纲盐务，每年除原额饷杂防厘共银三百余万两外，所有中饱陋规，私盐赚饷，尚有数百万。诚有如督部堂原奏所云，暗耗明销埒于正课者倘能严杜，私监尽剔，中饱溢出，监饷实足抵赌。是取诸蠹役、私枭之手，无庸粤民义务增加，自然永除赌害。去年梁尚书奏稿亦以筹足抵赌为言。此所以议限筹足八百万两以上之理同也。三招商承办，以限卖价最低出饷最高者得之。盐为民食所关，若漫无限制，必致抬价病民。查粤东盐埠原有部定卖价。嘉庆十八年入奏，奉部议准核算成本摊入卖价，是限价本属旧章。若招商承办必当严为之防。总以限价最低者为准。此所以议决限价限饷之理由也。四招商承办如系属本省单行章程，应归本局核议。整顿盐务即为章程规则之增删修改，将来如何分权缉私，如何严杜洋溢，如何安置埇户，其事项概括于章程规则之中。现时未有发生无从研究，应遵照谘议局章程第二十一条第六项办理，所有将来新订章程规则俱交本局议决。此招商承办章程应交局议之理由也。至禁赌办法原议草第三项已取消，今照修正已表决三条：一、请凡属赌博，无论大小及已未承饷，一律禁绝。二、筹禁章程应归本局议决。三、经此次禁绝后认为绝对有永久继续之效力，不得变更废止。以上七款具经公决后于二十九日续开读会，经表决多数赞成。此案作为完成。应请督部堂准照奏咨办理，所有议员遵议禁赌议案缘由，理合呈报督部堂察核施行。须至呈者。

札　复

为札复事：接谘议局对于禁赌及整顿盐务两办法一案由，查此案近准度支部咨复奏广东盐务照旧办理，酌加饷数以裕课款一折。奉旨钦遵转行到粤，是其似定逐年所加饷数，系以裕课款。而抵赌之款须俟盐务规费查明，再行核办。除分行外，合并录稿札知谘议局查照。须至札者。

一件呈请批答李水提函诘本局

呈　文

为呈请事：窃查谘议局章程第三十九条内载，凡议员于谘议局议事范围内所发言论不受局外之诘责并加按语申明，谓于法律上不负责任，意在导之尽言使无顾忌等语。又第二十八条内载，本省官绅违法得指明确，据呈候督抚查办，并无送候他官厅审讯之明文。此次本局会议粤商自治会陈请建议防营焚掠新军营物事，各议员采取舆论谓防营焚抢新军营物系属防营违法，应表决代为呈请，并无溢出议事范围。而水师提督李准来函诘责，并索取证据送营务处审讯。当经公同讨论，咸谓函中所言均与局章违背。况李提督即不以本局所议为然，亦应转由督部堂咨询，不能直接向本局交涉，尤属侵越权限，再三研究诸未明晰，缓照局章二十六条拟出问题。

（一）李提督能否有权诘责议场中言论？（二）谘议局应否负索取证据送交营务处讯办之责？呈请督部堂批答，以便遵行。须至呈者。

计呈钞录李提督来函一件。敬启者：现阅各日报本月二十九日报载，有谘议局议案第四件，请核办防营焚抢新军营物请愿书。邓家仁谓新正防营抢新军物在东（较）〔校〕场卖，万目共睹，至初三日既将新军营占据，初三夜、初四日复叠次放火焚毁，尤属目无法纪，并言于各界慰问黄士龙时，李军门亦谓有此事等语。殊堪诧异。准在黄士龙处问答之言，各报均已登载，准当日实无此言，不能以无作有。邓议员当日是否在场亲闻此说，抑或得之传闻，亦未可知。总之，防营纵有抢掠新军物件，又何必焚烧新军营房，此举有何利益，殊难索解。如防营果有焚烧新军营房之事，关系重大，请贵局索取证据，送营务处秉公审讯。所有勇丁官长均应一律惩办，准素不护庇。兵勇果有犯法，定必严惩。本无所顾忌于其间也。专此奉布敬请均安。名另具。四月二十九日。

札　复

为札复事：前接谘议局呈请质问水师提督来函，诘责与局章违背一案由。查局章所载甚明。议事范围以内所发言论不受局外之诘责，意在导之尽言。来牍依据甚是。即照章办理可也，合就札复，希谘议局即便查照。须至札者。宣统二年五月二十三日。

八、广东谘议局第二次常年会议报告书

广东谘议局第二次常年会议员名籍表

姓名	别号	籍贯	姓名	别号	籍贯	姓名	别号	籍贯
易学清	兰池	鹤山县	刘冕卿	子修	番禺县	邱逢甲	仙庚	镇平县
汤藻芳	励余	花县	卢乃潼	梓川	顺德县	莫伯洢	任衡	东莞县
陈兆澎	圆洲	新会县	卢铭勤	邠耆	东莞县	蔡念谟	亦襄	南海县
黄有恭	敬夫	南海县	何履中	泰阶	清远县	黄梅年	六闲	南海县
黄朝恩	巨川	清远县	文为任	侣莘	新安县	陈念典	敦甫	增城县
陈柏森	苍史	新安县	邝锡尧	翔波	新宁县	黄英华	荻洲	新宁县
刘荣恩	沛如	新宁县	黄培元	□屏	香山县	陈岳英	玉芬	番禺县
邓宪禹	葵白	三水县	区赞森	萝屋	南海县	唐汝源	石昆	香山县

续表

姓　名	别　号	籍　贯	姓　名	别　号	籍　贯	姓　名	别　号	籍　贯
杨蔚彬	西　岩	新会县	李家璧	心　湖	香山县	区达名	实　甫	新会县
黄葆熙	敬　常	顺德县	伍于瀚	跃　云	新宁县	陈鼎勋	梓　樵	新会县
孔继猷	瑞　河	南海县	邓家仁	君　寿	三水县	邓　鼐	耀　藜	香山县
周钟英	仲　颖	番禺县	陈汝诏	盈　墀	顺德县	龙怡坪	商　盘	顺德县
祥　康	寿　依	满　洲	谢清棨	逸　琴	博罗县	张品焕	文　坡	镶黄旗
黄云章	景　苏	和平县	崔　镇	静　君	正白旗	林　堉	君　厚	揭阳县
苏秉枢	星　渠	英德县	萧之桢	干　臣	大埔县	陈寿崇	祝　尧	乳源县
丁培珊	云　波	丰顺县	华祝嵩	呼　三	曲江县	赖　耀	小　亭	普宁县
李滋湘	楚　三	河源县	黄锡畴	辅　之	潮阳县	彭宝森	植　三	陆丰县
谢　陶	友　潜	海阳县	邓承憎	侣　乔	归善县	罗文光	云　石	大埔县
陈炯明	竞　存	海丰县	沈秉仁	友　士	海阳县	李鉴渊	照　依	澄海县
廖德谦	逊　卿	电白县	陈乃勋	松　涛	揭阳县	林绳武	韵　宫	信宜县
叶承训	学　庭	新兴县	陈寿庚	禹　廷	化　州	苏元瑞	伯　赓	高要县
梁宗棨	虞　彤	茂名县	周兆悟	□　□	开平县	刘东湖	瑶　阶	茂名县
张乃瑞	芝　农	开平县	刘运熙	绩　卿	灵山县	雷庆河	次　淮	广宁县
王师信	义　山	合浦县	何国铨	翊　廷	高明县	吴　霏	韵　松	徐闻县
刘植卿	眉　川	德庆州	吴泽琼	秀　南	会同县	叶瑞图	洛　川	封川县
王绍祜	贺　廷	安定县	王国宪	尧　云	琼山县	邓云鹏	季　程	南雄州
陈公贤	任　臣	临高县	张养淮	丽　洲	长乐县	陈所能	才　卿	澄迈县
梁国漩	玉　邻	嘉应州	赖文杰	慈　云	罗定州	赵绍彰	业　甫	钦　州
黄玉钟	雨　楼	罗定州	梁庭楷	孝　则	阳江州	陈鸿煊	仲　卿	东安县
郑润霖	慰　农	恩平县	黄颖奇	思　乔	阳山县	郑绍材	贞　山	崖　州

以上到会议员。

续表

罗桓熊	公　尚	南海县	萧永华	琼　珊	潮阳县	谢耀棠	蔚　南	从化县
罗献修	补　月	兴宁县						

以上不到会议员。

交议类

咨询改良征收钱粮办法案

议　草

查定例各州县征收钱粮应由粮户自封投柜以杜弊端。惟粤省相沿至今，向由各州县酌派司友带同书差分赴各站征收，随时填给活串。与各省行用板串先将户丁、姓名、数目预行编列者情形不同。是以递年征收祇凭征簿，而各户完欠数目，零星错杂，印官既责诸粮书，粮书又诿诸粮差粮长，辗转纠葛，流弊滋多。且有书差包征、包缴完粮之户，不问串票，仅以收单为凭者，均属有违定例。查外省征收钱粮通用板串办法，系先将户丁姓名、银米数目于串票内用活字挨次印定。某户完纳即裁截某票，故完欠数目按籍可稽，书役无可弊混。粤省能否照办，先经布政司札饬广州府移行各属体察情形妥议具复。旋据各州县陆续禀复到司，大都皆以粤省向无鱼鳞册籍，所用活串相沿已久。若改用板串，必须清查户口，始能收效。事既繁重，且恐非一时所能奏功。惟南海县来禀拟照前奉部行钱粮完欠征信册式办法，递年征收以后，即将花户完欠之数，按站榜示。大抵欠户少而完户多，祇开欠户之数，不开完户之数，事简易行。开毕，仍总注明其除各户全完字样，则完户自在其内，俾民间一目了然。此防弊之一法也。一面俟城乡自治办竣，机关成立以后，由各区董事督令各乡各户将图甲户口丁粮按年分晰开列报县，另造详细征册，然后改用板串。盖由乡董自查则民不纷扰，分区列报则事不繁难，举办似觉较易。此亦以简御繁之一法也。夫钱粮为国家维正之供，岂容奸滑胥吏有所侵蚀。粤东活串相沿已久，现在如欲廓除积习，永绝弊端，自非详细审度，切实改良，难收实效。惟事关改革不厌求详。究竟粤省现在情形，参酌外省板串办法，其中有无窒碍，抑或先照部定征信录办法，暂防目前之弊。俟城乡自治会一律成立，再行分区调查，以垂永久。应作为咨询事件交谘议局讨议申复。

呈复意见书

承询改良征收钱粮一件。查钱粮出于田赋，沿于前代，积习既久，丛弊滋多。或有田无粮，或有粮无田，或田多粮少，或粮少田多，甚而田失其主，官莫之收粮，失其户民莫之认，积百年赋税祇有此数。若地不加辟，科不加升，其为弊混侵蚀固无俟言。至于征收机关各属不同，尤为浮滥百出，蠹国病民，两臻其极。自非实测田地，划一赋税为根本上之整顿，实无以裕国课而利民生。惟现在各属风气未开，办理乏材，骤难程功，故祇就征收机关先为改良，徐图根本整顿，未始不可。兹谨就咨询事件详加研究，并拟一改良征收，化私为公之办法，申复如左。

一、原询以粤省现在情形参酌外省板串办法其中有无窒碍一节。查改用板串祇问立法之善否。立法果善，即施行上稍有窒碍，不难设法以利行之。今就板串论，完欠数目固可按籍而稽，然征收机关属之书差，极其收效祇可清出匿欠，以裕国课，仍难豁除浮滥，以利民生。观电白县现仍参用板串及投柜之法，而弊不少减，已可概见。故改用板串持论甚是，而征收机关未改，仍非尽善。至谓必须清查户口，始能收效，似属未然。盖田赋与户口虽有关系，然不甚重要。外省行用板串户口，何尝清查？若以此为窒碍，未尽然也。

二、原询以抑或先照部定征信录办法暂防目前之弊一节。查实行征信录固可查出欠户，俾民间一目了然。然各属正图正甲欠纳钱粮者绝少，其零户多由粮差包匿。窃恐欠户虽行包匿，如故弊将焉防？且完粮手续料及额外加征规费，仍未能化私而为公也。

三、原询以俟城镇乡自治会一律成立，再行分区调查，以垂永久一节。查城镇乡自治会一律成立，应在宣统五年。现议改良征收钱粮，自不能不先筹一善法妥办。盖自治会虽未一律成立，然各属城乡俱有旧贯之区域，而各有办公局所。绅董筹办新政方苦，罗掘俱穷。若予以分区代收钱粮，而以向日幕友书役厘头饭食所得拨归该局所筹办地方自治经费，并责以各就本区详晰调查报县汇造征册，然后改用板串，仍行分给征收，事不烦扰，绅董乐从。办法列左。

（一）粤省地方官制未改设以前，所有各属钱粮准由城镇乡自治会分区领限代收代完。其自治会未成立，地方皆由各区办公局所代收代完。

（二）办法应分二期。第一期试办，第二期实施。试办期拟自宣统三年正月起，俟各区试办征收报缴实数比较上年有盈无绌，然后再准实施。

（三）各属征收钱粮既改归绅董试办，所有仓库粮册各房及站委站书自当一律裁撤。由该管官体察情形，酌留熟悉公事之书吏，改充钱粮录事，管理征册，给予相当之佣值。每站并留熟悉粮户之粮差二名，酌给工食，听候该区绅董差遣，挨乡调查各户之的丁，分别存记。

（四）各厅州县先将征册清查分三层办理。

甲、正图正甲分发各区自治会或各区局所查复。

乙、零户勒令粮差开报，实报重赏，匿报严惩。

丙、虚粮绝户查照去年公布施行之请查绝户议案办理。

（五）各厅州县折收米价原有一定成案。近日积弊相沿，诸多浮滥，应查照蒋前抚院核减奏案，及各属之向征本色折价尚轻未经议减者，一律重申禁令并饬区绅董照章征银不准丝毫增取。

（六）各属地丁原有一定成案。近查各属丁银，每两征收一两六七钱至二两四五钱不等。查其缴官仅一两五钱左右，足见征收之浮滥。应查明原案确数，一律宣布凡属浮滥者，切实核减以纾民力。

（七）各厅州县应查照征收成案，每斗粮米折实色米若干，折价银若干，另伸地丁银若干，折合龙毫银若干，定一最单简之算法，注明粮串后面。其余屯米省米折价征收者均照此办理。

（八）现在新币未行，完纳钱粮准用大清银行及官银钱局纸币，不折不扣。其纸币未通之处，则用本省官局龙毫完纳。即日本龙圆及鹰洋港毫均准通用。每元俱作七钱二分。上兑不满一元之数，用龙毫伸算不满一毫之数，准用铜元及制钱折合。

（九）各区绅董由地方官选择身家可靠者，专以责成在完粮手续料项内酌给公费，所有各站征册一律提发各区备查。一面出示晓论，指定某户钱粮，由某自治会或某局所征收。其向系自封投柜及由各乡族暨里长图差包收包缴者均应改照指定区所投纳。

（十）完纳时期或在上忙或在下忙或上下忙分收，悉照各属习惯。其开征日期由各区绅董向地方官商议规定期限，倘有逾限一月尚未完纳者，该区绅董应将各欠户汇报，由官派催。每年各区花户欠完之数仍照部定征信册式按区榜示，以防流弊。

（十一）田产转移除同在一户不计外，或割归受主本户或另用新户，于（推）〔催〕收过户时，应声明归某区所投纳。若以甲县之人购买乙县之田仍照上一项办理。所有增减，改变数目，随时行知各区绅董注明，俾得照收。

（十二）各区试办征收，应按月分次报缴，其次数由地方官核察定之。

（十三）本章程系为改良征收起见，各厅州县务宜遵照试办，不得藉端阻扰，希图弊混。

附录：请严禁征收浮滥草案（议员陈乃勋、林堉）

窃田赋为人民之正供而浮征，实王章所不宥。我国赋法宽减垂三百年，虽今日财政奇穷，犹不忍轻言加赋。盖实有见乎上下损益之理意至深也。同治六年间蒋公益澧抚粤，因各属所征色米浮收累民，核实裁减粮价，以缺分之繁简为等差，奏准有案，出示勒石永远遵行。查原奏有云，丁胥差役人等祗准于现定银数内酌提少许作纸笔工资，不准格外增取。又云，自核减之后，倘有官吏巧立名目，暗中增收或纵容书差苛勒，一经发觉即按律惩办，立法至为严备。不谓奉行未久，百弊丛生，苛勒浮收，有加无已，即以揭阳一县而论，原奏每民米一石连耗折征银四两四钱，当时由县明定章程，缴官者三两九钱六分，其余四钱四分作为仓房米户斗级厂胥饭食门上印上账房馆总小费之需。经宣布施行有案，乃不旋踵而巧立补平平余房胥督征等名目。自光绪初年以至于今，每色米一石加征自四两七钱三分至四两八九钱或五两不等，而粮捐之每石三钱尚在其外。此外钱粮项下每两征银二两三钱，缴官仅一两五钱二分一厘。省米项下每石征银二两三钱，缴官仅一两四钱零八厘五毫。暗耗明销，尽归中饱。一邑如此，他邑可想而知。然此尚其显而易见著也，犹有暗中苛取者。如本国银圆及日本、墨西哥等洋圆，每圆市价七钱三四分不等，而胥役则每圆以七钱核算。其不满一圆之零数，每银一钱市价值铜钱一百三十文，而胥役则每钱折作一百六十文。甚且每户勒索补办银及图规银，随意吓取，多少靡定。稍拂其意，祸将立至。差虎吏狼，弱民侧目，揭阳县例贡生王盛业等尝历赴各大吏叠控十□之久，屡奉严批而吏胥悍然不顾，又加甚焉，最不堪者，征收完纳迄无定期，敲比之声用不分昼夜，追呼之频无间寒暑。际兹连年荒歉，物价昂腾，何堪以有限之脂膏供此额外之朘削。夫上官有恤民之政，而小民反受苛征之害，朝廷避加赋之名，而州县竟收加赋之实。此行政之颠倒错乱而最宜革除者也。矧在清理财政百事核实之时，又可何坐听其浮滥而不问乎？应请督部堂查照原案严定禁令饬各属除去一切名目，核实征收，以苏民困，事关应革。谨据局章提出议决。

呈 文

为呈复事：案奉前督部堂札发咨询改良征收钱粮办法一件交局讨议申复。当经迭次开会研究并征集意见，汇交审查会审查，复交审议会潜心修正。开具报告书前来，并据本局议员提出严禁征收浮滥一案，查与申复之件事同一辙，自应并案付诸议会，公同表决。各议员意见相同，业得多数之可决。理合缮折呈报，伏祈督部堂察夺施行。须至呈者。

札 复

为札复事：宣统二年十月二十四日接据广东谘议局呈称，案奉前督部堂札发咨询（同前呈文）伏祈察夺，附呈议案一扣等因前来，当经发交会议厅审查。兹据审查科案呈，案奉发下谘议局呈复议决改良征收钱粮办法一案并议案一扣。查原呈内开案奉前督部堂札发咨询改良（同前呈文）察夺施行等由，科员等遵即公同审查。佥以钱粮为国家正供，征收乃地方行政官吏之责。现在新官制尚未颁行，地方自治机关尚未一律完备，未便轻议更张，转滋骚扰。意见书内所陈由绅董代收完各办法应请毋庸置议。至请严禁征收浮滥一节，均属切要之论，应请行司饬属分别查禁，以资整顿，而恤民艰。并札复谘议局知照，是否有当，伏候核夺等情到本兼署督部堂。据此。复查无异，除札广东布政司转饬各属分别澈查严禁外，合就札复广东谘议局查照。须至札者。

咨询改良征收契税办法案

议　草

查契税一项亦国家维正之供。民间推收，固不容有所遗漏。胥吏征纳尤不准稍涉烦苛。粤省产富价昂，业户隐匿之弊，习为风气，视为故常，历年办理迄无起色。于是改定新章，切实整顿，严投税之限，准首告之条，或则按属匀摊，或则委员会办，其所以稽核匿税整顿库储者，固已无微不至。然法立弊生，弊缘法起，闾阎之隐瞒，尚未能周知其数，而民间之骚扰，已不免时有所闻。会办各员业经本年临时会内提议裁撤。惟是契税之害在积弊不在专员。现在委员难裁，而积弊如故，自非切实改良，难期成效。况度支部新章加征专解，对于财政一面尤不得不力求进步，以裕度支。查各户隐匿之法，或互相联结彼此容隐，或执取旧契藉端影射，或以东指西一契数用，或以多报少酌缴数成。乡人恐挟嫌也，而不敢首告。官吏无左证也，而莫可谁何。以现今防范之严，稽查之密，民间弊混尚未能净绝。设竟概从宽大，任其自来则收数之短绌有断然者。不特部提之新款为无者，举凡本省仰给于契税之新政，亦将无所措手。此势不得不切实磋议者也。此事应如何而后可杜胥吏之弊，如何而后可绝隐匿之风，庶官督于上，绅劝于下，国用既大有裨益，而闾阎亦不致别滋扰累，斯为两美。应作为咨询事件交谘议局讨议申复。

呈复草案

谨案田房税契系属税法中之登录税，不过证明财产之移转，各国取之甚轻。

中国各项财产移转概不深税，独税田房且加重焉。绝不合租税原理，将来厘订税法时，总须从根本改良，但非谘议局范围。兹仅就本省税契情形言之有亟宜禁革者数事。

一、购地建屋两倍加税显违部章。前经临时会决议呈奉复准取销。惟各属仍有勒税，现已另案提出质问。

一、田房补税。查部章声明所有从前白契如照新章补税概不追究，并声明不得稍涉扰累。乃地方官藉端科罚，甚或于各族祖祠派员估价勒补上盖税，不满其欲不止，故人民益视补税为畏途。

一、浮收契价。新章买价一两收银九分，典价一两收银六分，比较他税不为不重。乃外府州县尚有加价取赢，斯密亚丹所谓厚征诲匿，蠹国病民莫此为甚。

一、留难勒索。税契多假胥吏之手，或藉口补平，或指为短价，或将银挪用不为投税，或将契搁押从中勒赎。

以上条举皆弊之大者。果能一概杜绝，则人民自生信仰，乐于投税，求得法律之保护，隐匿之风可望渐少。观于从前地方官平时定价，卸事时减价，上下相欺莫可究诘。自改新章行用三联票纸，实征实解，比照超过前额，此其明证。欲防隐匿，惟有通饬凛遵部章不准丝毫多收，昭示大信，以广招徕。若主张用猛政策揆之契税性质，此则本局所未敢条议者也。

呈 文

为呈复事：案奉前督部堂札发，咨询改良征收契税办法交局讨议申复等因。遵即开会研究，征集意见，嗣由议员条举本省税契之弊，拟请严行禁革。使人民产业得受法律之保护，庶可杜其隐匿之风。讨论再三，议论一致。理合将议决办法缮折呈复，伏祈督部堂察夺施行。须至呈者。

札 复

为札复事：据广东布政使陈夔麟详称：宣统二年十一月十六日奉前兼署督部堂增札开：宣统二年十月十六日接广东谘议局呈称，案奉前督部堂札发咨询改良征收税契。（同前呈文）伏祈察夺同清折一扣等因前来，当经发交会议厅审查科科员开会审查。兹据会议厅审查科科员呈称，科员等遵即公同审查。佥以谘议局呈复咨询改良征收税契办法草案所议亟宜禁革之事四条，其第一条购地建屋两倍加税，又第二条内指称勒补上盖税为不便，两项同属一事，已由布政司另案议复。请将自建房屋投税屋契之例删除，应俟另文核议删除，办法详候批示，即行通饬晓谕遵照。其第二、第三、第四各条所称州县藉端科罚或加倍取盈，及书吏留难勒索凡此数端，久经定章严禁，不啻三令五申。此次谘议局所议系属泛论，并未指明案据。但一省之大，各州县征收税契难保无谘议局所称各项情弊，应饬东布政司再行通饬各属，恪遵定章，妥慎稽征，革除积弊，不得授权胥吏，抑勒浮苛。再科员等更有陈者改良征收税契办法固宜革胥吏之弊，亦宜杜隐匿之风。拟自此次改良为始，饬令各州县将每月投税各契列表，宣布如立契逾六个月仍不投税者，准卖主及中人告发，按照契价酌定罚则。分别充公充赏，庶于便民裕课，两有裨益。拟请并行东布政司核议是否有当，伏候核夺等因。本兼署部堂复核无异，合就札饬，札司即便遵照迅速核议，详复饬遵毋违。计抄单一纸等因。奉此。伏查谘议局呈复咨询改良征收税契办法草案所议亟行改革之事四条，除第一条购地建屋两倍加税，又第二条内指称勒补上盖税，为不便。两项同属一事业，经本司另案核议，请将自建房屋投税屋契之例删除，详奉批准，通行晓谕，遵办在案。其第二、第三、第四各条所称州县藉端科罚或加倍取盈及书吏勒索数端，虽迭经定章严禁，仍恐不能弊绝风清，自应遵札再行通饬各属，恪遵定章，妥慎稽征，革除积弊，不得授权胥吏抑勒浮苛致干惩处。至审查科以征收税契办法固宜革胥吏之弊，亦宜杜隐匿之风。所拟饬令各州县将每月投税各契列表宣布，如立契逾限六个月仍不投税者，准卖主及中人告发。按照契价酌定罚则，分别充公充赏各节，事属可行。查业户置产逾限不税及短价瞒税，准人首告。查实罚缴产价充赏充公，久轻拟定章程，详奉奏咨通行示谕遵办在案。本司拟再钞录前项匿税短税首告罚究定章通饬各属，嗣后每月须将投税各契列表晓谕，并将定章附刊于告示之后，俾众咸知，藉资遵守。是否有当，理合列折详复察核批示祇遵，并札复谘议局知照，实为公便等情。同折到本署督部堂。据此。应如议办法。除批回外，合就札复广东谘议局查照。须至札者。

修正各属筹设出狱人保护公会案

议　草

查泰西监狱学者有云，监狱之宗旨，在减少罪犯。然非仅监狱本体作用所能奏功，必待预防犯罪方法发达，始克济事。故各国一面改良监狱，即一面预防犯罪。但预防犯罪方法有尚未犯罪而预防其犯者，如游民习艺所之类是也。有已犯罪而预防其再犯者，如出狱人保护公会之类是也。广东游民习艺所日见发达，惟出狱人保护公会则尚未计及。夫罪期满出狱，亲不以为子，妻不以为夫，兄弟视同路人，交游耻与为伍，饥寒将交迫之余，铤而走险亦势所必至，非尽生性之不良也。当今文明各国罪人之再犯之少，首推英吉利，以其出狱人保护事业多于各国故也。但此事各国皆由官吏提倡慈善家为之，广东士绅好善优于他省。如能与游民习艺所次第筹办，不特于改良监狱前途有所补助，且于地方治安实多裨益。兹特参酌广东情形兼采他国成规酌拟办法九条交谘议局议决。

广东出狱人保护公会规则

第一条　本会由各属有狱官提倡保护出狱人，使得谋良民生活，免再犯罪，扰害地方为宗旨。

第二条　在狱人痛改前非，且请求保护者，于期满出狱两月前由狱官将其姓名、年岁、籍贯、性情、技能等事开单通知本会，以便预备保护。

第三条　保护方法约分六种。

一、由本会直接荐至某处佣工。

二、在荐人馆处预先挂号，如有人雇请，由本会为之作保。

三、有手艺者由本会量借赀本俾作小经纪，限期陆续将本清还，仍由本会另订章程以杜亏欠不还之弊。

四、送入游民习艺所习艺。

五、衣裤过于褴褛者由本会给与之。

六、出狱人有家可归，苦无旅费者，得由本会给助之。经保护后要求归家者，由本会付以证书得为归乡及移住之具。

第四条　本会凡有监狱之处皆限于宣统六年以内次第设立，但设立之前须将详细办法在地方官衙立案。

第五条　本会凡善堂地方自治处所及特立慈善团体俱可独立发起或共同发起。其发起时须先经地方官衙之许可。

第六条　本会筹款方法列左。

一、官吏提倡金。

二、地方公款。

三、志愿（损）〔捐〕款。

第七条　本会员名目列左，余员临时酌定。

会长，公举一年改选。

会员。

名誉赞成员。

第八条　从事于本会者俱尽义务，不支薪资。

第九条　本会办事细则临时酌定。

呈　文

为呈报事：案奉前督部堂札发各属筹设出狱人保护公会草案一件交局会议。遵即开会讨论，决交审查会审查。嗣据审查会报称，查改良监狱非专恃本体作用，未犯罪之人预防其犯，已犯罪之人预防其再犯。自是减少罪犯不二法门。设立出狱人保护公会，使之各有职业，为再犯之预防。诚属当务之急。原草所拟规则九条至为妥协，粤省向多好义乐善之人，官为提倡，绅为经理，统限宣统六年以内一律设立，尚可程功。惟第三条保护方法约分五种拟加入一种，赞助出狱人旅费及就业证书之给与作为第六种似较完备等语，爰援报告再开第二读会，公同表决，计可决者已得多数。理合备文呈报，伏祈督部堂察核施行。须至呈者。

札 复

为札复事：宣统二年十月十八日据广东谘议局呈称，案奉前督部堂札发各属筹设出狱人保护公会草案一件交局会议。遵即开会讨论，决交审查会审查。嗣据审查会报称，查改良监狱非专恃本体作用（同前呈文云云）理合呈报察核，计修正议案一扣等因前来，当经发交会议厅审查科开会审查。兹据会议厅审查科案呈，公同审查，佥以此系交议之案拟请如议行司查照办理，并札复谘议局知照。是否有当，伏候核夺等由到本兼署督部堂。复核无异，除札广东提法司遵照办理外，合就札复谘议局查照。须至札者。

修正广东家族工艺传习所学则案

议 草

查酌提尝产劝办各属家族工艺一事。上年曾提作议案经谘议局表决，惟以举办家族工艺一切管理之法，教授之人，应先储备。议于省城先办工艺局附设家族工艺传习所，由各州县保送学生若干人入局肄业，毕业后听其回籍兴办家族工艺，以期开通风气，广得师资，经呈由本署督部堂札行切实筹办在案。现在省城工艺局业已开办，所议附设之家族工艺传习所业经照议妥筹。除饬劝业道将所内应行筹办事宜次第兴举随时详办外，所有家族工艺传习所自应拟订学则，以资遵守。现饬据劝业道拟订学则共二十四章（都）〔分〕为一百五节。经一再厘订，期与传习所性质相符。盖现办之工艺局注重在艺徒实习，而传习所则兼重学科。工艺局艺徒意在造就良工，而传习所生徒则兼求师范。且事关全省，不能囿于一隅。现订学则，其中应如何斟酌损益，自非询谋佥同不足以收良果而期实行。自应作为单行规则，交谘议局议决。

广东家族工艺传习所学则修正案

第一章　总　则

第一节　本所为筹办各属家族工艺期于普及全省，恐师资缺乏，故先设传习所，以养成各属家族工艺厂之技师为目的。

第二节　本所为造就家族工艺厂师资起见，除授以适当之学科外，尤注重在实地练习，故附设于广东工艺局内。

第三节　工艺之范围甚广，科目亦繁兹。暂就本局所有者设科教授，庶练习有资可归实用。

第四节　本所章程规则经禀奉劝业道有案。一一期于实行，在各生固宜恪遵，而职员、教员亦应谨守以为表率。

第五节　本所附设工艺陈列室一处，搜集中外工艺品先择其急需者量为购置，分类陈列，以备参考而资研究。

第六节　本所开办伊始，规模粗具，如有未尽事宜，当随时改良以图进步。

第七节　所内职员、教员如有对于本所改良意见，须具意见书呈送劝业道酌核施行。

第八节　凡所中有兴革之举，由所长招集职员、教员公同会议，从多数取决即实施行。

第二章　学　期

第九节　本所艺生肄业期限暂以一年为毕业。

第三章　出　身

第十节　凡在本所肄业期满，考验合格，由劝业道给予毕业文凭，准其回籍兴办家族工艺，并充当艺师。不及格者与修业文凭准其充当各家族工艺厂助教并监工等职。

第十一节　凡本所毕业生回籍兴办工艺，曾经三年及有成效可睹者，由劝业道详请督院给予外奖，以资鼓励。并请督院咨明农工商部立案。

第四章　课　程

第十二节　本所既为工艺普及起见，故凡有关于工艺者各科均以次讲授、实习。每星期讲授时间与星期实习时间列如左：

国文	二小时
算学	二小时
商业簿记	二小时
工场管理法	二小时
理化	三小时
各科讲授	三小时
各科实习	二十八小时

统计每星期肄业时间共四十二小时。

第五章　学　额

第十三节　本所学额暂定三百二十名，分班学习，期满毕业，续行招班。

第六章　进　学

第十四节　本所招取艺生以厅州县属地之大小派额数，先期行知各厅州县选择年资合格生徒，并取具该生相片及亲族保结，申送备考，照额取录。如该县考生未能合格，即在该县同府之考生挑选足额。

第十五节　本所招取艺生须曾在高小学毕业，或在高等小学二年以上领有毕业修业文凭者合格，否则必具左列各项资格方可取录。

一、年在十八岁以上，三十岁以下者。

二、资性聪慧，身体强健，无嗜好者。

三、文理通顺者。

四、稍习算术者。

第十六节　投考各生须先赴本所报名或由地方官申送，并须报明寓居处所，听候示期考验，其毕业修业文凭者并须呈验。

第十七节　凡各生经本所取定后，由本所派定分科学习，其或有应更正者亦须由本所酌定，不得擅请更改。

第十八节　各生经本所取定示期入所时，该生等须先期三日亲赴本所填写愿书，照章缴清膳宿、试验药料等费，方准届期入所。

第十九节　本所每学期开学后，如额有未足愿插班者，须经本所分门考验程度相当方可补入，否则宁缺毋滥。

第七章　退　学

第二十节　本所各生如有犯及左列各规律之一者即令退学。

一、不守本所规则记大过至三次者。

二、身患疾病经两月不愈或有传染病者。

三、历经试验学业无进步者。

四、在外生事者。

五、非有要事请假逾期一月者。

第八章　学　费

第二十一节　本所不取学费，惟每生每月酌收膳宿费四元。每学期试验费、药料费三元，均须先交一学期方准入所。

第二十二节　学生入学时须缴纳保证费五元，另款存储。如在一学期内有损坏器械等件则照原价于保证费内扣赔。如无损坏器械等事，该生毕业时或因病退学，此项保证费如数发还。若因犯规被斥则不发还。

第二十三节　各生入所，应照本所所定艺生操衣帽各备一套，以归划一，均由本所代办。惟费须由各生自缴，书费亦如之。

第二十四节　各生所缴膳费如在一学期内因病或有大故请假一星期以上计日照扣。退学者按月扣除，余款发还。如犯规被斥者则不发还。试验、药科费无论因病与被斥均不发还。

第九章　试　验

第二十五节　本所试验分临时、学期、毕业三种。临时试验每月举行一次，由教习命题，以一小时为限。学期试验每学期举行一次，预示试期，由所长督率各教习分门试验。毕业试验预示试期，由劝业道扃门考试。

第二十六节　当试验时均不许携带书籍课本，违者扣考。

第二十七节　各种试验所给分数均照学部给分章程办理。

第二十八节　临时试验卷由教习将造诣之得失详批卷上，交各生一阅以资启悟。

第二十九节　学期试验毕业试验各卷均不发艺生阅看。

第十章　假　期

第三十节本　所假期谨参酌定章逢：国庆日、孔圣诞日、房虚星昴日、本所开校纪念日、清明、端午节、中秋节、冬节各日均放假一日，年假署假各放假三十日，其余非有疾病确实大故不得再行请假以重功课。

第十一章　设　员

第三十一节　本所设所长一员，由劝业道委任。主管所内一切事宜，有随时整理全所事务之权，考察员司勤惰之责。

第三十二节　本所设总教习一员，由劝业道委任。教习三员，副教习三员，由所长、总教习会同选择，呈请委任分任教科。

第三十三节　设监学一员，由劝业道委任，管理艺生行检及寄宿舍内一切事务。

第三十四节　设文案庶务各一员，由劝业道委任，帮同所长管理所内一切庶务并文牍各事。

第三十五节　设会计一员，由劝业道委任，管理所内银钱出入及报销等事仍受考成于所长。

第十二章　礼　节

第三十六节　每逢皇太后、皇上岁寿圣节、至圣先师诞日，开学、散学、毕业日、每月朔日，由所长教员率领艺生至礼堂行礼。礼毕，艺生须向所长、职员、教员行三揖礼。艺生复分立左右相向行一揖礼。

第三十七节　每时授业之始终，当齐向教员起立致敬。

第三十八节　艺生于本所职员教员无论所中所外相遇必须致敬，不得视同路人，遇学友亦然。

第三十九节　艺生初见督办所长及堂中各员均行三揖礼。

第四十节　遇有参观查学等员到讲堂，如教员指挥令起立，则一齐起立致敬。

第四十一节　遇有查学及长官到堂参观，艺生照旧上课均不迎送，以免旷时废课。

第十三章　寝兴食时间

第四十二节　学生早时以点钟起休，晚时以点钟息灯就寝，届时须一律寝兴，不得故意延迟。

第四十三节　食时早粥点钟，午饭点钟，晚饭点钟，违时不到者不补开饭。

第四十四节　每日上课午前八点钟起，十一点半钟止，午后一点钟起，五点半钟止。

第四十五节　本所早起晚睡及早午晚开饭均击钟为号，上下讲堂均以摇铃为号。

第十四章　记过事项

第四十六节　一由教习记过，一由监学记过，教习记过犯及某科即扣除某科分数，监学记过在学期总分数内扣除。

第四十七节　在讲堂上无心听讲及越乱位次，致难稽查课程者由教员记过。

第四十八节　课授时间艺生不经教习许可无故离堂，及教授未毕艺生擅自出位者由教习记过。

第四十九节　上课时未经请假不到堂，及逾上课之时太久者由监学记过。

第五十节　如有损坏本所器物除分别轻重追赔外，由监学记过。

第五十一节　不守章则为犯规，如有犯本所规章之一者，第一次由监学面加申斥，再犯记过。

第五十二节　记过三次者为一大过。

第五十三节　艺生过犯在教习范围者，则由教习开明艺生班次、姓名、事由送所长悬牌记过。在监学范围者由监学开明班次、艺生姓名及事由送所长悬牌记过，均必揭其过犯之理由使知改悔。

第五十四节　各生休息及理发、盥浴、溲溺等事皆不得在定所之外，违者初犯由监学面斥，再犯由监学记过。

第五十五节　本所各室并讲堂宿舍等处墙壁，艺生等不得有随意涂刻等事，违者经查实即记大过一次。

第十五章　教室应守之规则

第五十六节　教室坐位由监学排定，不许自行移换。

第五十七节　上讲室时须按讲室坐位排队而入，教员讲授毕，业鱼贯而出，不得挤拥喧嚣。

第五十八节　教室每日轮派一艺生为值日生，遇有教习上下堂时应行礼节，悉听值日生号令。

第五十九节　闻上课号音即一律上课，艺生不得迟至三分钟，教习不得迟至五分钟。

第六十节　每一点钟课毕休息十分钟。必齐出讲室以吸清气，不得因两时逼接息于出入。

第六十一节　授课时务须整肃不得交谈，遇教习询问时知者起立陈对。

第六十二节　有疑质问必在教习讲毕后，问时须起立正容质问，语必简要，不得旁及此课之外。

第六十三节　授课时非教习令带之书籍不得阅看，非写记时两手不得置于桌上，且须正襟危坐，两足不得伸出讲座之外。

第六十四节　本所艺生均不准吸食纸烟，在讲堂尤为厉禁。

第六十五节　在讲堂不准任意吐痰。

第十六章　寄宿舍应守之规则

第六十六节　每宿舍每星期轮派一人为值星生，服从监学之指挥，照料本宿舍洁清及同舍生起居疾病各事。

第六十七节　每日课毕即归宿舍自修，床铺座位均编号次，不准随意调换。

第六十八节　自修时宜肃静不得放声朗诵，即彼此商问亦不得高声并严禁喧笑嬉戏等事。

第六十九节　起睡均有定时，闻钟须一律起睡，不得参差。

第七十节　每室每日由艺生扫除一次，按照床位轮流充任。

第七十一节　宿舍不许携带食物及非宿舍应用之件，乐器等尤为禁物。

第七十二节　书桌上书籍文具均应摆列齐整。

第七十三节　床上被褥蚊帐皆须整洁，其衣包零件均应收检，不得任意放置，若有银钱应交本所收支处存寄，如该生自行收检倘有遗失，不得请本所追问。

第七十四节　白昼不许在室寝卧。

第七十五节　就寝之后不得交谈喧笑。

第七十六节　晚间设有患病者，即呼室长告知监学，请医诊视，同室均有照料义务。

第七十七节　宿舍灯就寝时一律灭息。

第七十八节　艺生就睡时十五分钟前，由监习查点名数，若有私自出所或逗留他室者分别记过。

第七十九节　寄宿舍不许养犬。

第八十节　每宿舍悬有各生名牌，入门以字向外，出则复之，以便稽查。

第八十一节　舍内窗门夜间须留罅隙以通空气。

第八十二节　艺生如有患病者即移往医所调养。

第十七章　食堂应守之规则

第八十三节　早午晚餐均有定时，闻报钟即鱼贯而入，不得争先拥后，食毕即退，不得久坐借为谈话之场。

第八十四节　每席坐位均经编定，不得越次乱坐。食时并宜肃静，不得彼此笑语。

第八十五节　菜蔬碗筷均由厨役摆列整齐，然后击钟入座。

第八十六节　饭菜如有不洁、腐败等物，准班长陈明监学，转告庶务员责罚厨夫。各生等不得有滋闹换菜等事，亦不许私自添菜。

第十八章　会客处应守之规则

第八十七节　艺生会客时间必在功课完毕，如在上课时号房不得通报，来客愿久待者听之。

第八十八节　艺生亲友来会，无论何人均先至号房挂号，指明所会之人，由号房引入会客处静待，报明监学，然后通知该生出会来客，不得擅入内，艺生等亦不得引客入寄宿舍。

第八十九节　艺生亲友来参观者均照参观章程接待。

第九十节　凡艺生亲友来访时，无论为会晤、为参观若闻上堂号令即辞客退，不得有碍功课。

第十九章　游息时应守之规则

第九十一节　艺生每日课毕，许在所内游息场散步运动，若欲至头门外江边散步，则须请监学或教习带领。

第九十二节　游息时不得喧嚣滋闹。

第九十三节　游息原期活泼筋络，不得近冒险而损体力，背公谊而失群情。

第九十四节　游息亦宜守一定时候勿得过时忘返致碍功课。

第二十章　请假时应守之规则

第九十五节　艺生除本所例定假日外，不得无故旷课，放散身心。即令有不得已之故，必向监学陈明事由须请假几日，经监学许可，然后填给假单。届期应即回堂销假，所有旷课理由应按照部定勤学分数章程办理。

第九十六节　如假期系因父母大故或疾病或已身疾病等事，限满仍须续请假者。准续假一次，必先期承告监学。

第九十七节　每日在上课时间有事外出者，须向监学陈明事由，并订定请假时间。

第九十八节　凡住城者星期前夕可准其归家，惟须报明监学，星期之夕必于七点钟以前回所。

第二十一章　外出时应守之规则

第九十九节　凡艺生外出无论平时及例定假日必领名片挂于外出挂牌处，以便稽查。若系行礼之期，即令有事，亦必俟礼毕方可出外。

第一百节　凡外出必须衣履齐整，举止端肃，毋令旁人指目。如有在外浮荡不检，轻本学堂查出，或由外人告诉，无论艺生人数多寡均即时按名剔退，断不姑息一人而损大众名誉。

第一百一节　外出时若有违犯警律，该管警察照律惩办，本所决不坦护。

第一百二节　外出时若有混迹赌场，窥探烟馆，征选歌舞，流连饮食等事，查出分别记过黜退。

第二十二章　陈列室应守之规则

第一百三节　陈列品或本所自购或他处寄赠，均须标签注明产地价值，每载销售若干，销行何处，以及入所年月。如寄赠者标明寄赠人之姓名处所，自购者亦须标明购置经手人姓名。

第一百四节　陈列各物凡在局人员均有看护之责，设有损坏即由损坏者照价赔赏，如不知何人损坏即由经管员照价赔赏。

第一百五节　陈列品专备参考之用，概不出卖。惟自购之绣货及绸缎等件陈列至两年更换一次。

第二十三章　参观人应守之规则

第一百六节　凡来所参观人员一律接待，由庶务员或监学引导参观。但参观者须注意左列各款。

一、参观人员到所须先将名刺交号房通报，引入接待室少息，即由接待人引导参观。

二、参观讲堂须立于讲座之后不得高声谈话。

三、讲堂工厂陈列所等处不得任意吐痰及吸食纸烟。

四、接待室设参观册一本，凡参观员均请自书衔名，留为纪念。

五、凡艺生亲友来观，一律接待。艺生不在上课时，亦许引导参观，但仍须先行呈明监学方可引导入内。

呈　文

为呈报事：案奉前督部堂札发广东家族工艺传习所学则一件交局议决，遵即开会研究。经第一读会决交审查会审查公同修正，复经第二读会决交审议会审议。嗣准报称，原案十三、十四、十五及二十一各节应略变更。其十五章五十六、五十七二条拟全删去。原列十六章者提作十五章并于章内加入值日生职务及教室通则两条为第五十八、五十九节。又原案第十七章今改为十六章之章首，拟加入值星生职务一条列作六十六节，其余节次以次递降，再于七十八及一百五节内酌删数字。计原则二十二章今拟并为二十一章，原则一百五节今拟增为一百六节，并于修正之处注说理由。为此报告再付正式议会表决等语。随开第三读会，可决者已得多数。理合录案呈报，伏祈督部堂察核公布施行。须至呈者。

札　复

为札复事：宣统二年十月十八日接广东谘议局呈称：案奉前督部堂札发广东家族工艺传习所学则一件交局议决。遵即开会研究，经第一读会决交审查会审查公同修正，复经第二读会决交审议会审议。嗣准报称，原案十三、十四、十五及二十一各节应略变更。其十五章五十六、五十七二条拟全删去。原列十六章者提作十五章，并于章内加入值日生职务及教室通则两条，为第五十八、五十九节。又原案第十七章今改为十六章之章首，拟加入值星生职务一条，列作六十六节，其余节次以次递降，再于七十八及一百五节内酌删数字。计原则二十四章今拟并为二十三章，原则一百五节今拟增为一百六节，并于修正之处注说理由。为此报告再付正式议会表决等语。随开第三读会，可决者已得多数。理合录案呈报，伏祈察核公布施行。计呈请折一扣等因前来，当经发交会议厅审查科科员开会审查。兹据会议厅审查科科员等呈称：科员等公同审查，佥以此条系交议之案，拟请照行劝业道并札复谘议局，是否有当，伏候核夺等因。本兼署督部堂复查无异，除札劝业道遵照外，合就札复广东谘议局查照。须至札者。

札　复

为札知事：宣统二年十二月二十七日据广东劝业道陈道望曾详称，窃照宣统二年十一月三十日奉，前兼署宪增札开，宣统二年十月十八日接广东谘议局呈称云云（文已见前）计呈清折一扣等因前来。当经发交会议厅审查科科员开会审查。兹据会议厅审查科科员等呈称：科员等公同审查，佥以此系交议之案，拟请照行劝业道并札复谘议局，是否有当，伏候核夺等因。本兼督部堂复查无异，札道即便遵照毋违。计抄折等因。奉此。伏查此项家族工艺传习所学则既由谘议局修正表决，核其删改节目，厘正条文，均属妥协，自可查照办理。惟第五章第十三节学额一条，原定仅一百六十人，现增至三百二十名，较之原额加多一倍。虽为教授普及之计，期免向隅。惟该传习所既附设工艺局内，原定学额一百六十人，系因工艺局预备添修之讲堂、宿舍仅能容此人数，如果照议推广学额，必须添购地址，增加堂舍，即当日详定开办经费一万六千两亦不足以资应用。现在预算全案既经核定，此项擅充经费自非专案请拨，不易动支。窃谓提倡工艺为目前切要之图，与其辗转经营，稽延时日，曷若就现有堂舍先立初基，一再筹维，似应变通办理。拟请暂照原拟学额招集艺生一百六十人，于明春先行考验入所肄习。按照工艺局原定科目先办染色、织工、美术、理化四科并各授以普通学理，以冀速成。一面另行预计经费，专案请款以为添购局旁毗连地亩，加造讲堂、宿舍及实习工场地步。一俟办理就绪再行查照议案扩充，庶不涉偏废，而免延误。所有拟将家族工艺传习所暂照原定学额先行开办缘由，理合缮具书册详请察核批示祗遵等情到本署部堂。据此当批详悉家族工艺传习所窘于经费，限于堂舍，学额骤难照增，应即如议先行招集考取艺生一百六十名拨所肄习。候札谘议局查照。至家族工艺厂之设原为化除游惰之要图，广东游民素多，且值各项赌博定期一律禁革之际。平日恃赌为业者，更实繁有徒。亟应预筹生活之方，庶可驱而之善。仰即通饬各属督率绅富择地筹款，酌聘技师，赶设家族工艺厂，用资作育，免流匪僻，是为至要。此（缴）〔檄〕等因。除印发外合就札行广东谘议局查照，须至札者。

札议移民殖边案

札　文

为札行事：宣统二年九月十三日准东三省总督部堂锡文电开，东省逼处两强，自日俄协约告成，视眈欲逐俄于西北利亚，日于南满均各移民拓殖，竭力经营。而我则地广而荒，弃沃壤为石田，边备空虚，莫此为甚。良忝任斯土，目击艰危，前经奏请筹款兴办垦务，奉旨（俞）〔谕〕允，惟经纶草昧非一手足所能为力。查日本北海道拓殖计画，始则对于个人直接保护，久而无效。继则从事道路之设置，水利之扩张，舟车之特别减费，近户口较前十年增至十四倍，而强国家。设备之周，至与民进取气象之发达，俱可崇仰。此间松花江、嫩江、乌苏里江各流域舟车可通，即气候、土壤亦较北海道为胜，锦洮铁路不日先筑，良不敏窃愿有所规画。现值举国开省议会之日，拟请转札各谘议局于移民殖边一事，同尽劝导筹措责任，不致以大利让之外人。不特东省之幸，抑亦全局之福。夙纫公谊，企望尽筹示复等因到本署督部堂。准此，合就札行广东谘议局查照，希为筹议呈候咨复。须至札者。

议　草

谨按东三省总督部堂锡为筹议移民殖边事件致督部堂电内开，日本北海道拓殖计画，始则对于个人直接保护，久而无效。继则从事道路之设置，水利之扩张，舟车之特别减费，近日户口较前十年增至十四倍。其国家设备之周，至与民进取气象之发达，俱可崇仰等因。是东督部堂所规画者必先从事于道路水利舟车数大端，然必予民可图之利益而后劝导筹措较易为功。谨就各议员意见议决办法六条呈候裁夺咨复施行。

一、改良矿税。东三省矿产最优，五金遍地皆是。但现行矿章过于苛细，当此风气未开，如欲移民，必当特别开放。查南洋矿章，凡商人请领地亩，不拘多寡，每英亩衹收地价银数元及量地小费，俾民易于领办。国家专课其出井税，或组织大公司与之收买而运销之。今探矿必须领照，往返经年，何异封禁？拟请仿照外洋，任人分领矿地。开办之始，出井税亦特别减轻，庶有利可图而人乐争趋。移民之术此其一。

一、改良放荒。奉吉各省放荒章程，每亩征银十两或五两，下者亦二两。如此苛重无怪远人不来。查南洋群岛凡属荒地，概准商民领种，每英亩收地价三元或二元。其僻远者且准人先行挂号领种，免税十年或二十年。然后量地纳税。其有大公司携工人垦荒者或每人给以五元，立有期限，章程极简，保护极周，是以地无不辟。今东三省寒苦之地，一岁衹耕种五六月，不如南洋一岁三稔。而苛征倍之，若非变更旧例，仿外洋领荒之法，善为招徕，则虽勉强移民不能蕃殖。拟请设量地专官，凡民人领地衹收量地费，十年之后纳税升科，补缴荒价，则民自乐从而踊跃来矣。移民之术此其二。

一、筹拨旗民。东三省为国家根本重地，是旗人本籍。感情已厚，习性尤合。近来各省旗民生齿日繁，生计日拙，亟亟筹谋，苦无善策。拟请奏准谕令，旗民凡有愿回东三省者，资遣安插以为民倡，可以固根本之重地，并可扩旗民之生计，殖边之法莫善于此。移民之术此其三。

一、招徕华侨。南洋群岛为广东资本家、劳动家之殖业场。开矿垦荒最为习惯，往往有一公司而佣工至数千人者。近日南洋生计渐见困难。果将东三省矿务垦务税则格外减轻，由督臣分派专员前往招徕。使各侨民幡改内向，合资合力前赴东三省开矿垦荒，由国家切实保护，办有成效优予奖励。华侨富有爱国精神，而又有利可图，无不感激争先者也。移民之术此其四。

一、劝集公司。粤东贫民欲出洋营生，苦无资斧者多□外洋邻友代给川资，到埠后佣工半年，始受佣值。照此法招往东三省，贫民谅亦乐从，拟请督部堂出示劝谕本省绅富集资设立公司，妥订章程，无论贫民、游民，准其招往东三省兴办实业。其保护奖励之法与招徕华侨同。粤民富营业性质，当无不乐从。移民之术此其五。

一、定移民奖励。移民不定奖励，则贫民难欲赴召而川资经费无自筹措。应定移民奖励法交由资政院议决颁布各省施行。移民之术此其六。

呈　文

为呈报事：案奉前督部堂札开宣统二年九月十三日准（同前札文云云）呈候咨复等因。遵于九月二十三日公同会议，征集意见交由审议会编出办法六条。复于十月初二日再付议会悉心讨论，当场表决已得多数赞同。案经可决，理合录报呈候督部堂察核咨复。为此具呈，伏祈裁夺施行。须至呈者。

修正限制各膏土店营业简章案

简　章

一、本简章遵照光绪三十四年民政部会同度支部奏定禁烟稽核章程第三章第八条以实行限制膏土各店营业为主旨。

一、此简章先由省城试办三月后，再推广于各厅州县及繁盛商埠。

一、由巡警道会同禁烟总局饬各巡警区所发给各膏土店表三张，一一注明表式列后，一留该管区所，一缴警务公所及禁烟总局备查。

一、各膏土店自奉表后限十日内即应逐类注明缴回该管区所，另限一月内实行。

一、各膏土店如已兼某营业者，亦应在表内详细注明备查，不得隐漏。

一、各膏土店奉表后逾限延不填报者，除照违警律三十八条第二项违背官定一切卫生章程处罚外，仍一面勒令填缴。

一、各膏土店已填表注明兼营何业，逾另限一月内不遵办者，除照违警律三十八条第二项加等处罚外，仍一面勒令兼营他业。

一、凡为他项营业而带卖膏土者应即专营本业不准带卖膏土。

一、各膏土店成本不及千两者应一律停止改营别业。

一、各膏土店不准零卖碎土，违者查出严罚不贷并停止其营业。

一、各膏土店已兼营另业或欲改营者，须至各该管区所报明备查。

一、各膏土店已营别业之后，如半途中辍，仍专营膏土业者查，出严罚不贷，并停止其营业。

一、各膏土店不得迁移地址，违者即停止其营业。

一、各膏土店已遵章兼营他业，如欲迁移时，应向该管区所呈明不营膏土业，方准迁移。

一、各膏土店如已歇业，应向该管区所呈报备查以后不准再开。被封者亦不得更改字号，希图复设。如有此项情弊查出，严罚不贷，并停止其营业。

一、每月由各区区官查明该管地段内，各膏土店有无以上诸弊及迁移停止之事，汇报巡警道察核，再由道移禁烟总局。

一、自简章实行后，无论何地均不得增设膏土店，以示限制。

一、各膏土店应遵照禁烟总局详定、督部堂分期递减办法，限至宣统四年十二月止各膏土店一律禁绝，务各先期趋重别项营业，以免亏累。

一、此简章连同表纸并发各膏土店，务各悉心浏览，以便遵守。

一、此简章经谘议局议决通过，巡警道会同禁烟总局颁布后，即发生其效力。

呈　文

为呈报事：案奉前督部堂札发限制各膏土店营业简章草案交局会议。当即会同讨论。先经决交审查会审查，随复交审议会公同修正，迨经第三读会修正，各处意见相同，认为可决者已占多数。理合录案备文呈报，伏祈督部堂裁夺施行。须至呈者。

札　复

为札复事：宣统二年十月二十六日接广东谘议局呈称，案奉前督部堂札发（同前呈文云云）呈报裁夺附呈议案一扣等因前来。当经发交会议厅审查科开会审查。兹据会议厅审查科案呈，遵即公同审查。佥以此系交议之件，既经谘议局议决修正，拟请照行巡警道会同禁烟总局核办并札复谘议局知照。是否有当，伏候核夺等由到本兼署督部堂，复核无异，应如所议办理。除札广东巡警道会同禁烟总局核办饬遵外，合就札复谘议局查照。须至札者。

修正各属筹设图书馆办法案

议 草

查学部奏定图书馆通行章程等二条，京师及各直省省治应先设图书馆一所，各府厅州县治应各依筹备年限，以次设立。第三条京师所设图书馆定名为京师图书馆，各省治所设者名曰某府厅州县图书馆等语。按之章程所载是府厅州县各设图书馆实为宪政筹备之要图。业经提学司拟定章程先于省治广雅书局建立广东图书馆一所，以为各府厅州县先路之导。惟各府厅州县必责之行政官建设或缓而难举，不若官绅通力合作事较速而易行。查各府厅州县皆有学宫，学宫内多建有尊经阁。原尊经之名义与图书馆为近。以尊经阁为图书馆则不患无地，又各属学宫皆有册金，以为新生补助之资。现科举已停，册金无著，购求图籍饷彼贫儒。同为嘉惠士林，似属无分轩轾。此外各族书田及各属绅富皆可劝谕酌捐则不患无财，既有其地又有其财，则图书馆之成立可拭目而待举。其美善厥有四端。各府厅州县皆有学堂，堂中置存图书未必美富，或且缺焉无闻，彼充任教员者又半皆寒士，或则来自远方，广购固难，行箧亦未备有。图书馆设立而教员足资参考而不虑其谬误，其善一也。乡僻遐陬，见闻浅陋，语以十三经而不知，问以廿四史而不对。经史且然，何有诸子百家？有图书馆之设立而学生足资浏览，而不虚其孱陋，其善二也。即使办学人员方求开通风气，然筹款购集未谙目录之学，携金虚掷入市盲求。有图书馆之设立，而办学人员足资研究而不虞其虚糜，其善三也。匪直此也，办一学堂，开办有费，常年有费而受教育者多不过二百余，少或数十。今图书馆之设立以供士人之展览，其受教育之数殆不可限量。且不过筹一开办购书之费，其余管理人员多不过二三人，少则一人，常年经费有限。是费用少而收效多，其善四也。有此四善，各府州县筹办图书馆为亟要之图不待智者而后知矣。查外国图书馆之发达，以法国为巨擘，除私家外，或属于部院，或属于郡县，或属于学会，或属于学校。而郡县图书馆与学校图书馆尤为彼国之特质。其学校图书馆多至四百四十余所，每一所藏书四万有奇。此外有藏书三百数十万册者。凡三百余所有藏书三万册以上者，凡五十余所，何其盛也。即蕞尔之日耳曼合全国图书馆之数亦共有一千五百余所。每岁借书人数凡千八百余人。就馆阅者，其人数与书册数约倍之。教育普及，固其所矣。吾中国为二千余年文明祖国。而图书馆之设立求之省治无闻焉，求之府厅州县无闻焉，岂不戚然而惧，恧然而愧。此郡县图书馆及学校图书馆之设立，官绅不能不共负责任者也。此事于教育进行及宪政筹备极有关系，应行交议并拟筹设图书馆简要办法八条以备谘议局逐条议决。

原草办法八条后由会议修正，计共十条备列于后。

一、各属图书馆以各属学宫内原有之尊经阁及裁缺学署修改为之，或附设于劝学所，期易集事。

一、各属裁缺学田及其他租项之收入，原是地方公产，一律提充图书馆基本金。

一、各属原有册金、印金、宾兴等项除提拨办学外，如有赢余，酌提为图书馆经费。

一、前广雅书局及学海堂旧藏本应由学务公所赶印后廉定价，通饬各属备价购领。

一、劝谕各属绅富捐助图书馆经费。

一、劝谕各属绅富捐助图书馆书籍。

一、凡捐助经费书籍者，小则由馆赠答阅书券，钜则由地方官禀请奖励。

一、图书馆经费、书籍原无定额，尽各属筹得之款先行办理，陆续扩充，以期速于进行。

一、各属图书馆之筹设由各属之地方官及劝学所任其责，限两年内次第成立。

一、所有章程遵照学部奏定京师及各直省图书馆通行章程办理，俟本案议决后再行另立施行细则颁布各属。

呈文

为呈报事：案奉前督部堂札发筹设各属图书馆草案交局议决。当经叠次会议，并经查审会反复审查，均称原案办法其注意之点不过就原有之公地则费可省，筹就原有之公款则事较易集。然各属情形不同，有可指为馆所而未必适用者，有可拨为馆费而已提充办学或专属家族劝学范围，未必乐输者。谨就议草所列各办法拟删一条加入二条并修改二条应俟表决呈候公布。复于十月初六日开第三读会，业得多数之可决，理合录案呈报督部堂察核施行。须至呈者。

札复

为札复事：宣统二年十月十五日接谘议局呈报议决筹设各属图书馆一案，并附修正筹设图书馆草案一扣等由。当经发交会议厅审查科审查，兹据审查科案呈，遵即公同审查，佥以谘议局将交议筹设各属图书馆简要办法八条增删修改共成十条。其修改第一条系宽筹图书馆处所，自可照办。附设于劝学所以董事兼任一层尤为省费易举。惟所称董事应照章改称总董，其加入第二条拟提裁缺学田及其他租项之一节，查田租、地租等项原为地方士绅筹集捐送学官之款，自系地方公产。复设各缺教官，久经奉裁，此项岁入提充地方公益，自是正办。但此项岁入向由学官自行征收，应由各属绅士查明禀请学司提拨。其修正第三条系推广筹款，自可照办。其加入第四条拟将广雅书局及学海堂旧藏本由学务公所赶印，从廉定价，通饬购领一节。查广雅书局及学海堂刊行书籍。从前学堂初兴，士夫留意科学古籍，遂鲜过问庋藏板片，零星刷印，以妨滞销。自去年规复广雅书局，次第印行，并在局内附设印刷处，以便发行书报。所议由学务公所赶印之处应毋庸议。至廉价购领一层，查书局印行书目核定价目概不折扣。现拟通行各属图书馆成立，应购官书照价八折，以示嘉惠。惟需地方官备文请领，以妨市侩伪冒。其拟删去原草第三条一节。查各属书田经前学务处通饬提办家族学堂，各属具报遵办者寥寥无几，此次提议捐助图书馆，原以书田多寡不一或以之办一学堂而不足，以之捐助图书馆则有余，现审察情形管收者既不一人，司理者亦无权捐助，劝谕酌捐，必归无效，尚属实情应照删去。拟请札行提学司查照办理，并札复谘议局知照。是否有当，伏候核夺等由到本兼署督部堂。据此，复核无异，除札广东提学司遵照办理外，合就札复谘议局查照。须至札者。

提议类

广东赌禁请电奏定期实行案

议草

广东禁赌一案行政长官以筹抵为先著。有抵则禁，无抵则缓，程期宽展庶免自促其跬步，固无足怪。而在本局受全粤之责望，痛赌祸之滔天，岌难终日，则应以定期为先著。且不定期既无以确定赌禁之实行，又无以确定筹出的款之归抵。观此次整顿盐务，大部拟提增饷以裕课款，而以业经整顿之陋规空名还以饴粤，可为寒心。现在制宪既为我粤请命，奏复陈盐务规费并预筹实行赌禁一折。经将禁赌抵饷兼筹详画，而所短祇在七十余万两，将来尽可取给于烟酒两项，是现在筹抵已有著落。吁旨定期禁赌，了无疑义。加以同乡京官历经奏请，并由张前督宪暨制宪两次奏案，均以无论筹得何款先抵赌饷为词。迭奉明旨在先，自必示吾民以大信，断无反汗之理。此次本局开议自当查照前两会禁赌议决案，呈请督部堂为本局代达舆论。即日电奏请迅降明旨宣布广东赌博一律禁绝期限，以慰全粤渴望，并俾粤民得以预备禁赌善后事宜，是为本届当年会第一要件。当为一致之议决，无事纷纭，并求效力之发生，不容中止。况此项议案全粤生死攸关，若经历三会迁延两载，一禁赌之期限任朝廷之画定，呼号大吏而大吏以之上闻，或上闻而政府不为之或恤。是政府与大吏虽日言禁赌，日言筹抵，仍别有用心不以粤难为可悯也。我议员终日悠悠之论，唯政府大吏之命是听，仍无济粤省利害。自当全体辞职以让贤，能并以谢吾粤之父老昆弟。今将约法条列于下：

一、议决呈请督部堂即日电奏请旨宣布广东赌博一律禁绝期限。附条件（一）请于三日内电奏。未奉照准，即行停议力争。争之不达即行全体辞职，并以停议及辞职情形电达资政院求其判断。

二、议决即日电请资政院奏请上谕，宣布广东赌博一律禁绝期限。（此件可作为本局请议案呈院开议）

三、议决督部堂或资政院准照奏请。未奉谕旨俞允或奉谕旨钦交奏复，若不奏复请准确定期限等因，均应全体辞职。

附条件（一）全体辞职以闭会日以前为之。

呈　文

为呈报事：窃本局因禁赌一案叠经两次开会议决，未奉实行。兹于本月初十日会集全体议员公同讨论，拟请电奏宣示禁赌定期，以除民害业，全数可决。理合缮录议案备文呈报伏乞督部堂俯顺舆情，即日电奏请旨明定广东赌博一律禁绝期限，实为德便。为此具呈，祇候俯准施行。须至呈者。

札　复

为札复事：宣统二年九月十二日接谘议局呈称，本局因禁赌一案叠经两次开会议决，未奉实行。兹于本月初十日会集全体议员公同讨论，拟请电奏宣示禁赌定期，以除民害，业经全数可决。理合缮录议案备文呈报，伏乞督部堂俯顺舆情，即日电奏请旨明定广东赌博一律禁绝期限等因，并议案一扣到本署督部堂。据此查禁赌一事迭经本署督部堂奏请实行，并议筹抵饷在案。兹接来呈，自应由本署督部堂召集会议厅讨论核办。俟定办法后即行札知谘议局查照，合先札复。须至札者。

呈　文

为呈报事：窃本局于本月初十日议决吁请电奏宣布广东赌博一律禁绝期限，当经呈报督部堂请予核办在案。复于十二日查照议案第二条办法录明案由，电请资政院开议。理合钞录电稿呈请督部堂察核。须至呈者。

附呈电文一纸

资政院钧鉴：粤禁赌案奉粤督交议公决分为两题。一、请定期禁绝；一、通盘筹充。另题交议奉札复仍照奏案，一面与司道筹议。随有改良盐务筹抵赌饷之奏，本年四月开临时会续请吁旨定期禁赌又未施行。旋奉行知部处奏准，盐务仍令旧商办理，递年增饷，惟初年增二百万尽抵不敷。前月粤督札知，复陈盐务陋规并预筹赌禁实行，奏折筹拨牌照捐递年与盐饷相赓续，而所短祇七十余万指定从烟酒另案办理。是粤督筹抵赌饷的有着落。吁旨定期禁绝，了无疑义。况历经粤京官奏请并张袁两督叠奏明无论筹得何款尽先抵赌。迭奉明旨在先，自必示吾民以大信。本局初十开会再议，佥以赌博害政病民，即无抵饷政体，亦应筹禁。本局已历两会，不能仰副朝廷禁赌至意，负咎滋多。兹幸筹抵有著，非迅请定期实无以为禁赌善后之预备。爰议呈请粤督即日电奏请旨宣布广东赌博一律禁绝期限，一面电请宪院，俯念赌饷不合税法，赌祸实足危粤，粤危国危利害攸关。迅准奏请宣布，以慰粤望。倘未邀准，则是议员诚有未尽。当全体辞职以谢君父，以谢邦人，当经全体议决爰录案由电乞开议。迅准施行。粤议局文。

呈　文

为呈请事：窃本局九月初十日开会表决定期一律禁赌议案，当经呈请电奏宣示定期。随于十三日奉到札复内开宣统二年九月十二日接到谘议局呈报议案一件，据称禁赌一案迭经两次开会议决，未奉实行，兹于本月初十日会集全体议员公同讨论，拟请电奏宣示禁赌定期，以除民害。业经全数可决，理合缮录议案备文呈报，伏乞督部堂俯顺舆情，即日电奏请旨明定广东赌博一律禁绝期限等由，并呈到议案一扣。具征议员于禁赌一事至为恳切，与本署督部堂殊有同心，惟赌饷必须筹抵，历经奏明有案。必筹抵已得确数而后，禁赌乃能实行。其筹抵大宗厥惟盐务新增款项。本署督部堂于议复盐务规费并预筹实行赌禁折内陈述綦详，钦奉硃批督办盐政大臣知道。钦此。是盐务新增款项能否拨赌饷，尚待督办大臣之咨复。至本省近办膏捐亦属新增款项，可以暂资拨抵。而收入之数及截留之法，开办未久，确定尚难。且亦须会同外务部、度支部酌核办理。此外尚有烟酒捐两项。酒捐则尚未开办，烟捐则尚待筹议。凡此筹抵之法，本署督部堂固已殚思竭虑其间，困难变迁情形当为绅民所共晓。自上年履任迄今，迭次陈奏皆不待绅民之要求，当官而行义无可避。惟奏案以恭奉谕旨为进行之方针。今筹抵既以新增盐饷为大宗，钦奉硃批督办大臣知道。则在本署部堂必待核复，到时方可作为确定之计画。膏捐亦须会部妥议，能否即照原奏进行，尚待磋订。谘议局以甫经奏闻之件，即视为确定筹抵之数。自系朱批甫经奉到，尚未周知所致，兹经会议厅公决，合将奉到硃批钦遵事理，札复谘议局查照。仍希照常开议等因。宏愿苦心，无任感佩。但札文所谓奏案以恭奉谕旨为进行之方针。今筹抵既以新增盐饷为大宗，钦奉硃批督办盐政大臣知道。则在本署部堂必待核准，到时方作为确定之计画。膏捐亦须会部妥议。能否即照原奏进行，尚待磋订各节。督部堂原为审慎周详起见。惟广东赌博系奉旨饬行筹禁，经张前督部堂及督部堂先后复陈，嗣后无论筹得何款先尽拨抵赌饷。奉有明谕，理无反汗。此次盐务加饷又经广东同乡京官根据奏案联呈督办盐政大臣及度支部。细绎批词，禁赌则款将留抵，不禁则款将提京。此尤不能不急起力争者也。牌照捐一项，据禁烟总局详定章查照开册计数，每年除提经费及津贴外，折实连解部款得银四百二十万。牌照捐出自熟膏，原与条约无背事，自可行札文。又谓谘议局以甫经奏闻之件即视为确定之数，似有未谅本局之苦衷者。查督部堂议复盐务规费并预筹实行禁赌折内声明第一年所增盐饷二百万两，又膏捐每年截留二百万两，其余尚短赌饷七十余万两，烟酒两项尚可酌量筹捐。欲谓之非确定筹拨之数得乎？赌饷为各国所无，赌博碍宪政，筹抵已非正办。即使尚无著落，亦应仿照筹备宪政办法，先请定期示禁。况得行政长官实心筹抵，已有指定拨抵。若议员等不能协赞，上何以对朝廷，下何以对桑梓。议员等之所以亟亟吁请定期者此也。今既未奉照准，惟有坚持已决原案停议，以待求尽责任。应再呈请督部堂查照原案，迅予电请宣示期限，望切施行再停议。理由当于十五日开会宣布，合并附陈。须至呈者。

上资政院电文

资政院钧鉴：文电铣电计达，宪鉴现奉粤督札知本局议决请旨定期禁赌案，准电军机处代奏请旨办理，抑交宪院议决并饬照常开议等由。遵即照常开议静候办理。惟查以赌承饷为环球立宪国所无。即我国亦广东所独有，以区区数百万赌饷，失政体贻笑外人，窃为朝廷痛之。粤民负痛忍辱望禁止如望岁。徒以疆臣藉口筹抵，迁延至今，现抵款有着，若再不宣示，恐国民误以朝廷为不恤粤难。人心一去，大局攸关。且此项赌饷于国税、地方税究将何所附丽，将来如奉旨交由宪院议决，恳请大力主持，上顾国体，下保民生，迅予决议。请旨宣布将广东各项赌博一律限期禁绝，不胜迫切待命之至。粤议叩。

督院札文

为札知事：案查宣统二年九月十二日接到谘议局呈请奏定禁赌期限议案一件，当于十三日将未便即行电奏理由札复谘议局知照。十七日续接谘议局呈称以未奉奏准，惟有坚持已决原案停议，以待求尽责任。应再请查照原案迅予电请宣示期限等由到本署督部堂。具征议员于禁赌一事，渴望甚殷，自系为急除地方弊政起见，当即据情电呈请军机处代奏。合将电稿札知谘议局查照，会期甚促，待议之事尚多，即希照常开议，静候谕旨饬遵可也。须至札者。

计抄单一纸

北京军机处王爷贝勒爷中堂钧鉴：洪窃于九月十二日接到谘议局呈报议案一件，据称禁赌一案迭经两次开会议决，未奉实行。兹复会集讨论，拟请电奏请旨明定广东赌博一律禁绝期限，以除民害，并声明须于三日内电奏。如未奉准，即当停议力争。争之不达，即行全体辞职等语。当由以赌饷必须筹抵，历经奏明有案。筹抵先得确数，禁赌乃能实行。其筹抵大宗惟恃盐务所增款项，甫经于议复盐务规费折内呈明。钦奉硃批督办监政大臣知道。钦此。是盐新增款项能否拨抵赌饷，尚待督办盐政大臣咨复。至本省近办膏捐亦属新增款项，可以暂资拨抵。而收入之数及裁留之法，开办未久，确定尚难，且亦须会部办理。此外尚有烟酒两捐可筹，酒捐则尚未开办，烟捐则尚待筹议。凡此皆可以筹抵之款，惟均不能作为确定之计画。谘议局甫经奉闻之件，即视为确定之数。自系硃批甫经奉到，尚未周知所致。应仍照常开议等语札复。去后十七日续据该局呈复，以赌饷为各国所无，赌博障碍宪政，筹抵已非正办，仍执前词并停以待。

以该局所请系为急除地方敝政起见，一再陈请，情词迫切。未敢壅于上闻，伏乞据情代奏，请旨办理。抑照章交资政院议决之处，屏营待命之至。树勋叩印巧。

札　文

为钦奉事：宣统二年九月二十日承准军机处号电开，奉旨袁树勋电奏广东谘议局呈请明定广东赌博一律禁绝期限，一再陈请，情词迫切，请旨办理等语。著该衙门察核具奏。钦此。等因。承准此合就恭录札行谘议局钦遵查照。须至札者。

呈具辞职并乞迅准札行补充以重要政事

为呈具辞职事：窃谘议局之设原为一省指陈利病，筹计治安。而议员受全粤之选任，付托甚重，责望弥深。自去年开局以来，迭次会议均以广东之大害莫逾于赌博。禁绝之期一日不定，即广东一日无治安之可期，亦即议员一日无可解免之深疚。乃历经三会争持两载，先后议决案，均已以定期一律禁绝期限内，责成官绅合力筹抵。双方并进为请。讵前督部堂袁挟其素定政见，单主筹抵再议定期，迭经未奉施行。迫本届开会九月初十日议决呈请前督部堂袁电奏并分电资政院作为粤省陈请建议案，均以去留待命。嗣蒙前督部堂袁电请军机处代奏奉旨该衙门察核具奏钦此。钦遵在案。是禁赌期限尚待具奏，未能遽奉明旨。学清等正在查照议决原案，未奉奏复，请准定期，当于闭会前辞职。乃初八日因安乐公司违章增设提议禁止，竟至不能通过。是学清等不惟责任未尽，抑且表率无方。上无以对君父，下无以谢邦人。查局章议员辞职事由第三项，为特经谘议局允许。本案前既表决，未奉定期，闭会前辞职。现十五日即届展期闭会之日。而禁赌期限未奉明文，自当查照原案。呈具辞职理由书以表暴学清等之奉职无状，并乞迅准札行补充，以重要政。仍望督部堂俯念赌博祸粤，专章入告，邀准早日定期以纾粤难。则学清等虽去议局，仍受督部堂维持议局痛除赌害之赐矣。再明日开会仍候礼成后离局，并学清等系自由辞职，不敢盖用关防。合并声明。须至呈者。

窃学清等以赌禁未成，奉职无状。当合同志四十三人，联呈辞职。顷查文内仅书三十六名，尚有七人未及与列。此系一时忙迫，遗漏所致，自应补列呈送统希一并核准。无任感纫。须至折者。

杨蔚彬、李家璧、黄梅年、伍于瀚、刘荣恩、陈寿崇、邓鼐。

呈报资政院辞职文

具呈广东谘议局议长易学清、副议长邱逢甲、卢乃潼，议员莫伯洢、陈念典、汤藻芳、黄梅年、邝锡尧、刘荣恩、杨蔚彬、伍于瀚、孔继猷、黄培元、李家璧、黄葆熙、陈鼎勋、周钟英、龙怡坪、陈寿崇、李滋湘、彭实森、邓承愭、陈炯明、林埥、萧之桢、丁培珊、赖耀、黄锡畴、谢陶、罗文光、沈秉仁、李鉴渊、陈乃勋、刘植卿、刘运熙、吴霏、王国宪、赖文杰、张养淮、梁国漩、梁庭楷、郑润霖、邓鼒等呈为报告辞职事。窃惟谘议局之设立，无非为一省指陈利病，筹计治安起见，凡为议员者自当上体朝廷设局之心，下副公民选举之望，有弊必革，有利必兴。然后俯仰无惭不致有忝厥职。去年我粤各属选举谘议局议员，谬蒙我邦人士不以学清等为不肖，忝膺斯选。于兹二年矣。伏念吾粤之大害孰有甚于赌博一事者。禁绝之期一日不定，即广东之害一日不除，亦即议员之心日益滋愧，乃待罪两年。集议三会先后议决案，均以定期一律禁绝为请。本届开会旧案重提，议决呈乞督院奏请明定期限，亦经电请宪院作为粤省陈请建议案。其条件中列有如不获命，当即辞职等语。是议员以去就自明，则平日希望禁赌之心迹固已大白。正在待命间，省城安荣公司竟增设一不山票不铺票之赌厂。王吴二议员以为本局议复赌禁虽未遽奉实施，然旧赌未能即除，岂容复增新赌。当具议草提请禁止。讵本月初八日会议时，竟得少数赞成此案，遂不能通过。现查此项新增赌博虽蒙督院示禁停收，而舆论哗然。谘议局之信用谘经已全失。夫议员有代表舆论之责，今对于请禁安荣票赌一案，议场上言论未能一致。学清等抚躬循省，不惟责任未尽，抑且表率无方，尸位贻讥，负戾滋重。上固无以对君父，下亦无以谢乡人。辗转思维，惟有引身而去已矣。明知负疚匪轻，非一去所能塞责。自维棉力薄德，谘议局之名誉未易转旋，敬让贤能，庶于瓦毁之余，或可希冀挽回于万一也。学清等去志已决，除于十四日亲具辞职理由书上呈督院及十五日电告宪院外，理合将学清等奉职无状，势难恋栈缘由，具呈伏乞察核。再学清等系属自由辞职，此呈不敢盖用关防，合并陈明。为此上呈资政院均鉴。易学清等谨呈。

再呈报告辞职呈文

议长易学清、副议长邱逢甲、副议长卢乃潼等具呈广东谘议局。

呈为报告辞职久未奉批，乞速准辞退，另选接充事。窃议长等前以会议禁赌请先定期。未蒙照准，加以议禁安荣公司变相山票不能通过，微特责任未尽，抑且表率无方，特查照九月初十日议案辞职。并请札行补充各情于十月十四日具呈前兼署督部堂增核办在案。乃待命月余，未闻选员替，焦急之状，莫可言宣。窃维谘议局之缘起，原为采取舆论而设。现因禁赌起争，而议员既各自辞职。是虽有采取舆论之地，已无复代表舆论之人。若果任令久停，殊非朝廷设立谘议局之意。况查局章第四十九条内，载谘议局议员解散后，督抚应同时通饬重行选举，于两个月以内召集等语。自应及时选举，免误事机。今值督部堂秉节南来，谨再觍缕上呈。伏乞俯念议长等负咎滋多，不容尸位。员缺紧要，饬另选充以裨局务而重要政，实为公便。再赌博为吾粤之大害，地方元气耗折无余。更愿迅展新猷，扫除痼疾，俾百粤黎庶，得庆更生，则拜赐为无涯矣。此呈系因恳予辞职，属于私事，不敢擅盖本局关防，合并陈明。须至呈者。

札　复

为札知事：宣统二年十二月十五日准陆军部火票递到度支部咨开筦榷司案呈本部速议兼署两广总督增电奏粤省谘议局议请示期禁赌一折，于宣统二年十月二十四日具奏军机大臣钦奉谕旨。度支部奏遵旨速议粤省谘议局议请示期禁赌一折，著依议。钦此。相应抄录原奏恭录谕旨飞咨两广总督遵照可行也。计抄原奏等因到本署督部堂。准此。除札广东藩运二司劝业道、禁烟总局钦遵查照外，合就札行广东谘议局钦遵查照。须至札者。

计抄单一纸

度支部谨奏为遵旨速议具奏恭折仰祈圣鉴事。本月二十日奉旨增祺电奏，粤省谘议局议请示期禁赌一案，据情代奏，恳请特颁禁令，抑或饬议速为示期等语，著度支部速议具奏。钦此。遵由军机处抄交前来。原电内称：粤东通省绅商各界复集议，将通省各项赌博一律全禁。称赌害为粤东所独，粤人请禁，先后三年以筹抵之故，宣示无期。使全粤士民疑此为延宕之文，非所以慰舆论而崇德意。粤人急公，甲于他省。如诚宣示定期筹抵谅亦非难。祺与司道等再四筹商。筹抵之款既经袁前督任内具有端倪，如盐务增款项收数遽难确定，大致要不相远，即或稍有不足，粤人感沐朝廷为民除害之意，亦必踊跃担负。总之，粤省游民充斥，盗贼滋多，无非根由于赌。闾阎受害之惨，实为各省所无。按之法律，揆之人情，均应毅然禁绝。且将来国家税则中，亦断不能再留赌税名目。祺虽任事日浅，不敢壅于上闻。伏乞据情代奏，仰恳天恩断自宸衷特颁禁令，抑或饬议速为示禁等语。查粤省盗风之炽，游匪之多，其源皆中于赌害。欲为挽救之计，必以禁赌为要图。该署督所陈应禁各节，诚为洞见症绝之论，惟该省赌饷为数较钜，臣等前据粤省京官呈请准拨新加盐饷暨续筹各款以抵赌饷，业经批允酌量拨抵。复于督办盐政大臣会同臣部奏，粤盐规费查提无著，请将新增盐款拨抵赌饷。折内声明，以此次盐务新增饷款，俟试办一年，收有成数，准予拨抵。该省赌饷，能否定期同时禁绝，应由该省自行筹办。其余该省现在及将来添筹之款，苟非原有岁收，自堪资以拨抵赌饷等因。钦奉谕旨，允准行令遵照在案。详译原电，该署督自系尚未接到前次会奏。现臣部据该省咨送修正预算各册，岁增出款又有三百余万之多，出入尚有不敷并无赢余之数。如竟将赌饷一律停止，则新增各款多属虚悬，旧支兵饷等项即虞无著。该省岭海交冲萑苻时，警饷项设有不继，则哗溃堪虑，治安难保。其害之烈更甚于赌。原奏牌照捐、酒捐等项又未指明岁入确数，更未容以画饼充饥，致滋贻误。臣等筹思再四，害赌在所必禁，而饷款则必宜预筹。拟请饬下该署督遵照前次会奏，指明办法，切实奉行，以期饷项有著，赌害速除，方为妥善。所请速为示禁之处，应俟该省新增盐款及添筹各项收有确数，再行核办。总之，该省赌害受病之深已非一日，历任督抚诸臣谓必宜禁，绝不宜收捐者，则张兆栋、马丕瑶、谭钟麟所奏是也。有谓权宜取给，以征为禁者则张之洞、李鸿章所奏是也。第刻下该省盗炽匪多，日甚一日。佥谓化良为莠，化富为贫。伏莽潜滋养成，患气者实由赌捐之饮鸠止渴。是今日而议治粤更非即议禁赌，别无办法。查粤东地方向称殷富，原电粤人踊跃担负，尤属实情。该省督臣如能联络绅商，妥筹办法，于前次会奏新增盐款外，另筹大宗确实款项，则赌饷即可刻期停止。上以副朝廷眷顾南服之怀，下慰绅民屏除邪慝之望。尤臣等所切盼者也。如蒙俞允，拟即咨行遵照办理。所有遵旨速议具奏缘由，理合恭折具陈伏乞皇上圣鉴。谨奏。

札　文

为札行事：照得本署部堂于宣统二年十二月二十一日电奏粤省筹抵赌饷情形，请旨定期明年三月初一日将各项赌博一律禁绝一案。兹于二十四日承准军机大臣电开，奉旨张鸣岐电奏广东绅民请速禁赌博并筹抵赌饷办法等语。着度支部妥议具奏。钦此。除恭录分行外，为此札行谘议局钦遵查照。须至札者。

计抄电奏稿一纸

北京军机处钧鉴：洪粤省禁赌一案，本年十月内经前兼署督增祺电奏请予特颁禁令，奉旨饬度支部议奏。嗣准部议以原奏所请速禁之处，应俟该省新增盐款及添筹各项款有确据，再行核办。该省督臣如能联络绅商于前次会奏新增盐款外，另筹大宗确实款项，赌饷即可刻期停止等因。奉旨：依议。钦此。鸣岐抵任后详加调查。原议筹抵赌饷各款除新加盐饷二百万两外，加酒捐，如土膏牌照捐皆尚无成议。即经督催司道联络绅商切实筹办。并以盐饷是否确有把握，饬令运司会同盐政公所查明具复。兹据司道会详酒捐一项，已有商人请承，岁认饷银一百万两。牌照捐一项亦已议定，归土行商人设立公司承办，岁认饷银二百万两。并据运司详准盐政公所查复，以拟俟各盐埠照原案开办三个月，销盐之数若无所短，即认此二百万之加饷为有把握之的款。即自加饷后第四个月起将所收加饷尽数拨抵赌饷。以上三项综计有五百万两。惟内应划出银八十五万余两，拨补原有之土药税、膏店牌费、酒甑捐及基铺山票商人另案岁缴之教育实业经费等款，实得拨抵赌饷银四百一十四万余两。比较岁收赌饷银四百四十万两尚不敷银二十五万余两，遇闰则不敷银五十一万余两。其各府州县学堂、巡警各经费以及一切地方公益之款，向由赌商认缴者，拟即责成各该地方官绅就地自行筹抵，不在此次所筹之内。此鸣岐与官绅筹抵赌饷之情形也。伏查赌博为粤省大害，禁革自不可迟。徒以赌饷至巨，筹抵匪易，故不得不加以审慎。今粤人创巨痛，深甘增担负，以祛鸩毒，实为图治更始之机。虽抵款尚有不敷，新加盐饷亦尚需半年后方可恃为的款，本难骤言一律禁绝。惟人民受害日久，望禁甚殷，迫切之情，不可终日。迭接广东京官来电，亦佥以速禁为请，顺舆情而除大害端在此时。且粤民好义急公，甲于他省。一经宣禁群情益加踊跃，不敷之数十万筹集，当非甚难。若必待筹款悉数筹齐，盐饷确已收到，始行议禁，恐人民之心一懈，以后难于鼓舞，赌祸又将蔓延。鸣岐熟审事机，以为此时宜一面宣示禁期，一面再筹款项，当与司道及各绅筹商。佥称宜于明年三月朔日施禁，合无仰恳天恩特颁明诏。定于宣统三年三月初一日将粤省各项赌博一律同时施禁以示朝廷好恶同民之至意。不敷之数，鸣岐仍当督同司道联络绅商设法筹足，以重饷糈。惟禁期甚迫，抵款又动关要，需盐饷、酒捐、牌照捐现难以为可恃，究属事前预定，非已经收到之款。万一届时有意外变动，不克依期足额，并请准其暂募公债，藉资周转。抑鸣岐更有请者，此次筹抵赌饷各款，除监饷外实以土膏牌照捐二百万两为大宗。现闻外务部正与英使磋商拟加洋药税项，一经定议则土膏牌照捐即须停办。此款顿成无著数巨，期迫断非咄嗟所能措办。惟有仰恳饬下度支部，俟洋药加税定议时，即在加税项下，将东省土膏牌照捐二百万两按年如数拨还，以保海疆大局。明知禁烟已有定期，药税亦难久恃。但分年弥补，尚可图功。仓卒增筹，断难为力。粤赌能否同时施禁尤视药税能否拨抵为衡。此则仰赖朝廷主持者也。除电咨度支部外乞代奏。鸣岐谨肃箇。

革除各属衙署积弊案

议　草（议员陈炯明提出）

地方有司衙门积弊之深，酿成吏治之坏，全国皆然。而粤为尤甚，自非从根本上改革，无论吏治如何整顿，总不能扫除净尽。盖其为弊积重难返，已成机关不良，虽有贤吏莫之挽救。一遇贪官，益便私图。董子有言，琴瑟不调甚者，必改而更张之，乃可鼓也。为政不行甚者必变，而更化之乃可理也。现今地方官制改设，尚需年期。而此项衙署为阱，于地方岌难终日，不为变通改革，不惟民间疾苦无以廓清，即一切新政亦为之积压阻害，难以切实施行。故条揭其积弊之种类及目前改革之方法，按照局章第二十一条一款提请议决。

一、官戚。官衙为游宦之传舍，万方同慨然，尚属细事。最堪痛恨者，一行作吏，饥鹰饿虎，即麇集以偕来，或荐自上官，或出自戚谊，均欲占一幕席，派一差委，以为铲削地皮以去。虽在自爱之吏，始或格于情面，而稍假事权，继则为之朦蔽，而徒执其咎。故官戚随幕，流弊最多，拟请通饬各属就地方情形酌定幕席应需人员，将其姓名、职任呈报上司，并由该本官行知自治会，一面予以随时稽察纠举之权。

二、收发。门丁改用收发委员，原为革弊起见。近日各属收发其流弊更甚于门丁。究其弊端，实用滥用不省人员，罔知自爱所致。甚或以私人捐一末衔，滥竽充数，藉为内外串弊之枢纽。故此弊亟应革除。拟各属此项收发委员，须择本省候补人员或法政毕业有确实官阶，缴验官照文凭者呈请加札委充。仍行知自治会，俾得随时纠察，违者撤参。

三、房书。房书积弊尽人皆知，然欲革除，非扫穴犁庭不可。现在新政衙门已无此项房书之设。将来官制改用，亦在必裁之列。故今拟为之变通改革，通饬各属限三个月内，务将房书一律裁革。另考文理通顺之人充当书记，分科办事，酌分执法、行政、会计三项，将旧有六房所掌各事纳诸其中。仍饬就事之繁简因地制宜，酌定科数名数，并筹定的款，拟定薪津数目，呈报上司核夺饬办。至将来各属凡已设审判厅地方，执法一科自可酌量免设，以符名实。所有改革后一切经费暂由各属自筹，不得请款，以免窒碍。

四、差役。砒礵之毒，医药犹留之，以其特种治病之品性，无有其代故也。若差役之毒过于砒礵，并非具有特种需要不可以代。为政者明知其害，而犹畏事更张，暂为保存，是诚何心？且差役不革，不惟民害莫除。禁烟功令，不行于衙署之地，殊堪痛恨。况革除此辈，为衙署去一大魔障，为民间辟一大生机，而于传案上无丝毫之窒碍。裁革上无困难之手续，经费一层亦非巨难筹充。将来各级审判厅成立，此项亦在所淘汰。何事迟疑不决？去岁本局提议此案，奉照司议暂仍其旧。查司议所持理由，祇谓现时各属巡警多未设立，章制难语完全。侦探之学亦鲜讲求，派去办案，窃恐难收成效。且诉讼法亦未实行，倘稽察稍疏，亦未必不蹈差役故辙。似不如暂仍其旧，俟各级审判厅成立后，再图改革，期臻完善等语。今将司议所持，而本局有不以为然者略为说明。再拟以改革之方法。

（一）司议谓：现在各属巡警多未设立，章制难语完全。查原案议决裁差用警，系指司法巡警而言。与各属行政巡警不同。且此项巡警就事实而论，取足供差遣之用，亦非求如外国司法警察之完备。司议所持未免失之事实。

（二）司议谓：侦探之学亦鲜讲求，派出办案，窃恐难收成效。查向来差役并无习过侦探之学，亦非天生特种侦探之性能。派出办案求免滋弊，已不可得，何尝收及成效。今拟改警，虽云贵取完善。然为革弊起见，但求达此无误。差传已见，斯可两者比较，彼善于此，斯为得之。司议所持未免失之高论。

（三）司议谓：稽察稍疏未必不蹈差役故辙，持论甚是。然差役之为弊实有异之原因。一、别具凶德，另成一种人类。二、承充既需规费，办案又无津贴。三、敲诈技、惯串弊、路熟三者皆巡警之所无。故改用司法巡警虽稽察稍疏，间有流弊，但未必悉如差役之甚也。

（四）司议谓：俟各级审判厅成立后，再图改革，期臻完善。查各级审判厅成立，此项传案差役自然消灭，无俟再图改革。惟此时尚未成立，民之呼号于下者得能掩耳不闻乎？改革俟之后日，莫除目前民害。何不先期试办，即未尽善，逐渐改良未始不可。总之，司议所持殆未尽悉差役为害之烈，而参以苟安之政见，畏事更张一语而已。

右四者皆本局所不谓然。今拟仍请改用司法巡警，由臬司酌定章程，按照地方大小事务繁简酌定名数。札发各属经费就地妥筹，限三个【月】内将差役一律裁革。另选身家清白之人充当，并将旧有护勇一律裁并，省出经费。即以充裕并将改办司法巡警，与改革六房二项，列入考成，由司随时详加考核。倘有逾限或奉行不力者，即由司据实呈请参处，以儆玩忽，而利推行。此为整顿吏治之急务，当为仁心仁政之所许也。

五、违章滥押。粤东改良监狱，先设民刑事看守所，原为革弊起见。讵各属设立以来，地方不便私图，任意违章滥押，或交房书或交差馆勾串苛勒以恤其私人。而看守所反若赘设，询之各属多有此弊，而海丰县冯令尤为数见不鲜。此次议革书差此弊或可消灭。然不严申禁令，难保不巧设囚牢，以破坏看守所之定章。拟请通饬候审人犯应照章悉交看守所，倘有违章交押别处，经被控得实即行参处不贷。

六、违章滥罚。法律规定之罚锾原为情罪较轻之犯赎罪而设，无罪之人岂容地方官随意处罚？况藉案苛罚，例所严禁。乃近日各属州县，迫于新政并不切实妥筹，每多藉案筹款，以为敷衍新政之计。既足以塞责，又可以营私。此弊近来最为普遍。应（情）〔请〕通饬除办理械斗新章外，一律禁止违章滥罚。至照章赎罚银两均须按月榜示解部，将来各自治会成立，其按照自治规则所科之罚金应随时拨归自治经费，不得吞没。

七、添勇拘传。各属刁风每多藉讼构陷，故串买添勇拘传之弊，叠见层出。被害之家，曲直未判，产业已倾。言之寒心，拟请通饬禁止。

八、积案压抑。各属积案流弊最多，受害最惨。不速清理实无以除讼累，而豁疾苦。现查督部堂清理粤省积案办法甚善。议请施行，此害自可革除。

九、私受传呈。传呈为词讼之大弊，尽人皆知。粤省大吏昔经悬为厉禁，通饬各属于署前勒石竖碑，大书奉宪永禁传呈字样。乃外府州县阳奉阴违，肆无忌惮，常因细故涉讼，尚未准理，而传呈之费已达数百金。且收发与官幕得藉此而表里为奸，其害尤不可纪极。拟请实行禁绝。

十、刑讯跪讯。民事诉讼，各州县尚用跪讯，甚且随意用刑，藐法令如弁髦，等吾民于奴隶，一若非此不足以示尊严者。现在审判厅尚未设立，一切词讼仍属于州县。拟请通饬各属一律照章停止。

呈　文

为呈报事：窃本局议员提议革除各属衙署积弊一案付诸议会，当经开会讨论，并交由审查会审查。嗣准该会以公同研究，逐加修正等情报告前来。再付会议请众表决，计可决者业得多数。理合备文录案呈报，伏祈督部堂察核施行。须至呈者。

札　复

为札复事：宣统二年十月二十七日接广东谘议局呈称，窃本局议员提议革除（同呈文云云）等由前来。当经发交会议厅审查科开会审查。兹据会议厅审查科案呈，遵即公同审查，佥以此案应发交主管衙门核议，拟请行东布政司会同东提法司按照议案所陈各节详细核议具复，再行核办，伏候核夺施行等由到本兼署督部堂。复核无异，应即如议办理，除札广东藩司即便会同提法司详细核议具复外，合就札复谘议局查照。须至札者。

整顿学务案

议 草（议员王国宪提出）

（甲）关于学务机关之整顿

（一）学务公所

案教育行政机关全在学务公所，从此整顿实为根本上之解决。惟整顿方法应按部章规定及他省通行办法方能见诸实行，谨拟办法五条。

1. 公所办事之时间

光绪三十二年学部奏陈学务官制折附清单开，提学使督率所属职员按照定章限定钟点每日入所办公不得旷误。本省学务公所附设提学署内，各科员办事皆有限定时间。但提学使若非亲临办事厅督同办公，则科员之勤惰不悉，公牍之核发稽迟。应请督部堂饬提学使明定办公钟点，每日按照亲临，以符定章，而免旷误。

2. 科长、科员之任用

查学务官制章程，学务公所分为六课，每设课长一人、副长一人、课员人数少则一员，多不得过三员，统计三十人为满额。江宁学务最为发达。科员合共不过十二员。今粤省用至六十余员之多。有所谓额外科员，不特各省所无，即比之前学使亦加增一倍余，而公事反多废弛。又教育官报，如江宁、安徽、广西均附设于图书科，衹增用撰述一员。广东教育官报另有总办、帮办等名目多至五六人。图书馆应归图书科掌理，省城图书馆正在筹办，闻亦议设总办、帮办等差。应照定章，将公所冗员一律裁汰。至选任科长、科员尤应遵学部原奏，规定四项资格，慎选其人，不得率以候补人员滥竽充数。

3. 省视学员之勤务

省视学员为各属学务兴替所关，本省学区辽阔，每道仅有视学一员。今省视学有以一人兼视两道，故各州县多有不能查到者，有查到亦不暇详审者。虽选经将各属情形禀报有案。而各属学务未见大兴者，职是故也。且视学员大半候补人员，迁调无常，徒有报告空文，不能实行整顿。应请查照部章规定四项资格，委充省视学员，以二年为一任，分巡区域限每年一周。所查阅各学堂，如管理教授不合者，指示改良。经费不支者，令地主官绅合筹补助。至各地方有应办学堂而未能开办者，设法劝办。年终汇报，下年再临复核是否遵办。分别劝惩，地方学务庶有起色。

4. 严定误公之处分

查科长、科员分科任事，本有责成。近年学务公所竟有遗失试卷及毕业考试经年不发案者，公牍数月不批者。前学务处开办之始，综理两广学务，科员不过数人。而公事迅速，无逾一星期者。应请饬提学使严定公所办事规程。凡学务禀牍，如试卷表册等类，不得逾二星期批发。其诉讼禀牍，不得逾一星期批发。并通饬各地方官，凡学务饬行及转详文牍，均当照此办理。倘有延误或遗失者，分别撤参惩罚。庶立法严明，办学之精神庶几复振。

5. 经费之专责

学务经费向有由公所自筹自用，直接收入者，漫无稽核。现在统一财政，既设财政公所。所有关于教育行政费之收入，如乐善、戏院、饷租等项，应归藩库经管。学务公所内一切经费制成预算，核实领支。

（二）劝学所

1. 选举新章之修订

查劝学所总董，去年由本局议决变官选为公选，嗣奉公布施行。惟学司修正选举简章第二条，于师范学堂毕业生衹限官立者有选举权。在制限原意系比照部章官立师范简易科，始有奖励。惟查部章制限奖励系为慎重名器起见，似无庸援以比附。衹求确有学识不至滥选，均得享有之。自无区别官立、民立之必要。况总董被选资格部章衹明定曾习师范并无显分官民及系何等级。被选既有资格，选人更在不限。粤省教育尤宜奖励公立、族立，方能普及。若事事尊重官立，则于教育前途实有窒碍。今拟修正第二条，删去官立二字，改为师范毕业生并不必限定何等级。惟以领有文凭者为准。

2. 总董之考核

各属学务之废兴，总董实司其责。查劝学所章程第九、第十两条，定权限，明功过，立法至为严备。然奉行不力，虽文法灿然，终不能示董劝而促进步。应通饬各属地方官，于年终胪陈各该总董办学实绩，禀明提学可考核，以定赏罚，而决去留。再将所禀各节交由省视学随时切实复查，如有徇隐不实等弊，禀请提学司将地方官从严惩处。

3. 劝学员之考核

查定章劝学员以品行端正，留心学务为合格。由总董选择，禀请地方官札派，并无任期。惟总董既有选择之权，则视学员之是否称职，总董当负其责任。应由总董于年终将各劝学员出具切实考语，呈由地方官查核。仿照司署札委总董办法，一年一次札充。其不称职者立予撤换，如有藉学包揽倚势凌人者，按照劝学所章程第九条办理，并将总董记过示罚。

4. 实行设宣讲所

总董照章有办理宣讲之责。查各属地方未设宣讲所者尚多。应迅饬各厅州县，先于城中创设一所，限文到四个月内成立，以为各乡镇之倡。其宣讲事宜遵照部颁章程办理。

（三）教育会

按教育会为学务补助机关，部章颁布已历数年，江苏、山东、广西各省次第成立。吾粤总会发起三次，皆已举定会长。而款项无著，至今不克成立。是非妥筹办法不可，谨拟办法三条。

1. 预拨专款

查教育会章由会员担任经费，然会未成立筹劝甚难。查江苏办法先由苏抚筹拨的款，山东亦然。拟请督部堂饬提学使，于教育会费预拨开办及常年的款。藉资补助，以免再蹈从前之复辙。

2. 限期成立

查教育总会现经举定陈学使伯陶等为正副会长，若拨有专款即应督促进行。拟请总会责成议长议绅限年内成立分会，责成各属劝学所限明年成立。

3. 教育总会不能因会长缺席停办

教育总会系为讲求教育进步而设。现在干事各员已（轻）〔经〕选定，自应照常开议，不能因会长缺席概行停办。

（乙）关于教育费之计画

学务日益发达，款即日益增加。此一定不易之理。本局去年调查公款支配学费一案。业经会议可决，而经费所由出，自不能不归本于地方。倘不划分权责，各任负担，则前案徒托空言，教育何能普及？现国家、地方税未分，省教育费无从置议。今就地方教育费，统以自治区域画分之令，各自筹措，无论现有公款或设法附加，总以地方范围内应办学堂若干，量出为入。庶学费有著，而教育可望普兴矣。

（一）地方教育费之核实

查省城教育费，自学务公所以至提学司直辖各学堂各员薪脩比较外省未免逾格。应由提学司量为核减，其科长科员系属兼差者，亦应仿照前学务处兼差人员祇领半薪，以节糜费。

（二）地方教育费之支配

各府厅州县中小学堂类皆将书院学租、兴宾、印金各公款尽数提拨，名为官立，实与公立无异。开办之始，薪脩务从丰厚。往往有学生数十人而用款数千至万余两者。而逐后成立之学堂，又多限于经费未能扩充，应责令管理官绅，通盘筹画。无论官立、公立酌盈剂虚，总期学务之发达。

（三）地方教育费之增加

宪政之进行，以国民识字之人日多为根本。九年筹备清单有限年成立之规定，不得视为缓图。则教育费之增加，实为地方之义务。本省各属地方原有公款不少，应责成劝学所、自治会，切实调查其有地方之款，应归地方之用。而从前或为官吏不正当之提去，或为豪绅地痞所占踞者，令各提归劝学所、自治会切筹办学。如有学堂办理不合，今已闭校者，不得将其原有之款拨充教育以外之用。其户口稠密，学童众多地方，尤应多设小学，或劝集公益捐或筹附加税，总以教育经费有增无减为主。

（丙）关于各学堂之设置

地方情形各省不同，则教育行政之方针，亦当审其轻重缓急以定推行之序。本省地方濒海，利于交通、实业振兴。较中原各省为便，则多设各项实业学堂，易见成效。各府州县已遍立小学，教育始基久经成立，切实推广，普及不难。则多设初等小学及简易学塾，亦为当务之急，是非有通筹之计画不可。应请按照本省情形增设后，开各项学堂以广教育。

（一）筹设各项实业教员讲习所。

光绪三十二年，学部已通行各省举办实业学堂。又三十四年，议复闽督奏请筹款兴办实业学堂折内，奏准限两年之内，每府应设中等实业学堂一所，每州县应设初等实业学堂一所。宣统元年又复札行各省提学司整顿。是朝廷注重实业之意，不啻三令五申。及今始筹，已属延缓。查光绪三十四年广东省实业学堂统计，仅有十间，其内容不悉。若何而未经养成教员，无怪不能推广。今商业教员讲习所甫经开办招考，特不解农工两项，何以不先行筹设。论学理则农工较为切实，若无农工而徒讲商业，是谓舍本而图末也。应请将农工商三项教员讲习所，迅于年内按照部章切实筹办。

（二）筹设各属初等实业学堂

各实业教员讲习所成立。若不先令各属预备筹设初等实业学堂，恐临时各州县藉口经费无著。则不特各教员学成而无所用，即讲习所经费亦等于虚掷。应请先行立案通饬各属，限两年之内筹备的款，俟讲习所初次毕业，即行开办。庶知事在必行，教员向学之心愈固。其有各官绅热心教育或能筹捐巨款另聘教员，不待二年自行创设者，应照奏定实业学堂通则中特立专条，奏请从优奖励。

（三）推广各属初等小学堂

国民教育以普及为目的。则多设初等小学堂，实为当务之急。近经学部变通初等小学章程，教科简易，凡塾师文理通顺者皆优为之应。请通饬各属劝学所劝学员，分区劝导，多设初等小学堂。其形式校具暂勿深究，但能遵照初等小学简易章程，认真教授，无论其为多级或单级，均即准予立案。如此则事易举而乐从。

（四）筹设各属女子小学堂

女学为教育之根本。本局前会议决振兴女子小学议案，业经公布施行。应请通饬各厅州县迅速查照前案，切实兴办，毋得延缓。

（五）筹设琼属农矿学堂

琼州一府孤悬海岛，外人久已垂诞，查其内山一带森林矿产均极富饶。若不及早图维，必启外人之觊觎。应请迅饬就地筹设农林学堂、矿务学堂。由提学使于全省教育费内拨款开办。

（六）筹设铁路学堂

本省铁路须用本省人才，此为事实上所必然。粤汉铁路久酿风潮，迄无成效，皆因本省无此项人才。故自董事以下多不谙路事之人，滥竽充数，建筑管理大半虚縻。应请迅速筹设铁路学堂，以为他日改良路事，添筑支路之用，且亦实业学堂之一种，不但为本省铁路计也。此项学堂不必永久，俟毕业数次，即可改为高等工业学堂。

（七）筹设水产学堂

粤东濒海，各处山利少而海利多。应就沿海繁盛地方，设立水产学堂，养成人才以收振兴渔业之利。

（丁）关于各学堂之整理

（一）奖励办学员绅

查定章办学人员三年照寻常保奖，五年照异常保奖。盖以办学者捐赀财耗，心力久担义务，非此无以示激劝。本省自岑前部堂奏保办学员绅四人，特旨优奖。风声所树，人以争办学为荣。学堂之兴，于斯为盛。今办学之人倍于昔日，其中苟且敷衍固不乏人，而实心任事者当亦不少。此时学务渐即衰落，自当择尤保奖，以为后来者劝。

（二）严防考试流弊

定章限制招考，现时祇停中学以上。虽为广造就起见，合格者本可取录。然始之不谨，流弊滋多。前年省城法政别科招考，闻试验时多有枪冒，一经取录，谋换照片，此其弊自省城开之。而琼崖中学亦多效尤。至毕业考试，尤易滋弊。近年各学堂毕业生皆令来省调复，立法甚善。然复试之后，久不发榜。一则阻学生升学，一则防撞骗招摇。应请以后无论何项考试，均须提学使亲自点名核对相片，多派监试委员，如有枪替、夹带、互相问话诸弊，立即扶出，一经复试，迅速发案。如有委员书差在外招摇撞骗，许该学生告发，从严惩办。

（三）改定简易表册

官立学堂经费稍充，尚可多雇书手。若民立小学堂经费支绌，各项表册皆校长、教员以余力为之。若节目太繁，转于功课有碍。应请咨商学部，高等小学除教员学生名册、教授细目外，其余但用简表。至初等小学但报一览表而已。他如按月收支册，如无官款、公款之学堂。无论高等，初等概从豁免。

（四）厘定两等小学

今办学者，喜滥设两等小学，以为名高。查各属两等小学堂，或有两等之教习，而不能胜两等之学科。或有两等之学生，而并无两等之资格。是以初等之学堂而冒两等之名义，或藉此以多收学费，实于学生何益？应请通饬各属两等学堂学生，须以程度为差，不以年龄为别。每学须有高等学生十名以上，方称两等，否则须别有教员以教之。

（五）严杜踞款阻学

民立学堂大半绌于经费，因而闭校者不少。乃或禀请拨款而盘踞者，辄毁为藉学渔利，或更藉口自办以图抵制学务公所。于此等案件，往往批是否众情允协。夫既因阻挠而兴讼，自不能众情允协。经费尚且不足，更何利之可渔。应请嗣后各属学堂，如有互争公款者。概准发起在先之人，以杜藉学抵学之弊。

呈　文

为呈报事：窃本局议员提出整顿学务一案，当付议会讨论，随再交由审查、审议两会先后修正。查本议案计分甲乙丙丁四类，甲为整顿行政机关，乙为筹画教育经费，丙为应设立之学堂谋扩充，丁为已成立之学堂筹整理。业经会议表决，可决者得有多数。此案即已完成。理合录案呈报，伏祈督部堂察夺施行。须至呈者。

札　复

为札复事：宣统二年十月二十九日接广东谘议局呈称，窃本局议员提出整顿学务一案（同前呈文云云）理合录案呈报察核，计呈议案一扣等因前来。当经发交会议厅审查科开会审查。兹据会议厅审查科案呈，遵即公同审查。佥以议案所陈各节应交主管衙门核议，拟请行提学司核议具复再行核办，并即札复谘议局查照，是否有当，伏候核夺等由。本兼署督部堂复核无异，除札广东提学司逐一核议详办外，合就札复谘议局查照。

质问税契二倍加税未行取销案

议　草（李议员鉴渊提出）

实行部定税契章程一项，经临时会由本局决议呈请督部堂将从前一概章程与度支部新章抵触者一律明示注销。旋奉札复查照前案并行东布政司遵办等因。现税契委员业已一律裁撤，惟购地建屋二倍加税，潮嘉各属现尚征收。本月初八日报章又载，有番禺县令拟将建造房屋未加二倍税价者究办一则，不无疑惑。查此项岑前督部堂虽有别订定章，惟去年度支部奏定税契章程，经声明购地建屋等契每两征银九分，以归划一。此外不准分毫多收。是部章施行之日前项自应取销，本无疑义。即江苏从前税契原章亦有起房屋比照地价加两倍纳税一条，经本年三月间由江苏谘议局呈请删除，亦蒙两江制台如议免除。岂此秕政各省独无，广东独有此项？既与部章抵触，前案业经呈明亦蒙札复札司遵办。各州县犹然征收，是否藩司尚未通饬各属一律停止，抑州县故意浮收？自应具呈质问。

呈　文

为呈请批答事：窃查部定税契章程（议草云云，以下同前）自应具呈质问。当于九月二十五日开会讨论，业经全体可决，理合呈请督部堂迅赐批示。须至呈者。

札　复

为札复事：宣统二年十月初二日接到谘议局呈称，窃查实行部定税契章程（呈文云云，以下同前）迅赐批示等情到本兼署督部堂。当经发交会议厅审查科开会审查。兹据审查科案呈，遵查粤省迭次整顿税契办法均经咨明度支部核准在案。宣统二年五月经谘议局以各属会办税契委员办事骚扰请即裁撤，并将从前一概章程与部章抵触者一律明示注销，呈奉前宪台袁以税改归地方官办理，毋庸委员代办，以免骚扰，系属正当办法，应准照行等因。经东布政司札属将税契委员一律裁撤在案。惟购地建屋一节，未经前宪批饬删除。因部章仅指明典卖两项，税法握其大纲。而购地建屋、租地建屋如何征税并未叙及。且部章载有此次章程未经规定者，均照各省现行章程办理之文。是粤省办法未便更张职此之故。现谘议局请援照江苏省办法将购地建屋加二倍税契之例删除。科员等公同商酌如苏省果有此举则广东事同一律，自可如议删除，以顺舆情，而纾民力。拟请宪台电询江苏巡抚部院，饬查江苏省从前税契省章购地起造房屋比照地价加二倍税契之例，是否业经删去，迅赐见复。并请一面先行札复谘议局知照，是否有当，伏候核夺施行等情。据此，本兼署督部堂复核无异，除电询江苏抚部院饬查见复外，合先札复即希查照。须至札者。

札　复

为札复事：前接谘议局呈称，广东购地建屋加两倍税契尚未删除请批答一案等因前来。当经发交会议厅审查科开会审查。据审查科案呈（札复云云，以下同前）核夺施行等情。据此，本兼署督部堂复核无异，当经电询江苏抚部院，饬查见复去后。兹十月十八日准江苏抚部院筱电复前来，除札广东藩司遵照迅速核议，呈请札复谘议局查照外，相应抄录电稿札复谘议局查照。须至札者。

计粘单一纸

苏州程抚台鉴：闻江苏从前税契原章有购地起造房屋比照地价加两倍纳税之例，于本年三月间经谘议局呈请批准删除。是否属实，祈饬属查明迅赐见复。文。

广州增制台钧鉴：文电敬悉，饬据宁藩司复称，遵查光绪三十四年经财政局详定宁属整顿税契参仿粤东推广办法，凡业户购买田房地基已税契后，如有加建房屋均照地契价加两倍纳税。本年三月奉督宪札，据谘议局呈请为删除宁属税契案内称，此条为苛例，拟请删除。饬司核议。当查原章虽有此条，其实开办迄今，各属罕有此项税款。七月间本详复业请删除。奉批候札行谘议局核议。现因全案尚未议定，故未详报，谨先电复等情。谨复。全筱。

札　复

为札复事：据广东布政使陈夔麟详称，宣统二年十月廿四日奉宪台札开，前接广东谘议局呈称，广东购地建屋加两倍税契。（札复云云，以下同前）合就抄录电稿札饬札司即便遵照，迅速核议，呈请札复谘议局查照毋违。计抄电（搞）〔稿〕二纸等因。奉此。伏查粤省自光绪三十年整顿契税以来先后详定章程通行遵照，凡典买田房照产价每两，断买者征洋银陆分，典按者征洋银三分。又各国教会在内地置买教堂公产及洋人在通商口局永租屋地，均比照民间买契每两征洋银六分。又购买田塘地基已税契，后自建上盖房屋照地价加两倍投税，每两征洋银六分。又承租官地，加建上盖房屋后，将上盖房屋典买与人，均照典买民业办法征税。另立租地典买上盖屋契以示区别。迨宣统元年十月遵照度支部咨行加税新章，凡从前征银六分者改征银九分，从前征银三分者改征银六分，详咨度支部立案。此粤省历年田房契税之办法也。窃念民间自建上盖房屋，无论工料如何华丽，定章概照地价加二倍征税，其办法尚属简便持平。谘议局现以此例近于苛刻，请援照江苏省办法一律删除。当经本司与会议厅审查科议决，呈请宪台电询江苏省情形以凭仿办。兹奉札准江苏抚部院电复，江苏省已议将此例删除。则粤省亦应一体照删，以顺舆情而纾民力，本司悉心酌核议，请自此次详准通行到各厅州县之日起，嗣后民间购买田塘地基已税契，后自建上盖房屋，及承租官地自建上盖房屋，暨承领官地给有印照后自建上盖房屋等三项，概免再税屋契。惟自建上盖虽准免税屋契，若地系购买，仍应投税地契，以符定例。又以上三项自建上盖房屋应税屋契章程既议删除，难保无以典买房屋而伪托自建，希图短税者，亦应明订划清界限办法，揭示通衢，俾杜流弊，而资遵守。兹经本司拟订条规六则，理合备列清折，详复察核。如蒙俯准照行，拟即由司刊刻告示，通行各属晓谕遵办。并请咨明度支部立案暨札复谘议局查照，实为公便。是否有当，伏候批示祗遵等情。同清折到本兼署督部堂。据此，查核所议条规尚属妥协，应即如议办理及咨明度支部察照立案外，合就札复广东谘议局查照。须至札复者。

请设立工业试验所案

议 草（陈议员寿崇提出）

振兴工业为吾国挽回大利之急务。居今日而审度时世，设立工业试验所实为振兴工业之第一政策也。夫工业之有试验所，犹农业之有试验场。农事中孰为缺点，孰宜改良，赖有试验场试验之，以开导农事。工业中孰为缺点，孰宜改良，亦赖有试验所试验之，以振兴工业。吾粤工业界中其出口最大者莫如蚕丝。然制丝不得其法，品不画一，价格低廉，年中失利逾数百万。其他花席丝巾初亦为出口大宗，徒以色泽不及日本，受其搀夺，或由百万出口降至十余万，或他人年增输出之额而我则故步自封。至于土靛消流，每年额不下二三百万。近因洋靛输入，大势岌岌可危，实则土靛色坚价廉，远胜洋靛。徒以制靛者守其旧法，染色者莫知改良，致遭搀夺。余如土纸见夺于洋纸，土糖见夺于洋糖，亦皆原有工业之大宗者。以上各种不过为工业中之数种，工业年中因制造失宜，损失利权已不下千万。故研究改良如何而始能获回此损失之巨利，固今日之急务也。工业试验所者，实为获回此丧失利权之机关也。利权损失由于制造失宜，有此工业试验所则经营该种工业者，得将其制造失宜之诸点，依托于试验所以试验，而研究可以达其改良之目的。遇有大宗工业，其隆替关于一方人民之生计者，试验所且不必待其依托，而提出为之试验。试验一有成绩，则传习其法于经营该种工业者，以实行改良。工业试验所其足以振兴工业如此，故各国咸重视之。以日本而论，中央有工业试验所一区，各通都大邑亦各有一区，且对于利权最大之工业，每另设一试验所，如羽二重之火力织机试验所，政府且不惜提出五十万元为开办费，而常年经费另再供给。此可知其国之提携工业不遗余力者，无不重视此试验所也。吾粤今日对于工业非不注意振兴，如广府工艺厂之类，充其能力亦足以消减游民，各地方固宜亟办。但其工艺皆为简易之手工，于本省原有之重大工业毫无关系。若欲藉以增加本产生产力，出而与世界争利，虽五尺童子知其不可。然则欲吾粤工业之日有起色，挽回丧失之利权，则开办工业试验所是乌可缓者。为今之计，宜由本省劝业道亟行筹款开办。至于其中之处务规程，视本省各种工业之轻重，以为定夺。其详细应由劝业道调查孰轻孰重以为先后之着手。兹仅能将日本工业试验所之处务规程译出，以备参考。事关本省兴利，按照局章第二十一第一款提请公决。

附录：日本工业试验所处务规程（译稿）

遵农商务省训令第十号以定左之规程。

第一条　工业试验所中置第一部、第二部、第三部、第四部庶务科及会计科。

第二条　第一部掌左之事务。

一、关于一般分析之事项。

二、关于依赖之分析及试验鉴定事项。

第三条　第二部掌左之事务。

一、关于化学工业之试验或研究。

二、关于依赖之脂肪、腊油、类漆汁涂料、纸类等之试验鉴定事务。

第四条　第三部掌左之事务。

一、关于窑业之试验或研究。

二、关于依赖之炼石士敏土玻璃烧青陶器之原料制品试验鉴定事项。

第五条　第四部掌左之事务。

一、关于色染之试验或研究。

二、关于依赖之纤维织丝织布染料媒染剂等之试验鉴定事项。

第六条　庶务科掌左之事务。

一、关于所员进退身分之事项。

二、关于守卫给士小使定夫职工等之采罢取缔事项。

三、关于公文书类之接受及发送事项。

四、他部科不主掌之事项。

第七条　会计科掌左之事务。

一、关于会计之事项。

第八条　工业试验所长，因为官制所定，对于主管事务之整理须任其责。

第九条　工业试验所长，有事故时，得命所部之官吏经理之，或委任主管事务之几分，得令其用自己之名义而处办之。

第十条　工业试验所长为整理事务之故，经伺之上得设所中处务细则。

第十一条　工业试验所长须将分析试验鉴定或研究之成绩审查而编纂之，以报告于农商务省。

第十二条　工业试验所长对于其主管事务得照会往复于各官厅。

第十三条　工业试验所长若遇有讲习会、品评会、共进会时，所员之赴会视察，请求旅费者，其期若在十日以内得由所长定之，而报告其事于农商务大臣。倘过十日之时，须受农商务大臣之许可。

第十四条　工业试验所长应于他人分析试验鉴定之依赖，将其结果报告之时须与担任者同著名于报告书中。

第十五条　工业试验所长得使练习生入所练习。惟练习生之费用须由自办练习生入所之规定及其人员得由所长定之。

第十六条　要经伺或报告于农商务大臣之事项，俱要经由于商工局长。

呈　文

为呈报事：窃本局议员提出请设立工业试验所议案。当已开会讨论。会经三读，各议员均甚赞成。遂即表决，计可决者已得多数。理合录案备文呈报，伏祈督部堂察核施行。须至呈者。

札　复

为札复事：宣统二年十月十五日接广东谘议局呈称，窃本局（同前呈文）理合备文呈报察核，计议草一扣等因前来。当经发交会议厅审查科开会审查。兹据会议厅审查科员等案呈：案奉宪台发下谘议局呈报议决请设工业试验所一案，并附议草一扣。查原呈内开窃本局（见前）伏祈察核施行等由。科员等遵即公同审查，佥以现正工业竞争时代，草案所陈各节不为无见。惟粤省现在能否仿行，拟请札行劝业道核议，并一面先行札复谘议局知照，是否有当伏候核夺等因。本兼署督部堂复查，商务之奋兴，实由于工业之发达。若工业不兴，而日求商务之振兴，匪特有舍本求末之识，抑亦有背道而驰之患。我国日言振兴商务，而商务仍日就衰落者职是故耳。今谘议局请设立工业试验所，实为探本之议。自应设法仿行，以期工业进步。除札广东劝业道遵照速即筹办为要外，合就札复广东谘议局查照。须至札者。

指陈滥封铺屋弊窦案

议　草（邝议员锡尧提出）

铺屋者吾民之财产所系也。官藉铺屋以课税者，曰买卖契税、曰地税钱粮，曰房捐警费。所取于吾民者，岁入不赀。凡所以维持之保护之者，官吏之责也。乃近来官吏不惟不负保护之责，徒以剥削为能，每因住客犯事，竟封业主之铺。其营业正否，有所不计。业主知情否，亦所不问。但以一纸封皮滥封人间之铺屋。甚而贪官劣绅，朋比为奸，或藉新政筹款为词，假公济私，或借贷钱财不遂，架祸移灾。故入人罪，何患无辞？主谋禀攻横加诬捏，请官查封，揭出渔利。此等恶政，所在皆有。抑知产业者，无一非吾民之脂膏。有属祖宗尝业汗血遗留，加以子孙义捐置为尝产。一被滥封，而祭祀无着矣。有属孤儿寡妇之口粮，家业之遗存既薄，每靠亲属捐题集资成业。一被滥封，即瞻养无依矣。至如富户自置产业，因铺客被累被封，事属无辜，情不甘受，请托关说，涉讼求直，即幸上司准理，公文来往既费几许资财，衙虫纠缠，又复迁延岁月，继或揭封得不偿失。讼虽得直，家业既空。凡此积弊皆滥封铺屋之苛政为之也。本局以指陈通省利弊，筹计地方治安为宗旨。拟请督部堂严饬州县不许滥封铺屋，以恤民隐。谨按局章第二十一条第一款提请公决。

一、铺屋有发现犯禁情事，如系住客自犯，业主确不知情者，不得滥将铺屋查封。如官厅以为与业主关连，应将证据公布。但业主若有正当之理由，仍准赴官厅证明免究。

一、业主如有禀攻住客犯禁，经官查明属实，按照所犯本律惩办。倘有畏罪潜逃，其货物家具由官封存点交商会，限三星期拍投，即将铺屋交回业主，不得藉端勒索。

一、铺屋违禁之案。如系业主自犯，或与业主确有关连者，由官出示，定期移交商会或地方团体拍投，将价缴官，由官给照管业。每价百两带缴照费银一两，书差人等不得格外勒索。

一、业主犯事例应查封铺屋。其铺屋内之货物，家具如证明确系住客所有者，应于查封时准其搬迁。

一、除犯禁应照产业入官办理外，其因亏累倒闭者，悉按破产律办理。

一、前条亏累倒闭。如系专属铺客，经债权者禀奉查封货物时，照第二条办理。

呈　文

为呈报事：窃本局议员提出指陈滥封铺屋弊窦一案，迭交议会讨论，先决付审查会审查，后再付审议会审议，逐条修正，经众表决，已与多数可决之例相符。理合录案呈报，伏祈督部堂察核施行。须至呈者。

札　复

为札复事：宣统二年十月二十七日接广东谘议局呈称，窃本局（同前呈文）呈报察核，计呈议案一扣等因前来，当经发交会议厅审查科开会审查。兹据会议厅审查科案呈：遵即公同审查，佥以地方官吏滥封铺屋，自应禁止。拟请如议行司饬属严禁，以恤民艰。并即札复谘议局知照，是否有当，伏候核夺等由到本兼署督部堂。复查无异，应即如议办理。除札广东藩司会同提法司、巡警道饬属遵照，一体严禁外，合就札复谘议局查照。须至札者。

严禁厘厂留难勒索案

议　草（邓议员承憎提出）

国家抽厘助饷，原出于万不得已。迨日久弊生，而勒索留难商民实深受其害。惠州至省水程三百六十里，分设白沙、菉兰、龙地、新塘四厂。凡经过厘厂者，除轮拖饷渡随到随验外，其余船户必先纳挂号费、探筒费，候至数时之久，始准查验放行。遇有货船，多方挑剔，无论何种货物无不格外加抽。间有执旧章与之争论者，则又施其横暴手段。如载货一百担者，强指为二百担，价值一百两者，强定为二百两估计。过厘不容分办，需索不遂，任意扣留，对于载运缸瓦、生树、坚炭、番薯、生果等船，尤为苛索。谨就调查所及详列如左。

一、缸瓦每船（以至大之燕尾船计，后条仿此）满载值本银三百六十两，由省至惠，向例新塘厂抽厘七两二钱，白沙厂抽厘并帮共银一十两零八钱，龙地、菉兰两厂验照放行。今则新塘抽厘，并需索银共三十元。龙地需索银一元零五仙，菉兰需索银二十元零八毫，白沙厘帮并需索银共四十七元八毫，比较已加三倍。

一、生树每船至多值本银五十元。向例白沙厂抽厘帮银一两零八分，菉兰厂抽厘银七钱二分。今则白沙抽厘并需索共银三十二两，菉兰厂抽厘并需索银二十二两，比较已加三十倍。

一、番薯每船三万余斤约值本银六十两，向例照穀米恩准免厘。今则白沙厂抽银一十四元，菉兰厂抽银一十二元，龙地厂抽银七毫。此是格外勒抽。

一、坚炭每船三万余斤，向例每万斤纳白沙厂厘银八钱，帮银四钱，菉兰厂厘银八钱，合计应纳厘帮银约在十元左右。今则每船到省共须纳厘费银六十元，比较已加五倍。

一、生果船上水以柑橘为大宗，下水以梨李为大宗，向例厘费甚轻。今则任意勒抽，毫无限制。因生果最易腐烂，不能不听其需索。

以上所指各款就普通之需索而言。其特别之科罚仅属个人交涉，而非关系全体者不在此数。东江如此，询之西北两江如河口、芦苞、都城、后沥各厂，其勒索留难之弊大致亦复相同。各属商民同一受害。应请督部堂通饬各厘厂一律严禁，以苏民困。谨拟办法六条，按照局章提请公决。

一、章程例则及禁令商民船户多未周知。除通饬各厂详细开列张挂外，并排印成帙，分发商务商船各总分会，转饬知照，以便遵守。

一、粗重及大宗货物难于点验时，该厂司事须公平估计，按则抽收。不得任意勒索，以少作多。

一、薯芋等关系民食，应比照厘章第十五条一律免抽。

一、本国纸币、银元、龙毫迭奉示准办纳厘税，均按七二兑收，不得任意折减。

一、厘金一两带缴补水银三分，此外不得加收丝毫。

一、员司巡役留难需索，经迭次通饬严禁，倘再有前项情弊，商民诉知商务商船各总分会，呈由本局切实纠举。

呈　文

为呈报事：窃本局议员提出严禁厘厂留难勒索一案，当付议会。经众决交审查会审查。随据该会报告修正，再付会议，又经公同表决，可决者已得多数。理合录案呈报，伏祈督部堂裁夺施行。须至呈者。

札　复

为札复事：宣统二年十月二十七日接广东谘议局呈，称窃本局（呈文同前）裁夺施行等因前来。当经发交会议厅审查科开会审查。兹据会议厅审查科案呈，遵即公同审查，佥以此案拟请如议行司查禁，并饬各厘厂将厘则刊刻张贴，俾众周知，以除积弊，而恤商艰。并札复谘议局知照，是否有当，伏候核夺等由。本兼署督部堂复核无异，应即如议办理。除札广东布政司遵照查禁并饬各厘厂将厘则刊刻张贴，俾众周知外，合就札复谘议局查照。须至札者。

放奴善后案

议　草（黄议员有恭提出）

律载奴仆凡服役三代，准其将田地房屋交还主人，归回原籍，遵行已久。自去年放奴恩诏一下，乡愚误会，屡有主奴冲突之事。而尤以南海、三水两县为最多。如上年三水县属小唐冈乡尸主陈显屡控世仆仇主纠匪焚劫杀毙一家八尸九命案。本年春间该属邓坑乡斗杀毙命。近日报纸又载有三水黄冈里生员周翰芳因将本族仆户列册呈县开放，仆人愤其以名报官，纠党提枪盘踞祖祠，找寻绅耆问罪。其余各处因此酿斗者亦时有所闻。盖南三两属世仆约有数万人，平日皆劳动操作，孔武有力，结党联群，其锋甚锐。朝廷但溥放奴之恩，未筹安插之法。为奴仆者素衔专制之恨，一旦被放，挟朝旨以睥睨主人。为主人者，受其欺侮，厥心有所不甘。遇事生风，激成斗杀。更近闻各仆户集资联盟，预图抵抗。而主人亦将连乡连局共谋对待。是干戈动于邦内，隐患伏于萧墙。无他，皆由彼此未明放奴之义也。夫放之云者，实放而不留之谓。其有原籍者则归宗，有财力者则迁地。倘无宗可归，无地可迁或依恃旧主以谋生活者，去留听其自便。应请督部堂札饬南三等县，迅将酿成焚劫斗杀各案，从速拟结禀办，并请通饬各府州县出示晓论。并谕饬各乡绅耆族正人等，实行放奴，毋得强留苛待。仍传谕世仆等其愿去者将田屋交回主人，分赴别处营生。其不愿去者，安分耕作，毋得滋生事端。似此分别妥处，庶于人民生命财产，地方治安均不至妨害。事关本省利弊，谨按局章二十一条提请公决。

呈　文

为呈报事：窃本局议员提议放奴善后一案。当经会议决，交审查会审查。并由该会认可。已于十月初八日开第二读会，公同表决。计可决者已得多数。理合录案呈报伏祈督部堂察核施行。须至呈者。

札　复

为札复事：宣统二年十月十八日接广东谘议局呈称，窃本局（呈文同前）察核计议案一扣等因前来。当经发交会议厅审查科开会审查。兹据会议厅审查科案呈，公同审查，拟请如议行司通饬办理，并札复谘议局知照。是否有当，伏候察夺等由到本兼署督部堂。复核无异，除札广东藩司会同巡警道通饬遵照办理，并岁饬南三等县迅将酿成焚劫斗杀各案从速议结禀办外，合就札复谘议局查照。须至札者。

议裁官纸印刷局案

议　草（莫议员伯浉提出）

查官纸印刷局章程为本省单行章程，并阑入本省税法范围。本局按照奏定章程第二十一条应办事件，提议将该局裁撤。其应行裁撤之理由开列如左。

（甲）裁撤官纸印刷局问题之研究。

法律上之研究：

（一）官纸是否专卖事业。国家无纸章专卖章程。无论何项纸章，或由官局制造，或由官局印刷，与商店同一性质，不能认为有专卖之权利。如必指定官局专卖，禁止商店营业，是垄断市利，侵害商人营业之权，莫此为甚。参照宣统元年四月该局移学务公所，追取喜云楼纸店版片式样交局照印，有事权划一，利有攸归，不至失官纸核实之宗旨等语。

（二）官纸是否印花税。按印花税则，奏准通行。先就直隶试办，各省地方依章程十三条之规定，于奉到部发印花后三个月须施行。民间一切通用之契据帐簿票单纸张但有贴用印花之制限，并无官纸、私纸之区别。若官纸印刷行销之一切纸类，有法律上之效力，则是未奉旨通行之印花税已先施行。如无法律上之效力，人民何以有购买之义务。

（三）官纸是否诉讼状纸。诉讼状纸依简明章程第四条之规定，无论何种，每纸定价当十铜元十枚。今寻常状纸每张收至六角之多，与章程第九条所云，凡于状纸定价外任意需索，照受赃律，计赃治罪者，得无抵触。且诉讼状纸如须推广外省时，应由法部体察情形酌定详细章程，另行奏明办理。今年审判厅成立施行诉讼状纸章程，仍当请法部奏定遵办。未奉明文而擅行仿造是否不法行为？

（四）官纸是否苛细杂捐。近年以来迭奉明谕，凡苦民病商一切苛细杂捐皆应免除。今官纸局斤斤注意者，在于当押票纸。夫所谓当押票纸须由官发，以昭信用，虽非便民之政，尚有理由。乃竟勒令不购买官纸者，每家年缴局费二十元，是直苛捐而已。并出示如票面无官纸印戳，一经涉讼定饬，地方官严行究罚，将所得九扣行规充公。九扣行规应禁革耶，何以购买官纸者即可不追究，不应禁革耶，何以不购买官纸者即应追究？是直骚扰而已。

参照光绪三十四年该局移劝业道总商会文。

事实上之研究：

（一）官纸是否取其齐一。公文体例自有一定程式，原可由各官厅颁示式样，由商店制成，不必搀夺商业。

（二）官纸是否实有赢利。官局既设有总办、会办、帮办提调坐办文案，庶务收发等名目，耗费不赀。不合营业性质，今日纸局所有赢余并非交易上之所获，不过恃官力抑勒取赢。如以此筹款，何为不得？

参照宣统元年九月袁督批该局申折。

（三）官纸是否有裨公款。官纸勒令州县局所学堂一律行销。州县局所学堂所用亦皆公款。官纸局多取一文，公款即多开销一文，取此与彼何筹款之可言。

（四）官纸是否不病商民。官纸局之收入，如当票、诉讼状纸等皆非便民之政，久已怨声载道。其他如山铺票等项虽取之赌博，然此项尽可令其照数加饷，毋庸另立名目。

（五）官纸是否能挽利权。官纸局之议原以收回增源纸厂制造纸章，以挽利权。及后纸不足用，乃购之佛山。今且议用洋纸。夫制造纸料以挽利权，立意非不甚善。然制造不过一私营业耳，至印刷以专利则不可，且用佛山之纸印刷而必购之官局，更觉无谓。至欲代销洋纸，不更利权外溢耶。

参照该局伍帮办请改用洋纸说帖。

（乙）裁撤官纸印刷局问题之断定

官纸印刷局于法律上无设立之理由，且于事实上无一利益。当然应请裁撤。其办法：

（一）应请定期将官纸印刷局暨九处分局一律裁撤。

（二）官纸印刷局裁撤后其增源纸厂为私营业性质应另行办理。

（三）州县局所学堂所用表册式样应齐一者，请颁示各地方令商店仿制，以免参差。

（四）当票、诉讼纸等应一律停止。俟印花税暨诉讼状纸章程颁行再行遵办。

（五）禁赌不日当即举行。现时山铺票等项，应否加入赌饷另行办理。

呈　文

为呈报事：窃本局议员提出议裁官纸印刷局草案，当于十月初三日开第一读会，经各议员公同讨论，均谓此项局所其裨益于公家者既不甚多，而损害于商民者则已不少。现在提议裁撤，已具确当之理由，应即表决呈候核办。计可决者已得多数。理合录案呈报，伏祈督部堂察夺施行。须至呈者。

札　复

为札复事：宣统二年十月十五日接广东谘议局呈称，窃本局议员（见前呈文）伏祈察夺。计议案一扣等因前来。当经发交会议厅审查科开会审查。兹据会议厅审查科案呈称，案奉宪台发下谘议局呈报请裁官纸印刷局一案，并附议草一扣。查原呈内开窃本局（见前呈文）伏祈察夺施行等由。科员等遵即公同审查，佥以官营工业，调查日本亦有印刷局、制纸场。粤省官纸印刷局自系一种官营工业。据呈各情应由主管衙门核议。拟请录案札行东布政司核议，并先札复谘议局知照。是否有当，伏候核夺等因。本兼署督部堂复查无异，除札广东藩司遵照核议详候核办外，合就札复广东谘议局查照。须至札者。

札复

为札知事：据广东布政司会同提学司详称，宣统二年十一月十一日奉前兼署督部堂增札开，宣统二年十月十五日接广东谘议局呈称，窃本局（见前呈文）当经发交会议厅审查科开会（以下同前札复云云）伏候核夺等因。本兼署督部堂复查无异。合就札饬札司即便会同提学司遵照核议，详候核办毋违。计粘抄议案一扣等因。奉此。伏查官纸印刷局之设，系由沈前臬司于光绪三十一年间以整齐案卷，杜绝弊混，拟设官局制造。旋奉行以状纸一项亦应改用特别印纸。粤民好讼，不妨略仿外国讼税之例，从重酌定，寓息讼于筹饷之中。民利其便，官取其赢等因。当经前善后局移会沈前臬司拟具章程。详奉岑前督部堂批准照办。行之数年，官民均无异议。调查日本印刷厂开设多处，属内阁大臣管理。美国各部均设印刷专科，中国宪法肇始，一切工业急应仿效。粤省官纸印刷规模粗具，方将整齐而推广之。似不宜以已成之局，又从而推倒之。如果精益求精，将来可以仿造钞票，收回利权，于军事饷项所关非细。诚如审查科议复所云，佥以官营工业，调查日本亦有印刷局、制纸场。粤省官纸印刷局，自系一种官营工业。目下正在创兴，未便裁撤。谅在宪明洞鉴之中。惟议案第一条官纸专卖，禁止商店营业，是垄断市利，侵害商人营业等语。查官纸局发售为各衙门状纸、粮串联票以及官用印刷各项纸张，向非商店营业。设局以来，商店并无怨言，寻常状纸每张售银六毫，命、盗状纸每张售银一毫。为杜绝书差勒索起见，禁止私费即集之以为公款，取之无伤，与民有益。是以推行以来，民间尚能乐用。况当时定价均奉岑前督部堂核准，有案可稽。其审判厅状纸应俟审判成立，自当遵奉部颁状式一律改用。其不在审判厅范围以内者，仍当照用官纸。至于追取喜云楼纸店版片，查无其事。第二条民间一切通用之契据帐簿票单一节。查光绪三十一年曾奉行印花税为岁入最巨之款。若能仿照成法，参以本地情形，先择数项，定发印纸取税略轻，成效当可立睹。然至今尚未实行。第四条所谓当押票纸须由官发，以昭信用。虽非便民之政，尚有理由。乃竟勒令每家缴费洋二十元等语。当押铺当票原系领纸。嗣因惠州当商自愿缴价，是以通饬各属传知当商领纸缴价，各听其便。惟南番当商至今抗不遵办。因而各必观望，应否概免领纸缴价，自应听候宪示办理。至于官局设有总办、会办、帮办提调文案，庶务收发等名目，耗费不资等语。查局用经费经两次裁减，每月开支已属有限。其盈余之款，前因学费不敷，经奉部饬，仍以拨充办学经费。以民间之款办地方之事，且系报部有案，似非苛细杂捐可比。方今学费尚属不敷，若将印刷局遽裁，则每年少此巨款，挹注尤难。应请免予裁撤，以顾全大局。奉札前因，合将遵饬会同核议，免裁官纸印刷缘由。是否有当，伏候察核批示。并请札复谘议局查照，实为公便等情到本署部堂。据此，当批详悉。广东官纸印刷局系属官营工业，毋庸议裁。各署局需用、状纸、粮串联票以及各项纸张应向该局购用，其当票及各商民所用纸张愿否赴局购买，悉听其便。仰即分别移行一体遵照，并候札复广东谘议局查照此缴等因。除印发外，合就札行广东谘议局查照。须至札者。

拟将各属麻疯院移迁远岛案

议　草（议员杨蔚彬提议）

泰西立国必以卫生为重。洁净者，卫生之一大要着也。我广东地极卑湿，每有大麻疯出现。推原其故，类皆由精血传染而来。言及发疯之人，未有不掩鼻而过者。然城厢杂处，居民厌之，官吏亦不为之取缔。虽有设委立院名为收养，实则任其街衢散处，野田露宿，强奸妇女时有所闻。有婚丧等事呼群引类，登门强乞，驱之不去。其疯妇卖疯传染，暗中受害者更不知凡几。此实妨害卫生，亟应整顿者也。查外国政府对于此等疯疾恶症，终身无告之人，必为之妥筹其口食，医治其疯虫，隔异其居处，以免传染。方今实行地方自治，此等终身不洁之症，道路充斥而不能自治，不为外人窃笑者几何。是当谋所以迁之、居之、养之、医之、部勒而约束之。此为洁净地方卫生幸福起见。开列办法于左。

一、由官绅组织卫生总会。以省城为总机关，专办迁徙疯人及料理疯人事项。该会会长由会员互选，以富有慈善性质捐款较巨者为合格。其各属组织分会仿照办理，而统其成于总会。

一、疯人杂居于城镇乡及水居之地，易致传染。当择定海岛人迹罕至之处，另建屋宇，将各属疯人徙而居之。

一、当先行调查各属疯人总数，以便核定建造、迁徙各种费用。

一、各属分会调查疯人，当官绅同负责任。各属绅耆不得代疯人回护，以图隐匿。但不得过于骚扰，亦不得以疑似之间，坏人名誉。

一、非原配夫妇不准男女同居，以滋生育而遗后患。

一、分建男院女院，两院地方须相去稍远，平日不准往来。

一、男女两院内分为数种。如疾疯遗传三代以上者、三代以下者，分别居之。

一、疯人粮食由卫生会派员料理。

一、卫生会延聘外国医疯医生或西医毕业生主管疯疾治疗之事，随时施其治疗，以期逐渐痊愈。

一、疯疾有由感受湿热蕴蓄成毒而发者，应由卫生会医生研究预防方法。随时刊登报章，并报告于各分会，以期永清净绝。

一、疯人手足尚完好能工艺者，当教以工艺谋生，以抒众力不逮。

一、宜先筹三十万元为开办之的款。

一、筹开办经费当联合全省慈善家、各善堂院先行劝捐，尽力提倡，并责成各属地方官设法赞助，以成善举。

一、筹有的款、择定海岛、建造屋宇，当体察各属地方远近，定期一律将疯人迁往。

一、疯人迁徙肃清之后，当将旧有疯院屋宇一律焚毁。如地方再有疯人出现，准由该处人民密告于卫生会，派遣医生验确，随时迁徙。如疯人恃强不听，当用警令干涉。

一、迁徙后当设员督办，以专责成。如编列疯人入院号数，生死注册、支应各费均有籍可查。

一、常年经费归入地方行政经费。除将各属疯疾口粮悉数提充外，其余不敷数目，由卫生会呈请本省官厅设法筹拨，作为民政费咨部核销。

一、旧日各疯院原有公款当酌量提拨，以充经费。

一、疯人如有个人财产仍当保护，其自有权，其自管业与旧日无异。

一、各属疯院公地一律当众拍卖，以充经费。

一、尚有未尽事宜，当采仿外国对于疯人章程随时更改。

呈 文

为呈报事：窃本局议员提出拟将各属麻疯院移迁海岛，以免杂处一案，经交议会公决。随交审查会审查，嗣由该会逐加修正，复于十月初八日开第二读会，业经多数可决。理合录案呈报伏候察核，伏祈督部堂察核施行。须至呈者。

札 复

为札复事：宣统二年十月十八日接广东谘议局呈称，窃本局议员提出拟将各属麻疯院移迁海岛，以免杂处一案，经交议会公决，随交审查会审查。嗣由该会逐加修正。复于十月初八日开第二读会，业经多数可决。理合录案呈报，伏候察核，计议案一扣等因前来。当经发交会议厅审查科开会审查。兹据会议厅审查科案呈，公同审查，佥以此案拟请札行东布政司会同巡警道核议，并札复谘议局知照。是否有当，伏候核夺等由到本兼署督部堂。复核无异，除札广东藩司会同巡警道遵照核议详办处，合就札复谘议局知照。须至札者。

各城自治会附设盗案查报所案

议 草（议员林绳武提议）

筹备宪政纯为图治之进行。苛祸乱未去，乌可妄图治功。故人人指奉吉黑等为匪乱之省，政治倍难措施。独不念我广东盗贼之横，诚有如去年袁制府所奏，会匪、土匪、游勇无一不备其危乱之状，尤令人心悸而颜汗也。地方受盗贼害如人受伤然。某部伤损，则一身气血必奔赴相救，使之骤涨而后易臻平复。此脉络相通之效用也。广东之吏才及军力谓必不足治广东之盗。谁其信之？而隐匿不报，上下不通，则成麻木溃裂而不救。夫匪类虽名别不一，而其肆毒则莫不出于劫杀。祸患最烈之州县劫杀案岁以千计，而报县之案不十之一，由县详报不百之一。（此据去年信宜绅禀督臬案稽之已然）虽欲治盗，乌从而治之，民治不外生命财产无增进之福，而遭劫杀之惨，竟忍听其隐匿，不仁孰甚。推究其病在地方官则畏盗案之参处，匿而不报于大府。在民间则畏匪党之仇报，而不报于长官。民之隐忍，岂所甘心，势使然耳。被劫杀而报案，由官厅差勇缉获案匪者万不得一。且报案规费及勘验夫马索扰百端，间由害主购线拿匪送案。地方官之庸者，则狃于正法之难办。其贪者，习为贿释之营私。因之真匪认供及按律惩办者又百不得一，而害主及线人早受仇报之实祸。况送案之匪，又因不认供而贿释，则仇杀之报尤百无一免。既无以救害者，财命已丧，孰不求生者，身家之苟全。坐是之故，遂吞声饮恨，而不敢告发。若地方官初亦非尽不肖，惟惧上闻之不利于己。无论如何重大之案，苟无人上控，即不通详。案既不通则不破案亦无与于参处，缉捕因亦不力。且并恶民间之确报，而利其隐忍。于是团保绅界处上下交匿间，亦付之无如何，而相率以放弃吏治，偷民弱气绅力微。岂无吏才不当其任，岂无军备不得其用？谘议局负议决兴革事件之全责，必不能提治盗为广东革弊上唯一议案。然欲提之而所据不足，即议之恐所决未当。鸣呼！其病不即在隐匿乎？欲施救治，先攻症结。查南番两首邑，前以广州府某守政见，设立报案各一所，专代民报盗案于县官。所以去禀规勘费之累，立意良美。惟不过末稍呼吸之能，尚非脑枢运用之效。故不于官民交蔽之间立一机关以通达之，则受伤之部分痛苦终无已期。莫如用报案之名义，援设局之先例，而推广其权限，而昭定其统系，使民间无一冤抑不报官之案，匪党无所用其复仇地方。一隔阂不上通之情，官厅无所施其蒙蔽，然后督臣得察职责之轻重，而印委之。任用适宜，提臣得审情势之缓急，而军队之调遣无失。以阖省之兵力专注，必无难扑灭之伏戎。以最高之官厅监督，必不至仍苟且之捕务。不然试读元年法部奏陈盗犯解勘一折谓，除东三省外，各省军务久已肃清。广东同在盗源已清之列。乌知现势方际祸乱之亟耶？不急研究治盗之单行章程，则民命财产以后之惨毒，更难设想。此盗案查报之所，实应此时期而不可缺之机关也。谨拟理由书，并备议案十二条提请公决。

呈　文

为呈报事：窃本局议员提出各城自治会附设盗案查报所一案，当经叠次开会公同讨论。据各议员谓，其原议草所拟办法窒碍尚多，而其理由则为各属讳盗不报，适长盗风。设一查报机关，使各属盗案发见毋匿。俾得尽法追究，用意未尝不是。公决将其条文删去，而独存其理由书，业经多数可决。理合录案呈报，伏祈督部堂察核施行。须至呈进。

札　复

为札复事：宣统二年十一月二十五日接广东谘议局呈称，窃本局议员提出各城自治会附设盗案查报所一案。当经迭次开会公同讨论。据各议员谓其原议草所拟办法窒碍尚多。而其理由则为各属讳盗不报，适长盗风。设一查报机关，使各属盗案发现毋匿，俾得尽法究追，用意未尝不是。公决将其条文删去，而独存其理由书，业经多数可决。理合录案呈报察核，计呈议案一扣等因前来。当经发交会议厅审查科开会审查。兹据会议厅审查科案呈，遵即公同审查。佥以此案拟请照行东提法司会同缉捕局核议。惟原呈声明公决删去条文，独存理由等语。原可毋庸置议。然既交司局核议，应请并将条文钞发以资采择。并札复谘议局查照。是否有当，伏候核夺等由到本兼署督部堂。复核无异。除札广东提法司会同缉捕总局核议详办外，合就札复谘议局查照。须至札者。

札　文

为札知事：宣统三年正月初九日据广东水陆巡防缉捕总局详称，案奉前督宪增札开，宣统二年十一月二十五日接广东谘议局呈称（以下同前札云）等由到本兼署督部堂。复核无异，合就札饬札司即便会同缉捕总局核议，详办毋违。计抄议案等因。奉此，伏查自治会所议附设查报盗案所，系恐州县讳盗不报，事主亦畏匪隐匿。为宣通民隐起见，诚如谘议局议员所云用意未尝不是，惟地方自治原以辅官治之不逮。故凡属官治之事，即不在自治范围之中。定例盗案，应由州县印官会同营汛勘验禀报饬缉，设立审判厅之处，则归检察厅勘验，系专属官治之事。今自治会请由区董乡董勘验，殊越范围之外。此外，所议亦多窒碍难行，既经谘议局议员公决将条文删去，应请毋庸置议。是否有当，理合详复察核，候示祗遵等情前来。除详批回外，合就札行谘议局查照。须至札者。

请免粮田重征沙捐案

议 草（李议员鉴渊提出）

原夫沙捐之设固对夫无粮之业而征收之。若使确系粮业岁有正供，自不能藉端肆扰，滥行征取。沙田自前方军门耀勒缴花息，其时挟清乡之威焰，何求不得。故有以粮田而妄指作沙田，追勒一律完缴。下民易欺，毫不敢较迫。夫光绪二十九年倡办沙捐，派委到潮办理，踵方军门之秕政，又有以粮田而勒完沙捐，经于岑前督任内，由汀海绅士许潜德据情呈诉，亦蒙岑前督饬委分别办理。惟委员利在多取，藉可肥己。虽有宪饬，格而不行。粮户受累穷于告诉。夫同一田既已纳粮，而又课捐。一田两税，病民实甚。潮属如此，恐各属不无此弊。应请督部堂通饬各属，凡系粮田不得重征沙捐。庶遵定章，藉苏民困。谨拟简章照局章二十一条提出公决。

一、凡粮田查照定章除完粮外，不得影射粮捐，再课沙捐。

一、凡粮田以有印契花户为限，以杜假冒。

一、凡粮田前虽尝勒纳沙捐者，自通饬之后，由业户将粮契呈验，一律豁免。

一、业户将粮契呈验时，地方官及委员不得多方挑剔，任意扣留。

一、自奉饬之后，如地方官及委员尚敢藉名重征者，由绅禀揭严行惩处。

一、无论沙捐粮捐，如蒙圣恩尽将光绪三十三年以前积欠豁免者不得再行追收勒罚。

呈　文

为呈报事：窃本局议员提出请免粮田重征沙捐一案，开具议草及简章付诸议会。当经叠次会议并由审查科详细审查，其原草中间有未尽妥惬之处，业已修正。经众承认，案经议会多数可决。理合录案呈报，伏祈督部堂裁夺施行。须至呈者。

札　复

为札复事：宣统二年十月二十六日接广东谘议局呈称，窃本局议员提出请免粮田重征沙捐一案，开具议草及简章付诸议会。当经迭次会议，并由审查科详细审查。其原草中间有未尽妥惬之处，业已修正，经众承认。案经议会多数可决。理合录案呈报，伏祈裁夺。附呈议案一扣等因前来。当经发交会议厅审查科开会审查。兹据审查科案呈，案奉发下谘议局呈报议决请免粮田重征沙捐一案，并议案一扣。查原呈内开窃本局议员提出请免粮田重征沙捐一案（呈文同前）裁夺施行等由，科员等遵即公同审查。佥以此案应由主管衙门核议，拟请行东布政司核议并先札复谘议局知照。是否有当，伏候核夺等情到本兼署督部堂。据此复查议案所云，同此一田既已纳粮，而又课捐。一田两税，病民实甚等语，似属实情。应饬由该主管衙门切实核拟详夺。除札广东布政司遵照切实核拟不得含混影射详候察夺外，合先札复广东谘议局查照。须至札者。

法令公布规则案

议　草（陈议员寿崇提出）

国家之有法令，所以纳民于轨物之中者。文明各国无论施何种法律，发何种命令，皆有一定之手续公布之。又有发生效力一定之期限，使人民知所趋避。及官与民俱有遵守援用之义务，而后法令不同虚设，所以谋安全而增幸福，法至善也。我国对于法令之公布，尚未颁行一定程式。谘议局章程虽有呈候督抚公布施行之条，而未制定公布之法。夫谘议局为本省立法机关，公布实为会议之大原则。议局议决事件与本人民原有直接之关系，生命财产以此为保障，权利义务以此为准绳。非使人民知之详悉，则所当负担者若何，所当遵守者若何，皆茫然不解。而且无一定之形式，以为一定之颁布。则议决者自议决，执行者自执行。所谓立法亦徒托空言而已。去年议决案见诸施行者十不得一，未始不由于无公布法，地方官得以拖延搁置也。况旧有之规章卷宗积叠，无公布法，又何所藉以清厘乎？联合会有见于此，是以公拟公布规则若干条议决。各省议局于本年常年会中提出，但各省之习惯不同，则所用之方式自难强合。或用公簿登录法，或用朗读法，或用传达法，或用揭示法，或用官报载法，或数法兼有用。非斟酌本省习惯制定之不可。事关单行规则之增订，谨将案提出公决。

第一章　总　则

第一条　凡本省各种单行章程规则及其他属于谘议局议决施行之件，自总督批准之日起，十日内应照本规则所定公布之。

第二条　凡本省行政官因行政权范围内所发之命令，总督或其他该管官厅应照本规则所定公布之。

第三条　凡本省旧有由总督颁行之章程规则及各属通详立案，永远遵行之件。现在尚有效力者，总督应于宣统三年六月以前照本规则所定悉行追加公布。

前条追加公布之件，如属本省单行规则，照局章第二十一条第六项随时由谘议局增删修改。虽属官厅行政权，但涉及局章第二十一条第一、四、五、七各项范围，仍应先交谘议局讨论承认，乃生效力。

第四条　应照本规则所定公布之法令，若不公布或不如法公布。人民无遵奉之义务。

前条应行追加公布之件，若期限已过，仍未公布者，概作为废止。

第二章　公布格式

第五条　凡公布法令应记载公布之年月日，由该管官吏署列衔名。

前项公布之年月日不得倒填或预填。

第六条　凡公布法令应分别为谘议局议决经总督批决，或系行政官关于行政范围内所发之命令区划种类记载之。

第三章　公布方法

第七条　凡公布应先登每日官报，再行揭示。其未有官报以前发交各处商办日报代任之。

第八条　报纸登载三日内，应由该管官厅揭示，并通饬府厅州县一律揭示。以揭示之日为公布之日，其在省城外各府厅州县以奉文后三日内揭示之。

第九条　省城及府厅州县建立揭示亭。凡有揭示之件皆就揭示之。但因周知之便，于揭示亭以外就酌量城厢乡镇地方更行揭示。揭示亭，省城应在督署或藩署前建立，各府厅州县应在巡道或府厅州县署前建立。

第四章　附　则

第十条　本规则以总督批准之日起为实行之期。

第十一条　本省各府厅州县之公文到达期限如左。

府　　日　　县　　日

呈　文

为呈报事：窃本局议员提出法令公布规则一案，当交会议。既经多数赞成。嗣由审议会逐加修正，复交议会表决。计可决者已得多数，此案便已完成。理合录案备文呈报，伏祈督部堂查核施行。须至呈者。

札　复

为札复事：宣统二年十月二十一日接广东谘议局呈称，窃本局议员提出法令公布规则一案。（同前呈文云云）呈报查核，附呈议案一扣等因前来。当经发交会议厅审查科开会审查。兹据会议厅审查科案呈，公同审查，佥以谘议局议决可行事件，经官厅认为可行者均经通行各主管衙门查照办理。至制定一定之程式作为全国之法令公布法，应由中央政府提交资政院议决颁行，似非各省谘议局所能规定。且该议案系联合会公拟提出者。联合会非法定机关，尤难承认。拟请札复谘议局知照，是否有当，伏候核夺等因到本兼署督部堂。复查无异，合就札复谘议局查照。须至札者。

议裁并省城堤工局案

议 草（莫议员伯洢提出）

省河堤工局之设，始自光绪甲辰，初附属于善后局，厥后变为局所独立。去年二月堤岸手车伤人，巡警干涉。该局竟敢援引详定局章，马路以内无论何事，由局管理，有裁断之条文，抵抗国家法权，致与巡警道龃龉。禀奉张前督部堂批行布政司移会巡警道堤工局和衷商办。各执己见，卒由布政司单衔详复，以属于理财之事，由堤工局主政；属于治安之事，由巡警道主政。虽奉准如详办理。但根据新章博采舆论，则该局有不能不裁撤者。堤工局系属道路工程。当查宪政编查馆奏定，直省巡警官制细则第八条第四项行政科掌稽核道路工程。此应裁并者一也。去年明奉谕旨通饬将关涉财政一切局所裁撤，统归藩司或度支司经管。今以堤工局而有财政权，显背统一财政之谕旨。此应裁并者二也。筹备宪政，以清理财政为先。清理财政又以删除浮滥为要。本年试办各省预算，本省预算草册已抄发谘议局议决检计。堤工局经费除马路电灯为公用需要外，其余员司薪夫、书役工食、勇丁口粮、伙食杂支各目耗费多至二万三千六百七十五两四钱五分四厘，断难承认。牵及预算案之成立，此应裁并者三也。况延误建筑，骚扰商民，尤为舆论集矢。就行政法推论，凡道路所有权以属之国家或地方团体为原则。省城堤工局采用属国家主义，则如前文所举巡警道官制细则第八条四项是其适例。采用属地方团体主义，则城镇乡自治章程第五条第三项是其适例。本城自治会甫经成立，且划分南番区画，遽难肩此重任。拟请将堤工局即行裁撤，归并巡警道管理，分隶交通、建筑两股。其关于财政收入者，则归并财政公所管理。如因工程未竣，巡警职掌部章祗言稽查道路工程，未有兼任缮筑之明文，亦可移交劝业道办理。奏定劝业道职掌任用章程第七条关于农工商业及交通事务应设地方各项局所，由劝业道禀明筹设，札派员绅经理。以劝业道兼辖堤工，揆之助长行政名义，正复相符，糜费又可节省。无论征引何种法理，堤工局万不可以独立存在。事关地方兴革，谨按局章第二十一条第一项提请公决。

呈文

为呈报事：窃本局议员提议裁并省城堤工局一案，当交议会公同讨论。随据各议员谓，裁并堤工局问题议草，已据法律断定，况该局平日之肆行骚扰，久与商民迭起争端，众怨沸腾，不胜枚举。本局有监督行政代表舆论之责，自应议决呈请裁撤归并案，经多数可决。理合录案呈报，伏祈督部堂察夺施行。须至呈者。

札复

为札复事：宣统二年十月十六日接广东谘议局呈称，本局议员提议裁并省城堤工局一案，当经交会议公同讨论。据各议员谓裁并堤工局问题议草中已据法律断定。况该局平日之肆行骚乱，久与民商迭起争端。众怨沸腾，不胜枚举。本局有监督行政，代表舆论之责。自应议决呈请裁撤归并。案经多数可决。理合录案呈报伏候察核，计呈议案一扣等因前来。当经发交会议厅审查科开会审查。兹据会议厅审查科案呈，公同审查，佥以省河堤工事体重大，经各前宪奏明兴筑。现在大工次第告竣，堤岸逐渐兴旺，利益陆续加增，从前塾款已由堤工局归清。惟地段最繁盛，交涉最烦难者，第七段工程计一百八十余丈，于本年四月间经堤工局与兴华洋行大班熙露磋议，明白订立合同，约十个月完工。并订明倘有意外及工人罢市兼交涉等件不入限内。计自七月间开工起至今打桩挖沙等工尚未及半，再该段内有洋商码头两座，迭经前宪袁照会英领事饬拆，迄今尚未定议。又有招商局码头两座，现堤工局会办朱道咸翼方至上海与该局磋商。第七段工程交涉之事甚多，且系堤工局与洋商订立合同办理之件。若骤易经手，恐难接洽。即使立即归并，亦必仍须委员办理，所省亦属有限。应俟该局第七段工程完竣后，再行提议。拟请先行札复谘议局并行东布政司知照，是否有当，伏候核夺等由到本兼署督部堂。复核无异，除札广东藩司查照外，合就札复谘议局查照。须至札者。

质问保护内河航路东北各江已经如议举行独遗却韩江案

议　草（议员梁国璇提出）

去年本局议决保护内河航路一件。奉前督部堂札复内开，劝业道议复各节，并候咨水陆提台酙酌核办等因。本年三月廿六日访闻韩江一带，盗劫披猖。再请速行举办，奉前督部堂札复，整顿韩江捕务，尤为目前刻不容缓之举。除札潮州道镇查照，先今檄行劝业道议复。原案韩江一带添设炮垒各节，迅速移商营务处及布按二司妥筹举办等因。本年七月七日又经常驻议员遵照局章开列单内，呈请分别严催。旋接中外商人叠函诘问，又经本局函请迅饬举行。复奉前督部堂函复已函致藩司会同清理财政局从速筹议详办等因在案。然尚延未举行，则札所谓迅速妥筹举办函，所谓从速筹议详办者，潮嘉两处之商民似未实受其惠。查韩江一道上达嘉应汀洲，下达汕头。各内河延袤数百里，地居冲要。其货物之出入，则汕头洋关岁征货税一百五六十万两，潮桥官运局岁征盐课实三十七八万两。即二端计算货物所抵之值，已足达数千万。而常关、东关及分设各处之厘卡且勿论。其华侨之来往，则以汕头出口，计往南洋一带佣工者，岁十余万人，返者亦然。其上等绅商及赴内地各处者且勿论。年来报纸之揭载华侨土人之函电，且经大部咨商设法，焦盼之状，不言可喻。夫东北各江已蒙如议施行，则潮嘉商人理当享同等保护之利益。乃经本局之议决之呈催前督部堂之札复函复，事经二载迁延未办，或谓因监理财政官一言而止。然既收受潮嘉商人岁供二三百万之厘税，其不能吝此区区船垒之经费。而罢却议决公布之案，并置税厘之源于不顾可知也。或谓因潮州镇电称，捐廉雇船拨勇巡缉而止。然查所举办只由潮城至蔡家围，其水程不过十里，雇船不过数艘，且捐廉一节，亦断不能持久。其更不能因此而遂置韩江上下游于不顾可知也。至巡船经费岁约需三万余金，即或预算册内漏未具列，似尽可由预备金内筹拨。现在冬防伊迩，盗警时闻。若再俟诸明年后年，则此一二年中，商民耗损财产者何忍计。及原卷具在，理合质问。谨照局章提请公决。

呈 文

为呈请事：窃本局议员提议质问保护内河航路东北各江已经如议举行独遗却韩江一案。当经开会讨论，旋据各议员称此案经奉前督部堂催令司局速筹详办。事阅数月，尚未举行。今拟质问，应即表决。计可决者已得多数。理合录案呈报，伏乞督部堂察核，迅赐批答，实为公便。须至呈者。

札 复

为札复事：宣统二年十月十八日接广东谘议局呈称，窃本局议员提议质问保护内河航路东北各江已经如议举行独遗却韩江一案。当经开会讨论。旋据各议员称此案经奉前督部堂催令司局速筹详办，事阅数月，尚未举行，今拟质问。应即表决，计可决者已得多数。理合录呈报，伏候察核批答。计议案一扣等因前来。当经发交会议厅审查科开会审查。兹据会议厅审查科案呈，公同审查，佥以此案经谘议局议决陈请，似应如议办理，俾资保卫。惟查议案内称巡船经费岁约银三万余金，而潮州镇道前移东布政司则先请发开办费一万两。其常年经费内扒船薪粮并请照发，自成军之日起按月造册备文请领，并未准声明岁需若干。其所需开办经费银一万两自系指造船及置办旗帜号衣等项支用。究竟能否再行撙节逐项核实共需银若干，常年扒船薪粮共需若干，应由东布政司会同水陆巡防缉捕局，备移潮州镇道按照该地方情形妥拟办法，议定所需各项经费数目，移复核明详办。再现在预算一切款项均须撙节动支。此款未列预算，将来议定经费数目，实行举办应由东布政司会同水陆巡防缉捕局，遵照奉行清理财政章程第二十二条详请宪台咨商度支部，奏明酌量筹拨，以免驳诘。拟请札行司局会同办理，并札复谘议局知照，是否有当，伏候核夺等由到本兼署督部堂。复核无异，除札广东藩司会同水陆巡防缉捕总局妥详办外，合就札复谘议局查照。须至札者。

筹办惠潮铁路案

议　草（议员陈炯明提出）

铁路之巨益，尽人皆知，毋庸赘述。粤省自粤汉铁路让成风潮之后，几于因噎废食。路业无人过问，诚为憾事。现年本局临时会监于粤杭路线之关系，尝筹议三省议局发起集资筑路案，经呈准咨会闽江两督。惟事体重大，资本亦巨，未易集事。近日疆吏视筑路为救国之要图。国库空虚，犹拟借外债以代之。若国民有资可集，朝政方重劝业，当得于全国铁道干线外，各就地方交通要路，筹集的款，呈请予限承筑，以助地方之发达。就粤省而论，各属应造之路，其于运费收入最有利益，一省之实业军政最有关系，而集股与造路又均不甚难者，莫如惠潮铁路是也。查惠潮铁路自惠州府博罗县属之石湾墟起直达归善、海丰、陆丰，潮州府之惠来、普宁、揭阳等县至潮州府城止，计长二百四十六英里。约估需银二千万元，当可完筑。今将各项理由略为说明，并拟订商办惠潮铁路有限公司章程草案一本，作为本省应兴事件一并议决。

（甲）各项理由之说明

一、收入最利益之理由。查此路虽属惠潮，而实上接广九及粤汉展筑之路，下通潮汕及闽浙将造之路。本路适贯其中，吸取两端之利益，而所过又皆繁盛著邑，人口既多，物产亦富，其收入之倍蓰可知。据日本小川资源氏所调查，以本路在杭广线中为最有利益之线，信不虚也。

二、实业最关系之理由。惠潮嘉各属为粤省物产最富，供求最大之区。观岁中进出口货物为数甚巨，已可概见。徒以运输未便，以致农工商业不能充分发达。若此路筑成联广九潮汕为一气，各属富有实业沿之以振兴，而广东生产力之增加为不少矣。

三、军政最关系之理由。粤省东路以惠潮沿岸为门户。而海岸线最长，海军设防之处亦当最多。驻陆提于惠城实为省垣之左臂，若此路筑成，一遇事变，顷刻调兵立可保全脑部。而东路有事，亦得立行镇压，永无东顾之忧。故此路成，其有资于军政海陆防俱然矣。

四、路股易集之理由。粤省近虽穷困，而民间资本家尚为他省之冠。徒以粤路鉴为前车，故却而退步耳。今若设法完善，防弊周密，藉以发展其信用，未始不可以集事。查惠潮嘉各属内地及南洋资本家不乏其人，向来受粤路之影响尚浅。路线属其乡梓，集资当自踊跃。况本路集股公诸全粤及全国而分期收股，又全凭信用与成效为期约。（如第一【期】收股指定银行，第二期收股视本公司银行成立，第三期收股视第一段路工告竣，第四期收股视第二段路工告竣之类，详公司章程股份章。）自无意外恐慌之事，而招股可得其信用也。

五、路工易造之理由。惠潮路线悉属平原。其中衹海丰枫门埡与五指岭须用隧道。据日人所调查，五指岭海拔千三百尺，隧道要数千尺，用四十分之一急勾配。除此岭外勾配皆缓，布署尚容易。至于桥工，亦属无多。此路线之易筑也。若仿广九路工办法分头筑接，获利挹注。其程功尤为易事也。

六、请归商办之理由。现在粤省财政支绌，已无此项巨款可拨。凑官股即有所筹，亦属尽先抵赌。故官营及官商合营已无可言。而监督铁路事宜，邮传部既专职掌，地方官亦与有责成。自无庸另立官督商办，此其纯归商办之理由也。

（乙）拟订商办惠潮铁路有限公司章程草案

第一章　总　则

第一条　本公司遵照现行商律，呈由督宪奏咨准归商办立案，发钤定名为商办惠潮铁路股份有限公司。

第二条　本公司建筑惠潮铁路干线。自惠州府博罗县石湾地方起经归善、海丰、陆丰、惠来、普宁、揭阳至潮州府城，止计长二百四十六英里。

前项干路筑成后，并得展筑一切必要之支路，但限于惠潮嘉三属区域内。

第三条　路线所经必要之支路，除由嘉应州属至潮州府城之支线外，得由该本属地方自治团体按照本公司章程筹款承筑。但须经本公司许可并酌定其利益，呈由邮传部核准存案。

第四条　本公司商办期限，由邮传部酌量划定，奏准立案，限内悉系完全商办，不受变更。

第五条　沿路需用车站路线地方，如系官荒应由本公司向地方官升科作为本公司物业。

第六条　本公司系完全商办，一切用人理财不受地方官干涉。

第七条　凡本公司铁路经由之处，所有一切事件应请地方官实力维持，悉照奏定重订铁路简明章程第四条第十四条办理。

第八条　本公司勘定路线其左右两面各十英里以内，他人及另公司不得筑造平行线之铁路，以保本公司路利而杜争端。

第九条　本公司收第一期股本后即以全股本二十份之一，设立银行为本公司收支总汇之所。以保股本安全，确实免滋侵混之弊。

前项银行未设立以前收第一期股本应指定一确实银行为存放银两之所。

第十条　本公司总办事处设在潮州府城。未建设以前暂设在广东省城潮州八邑会馆。将来若筑支路，其分设各处者则称办事分所，冠以本公司名及地方名归总办事处统辖。

第二章　股　份

第十一条　本公司实业集股本二千万元。分为二百万股，每股银十元。

第十二条　本公司股份在二百万股内先入之一百万股作为优先股，其代本公司招股招满千股者加给三十股作为红股。

第十三条　股银分四期交足。第一期每股交银一元作为认股。第二期视本公司银行成立再交银三元。第三期视第一段路工告竣再交银三元。第四期视第二段路工告竣再交银三元。股银交清，换给股票息折。

第十四条　本公司第一期收股指定确实银行，由股东或招股之人自行交存暂作自己预金。一俟截收时期查核，经交股本之人认为股东并计实收股本总数，报告股东股本权利移转。公司设立银行第二期以后统由本公司银行收股。

前项第一期所收股本，倘本公司遇有确不能成立事件发生，得由股东会议决权利不移转，各自支回。但限于公司银行未设立以前。

第十五条　如在第一期将四期股银一次并交者，公司予以特别利益，交银九元五角作为十元。如在第一期以后全交者不得同享此利益。

第十六条　第一期收股截止时尚未招足二百万股，得于第二、三、四期续招，以招足为止。但在第二、三、四期入股者应将前期股银一并交付。

第十七条　本公司如欲添招新股，应集股东会议。其议决方法，按照公司律第一百十五条办理。

第十八条　本公司得设不买卖让与股份。

（附说）凡购本公司股份，如有来本公司报明愿将祠堂蒸尝股份及自己姓名股份欲永传子孙，不准子孙变卖让与者，本公司应为之另立不动股份号簿登记。并于原股票注明永传子孙，不准变卖让与及转按、转揭字样，加盖关防保护并由本人登报声明。

第十九条　凡附本公司股份者，当守本公司呈部奏定之章程。

第二十条　本公司收入支出均以双龙毫为本位，金钱银元纸币照此伸算。（但日后部定各省通行货币是否便利作为本位由股东会议决）

第二十一条　本公司股本周年六厘计息，闰月不计，股银交到次日起息。

第二十二条　每届年终各项（赈）〔账〕目结清楚，应付官利。余利先期登报布告，统于次年三月初一日起一律发给。

第二十三条　凡红股须俟全干路告成后，一律给与官利，余利全干路未告成时不给官利。

第二十四条　本公司股票以股银交清之日制付并附息折。其股银未清以前，先制收条为据。

第二十五条　于股东应缴之股银，不能如期缴纳时，应由本公司登报催告，约定期限二次仍不照缴即失其股东之权利，但股东有对抗之理由时不在此限。

关于前项之理由以股东总会议决之。

第二十六条　本公司股票应按照公司律第二十八条办理。

第二十七条　本公司设有股东名册所记各项如左。

一、记股东姓名籍贯并现在所住及递信住址。

二、记各股东股份数及股票号数。

三、记各股东分附入与转买后附入之年月日。

第二十八条　本公司系华商自集华股，不收外国人股份。惟原系中国人而曾入外国籍者，本公司仍认为中国人，得以附股。惟附股后即与中国人无异，仍须遵守中国商律及本公司章程。如有用外国籍名及牵引外国人干预本公司之事。本公司得将原发收单股票息折注销作废，削去其股东权利。

第二十九条　本公司股份不得转售或抵押与外国人，违者其股票作废。

第三十条　公司每年结账所有赢余分作二十成。以一成为公积，以一成报效国家，以二成为董事局暨在事人员花红，以十六成化作二十成内，以三成作为优先股酬报，以十七成按股摊给各股东。

第三十一条　优先股报酬以实行分给余利之日起十年为限，限满取销所有余利，仍照十六成之数按股摊派。

第三十二条　公积遵照商律以满资本总额四份之一为止，非经股东会之议决不得动用。

第三十三条　如无违背本章程第二十四条之规定，愿将股票转售者可向本公司索取印就之售股券填为明晰，由售主及中证人签字与股票息折同交本公司收支所代为过户。

第三十四条　股票息折如有遗失毁废，得觅二倍其股数之股东作保证人，向本公司填具请补书，一面登二种以上新闻广告满二月，无人争论即填给新股票息折。

第三十五条　股东息折遗失、转买、分开合并或更名号，须换股票息折者，应由该股东按缴本公司所定相当之费。

（附说）分开者指一票数股份分开为一股一票也。合并者指数股合为一票也。

第三十六条　本公司不得自己收回或抵押所出股票。

第三章　股东会议

第三十七条　股东会议分寻常、特别会议两称。

第三十八条　寻常会议每年二月招集，即议决前一年终所结股分银钱地亩材料工程支销及开车后客货之运脚利息之分派，各项账目并为次年董事查账员之选举。

第三十九条　寻常会议时应将董事局提出之书类及查账员报告之情形调查而议决之。

第四十条　前条之调查得由股东会选任临时检查员。

第四十一条　特别会议由董事局认为紧要事件或由本公司股本十份之一股东说明事由，请求开会时招集之。

第四十二条　有前条第二项之请求，董事局不于一月内照办，各股东得禀由本管长官核准自行招集股东会议。

第四十三条　股东会之会期、会场并所议事件，距会三十日前由本公司先行登报通知。

第四十四条　无论寻常会议、特别会议各股东有五股者得一议决权。十股以上者每加十股得一议决权。百股以上者每加五十股得一议决权。一千股以上者每加百股得一议决权。一万股以上者每加至五百股得一议决权。

第四十五条　有不满五股之股东得联合五股推举一股东，或托其他股东代表到会议事，亦得一议决权。

第四十六条　股东会委托代表人所出凭证，应于三日前缴本公司查核。

第四十七条　凡非本公司股东不得为股东代表人。

第四十八条　凡赴会之股东，应先将股票呈验号数、份数，以便照给各种票券。

第四十九条　非领有入座券者，不得入座，发议行使议决权、选举权亦如之。

第五十条　股东会议时由股东公举主席一人，此主席本人姓名所占本公司股份至少须有一百股以上，议决后即销除主席之名。

第五十一条　凡于股东会之议决有特别之利害关系者，不得行其议决权，但得到场会议。

第五十二条　寻常会议之议决，按照公司律第一百一条办理。特别会之议决按照公司律一百三条办理。

第五十三条　股东会议时如股东临时有他事，提议须得众股东十人以上之赞成，并主席之许可，方可列入议案。

第五十四条　股东会议时有一议决权之股东，将账目签注者，即应将所签之账目交出会场澈查之。

第五十五条　股东会议无论寻常、特别均得展长会期。

第五十六条　股东会议由书记登录，主席签字，议决之事董事局必须遵行。

第五十七条　股东会议招集及议决方法，如有违背现行商律及本章程之规定者，各股东得于议决一月内，请本管长官宣告其无效。

第四章 职员之选任及薪给

第五十八条 本公司置董事七人，查账四人，总协理各一人。

第五十九条 董事查账员由股东总会选任，总协理由董事局公举，呈由股东可决，不得其可决时，须另举再决之。

（附说）按公司以董事为纲领，应有进退总协理之权。公司律七十六条之规定亦即此意。但股东心理深妨串举为弊，恒有推重股东权之趋向。查公司律五十二条股东议决之事，董事必须遵行。是总协理如不孚众望，股东议决开除，董事在必遵行。然与其事后否决不如事前可决之便，移而易之，精神一贯，毫无抵触，本草案为此调和。一以保董事局之特权，使之由干生枝，得收一气联络之益。一以慎重选任，杜串举之弊，而释股东之疑虑也。

第六十条 凡本公司十股以上之股东，具有左开资格之一者，得被举为董事及查账员。

（一）一人姓名占满本公司五千份以上者。

（二）铁路学堂毕业得有凭照者。

（三）襄理路事确有经验者。

第六十一条 凡具有左开资格之一者，得被举为总协理。

（一）办理路事确（宥）〔有〕成绩者。

（二）铁路学堂毕业得有凭照者。

第六十二条 董事查账员总协理及司事人员，有左开各项之一者不得充任。

（一）现任印官及监督本公司之权责者。

（说明）本公司系完全商办，如以印官充任职员，揆之本旨不合。至以有监督本公司权责者充任，尤为权限混挠，致本公司失其监督之机关。

（一）曾被人控（否）〔告〕吞蚀款项，（无论公款、私款及营业款）查有确据者。

（一）曾被人控告棍骗钱财，查有确据者。

（一）恃洋教洋籍为护符欺压良懦，禀控有案者。

第六十三条 董事任期三年。每年留三分之二按举轮替，但得连举连任。

（附说）查公司律董事任期一年，每年留三分之二按举轮替。依此规定，则实际上每年轮替三分之一，除初年掣签外，董事任期无非三年。故本草案就实际上三年为言，非与公司律抵触也。

第六十四条　查账员任期一年，总协理任期三年，但各任期满后均得再选任之。

第六十五条　董事、查账员于任期内，有怠于职务或违背定章及股东会之议决时，得由股东辞退之。

第六十六条　总协理于任期内有怠于职务，或违背定章及股东会董事局之议决时，由董事局商承股东会辞退之。但不得其可决时，董事局对于本事件不负责任。

第六十七条　选举权数之计算与议决数同。

第六十八条　各所所长由董事局在五股以上之股东内公推聘用，其自所长以下一切办事人员得于股东外雇用之。

第六十九条　总协理、各董事、查账员薪水均由股东会议定，其所长以下职员薪水由董事局议定。

第七十条本　公司大小职员俱实力办事，无挂名干修等名目。

第五章　董事局之权责

第七十一条　董事局为公司执行机关之总纲，以董事组织之。

第七十二条　董事局之会议按照公司律第八十五条至九十七条办理。

第七十三条　本公司所发公文函电票据及与人订立合同等件，均由董事局署名。其往来文件底稿董事局须保全之。

第七十四条　董事局有指挥监督总协理及以下一切职员之权。

第七十五条　董事局视工程营业之必要，得分设各所或合并之，每所置所长一人。

第七十六条　各所办事规则、款目、簿计及购地章程、材料购买规则、工程管理法、行车管理法及客货车价、一切条规均由董事局核定之。

第七十七条　董事局有措置动用银钱之权，但不得违背公司律第七十五条之规定。

第七十八条　董事局关于前条之事项，如系恶意或过失致银钱有亏损时，董事局当负其责任。

第七十九条　凡包工购料及承载客货确有情弊，致公司受损失时，董事局应赔偿其损失。

第八十条　董事局于开会一月前，应将本公司股份、银数、地亩、材料工程支销、开车后客货之运脚、利息之分派，并预算次年工筑程限及其费目，分别列表提出于股东会议。

第八十一条　前条列表须经股东会允许后方准实行。

第八十二条　董事局所提出之账目，非经股东会承认之后，不能卸责。但有不正行为时，不问股东会业经承认与否，察出后仍当负其责任。

第八十三条　董事不得兼充查账员。

第八十四条　董事应逐日在公司专心业务，其办事规则由董事局自定。

第八十五条　董事局执行业务，不得违背定章及股东会之决议。

第六章　查账人权责

第八十六条　查账员有监查公司营业之状况及纠正账目虚伪之责，并有质问总协理之权。

第八十七条　凡工程营业所到之地，查账员有分投查察之责。

第八十八条　查账员察出各所所长、司事及工程司等确有情弊时，应据实报告董事局处分之。

第八十九条　于董事局确有情弊或董事局于各职员之情弊显有偏袒时，查账员应随时登报布告股东，由股东请求开会核议。其报告费由公司支之。

（附说）查账员为监查机关，董事局有弊时应有总会请求权，惟公司律八十四条不认之，本条规定登报布告其请求之权，仍归股东。所以救未备而不至抵触也。

第九十条　查账员不得兼充董事暨各所所长。

第九十一条　查账员不得侵董事局及总协理之权限。

第九十二条　股东对于公司有疑虑时，可询问查账员。查账员有据实答复之义务。

第九十三条　公司账目应按照公司律第一百九条所载各项，每年由所分类造具清账，经稽核所之核定，由查账员复核无讹，签名册上交董事局刊印报告于各股东。

第九十四条　每年股东会议宣布账目时，查账员应证明账目无误，并负其责任。

第七章　办　工

第九十五条　工程师应聘用本国人，但须聘用外国人时，按照部定铁路雇用洋员合同格式，禀报核准，然后聘用之。

第九十六条　本公司购地悉照商部订定铁路购地章程办理。

第九十七条　本公司全路各段建筑程式办法及工程成本暨竣工验工日期，应由总协理督同总工程司制造详细图表，交由董事局核定，宣布于众股东。

第九十八条　本公司全干路工程分两头起筑。先由石湾及潮州同时开工，筑至中途接合。

前项工竣期限，届时由工程司酌定宣布依期赶筑，不得逾限。

第九十九条　各段工程应分段招包工料，如期开筑，其招包办法以投票法行之。

第一百条　招工包办各种工程，应先缴交押款。其合同内应载明建筑办法、竣工期限及包工之一切章程。

第一百一条　铁路例得附设电报德律风，本公司俟援办时另订详章。

第一百二条　本公司路线有与他公司联接者当随时商订共同行车章程。

第八章　会　计

第一百三条　本公司账目自开办日起每月终一结，每年终一总结。所有股份、银钱、地亩、材料工程支销、开车后客货之运脚、利息之分派，随时分派，随时分别登诸报章，俾众周知，并于次年分送年结。无论一人自占或数人合成，均以满五十股送年结一份。

第一百四条　本公司经管账目各员，遇有替补时，须由替补人交代清楚并负其责任。

第一百五条　本公司俟全路告成之日，各处开车所入运费，除去各项应支外如有赢余，按照【第】三十一条办理但不得移本分派。

第一百六条　本公司系准归商办，所有出入账目无庸造册报销。

第一百七条　本公司除遵章预算决算外，另于每季分别门类刊发营业报告书一次，其支配分送照送年结办法。

第九章　罚　则

第一百八条　本公司总协理、董事、司事人等违背商律及本章程者，凡属股东得禀请本管官处罚之。

第一百九条　本公司自董事以下一切职员，非执行其职务不得串为关于本公司营业之事项，违者罚以百元到五千元之数。

第一百一十条　除按照商律罚例办理外，其于本公司营业及财产确有弊混侵蚀情事，应照邮传部订定铁路章程五倍处罚。

第一百十一条　经被控实及处罚之职员人等，须开除其职任，并所有本公司之权利概行销灭。

第一百十二条　本罚则对于本公司有过各人员，无论何时均得发见其确证而处罚之。

第十章　附　则

第一百十三条　本章程呈由督宪咨部核准立案，永资遵守。

第一百十四条　除本章程特定外，悉依商律办理。

第一百十五条　本章程各条应办事件，本公司另订施行细则，由股东总会议决呈部存案。

第一百十六条　本章程以后续添更改，须开股东会按照公司律一百十五条办理，一面呈部核准存案。

呈　文

为呈报事：窃本局议员提出筹办惠潮铁路一案，开列章程并具议草，公同会议。各议员以筑路之事，本属公益，招商承办，亦合路章，当经多数可决。理合录案呈请察核，为此具呈，伏祈督部堂俯准布公施行。须至呈者。

札　复

为札复事：宣统二年十月二十九日接广东谘议局呈，窃本局（同呈文云云）附呈议案一扣等由前来。当经交会议厅审查科开会审查。兹据会议厅审查科呈称，遵即公同审查，佥以建筑铁路为现今要政，谘议局议筹办惠潮铁路，应即赞成公布。惟将来组织公司，筹有的款，应先禀候核明，奏咨立案。所有一切事宜均应遵照定章办理，拟请如议照行劝业道并札复谘议局查照。是否有当，伏候核夺等由到本兼署督部堂。复核无异，应如所议办理。除札广东劝业道遵照办理外，合就札复广东谘议局查照。须至札者。

请代奏速开国会案

议　草（沈议员秉仁提议）

窃各省谘议局及海内外团体因时局阽危，先后伏阙上书，呈请速开国会，均未邀俞允。而各省人民仍椎心泣血，奔走呼号，将为第三次之请愿。本局昨接京电，资政院对于此举亦全体赞成，议决奏请缩短年限。盖见中国今日内忧外患相迫而来，时势变迁，朝不保夕。苟非速开国会则立宪之政体不定，政体不定，无论主张何项政策，均不能切实施行。而灭亡之祸，终难逃免。试就财政一端言之，夫国家之所恃以成立者政，而其所恃以推行者财。方今府藏空虚，民生穷困，财政紊乱，种种现象之事实已讳无可讳。依度支部宣统三年预算，国家行政经费所差至数千万之巨，将量入为出欤。而区区祇有此数，凡百宪政均应停止，尚何兴革之可言？将量出为人欤，然人民无监督财政之权，自不肯担负增加义务之责，强加搜括，事变立生。此可危者一。我国自甲午庚子以后，至輂天下之财以应赔款。今未及半，竭蹶已至万分，过此以往将穷于应付。而债权之国岂肯默然，势必起而干涉。监督财政之举，恐不在国民，而即在外国。此可危者二。古今中外历史，兵变民变米荒钱荒，有一于此，均是召乱。我国数月之间此等怪象，纷至沓来，同时并起。甚若各处商号东倒西闭，市面之恐慌为晚近所罕见，全国金融几为停止，识者已觉为民穷财尽所致。若国民经济长此不能发达，谋生乏术，弱者必转徙流离，死于沟壑，强者流为盗贼，挺而走险。陇畔辍耕，狐鸣篝火之往事，念之寒心。此可危者三。夫因贫而致乱，势必因乱而愈贫。即无外人干涉，国既不国，人民之生命财产固不能独存。而政府专制之雄威安能独保哉？亦曰同归于尽而已矣。今惟有速开国会，予人民以参政之权，责人民以担负艰巨之任，设立责任内阁，谋统一行政之机关。主体既立，方针既定，然后或借外债，或募内债，上下一体，急起直追，尚可挽救于万一。若舍此不图，及今以往，大局已去，人心一离，虽有善者亦当束手。他若日俄协约成立，东省已亡，均等主义之局亦破。列强耽耽，逐逐置舰增兵，日谋实行瓜分中国之策，其危险愈不堪言状。应将时局阽危情形及国民希望速开国会之迫切，呈请督部堂据情代为电奏，以救危亡。事关国家存亡大计，是否有当，请公决。

呈　文

为呈报事：窃本局议员提出拟请代奏吁恳速开国会议草一件，当于九月二十五日会议。佥谓国势阽危，非此不足以图挽救。当场表决，全体赞同。理合备文录案呈报督部堂察核。为此具呈，伏祈俯准据情代奏，实为公便。须至呈者。

札　复

为札复事：宣统二年十月初四日接谘议局呈称，窃本局议员提出议请代奏吁恳速开国会议草一件，（同前呈文云云）伏祈俯准据情代奏，实为公便等情，并议草一折到本兼署督部堂。当经发交会议厅审查科开会审查。兹据审查科案呈，业奉明诏定于宣统五年召集国会，所请应毋庸议。是否有当，伏候核夺施行等情。据此，本兼署督部堂复核无异，合行札复即希谘议局查照。须至札者。

筹革牛税以减农病案

议　草（林议员绳武提出）

世界惟一物在重农之邦可认为有劳动之人格，在力田之户专视为资本之额金者，惟牛而已。古贵农粟，今重实业。宜如何优牧牛之奖，便买牛之令，以为振兴农业之本图，乃有耳闻者叹恨，目击者心伤。牧民者竟沿习不以为念，且视为利弊所在，而苛酷日甚一日者。是为农民交易牛只之苛税，论革弊上孰有亟于此者乎？查牛税等名目，广琼高三府皆有之。然广府所征为宰牛之税，尚得以征为禁。琼州所征为出口之税，亦不失寓禁于征。惟高州则于农民耕牛之买受，而科以重税。始作俑者起于郡守某污吏之私规，浸而变为抽解京省之正饷。自私规变名为正饷，于是守郡者肆无忌惮开厂。发批以历任为藉口，以六属为欲壑，以守署为怨府，以胥役为总商。胥役又分房书、衙差二种。房书五年一易，批例纳贿金若干千两。衙差一任一易，批例纳贿金若干千两。所纳之贿，岁加月进。近一二年则每次所纳，动以万金计。守郡者既受重贿，更不能稍施约束。于是税差四出，狐假虎威，诈吓架索，敲骨剥髓，踪迹昼夜不绝于道。以纳贿于官者，取偿于农五倍、十倍，以至二三十倍。农民愈穷困，卖受之变更愈多，势力愈弱，架索亦愈酷。稻田早晚两造，除上农外，大半每造买卖耕牛一次，平均计算一岁内百牛必有六十卖受之变更。甚有交易一牛只，被酷索过牛之半价者。而还恐不得了，何也？一被禀控则各州县不敢不为府署助虐。若有诉讼，则各州县又不敢逆上司以申理。坐是而农耕之户，谈者色变，遇者骇汗，被害者痛恨失声。农民之疾苦，恐古今中外无此政体也。高州谷米岁运数十万石，由西江入省，以供全省之食。高州农民受毒，阖省实被影响。况休戚一体一郡之农民全厄，当亦诸公所恻然垂怜者也。虽极愚昧，不忍不为病农呼吁。惟向苦于京省正饷之所出，未筹抵饷，恐提议亦格而不行。今适有牛皮捐加饷禀承之案，发现皮捐亦不仁之举，惟援例增饷，止无可止。两害相权取其轻，并行之法去其悖，莫如拨皮捐加增之饷，划抵牛税岁解之数。即将牛税禁绝，免为税法之羞，而苏本民之病，实不徒一府之受赐已也。倘获表决，当核查牛税解饷确数，以备呈请札饬拨抵。谨拟办法大纲四条，遵照局章二十一条第一款提请公决。

一、耕牛卖受科税苛政之尤。况牛皮早仿雷州抽捐，一物三税。自应弊去太甚，将牛税牛串一律革除。

一、革除牛税牛串。凡向由此两项分解之款，悉由新增牛皮捐饷项下拨抵。

一、查牛税牛串所解地方行政费约银四千元，高州皮捐前经商人认饷分拨巡警学堂磁业及习艺所、教练所等经费约二万一千元。随又请加至二万五千及递加至三万五千以上者。今拟由皮捐项下拨抵四千，应限饷额二万五千为止。即以商

人所争愿加饷之数，加入收买皮价，以恤农困。（应参照梁议员宗棨指陈限制皮捐章程议草办理）

一、牛税向有承办人，纳入府署之私规。今外官公费已将实行，此项陋规理应痛革。

附：指陈高州皮捐公司借税法勒收专买贱价病农案

议　草（梁议员宗棨提出）

宰耕牛者有判各属所同也。买耕牛而有税则几高州所独矣。况二者之外复有皮捐公司。出现一牛也，既于生而科其税，复于病而纳其判，更于死而敛其皮，不仁之政莫甚于此。此捐起于雷阳二属，光绪三十二年灌输以入于高，而以高受祸为最。然其章程禁绝，向来烟皮营业专用强硬手段，规定收买水牛湿皮每斤三分六厘，沙牛湿皮每斤四分八厘之价格。当时市价二十四两码秤，每湿皮一斤约沽银九分以外，近则飞涨一倍。而该公司所用系三十二两秤式，比例不及正价四之一。贱价勒买，其值反不如肥料。故农家往往腐化其皮以粪田，坐是而遭重罚控押者累累。彼小民以耕为业，牛者实身家所寄，性命所依。遭此重重苛剥，敲骨吸髓，苦累万状。如之何其不穷且盗也？窃维税章通则，不逾值百抽五，病农苛税，尤古今中外所无。乃该公司借单行税法，以专买勒收，劫取民财。皮价低已十抽五六，价涨竟十抽七八，何以堪？先后控案山积，其为敛怨可知。禀承加饷日甚，其为专利又可知。祇因饷经指定，拨办地方新政，未能遽革。应即限制饷额二万五千元。除照原案分拨约二万一千元外，尚馀约四千元以足抵另议案。革除牛税牛串应解省饷及学费之数而止。此外，应加收买湿皮价值，厘定划一秤式，以恤农病，而减苛累。准即以增加收买皮价最高者，承商承办满年，如皮价再涨，止加价收皮，永不加饷。似此于万不获已之中，犹可补救一二。谨案照局章第四节据实指陈。呈请议决。

呈　文

为呈报事：窃本局议员提出筹革牛税以减农病一案。业经付诸议会，续据议员提出指陈高州皮捐公司，借税法勒收专买，贱价病农一案。当与审查会报告修正筹革牛税案时，一并会议，均经议员认可。公同表决，计可决者已得多数。理合录案呈报，伏祈督部堂裁夺施行。须至呈者。

札 复

为札复事：宣统二年十月二十七日接广东谘议局呈称，窃本局议员提出筹革牛税以减农病一案。业经付诸议会，续据议员提出指陈高州皮捐公司借税法勒收专买，贱价病农一案。当与审查会报告修正筹革牛税案时一并会议，均经议员认可公同表决，计可决者已得多数。理合录案呈报，伏祈裁夺施行等由前来。当经发交会议厅审查科开会审查。兹据会议厅审查科案呈，遵即同公审查，佥以此案拟请札行东布政司派员查明核议具复，再行核办。并先札复谘议局查照，伏候核夺施行等由到本兼署督部堂。复核无异，应即如议办理。除札东布政司遵照派员查明核议具复外，合就札复谘议局查照。须至札者。

局前建筑案

呈 文

为呈请立案事：窃查本局围墙之外，正门之中，去年有旗民于此建筑。正甫动工，经奉前督部堂批饬停建。旋奉军帅致宪政编查馆电内开，据各协领禀就演武厅旧墙基筑楼三间以资防守，随奉督部堂会同前督部堂袁奏明饬令，向西迁移以免障碍各等因在案。本年该旗民已在西首陆续建成北向铺屋一排，门面共十四开间。由该铺前檐量至本局月牙墙下计距离七丈九尺，街道尚非狭隘，交通尚无阻碍。惟此外余地将来或议筑官廨，或别营公业亦宜。于本局门前当中一带酌留七丈，永远不复接筑，以免蔽塞，而壮观瞻。除当中酌留七丈外，日后或于东首再行展拓，亦须准照西首建成之铺离本局月牙墙七丈九尺，俾门前大路成一直线，庶东西相对，不至稍有参差。至贴近演武厅之新建厕所一间，又与本局东角之栅门逼近，究属秽亵。拟请饬传业主速行移筑。以上各节业经公同议决，相应呈请督部堂准予立案，以重公益，而顺舆情。为此具呈伏祈查照施行。须至呈者。

札　复

为札复事：宣统二年十一月二十五日据广东谘议局呈称（同前呈文云云）等因同图说到本兼署督部堂。准此应即如呈立案，除图说存查及咨将军衙门查照饬遵办理外，合就札复广东谘议局查照。须至札者。

严禁佐贰擅受民词案

议　草（李议员滋湘提议）

按例载佐贰官擅准词状降一级调用，正印官不行查报罚俸一年。定例何等森严。现查各属佐贰杂职为害地方，不唯每遇堂委下乡，索取规费，骚扰不堪，且复在衙擅受民词票差拘传禁押解办权，并州县势压属民。刁讼棍徒利其衙署易穿，串同构陷，鱼肉乡闾，如操左券。一经控县，则串弊偏详受贿，袒案正印官恒多瞻徇，不以其干例，反恤其苦缺。官官相卫，平民呼冤已嗟无门矣。似此违例害民，非从严申禁，不足以整吏治，而正官邪。拟请通饬各属一律出示严禁，嗣后如有佐贰官擅受民词、票签、拘传情事，准地方绅民扭夺票签差役送县讯究。正印官如有瞻徇袒护，准由上控得实参处不贷。事关违例害民，按照局章提议申禁。

附件：革除佐杂各署规费案

议　草（陈议员公贤提议）

窃维朝廷授官分职，凡以为民谋幸福保公安也。乃自世风日下，吏治日渝。

竟有不惟不能安民，且适足以扰民，如我临邑之巡检、典史等官者。夫巡检、典史一佐杂闲员耳，或系分任巡防，或系职司监狱，民词既不准擅受，新例安得而妄开。乃一巡司也，到堂必索茶包之规。一捕厅也，诉讼必取出票之费。其始每茶一包不过钱一千余，继则增至三千余。其始每票一张不过钱一千一二百，继则至一千五六百。又其甚者蠹差遇事生风，乡愚随人播弄，凡民间财物细故口角微嫌，姓名一开，票差四出。往往有原告未见词状首控，而被告已觉家产尽倾者。诸如此类，更仆难终。临邑如此，询诸各属，其佐杂各署规费为民害者大致正复相同。民亦何辜而堪受此荼毒也。事关应革，谨据局章二十一条第一款提出并拟办法四条于左：

一、(荼)〔茶〕费之弊。遭事家多或被索茶十包、八包，少亦不下三两包，所以然者，缘巡司署距城颇远，民间疾苦，壅于上闻。故官于斯者，皆得明目张胆为所欲为。将来各级审判厅成立，此等冗员固在必裁汰之列。但困极望救，犹解倒悬。拟请督宪札县饬巡司立将茶费禁收，以纾民困。

一、票费之弊。系由差先缴官票钱一千五百余文，然后承票下乡办案。故被控者，该差必加倍或加数倍索取票费，以填欲壑。拟请督宪札县严饬捕厅禁收票费，俾绝种种弊端。

一、佐贰擅准词状，降极示惩，律有明条，班班可考。况官之所以病民，与差之所以索诈者，均由于此有以至之。拟请督宪通饬巡检、典史等官严禁擅受民词，违者撤参。

一、右列诸条均关重要，拟请督宪饬县勒碑示禁，如县官延不照办或虽照办而对于佐难等官有违禁非为情节不行查报者，按章处分。

呈　文

为呈报事：窃本局议员李滋湘提出严禁佐贰擅受民词议案一件，又陈公贤提出革除各署规费议案一件，当于十月初二日公同会议。佥谓佐杂官衙弊端百出，议请重申禁令，以正官常，而除民害。自与局章相符，遂即表决，计可决者已居多数。理合录案呈报，为此具呈伏祈督部堂察核施行。须至呈者。

纠举汕头警视长冯骏贪墨违法横暴害民案

议 草

窃汕头自直隶州冯骏身任警视长以来，苛细杂捐案册昭然者，名目多至二十一种。（另详第一表）数目岁至十七万八千元。（另详第一表）即使涓滴归公，既背国家豁免苛细杂捐，体恤民艰之至意，矧复大半归诸私囊。其自行辞职之禀，仅认花赌各捐三万元，房铺洁净等捐三万元，统共不过七万元左右。（另详附件第二件）其余由捐款出者尚有十一万八千元，则置诸不议不论之列，尽暗归（已）〔己〕有。当委濮委员到汕查办该警视长时，乃调研究所各生将各收支数部拆散分抄，其吞款既不言可喻。（另详附件第三件）查汕头一隅之地，所办巡兵约三百名。每年经费竟至九万四千六十二元余，其浮滥既经有目共见。况浮滥而政仍不举乎？计岁抽清道捐二万余元，仅雇清道夫十余人。（另详第一表）岁抽检查验病捐三千余元，仅延月薪二十元之医生二人。（另详第一表）举一例余既可概见。夫设巡警原所以保护治安，而该警视长以延缓发饷。（另详附件第九件）巡兵苦之，良者却步，莠者乃来。以至行劫者有警兵（另详附件第九件），杀人者有警兵。（另详附件第一件第二件第八件）所谓保护治安者何在？巡警应行尊重人权，而该警视长于叠次抵汕轮船，截获拐卖之男女，除解还上海认领二十余名外，仍存四十余名并无下处。（另详第二表）闻或收为婢仆或赠与私人，甚则潜行发卖。所谓尊重人权者何在？巡警应行严守法律，查警律之罚，止有拘留罚金。而该警视长竟目无法律，如王松（另详附件第四件），如吴嘉（另详附件第五件）等案直杖至数百。所谓严守法律者何在？巡警理应保护团体个人财产，乃该警视长私受善堂商会董理运动公然出示立案，瞒吞同济善堂业产至十余万元之多。（另详附件第六件）所谓保护团体财产者何在？埼碌一带，地方管业多系白契。该警视长即藉此勒令贱卖，否则威吓以充公，故买此等业者均三槐堂。三槐堂者，该警视长与某某绅结合以为串买之堂名也。所谓保护个人财产者更何在？至其他揭封勒索，贿赂公行，尤属指不胜屈。兹不过专就有案可查，彰彰在人耳目者，据实纠举耳。既坏法乱纪，贪墨横暴如此，若非决议将该警视长任内所侵吞各款逐款追还，无下落男女逐号查起，并将其种种违法乱章、贪墨害民等情，一并处以应得之罪，则何以儆官邪而伸国法，整吏治而安人民？事关官吏违法，自应纠举，谨照局章提出议决。

计附表二、附件九。

第一表：

汕头苛细杂捐表

名　目	收　法	岁　数	特别记载
房铺捐	计共店铺六千余间，分上、中、下、再下四等，照租加一抽收。 上等一千间有奇，每间租银三百元或二。百元，约共租银二十五万元抽银二万五千元。 中等一千间有奇，每间租银约一百五十元，共租银十四五万元，约抽银一万五千元。 下等二千间，每间租银约一百零元，约租银二十万元，约抽银二万元。 再下约二千间，每间约五十元租银约十万元，约抽银一万元。	约二万五千元 约一万五千元 约二万元 约一万元	
清道捐	共计店铺六千间有奇，分上、中、下抽收。 上等一千间有奇，每间每年抽银八元。 中等一千间有奇，每间每年抽银五元。 下等四千间有奇，每间每年抽银二元。	约八千元有奇 约五千元有奇 约八千元有奇	此款本为雇清道夫之用，乃岁收二万余元款仅雇清道夫十余人。
□□捐	由警局招人承充，每年三千五百元。	三千五百元	

续表

名 目	收 法	岁 数	特别记载
花 捐	由商人承充，每年二万五千元。	二万五千元	前旧商张某承充，禀定承办五年，年纳警费一万二千元，加一随封一千二百元，又黑银二千元。初办时见有利益，该警视长之舅何某强入股份，人言啧啧。乃于去年十一月顶与芜湖曾某得四千元。本年五月新商彭永年揽夺，加至二万五千元，遂不待旧商期满遽撤退。
妓女水巡捐	妓女约四百名，每名每月捐银二元。	约九千六百元	
妓女检验所捐	每名照上、中、下加一带抽。	二千五百元	此捐本为请检验医生而抽，乃抽三千元，仅请医生二名。每名薪水二十元，亦不设所核验。
人力车捐	招人承充，每年银二千六百元。	二千六百元	
戏 捐	潮音班、外江班，合埠每年约五百台，每台抽银四元。	约二千元	
髦儿戏捐		约七百二十元	内地无处不严禁髦儿戏班。汕头警视长乃为私利，公然招徕，实大伤风化与政体。
崎碌戏捐	日夜演广班与省城戏院卖戏同	约七百二十元	
育善街电戏捐		十二元	另各园散戏及东洋杂戏未计
布袋捐	永庆公司承充	三千五百元	

续表

名　目	收　法	岁　数	特别记载
赌　捐	摊场、实场共六十家，每家每日抽银四毫。 地摊每日约十余场，每场抽银二毫。 牌馆通埠三十余间，每月每间抽银八元。 麻雀馆设在碕碌公园，每年抽银三千元。	约八千元 约八百元 约三千元 三千元	
烟膏捐	归并玉成号八家承充，每年缴警银七千五百元。	七千五百元	假自治会及戒烟会名目开消
青果捐		四千元	
（注意）以上十五款皆有警局告示可查			
洋药布疋绸缎棉纱捐	该各行于售货时按银扣捐	六千元	
生鱼捐		一千六百元	
鸡鸭捐		约八百元	
酒馆筵捐		二千元	从前每席抽银四角，因巡士骚扰不堪，改为各馆统捐共银二千元
粪　捐	粪地六十余间，每年约抽银二百元	二百元	
蛏壳捐	本年六月开办（未详）	未详	

如上表共计杂捐名目二十一种，岁入捐款一十七万八千零五十二元。

据报销巡警经费九万四千六百六十二元。

仍尚余有银八万三千三百九十元。

据该警视长辞职禀称花赌各捐三万余元，房铺各捐三万余元，统共七万元左右，则相差一十万零五十二元。

第二表：

汕头截获轮船到口拐卖男女表

人　数	所搭轮船名	截获日期	下落处	无下落人数
小童二十三名	山西	本年二月二十八日	恰泰店领回一名，商业学堂领二名，人托水巡领一名。	二十名
男女共十八口	嘉兴	本年三月初三日	经买主领回	
男孩二名，女孩五名	海口	本年三月十一日		七名
童孩数名	漳州	本年三月		数名
童孩十六名	财生	本年三月十三日		十六名

上皆中华报所载。共计男女孩六十余名，除解还上海二十一名外，仍存四十余名，并无着落。闻或收为婢仆，或赠与私人，或潜行发卖。

附　件

第一件：

冯警视长自行辞差五月中旬上禀督宪

上略。伏查巡警，原为保安镇邦一带系东路该管地段分派长警巡站，甚为周密。此次忽出暗杀命案，该值班巡官长警事前失于觉察，事后未能追获，应将值班之长警人等分别从严惩办。该区官巡官等亦一律禀请宪台批饬严加处分，以示儆戒。直州忝司警长平日训练无方，应请撤差以儆其余。至方和一名自十八岁来汕，至今二十三岁，先当街勇，三年后当警勇，三年之久历经训练。虽非东路上班巡警，既已亲见林利泉等行凶杀人，自应大声喊报，协同拿获。乃因与林利泉邻店相识，辄称慌忙不报。似此徇私故纵，保无党同谋杀。应请俟证实凶犯林利泉以后，另行按办，除将方和、陈盛二名解赴澄海县归案，质审详办并查缉石番葛等犯，务获解究外，仍将警务督率奋勉办理云云。

第二件：

冯警视长自行辞差（附禀）

敬禀者：汕头口岸巡警，始自商办。光绪三十年间，南路萧绅永声发东路，林绅毓彦西路，陈绅静波北路，萧绅鸿逵先后筹捐办理。维时省会巡警开办未久，外府属多未实行。汕头之办巡警，绅商勇于为义。如募街勇，自图保卫而已。光绪三十三年间，黄冈会匪起事，剿平以后，绅商咸有戒心。直州先在前任惠潮嘉道沈道宪黄冈营次办理文牍，奉全省巡警总局札委整顿潮汕警务。遵经考察地方情形，人民性质，条陈六事，奉沈道谕交汕埠绅商咨议未定。而七月间汕埠连出劫案，外人藉口电请前护督部堂胡饬属保卫生命财产。随奉沈道提拔官款，修葺道辕行署，借地开办。先行组织中路巡警，分布崎碌一带，保护华洋商民以及领事、衙署、教堂。一面从事捕务，未几破获七月间劫案两起，商民渐信巡警有效。于十月初一日始将四路街勇一律收回，归官训练。皆赖现任惠潮嘉道吴道宪指示机宜，直州战兢惕厉，罔敢偷安。三十四年又在埠外截缉捕获外乡劫匪，犯赃全获，盗匪由是敛迹。迄今三年将满，地面尚无劫抢等案，惟巡士由街勇改编，巡官多行伍出身，直州又不谙警学。统体而论，于警察规程形式种种不合。现计绅商担任警费，自花赌各捐三万余元外，另有房铺洁净等捐，共银三万余元，其热心公益，较之内地绅商，殆有过之无不及者。以直州轻材薄植，不学寡识之人，经理新政，实属难副厚望。近于五月初十日夜，本埠突有暗杀一案。事详正禀。兹事直州深疑巡士方和同党在场，于巡警名誉、行政前途均属大有障碍。况通商口岸四邻瞩目，人心浮浪，犯难弋获，事实难为。若不乘此易员，一新人民之观念，特恐责望备至，疑怨丛生。办事者无所措手，势将酿出别故。倘遇外交，警察尤为难办，不仅对于内政日就窳败而止，岂不更操慈怀？为此，沥情上乞宪恩俯准将直州撤去警务差事，以儆其余。一面迅派干员刻期接办，地方幸甚。至各区巡官本有应得处分，可否量予惩处，仍留后效。俾其自赎之处，出自逾格裁成。临禀不胜悚惶，待命之至。

第三件：

汕头警局近事汇闻（七月二十一日《中华报》）

汕头巡警总局，被潮阳陈秉忠等、普宁黄仁济等，先后控列宪批饬派员查办各节，已见前报。兹悉前数日到有濮委员住广泰来客栈闻系密查案件者。而警局王庶务近乃调研究所，各生将各收支数簿拆散，分钞赶换新簿。现抄至去年九十月份，闻其中情形，已可得而知者。则以罚款一项凡属数目较巨者均改名为报效路款云。

又闻有警局关系人某君见陈秉忠控奉督批，遂撰一读督批书后文，发登广告。其文曾经某某润色数句，登报所费亦由某某发给云。

警察研究生之请更正（七月终《中华报》）

本报二十一日纪汕头警局近事汇闻凡六则。昨日上午十点钟有研究生张君耀光（即志军）到本报询问第一则内载，王庶务调各研究生抄换新簿改罚款名为报效路款等语，系从何处探得。记者当以此事在警局王庶务，宜自问有无改换与否，不必遽行跟究报馆答之。张君曰所纪与研究生名誉有关。记者答以研究生共六七十名，所纪并未指明姓名，君胡为此过虑。张君乃曰余在内服勤，故记者复答以内勤尚有邱李郭诸君，君又胡独如此着急。张君乃嗫嚅言曰今早冯警长之三公子阅报后即向余大加责备，余无奈故特来询问。座中友人即向询张君有无抄簿。张君曰余所抄者系六月份，非去年九十月份。记者遂不复与言。张君亦起而辞去。午后一点钟张君耀光又偕郑君鼎新、陈君治安、林君伯康、庄君宏毅、陈君宗彦等同来本报，谓余六人者经本日研究所内开会公举为代表人，向报馆请更正。而其所持理由，则以王庶务无调差学生之权，学生亦不受王庶务指挥之事，并无在内抄写，即就案头索笔书此三句而去。闻昨日研究所开会，当由李所长将昨报第一则书黑板上，即宣布理由。冯三公子发言曰总办（即警务长）待诸君可谓不薄，诸君名誉亦关紧要，果《中华报》所载实有其事，则是贪赃枉法，通同舞弊，即诸君亦难辞其咎。今拟办法二则：须举定代表一向报馆询其何人报告，一向报馆请其更正。时有某生起言曰，报馆有闻必录，询其何人报告必即允宣布，度不如请更正为妥。遂决议散会。

第四件：

本年三月间，王坤泰客栈有一客相斗，请警勇排解。即将坤泰店主王松当时杖四百，诬为拐匪，勒盖指摹，不肯则用木核横压，死去复生。受刑不过判为串拐，月余后裁判员勒索百元不遂，五月初旬将店查封，并人墩禁解澄海县，众论哗然。

第五件：

本年三月内，大埔人吴嘉因其兄在上海身故，带其胞侄并买一嗣子，又买一名系继其岳父之后，由上海来，水巡将吴嘉拿交警局，诬为贩卖。将吴嘉拘留，杖四百不认，明日提堂又杖四百，行李被巡勇抢去一空，将人解交上海墩禁。真奇冤也。

第六件：

汕头同济善堂，系奏办之善堂。实有十余万产业，该巡警长串同总理商董匿报万元，立案出示。去年秋间则欲善堂迁移变卖，今年则藉平粜驱逐公举调查善产举人谢义谦等，必使无人过问而后快。其产业有图可据，其匿报有告示可据。

第七件：

本埠四月初二夜，警兵在梅溪（离汕三十里）劫船，失主刘群呈控，将禀掷还不理。

第八件：

本年五月初十夜，警兵方和在镇邦街中段杀死杨汉标，即该巡警长辞职禀及附禀亦经承认。

第九件：

警局凡收各捐款，稍逾期限，必令贴利，商民切齿。收后必放银行三四月，取其利息，然后发放，警兵苦之。

呈文

为呈报事：窃本局议员提出纠举汕头警视长冯骏贪墨违法横暴害民一案，开具议草，交由议会公决。旋据各议员称，所列各款均属违法。既经调查确鉴，应请督部堂切实查办，以儆官邪。当即表决，计可决者已得多数。理合录案呈报，伏祈督部堂准照施行。须至呈者。

札复

为札复事：宣统二年十月二十二日接广东谘议局呈称，窃本局议员提出纠举汕头警视长冯骏贪墨违法横暴害民一案，（同前呈文云云）理合录案呈报，伏祈准照施行，附呈议案一扣等因前来。当经发交会议厅审查科开会审查。兹据会议厅审查科案呈，公同审查，佥以该警务长冯骏如果有贪墨违法，横暴害民情事，殊属有违法警章，不得辞职了事。拟请如议，札行巡警道遴派明正干员，驰往汕头，按照议案内所陈各节，详细澈查。如有确据，即行从严详请惩处，以儆官邪。并即札复谘议局知照。是否有当，伏候核夺等由到本兼署督部堂。复查无异，应如所议办理。除札广东巡警道遴派干员，驰往汕头按照议案所陈各节，切查明确，禀复核办外，合就札复谘议局知照。须至札者。

纠举平远县魏令绍唐案

议　草（张议员养淮提出）

谨查平远县魏令绍唐，自五月到任之后，声名狼藉，其肆顽劣之行，而败坏新政，或反藉新政之名，以图利者，不胜枚举。兹特就其害民政之大者，条列各款，提请公决纠举。

一、阻害宪政。凡百新政皆以预备立宪为唯一目的。该令不谙治体，于筹县城警费，致各乡局传单查照去年选举底册财产为准，责令各乡绅按产勒捐，勿任推诿云云。无论在城警费不能抽及乡村，而以选举底册为准，大害宪政之进行。去年选举财产调查，此刻户口财产调查，无知愚民多怀疑虑，隐匿阻抗，每酿祸端。平远风气闭塞，自见魏令此举纯从去年选举底册勒捐，群情哗然，皆确认前此调查财产特为今日抽捐之地。风声所播，潮嘉一带，将酿出不靖，宪政基础为之斩绝。该令乃悍然不恤，此其阻害宪政者一。

一、苛捐病民。该令藉县城警费为名，在平远创立十文捐名目。其法不分贫富，每家每月纳钱十文，全县一律举行。该邑僻处山陬，谋生无路。现年又值歉收，下户穷檐，口给维艰，按月责缴十文，其细已甚，其苛难言。嗟怨之声，闻于行路。此等苛细杂捐，上损政体，下剥民生。该令竟悍然创而行之，此其苛捐病民者一。

一、受贿纵容种烟人犯。平远无种罂粟之地亩。近因禁烟之故，土价日涨，本年三月间县属富室林宏绪乃私种罂粟，经邻右陈焕峰报告戒烟会会长林汝荫据实禀揭，经该县李前令起拔烟苗，拘林到案。李前令以林为富不仁，明知故犯，拟罚银八百元。魏令到任罚银三百元了案，私得五百元肥己。立将林释放，衣顶不详革，亩地不充公。林反扬扬自得，向戒烟会长冷嘲热讽，致令会长心灰求退。此案了后，该邑各乡开灯者接踵而起，视禁烟为儿戏。此其受贿纵容种烟人犯，玩视禁令者一。

一、受贿颠倒是非。该县富室龙安三与伊族人互讼，经该族绅处办请息。魏令乃不准其处息，逼令报劾警费八百元，另私礼二百元，始允息案。又富室刘秉恭吞骗伊孤侄刘政梧田产，经前令谕该族正绅查复。魏令到任，该族绅据实禀复。该令乃暗得刘秉恭私礼银三百元，不直刘政梧，反谓该全族绅耆帮讼。此受贿颠倒是非者一。

以上两款由房书温益秋经手，一查便悉。

一、破坏全邑学务。学堂以款项为生命。先经提定之款，不得争夺，久有定案。该县属牛屠捐归各学堂抽收已久。该令恐学堂日多，于受贿违法诸多不便，挟其仇视破坏之见，以县城警费为名，勒令牛捐商人概行认捐县城警费。明知此有所赢，则彼有所绌。因此学款动摇，学务岌岌，而该邑办学员绅力争不应。此其仇视学务实行破坏者一。

一、提倡惑民左道。邑城万寿宫乃尊严之地。该邑令到任后，庇令神棍数十人在万寿宫倡设吕祖教，扶乩惑众，劳民敛财。男女淆杂，绅民接踵，该令日遨游其间以为乐，致令举邑若狂。此其提倡惑民左道者一。

一、任用私人。该邑收发委员熊晋泰，魏令之干女婿也。警局庶务叶某又为熊之女婿，巡长祝锡蕃又为魏令儿女姻亲。三人交通作弊，策应通灵。魏令大以为得计。凡有案关富室者，虽平常传案，即派巡长督勇前往，到处勒索。警局款项区官不得与闻，惟叶某一人主之，且出入款项并无公布。警局应用之款，往往多方阻挠，致警员屡屡求退。此其任用私人者一。

一、推翻善举。平远山脉连绵，转轮迟缓。河头通乡绅商创行小舟，以图利便交通。邑民赞成，极为善举。先有下流坝头乡余姓借水利为名向阻，经邻乡正绅处办，两造和息。该令到任又有劣绅出阻禀控。该令亲勘，明知甚妄而因欲结劣绅为爪牙，反断令不准行舟，阖邑骇然。此其推翻善举者一。

一、勒捐渔利。当商已承饷矣，而设立当捐。炉商已纳出口税矣，而设立炉捐。经费已承饷矣，而设立经费捐。此三项捐款皆美其名曰报效，实则硬派定数。一不应命，即出票滋扰。而捐入之款，商不敢不纳，绅不准过问。此其勒捐渔利者一。

以上九款皆其彰明表著者。其他私人讼案政以贿成，迹极秘密，外人不易查取确据者，正不知凡几。似此行为实属政界之蠹，生民之贼。非呈请督宪派员详查撤委严办，则该邑受害不知伊于胡底。

呈　文

为呈报事：窃本局议员提出纠举平远县魏令绍唐一案，所开议草胪列确据多款，当交议会公决。随据各议员称，魏令违法确据，既经一一指明，应照局章第二十八条呈请督部堂派员查办。当场表决，计可决者已得多数。理合录案呈报，伏祈督部堂准照施行。须至呈者。

札　复

为札复事：案接广东谘议局呈称，本局议员提出纠举平远县令绍唐一案，呈请派员查办等由，附呈议案一扣前来。案关官吏违法，自应查明核办。除札司遴委干员密查禀复核办外，合就札复谘议局查照。须至札者。

纠举前开平县何煜恒吞款肥己案

议　草（议员周兆龄提议）

窃维受赃违法律有明条，败类贪人例应纠举。伏读本年六月二十六日上谕，嗣后著责成各部院堂官、各直省督抚加意严查，遇有贪官污吏及办理新政或承办要公人员，查有吞款肥己等弊，务即罗列款目，据实奏参。一面追赃，一面按律从重治罪等因。仰见朝廷察吏安民至周且密，其对于贪酷官吏决不姑宽。兹查得前署开平县何煜恒由佐贰捐升知县，得署开平，公行贿赂，以衙署为市肆，视词讼为货物，收发王某、传帖庄某，是其经纪。每以价格之高下决裁判之胜负。常有堂上未判，而某人得直，某人得曲，堂外已喧传殆遍。故署任八月，得赃五万有奇而去。然以其未得确据，未事深究。惟该令藉办学为名，罚款肆千陆百十元，当一一声明，拨作学费。有缴银事主可据，有该令涂改堂判可查。而发交学堂者仅得五百肆十元，吞没肆千一百二十元。是即上谕所谓假新政为名也。是即上谕所谓吞款肥己也。若不据实纠举，殊负朝廷澄叙官方之至意。应请督部堂据实纠参，并勒追吞款，拨回开平开办自治。俾得以地方之财，供地方之用。谨照局章第二十八条议决。

计　开：

人名	事由	罚款
曹国忠、曹仁焯	互讼田亩	一百两
梁兆鹍	控盗案	一百元
梁　茂	控兵房勒戳	一百元
李春培	藉命图控	一百元
何曰旦		一百元

以上五条俱已发交官立学堂。

人名	事由	罚款
水口潘群与梁姓	互争牛路	六百元
潘泽鎏与鹤山邓康荣	互控纷渊	一千元
户司谭启晖	三百元	
司徒燕与司徒文祺	互争义地	三百元
附贡陈玉辉		三百元
附贡周遇文	命案	八百元
广恒兴店		三百元
锦湖墟四堡团练局李子韶		二百元
谭起扬	控谭泽坤放私债	二百二十九两五钱

以上九条共银四千一百二十元，俱未经发交学堂者。

按谭起扬一宗，断令照数七百六十五两按照八成缴出，以五成归还谭泽坤，以三成充作学堂经费。该令志图吞没，于卸事时用朱笔加并各公字样，其余可知。

附：信宜县士绅纠举何煜恒请议书

具陈请书：信宜绅士余铭勋、陆觐光、林德章、张维元、林应沣、陆伟操、陈廷飏等，为印官贪墨违法害民，胪列确据，陈请纠举事。窃前信县令何煜恒贪酷狡诈，行同市狯。前年冬莅任，即以好官多得钱自鸣于众。任用收发王某及家人梁亦池，贿赂公行，署事不一年攫金数万以去。所有筹备宪政，搁置不举，其纵盗殃民，得赃枉法，种种劣迹，经商绅学界公同刊布，以儆官邪。乃该令绝无羞恶之心，反谓笑骂由他，笑骂好官我自为之。且诩诩然自夸，前治开平德政，深入民心，而不知声名狼藉，前后一辙，固已妇孺皆知，官绅交摘也。前邑中刊发何令纳贿违法事迹一册，皆有确据，足为该令在信宜物议沸腾之左证。谨将原册呈上，按照奏定谘议局章程第二十一条第十二款陈请建议纠举，以伸公论，而儆贪污。地方幸甚。

呈　文

为呈报事：窃本局议员提出纠举前开平县何令煜恒受赃违法一案。又准信宜县士绅胪举何令贪墨害民确据，来局请议。当付议会一并讨论。随据议员声称，议草所开既经查明确据，自应照章纠举，呈候查办。案经表决，计可决者已得多数。理合缮折备文呈报，伏祈督部堂准照施行。须至呈者。

札　复

为札复事：案接广东谘议局呈称，本局议员提出纠举前开平县何令煜恒受赃违法一案，呈请派员查办等由。附呈议案一扣前来。案关官吏受赃违法，自应查明核办。除札司派委干员密查禀复核办外，合就札复谘议局查照。须至札者。

纠举化州罗江税厂征收违法案

议　草（议员刘东瑚提出）

国家之设关税，必求上足以裕国，而下亦不至扰民。即就地方税入亦必有规定之税法。斯纳税者乃能照章完缴，万不至税口无定处，税价无定额。商贾视为畏途，民情几至激变，如化州罗江税厂之甚者。查该厂缘起，由化州落地税银三百两无著，乃改就罗江征收竹木各项，故定名为罗江税厂。即以此款解部，继而加抽各货羡余甚多，再增解藩库银壹仟两。载在《阮通志》可考。按罗江源出北流入州境百余里，下达州治始兴、茂名之东江合流。厂在罗江，固未税及茂名之东江也。即至咸丰十年，陈逆攻陷信宜，围困郡城三载。权就罗江加抽穀船以济饷需。贼平不革，几至累及民食。经故侍郎茂名杨颐奏禁有案，亦登入府志。不料弊政一开，变本加厉，日甚一日，所收税价既不遵守向例，又并不给发税单。前十余年该厂崩圯，故向东江合流处改建厂卡，销灭档册，以为越界地步。商民叠控，无可奈何。至光绪三十四年，朱牧纮任内，擅用官亲朱伯来踞厂横征，不特重税东江，兼苛税陆路，稍拂所索，无论大商小贩辄将车货措留，抛露狼籍。商贩等向州具诉，反押累多人。是年九月经郡城商会联禀，道府不理，激至郡城罢市。维时米价飞腾，土匪猖獗，几酿不测。幸赖道镇县体察情形，亲赴商会多方慰谕，提释被押五人，交回措货数十车。一面允代禀大宪整顿违法各税，乃始照常开市。继经商民叠控，蒙前督委谢守到高澈查调核该厂部据。果无收税价目，概不给发税单，谢守向郡商会宣布，亦谓税法不明，无从索解。当时禀复但先除去陆税，而东江至今尚未罢抽，且仍无税单，留难愈甚。谨按局章有议决本省税法及纠举违法等条文，今罗江抽税而不给单，是谓无法。因罗江而并税东江是谓违法。叠奉大宪批示均有东江是否收税无案可查等语，尤为东江无税之铁证。若非根据原案改定罗江旧厂基址，订明划一税则，一律照给税单，坐令混弊，苛抽二万余两，全府商民受累无以昭法律而顺舆情。理合照章议决。

呈　文

为呈报事：窃本局（义）〔议〕员提议纠举化州罗江税厂征收违法一案，当已付诸议会。据称该税厂既属违背定章，又几酿成罢市。非请迅行查办，严加整饬，不足以保护商民。迨表决时已得多数可决。理合录案呈报，伏祈督部堂察核施行。须至呈者。

札　复

为札复事：宣统二年十月二十七日接广东谘议局呈称（同前呈文云云）等由前来，当经发交会议厅审查科开会审查。兹据会议厅审查科呈称，遵即公同审查。佥以税厂征收违法，自应查办，而资整顿。拟请札行东布政司派员按照议案所陈各节，详细澈查。如有违法实据，从严详办，以资整顿，而恤商艰。并即札复谘议局查照等由到本兼署督部堂。复核无异，应即如议办理。除札广东藩司遵照派员详细澈查，据实详办外，合就札复广东谘议局查照。须至札者。

纠举卸罗定州陈倧万违法案

议　草（议员赖文杰、陈鸿煊提出）

窃罗定州自治研究社绅陈启悟等，以委署新安游击前管带清乡勇营何元山在州纵勇殃民，致叶万山叶亚四祖孙一受枪亡，一遭瘦毙，重重冤屈，经本局表决呈候督部堂查办在案。顾劣弁万不可姑容，而同恶亦岂宜偏纵。叶亚四之牛买自数手，辗转交易可知。叶万山尸身验有两伤，则非夺枪触机可知。卸任罗定直隶州知州陈倧万初判本属平允，乃一经何元山运动，即前后矛盾。正凶仅交待质所看管，尸孙反镣扣收羁。是纵勇枪杀平民者何元山，违法瘦死苦主者陈倧万也。

查陈倧万任罗定州一年，沉湎鸦片，夜以继日，以至州民不知有所谓烟禁。被革巡检周时英故名宗藩者为之收发，监生潘启煃为之司账，违法罔利，因缘为奸，收受民词，必先由周宗藩面订公礼。以一个公礼为起点，每公礼一个折银四元八毫。视案情重轻，准公礼多寡，口碑载道，竟有罗定州罗定周之称。公礼积赢则由潘启煃发交属内当押行，用勒取重息，明目张胆，几视为正当收入。去年七月杪周收发曾以私款三千金托致记汇寄省寓。潘司账涎之，由妒生嫌，谮于陈倧万官阍诟谇。阖署沸腾，以致漏夜袱被，势成冲突。事闻于外，绝不知羞。以一收发而汇款辄三千金，则为一州之牧者可知。彰明者如是，暗昧者更可知。现在何元山既委署缺，陈倧万亦奉厘差，前时之一家哭者，行将变为一路哭矣。为祸于粤，曷有已时。谨遵章纠举，呈候查办。

呈　文

为呈报事：窃本局议员提出纠举卸任罗定州知州陈直牧倧万，济恶沈冤一案，当付议会查核。议草所开事属官吏违法，且既指明确据。自应照章纠举，呈候查办，案经多数可决。理合备文录案呈报，伏祈督部堂察核施行。须至呈者。

札　复

为札复事：案接广东谘议局称本局议员提出纠举卸任罗定州知州陈直牧倧万济恶沈冤一案。呈请查办等由，附呈议案一扣前来。案关官吏违法，自应查明核办。除札广东肇阳罗道遴派干员密查，明确禀复核办外，合就札复谘议局查照。须至札者。

请议类

中葡勘界维持会为中葡勘界事请议由

呈　文

为呈报事：窃本局准勘界维持总会杨应麟、陈德驹等及旅港勘界维持会商人杨瑞阶等分具请愿书，详列澳界切要情形。陈请建议，当于九月二十三日付诸议会公同讨论。查此事葡人无理，大损我国主权。去年开会时业经代为呈达，今该会等再来请议，应转呈督部堂分别核办。案经全体可决，理合并录议案，备文呈报。为此具呈，伏候督部堂察核施行。须至呈者。

札　复

为札复事：宣统二年十月初五日据会议厅审查科案呈，宣统二年九月二十九日奉前宪台袁发下谘议局呈报议决折开，勘界维持总会杨应麟、陈德驹等及旅港商人杨瑞阶等请愿一案。科员等公同审查，佥以此关系重大，拟请据情咨请外务部分别核办。惟请愿书内有碍难代转之语。兹按照原书斟酌删节，另缮清折，呈请察核。是否有当，伏候核夺施行。本兼署督部堂复核无异，除咨呈外务部察核分别办理外，合就札复谘议局查照。须至札者。

龙川县增生叶翀汉等
为知县李令贪酷恶劣请议纠举由

呈　文

为呈报事：窃龙川县增生叶翀汉等胪列李令在杓贪恶劣恶迹，开具请愿书来局请议。当付审查会审查。经该会逐节查明，准予收受，随付议会。业于九月二十六日开会讨论。佥谓职官违法，本局应有纠举之权，今叶翀汉等既得李令贪劣实据，列出多端。自应查照局章第二十八条办理，已得多数可决。理合缮录请愿书并备文呈报，伏祈督部堂迅赐派委查办。须至呈者。

札　复

为札复事：案准移交。据广东谘议局呈称，窃龙川县增生叶翀汉等胪列李令在杓贪劣恶迹（以下同呈文云云）等情。据此，案关赃贿是否属实，应即按照所呈请愿书原开各款，认真澈查。业经本兼署部堂札司遴委干员，严密察查禀复核办在案。合行札复，即希谘议局查照。须至札者。

香山县上恭都局绅董梁乔等为厘务委员留难勒索请议纠举由

呈　文

为呈报事：窃本局准香山上恭都局绅梁乔等以厘务委员留难勒索，胪列种种不法实据，请予纠举等情，开具请愿书来局请议。当交审查会审查。嗣由该会复称，违章滥抽，货艇受累，请议既指明确据，自与局章相符，应付议会。随于九月三十日会议公同讨论，应照局章第二十八条办理，已得多数可决。理合缮折备文呈报，伏祈督部堂察核，迅予查办，实为公便。须至呈者。

札　复

为札复事：现据广东布政使陈夔麟详称，宣统二年十月十五日奉前宪袁札开，现据会议厅审查科员等呈称，宣统二年十月初七日奉宪台发下谘议局呈报议决香山上恭都局绅梁乔请愿一案查原呈内开（同前呈文云云）等语，科员等遵即公同审查。佥以梁乔请愿书所陈各节，如果属实，亟应从严整顿，以恤商艰。拟请如议，札行东布政使司迅即委员前往澈查明确，分别究办具报。是否有当，伏候核夺。计缴谘议局原呈并请愿书各一件等情札司。奉此，伏查横门分卡委员王巡检维祖扣留南萠等渡一案。前于本年二月间据香山县商务分会总理缪云湘等控，奉前宪袁批行并据分会具呈到司。当经饬据委员宋令席珍查复。该分卡驻小引涌口，专查港澳进出口之货物，并无越界勒抽情事。南萠下栅等渡先后由香山载运货物并不停泊报卡请验。致被查出夹带有厘之货，既经扣留并无完厘单照，又不遵章纳厘，反谓该卡越界滥抽，捏诉商务分会代呈。嗣以该两渡搭客甚众，电请准先放行，所有应完厘金当由该商务分会如数缴交。香山县移送卡员给票报解，并由县出示晓谕该商等嗣后遵章完厘，毋得违抗。暨由本司将查明情形呈复前宪袁察核在案。兹奉札饬前因，又经委员复查无异。伏念此次香山上恭都局绅梁乔等具呈愿书，以唐家南萠下栅等渡，所载货物为不应抽厘，所呈殊为失实。查核请愿书内谓，广州市厘务总局定例，广州所属内地，除轮拖外，凡桅船乡艇载货回乡，均免税厘。殊不知广东通省厘则，并无除轮拖外各船运货均在免抽之例。又第八条厘则，凡经海口新香等六厂大小华商船只货物或无厘照，或无护照，或厘照、护照并未连同照会，均由所经之海口各厂一律补抽，以杜影射走私。又第九条厘则，本省厘金向系一起一验一坐，共完三道。如在内地各厂业已完足三道，至海口六厂验票放行，毋庸补抽各等语。今唐家等渡由石岐载货过卡，既无票照呈验，是在内地并未完足厘金。自应遵照海口补抽章程一律补抽。如谓土货土销即无须完纳厘金，则内地各关厂不皆几同虚设耶？总之，唐家南萠下栅等乡艇载运货物经横门分卡，并未完足厘金，自应遵章完厘。不得藉口土货，遂图幸免，致碍饷源。此案前经商务分会饬令补缴厘金，其非委员违章苛抽，自可概见。现在横门分卡委商王巡检维祖业已期满销差，拟请毋庸置议。所有遵札查明横门分卡委员，被纠违章滥抽实在情形，理合详复宪台察核，俯赐札复谘议局查照。是否有当，伏候批示祇遵等情到本署部堂。据此除批回外，合就札复谘议局查照。须至札者。

罗定自治研究社陈启悟等为管带纵勇逞凶冤毙二命请议纠举由

呈 文

为呈报事：窃本局据罗定州自治研究社绅以该州管带纵勇逞凶，冤毙二命，实属违法殃民等词，开具请愿书来局请议。当由审查会认可，旋付议会。随于十月初二日公同讨论，佥谓该管带纵容勇丁惨毙耆民，犹复冤押尸亲以致瘦毙。查照局章本局自有纠举之权，应照章程第二十八条办理。案经多数可决，理合录报。为此具呈，伏祈督部堂察核施行。须至呈者。

札 复

为札复事：宣统二年十月初八日接谘议局呈报议决罗定州自治研究社绅陈启悟等请愿书。以该州管带纵勇逞凶，冤毙二命，实属违法殃民，自应纠举录报察核施行等情。当发交会议厅审查。兹据审查科案呈，查此案迭据叶陈氏呈控，经前宪台袁批行肇罗道提讯明确拟禀复。又经札饬东按察司会同营务处核议。旋据详请将岑凌镇于绞候律上减一等，拟流由外，拟结酌予监禁十年，仍饬州详革功名，追照缴销。何统带元山听岑凌镇一面之词，率行派勇起牛，致酿人命，复不详查实情，以触动枪机致毙，轻率转报，实属颟顸。前署罗定州知州陈倧万于叶四到案时，已供明用价买牛，并经李亚泉投到不即提质省释，以致病重交保病故。诚如宪示亦属玩视民事，拟请各记大过三次，用示惩儆等情前来。当批如议办理在案。科员等公同审查，佥以案经拟结，请照案札复谘议局知照。是否有当，伏候核夺施行等情到本兼署督部堂。复核无异，为此札复谘议局查照。须至札者。

博罗绅士徐兆忠为博罗佛领铁场地方私开白鸽票请议严禁由

呈 文

为呈报事：窃本局据博罗县生员徐兆（昌）〔忠〕等以该邑佛岭铁场等处地方，私开白鸽票厂，特具请愿书来局请议严禁。当于十月初二日公同会议，佥谓此项赌博经奉岑前督部堂奏请永远严禁，万难任令赌匪设厂私开。风闻各属乡僻地方，尝有匪徒潜行诱赌，似不独博罗一属为然。应请督部堂重申禁例，通饬各州县严密查拿，以绝赌风，而除民害。案经多数可决，理合呈报，伏祈督部堂察核施行。须至呈者。

札 复

为札复事：案接谘议局呈报议决，博罗县生员徐兆忠请禁白鸽票一案。伏祈察核施行等情前来。当交会议厅审查。兹据审查科案呈，以白鸽票赌博一项，业经前督宪岑奏请永禁在案。岂容匪徒设厂私开，自应严拿惩办。拟请行司饬府派员驰往，会同博罗县，按照徐兆忠所陈各节，认真查拿惩办。并通饬各属，一体严密查拿，以绝赌风等情到本兼署督部堂。据此，应如议办理。除札广东提法司迅即饬府委员，驰往会县认真查拿惩办，并通饬各属一体严密查拿外，合就札复谘议局查照。须至札者。

阳春自治事务所苏培桂等
为阳春改隶阳江情形窒碍请议由

呈 文

为呈报事：窃本局准阳春县自治事务所绅董以改隶请复一案司详失实，开具请愿书来局，请再提议。当经付诸议会，公同讨论。佥谓此案前经本局协会议决代呈，今据请愿书所开，阳春、恩平同改不与同复，合邑哗然，咸责邑绅禀办不善。一切自治新政概不奉行等情，访查亦非虚构。至改隶之情形窒碍亦经高雷、肇罗两道管辖核明。该邑既为两道管辖地方，其见闻必较藩司为确切。观藩司之详复，竟误以八甲属诸电白者，则地方形势似尚未甚瞭然。该绅等陈请再三，情词恳切，本局有代表舆论之责，自应据情转达。案经表决多数赞同，理合缮折呈报，伏祈督部堂裁夺施行。须至呈者。

札　复

为札复事：案接广东谘议局呈称，本局准阳春县自治事务所绅董以改隶请复一案，司详失实。附呈请愿书一扣等情前来。当经发交会议厅审查科审查。兹据审查科案呈，佥以恩平仍隶肇庆一案。业经会议政务处复奏声明阳春一县距阳江州甚近，且民风俗尚均无歧异，自应仍隶阳江州属，无庸轻议更张。奉旨依议钦此。钦遵在案。又查阳江州直隶知州李鸿钧通禀，据阳江州属绅士举人梁乙新等呈称，阳春隶属阳江于地势民情并无不合等语。稽之奏案，验之舆情均以阳春隶属阳江为是，似可毋庸改复。拟请札复并请将阳江州通禀照录一份，札发以质查考等情。合就复谘议局查照。须至札者。

潮州府丰顺县绅士王家梁等为违禁建醮请议禁革由

呈　文

为呈报事：窃本局据丰顺县士绅王家梁等以建醮伤财，胪举四害，开具请愿书来局请议禁革。当付议会讨论。佥谓迷信神权敛赀，建醮非徒无益，且害治安，自应准予代呈请饬丰顺县遵照前督部堂批示切实办理。并通饬各属一体严禁，以省浪费，而厚民生。案经多数可决，理合缮折备文呈报，伏祈督部堂察核施行。须至呈者。

札　复

为札复事：宣统二年十月十五日接广东谘议局呈称（同前呈文云云）等因前来。当经发交会议厅审查科开会审查。兹据会议厅审查科案呈，遵即公同审查，拟请如议。行司即饬丰顺县切实查禁，并通饬各属一体禁止。仍一面札复谘议局知照。是否有当，伏候核夺等由到本兼署督部堂。复核无异，除札东巡警道会同布法二司迅饬丰顺县切实查禁，并由司道通饬各属一体禁止外，合就札复谘议局查照。须至札者。

潮汕饷渡商民黄天福为潮州梅溪浚河公所归商承办请议由

呈　文

为呈报事：窃本局据潮汕饷渡商民黄天福等拟改该处梅溪浚河局为浚河公所，归商承办，开具简章并请愿书来局请议。经审查会认可，旋交议会。佥谓浚河事属公益，官办究不如商办之认真。以商保商，情亲事近，应代转呈。业经多数可决，理合录案具报，伏祈督部堂察夺施行。须至呈者。

札　复

为札复事：宣统二年十月十五日据广东谘议局呈称，窃本局据潮汕饷渡商民黄天福等（同呈文云云）计呈请愿书及改办简章一扣等因前来，当经发交会议厅审查科开会审查。兹据会议厅审查科案呈，案奉发下谘议局呈报议决潮汕饷渡商民黄天福等请改梅溪浚河局为浚河公所一案，并附请愿书及改办章程一扣。查原呈（云云）等由科员等遵即公同审查，佥以此案必熟察该处情形，方能核办。拟请札饬潮州道府确切查明体察该处情形，妥为核议，具复候夺。并一面先行札复谘议局知照。是否有当，伏候核夺等因到本兼署督部堂准此。复查无异。除札惠潮嘉道潮州府遵照，迅即确切查明体察该处河道情形，妥为核议禀候核夺，毋稍迟延及札东布政司查照外，合就札复广东谘议局查照。须至札者。

新会县议事会梁国士为土豪踞田请议严办由

呈文

为呈报事：窃本局准新会城自治议事会以该会议决严办土豪踞田一事，业经呈准监督查照在案，应再呈请谘议局公议等情开具请愿书来局请议。当交议会议决，均谓土豪势恶鱼肉乡间，实为王法所不容，斯民之大害。似此恶党正不独新会一属有之，自应据情呈请督部堂通饬各属，切实严办，以除民害，而挽刁风。案经多数可决，理合录案具报，伏祈督部堂裁夺施行。须至呈者。

札复

为札复事：宣统二年十月十六日接广东谘议局呈称，窃本局准新会城自治议事会以该会议决严办土豪踞田一事，（以下呈文云云）等因前来。当经发交会议厅审查科开会审查。兹据会议厅审查科案呈，公同审查，佥以请愿书内既经指明土豪踞田各案。拟请行司派员驰往新会县，按照所指各案澈查严办，以儆土恶，而安良善。并札复谘议局知照。是否有当，伏候核夺等由到本兼署督部堂。复核无异，除札广东藩司会同提法司派员驰往新会县，按照所指各案澈查严办外，合就札复谘议局查照。须至札者。

翁源县五铺地方自治研究分社
为官厅违法阻挠宪政请议纠举由

呈　文

为呈报事：窃本局准翁源县五铺地方自治研究分社，以官厅违法阻碍宪政，亟应纠举等情开具请愿书来局请议。当由审查会认可，付诸议会。随据议员声称，查核来书，有谓县令因不便私图截拿社长，致令社员四散，似于地方自治前途大生障碍。自应表决代呈，以儆官邪，而维宪政。业经多数可决，理合录报，伏祈督部堂察核施行。须至呈者。

札　复

为札复事：宣统二年十月十五日据谘议局呈报议决，翁源县五铺地方自治研究分社请愿一案，并附请议书一扣等由。当经发交会议厅审查。兹据审查科案呈，查此案前据李廷珍遣抱呈控，经前宪台袁批行东提法司饬府委员据实禀复察核去后，本年九月二十六日据韶州府查明禀复。奉宪台批据禀已悉，既经委员查明李廷珍、陈步谦劣迹多端，竟有开堂讯案勒索规费情事。应如禀先将局长撤退，一面澈查劣迹及被控实据，详革究办。并另举正绅接办局务。广东提法司会同提学司地方自治筹办处转饬该府遵照此（缴）〔檄〕等因在案。科员等公同审查，佥以奏定地方自治研究所章程并无研究社名目。李廷珍所设自治研究分社名称已背定章，至附设公局尤属违法。案经行查明确，批饬详办。至所控朱令各节经韶州府查明并无实据，应请毋庸置议。拟请照案札复谘议局知照。是否有当，伏候核夺施行等情到本兼署督部堂。据此，复核无异，合就札复谘议局查照。须至札者。

八属代表陈廷勋等
为举人李履正屈陷革禁请议昭雪由

呈　文

为呈报事：窃本局据高雷八属士绅代表陈廷勋等以官绅违法，遵章纠举等词开具请愿书来局请议。当于十月初六日付交议会，经各议员讨论，佥以案经京控，非呈请专札臬司提案亲讯，无以杜承审蒙蔽之弊，即无以绳官绅枉法之愆。业经多数可决代呈，理合录报，伏祈督部堂察核施行。须至呈者。

札　文

为札复事：宣统二年十月十八日接广东谘议局呈称，窃本局据高雷八属（内同前呈文云云）伏祈察核，计请愿书一扣等因前来。当经发交会议厅审查科开会审查。兹据会议厅审查科案呈，公同审查，佥以此案拟请如议，行东提法司提集全案人卷，并饬检当日搜获唆讼词稿，质讯明确，分别拟办。一面先行札复谘议局知照。是否有当，伏候核夺等由到本兼署督部堂。复核无异，除札广东提法司遵照提集全案人卷，并饬检当日搜获唆讼词稿，质讯明确，分别按拟禀办外，合就札复谘议局查照。须至札者。

花县士绅江宝珩等为花县方令溺职违法请（义）〔议〕纠举由

呈　文

为呈报事：窃本局据花县士绅以该邑方令溺职违法，胪列恶迹十款来局陈请建议。当由审查会认可，随即付诸议会。据议员声称方令恶迹既经指证确凿，自与局章第二十八条相符，应据情呈请督部堂查办。案经多数可决，理合录案呈报，伏祈察核施行。须至呈者。

札　文

为札复事：宣统二年十月二十九日接广东谘议局呈称，窃本局据花县士绅（内同前呈文云云）伏祈察核施行，附呈议案一扣等由前来。当经发交会议厅审查科开会审查。兹据会议厅审查科案呈，遵即公同审查，佥以案关官吏违法，应即如议查办。拟请行东布政司会同东提法司派员，按照议案所陈各节详细澈查。如果确有实据，即行据实详办，以儆官邪。并即札复谘议局查照，伏候核夺施行等由到本兼署督部堂。复核无异，应即如议办理。除札广东藩司会同提法司派员澈查，据实详办外，合就札复谘议局查照。须至札者。

陆丰县监生李嵩为叠卡重征商民交困请议裁撤由

呈　文

为呈报事：窃本局据陆丰县监生李嵩以叠卡重征，商民交困，恳准裁撤等词，开具请愿书来局请议。当由审查会准付议会。查该处商民既受重征之累，本局有代表舆论之责，应予代呈。案经多数可决，理合录案呈报督部堂察核。为此具呈，伏候裁夺施行。须至呈者。

札　复

为札复事：宣统二年十月二十二日接广东谘议局呈称，窃本局据陆丰县监生李嵩，以叠卡重征，商民交困，恳准裁撤等词，开具请愿书来局请议。当由审查会准付议会。查该处商民既受重征之累，本局有代表舆论之责，应予代呈。案经多数之可决，理合录案呈报察核，伏候裁夺施行。附呈议案一扣等因前来。当经发交会议厅审查科开会审查。兹据会议厅审查科案呈，遵即公同审查，佥以此案应交主管局处详细查明，核议复夺，拟请照案札行关务处按照议案所陈各节，详查拟议具复，再行核办。并先札复谘议局查照，伏候核夺施行等因到本署督部堂。复核无异，应即如议办理。除札关务处遵照详查拟议具复外，合就札复谘议局查照。须至札者。

札　文

为札行事：案查接管卷内，据谘议局呈报议决陆丰县监生李嵩请议书议案一件，当经前兼署督部堂发交审查科审查。嗣据审查科案呈，请札行关务处按照议案所陈各节，详查拟议具复等因。当经札行关务处并札复谘议局各在案。兹据关务处呈具说帖内称，查光绪三十四年间，先有宋胜和等请裁东海卡一事。比时曾奉张前宪批行惠口税务委员查复。该卡向来所有，并非新设，亦不知始于何年，历久相沿，未之或改。推求其故，实由陆丰县区域水道纷歧，商贾往来随在可达。该卡原以堵乌墩之偷漏，又以杜长沙大德之绕越，形势扼要，如丸泥之封函谷有固然者。刘守永清在差时，加意整顿，不第乌墩长沙收数有长，即就该卡言之，从前几收二百余金者，现已增至一千四五百金，成效昭昭，均可复按。商人趋避无术，遂以重征藉口。前督宪烛知其隐，据理驳斥，亦既不如所请矣。又批饬陆丰县将诡名诬控之宋惟善、王成昌等传县戒饬有案。事阅两载，照前相安。谨按该卡之设，凡于乌墩等处已有完税单票者，并不重征。其无税单呈验者，始行补纳。此等办法，仅仅稽查偷漏，何有民困之可言？国家税入有恒，百密一疏，即虞病课。譬诸治河者，蚁穴虽小，亦足溃堤。况于水陆交冲设卡守险，裁一害十，利弊较然乎。东海既无重征，自应悉仍其旧，毋庸遽议裁撤。呈请札复前来。本署督部堂复核无异。应即如议，毋庸裁撤。除札饬关务处外，相应札行谘议局查照。须至札者。

新会县东南团练总局长陈其斌为截留罚款拨充地方经费请议由

呈 文

为呈报事：窃本局据新会县东南团练总局局长陈其斌等，以截留罚款拨充地方公益费用等词，具请愿书来局请议，当交审查会审查。已由该会认可。付诸议会，亦经通过。相应录案呈请督部堂，通饬各府厅州县查照办理。为此具报，伏祈察核施行。须至呈者。

札 复

为札复事：宣统二年十月二十七日接广东谘议局呈称，窃本局据新会县东南团练总局局长陈其斌等，以截留罚款，拨充地方公益等词等因前来。当经发交会议厅审查科开会审查。兹据会议厅审查科案呈，遵即公同审查，佥以藉案苛罚系属稗政，亟应严行禁止，断不可预悬一准将罚款拨充公用明文，致启苛罚之渐。惟从前罚存之款酌提拨充公用，尚属可行。拟请行司通饬各属一体遵照。并即札复谘议局。是否有当，伏候核夺等由到本兼署督部堂。复核无异，应即如议办理。除札广东藩司会同提法司通饬所属一体遵照办理外，合就札复谘议局查照。须至札者。

长乐县上山十约代表团周潭约为成功汛及十二都司巡检擅受民词请议由

呈　文

为呈报事：窃本局据长乐县上山十约代表团周潭约等，以破坏赌禁，擅受民词，敲剥百姓，蹂躏地方等由，具请愿书来局请议。当经付诸议会，佥谓事关官吏违法，自应呈请查办以儆官邪。业已多数可决，理合录案呈报，伏祈督部堂察核施行。须至呈者。

札　文

为札复事：宣统二年十月二十五日接广东谘议局呈称，窃本局据长乐县（内同前呈文云云）理合录案呈报察核，附呈议案一扣等因。前当经发交会议厅审查科开会审查。兹据会议厅审查科案呈，遵即公同审查，佥以议案所陈如果属实，殊属违法，自应从严查办。拟请札行潮州道镇派员，按照议案所陈各节逐一澈查，分别从严禀办。并即札复谘议局知照。是否有当，伏候核夺等由到本兼署督部堂。复查无异，应即如议办理。除札潮州镇道会同派员，按照议案所陈各节，逐一澈查，分别从严禀办（处）〔外〕，合就札复谘议局查照。须至札者。

长宁县潘润林等为知县熊令婪赃枉法纵盗殃民请议纠举由

呈　文

为呈报事：窃本局据惠州府长宁县士绅潘润林等，以该县熊令婪赃枉法，纵盗殃民等词，具请愿书来局请议。当由审查会认可，随即付诸议会。佥谓熊令违法实据，既经罗列二十七款之多。应予代呈，以申民隐。业经多数可决，相应录案呈报，伏祈督部堂察核施行。须至呈者。

札　复

为札复事：案接广东谘议局呈称，本局据惠州府长宁县士绅潘润林等以该县熊令婪赃枉法，纵盗殃民一案。呈请派员查办等因，附呈议案一扣前来。案关官吏违法，自应查明核办。除札司派委干员，密查禀复核办外，合就札复谘议局查照。须至札者。

潮州行商戴鸿恩等为潮州税关苛征舞弊请议由

呈　文

为呈报事：窃本局据潮州行商戴鸿恩等以潮府税关苛征舞弊，亟应提议整顿等情，开具请愿书来局请议。当经交由审查会审查。旋据复称胥役违章，商船受害，影响所及，银莊市面交受困难。应付议会。业于九月三十日会议，多数可决，理合缮折呈报。应请督部堂派员密查，裁撤惩处，分别核办。为此具呈，伏祈察核施行。须至呈者。

此件未奉札复。

九、广东谘议局议案

学科拟札局札司整顿学务一案文

为札复札饬事：宣统二年十二月二十九日据广东提学司该司详称，奉前兼宪增札开，宣统二年十月二十九日接广东谘议局呈称，窃本局议员提出整顿学务一案云云察核批示只遵等由，连同清折四扣具详前来。本督院逐加察核折复各条，仍有未尽事宜。兹为分别揭具于后。查折开甲类第一项第二条议裁额外科员一节。学务公所各科员本有定额，该司所设额外科员，既为部章所无，且无一定员数，易滋冗滥，应即裁去，以符定章。至预备应用学员一层，公所用人不外行政与教育两方面。就行政言，地方教育行政赅于地方普通行政之中，宜取之法政学堂政治专科。各学员就教育言，应求之由学堂出身及于教育上富有学历经验之员，果能为事择人，自无用非所习之患。又第五条学务经费应归藩库经营一节。查实行统一财政办法已由本督院另文通饬在案，应由司查照通饬事宜酌核办理，以期实行统一。又第二项第一条选举新章之修订一节。查宣统二年十二月二十六日学部改订劝学所章程，已无总董名目。内设劝学员长一人，劝学员若干人，按照章程第六条应由该管长官，就本籍合格士绅保选若干员申司派充。其原折并声明确定劝学所为府厅州县官教育行政补助机关。其城镇乡自治章程第三节第五条将劝学所列入自治范围一层，仍须奏明更正。是在未改章以前，总董能改官选为公选，已属疑问。既改章以后，劝学所实系纯然官治，更何公选之可言？该司修正选举劝学所章程，当然在取消之列。局拟修正之处应毋庸议。其第二项第二条，所举考核总董办法。应由司查照改订劝学所章程第四章各条办理。又第三项第一条预拨教育会专款一节。司署款项支绌，预算经已报部，无可筹拨。自属实情。惟教育总会之设，关系全省教育之进行，粤省筹办学务十年于兹，而教育总会迄今尚未成立。司署应行维持之事，莫急于此。应由该司会商藩司妥筹专款，酌予拨助，以资开办。至常年会费，自应由会员等征集会金或就地方公款由谘议局议决指拨，以规久远。又乙类教育费之计画第二、第三条教育费之支配及增加各节，尚应详晰核议。缘地方行政经费必有统一之机关，然后可语支配。亦必有负担之原则，然后可语增加。原议支配一节，所称官立公立酌盈剂虚办法，固多窒碍。该司复按亦但云此邑之盈不能剂彼邑之虚，此学堂之余不能补彼学堂之不足等语。至于教育费之应否支配及如何支配之法亦未计及此节。前提应先问议案所称教育费系属之城镇乡自治教育费，抑系属之府县自治教育费。如属之城镇乡自治教育费，应以自治职执行之，不能由官厅先为支配者也。如属之府县自治教育费，应由该管府县就全属教育事务，自官立各学堂图书馆宣讲所，以及关于教育之调查考察事项，各经费通盘筹画。其对于各区应设之学堂无款可筹，及筹不敷支者，并应酌量缓急拨款补助。此项教育费均应将出入款目列入府县行政预算案，不足之款应行设法筹集。其间征收原则均以府县行政区域为范围，与城镇乡自治区域不同。在府县会未成立以前，该管地方官对于地方行政费本有指挥伸缩之权，不得谓无可支配。但其支配方法，系就现筹教育事务及未经指定之教育费而言。并非如原议将已成立及已指定之学堂经费生吞活剥，苟为一时之挹注。应由司于筹集教育费案内，随时察核饬行各属查照办理。至教育费之增加一节，如原议所称原有地方公款应由劝学所自治会切实调查，提归学务及不得将教育款项拨充他项经费各等语。此种办法但当谓之清厘不得谓之增加。司复乃云，自是正当办法，应请如议照行，未免两误。兹将增加办法为两种之解释。其一，则人民负担之力，本有限制。而地方行政各费，即不得不缘此以为进行缓急之序。此应逐渐以为增加者也。其一，则教育事业本为普通国民而起，人情莫不爱其子弟，而以失学为忧。以故教育费之负担，不啻准人情以为原则，而非他项税捐可比例，此应强制以为增加者也。现值扩充教育之时，既不能任由官绅推诿，以为无款可筹，而地方财政紊乱，人民程度未齐，又不能过于悉索，致贻网数鱼沸之忧。惟有查照上节办法，先将教育费界限画清，再行厘定府县及城镇乡自治预算案，以为地方办事之根据。并将公益捐及附加税等项款目、税率分别规定。务令财政作用与教育精神同时并进，庶无因款废事之患。若如原议各条，既涉囫囵而司署复按又不免就题敷衍。长夜漫漫，何日方有起色？此则本督院所为不能已于言者也。又丙类折开关于各学堂之设置各节。原议似系清单一纸，究应如何筹设，以及如何酌量本省情形分别缓急先后之处，不可不计。现查原议计共七条内，一条实业教员讲习所，业经由司次第筹设。第七条水产学堂，现经本督院饬行调查，并饬该司会同惠潮嘉吴道，先于汕头筹设一所。又第五条琼属农矿学堂，已由司会商琼崖郑道分别筹办。并据郑道将筹设中等工业学堂内，设矿业及金木科各情形禀报在案。第六条铁路学堂，司议由粤路公司拨款筹办各节。此事但能由绅商发起，商同公司妥切筹办，不在本案范围，自毋庸议。综计各条惟第二、第三、第四三条为实业教育与普通教育最应究研之事。第二条筹设初等实业学堂一节，实业学堂之设其取义大要有五：一为个人生计而设者，一为社会职业而设者，一为改良艺术而设者，一为预备专门人才而设者，一为养成教员而设者。第四义关于高等专门各学堂，第五义关于实业教员之养成，此均属之省设与各属所设，取义不同。惟第一义则适于艺徒学堂及实业补习普通学堂之类。第二义则适于中等实业各学堂之类。第三义则适于美术制造工手职工之类。凡此三者均属之各属范围，自应就各属地方情形酌量人才财力分别筹办。又若因一事而设之银行、机厂、矿业、邮电等项传习所，以及因地而设之专科学堂，如高属磁业，南顺蚕业，韶属森林，潮嘉织染之类，均括于第二、第三两义之中。惟无论如何筹设，按之初等实业办法均属不甚相符。查初等实业定章，其初本欲其与高等小学分途，并进与中等高等实业自为统系。而核其科目浅者，不越乎普通小学及补习普通之间，稍进则在中等实业程度之内，与初等名实不合。迩来各属禀报设立初等实业，大率类此。其间设置经营，既不能不分小学之力，而考校成绩则仍与普通程度无殊，转不若艺徒职工等校适当，于生计职业之用。应由司查照指饬各节，另案筹议详候核明饬遵筹办。又第三条推广各属初等小学一节。查部定初等小学章程，以及节次通行改良事例凡有八种。一、原章五年毕业完全科。二、五年毕业简易科。三、新章五年完全科。四、新章四年简易科。五、新章三年简易科。六、改定新章四年完全科。七、改良私塾章程。八、简易识字学塾章程。综观前后办法，所以谋小学之增广者，可谓亟亟，然按之实际纷而鲜效。此次改定四年新章课程时间业经减少，以为二部教育之地，自应查照通行。原案自本年始饬属一律遵照筹办。而其办法最应画清界说者：一为法定机关，一为自由设置。属之法定者，即各属自治区域内所应设之公学。其经费筹集，校舍设置，编制管理，教科课程，均应整齐画一。关于此项教育之统计调查，应取积极主义而不能听其衰落者也。属之自由者如学塾私塾之类本不在国定教育统系之内，不过因人才风气财力政况之故，不能不听其设置。所以设为改良干涉各章程者，求其渐次整理，以为法定教育之声援。关于此项教育之统计调查，应取消极主义。务令岁时比较，日见减少，法定教育日见进行，始能收普及之效。现核原议所称，通饬分区多设小学，其形式校具暂勿深求，但能遵照简易章程，认真教授，均即准其立案等语。是否属之法定，抑系属之自由，尚应研榷。简易科名目，部定新章业经删除。此节应由司详悉筹画，于法定机关，则应督饬官绅分期分区并力进行。于自由设置之学塾私塾等，则应渐图疏泄整理之方，免其为法定教育之障碍。是为至要。又第四条筹设各属女子小学一节。自应由司核定议案，通饬各属认真筹办。然欲求女子教育之普及，则宜采用各国通制于初等小学男女一律共学，一则令全国人民晓然于国民教育权之重，不以男女而异设施。一则各属自治职内，一举而省另设女学之费。至初等小学男女共校本无流弊之可言。应由司另文核议，列为条陈，详请部示以备采择。又丁类折开，关于各学堂之整理第三条，改定简易表册一节，原议司复各有理由。然查各项表册，所以病其繁难者，不在节目之繁多，而在机关之复杂。如一项表册必造数种报数处，以致各学堂旷日废时从事填造。又设学之初，往往以学司执行地方劝学之事。迄今数年尚未改进，其间稽延积压冗复支离。学界既以为苦，而司署考校乃不过求之蛛丝马迹之间。将来连屋隐身，徒饱蠹腹，自属非计。应由司将各种表册名例，分别部定省定，逐一审订。其由部定者将类目格式汇为一帙，附以说明书，通饬按照依期造报。其由省定者应核明是否已经部定，及虽未经部定，而内容节目实具于部定之中，以及应由各学堂造报各属劝学所，由各属劝学所汇同统计造报之件。毋庸各学堂造报司署者，均应一律删除，通饬免造。至学务表册之作用，大要有二。其一，以供行政统计之用。应由司规定各属学事统计则例表式，由各属府县劝学所按照汇造，定为某某属第若干次学事报告书，每学年报告一次。司署据此以为一省之统计，钩稽比较于各属学务之状况，不难列算而得。而部定全国教育统计之根据，亦即于是乎在。其二，则为各校整理校务教务之用。此项表册均为各学堂所必不可缺，应由司核定通式，饬行各学堂按照购用，以归一律。视学劝学各员之考案，庶得以按籍而稽。然此为各学堂自备应用起见。如必按照星期时间逐一填报，纵不惮烦，尚虞作伪，应由司查照各节，妥为改订。又第四条厘定两等小学一节。各学堂编制之参差，等级之混淆，原因不一。要其致此种种窒碍之处，不在班级之多，而在生徒之少。至生徒之少，则由于办学官绅并不查照法定机关，将各学区妥为分画，又不将各区公学办法，认定所有公私学堂仍由私人组织，猎其名则人人可办。而争讼之事多避其怨，则人人不办。而劝导之力穷，以致各属学堂有数区而无一学者，有一区数学而实无一完全之公学者。学徒则来去自由，学款则任意瓜分，力薄势涣，安有整齐团结之一日？原议司复均不于此中力求整顿，乃曰必有高等生十人，又曰必有高等生二十人，始能称为两等云云，实属无此办法。应由司查照定章，暨奉行地方学务章程及通行细则，督饬各属官绅聚精会神，切实筹办一切。补苴支节之计无益事实，徒碍进行，应无庸议。此外，各条并经该司详订，本督院复核无异。除札饬查照办理外，为此抄折札复谘议局查照。须至札者。

赵牧鹤清折禀奉委密查谘议局纠举何令煜恒案

窃知州于宣统二年十二月二十八日奉藩法司札委，驰赴开平信宜等县，密查谘议局纠举何令煜恒受贿违法，贪墨害民一案。知州遵即驰往两县。按照议案所列各节，详细访查，并调阅卷宗，兹就查得情形据实列折敬为我制宪陈之。查何令于光绪三十二年五月委署开平，十二月交卸。在任时办事尚属认真，断结之案不少。创办小学堂，亦规划周详。就谘【议】局议案所列十四款调查，内有五款共银三百八十八两，原注已交官立学堂，知州复查亦属相符。其余九款内有八款或系前任经手，或系原被告互相过付，均与该令无涉。惟谭启扬、谭泽坤钱债一案，经该令断令启扬照七百六十五两之数，按照八成缴出，以五成归还泽坤，以三成作学堂经费。现查学堂卷宗并未收到此款。究竟移作何用，无从稽考。原注谓于卸事时用硃笔加并各公用字样。查其判词及供词甘结各处俱加此四字与议案相符。又知州住开平数日，未闻有呈诉者。往访绅士诿为不知，临行时复函讬谢绅荫光等再为详查。现接复函，亦谓实无左证。此开平之实在情形也。又查信宜一案。谘议局未列条款，知州驰至该县访得绅民，刻有该令劣迹一册，乃就册载各案调卷考核，其情节约略相似，惟受贿情事实无凭证。细询诸绅所言数目，又言人人殊，莫衷一是。但绅民纷纷呈递诉词，究期所以，实由该令经手各案有应断未断，应释未释者。此疑谤之所由生也。据诸绅舆论及众民呈诉，其情辞俱甚恳切，议案所谓物议沸腾，不为无因。此信宜之实在情形也。谨将遵查情形据实禀复，并条列各案敬呈制宪察核，准知州销差，实为公便，伏乞垂鉴。知州鹤清谨呈。

附条列各案于后。

谘议局纠举开平县原案十四条

人名	事由	罚款
一、曹国忠、曹仁焯	互讼田亩	一百两
一、梁兆鹍	控盗案	一百元
一、梁茂超	控兵房勒戳	一百元
一、李春培	藉命图控	一百元
一、何日旦		一百元

原注以上五条俱已发交官立学堂。

复查无异。

一、潘姓与梁姓	互争牛路	六百元

查潘树荣与梁嘉传等互争牛路一案。经何令断结饬令月山书院绅士修葺完固，并立碑石。结案后，因潘姓所修之路不满梁姓之意，又复缠讼。前卷被焚无从查考，惟翻控之卷尚存。但始终无银钱过割之词。所谓六百元之罚款查无实据。

一、潘泽鎏与邓康荣　　互争水渊　　一千元

查此案系光绪三十二年七月十一日经何令会同鹤山黄令诣勘集审，复由两县绅士麦华等调停，断令潘泽鎏等补回邓康荣等垦工银一千元，将后郭水南头岡等处田坵推回潘泽鎏等管业。其银于是年八月初八日由潘姓交邓姓收领。并有绅士麦华、麦定邦见知，系邓进隆承父兄命实立收字禀官为据，未经何令之手。

一、户司谭起晖　　三百元

查谭起晖因欠解冷令任内粮税银两，何令革其典吏提案押追。至交卸时尚欠银一千二百余两，解交新任勒追有案可稽。查无受贿情事。

一、司徒燕与司徒文祺　　互争义地　　三百元

查司徒燕与司徒文铎互争松树坑虎形官山，于宣统元年九月起诉，乃何令交卸后数年之事。据房书禀称，别无司徒文祺互争义地之卷。此案实无从查考。

一、附贡陈玉辉　　三百元

查附贡陈玉辉系于陈谢二姓互争陂水案内，被革功名，后经绅士调处了息。于光绪三十年闰四月十九日由冷令禀请开复，与何令无涉。

一、附贡周遇文　　命案　　八百元

查周遇文于周阿罩被人枪毙案内，被诬于光绪三十二年十一月十五日，经何令禀革衣顶。是时周遇文尚未到案，何令旋即交卸。后至三十四年四月二十八日，经凭令讯明系属误控，将遇文功名开复。所谓八百元之罚款，查无实据。惟凭令结案时，其堂判有两造情愿报效修监羁银四百元，并另出花红银二百元查缉正凶之语。或系因此误会。

一、广恒兴店　　三百元

查广恒兴店东谭士礼因飓风吹断杉排，误捞天吉店杉本，被天吉店东梁翰控抢一案。经何令断令广恒兴赔还天吉店杉价银五十六两了事。二比均已遵断。其银亦当堂发给天吉店领讫。别无贿赂实据。

一、锦湖墟四堡团练局李子韶　　二百元

查锦湖墟四堡团练局由绅士李子韶等禀称何令批准设立，并无罚款之理由。

一、谭（起）〔启〕扬与谭泽坤　　钱债案　　二百二十九两五钱

原注按谭（起）〔启〕扬一宗，断令照数七百六十五两，按照八成缴出。以五成归还谭泽坤，以三成充作学堂经费。该令志图吞没，于卸事时用原笔加并各公用字样。其余可知查此案情节与谘议局案相符。

信宜县绅民所刊何令劣迹册摘录。

一、福兴店李福隆被杀案，册载何令受凶手林八即林晚贿银四百两，捏详李忿林需索夺刀向杀其孙灭灯夺刀杀李一节。

查此案林晚与李福隆借债不遂，愤起一时遂出刀杀李，李孙怡泰闻声奔救，亦被林杀。□□□李犹未死，报官往验，尚得生供，怡泰现亦生存。适值镇隆墟演戏。众□昭彰，后由尸亲悬赏拿获正凶。何令仅讯一堂，而该犯狡供不认，随即收监，搁置至交卸时并未再讯。绅民公愤实以此案为最受贿之疑，谤亦由是而起。

一、张国英与黄德晃互争田土山场一案，册载由黄姓缴官银五百元承领管业。

查此案张有契可凭，黄则无据。因张田荒芜，黄占垦之判结时，互有找补田价垦工。惟将山场指为官荒，准黄姓承领并给照为据。承领官荒向应缴价，此独无缴价明文，不无可疑。

一、黄政乾、黄顺英因案互控并殴毙乾妻，经县验明顺贿银数百，遂判顺偿银三十元具结了事。复传乡正副至内堂勒送牌伞，顺得释而乾押如故。

查此案曾经断结，而政乾久押，其说不为无因。

一、周盛南被人禀控通匪一案，册载何令罚银三千元，拨一千四百元归西江团防局作经费，其余尽入私囊。

查此案卷宗未曾调到，惟据林绅德章等面称何令实得周盛南银一千二百两。又与此案关系之梁镜堂亦罚款七百元，拨三百归西江团防局，何令实得四百元。且此事曾有公局哄闹，故该绅知之甚悉云。

一、何宗权滥保黄兼三勒罚银五百元，后又准保黄兼三得银六百元经李友三付交收发银四百□。

查此案据赖绅□□□面称，宗权实只付银三百元，其余未交。又询余绅廷诰

等所云亦复如是。惟系何人过付，是否面交，实无从查考。

一、揭封刘传英屋得银一千六百元。

查此案据赖绅步瀛等面称，已全数交清。与前案何宗权之三百元，何令曾与绅士言明以一半罚在地方办公，以一半作囚粮。至交卸时并未交出云云。

一、卖放李乾初得银□□七百五十元，复酷刑李乾初胞弟又得银六百元。

查此案有卷宗可据。乾初实缴出银一千元，以四百元充清乡行营经费，以四百元解缴高雷阳道营务处，以一百元给邓温氏之夫邓三收领，以一百元充赏查起温氏之营勇。

一、龙南两等小学堂借款一百二十七元二毫八仙。

查此案据绅董甘朝后等呈称，因宣统元年二月有罗定匪首陈九爪纠党麇集龙山尾榕垌村，高州黄镇军亲往剿抚。何令随之，士卒云集。借住龙南学堂并向学堂借去谷三十六石六斗二升六合，时值价银九十一元五毫五仙，又代支杂用银三十五元七毫三仙，计共银一百二十七元二毫八仙。单呈黄镇面谕。此款已拨交何令清还，然至今尚无归著云。

一、赖氏控周大哭四因奸杀案得银九百元，并饬令送牌伞不允，又索银二百元。

一、梁金芳被劫案得银一千八百元，经陈委员手。

一、陈家祥控人杀子案得银一千元。

一、张大英被劫案得银八百元，经陈委员手。

一、梁氏报夫被弟毒死案得银二千一百元。

一、李廷球控梁毙母案得银一千九百元。

一、陈月徽被劫案得银二千元。

一、萧黄氏不知何人□□得银八百元，俱梁亦池手。

以上八案系册中□□因卷宗未能调齐，无从查其情节。遍询诸绅俱谓传闻如是，并无实据。

谘议局呈报议决广设宣讲所议案

广东谘议局为呈报事：案奉督部堂札发广设宣讲所议案一件，当于二月二十七日开会研究。议员等均谓宣讲所为宪政筹备清单应办事宜，又于禁赌善后大有裨益。事属可行，随即当场表决。计可决者已得多数，并声明不开第二、第三读会。是此案既已完成理合备文呈报督部堂察核，伏乞照议公布施行。须至呈者。

藩司详复谘议局提议严禁厘厂留难勒索案

为详复事：宣统二年十二月初二日奉前宪增札开，宣统二年十月二十七日接广东谘议局呈称，窃本局议员提出严禁厘厂留难勒索一案。当付议会。经众决交审查会审查。随据该会报告，修正再付议会，又经公同表决。可决者已得多数。理合录案呈报，伏祈裁夺施行等因前来。当经发交会议厅审查科开会审查。兹据会议厅审查科案呈，遵即公同审查，佥以此案拟请如议行司查禁，并饬各厘厂将厘则刊刻张贴，俾众周知，以除积弊，而恤商艰。并札复谘议局知照。是否有当，伏候核夺等由，本兼署督部堂复核无异。应即如议办理。合就札饬札司即便遵照查禁，并饬各厘厂将厘则刊刻张贴，俾众周知毋违，计抄谘议局议案一扣等因。奉此。伏查广东厘务迭奉前宪严饬整顿，所有挂号小费诸名目，均经裁革尽净。其向有陋规，亦一律化私为公，分别填给照票，按月报解在案。现谘议局议决各厂留难勒索议案当经本司饬据各厂查复。缸瓦、生树、坚炭均属最难盘验之货，定章缸瓦、生树估本核计，炭船丈量因算。而奸商船户等明知此项货物搬移点验之维艰，每于舱内藏匿贵重品物，希图影射瞒厘，一经厂员查察，不得不盘诘清楚，饬令照章补厘。若辈因不遂狡谋，指为勒索。白沙、菉兰、新塘等厂，对于此项船只因查察术穷，酌令缴纳陋规。经前厘务局查明，此款近于正厘。饬令填票归公，按月报解。尚非厂员任意勒索，亦无加抽三倍之事。薯芋为东江出产大宗。虽厘则所未载，商人大帮贩运，以供制粉餔之需，似与米谷不同。白沙、菉兰等厂抽收此项厘金，按照厘则未载之货，值百抽二，每年约有四五千两，均经列入。比较卷查宣统元年六月间，据商船公会总理余守乾耀等以此项厘金有关民食，禀请免抽。经前厘务局饬查，收厘甚巨，应仍照旧抽收，碍难豁免，分别札复饬遵有案。又生菓等物，向系按则抽收，查无任意勒抽毫，无限制之事。又厘金带缴补水每两最多不过三分间，有分许至二分不等者，亦无抽及三分以外之事。综核谘议局所拟办法六条。其第二、三、五等条所议各节，业据各厂查复，或按照定章办理，或碍难准予豁免，均免置议。其第一、四、六等条所议各节。查本省厘则自同治五年刊定成帙，历经分饬各厂遵办。坊肆多有刊本，商民尽可自行购阅，似毋庸分发商务商船总分各会转饬，免涉纷繁。惟章程则例及禁令饬由各厂开列张挂，俾众咸知，事属可行，自应照办。又本国纸币银元龙毫，上年曾经通饬各厂均按柒钱贰分兑收，不得折减在案，各厂自应遵守。又所称员司巡役留难勒索，虽迭经通饬严禁，诚恐不能弊绝风清。自应重申禁令，明定办法。嗣后员司巡役如有舞弊实据，各商船尽可随时禀由总办彻查严办。倘或总办徇情包庇并可据实上控，听候查究。然各商船果有隐匿偷漏情弊，亦不能不认真究惩，以儆效尤，而维厘课。总之，裕饷与恤商并重，固不容司巡稍有需索，而商民亦当恪遵功令，不得走漏瞒厘。此则官民须交相策勉者也。除严饬各厘厂遵照定章办理，毋稍索扰，致滋藉口外，所有遵札查明谘议局议决严禁厘厂留难勒索各缘由，是否有当，理合详请宪台察核批示只遵。

巡警道王秉恩禀复派委查明谘议局纠举汕头警务长冯牧骏贪墨违法案

敬禀者：案准移交宣统二年十二月初三日奉前兼署宪增札开，宣统二年十月二十二日接广州谘议局呈称，本局议员提出纠举汕头警视长冯骏贪墨违法，横暴害民一案。开具议草交由议会公决。旋据各议员称所列各款均属违法。既经调查确凿，应请督部堂切实查办，以儆官邪。当即表决，计可决者已得多数。理合录案呈报，伏祈准照施行，附呈议案一扣等因前来。当经发交会议厅审查科开会审查。兹据会议厅审查科案呈，公同审查，佥以该警务长冯骏如果有贪墨违法，横暴害民情事，殊属有违警章，不得以辞职了事。拟请如议札行巡警道遴派明正干员驰往汕头，按照议案内所陈各节详细彻查。如有确据，即行从严详请惩处，以儆官邪。并即札复谘议局知照。是否有当，伏候核夺等由到本兼署督部堂。复查无异，应如所议办理。合就札饬。札到。该道即便遴派干员驰往汕头。按照议案所陈各节，切查明确禀复核办。计钞议案等因。奉此，当经刘前道派委洪令定宣前往彻查在案。现据该令查复称，知县奉札，遵即束装前往汕头。一面调集该局簿据切实核算，一面按照议员纠举各节，明查暗访，复证以舆论绅评。其中有事出有因者，亦有查无实据者，谨按照各节缕晰，为我宪台陈之。如原案第一表所称苛细杂捐名目多至二十一种，数目多至十七万八千余元一节。查房铺捐每年约收二万三四千元，系由殷实行店担保之司事经手，细数均有册报。清道捐每年约收四五千元，由警局附设之清道局经理，共雇清道夫四十四名，逐日赴各街道扫除钀掺，其钀掺由商人承卖，每年缴银六百元花捐，并水巡捐每年约计二万元。当开办之初，另有报效警局银一千二百元。原案所称随封者殆即指此。至所称黑钱一款，遍查均未能指出实据。妓女检验所捐医生月薪及病人药赀均不缴局，由该商自行经理。人力车捐每年可收三千元，由商人承办缴充路款。戏捐、髦儿戏、电戏等捐，本埠及各处戏园，均演唱不时，抽数约计每年三千元之谱，实难额定。青菓捐每年约收二千八百余元，鱼行捐每年约收一千三百余元，鸡鸭捐每年约收四百八十余元，蛏壳捐每年约收一千元，酒馆筵捐每年约收二千元，粪捐每年收银六百元，由商承办赌捐约可收银一万八千余元，棚场夜场在内。此外并无麻雀牌捐以及地摊赌博之事。此系查明各项捐款数目之实在情形。其中或多或少与表内所列数目互异，其相符者仅有筵捐一项。至于布袋烟膏洋药布疋等捐，均未开办。可见原表所列各数尤为失实。原案第二表纠称，轮船到口，截获拐卖男女六十余名，有无下落各节。查去年该埠水巡局先后截获男女幼孩实共九十余名口。除系亲生子侄身契确实，由殷实商家具保当堂给领者二十余名口。又先后解往上海三十余名口，又因患痘疹医治不效，先后病毙者十余名口，其余二十余名口因离籍过远，无从查考。留在局中，由该直牧出示招领，并申明不得作为奴婢以及转卖。旋有备补队官陆某串人冒领情事，业经该直牧将陆某斥革。此一时之失察，究与收为婢仆赠与私人及潜行发卖者有别。原案附件第一件及第二件纠称警兵杀人并抄该直牧具报暗杀辞差各禀一节。查此案被杀者实系杨汉标，凶手实系林利泉、石番葛、李阿佛等，均经逃去。现将林利泉一名拿获，解送澄海县讯办。其巡士方和一名，本非东路上班巡警。该直牧因其在旁未能喊救，疑为知情，业并解县。应候该县讯明办理，亦不得遽指为巡兵杀人也。原案附件第三件抄录《中华报》二则，谓警局被控濮委员来汕查办时，该警视长乃调研究生将收支数簿拆散分抄各节。查该局因上年支应员更换，始将开办以来收支各款分项分簿按款誊清，系为列表醒目起见，且值清理财政，办理预算之时，尤应如此。况数目均有流水旧簿可以查对，似未能据此以为该牧弥缝吞款也。原案附件第四件纠举王坤泰栈主王松，因请警勇排解，即将王松杖责四百，诬为拐匪，勒盖指摹不从，则用木核横压，后裁判员勒索百元不遂，将店查封送县礅禁各节。查王松之表亲蓝富亭由上海诱拐李长发夫妇及其子女共六名口到栈，先令人将李长发夫妇带往潮州，托言代觅雇工，行至中途，被李长发看出破绽，立即返栈。复见幼子幼女均不在栈。其大女指称系王蓝二人强带出去，未见带返，遂与王松吵闹。巡士闻知干涉，将一干带到警局。蓝富亭则已乘间脱逃。提讯王松直认各情不讳，其为窝拐无疑。旋将该犯王松送县收押，勒交拐匪，并将该店查封。一面由局派人将被拐之李长发夫妇及起出子女等送回上海。该直牧办理此案，尚无不合。至谓该牧将该犯笞责事或有之。若谓用木核横压，则查询并无其事。原案附件第五件纠称吴嘉会被警局拘留，诬为贩卖。先杖四百，又杖四百，行李被巡勇抢去一空，复解上海礅禁一节。查吴嘉会被水巡在轮船截留时，共有小孩五名，提讯供词支离，并信口诬指其为贩卖，已属显然。旋奉沪道来电，遂将吴嘉会及另案贩卖人口之李阿荣、杜目义等并解往上海，自系正办。所有吴嘉会行李并由该直牧当堂查点交给，并无巡士抢夺之事。原案附件第六件纠称同济善堂有产业值十余万元，该警长串通总理匿报万元一节。查该善堂在花园塭地方河岸一带已填之地，本可值万余元。其未填之地尚须填筑后方可得值。去岁举人谢义谦盘踞善堂，不能开办平粜，奉道宪电饬驱逐。谢义谦以同济善堂出名漏夜派发传单。该堂总理以其冒名开会，函告警局。又因商会人众，彻夜不散，恐其滋闹。乃牌示门首，令其停止开会，以免冲突。事诚有之，若谓该牧串通匿报万元，不知所指何处而言。原案附件第七件纠称警兵在海溪地方，劫船失主呈控不理一节。查海溪距汕头三十里，距庵埠三里即海阳县属。该埠亦设有巡警，乃独指汕头巡警行劫，不知何所据而云。然且果有其事，该失主刘姓在警局控告不准，岂肯甘休，而不控诸府县？即此可见其事之必无。原案附件第九件纠称，警局收捐逾期必令商民贴息，收后又放银行取息一节。查该局收数不均，每因捐款难集，反向各银号认息借贷，以应急需，岂尚有余款存放生息？询诸商民巡警又岂肯默然，均推不知？原案纠称碕碌地方管业者，多系白契。该警视长勒令贱卖，并与某绅结合串买，以三槐堂出名及另案揭封勒索各节。查三槐堂买地实系源丰润银号，该号去年倒闭，产业已悉数充公。该直牧有无勒卖、串买以及另案揭封勒索等事，均属毫无实据。伏思汕头一埠，地滨大海，五方杂处，莠民甚多。未开巡警以前，抢劫之案，层见叠出。自冯直牧到汕头开办巡警后，迄今已历三年之久，地方尚臻静谧。洋商教堂均各相安无事。况系一隅之地，巡警办至三百六十名之多，款项办至七八万元之数，似不无成绩可考。知县按照纠举各款，切实查明，断不敢存见好之心，致令下拂舆论，上负委任。谨就查明各节情形，缮具清折呈请宪台察核，俯赐批准知县销差等情。据此，查核禀复各节，虽无实据者多，而该直牧究有不合之处。如截获被拐小孩被人串领，失于觉察。栈主王松窝拐一案，虽罪有应得，然率行笞责，不明权限，均属咎无可辞。无怪乎人言啧啧，不知者或以贪墨违法责之也。但该直牧办理该埠巡警有年，颇著成效。卷查职商陈秉忠控，奉前宪袁批行，业经刘前道派委总务科科员濮州同巨南查复，饬将该直牧信用之陆侯两巡官撤退。并禀奉前宪袁批准免议各在案。现查洪令所禀与前次所查大致略同。该直牧既已销差，应否准其免予置议之处，伏候钧裁。所有遵饬派员查复缘由，理合禀请宪台察核批示祇遵。

提学司详复核议谘议局议决整顿学务议案

为详请事：宣统二年十二月初五日奉前兼宪增札开，宣统二年十月二十九日接广东谘议局呈称，窃本局议员提出整顿学务一案，当付议会讨论。随再交由审查、审议两会先后修正。查本议案计分甲乙丙丁四类。甲为整顿行政机关，乙为筹画教育经费，丙为应设立之学堂谋扩充，丁为已成立之学堂筹整理。业经会议表决，可决者得有多数。此案即已完成，理合录案呈报察核。计呈案一扣等因前来。当经发交会议厅审查科开会审查。兹据会议厅审查科案呈，遵即公同审查，佥以议案所陈各节，应交主管衙门核议。拟请行提学司核义具复，再行核办。并即札复谘议局查照。是否有当，伏候核夺等由。本兼署督部堂复核无异，合就札饬札司遵照，逐一核议详办毋违等因，计粘抄议案到司。奉此，遵将发下议案逐条详加核议，按照甲乙丙丁四类分别清折四扣，折内先将原案全录。每条后各附按语，以期明晰。所有奉饬核议缘由，是否有当，理合详请察核批示祇遵。

计呈清折四扣。

谨将核议广东谘议局顿整学务议案甲类逐条备录，原案各加按语，列折呈请钧鉴。

计开：

甲、关于学务机关之整顿

一、学务公所

按：教育行政机关全在学务公所，从此整顿实为根本上之解决。惟整顿方法应按部章规定及他省已通行办法，方能见诸实行，谨拟办法五条。

（一）公所办事之时间

光绪三十二年学部奏陈学务官制折附清单开，提学使督率所属职员按照定章，限定钟点每日入所办公，不得旷误。本省学务公所附设提学司署内，各科员办事皆有限定时间。但提学使若非亲临办事厅，督同办公，则科员之勤惰不悉，公牍之核发稽迟。应请督部堂饬提学使明定办公钟点，每日按照亲临，以符定章，而免旷误。

按：学务公所沿照前两广学务处旧例，设立办事厅。各员每日上午九时入厅办事，十二时休息，下午二时入厅办事，五时休息。遇有要公，不论休息时间，随时办理。并设有考勤部,每日各员入厅均书到两次。是办公钟点早经明定,又查学务公所旧设在广雅书局。本司到任饬令迁入学署,原以地既接近,随时到所,考察易周。并于办事厅前设有本司办事处所,遇有会议及商办事件,无不躬亲其事,即退处署内之时,如各员面禀公事,或有传询事项,署所密迩,尚属便捷。

（二）科长科员之任用

查学务官制章程，学务公所分为六课，每设科长一人，副长一人，课员人数少则一员，多则不得过三员，统计三十人为满额。江宁学务最为发达，科员合共不过十二员，今粤省用至六十余员之多。有所谓额外科员，不特各省所无，即比之前学使，亦加增一倍余，而公事反多废弛。又教育官报，如江宁、安徽、广西均附设于图书科，只增用撰述一员。广东教育官报，另有总办、帮办等名目多至五六人。图书馆应归图书科掌理。省城图书馆正在筹办闻亦议设总办、帮办等差，应照定章将公所冗员，一律裁汰。至选任科长、科员尤应遵学部原奏规定四项资格，慎选其人，不得率以候补人员滥竽充数。

按：学务公所分设总务等六科，每科科长一人，副科长一人，科员三人，历经报部有案。查与定章尚无违背。现在总务、普通、实业、图书、会计五科各员均已委派满额。其专门一科尚缺科员一人，合计各科共二十九人，尚未足数。至额外科员现派一人，原以顶补缺额。盖科员有缺，率尔补派，往往未经历练，难期称职。本司设立额外科员之意，系为预备科员人材起见，先使入所练习公事，详加考察，然后拔补科员。前两广学务处所设练习员，亦即此意。惟仍视科员缺额多少酌量委派，以期于部章原额不至滥溢。再议案谓江宁学务最为发达，科员合共不过十二员等语，查本年部颁全国第一次教育统计图表内，于各省学务公所职员均经列有总数，计共二十三行省。惟江宁、四川两省独付缺如。是江宁省学务公所员数，在学部尚无所查考。今议案独引此为据，所称十二员之语，未审从何考见。又查前表内载江宁省学堂总数七百六十七所，学生总数二万零二百六十六人。广东省学堂总数一千六百零七所，学生数七万五千七百三十三人。是广东学务之发达较江宁数倍，用人自应较江宁为多。今议案谓江宁学务最为发达，且引以例。广东似未深考。又议案云，教育官报如江宁、安徽、广西等省均附设于图书科，只用撰述一员。广东教育官报另有总办、帮办等名目多至五六人。图书馆应归图书科掌理。省城图书馆正在筹办，闻亦议设总办、帮办等差，应照章将公所冗员一律裁汰等语。查学务官制章程内载，总务科掌编印教育官报。是掌官报者，是总务而非图书明甚。考之各省，如直隶、江西、陕西、甘肃、四川、湖南、云南、贵州等省皆隶属于总务。其附设于图书馆者系属变通办理，似非所以符部章。本省官报系遵章由总务科掌理，虽设有编纂翻译专员，惟并无总办、帮办等名目。其所以设立专员之故，亦非无因。查部章总务科所掌职任，至为繁剧。就中如收发文件、掌管案卷两项，非专派科员管理不可。总务科连科长、副长、科员共五人除以一科员主任收发，一科员主任管卷外，余一科员协同科长、副长办理文牍。此外部章所规定种种职掌，亦统归此三人管理。今教育官报如编纂、撰著、选录、译述、印刷、校对、发售等事，缺一不可，在在需人。总务科各员分其余力只能兼任，不能专任。且迩来学堂日多，图书科各员审订科书、考核课程，亦无暇越俎以代。考之各省如吉林、直隶、江西、陕西、湖北、湖南、甘肃、云南等省，皆设教育官报处，并派专员办理。江西分纂且派至八人，载在官报，彰彰可考。况本省学务较他省为盛，总务职掌较他科为繁，官报为教育要政，倘任其不能兼顾，而失于苟简，非所以促教育之进行也。故本省办法以总务科总其成，所以示遵章之义，以专员分其任，所以收助理之功。议案于此中情形似未深加体察。至图书科一层，学务官制图书科，虽有管理图书馆、博物馆之职掌。惟本年正月续奉学部奏定京师及各省图书馆专章内开，图书馆应设监督、提调各员。是图书馆为独立性质，与图书科无涉。粤省现设图书馆，系遵奉学部专章办理。馆员尚未派定，并无总办、帮办等名目。议案所云未免失实。总此以观，似学务公所各科及教育官报、图书馆均属尚无冗员，自应请免裁汰。又查学务官制章程内载，各科科长、副长、科员以曾在中学毕业，或曾习师范并曾充学堂管理员、教员，积有劳绩者充任。此时创办，应予变通。暂就本省官绅办理学务，积有阅历，学望素孚者由提学使详请督抚札派等因。议案所称原奏规定四项资格，殆即指此。司署委派科长、科员向皆遵章委派，部章虽有变通之文，然遴选均极慎重。且照例每年一次，将各员姓名履历详报督宪暨学部察核，并于历年考验差委人员事实册内，详注各员供差事实，移送藩司详咨有案。是该各员合格与否均有所查考，倘曰违章应干部驳，似不至如议案所虑，有滥竽充数之弊。

（三）省视学员之勤务

省视学员为各属学务兴替所关。本省学区辽阔，每道仅有视学一员。今省视学有以一人兼视两道。故各州县多有不能查到者，有查到亦不暇详审查。虽迭经将各属情形禀报有案，而各属学务未见大兴者，职是故也。且视学员大半候补人员，迁调无常，徒有报告空文，不能实行整顿。应请查照部章规定四项资格委充。省视学员以二年为一任，分巡区域限每年一周。所查阅各学堂如管理教授不合者，指示改良。经费不支者，令地方官绅合筹补助。至各地方有应办学堂而未能开办者，设法劝办。年终汇报，下年再临复核，是否遵办，分别劝惩地方学务，庶有起色。

按：部章省视学额六员。粤省向系就道分派，惟各道所辖府厅州县区域广狭各殊，学堂多寡亦异。如高雷阳及廉钦两道，辖属较少。已成立之学堂统计不及广府一属之半。故上年将原派廉钦视学员许州判之衡兼直高雷阳学务，余仍按道分派、考核，不患不周。现在所派各员大都向充学堂教员、管理员，积有经验，且职任亦多在二年以上，与寻常候补随时迁调者不同。该员等只有检察报告之权，并无实行筹办之责。惟司署于各该员历届报告及所陈整顿改良筹维事项，均经采择札行该地方官会绅切实办理。一面惩劝兼施，正与所议各节用意相合。

（四）严定误公之处分

查科长、科员分科任事，本有责成。近年学务公所竟有遗失试卷，及毕业考试经年不发案者，公牍数月不批者，前学务处开办之始，综理两广学务科员不过数人，而公事迅速无逾一星期者。应请饬提学使严定公所办事规则，凡学务禀牍，如试卷表册等类不得逾二星期批发，其诉讼禀牍不得逾一星期批发。并通饬各地方官凡学务饬行及转详文牍，均当照此办理。倘有延误或遗失者，分别撤参惩罚。庶立法严明，办学之精神庶几复振。

按：学务公所为全省教育行政之机关。各员抱牍趋公，事繁责重，照部章之所规定，奖励不可谓不厚，则惩戒亦不得不严。故定章有一年一次札委，均于年前下札。平日如有敷衍因循者，应由提学使随时撤换等语。议案以为宜严定误公处分，自系要义。现学务公所办事多照前两广学务处章程办理，各员似尚趋公勤慎。本司详加考查，倘有懈玩溺职，自当照章分别惩罚。

惟议案所云遗失试卷一节，查属并无其事。至毕业考试司署办理最为慎重。迩年以来查有不肖之学董堂员，因毕业奖励有生贡等项，公然悬价以市，往往攙插名籍，捏造成绩，一有不慎，即受欺朦。甚或谓学费支绌，藉是补助。又谓提倡学务奖励宜宽。司署为防弊起见，每办学堂毕业之案，必将历年表册、教授课程、考试成绩逐名详细查核。倘查出情弊，必加批诘。坐是而藉学渔利之徒，积畏生恨，积恨生毁。批发稍迟，不以为慎重，而以为废搁。遗失试卷之疑，亦即此由而生。又查公所以总务、普通两科事务最为繁剧，而员数与各科一律。正拟依照直隶办法禀部酌量展额，庶能办理裕如。仍一面由司督率各员，将每日文件分别最要、次要、常件三项限期批发，以期机关灵捷。至州县疲玩系属通病，即如部颁各项表册，亦往往屡催罔应。一面由司通饬整顿，凡奉行及转详文牍，倘有延误即分别详请记过撤参，以肃学纪而重要义。

（五）经费之专责

学务经费向有由公所自筹自用，直接收入者，漫无稽核。现在统一财政，既设财政公所。所有关于教育行政费之收入，如乐善、戏院、饷租等项，应归藩库经管。学务公所内一切经费制成预算核实领支。

按：前准清理财政局来函，以会议拟将各署收入各款分别划归藩司经管等由。当以司署经管之学费各项虽关于职务附属之，收款究属财政之一部分，既奉朝旨饬令统一财权，似应悉数改归藩司管理，方资整饬。函复商办。一面查照议案内指明各款，如黄江税厂解款，乐善院租等项，先行列单移请接收。嗣接准藩司移，仅将黄江税厂认解。广雅书院书局经费划归，此外乐善院租等未经接管。至公所虽有暂时自为收入各款，按月册报清理财政局查核汇案报部，似不得谓之漫无稽核。

二、劝学所

（一）选举新章之修订

查劝学所总董，去年由本局议决变官选为公选，嗣奉公布施行。惟学司修正选举简章第一条，于师范学堂毕业生只限官立者有选举权。在制限原意，系比照部章，官立师范简易科始有奖励。惟查部章制限奖励系为慎重名器起见，似无庸援以比附，只求确有学识，不至滥选，均得享有之。自无区别官立民立之必要。况总董被选资格部章只明定曾习师范并无显分官民及系何等级，被选既有资格，选人更正不限。粤省教育尤宜奖励公立族立，方能普及。若事事专重官立则于教育前途，实有窒碍。今拟修正第二条，删去官立二字，改为师范毕业生。并不必限定何等级，惟以领有文凭者为准。

按：司署修正选举劝学所章程第五条第六节内开，官立师范学堂毕业生予有选举权。当时系比照部章官立师范简易科始有奖励之意，原为慎重选举，俾免冒滥起见。现所议删去官立二字，改为师范毕业生。并不必限定何项等级，惟以领有文凭者为准等语。其意欲求普及。查选人资格限制稍宽，尚无流弊，应准如所议办理。

（二）总董之考核

各属学务之废兴，总董实司其责。劝学所章程第九、第十两条，定权限，明功过，立法至为严备。然奉行不力，虽文法灿然，终不能示董劝而促进步。应通饬各属地方官，于年终胪陈各该总董办学实绩，禀明提学司考核，以定赏罚而决去留。再将所禀各节，交由省视学随时切实复查。如有徇隐不实等弊，禀请提学司将地方官从严惩处。

按：司署修正选举劝学所总董章程第十条内，业经申明定章通饬各属，自宣统二年起，每届年底，先由管学官将该总董本年劝学成绩，逐款详列事实册，并出具考语，限十月内一律具禀到司，查明该总董平日功过，以定撤留。自此次章程通行之后，并经屡次严催，各属遵照办理。与所议通饬地方官年终禀陈总董实绩，由司考核以定赏罚去留之意相符。至将地方官所禀交由省视学随时切实复查，如有徇隐不实，禀明本司将地方官从严惩处一节。用以稽核各州县暨劝学所总董任事虚实情形，意甚完善，应准照办。

（三）劝学员之考核

查定章劝学员以品行端正，留心学务为合格，由总董选择禀请地方官札派。并无任期，惟总董既有选择之权，则视学员之是否称职，总董当负其责任。应由总董于年终将各劝学员出具切实考语，呈由地方官查核。仿照司署札委总董办法，一年一次札充。其不称职者立予撤换。如有藉学包揽，倚势凌人者，按照劝学所章程第九条办理，并将总董记过示罚。

按：此条所议考核劝学员办法，尚属妥协，应准通饬各属查照办理。

（四）实行设宣讲所。

总董照章有办理宣讲所之责。查各属地方未设宣讲所者尚多，应迅饬各厅州县先于城中创设一所，限文到四个月内成立，以为各乡镇之倡。其宣讲事宜遵照部颁章程办理。

按：各属劝学所遵章应设宣讲所实行宣讲，业经屡饬各属遵照定章速行设立在案。现所议先饬各厅州县限文到四个月内在城中设立一所，以为乡镇之倡。核与定章相符。应准如议办理。

三、教育会

按：教育会为学务补助机关，部章颁布已历数年。江苏、山东、广西各省次第成立。吾粤总会发起三次，皆已举定会长，而款项无者，至今不克成立。是非妥筹办法不可，谨拟办法三条。

（一）预拨专款

查教育会章由会员担任经费。然会未成立，筹劝甚难。查江苏办法先由苏抚筹拨的款，山东亦然。拟请督部堂饬提学司，于教育费预拨开办及常年的款，藉资补助，以免再蹈从前之覆辙。

按：教育会之设所以补助教育行政，与学务公所及劝学所联络一气。部章第二条，在省会则议绅、省视学、各学堂监督、堂长及学界素有声誉者，均有发起总会之责。在府厅州县则学务总董、县视学、劝学员、各学堂监督、堂长及学界素有声誉者均有发起分会之责，是此项总分会在办学人员均与有其责。设立总分会以期集合团体，研究学务，改良进行之方法。各就地方公众处所如明伦堂、劝学所均可附设，以时召集，无事铺张，则经费可以节省。会员应岁出六（员）〔圆〕以上之会金，系属乐输。倘地属瘠苦，此项会金亦可酌减。其他实行宣讲组织，小学师范讲习所等项经费自应会同劝学所，禀承管学官筹之于地方公款办理，断非会员所能担任。至江苏、山东筹拨款项办理，系属权宜之计，未可援为成例。司署款项本极支绌，明年预算经已规定报部，实无余款堪以筹拨。倘各绅查有可提之款，尽可禀请指拨，以资补助。省垣总会业已照会陈绅伯陶、朱绅世畴充当正副会长。陈朱二绅，学界素负声誉，且极热心学务，自能遵章办理。至各分会已于甲类第三条第二节按语内声明。准照所议，通饬各属劝学所，限明年将分会一律筹设。以期内外相维，于教育前途日臻发达。

（二）限期成立

查教育总会现经举定陈学使伯陶等为正副会长。若拨有专款，即应督促进行。拟请总会责成议长、议绅限年内成立分会，责成各属劝学所限明年成立。

按：广东教育总会业经吴绅道镕等禀明成立。并经本司照会陈绅伯陶、朱绅世畴充当正副会长。并刊发该会钤记，以资信守各在案。至各属教育分会亦经陆续禀办。其尚未成立者，并经札饬各该管学官，督同劝学所总董等妥筹发起。现所议责成各属劝学所限明年成立，正与司署办法意见相同。

（三）教育总会不能因会长缺席停办

教育总会系为讲求教育进步而设。现在干事各员，已经选定。自应照常开议，不能因会长缺席概行停办。

按：教育总会现已照会陈绅伯陶等到会任事，刻日开会。此条应毋庸议。谨将核议广东谘议局整顿学务议案乙类逐条备录原案，各加按语，列折呈请钧鉴。

计开：

乙、关于教育费之计画

学务日益发达，款即日益增加。此一定不易之理。本局去年调查公款支配学费一案业经会议可决。而经费所由出，自不能不归本于地方。倘不划分权责，各任担负，则前案徒托空言。教育何能普及？现国家地方税未分，省教育费无从置议。今就地方教育费统以自治区域画分之，令各自筹措，无论现有公款或设法附加，总以地方范围内应办学堂若干，量出为入。庶学费有著，而教育可望普兴矣。

一、地方教育费之核实

查省城教育费自学务公所，以至提学司直辖各学堂，各员薪脩比较，外省未免逾格。应由提学司量为核减。其科长、科员系属兼差者，亦应依照前学务处兼差人员，只领半薪以节糜费。

按：学务公所为全省教育总机关。部章设议长、议绅位于六科之上。其科长、科员亦官绅，并用以示互相维系之意。公所各员薪水向在本省处于最优地位。近年自财政公所清理财政局法运各公所成立以后，两两比较，相去悬殊。是最优之地业已降为次等。兹就学部颁行之光绪三十三年统计表查核，本省学务公所经费岁支数目比之直隶省核计在九成以上，比之湖北省核计尚不及八成。至三十四年直隶教育统计表公所经费岁支银五万八千八百四十三两，又津钱八千二百六十五千文。核之本省公所五万八千六百余两，比较亦在九成上下，并无与外省逾格。至司署直辖各学堂大率注重高等以上各校，以为提倡而示模范。校务日益加班扩充，即经费日益增加，势难强为裁节。现在财政已入预算，由清理财政局汇案详咨发交资政院，提议自应听候裁夺饬遵办理。又科员中有委本科而兼他科者，量各科之繁简，均任事之劳逸，薪水只领本科并不加给，亦无津贴。此外间有兼他项差使者，系属量材任使，因地择人起见。且其他各署局所委员恒多兼任一二差事，又不独学务为然。所称从前学务处兼差人员只领半薪，检查原案并薪修簿册未见明文。

二、地方教育费之支配

各府厅州县中小学堂，类皆将书院学租、宾兴、印金各公款尽数提拨，名为官立，实与公立无异。开办之始，薪脩务从丰厚，往往有学生数十人，而用款数千至万余两者。而逐后成立之学堂，又多限于经费，未能扩充，应责令管理官绅，通盘筹画。无论官立公立，酌盈济虚，总期学务之发达。

按：各府厅州县中小学堂，近年递有加增，有编造统计表册可考。其经费岁出入，饬令查照前次颁发学期报告表式，按学期填造详加察核。各属学堂造报经费数目，就地方财力丰啬本难强以一致。惟司署考核则以学生班数之多寡为衡率。用均平计算办理核实，则批奖加勉。若有浮滥，饬管学官随案驳令纠正，重行改造，从未敢稍涉迁就。其或因官厅之催办，急于成立，常费未能筹足，或虽有的款而中途事故迁变，亦所在恒有。正不独如原议所谓成立之学堂，多限于经费未能扩充，应责令管理官绅，通盘筹画，无论官立公立，酌盈剂虚一节。按之各属办学情形经费多半自筹，此邑之盈固不能剂彼邑之虚。即此学堂之余亦难补彼学堂之不足。惟有责办学官绅，各学堂入款有余，仍应责令核实支用，扩充加班。其不足之学堂设法撙节补助，由管学官实力维持，不使中辍。

三、地方教育费之增加

宪政之进行以国民识字之人日多为根本。九年筹备清单有限年成立之规定，不得视为缓图。则教育费之增加实为地方之义务。本省各属地方原有公款不少，应责成劝学所自治会切实调查，其有地方之款，应归地方之用。而从前或为官吏不正当之提去，或为豪绅地痞所占据者，令各提归劝学所、自治会切筹办学。如有学堂办理不合，今已闭校者，不得将其原有之款拨充教育以外之用。其户口稠密学童众多地方，尤应多设小学或劝集公益捐或筹附加税，总以教育经费有增无减为主。

按：学部饬定宪政筹备事宜，于国民识字递年须筹加增，以及各府厅州县添设农工商三项中小学堂所需经费，实属不赀。诚如所云，教育经费之增加，实为地方之义务。责成劝学所自治会切实调查，从前或有官吏不正当之提去，或为豪绅地痞所占据者，令各提归劝学所自治会切筹办学。自是正当办法。应请如议照行。其原有之款，不得拨充教育以外之用。并应声明除学堂外，即类乎新政者亦不得借拨。以清权责，而示限制。至称或劝集公益捐或筹附加税，须俟地方绅庶咸晓然于担任学费系属应尽之义务，方有效果。否则亦属徒托空言。

谨将核议广东谘议局整顿学务议案丙类，逐条备录原案，各加按语，列折呈请钧鉴。

计开：

丙、关于各学堂之设置

地方情形各省不同，则教育行政之方针，亦当审其轻重缓急以定推行之序。本省地方濒海利于交通，实业振兴较中原各省为便，则多设各项实业学堂易见成效。各府州县已遍立小学，教育始基久经成立，切实推广，普及不难。则多设初等小学及简易学塾亦为当务之急，是非有通筹之计画不可。应请按照本省情形，增设后开各项学堂以广教育。

一、筹设各项实业教员讲习所

光绪三十二年学部已通行各省举办实业学堂。又三十四年议复闽督奏请筹款兴办实业学堂折内，奏准限两年之内，每府应设中等实业学堂一所。宣统元年，又复札行各省提学司整顿，是朝廷注重实业之意，不啻三令五申，及今始筹已为延缓。查光绪三十四年，广东省实业学堂统计仅有十间，其内容不悉若何。而未经养成教员，无怪不能推广。今商业教员讲习所甫经开办，招考时不解农工两项，何以不先行筹设？论学理则农工较为切实。若无农工而徒讲商业，是为舍本而图末也。应请将农工商三项教员讲习所，迅于年内按照部章切实筹办。

按：此条因实业学堂急待振兴，而虑教授之乏人，欲各项实业教员讲习所一律成立，此最为当务之急。本司于农工商三项实业教员讲习所，本系同时规画设立。本年六月间已分行所属妥速筹办。惟农工两项设备稍为繁重，农业教员讲习所于高等农校未成立之前，拟暂附设于蚕业学堂。而购地辟试验场，修改校舍仓促不能取办。工业教员讲习所照部章应附于高等工校教习，既可兼课一切，实习工场需用器具，互相资藉，为费省而收效宏。但工业本科方图设置。故一面派员驰赴东洋聘教员，购器构；一面绘图估工赶筑校舍，以期速成。此农工两所虽规画在先，而成立不能不稍后者，亦情势之不得已也。商业教员讲习所例附于高等商校方言学堂，已有改办高等商校之议。故即以该讲习所附之方言，尚有空闲校室，且商业无特别器用及实习之场所尚待筹设，是以开学较早。初非于各项实业有所轻重于其间也。现农工两教员讲习所业已分期考试，定于明正开课。此条应毋庸置议。

二、筹设各属初等实业学堂

各实业教员讲习所成立。若不先令各属预备筹设初等实业学堂，恐临时各州县藉口经费无着，则不特各教员学成而无所用，即讲习所经费亦等于虚掷。应请先行立案，通饬各属限两年之内筹备的款，俟讲习所初次毕业，即行开办。庶知事在必行，教员向学之心愈固。其有各官绅热心教育或能筹捐巨款，另聘教员不待二年自创设者，应照奏定实业学堂通则中特立专条奏请从优奖励。

按：各项实业学堂前于宪政九年筹备案内，业经分别等级办理先后次第列表具说，详请转咨学部核定饬行在案。初等实业学堂及艺徒学堂，实业补习普通学堂，均限各属于本年内一律成立。复经本司再三督饬并札饬劝业所绅董尽力筹画，以期官绅合力成效易观。现据各属禀报成立者虽为数无多，而具报遵办情形筹款设备者已不下数十处。是讲习所教员所虑，在缓不济急，不在于学成而无所用也。若照来议限两年内筹备的款，俟讲习所毕业后始行开办，无论于部定年限显有不符。且新政繁兴，地方安有闲款存储坐待（事）〔时〕机？我国实业待兴，急起直追，尤惧不及。本司于各属应办之学堂、电札交催，考校綦严，深欲克期观成。惟恐稍涉延宕，若宽之两年，即难责以目前之推诿，令其备款，更难保无他项之挪移。至官绅慨捐巨款例当照奏定章程从优请奖，本司亦已饬属剀切劝谕，当必有热心与学者慷慨急公。此条应毋庸议。

三、推广各属初等小学

国民教育以普及为目的，则多设初等小学堂实为当务之急。近经学部变通初等小学章程。教科简易，凡塾师文理通顺者，皆优为之。应请通饬各属劝学所学员分区劝导多设初等小学堂。其形式校具，暂勿深究，但能遵照初等小学简易章程，认真教授。无论其为多级或单级，均即准其立案。如此则事易举而人乐从。

按：立宪缩短年期亟须多设初等小学，力谋教育之普及，养成多数之国民。前奉部颁变通小学章程，于完全科外复有简易科办法，诚属简而易行。司署向来据省视学员陆续报告各厅州县办学情形，对于此等小学成立多少最所注意。叠经札饬各该地方官督同劝学职员，分区推广，不啻百令千申。其有办理得宜，教授如法，尚未据禀报立案者，随时檄饬该管牧令保护维持。一面查取章程表册，转详立案，以示鼓励。至于形式校具概勿拘泥，免碍教育之进行。私塾已经改良者，亦与学堂一例待视。正与议案意见相同。其已准立之学堂，或训授管理查未得人，及编制教课不合法程者，亦即根据报告所及，分别檄行撤换教员，催促改良，及时整顿，期免虚耗资财，有名无实。今日办学宗旨，固当利导进行，尤贵讲求实际。若夫单级教法，执简驭繁，最关紧要。粤省尚未通行。司署上年拣派优级师范选科毕业生，前往东京高等师范学校，专学单级教法。本年归国，即在两广优级师范学堂内，开设单级练习所，分日夜两班，储养此项师资。并附属单级小学藉资模范。且便实地练习，将来单级教法传授日广，荒僻贫瘠之区域，方不虞办学为难。即化私塾为学堂，亦较易为，力期因地以制宜，倘事半而功倍。单级与多级相辅而行，即简易与完全双方并进，普及虽骤，未易言推广，庶有从藉手也。

四、筹设各属女子小学堂

女学为教育之根本。本局前会议决振兴女子小学议案业经公布施行。应请通饬各厅州县，迅速查照前案切实兴办，毋得延缓。

按：兴办女学师资最难。前届奉发议案与司署筹设女学办法大略相同。惟原议不必拘定女师，暂延男师为教习，核与女学定章所载，堂长教员须以女子年岁较长，素有学识，在学堂有经验者充之之语不符，未便通融转贻顽固者以口实。经具说呈核札复在案。现查省城官立女子师范，本年已办毕业者连插班生得三十五人。应即由司妥订服务专章，详请核明办理，权应急需。一面通饬各属照案催办女子小学，以开风气，并令速设女子师范以养师资，勿任延玩。

五、筹设琼属农矿学堂

琼州一府孤悬海岛，外人久已垂涎。查其内山一带森林矿产，均极富饶。若不及早图维，必启外人之觊觎。应请迅饬就地筹设农林学堂、矿务学堂，由提学使于全省教育费内拨款兴办。

按：琼岛山林之产，久称富饶，未垦土地亦复不少。因地制宜，农矿学堂是其所急。前由本司移行琼崖道府，筹设各项实业学堂。旋准琼崖道移称，拟办中等工业学堂，内分三科：一矿业、二金工、三木工，而以矿业为主。又据琼州府禀称，拟办中等农业学堂，内分农林各科。其中等工业已经招考开办预科，中等农业亦即俟经费筹定后，克期开学。如果办有成效，初等实业及高等小学毕业人多，学生不至难求，再图扩充办法，以兴地利。至全省教育费目前尚未指定的款。司署行政办学各款，本已支绌异常，无可筹拨。此条应毋庸议。

六、筹设铁路学堂

本省铁路须用本省人材，此为事实上所必至。粤汉铁路久酿风潮，迄无成效，皆因本省无此项人才故。自董事以下多不谙路事之人，滥竽充数，建筑管理大半虚糜。应请迅速筹设铁路学堂，以为他日改良路事，添筑支路之用，且亦实业学堂之一种，不但为本省铁路计也。此项学堂不必永久，俟毕业数次，即可改为高等工业学堂。

按：广东铁路学堂之急宜设立，本司亦素表同情。惟此项学堂不列学部奏章程学科统系之中，即为本司权限所不及。故九年筹备表内，未便列入。而试办预算，亦未将此项学堂经费提出专案算计在内。司署教育经费本自不敷，现又添办各项实业，教员讲习所、高农、高商，亦定于宣统三四年一并成立。部限綦严，而追加预算尚未奉到部复。实无余力，更设此堂。窃思粤汉路线袤延至数千里，驾驶管理建筑何者不需人才，即何者不需经费。铁路公司以四千万之股本，若能稍分涓滴以兴学育才，则他日已成之才还为我用，薪水必廉于他人。且其学识既优，办中自有条理，无穷之糜费所省必多。是铁路公司捐出者甚细，而所得于偿入者为不赀也。若得善为劝导铁路公司能拨款兴学，本司身任地方教育，决不敢避越俎之嫌，当迅图成立。以慰粤人之望，而养成待用之才。

七、筹设水产学堂

粤东濒海，各处山利少，而海利多。应就沿海繁盛地方设立水产学堂，养成人才，以收振兴渔业之利。

按：水产之学既明，不惟能收海利，抑且可握海权。沿海区域固宜尽力经营。学部改定本司分年筹备表列中等农业学堂，各府厅直隶州限于宣统二年成立。各州县如系农业繁盛之处，限于宣统四年成立。均各于富于水产之区增入水产科，已经饬属遵办在案。惟此等学科，非专门研究，不能洞其精奥。本司尚拟宽筹经费，择沿海水产富饶之地，特设一堂，以为各属之倡率。俟筹有的款，当迅图开学，以冀启民智而开利源。

谨将核议广东谘议局整顿学务议案丁类，逐条备录原案，各加按语，列折呈请钧鉴。

计开：

丁、关于各学堂之整理

一、奖励办学员绅

查定章办学人员三年照寻常保奖，五年照异常保奖。盖以办学者捐资财，耗心力，久担义务，非此无以激劝。本省自岑前部堂奏保办学员绅四人特旨优奖，风声所树，人争以办学为荣。学堂之兴，于斯为盛。今办学之人倍于昔日，其中苟且敷衍固不乏人，而实心任事者当亦不少。此时学务渐即衰落，自当择尤保奖，以为后来者劝。

按：奏定学堂章程，学务员绅办学满五年者准择尤，援照同文馆成案请奖。又查政务处定章每一学堂五年期满，学生毕业人数在六七十人以上者，始准择尤分别异常、寻常劳绩请奖各等因。查粤省学堂虽间有年限已满，禀请奖励者。惟多未声叙清楚，碍难核办。现拟由司遵照定章订阅简明办法，通行各属暨各学堂查照。如有办学员绅能实心任事，并合章程内资格者，速行查明禀报本司察核，以凭汇案择尤详请奏奖，俾昭激劝。

二、严防考试流弊

定章限制招考，现时只停中学以上。虽为广造就起见，合格者本可取录。然始之不谨，流弊滋多，前年省城法政别科招考，闻试验时多有枪冒，一经取录谋换相片。此其弊自省城开之，而琼崖中学亦多效尤。至毕业考试尤滋流弊。近年各学堂毕业生，皆令来省调复，立法甚善。然复试之后，久不发榜。一则阻学生升学，一则防撞骗招摇。应请以后无论何项考试均须提学使亲自点名核对相片，多派监试委员。如有枪替、夹带、互相问诘诸弊，立即扶出，一经复试迅速发案。如有委员书差在外招摇撞骗，许该学生告发，从严惩办。

按：司署前经通饬报考学堂，先缴相片，原备临场比对，及取录进堂时复加检验，以杜枪冒诸弊。原议所指省城法政别科及琼崖中学考试情节，其事虽未据该两学堂报明，但既述所闻，诚恐各处学堂类此者容尚不免。应再通饬省外各学堂，每遇招考新生，于试验之时及考取之后，必认真核对相片。若有不符及偷换者，报司严办。如敢扶同徇隐，别经发觉，该堂管理人员并予惩处。本年复试各属中学及初级师范二年以上简易师范毕业生，均署司亲往优级师范学堂点名。每名核对预缴相片，并多派监试委员，镇日周巡，严防枪替夹带。试卷经委员评阅记分后，复由署司逐加审核区分。殿最因调省复试，系属初次办理。各处有逾期禀求补试者，汇齐揭晓，是以略迟。近奉部行毕业合格之生，无待复试揭晓，准予一面先应升学考试，既属无所妨碍。此后各属送考毕业学生，如逾复试定期，即归入下届，概不临时补考，以免榜示稽延。若员役人等有撞骗招摇情事，应准学生告发。查明属实，分别详参驱逐，惩究不贷。至应归提学司考试者，亲自点名，自不待言。若无论何项考试均须如是，恐难有化身，亦难遍及，实属无此办法也。

三、改定简易表册

官立学堂经费稍充，尚可多雇书手。若民立小学堂经费支绌，各项表册皆校长、教员以余力为之。若节目太繁，转于功课有碍。应请咨商学部高等小学，除教员学生名册教授细目外，其余但用简表。至初等小学，但报一览表而已。他如按月收支册，如无官款公款之学堂，无论高等初等概从豁免。

按：提学司一职，程督各府厅州县学务。而深居高拱于省会地方，倚托耳目者不过省视学六人，此外所资以考核各学堂表册而已。论者屡以表册繁密为病，当事实无可如何。明知表册即使整齐填报，亦难深信。然功课纯杂，生员勤惰，以及成绩虚实，毕竟尚有蛛丝马迹之可寻。若并此而视为无足重轻，则办法之未当者，何从凭以条理？弊端之百出者，更何从据以觉察乎？各项表册，无论部颁司发，皆有必要之理由。各议员当能深谅民立各校，经费不充，员数无几，固属实在情形。惟教员功课日数小时，余晷甚多，略无妨碍。且每学期不过一次，各学堂亦藉以表示成绩，而顾惮烦耶？除部颁表式一二种外，现拟由司署另定初等小学所用极单简之表式，颁示通行。其高小以上，有奖励之学堂，不在此例。但因时变通，亦拟酌加删订，总以意思主简，事实不漏为要，统于明年上学期实行。至按月收支各册如无官款公款之学堂，无论高等初等概从豁免。所议极是，应准照办。

四、厘定两等小学

今办学者，喜滥设两等小学，以为名高。查各属两等小学堂，或有两等之教习而不能胜两等之学科，或有两等之学生而并无两等之资格。是以初等之学堂而冒两等之名义，或藉此以多收学费，实于学生何益？应请通饬各属两等学堂，学生须以程度为差，不以年龄为别。每学堂须有高等生十名以上，方称两等。否则须别有教员以教之。

按：小学一校兼设两等。原为节省经费，方便生徒就学及升学起见。惟学生资格，讲堂功课高下，仍不相同。司署于此项学堂缴到表册，若等级不分明，课程有淆杂，及夫以年龄为别，不以程度为差者，无不详细指出，急为厘整，或饬正名初等小学，或令先办高小预料。务使等别不致混淆，课授毫无假借，严杜躐等滥升之流弊，切戒虚张门面之行为。近来风气日开，人民知趋重义务教育。计本年各属以小学禀请立案者，初等什七八矣。至教员能胜两等学科与否，应俟遵章另行检定。所议每学堂须有高等生十名以上方称两等，似乎限制尚宽，难成班次。最少亦应暂以二十人以上为率。乃若程度年龄之界说，自不嫌为各属办学人士重言以申明也。

五、严杜踞款阻学

民立学堂大半绌于经费，因而闭校者不少，乃或禀请拨款。而盘踞者辄毁为藉学渔利，或更藉口自办以图抵制。学务公所于此等案件往往批是否众情允协？夫既因阻挠而兴讼，自不能众情允协。经费出自不足，更何利之可渔？应请嗣后各属学堂如有互争公款者，概准发起在先之人，以杜藉学抵学之弊。

按：宣统元年经谘议局提议调查公款支配学费草案第七条内开，书院宾兴、义塾、册金、卷金、文会、书田、学谷、科举花红等款，议责成各区及各族董事分别调查，酌定成数，推广小学，通筹支配为实行均费之预备等由，业经通饬各属并颁发表式限期遵办在案。果能认真调查，无论乡族各有公款尝产，以之酌定成数，提办学务，自不患经费之不充。乃阅时已久，各属甚鲜调查报告，其中必有把持盘踞之人，概可想见。究应如何严切追查，地方官固责无旁贷，尤赖办学绅耆，各就某区某族破除情面，实力推行，庶或有济。至地方员绅禀请拨款办学，向以准拨在先者为断，后人不准急拨。惟争拨之人往往巧于弥缝，将所争之款变其名目，请拨究竟是一是二，司署无从揣测，稍一不慎，即起争端。所以必须饬县查明是否允洽，此为隐防争拨起见。至谓经费出自不足，更何利之可渔？不知藉学渔利与否，以其人平日之贤不肖为断，不在学款丰绌。凡有巧立名目开支浮冒，皆为渔利之具。正不必堂有余款，始可侵渔。又查近日各属所办新政，如自治、巡警、实业等项亦多互争公款之案，亦应一律以拨定在先为衡，以杜争执。

藩司详复谘议局提议纠举化州罗江税厂征收违法案

为详复事：宣统二年十二月初五日奉前兼宪增札开，宣统二年十月二十七日接广东谘议局呈，窃本局议员提议纠举化州罗江税厂征收违法一案，当已付诸议会。据称该税厂既属违背定章，又几酿成罢市，非请迅行查办，严加整饬，不足以保护商民。迨表决时已得多数之可决，理合录案呈报察核。计付呈议案一扣等由前来。当经发交会议厅审查科开会审查。兹据会议厅审查科呈称，遵即公同审查，佥以税厂征收违法，自应查办，而资整顿。拟请札行东布政司派员，按照议案所陈各节详细彻查。如有违法实据，从严详办，以资整顿，而恤商艰。并即札复谘议局查照等由到本兼署督部堂。复核无异，应即如议办理。合就札饬札司即便遵照，派员详细彻查，据实详办。毋违。此札计抄议案一扣等因。奉此，伏查此案先于光绪三十四年秋间据石城商店及商会先后具控化州罗江税厂措留苛抽。经胡前司移行高州道府查议妥办。嗣据石城商会禀，奉农工商部咨行酌核办理等因，复经张前宪札饬高州道府查议禀复，据称罗江设立税关已阅二百余年。

罗江发源于广西郁林州所属之陆川，会合郁林州所属北流之陵水，谓之合江流入化州城北，俗呼罗江即州志所谓西江是也。发源信宜之东川水，经过茂名，直达化州东北，与合江汇流，谓之浮山水。即州志所谓东江是也。化州志所刊税则，榔、烟、棉三项，既有东西之分，即可为东西江有税之明证。罗江税厂从前设于东西汇流之沙洲嘴地，方后因风灾，厂房倒塌，始迁于沙洲对面之河边。原定税章久已散失。查询往来年老船户，悉谓罗江税厂向系东西江一律征抽。从前商人过关报税，向仅报某货一箱抽银若干，从不开箱查验。该税厂一切情形，与各处关厂不同。所有经税大宗货物，当时并无现银完缴。查验数目相符，先给凭单，俟一二月货物销售以后，始将税银交由殷实行店，照单核收代缴。其余零星商贩，所完税项，均系折交钱文，甚至三二十文不等。是以向不填给票根。即商人亦多不愿取票者。现仍照章办理。乃石城广章等店，因该税厂稽查稍严，舍舟求陆，希图绕越，致被扣留。原属咎由自取，竟贿无业游民装载伪货到厂寻衅，鼓惑郡城商民罢市，意存挟制。且敢饰词越控，实属刁狡。但一经出示晓谕，立即照常贸易。东西两江往来船只，亦已遵章纳税。其扣留货物系由陆路截获，已准领还。所控朱伯来等恃官苛索，查无其事。至陆路向不纳税，应准出示泐石遵守。特恐奸商夹带违禁货物及贩运大帮货物绕越走私，仍责成该厂司巡认真稽查，以杜弊混。惟不得留难勒索，别生枝节。商货遇关开箱查验，自是正办。况当搜查军火之际，不能仍前迁就。惟该厂历年征收税饷，仅给草单，未加印信，又无簿籍可稽。此系相沿办法，由来已久。嗣后收税饬令设立印簿，填具票根。按任移交，以便稽查。票簿应用式样，俟清理财政局订定章程，再行转饬遵照等由。奉袁前宪行经本司复核，请如所议办理。声明嗣后该税厂仍照向章，不分东西江船只一律征收。至陆路向无纳税，应准照免，出示泐石俾资遵守。详奉批准，移行遵照并奉咨复农工商部核准，将案注销各在案。本司伏查化州罗江税厂被控苛索一案，叠经胡前司及高州道府先后委员查明实情，行司议结。应即照案核议，似可毋庸重复委查。窃以罗江税厂前经详定只免抽纳陆税，其东西两江船只仍照向章，一律征收，出示泐石遵守有案。该厂从前设于东西汇流之沙洲嘴地方，后因风灾，厂房倒塌。迁于沙洲对面之河边，均系租赁民房，且时阅多年，似可毋庸更改。此次谘议局员仍以东江税未罢抽，并以改定罗江旧厂基址为言，未免近于遍执，拟请毋庸置议。惟所请订明划一税则及一律照给税单各节，现在地方税、国家税如何划分整顿，京外正在核议办法，不久当奉明文。将来各府关税均应整顿，固不止罗江一处为然。该厂征收税则，具有向章载明州志，拟请照旧妥办，暂免更张。俟新税法拟定通饬，再行一律更正。至该厂从前征税只给凭单，不给税票，无可稽查。业由道府饬令设立印簿，填具票根，按任移交，俾资征信。惟征税票簿划一款式，清理财政局，尚未订定颁行。现在罗江税厂征税应如何拟定印票、印簿款式暂行填用，以昭核实，而杜流弊之处，拟请饬由高州道府确核饬遵办理具复备案。是否有当，合将遵札查议缘由。详请宪台察核，批示祗遵。

谘议局呈报议决法令公布规则仍请照案施行议案

为呈报事：窃本局提出法令公布规则仍请照案施行议案，当于本月初七日开会。会议各议员多谓公布法令事本握要，应请照案施行。随即表决，计可决者已得多数，并声明不开二三读会。是此案经已完成，理合录案呈报督部堂察核。为此具呈，伏祈裁夺施行。须至呈者。

议案呈附：法令公布规则仍请照案施行案

法令之必要公布及公布必要有一定之程式，已详于原案中。据督部堂去年之札复，则认该案为不可行事件。按局章第二十二条二项，前项呈候施行事件，若督抚不以为然，应说明原委事由，令谘议局复议。第二十四条，谘议局于督抚交令复议事件，若仍执前议，督抚得将全案咨送资政院核议。查此案关系重要，既据说明原委交局，若不要求照案施行，不惟无维持立法之精神，亦无从尽监督行政之责任。兹特将札复理由分别拟驳于下。

札复有云：制定一定之程式作为全国之法令公布法，应由中央政府提交资政院议决颁行，似非各省谘议局所能规定等语。按颁行全国之法则，谘议局固无权规定。若本省单行章程规则之增删修改，则谘议局有议决之权。此项规则即本省单行规则之一种，议案明明言各省之习惯不同，所用之方式自难绳合。是所期于施行者，其范围只限本省。与颁行全国之法，则其性质全然不同。若硬指规定本省之单行法为全国之公布法，是何异指鹿为马，况国家之公布法尚未颁行，本省之单行规则又不承认。试问对于一切法令，不公布则违背局章，公布又将依据何种程式，札复理由之不正当者此其一。

札复又云：该议案系联合会公拟。提出者联合会，非法定之机关，尤难承认云云。按此议案虽由联合会公拟，而增删修改者则固本省谘议局也。既经本省谘议局议决，提出者又是谘议局而非联合会。则此议案与提出此议案之意思纯粹为谘议局意思，与联合会毫不相干。盖联合会与谘议局之关系早已断绝，譬诸君主有制定法律大权，而其法律为多数学者所编纂。一经君主裁可则其法律为君主制定之法律，非复学者之法律。若以联合会公拟之故，而不认谘议局之议决，是何异以学者编纂之故而不认君主之裁可乎？札复理由之不正当者此其二。

宣统三年三月初十三日到。

藩司详复谘议局纠举龙川县李令在杓案

为详复事：案奉前兼署宪增札开，案准移交。据广东谘议局呈称，窃龙川县增生叶翀汉胪列李令在杓贪劣恶迹，开具请愿书来局请议。当付审查会审查。经该会逐节查明，准予收受。随付会议，业于九月二十六日开会讨论，佥谓职官违法，本局应有纠举之权。今叶翀汉等既将李令贪劣实据列出多端，自应查照局章第二十八条办理，已得多数可决。理合缮录请愿书并备文呈报，迅赐派委查办等情。据此，查案关赃贿是否属实。即按照所呈请愿书原开各款认真彻查，合行札饬。札司务即遴委明干之员，严密察查，毋枉毋庇，切实禀复，听候核办，切切等因。并抄发谘议局代呈请愿书一扣到司。奉此。当经札委请补合浦县知县谢士镛前往密查去后。兹据委员谢士镛折称，遵即束装驰抵龙川。将李令被纠各款，逐一密查。如原呈所称纵庇匪类一端，纠举李令于拐匪叶亚启经户长族绅送县惩办，并不细鞫该匪，反将户长族绅留质。于劫匪刘柏胜，窝犯刘庆泰，并不按律究办，反将刘庆泰释放。及老龙匪徒张石泰，供出响水村之上下板桥及田心屯土匪多名，竟为全行开脱各节。查叶亚启犯案累累，委系著名拐匪。本年六月由叶颖育、叶日章等护送李令当堂收押，至今迄未提讯，诚如原呈所云。惟户长族绅意欲李令将该匪从速讯办，当时逼留在城，藉为证实情罪之据。然李令虽未将该匪勘鞫，亦并未将户长族绅扣留待质。或户长族绅等因案稽延，故不免有怨望之辞也。又查劫匪刘柏胜于本年三月间劫杀均兴店一案，系前署该县蔡令任内之事。当经防营获犯曾木康、廖润发等六名，讯无确供。李令接任后复讯亦无实在供辞。当时刘柏胜一名防营并未缉获。另案刘蒙桂供其为匪后，经获案管押。其刘庆泰因收买匪徒所劫广昌客布，当时并未被控均兴店劫杀案，出时亦未控其窝藏匪赃。嗣后店主邬耀章、钟毓桐等欲藉案讹索，乃于事后添控指为窝匪。尔时戴大珍等即已当堂出保。李令以其因案波累，故允保释。且以该店主等诬告平民，通详斥革交民事所看管，以致各商店不服联名控府。现案经府提，一经讯究，似不难水落石出。又查本年六月间老龙游勇勾串匪徒意图劫据该处。当时人心摇动，几启乱萌。随经胡管带将游勇正法二人，并获匪张石泰一名，民情始为安堵。该匪经防营将人及供词送县供内，罗织多人，希图分罪。李令不欲过为拖累使反侧自安，办理似无不合。惟此案事前既怠于防范，当事又迟于禀报，似亦近于疏略。业经袁前制宪严批申饬，可否免其置议。此查明李令被纠第一款之实在情形也。原呈又称李令吸食洋烟，经邮差目睹，以致上行下效。该县烟籍，因之而增一节。查近来烟禁綦严，各省均设禁烟局查验。而于官吏调验尤为严密。李令到省后，曾于光绪三十三年经禁烟总局验明，并无嗜好，同乡官出结在案。此次署任龙川复经调验，禁烟局有案可稽。是否吸食洋烟，本无所用其迴护。惟李令血不华色，形容憔悴，故启人以吸烟之疑。且署内丁役吸烟者不乏人，购土煮烟在所不免。至谓邮差遇见李令吸烟，该差未见指出姓名，无从查询。又谓该县烟藉，因效尤李令而加增，亦不免过甚其辞。此查明李令被纠第二款之实在情形也。原呈又称李令贿赂公行。如均兴劫杀一案得刘柏胜、刘庆泰银一千四百元，廖彩五过付。刘际光截抢木排一案，得贿五百元。马念先、袁垂绅一案得贿四百元，均廖彩五过付。陈顺兴、张宏盛一案，得贿一百五十元，罗某过付各节。查均兴劫杀案，现经府提，有无贿纵均可彻究。刘际光截抢木排案及马念先与袁垂绅互争贝岭渡船案，自前署县蔡令时涉讼至今未结，延累经年，所费固属不赀，必谓李令受贿，究竟毫无实据。两案均经府提，自可平情讯结。至黄守先与黄志瀛互控毁占坝田案，经李令讯明黄志瀛改契舞弊，业经详革。自系正当办法，无所用其贿赂。惟张宏盛谋娶陈顺兴之弟妇——孀妇陈钟为妻，欺其姑陈王氏老迈，计骗聘金携妇远飏。经李令讯明追出聘礼，张姓自愿报效习艺所经费二百元完案。所称得贿一百五十元者，或即指此。然此款系收为公用，并不得指为受贿。但查廖彩五身充工房，原呈指其过付独多。此人素不安分，出入衙门，招摇撞骗，事所难免。李令始则并不加斥革，继则声言斥革，仍令留充。若非失于觉察必系为所挟制，似此不恤人言无以间执谗口。此查李令被纠第三款之实在情形也。至原呈又称李令克扣口粮，破坏新政，酷押延累，倚任刁幕各节。查龙川巡勇原设二十八名，奉裁六名，外巡目一名。嗣以巡目因事斥革，即由李令自行管带。又以冬防紧要，勇丁不敷分布，因添招八名。即于原额勇粮每名伍元之内摊出一元以为新勇月饷。此亦权宜办法，不得谓之克扣。其办犯口粮向系监犯日给钱六十文，民事刑事待质犯日给钱三十文，现均照章支给。原呈指为止给三十文，实由误会。又如巡警学务各新政，李令虽未能大加整顿，然一切粗其规模。要以款项支绌，故难办有起色，指为破坏，未免意存周内。而高等小学堂经费木排捐三百元，凤飏生息银百两，巡警局戳捐百余元，李令并无勒不交付以及侵吞情事。惟其余各项呈词必须堂期呈递，非期即不收受。故学堂有所禀请亦必按期具呈发批，未能当机立断。此亦所以令人藉口之一端。他若羁押人犯未免过多，亦因案难讯结不得不暂留待质，谓为故押勒赃，求达其金钱目的，亦属故入人罪。而骆扬骥与刘肇修因造更楼兴讼一事，案经李令讯结并非自愿和息，其无所勒索不问可知。至于署典史莫寿文人颇勤谨，操守亦尚可信。前署任蔡令曾委兼办收发，李令以其熟悉情形，仍留兼办。当李令因公下乡，或有代为收呈之事。究竟李令权操于己，并非该典史所得干预。惟收发处嫌怨之地，动辄取咎该典史，屡欲洁身而退。李令临之以堂属之严，故以前迄未敢直告，现经署惠州府徐守批令撤差，以恤人言。指为与李令狼狈为奸，似亦过当。此查明李令被纠之第四、五、六、七各款之实在情形也。以上各节或博访公论，或调阅卷宗，委系据实敷陈，无徇无隐。除禀督宪核办外，理合禀复察核等情前来。本司复查李令在杓被纠各节，既据该委员查明，或言之过甚，或事出有因。其行贿各案，均无实据。惟叶亚启以著名拐匪，经叶颖育等获送，该令并不立提严办，仅予延押，致族绅户长久留受累，咸有怨言。此外羁押人犯，亦复滋多，则平日之怠于听断，已可概见。禁烟为方今要政，迭奉谕旨雷厉风行。该令虽经禁烟局调验并无嗜好，然于署内丁役尚不能实行禁绝，则地方禁烟成绩更安能日起有功？廖彩五身充房书，素不安分，原呈于该令受贿多指廖彩五为过付。虽事无确据，足见廖彩五平日在外招摇，乃该令始终不疑，漫无觉察。声言革斥，仍令留充，物腐虫生，无怪为人指摘。查该令现已撤任，拟请仍记大过三次以示薄惩。至折称该令血不华色，形容憔悴，致启人以吸烟之疑。当此烟禁綦严，究竟有无嗜好，应再由禁烟总局切实调验，以分虚实。廖彩五不安本分为该令召谤之媒，此等衙蠹，断难任其盘踞，致贻行政障碍。应饬县即行斥革，查讯劣迹，从严惩办。署典史莫寿文，人颇勤谨，操守亦尚可信。前兼充该县收发，虽间为该令代收呈词，然并未干预政权，尚无不合。业经惠州府批令撤差，应请毋庸置议。是否有当，理合详请宪台察核，批示祗遵。

宣统三年三月初九日到。

藩臬司会详复谘议局纠举何令煜恒案

为会核议详事：宣统三年二月十八日奉宪台批据委员揀发委用知州赵鹤清折禀，奉委密查谘议局纠举何令煜恒，受赃违法，贪墨害民一案。谨将查明情形逐款列折，禀请察核由。奉批折禀阅悉，仰广东布政司会同提法司核议详办，折禀抄发等因。奉此，并据该委员折禀到司，除查复情形备载该委员原折不复冗叙外，本司等遵查此案。既据该委员确切查明，如谘议局原纠多款及信宜绅民所刊何令贪赃各案，或已交官立学堂，或系前后任经手，或系原被告互相过付，或系得之传闻并无实据，自应毋庸置议。惟开平任内谭（起）〔启〕扬钱债一案，先经该令断令以八成之三提充学堂经费，乃竟擅自挪移，窜加供判，迨移任信宜，如黄姓承领官荒，周盛南罚缴局费两案，及拨还龙南小学借款均属情有可疑。又李福隆、黄政乾等案或延不讯办，或任意延押，以致绅民公愤，物议沸腾。虽无赃贿确据，亦难辞咎，自应严加惩处，以儆效尤。本司等公同商酌，拟请将前署开平信宜等县试用知县何煜恒，先记大过三次，并饬查谭起扬等各案侵没实数，再行从严追办。是否有当，理合会同详请宪台察核，批示祇遵。

宣统三年三月初九日到。

藩臬司呈复谘议局纠举花县方令鉴运案

为呈复事：案奉前兼署宪增札开，宣统□年□月□□日，接广东谘议局呈称，窃本局据花县士绅以该邑方令溺职，违□□，列恶迹十款确凿。自与局章第二十八条相符，应据情呈请查办。案经多数可决，理合录案呈报，伏祈察核施行。附呈议案一扣等由前来。曾经发交会议厅审查科开会审查。兹据会议厅审查科案呈，遵即公同审查，佥以案关官吏违法，应即如议查办。拟请行东布政司会同东提法司，派员按照议案所陈各节，详细彻查。如果确有实据，即行据实详办，以儆官邪。并即札复谘议局查照，伏候核夺施行等由到本兼署督部堂。复核无异，应即如议办理。合就札饬。札到。该司即便会同提法司派员彻查，据实详办毋违。此札。计粘抄议案等因到司。奉此，遵查议案所列方令劣迹十款。先据该县士绅江宝珩等胪列来司具呈。当经批饬广州府查明禀复核办去后。旋据广州府知府严家炽禀称，遵即札委准补德庆州知州李牧先畴，前往查明。原控折开十款内第一款，衣冠礼节，事逾数月，无从证实。第三款契价串票，系据绅士禀请加收，以为新政经费。虽据转禀，惟不候批示，即行出示照收，未免急遽无序。第四款滥刑滥押危上骥等，或原控非虚，或逞刁健讼，或骗吞银两，予以押候掌责办理，并无不合。第五款丁役苛索，查无实据。第六款招摇纳贿，既未指出某案某人，惟官绅馈遗亦属不知远嫌。第七款盗风猖獗，事主畏盗，亦有不敢报勘者。应饬认真访缉，传报勘办，以靖盗风。第八、第九两款巡勇及看守所经费查无克扣冒领情弊，应毋庸议。第十款敷衍警政。是否因警费不敷，巡士不能足额，及折尾罚款，指拨何用，应饬认真筹办，据实禀复。□第二款滥纵要犯一节。查原控折开已释各犯，□□□彬即亚花系拿获逃军，业经勘转请咨仍发原配。尚未奉到部复，系属内□□□□余□□□陈氏、杨丕、罗柏成、朱声、何显等系命盗案内监候待质，或发县永远□禁或𥕢禁十年之犯。该县擅行交保，实属荒谬，应即严饬方令，将纵释各犯分别勒交缉办。仍请将该令即予撤任，以示惩儆等由到司。并据该府以前情禀奉前兼署宪增批司先将该令详请撤任，仍饬勒交各犯还禁等因。遵将该令详撤并行府转饬遵照办理。□□□宪台以该县方令有释□□□人犯情事。札饬代理县郑令寿康查禀暨行司札府迅饬确查等因。又经饬□□代令查明，该军犯李亚彬，当日在禁未闻染患病症，亦无实在保人，系方令提释等情。禀由该府详司会同转请奏参革职归案，讯办在案。除饬府传讯方令有无得贿情事，分别办理并饬缉逃军李亚彬等，饬获究报外。所有方令被纠各款，先经查复，并现已参办情形，理合会同呈复宪台察核。并札复谘议局查照。为此备由具呈，伏乞照验施行。

宣统三年三月初十日到。

藩司详复谘议局请免粮田重征沙捐议案

为核议详复事：宣统二年十二月初二日奉前兼宪增札开宣统二年十月二十六日按据广东谘议局呈称，窃本局议员提出，请免粮田重征沙捐一案，开具议草及简章，付诸议会。当经迭次会议并由审查会详细审查。其原草中，间有未尽妥惬之处，业已修正，经众承认。案经议会多数可决，理合录案呈报，伏祈裁夺。附呈议案一扣等因前来。当经发交会议厅审查科开会审查。兹据审查科案呈，案奉发下谘议局呈报议决请免粮田重征沙捐一案，并议案一扣。查原呈内开，窃本局议员提出请免粮田重征沙捐一案，开具议草及简章付诸议会。当经迭次会议并由审查会详细审查。其原草中间有未尽妥惬之处，业已修正，经众承认。案经议会多数可决。理合录案呈报，伏祈裁夺施行等由。科员等遵即公同审查，佥以此案应由主管衙门核议，拟请行东布政司核议。并先札复谘议局知照。是否有当，伏候核夺等情到本兼署督部堂。据此，复查议案所云同此一田既已纳粮而又课捐，一田两税，病民实甚等语。似属实情，应饬由该主管衙门切实核拟详夺。除先札复广东谘议局知照外，合就札饬札司，即便遵照，切实核拟，不得含混影射，致滋苛扰。详候察夺毋违。计抄单一纸等因。奉此，当经转行征收沙捐各县局，一体议复前来。本司详核谘议局所议，系为杜重征而抒民力起见。惟所拟简章各条，界限不甚分明，办理易滋淆混。伏查沙捐缴自沙田，粮捐缴自民田，沙捐每沙田壹亩收银贰钱，粮捐每地丁正银壹两收银叁钱。盖沙田腴而民田瘠，故两捐比较，沙捐重而粮捐轻。内地之平阳大陆开垦而成者为民田，滨海之水坦壅积而成者为沙田。而沙田其中距海已远，成熟多年者为老沙。近海溢坦，报承未久者为新沙。沙田纳沙捐，民田纳粮捐。此两捐剖别之大概也。定章凡已缴沙捐者，毋庸再缴粮捐。所以免□□□□□□□□□□□本极公允。谘议局谓潮属开办沙捐踵方前军门之粃政，有以内地粮田，妄指为沙田，勒完沙捐等语。虽不敢谓必无此弊，而民间亦多有以沙田报作内地民田，冒缴粮捐，邀免沙捐，藉图避重就轻者。不然各属沙田顷亩，可以约计，何以岁收沙捐之数远不相符？要之沙捐粮捐之区别应以沙田民田为定衡。谓沙田已缴沙捐，不能重缴粮捐则可。若以沙田冒缴粮捐，藉图规避沙捐，则不可。盖□□□□□□□□□□沙田升科后，亦一体立户完粮。两者同属粮田，因彼此有□□□□□捐不能无轻重之别。若如谘议局所议虽以请免重征沙捐为名，而用□□与请停沙捐无异。现当公帑奇绌，沿海各属隐匿沙田为数不少，未缴之沙捐，方拟彻底清厘。则已缴之沙捐，岂能悉予豁免？前年钦奉恩诏豁免光绪三十三年以前民欠之款，系指已入奏销，实欠之丁漕等项而言。其不在此列者，难援为例。至于契据一层，不论沙田民田，税契均从民便，亦不足为应否免缴沙捐之据。是简章各节均属窒碍难行。本司愚见，以为沙捐关系要需，未易轻言豁免。第已缴沙捐之户，亦未可再事重征。拟请通饬已办沙捐各属，仍照定章，凡沙田则立沙捐，民田则立粮捐。有本系民田而误立沙捐，及本系沙田而冒立粮捐者，均应查勘明确，分别更正办理。固不得两捐重征，亦不得两捐混乱。从前潮属如有本系民田误作沙田报捐之户，准业户呈请地方印委核明指勘，果系内地大陆民田，历久完粮有据，并非沿海之老沙、新沙，确无影射情弊，即予更正收捐。否则仍不许饰词避就，俾清界限，而杜取巧。是否有当，理合具文详复宪台察核，批示祇遵。并札行谘议局查照，实为公便。为此备由具详，伏乞照详施行。

宣统三年三月初十日到。

谘议局为徐桂冤禁事陈请建议案

广东谘议局为陈请建议事：窃本局昨准檀香山埠中华会馆商董余兰芬等投称，窃檀商徐桂于光绪三十一年□月二十六日被恶弁何天保、虎绅、何鼎元、前水师提台何长清串陷冤禁。□□□□等切具保结禀，蒙历任领宪详请使宪暨农工商部王大臣暨郡王□□□勒载，先后咨请粤督省释，叠奉岑张各前督照复均谓饬县详查，迄今未据禀复等语。讵营务处恭逢宣统纪元，恩诏竟将香山县郑令荣查禀无为匪形迹，硬谓香山县郑令荣查禀有从逆情事。竟将岑前督批饬暂行监禁，硬改岑前督批永远监禁，硬议不在恩赦，硬议毋庸复讯，牵捏成冤。实属暗无天日。查营务处讯明详称，徐桂屡讯毫无与孙文往来确据，何天保又不能指证为匪。人言恐出臆度，殊难执法相绳。并据香山县郑令荣查禀，尚无为匪形迹，遍查舆论均无实据等详。奉岑前督批虽无入会为匪，惟指控何天保、何鼎元是其不按本分，应发县暂行监禁等谕。嗣又札司饬县暨周张各前督一向批饬无异。今营务处双手遮天，捏造拟议，硬入人罪，违法瞒详，实欲与案内耆民甘胜芳等一任冤禁庾毙。似此虎狼官吏，蝼蚁商民，非仗贵局维持，沈[①]冤永无昭雪之日。迫得另缮节略，联请公等关怀桑梓，俯悯无辜，据实纠弹，以伸冤枉，而维法律，实为德便等由。并缮送节略一扣到局。准此。经交请议股审查列为陈请建议案，于本月初五日开议。议员等佥谓，据节略内开，徐桂叠经官厅研讯，未定罪名，遽行处以监禁，揆之国法，不得谓平。现在审判厅开庭伊始，执法之公，当为人民所仰望。应请督部堂提交审判厅□□□徐桂确系无罪，应即省释，以恤无辜等

① “沈”，旧同“沉”。

语。当即宣布表决，多数赞同。理合备□□□□□呈请督部堂察核，照议施行□□□□。

谘议局陈请查办归善县城议事会议长议员违法建议案

为陈请建议事：现据归善县绅士李冠棻等，以县城议事会议长、议员计逼夺婚，有碍自治等词，具请愿□□□□□□□。据归善县耆民李世康等，以县城第一区议事会劣绅巨恶朦举□□□□□□□□情前来，当经并交请议股员审查。嗣准审查会报告，悔盟退婚大伤□□□□自爱者不为，矧俨然为议事会议长、议员者乎？据称冯继骢以同堂之亲□□为媒，继而主婚改嫁，殊属骇人闻听。任崧庆身为议长，理应秉公阻止。乃县令既经饬差勒令停娶，任反与议员廖佩莹等扶同作弊，瞒禀退婚。如非虚捏，实属有违法纪。况据李世康等开列各款，尤为劣迹多端。似应并案提议，以伸公理。当于三月初七日交由议会公决，作为请议事件呈请督部堂。札行惠州府，饬县按款切实查明。详请照章分别惩办。案经表决，多数赞同。理合附录原书呈候督部堂察核施行。须至呈者。

归善县绅李冠棻等请议书

缘归善县横江乡有老民黎和，其子黎石，光绪二十八年凭现充归善县城议事会议员冯继骢为媒，聘其堂兄冯士梅胞侄女为妻，经送财礼婚书正式文定。士梅身故，继骢主婚，欺黎贫弱悔盟，改许黄桂林为继室，约期本年正月十六嫁娶。因黎石随孙军门国乾效力，黎和赴县鸣冤。十五日蒙前县饬差勒令停娶。十六日继骢串议长任崧庆、议员廖佩莹等，一面瞒禀县宪，撤回差票，拟在保安局调处。一面串巡官邓大年饬警兵拘黎和到局圈禁，勒逼退婚。主使生员李雨青起□□□□捉黎和手写退约，打指摹，仍将黎和圈禁一昼两夜。是晚三更罢营官议□□□□数十名灯笼军械护押冯女归黄成婚。以后强掷洋银四十元，始放黎和。黎和念只身贫老，媳已失身，迫得暂忍。适县城议事会开幕，将银交回任议长，并具词请议。乃银收词受，而有关系之议长、议员，竟不避席，又不提议。更以事经处息，瞒呈县宪，舆论哗然。敝处风俗偷薄，亟待改良。方幸议事会告成，议长、议员秉公整顿，乃扶作弊，欺压贫民。县宪勒令停娶在先，府宪批斥强娶在后。冯继骢、黄桂林固不能免抢夺婚姻之罪，而议长、议员知法犯法。去顺□□，议会如此，何怪平民。首县如此，何怪各属。此风一长，相率效尤。故十七□□□□□街刘麻鸾之女烧布场，唐开之女、塘尾街张富之女悔盟改许情□□。此议员、议长实为害善良风俗，乱社会秩序之一大障碍。黎和一人穷人□□告其害小。竟使黎和一人，无告影响及于阖属风化。其害大，理合沥情请议。伏乞转呈督宪饬县先将议长任崧庆议员冯继骢、廖佩莹等除名，以待归案讯究，地方幸甚。

归善县耆民李世康等请议书

窃归善筹办自治，于去秋选举城第一区自治议事会员二十人。其中固不乏端正之士，而品行悖谬、武断营私者有焉，失财产上之信用被控未结者有焉，吸食鸦片者有焉，而保安局绅任崧庆、廖佩莹皆兼而有之。查任崧庆为恶棍任二杀之子。二杀生平无恶不作，崧庆世济其凶。初以七十金借与郡人张选庭，重利盘剥，不数年，张选庭被殴数次。卒将张选庭巨宅据为己有。张姓不敢与较，继以夤缘入保安局，交通官府，鱼肉乡愚，胆敢将下廓乡公地串卖与外国教士，下廓大动公愤，数千人暴动。欲食其肉，幸中途为绅士王得年所止，今尚有案可查。任崧庆、廖佩莹又与同局之李锦芳、廖佩璋等夤缘府县，得管义仓、城工、宾兴、北邙□□□等祠祭典各公款，任意侵渔，无人敢问，科举废后，宾兴一款遂为任崧庆□□，被黄焕晖等呈控有案。任崧庆又禀官修浚城内湖渠拨银五百两，遂以□□□□□□草率了事，余尽乾没，此事阖郡周知。迩者地方不靖，任崧庆献议于□□□□可招民兵五百，不复返饷及拨使用百数十两，尽行吞去，应募者实无一人。此皆提宪府、宪所目击者。该劣绅自知议事会开，保安局应行裁撤，恐失巢穴，乃暗结亲党，联票举己为议员。初许冯继骢为庶务员，高拱宸为文案员，使举己为议长。及得举格，于例不能与，乃力助冯继骢侄女退婚。俾冯某得利，而己分润焉。（有黎氏投词及各界传单呈览）廖佩莹人更沈毒，与其弟廖佩璋在局最久，据理公款甚多。巡警经费廖氏兄弟共管七年，任意开□□□□归官。匿存店业七间，至今尚未交出。任崧庆知各店所在，因与之暗□□去。又全府旧有修志银四千两，发当生息一分，廖佩莹一人管理，亦不□□。年中仅拨二百余金助中学堂经费，其数目不能过问。廖佩璋存匿花红公款五千余两，为叶文铨所控，至今尚未交出。此数局绅以盘据公款吓诈乡愚，牟取重利，行贿官府，及作去思碑、送匾伞为迎合。故明知其人当诛，其局当撤，而不忍严厉以久养神奸。又前数年赖光裕堂，倒欠公款经府县将其产业充公。由保安局任廖李诸绅收息，每年二千余金。经赖以和指禀廖氏兄弟，竞任意开销，凡一切逢迎官长，送匾伞多次，竟敢开明支数，刻在征信录中，岂不奇哉。此次任绅举为议长，廖绅为议员，早已两城愤怒。该劣绅反以为权力有加，妄行尤甚。于冯氏退婚一事钩结营官，擅用刑讯，恫喝耄老之黎亚和，以孛人伦。故议事会开幕之日，塞门呼冤者千人，全不成礼。提督不怿而去，县主恐惧而归。委某交回之遍贴退婚银四十元。议长任崧庆、议员廖佩莹用议会全体名义加用钤记送交县主收存待领，真是奇事。次日议员中有黄维周者询问此事，关涉议长、议员应否提议？廖绅拍案大骂，势将用武。黄议员畏其横暴，当即遁去。此尚成议会规则乎？及至二十八日大会明伦堂集议，到者五千余人，喧呼雷动，几酿大变。经众将任廖诸绅之名悬示学宫门外。不认为惠州人，再行设法惩办，众始退散。窃维地方自治所以图谋公益，而此有等败类，局绅□□其中为害既非浅鲜。况惠地生计困难，盗贼充斥，加以此辈之倒行逆施，其祸将不知胡底。惟贵局诸公有兼理地方自治之责，公论所存。恳请复议，牒呈大吏，黜除奸党，地方幸甚。

谘议局议决筹办森林垦牧案

为呈报事：案奉督部堂札发筹办各属森林垦牧一案交局会议。当于二月二十七日开第一读会业已通过，并决交庶政兴革股员审查。嗣准该审查会报告前来。复于三月初十日开第二读会，经各议员再三讨论，意见相同。随即表决，计可决者已得多数，并声明不再开第三读会。是此案经已完成，理合录案呈报督部堂察核。为此备由具呈，伏祈裁夺施行。须至呈者。

筹办各属森林垦牧议草

谨案垦荒事务，屡奉谕旨饬办。粤东禁赌之后，游民既多，筹办尤不容缓。

督部堂交议筹办各属森林垦牧案内所列第一条至第五条，执简双繁提纲挈领，均属切实可行之事。惟自经六条以下，有不能不少为参酌者。如所云于省城筹设垦牧总局及林业公会，专任查勘地段，筹集资本，研究办法及关于种植畜牧之改进事务。此盖以兼营总括之机关，寓提倡振兴之美意。然以目下情势论，粤垣附近人烟稠密，耕种已无隙地，其有荒山荒地适于垦牧造林之域者，概在外府居多。今设总局公会于省垣，欲以查勘外府之地段，相离暨远，隔阂必多。虽鞭之长，莫及马腹。况查勘地段既有地方官以专其任，又有劝业道以总其成，似无须另立一机关已足以资办理。至筹集资本一层，一地方有一地方之资本，一公司有一公司之资本。况区区一总局公会安能筹无数资财，以供各处之求□？若夫研究办法及改进事务则有总局公会以联声气，而资讲求，自不能谓无所获益。惟粤省农林之事，正在萌芽，从事斯业及研究所学者为数不多，则选举职员既艰，其人捐集经费恐难为力。与其勉强成立，徒有虚名，不如暂从缓议，较少流弊。且垦牧林业均在农事范围之内，一切办法及改进事务，自可由农务总会、分会研究，期于同条共贯，费力少而成功多。俟各业皆臻发达，然后分道扬镳为精益求精之计。现拟将议案第六条省城垦牧总局及林业公会暂行缓设。至第七第八两条实由第六条生出，自可毋庸再议。

谘议局呈请严办信宜属盗匪案

为陈请建议事：现准信宜县新图局绅余铭勋等，以匪扰民死，请议救援等由，具请愿书到局。准此，当交请议股员审查。嗣准审查会报告，该县地方土匪猖獗，民不聊生，陈请建议。核与局章第二十一条第十二款亦觉相符。现奉札饬各属举办清乡，自应代为呈明，要求设法整顿，以拯民生。随于三月初七日付之会议，以俟公决。经众认为陈请建议事件，呈请督部堂札饬该县清乡员弁，严办盗匪，以保治安。案经表决多数赞同。理合附录原书，呈候督部堂察核施行。须至呈者。

信宜县新图局绅余铭勋等请议书

窃念子穷呼父母，人穷呼苍天。如信宜遍地多匪，惨痛弥极。除去年被劫列报督宪三千余宗外，自本年正月至今新图地方匪类杀人或一日二三十命，或一二十命，或十余命，或三五七八命，被掳男女或一村二三十口，或一二十口，或三五七八口者，毛发难数。更有分尸碎骨，狼籍蹊壑时闻。惨痛之际，号哭数里，悲声连日。推民不报案不攻贼缘由：先恐匪类报复，又恐触怒虎伥，动则杀又复杀，掳又复掳，焚又复焚，劫又复劫，至再至三。全户遭灭者已多，穷困待毙者亦不少。近来民家备价请有快枪，为地方辽阔，不敷民用，仅分各殷户守屋，或一二乡练自顾。间有堡甲起练固守该处，界内不敢越出界外，又恐外界匪乡，名为起练，其实扶贼击勇。十七营巡防勇二百余名，分布三百余里，兵力难顾。际兹邪强正弱之时，正绅退避，歹绅横行，不特明不敢控，即暗亦不敢言，以致遍乡遍市匪类公行无忌。道途梗塞，信息不通，商贾货滞，行人裹足。所有民家贫不能去者，日夜男妇伏山，稍有赀财者弃业携眷远避。有前被贼杀父兄者，今则与贼为伍矣。有前经起练捕贼者，今则与贼同党矣。原其弊半因歹绅纵庇，半因获贼难杀。是以贼恃其不死，而肆行杀人。如是为贼则行生路，为民则行死路。此贼之所以日多，而乐于杀人，而民待困死地而莫救也。苟不急为设法，势不至惨杀三十余万民命，流血三百余里不止。彼苍者天曷其有极？为是备陈惨象，附呈劫案清折备览。伏请垂念涂炭救民倒悬刻日。建议上呈督宪，合图幸甚。

谘议局议决募集地方公债筹设殖业及储蓄银行案

为呈报事：案奉督部堂札发募集地方公债，筹设殖业及储蓄银行一案，交局会议。遵于二月二十五日开第一读会，当即通过。并决交财政股员审查，嗣准报告前来。复于三月初二日开第二读会。公同讨论，意见皆同。已得多数之可决。是此案经已完成，理合录案呈报督部堂察核。为此备由具呈，伏祈裁夺施行。须至呈者。

修正募集地方公债筹设殖业及储蓄银行案

广东经济困难，起募地方生产公债，可以赞成。但本案组织系募公债以为殖业及储蓄银行资本，即用银行资本以为兴办各项实业资本，未免根本错误。盖公债必有偿还义务。查议案甲类第七条公债之本金自第四年起按年偿还十分之一，以十年偿讫。而下文指定之担保四十万元，其总额只能支付利子，未及偿还本金。然则本金必归银行担负偿还无疑。不知银行以资本为信用，由银行资本拨还公债本金，自第四年后十年，银行资本立罄，异常危险。如谓第六条说明将来银行事业发达，尚可按照则例发行债券，以资周转或相机另募低利公债，以为借换。然发行债券则例定有制限，若藉此偿还公债，必至发行过度，与资金不相应。谁肯行销？是债券不足恃也。信用未敷，财政支绌，谁肯应募低利公债？是借换又不足恃也。况欲以银行为营运机关，举办开拓琼崖，开辟黄埔商埠，大沙头商埠，振兴沿海渔业，拓殖东西沙岛，各种大举动其可得乎？前次审查报告经议会表决，再交本股修正，合将修正条文提请公决。

甲、起地方公债

（原草）二、公债之总额款定为五百万元。

（修正）二、公债之总额假定为五百万元，但此次举债专为筹设殖业银行及储蓄银行之用，募集过半时银行即可开办。

（说明）人民未有公债思想，恐一时募不足额。而经募之款，即须起息。若存放各银行所得之息不足相抵，暗亏甚大，应由官厅酌定开募、停募期间，募集过半即行开办银行以免牵制。

（原草）五、公债利息定为周年七厘，每年派息二次。

（修正）五、公债利息定为周年七厘，每年派息二次。

（说明）稍高七厘事尚可行。惟公债以信用为要，素非高利所能诱。致查现在市场利率，付家存放银号周息五厘至六厘，故公债利息改定为七厘。

（原草）七、公债之本金自第四年起按年偿还十分之一，以十年偿讫。

（修正）七、公债之本金自第四年起按年偿还二十分之一，以二十年偿讫。

（说明）试办地方公债不能不采用定期偿还法，然偿还之期愈促，则每年偿款之额愈巨，恐难觅此大宗基金。

（原草）八、公债之担保指定电灯公司、自来水公司两项，官股余利十万元，堤工局每年地价二十万元，本省官银钱局余利十万元，共四十万元永不挪用。

（修正）八、公债之偿还，由广东全省岁入税项每年划出六十万元，存储藩库，定为偿还公债本利基金。至偿讫止期内无论何项行政要需均不得挪用。

（原草）十一、由地方官查明各属地方长存生息之公款购买此项公债证券。

（修正）十一、此项公债以任意为原则，听人民自由。但地方行政长存生息之公款及各地方团体长存生息之公款，得由官厅查明酌令购买此项公债证券。

（说明）查广东长存生息公款属之官厅者，已多至二百七十余万元。此外各地方团体所在多有。其性质在求利子之巩固，购买公债最为适宜。且有此公款巨额，足以助起人民购买债票之趋势，与债票价值之增长，尤为公私两利。

（加入）十二、此项公债得申制台查明所属官吏所入薪俸，酌令购买此项公债证券。

（说明）此项公债，对于人民一方面虽以任意为原则。对于官吏一方面无妨参用强制之法，酌量使之预金。一可养勤俭之美风，一可坚人民之信用。

乙、殖业银行修正如左

一、定名为广东殖业银行。

二、广东殖业银行资本以地方公债充之，总额若干俟停募时核明报部。至公债本利另行指定基金，保证无须银行担任偿还。

三、广东殖业银行所营事业，除遵照部定则例外，并得依照邮传部交通银行办理。

（说明）谨按度支部厘定各种银行则例奏案声明，邮传部交通银行及浙江铁路之兴业银行皆殖业银行。

四、广东殖业银行查账权及监督权，应归广东谘议局责任，其所附设之储蓄银行亦同。

（说明）谨按则例殖业银行为股份有限公司，以股东为主体。今办银行之资本出自公债。公债起自广东偿还之负担，广东人民任之，则应以广东人民为股东。而谘议局为其代表，即应有查账及监督之权。

五、广东殖业银行之总理，由总督遴委会同劝业道办理。其行中理事人等由总理选用有担保之殷实商人，不用官吏。

六、广东殖业银行年报每年九月由总理移送广东谘议局常年会查核。

七、广东谘议局查核广东殖业银行年报时，如发见危险及违章情事，得以公法人名义陈请总督维持整顿。若总理各员侵渔舞弊，按照公司律罚办。

八、官厅如欲借用殖业银行资本，举办实业。须遵照则例，以产业作抵与人民一律。

九、广东殖业银行事业发达，得以赢余之款经营各种实业。但所营之业系属一省应兴事件，仍须呈由总督提交谘议局议决。

十、广东殖业银行先于省城设立一总行，将来事业发达分设内外各地支行。

十一、广东殖业银行系属变体。除以上各条之特别组织外，其他一切事件悉照则例办理。

谘议局议决琼山县绅为拐买人口出洋呈请建议案

为陈请建议事：窃本局准琼山县自治事务所，为拐卖人口出洋具请愿书陈请建议。当交请议股员审查。业由审查会认可，交付会议。随于三月初十日开会研究，经各议员认为，陈请建议事件准予呈候查禁。当即表决多数赞同。理合录案呈报督部堂察核。为此具呈，伏祈裁夺施行。须至呈者。

琼山县自治事务所绅士林之椿等为拐卖人口出洋事陈请建议案

琼州海口商埠，诱拐之多甲于各埠。有诱卖人口铺广昌利、广绍隆、荣记栈、广华隆、合兴隆、广泰隆、全利隆、广安祥、广绍祥、广全隆、林均兴、琼美香、福隆玉、成万发、广泰和等二十余号，借洋商名俗称猪仔馆，在年贩卖人口出洋岁有万余人，专以诱拐为事。薮藏无赖，四出骗诱，或用强胁。一入其铺，严行关锁，不准外出。有亲眷来寻，不准入铺。与之辩论，则爪牙甚众，拳棍交施。登船时稍或趦趄，鞭朴以促其行，与驱犬羊无异。今竟窝藏强盗，潜出劫掠。行商洋商有归家者，半路截劫，无岁不有。并劫内河，商船行旅，咸有戒心。掠人索赎，亦在海口港内过交，由猪仔馆收银与强盗瓜分，穷凶极恶，积有年矣。本年二月十七日有业里村民严守谦来海口买货，被荣记店东陈荣光骗诱入铺，拘在楼房候船。其胞兄益谦见弟经日未归，恐被骗卖，偕同村王那移往查知拘在荣记店，突入寻见，愿还膳费，取弟归家。而荣光不肯，因此争论出其惯行横暴手段。益谦随纵其伙伴丛打，那移见势凶潜遁。益谦弟守谦竭力（栏）〔拦〕劝，被扭拖上楼，锁禁其夜，将益谦打毙。密雇肩舆扛海口埠外之地，埋尸灭迹。益谦妻闻知即驰往寻著夫尸。二十日王县主验尸，是打死无疑。签差严拿凶手，荣光父子已挟赀躲藏，阴令其爱仆戚为焕由营官冼廷瑛送交到案。查为焕未经尸亲指控，忽由营官代送，其为贿赂，营谋思免其罪。经刘观察将荣记查封。荣光暗行运动法国领事。孙文案出而交涉，谓法商之铺，官不能封，私行揭开。及再封再揭。观察照会英美各国领事与法领事会议，据条约并招工定章与之抗论。商务分会亦屡开会，咸抱不平。荣光等恨商会出头，阴纵各猪仔馆之强盗，夜间由海口港外经往海甸村，行劫商会总理家，以泄其恨。幸村人见其来异，鸣锣喊救，始为逃去。有二盗走迟，为渔船拿获。夫以海口商埠，所系参府管辖，巡警时查，而竟敢纵盗潜掠，横行无忌。不急为驱除，微特海口不成世界，即琼州全境永无安枕之日。恳请转详制宪照会法国领事，各遵条约，不准私庇洋商，草菅人命。并札琼崖道海口税务司直行干涉。该猪仔馆不遵约章，私行诱拐者，查出严办，封铺充公，必雷厉风行，方能杜绝诱拐而廓清盗源，收回地方自治之权。洋人不敢干预，则商民幸甚。

谘议局议决纠举潮州府关苛索案

为呈报事：窃本局提出纠举潮州府关苛索一案，业于三月初十日会议，经众表决认为，议案成立。并声明无庸再开二三读会。是此案经已完成，理合录案呈报督部堂察核。为此具呈，伏祈裁夺施行。须至呈者。

纠举潮州府关苛索案

窃查潮州商人完纳府关正饷不下数万金，而被关役苛索私规增至半倍，种种名目层层剥削。去年本局开议时，会经潮嘉商人戴鸿恩等请愿，呈请督抚札府于正饷外，严禁一切陋规。商人方日盼议案实行，从此少受苦累，不意事竟中止。致此绝大弊害，言而未行，良可惜也。夫商民对于国家税、地方税固应担任，但列宪对于蠹役痞吏，苛索扰民，亦当严惩。本局对于地方一切利弊应兴应革均负责任，具载定章。用照章提出纠举。

兹将潮州府关种种陋规列下：

一、凡货物以斤而报饷者，均作加二算。今以货物一百斤，则作一百二十斤算饷银若干。后再以一一九八二申算。譬之每百斤应完饷银一两者，今则先以一百斤作一百二十斤，然后又以一一九八二申算，则须完一两四钱三分七厘八毫四丝。是陋规一项几及正饷之半矣。

一、完饷银之时，关役确算以毫银一元作六钱八分，英银一元作七钱二分，较之市价，每元争一分有余。若以中国各省之银完纳，均作杂银上平，吃亏尤大。若以大清交通银行之纸票完纳，则每元贴五厘。应请确定平式，以昭划一。

一、饷银完纳后，并无收单给回商人，其舞弊情形即此可见。应请给回三联单以为凭据。

一、货物照例无饷者则关役勒索门头钱多少不等，视物之值钱多少而定，每担数文至数十文钱不等。

一、上下货物报饷后，给放行挥，必勒索写挥钱。上河者谓之水挥，下河者谓之大挥。写一水挥勒钱一百零四文，写一大挥勒钱二百零八文，此外又另有所谓花红钱六十文。

一、凡货物不论多少，关役向索秤手钱，每货一件勒索二三文至十文钱不等。

一、过往客商间有不知关例者，往往因零星小物，未曾报关，动被留难需索，架以走私大题，将货充公为吞噬地步。应请该关将税例宣布，俾众周知，以免误犯。

一、零星货物客人自带，其税课仅值制钱一二文者，应请宽免，以恤商难。

谘议局议决徐闻县屯粮积弊请定章折收便民案

为呈报事：窃本局提出徐闻县屯粮积弊，请定章折收便民一案。当于三月初十日公同会议。随据各议员声称，此种弊混所在多有，似是而非独徐闻一县惟然。应请督部堂札司查明，凡有屯田之州县分别通饬，一律查照办理，以除积弊，而恤民艰。案经表决多数赞同，并声明不开二三读会。理合录案呈报督部堂察核。为此具呈伏，祈裁夺施行。须至呈者。

徐闻县屯粮积弊请定章折收便民议案

窃雷州之有屯粮，相沿已久。盖国初为屯兵之计，故征米征谷派应兵丁。及奉乾隆五年上谕，准将屯粮折价征收，免□□米纳谷，以便输将。海康、遂溪两属当已奉行。惟徐闻因有徐闻县城及海安地□□□□营计扎兵丁数百名，年间口粮均派米谷，故未便遵改。百余年来，虽系征米纳谷，弊窦尚少，屯民颇觉相安。自叶前县叔亮任内纵庇书吏，纷纷勒索。每于缴米纳谷时，藉言不乾，勒令重晒；藉言不净，重搅风车；藉言恶劣，压斛淋尖；藉言作样，任意婪取。甚且量概有规，记簿有费，仓书屯皂，朋比为奸。或者畏其挑剔，要求折价缴纳，则每税一亩计谷一斗四升，初征制钱六七百文，继征八九百文，甚而征至一千二三百文，日甚一日，有加无已。如旧年所折谷价，每税一亩明则收钱一千一百余文，暗中竟勒至一千三四百文不等。前经邑绅联禀大吏求准，改章便民，定价折收。奈地处滨隅，离省辽远，声息鲜通，而叶县又多方蒙蔽。上宪无从查察，故未蒙批准。查屯粮征收米谷原为派应兵丁起见，现徐闻、海安两处，绿营俱经裁减，所留兵丁，为数有限，亦无派米派谷之举。而每年所征之米谷皆平价发估，备银起解。况征收米谷已成不确定之章，亦可折价纳缴。惟所折之价比市面时价加至二倍之多。此皆公众所共闻共睹者也。夫纳米谷则弊窦多端，折银钱又任意浮取。民膏易竭，吏壑难填。若不设法整顿，则穷民受累伊胡底止。又查各属旧有屯粮，俱经定价折收，何独徐闻长留此弊？议员生长斯土，闻见的确。谨遵局章第二十一条第一项，提议呈请督部堂，札雷州府饬徐闻县，召集正绅及统计处各员，妥议办理。或依照海遂二县及各属成案，或体察情形定价折收，按拟章程详请核准饬遵，以便输将，而苏民困。

谘议局议决筹款议案

为呈报事：窃本局前奉督部院交议筹款案一件，于三月初五日开会，会议经将是日可决、否决各种情形分别呈报在案。嗣奉督部院札复，以案内丙种所列各项捐款未经本局承认，交令复议。本局复于初九日开会研究，悉心讨论，未得指归，旋交审议会审议，冀得办法。嗣据审议会报告，内称承交筹款，除已筹之酒捐、牌照捐，经承认交审查会修正章程。拟筹之整顿房捐，专事清查隐匿。其桑基鱼塘捐、市茶捐经督部院面谕取销，均无庸审议外，尚有炮竹捐、香烛元宝捐、猪屠捐、烟丝捐等项，经开会审查。佥谓筹抵赌饷为划除赌害起见，本省人民甘增负担，惟须查明筹抵确数，方可议抽各捐。查议案内开，本年不敷之款统计共银二百一十四万三千余两，内有筹补预算案内五十八万两条预算案办理错乱，不应列入。又本年盐饷在试办期内短收银一百零七万两，系临时不敷之款，应由官厅设法筹措外，实不敷银五十万两。按照督部院奏请定期禁赌折内声明，有闰之年不敷银五十一万余两，数目亦属相符。此是经常不敷之款，应由地方筹捐。但炮竹及香烛、无宝等捐，事属苛细，所订章程亦多窒碍，应行取销。至猪屠捐开办已久，不过酌议增加。烟丝为消费物品，与酒捐无异，事属可行。惟猪屠捐旧商每年缴饷银二十七万二千两，计其总商子商公司用费每年亦需银十余万两，合计应抽银四十余万两，方可敷用。查旧商章程每只猪六十斤以上抽银三毫，六十斤以下抽银二毫，二十斤以下免抽。现拟每年缴饷银七十二万两，并计公司用费共需银八十余万两。比较旧商不过加倍，则所抽之数只照旧商加倍而已足。拟定猪只六十斤以上抽银六毫，六十斤以下、二十斤以上抽银四毫，二十斤以下免抽捐。烟丝捐一项每年缴饷银三十五万元，应声明遇闰照加。总计猪屠捐、烟丝捐二项，每年可收银九十七万二千两。除猪屠捐旧饷及烟丝捐厘金外，尚有银六十万零五千余两以之抵补赌饷，不敷之数尚属有盈无绌等情前来。经于十二日付之会议，经众可决。筹饷为六十万两，唯猪屠、烟丝两捐率尚待磋议。复由议员等议定附款四条。一、请将新加酒捐误拨为海防用款者，改归地方政费，以符奏案。二、请严饬财政公所，凡此项新筹之款，经指定为地方政费者，不得再移为别项政费之用。三、粤省地方各项正当捐税，将来征收如能增多，应将从前苛杂各捐及一切不成税之报效，逐渐废止。四、商包各捐，向为粤省一大弊政。此次新筹未办各捐，应由官厅切实调查，规定捐率及征收方法大纲。先期布告招商投标，以杜中饱把持等弊。凡开办在先者，期满亦应逐渐改良，以裕度支，而昭划一。以上四条，复经多数可决，此十二日会议筹款案之议决情形也。至十四日续开读会。磋定猪屠、烟丝两捐率，复由议员拟定办法三条。一、猪屠捐、烟丝捐两项除原拨外，定筹总饷额六十万两。二、先将烟丝捐开投，照交议章程烟丝每排抽银六毫，出口折半抽收为税率。再定饷额为三十五万两以上，以认饷多者得之。三、将六十万两饷额除烟丝捐投得之饷数若干，尚少若干，即将所少之饷数为加抽猪屠捐之标准。先定每猪一只六十斤以上抽银若干毫，六十斤以下、二十斤以上抽若干毫，二十斤以下免抽。倒如定饷额为七十二万两，抽数为六毫及四毫。若减饷额为五十四万两，应减抽数为四毫五分及三毫以之类推。

当众开投，以抽数少者得之，以上三条亦经多数可决。随【后】会议审查会报告牌照捐章程暨修正酒捐章程各一件，再加讨论修正。多数可决。此十四日会议筹款之案决情形也。总之，粤东现势民生凋弊，从前之负担已重。原难再议增加，但起一二新税而秕政以除，虽使粤民义务稍增，或无人之议其后。惟是香烛、元宝等捐，近于苛细，而制造炮竹者又皆贫苦之民。且制造香烛、元宝、炮竹之原料均已课税。今复从而税之，为避重复起见，决非所宜者。若猪屠捐一项，开办在先，今正酌加，尚不至于苛扰。烟丝为消费物品，今拟照统捐办法，一次课税。既非重复，亦不至于病民。议员等所以承认猪屠捐、烟丝捐者，正为此也。案既公同表决，理合将议决情形，并钞录修正牌照捐、酒捐章程呈报，为此具呈督部院察核施行。须至呈者。

议决筹款案内乙种福粤公司牌照捐章程案

查该公司章程其内容分为六章共十九条，以清查销数，限制吸食，协赞禁烟为宗旨，而于一切办法亦均切实可行。虽捐率过高，担负稍重，究与他种品物有别，即多取本不为虐。且经奏准，指定抵赌有案，自应遵行。惟查第三章第十一条内开，第一月作为试验办。除拨留商人厂费二成四分外，尽数解缴。第二个月筹缴正饷二十万元。第三个月起筹缴正饷二十四万元。抽多照缴听候拨用，若抽不足额，暂由商人在有限公司资本及二成四分津贴项下垫足凑缴等语。其办法以近于代理征收之一种。是公司抽收捐款之盈亏，与地方政费大有密切关系，究非承商包抽包缴可比。闻去年广元公司办理此项捐务，舞弊营私，被控累累，甚且缉获私货以及惩罚之款，均尽数乾没。此该公司自己舞弊之大略情状也。此项牌照捐为各省所无，抽捐愈重，走私愈众。广东地方与福建、江西接壤。从前汕头洋土进口半销售于嘉应、潮州，半销售于福建、江西附近一带。自去年开办烟膏牌照，增加捐费。两省膏店吸户不但不至汕头采办，反有由厦门、九江进口，陆运而搀入。于广东界内者，而广州湾地方尤为私土流入之一大捷径。此奸商私运之大略情状也。有此二因，所以去年开办八个月，来源日绌，捐数无多，缘是故也。现为预防流弊起见，应请督部堂另文札饬禁烟总局，一面转札稽查委员对于该公司之一切行为认真稽核；一面转饬该公司于邻省及广州湾交界地方择要设立稽查分处，认真查缉。官商二面互相稽察，互相维持，庶捐款不致短绌，而承商之利益自在其中矣。至于征收手续，虽有良法，因有条约上之关系，未便率改。此项章程尚可照案施行。

修正筹款案内乙种康济公司酒捐章程案

正　章

原文一：此次商等承办广东全省酒捐，岁认饷银一百万两，遇闰照加，以本省通用龙毫上兑，试办四年。俾得裁长补短，以卫饷需。承办期内，如无欠饷，不准别人加饷搀承，以示体恤。如有欠饷，任从革换。原日禀明刊用戳记，应准照旧盖用，无庸再领。

修正一：此次商等承办广东全省酒捐，岁认库平饷银一百万两，遇闰照加，以本省通用龙毫上兑。试办二年期内，如无违章欠饷，不准别人加饷搀承，以示体恤。如有欠饷违章等事，任从革换。原日禀明刊用戳记，应准照旧盖用，无庸再领。理由。广东秤式参差不一，银价亦长跌无常。现本省预算既以库平核算，凡有承捐自应以库平为准，以昭划一。又原章试办四年期限，未免太久。盖广东地方辽阔，各处所有酒甑，共有若干，每日出酒若干，各省进口之酒共有若干，沽酒店户共有若干，每年所抽捐款共有若干。一时殊难预计，若抽不满额，则承商受累太深，于心殊觉不忍。过额太多，则人民之担负虽重，公家所得仅有此数，又非整理财政之法。故试办期限定为二年，届时再由谘议局切实决议，呈请官厅核办，免滋流弊。

原文一：全省地方辽阔，各处皆有酒户，定章一抽，通运全省，不能各分其责，势必商公司总其机关。各处皆有甑户、酒户，如该处酒户不允照章代办，决由商等派人赴各处设立分所，察看情形，务臻妥善，照章办理。倘原日甑捐商人，间有认缴地方警费、学费两项，系先经禀准解缴有案者，商等应照认缴，嗣后不得加增。其余不得援例责商认缴。至各属抽捐，端赖地方官实力保护。应请通饬各该地方官出示晓谕，如有土豪借端阻挠，奸商抗抽舞弊情事，准商等指名禀请严惩，以恤商艰，而卫饷源。

修正一：全省地方辽阔，各处皆有酒户，定章一抽，通运全省，不能各分其责，势必商公司总其机关。各处皆有甑户、酒户，如该处酒户不允照章代办，准由商等派人赴各处设立分所，察看情形，务臻妥善，照章办理。倘原日甑捐商人，间有认缴地方警费、学费两项，系先经禀准解缴有案者，由商等照旧认缴，不得加增。其余地方嗣后办理自治事务，如有附加，应由甑户、沽户等自行担任，不得援例责商认缴。至各属抽捐，端赖地方官实力保护。应请通饬各该地方官出示晓谕，如有土豪借端阻挠，奸商抗抽舞弊情事，准商等指名禀请严惩，以恤商艰，而卫饷源。

理由：按城镇乡自治章程，官府征收之捐税，附加若干，作为公益捐。惟附加之数不得过原征之数十分之一。本省开办酒捐，批商承充。虽征收手续不同，其为官定捐税，毫无疑义。断不能因承商一人之私利，绝地方自治事业之财源。故略为变更，俾与现行法律不致抵触。

附　章

原文第二条：售酒店领牌之范围

查各国征收酒税之外，凡营业沽酒者，均须领牌，纳费甚重。兹拟仿行则轻收其费，定为凡售酒之店，无论酒店、高楼、饭馆、姑苏、药肆、行栈，如系售中国制造之酒者，均须先赴所在分厂报明，照章应领某等酒牌，悬挂铺面，方准发售。牌分甲乙丙丁四等。月沽酒二十坛以内者为丁等，月纳费五毫。月沽酒四十坛以内者为丙等，月纳费一元。月沽酒八十坛以内者为乙等，月纳费二元。月沽酒一百六十坛以内或以外者为甲等，月纳费四元。（此限数系指沽与饮家而言，若其中有沽与贩户者，不在此限之内。因贩户另领有沽酒牌也。）至外省入粤各种色酒，其原装批发而非零沽与饮家者，凡代客经纪各行栈，亦须领牌，免其纳费。各牌遵章照公司定期换牌，以昭切实。

修正：月沽酒一百六十坛以内或以外为甲等，月纳费四元。每坛重量以四十斤为率。

理由：本省各属土造及外省运来之酒，名目酒质均属不同，即坛式重量亦各自殊异。有每坛重至七八十斤者，有重仅数斤者。相悬实甚，若给牌发酒，仅论坛数，不计重量，彼此均有吃亏之患。故以四十斤为率。

原文第三条：甑户、酒店抽捐之范围

此项酒捐原定岁饷一百万元。嗣奉司道宪莅商会同绅商集议，拟定岁饷一百万两。每坛暂抽银二毫，如抽不敷解，尽可禀明酌量加抽，务于饷源有著等因。今拟凡售出各色土酒应论坛抽捐，重量以二十五斤至三十斤为率，每坛暂抽捐二毫。惟考查外州府县间有用小锅蒸酒，以十一二斤为一坛者。今特变通办理，如蒸酒十斤至十五斤为一坛者，每坛抽银一毫。如十六斤以上照抽，三十斤以外照数递加，以昭平允。外省入口各酒，应于抵粤时查照第四条章程办理外，凡土酒甑户须先赴所在分厂报明，店内设甑若干个，酒饭若干坛，按定每日蒸酒若干坛，由商厂查核明确，即行注册，不收册费。此后或有蒸多蒸少，亦要从实按坛抽捐。倘或以多报少，均准商厂查明分别究罚。其罚款以查确其所瞒之货值价多少，折半罚出充公。如违犯五次以上者，准禀请地方官严究，以儆效尤。倘酒户有须改良之处，但求无害饷，无苛扰为宗旨，应随时禀明办理。

修正：此项酒捐原定岁饷一百万元。嗣奉司道宪莅商会督同绅商集议，拟定岁饷一百万两。每坛暂收银二毫。如抽不敷解，尽可禀明酌量加抽，务于饷源有著等因。今拟各售出各色土酒应论坛抽捐，重量以四十斤为率。每埕捐银二毛，如蒸酒十斤为一埕者，抽银半毛，二十斤以下者抽银一毛，三十斤以下者抽银一毛半，四十斤以下者抽银二毛。四十斤以上照数递加，以昭平允。外省入口各酒，应于抵粤时查照第四条章程办理外，凡土酒甑户，须先赴所在分厂报明店内设甑若干个，酒饭若干埕，按定每日蒸酒若干埕，由商厂查核明确，即行注册，不收册费。此后或有蒸多蒸少，亦要从实按坛抽捐。倘或以多报少，均准商厂查明分别究罚，其罚款以查确其所瞒之货值价多少，折半罚出充公。如违犯五次以上者，准禀请地方官严究，以儆效尤。倘酒户有须改良之处，但求无害饷，无苛扰为宗旨，应随时禀明办理。

理由：本省各属土酒名目繁多，价值之高低相差甚远。查江北一带所蒸黄酒为市上最普通者，每斤约值银二分，每坛十斤始二十斤不等，若照原章十六斤以上抽银二毛。是捐数几与酒价相等，未免近于苛虐。

加入：（一）以上章程自此次规定后不准擅自更易。如敢格外需索苛勒，一经查实或经甑户、沽店告发，首次处五百元以上一千元以下之罚金，再犯照加。若犯至十次以上即行革换。（二）向来地方官对于承捐商人，非得贿托，不肯出力保护，出一示需礼若干，行一批需礼若干，是亦间接侵蚀饷源之一端。如查有此项情弊，准由商人禀请上级官厅查办。

谘议局议决严办诱拐华工出洋转卖案

为呈报事：窃本局提出严办诱拐华工出洋转卖一案，当于三月初十日公同会议随决交特别会员审查。嗣据报告修正前来，复于十四日开第二读会。业经表决，多数赞同，并声明不开三读会。是此案经已完成，理合录案呈报督部堂察核。为此具呈，伏祈裁夺。须至呈者。

严办诱拐华工出洋转卖议案

诱拐之风，通商口岸所在多有。不仅盛行于琼州海口、广州北海之地域内，潮州汕头其蒙被此害者数见不鲜。自应共同规定，厘订普通规律以取缔之，始为缜密。查原定议草独详海口一隅，积弊中所列举该处猪仔馆，既有确凿之店号，且有窝藏强盗，勾引匪类肆行劫掠情事。是客栈一变而为猪仔馆，再变而为匪盗薮矣。原其猖獗不忌，由于假挂法商招牌为护符。夫奸商拐诱人口，机械百出。有开设客栈而专营或兼营此业者，有不开设客栈而私营此项事业者，各处情形不同。今以海口猪仔馆系假挂法商招牌，因而例视他处口岸当亦有之，似应一律申请制宪照会法国领事，实行干涉。除另专案请官按律严惩外，特照原定议草之可采及未备者，重行厘订于下：

一、华人出洋承工，须由其公使照会外部遵约定保全章程核准，行知交涉司札饬精明之通商口岸地方官招募，方得应募。

一、通商口岸之关道，接奉饬文后，凡合同所订期限人数及关涉该工前赴地方之情形，该处之法律，凡为该华工所不可不知者，一一出示晓谕。并刊入报章，以便周知。如期限人数已满，应行停募时，并须颁布禁谕，以杜诱拐。

一、各口岸洋务委员与税务司遇有出洋人民，当切实稽查。轮船出口之时，该口岸如设有水巡警，并须由巡船认真跟缉。如无水巡则由税关缉私巡船跟缉。遇有被拐华民，或有形迹可疑之人立即截回，交由地方官讯明，严拿诱拐，奸民按律惩治。

一、各口岸客栈及内地奸民、洋行通事、买办设计诱骗愚民出洋承工，不论所拐系男妇子女，已卖未卖，曾否上船出洋及有无倚藉洋人情事，但系诱拐已成，应即按律问拟。如有开设行栈，应并查封充公。

一、各口岸客栈须照章稽询客商氏名、藉贯及来往行踪逐日登载，报由巡警局查核。遇有形迹可疑之人更应随时禀报警局拘究，如有违者一并分别治罪。

一、各口岸洋务局须备名册一本，凡应招之华工姓氏均须登载。若年未二十者及非具有该工父母或平日照料之人，准其应招之凭据；如无父母及无平日照料之人，则非具有该工本县主准其应招之凭据，均不得注册，禁止前往。究系出于诱拐，并须严拿案律治罪。

一、应招华工当未上船以前，须由该口岸洋务局一律映相，注明年龄、籍贯、氏名及现在客栈店号、介绍人氏名，一存局备查，一移交商会悬挂。

附则：以上章程系指诱拐者而言。若照条约章程办理，华民情甘出口，承工经商，或旧日出洋华商，自带兄弟戚友出洋雇工者不在此例。

谘议局纠举西宁县张令荣熙违法贪赃案

为呈报事：窃本局提出纠举西宁县张令违法贪赃一案。当于三月十四日开会讨论。佥谓本案纠举，既经指明实据，自与局章第二十八条相符。随即表决，已得多数同意。并声明不开二三读会。理合录案呈报督部堂察核。为此具呈，伏祈准照查办，实为公便。须至呈者。

纠举西宁县张令违法贪赃议案

窃县令乃亲民之官，闾阎利病，最关密切。然邑处偏隅，上宪之耳目既远，下民之呼吁难通。往往吏若虎狼，民甘鱼肉，冤抑摧残，呼天莫诉。言之殊足痛心。如西宁县张令荣熙，昏庸贪墨出自性成。复有子侄辈为之助虐，内外班为之煽摇，横噬益甚。故履任五载，迄无政声。经记大过数次，摘去顶戴二年。尚不知警，又复贪得无厌，爱财若命。上欺列宪，下罔愚民。以习艺所开销为收受沟壑，以收发处自办为招纳机关，以营弁棍衿为虎伥，以家丁差役为鹰犬，托清乡名义为择噬，发生所过地方立穷膏血。借修城□题为罚金张本，几经岁月未睹垣墉。漠视民生，则匿灾缓报。破坏学务，则割款肥私。无论大小案情，必须通融长子。有钱则黑能转白，无钱则是亦变非。故彼或立予签拘此，或经年搁置，固视财神之力，谁受大小以权。命盗案积如山，束诸高阁。田土界争，一线科以重金。短抑监犯口粮，时闻饥毙。查访人命财产，势欲横吞。凡兹劣迹多端，邑人士共闻共见。倘或妄言自咎，本议员能荷能担，用敢出名纠举，逐件发明。伏祈遵照局章转呈督宪查办，以儆官邪，而除民害。

谨将纠举西宁县张令荣熙违法贪赃病民害政、县营串噬得贿分肥各事实逐款开列于后。

一、侵吞警费

查都城埠妓捐，由商人李顺安于光绪三十三年八月开办。每年报效都城埠警费银五百大元，遇闰照加。复经商人黄肇年接办，均照数认缴。道辕县署均有。案计妓捐自开办至宣统元年十月止共缴到县账房积存警费银一千一千百余元。是年十一月开办巡警仅提出银五百余元为开办费，余款六百余元归县中饱。

二、侵吞学费

查西宁县房捐，由彭前县开办，禀奉前善后局批准，县属每年认缴一千元。彭县因在城内及连滩都城各处铺户捐收计每年收银一千四百余元。除解缴外，每年溢银四百余元。此项溢款经杨前县禀提为办学经费，学辕县署均有。案今张县接任，于光绪三十四年加抽都城埠房捐每年溢款至六百余元。计张县到任四年有余，共收房捐溢款约银二千元有奇，绝不提出办学，只于旧日师范馆门首悬一官立初等小学堂匾额，藉掩耳目，并未聘员招生开学。

三、侵吞习艺所经费

查西宁县习艺所每岁入款都城驳艇报效八百元，南江口驳艇报效九十元，都梧渡报效二百元，承办三罗缉捕经费商人报效三百元，罗旁柴行商人报效一百元，都城妓捐报效二百元，共有一千六百九十元，折合一千二百两有奇。查张县报销习艺所经费每年支七百六十余两，尚余四百四十余两，并未别拨公用。计该所自光绪三十三年秋间开办至今约共侵吞一千四百两有奇，有案可查。

一、查习艺所由迁善所改名，报销建造费八百余元，已属浮开。又查张县报告财政局表册，习艺所每年支销经费七百六十余两，内开管理一员，教习一员，司事二员，医生一员，五员薪水多至十四元，少至四元，水火夫三名，更夫三名，看守二名，杂差二名，十役每月食用银四两笼统。报告查该所自开办以来向无管理、教习、司事、医生等员，亦无十名人役。向系典史兼管，每月给薪水十两。所役不过三四人，每年经费不过三百两计。每年侵吞四百两有奇。开所至今约及侵吞一千二百两有奇，案册可查。

又查光绪三十四年十一月国恤期内，张县往驻帮城派差拿罚区吉甫银二百元，邓次庄银一百二十元，李荣秋银五十元，并拿妓妇三人，罚银三十元，共银五百元。经邓次庄等上控藩臬道州各宪，札行县主，即以所罚各款拨支习艺所经费，欺朦报销，实入私囊。

又查承办罗定州属山票西荣公司，于光绪三十四年夏秋间设厂，在都城埠开彩，每月六会，每会收票自四万条至五万之多。每会每条向带家抽银一厘，每月约共银二百四十余两，抽收四个月共得银九百六十余两。该项银以四成拨习艺所，二成拨都城巡警，二成拨官立高等小学堂，二成拨都城商会。此时巡警未办，又不分拨学堂、商会。全数没入私囊，县案可查。

四、侵吞戒烟会经费

西宁县戒烟会由张县于光绪三十四年秋间开办。在都梧渡报效劝学所学费项下提银一百元，为该会常年经费。开会时，县主自制烟丸一百小包分派，一次遂将该会常费百元收入私囊。该会旋散。

五、侵吞缉匪花红

广西岑溪县牛客陈统积，在双头岭被抢控开西宁县社廊村谢姓、螺村张姓各匪，后岑溪县将案详西抚咨东督饬西宁县查办。张县遂于宣统元年九月驻该处清乡至十一月止。焚去民房二十间，匪屋十余间。当时前督宪袁已出示禁止勒缴花红。张县竟勒谢姓缴花红银二千元，又勒张姓缴花红银七百元，不获一匪，至今亦不悬赏购缉。经谢汝荣、张子清迭次上控督辕有案。

六、崩城不修藉名诈钱

本县城东南隅崩塌城垣十余丈，经张县禀报筹款修复。嗣有龙禅寺僧浩明报效修城银一百元，又罚阮鸿昌私买城隍庙祀田银三百两，以为修城之用，有案可查。又钟庭钊因田土案被罚银三百元，龙井寺僧健滔因打荷兰牌被罚四百元，名则罚款修城，实则概归私囊。

七、藉名清乡勒诈良民

查张县于宣统二年八月中旬往县属留滨新乐通门所地方，以清乡为名，发出访查拜会差票，勒诈新乐何抡才二千四百元，罗星芬银二百一十元，黄廷渠一百五十元，留滨张玉山银九百元，雷升超银七百元，关超邦银三百元，黄仁三银二百元。在该处驻札月余不获一匪。迨九月二十三日移驻通门所发出访拿会匪票，开列良民三十五名。纵差藉票吓诈，玉石不分，焚去石头洞民屋十所，余日火匪屋一所，大满陈亚娣民屋一所，棠梨树程家骥民屋一所。勒诈良民朱锡高银二百元，陈万信银三百元，刘安广银一百五十元，张铭兴银一百三十元，陆成业银一百八十元，张龙祥银三百七十元，陆植庭银一百五十元，冯大道银六十元，陆胜恩银三十五元，陆成广银三十元，刘鉴伦银四十元，莫亚十银一百八十元，陆佐泽银一百二十元，覃亚二、覃国石共银一百四十元，温亚流、温亚毛、温亚九共银一百五十元，李学钦银六十元。皆由县差曾佳县署家丁董耀廷，关通收受。张县十月十六日回衙。董耀廷等当在该处收银，行路皆知。

八、玩匿命盗重案不报不办

查张县到任四年有余，命盗重案积压如山。就宣统二年论，已有陈肇宗呈报殴毙瑞，许业呈报枪毙，天合顺呈报枪毙，卢易氏呈报枪毙，陈定安呈报殴毙，陈品辉呈报殴毙，余廖氏呈报劫毙，黄伟兴呈报殴毙，陈维宗呈报枪毙各一案。蔡昌莲呈报抢劫，石炳兰呈报抢劫，钟毓杰呈报（抡）〔抢〕劫，陈铭邦呈报抢劫，杨茂成呈报抢劫，严锡通呈报抢劫，叶吕氏呈报抢劫，梁日成呈报抢劫，蔡成记呈报抢劫，吴仕荣呈报抢劫，谢湘呈报抢劫，岑谢氏呈报抢劫，钟亚泽呈报抢劫，李鉴衡呈报抢劫，姚鹏飞呈报抢劫，黎启新呈报抢劫，蔡家敏呈报抢劫，陈伦吉呈报抢劫，陈胜芳呈报抢劫，覃泽超呈报抢劫，吴兆尹呈报抢劫，谢荣汉呈报抢劫，温有邦呈报抢劫，陈清和呈报抢劫，刘敬忠呈报抢劫，卢儒珍呈报抢劫，卢应忠呈报抢劫，吴日明呈报抢劫，莫陈氏呈报抢劫，陈升文呈报抢劫，何发平呈报抢劫，廖纯仁呈报抢劫，卢树荣呈报抢劫，张永谦呈报抢劫，杨元连呈报抢劫，吴兆锦呈报抢劫，陈应林呈报抢劫，陈竹卿呈报抢劫，龙志波呈报抢劫，叶志材呈报抢劫，谢景乐呈报抢劫，吴明初呈报抢劫，韦德记呈报抢劫，谢彰呈报抢劫，聂裔林呈报抢劫，周佐文呈报抢劫，余桂檀呈报抢劫，杨亚福呈报抢劫，蔡文尧呈报抢劫，谢利金呈报抢劫各一案，共有六十余件，张县匿不通详，或延不追缉，或间有弋获，而不讯办。是以匪风猖獗，日甚一日。

九、国恤期内违制红印标硃

查光绪三十四年十一月初二日张县藉国恤，勒罚愚民，营私肥己，竟用红印标硃告示，经邑绅杨汝镕等上控藩宪将告示缴呈有案。

十、暗用门阍勒索堂礼

查岑前督宪通饬府厅州县各衙门，革除门阍，改用收发。以佐贰候补人员充当，以杜勒索之弊。张县到任初年、次年尚用收发。近则括财之术愈工，自宣统元年不用收发，张县自行禀明收发由知县自办，藩辕有案。然名为自办，实以家丁余蕚楼充当，与门阍无异。又以其长子张松为账房，彼此狼狈为奸，遇事勒索堂礼，与账房分肥。一堂礼值银四元八角，寻常田土案件勒礼至二三十不等，命盗案件勒礼至一百八十堂不等。无论何案至少以一堂礼为率。无堂礼不得递呈，或递而不得审讯。故结案绝少而病益多。

十一、下乡勘验勒索轿金

查张县到任以来，命盗案层见叠出，或委差勘验，其勒索钱财，颠倒是非。若亲诣验，必勒索轿金。少则四五十元，多至二三百元不等。如都城墟天合顺店被劫，枪毙店伴区池辉，张县到验，竟勒轿金一百六十元。此案至今未破，区桓辉上控有案。

十二、纵幕结绅通同舞弊

查张县前柳刑钱席与劝学所总董邱福镛、司事谢年亨及县城绅士等，日夜酒食征逐，非在劝学所，即在县署。遇事舞弄，以致劝学所侵吞巨款。张县既不追问，且为徇庇。经县绅张公房钟伯桃等迭控有案。

十三、败坏警务

查县城巡警，张县任用旧县差曾芬改名曾水淇充当警目。该警目异常狡劣，暗短巡丁名额，常不站街，吓噬乡愚时有所闻。曾水淇惟以丰厚节礼巴结张县，受害者敢怒而不敢言。现曾水淇大违警规，经梅佐范上控警道批行提究，张县一味为之包庇。

十四、败坏学务

张县性情顽固，于新政固不留心，于学务尤为漠视。到任四年有余，并未倡办一校。即如官立高等小学乃其直接管辖，最宜极力维持热心鼓励。乃凡有关于校务，必须整顿及筹款扩充等事，均皆请命不应。其尤甚者，前都梧成利渡原每年报效官学经费银四百大元，肇庆徒艺学堂四百大元，历缴无异。后因张县力索私规，逼令停摆，此款遂失。一年之间除毕业考试禀请莅堂监试外，经年足迹不到学堂。即监试亦只到二三小时。尝云四年毕业便作功名，何足轻重等语，其意可想。

十五、监狱黑暗

查县署监狱分东羁、西羁及值日房三项。东西羁则派家丁看管，值日房则由县差看管，张县纵容家丁、差役讹诈犯人钱文，私刑酷勒，无所不至。且又短抑口粮，以致饥毙者不知凡几。其收押值日房者，原为候质而设，乃一经收押或半载一年，并不复讯，亦不省释。每年炎暑及烈寒之际，押毙于此者总不下十余名。

十六、非刑滥押良民

查西宁县儒学门斗刘彬奉张县告示，催田缴租送交医学研究所。张县以其不先交账房，辄签拘刘彬到案。不由分说，重笞三百板，收押民事看守所，阅数日，又提笞二百板，仍旧收押。该佃租银经该所长张绅熊飞等禀明认收，并非刘彬私收中饱。乃迭刑滥押经年不放，残刻可知。

十七、违法革押学生

查宣统二年十一月十六日西宁县官立高等小学堂学生张国荣，被许杰材寻殴，捏以调戏妇女虚词，耸众围困。张县将张国荣带案收押民事看守所，悬牌斥革，仍复延押拖累。经该学堂及邑绅学界迭控上宪有案。张国荣无人指证，实无罪状。张县冤革滥押，违法实甚。

十八、玩误交涉要案

查西宁县都城墟锦莲坊人刘思敬，将屋卖与洋人建造教堂。光绪三十四年十一月十三日经该坊耆民甘炳光等禀控刘思敬背章卖屋，与情不协，请迅拿案惩儆。殊张县宽纵不拘案，洋人遂执契投印。今已筑成，坊人咸愤。又现时都城鹅公山地方，有歹人钟许养私将该山卖与洋人开矿，已立合同帖。据经谘议局议员叶瑞图禀奉督宪批县查办，并经都城局绅传出钟许养责问，自愿向洋人取回合同帖。据后钟许养赴县递呈，张县扣留交差看管。殊钟许养向账房张大少爷即张县长子贿弄狡脱，迭奉催办，至今案仍未结。

十九、县营串噬得贿分肥

查都城埠宝丰陆牛行，秤码商人聂桂实属良民。缘去年五月批承该埠缉捕经费，欲转售别商，藉权子利。后无商人承售，遂照原额摆摊四台。除缴正饷外，所有营汛、学堂、巡警各项规费均照四台缴纳，惟都城汛千总苏德佳，强索六台规费。该商不允，遂至挟恨，后与张县长子串同谋陷。于十一月初二日既经聂商短抑规项，复架以开打荷兰牌聚匪大题，移县革退查封。张县立派差将聂商摊馆四间封禁，钱银什物夺空。苏弁即据摊馆，自行开摆，日纳县署馆租银六元。聂商偕同坊众绅耆赴县申诉。张县勒缴价银千元，始准揭封。呈词掷不收理，聂商大受冤抑。本年二月苏弁另招商人黄植元缴价银九百五十元将摊馆揭封。该银苏弁收受三百元，其余尽付县署，各充私囊，并不拨充地方公用。

又去年六月初十夜，都城天合顺店被劫毙伴。苏德佳汛地相与密迩，事前既不防护，事后又不缉获。而且与张县长子串同，藉案择噬，故至今尚未破获。尸兄区桓辉上控有案。

又本年正月二十二夜，张县委巡长谭琳璋讬名往都城查匪，乃将旧荷兰牌暗遣人插向都梧渡船内，径往搜查，指为私赌证据。捆拿该船主黄子谦刑吓勒罚银六百大元。由谭巡长说项过付县账房收领，亦不充作地方公用。

布政司、巡警道会详核明迁徙各属痳疯院案

为详请示遵事：宣统二年十二月初二日奉前兼署两广总督部堂增札开：宣统二年十月十八日接广东谘议局呈称，窃本局议员提出拟将各属痳疯院移迁海岛，以免杂处一案。经交议会公决。随交审查会审查。嗣由该会逐加修改，复于十月初八日开第二读会。业经多数可决，理合录案呈报察核。计议案一扣等因前来。

当经发交会议厅审查科开会审查。兹据会议厅审查科案呈，公同审查，佥以此案拟请札行东布政司会同巡警道核议，并札复谘议局知照。是否有当，伏候核夺等因到本兼署督部堂。复核无异，合就札饬札司会道遵照核议详办，毋违。计抄议案一纸等因。奉此。当经本司移知警道会商核议。并由刘前道函致各善堂，暨札饬各属公同筹议。尚未据复，刘前道奉调交卸。职道抵任以来，复经会同本司悉心筹画。兹事体大，实非一时所能议办。所有为难情形谨为我宪台缕晰陈之。查议案第二条内载疯人杂居于城镇乡及水居之地，易致传染。当择定海岛人迹罕至之处，另建屋宇，将各属疯人徙而居之等语。原系为清洁卫生，免致传染起见。所议甚善，惟此项海岛必须隔绝交通，不与人民杂居，方为合用。而广州附近一带人烟稠密，绝少荒岛可居。若离大陆太远则风涛沙线变徙不时，住居既多不便。且此辈疯人身染废疾，本属无罪之民，断不能置之死地，必须代筹衣食以资生活。若处以绝岛孤悬海外，米粟运输之路，衣服购制之场奚资利便。虽有卫生会派员料理，而年久月深，源源接济，恐难为继万一。经费间有变动或经理不得其人，稍有延误，则此数万疯民，既已废疾终身，苦无生趣，尤复孤悬海外，呼吁无门，恐非慈善君子所忍出此也。择地之为难此其一。议案第四条载，各属分会调查疯人当官绅同负责任。各属绅耆不得代疯人回护，以图隐匿。但不得过于骚扰，亦不得以疑似之间，坏人名誉等语。查麻疯之发，种类不一。有已现未现之分，二代三代之别。辨别固甚为难，且粤省地方卑湿，疯疾之生，本不择人而施。岂无身膺痼疾而日处大厦高堂，深居简出者，一旦逼令迁移，海岛隔绝人寰，必非所愿。则抵抗朦混之弊，在所难免。况八九十州县之多，员绅之调查，医生之学问，安能一律？倘有辨别稍误，或挟嫌诬指，非疯而误认为疯，真疯而讳为非疯者，恐未能尽数迁徙。而所徙者或反因疑似之证，致滋骚扰，甚非讲求清洁卫生之本意也。辩证之为难此其二。议案第十三条载，宜先筹三十万元，为开办之的款。又十四条载，筹开办经费当联合全省慈善家、各善堂院先行劝捐，尽力提倡，并责成各属地方设法赞助，以成善举各等语。查需款至三十万元之数，不为不多。粤省地方虽称殷富，然至近年来慈善之举，已成弩末。且慈善家应办之事范围颇广，频年施医赠药已费不赀，再事募捐恐难骤得巨款。前年筹办贫民教养院，迭次会议认捐者既属寥寥，办事者更少踊跃。无他，由于需费较巨，募捐较难。当时情状固今日前事之师也。况开阔海岛，经营屋宇，迁移疯人等事，筚路蓝缕，以启山林，更非三十万元所能成事。开办费之为难此其三。议案第十八条载常年经费归入地方行政经费，除将各属疯疾口粮悉数提充外，其余不敷数目，由卫生会呈请本省官厅筹拨，作为民政费咨部核销等语。疯民既已迁移海岛，常年开销自应筹定的款，以资养活。惟就省会一隅而论，原定疯人口粮不过数百名额。此外各属痳疯人数浮于口粮原额实十倍不止。虽议案有酌提各属公款及拍卖公地两种办法，究属为数无几。况须延聘医生主管治疗，添雇教习分教工艺，所费更巨，断非区区原数所能敷用。若向行政官厅呈请筹拨，近年财政困难，应用之款均已列入预算。虽欲拨助，恐非力量所及。现值筹抵赌饷之际，集款尤非易易。常年费之为难，此其四。总之，迁徙疯人令与民居隔绝，本属卫生行政应办之事。惟择地较难，需款较巨，断非一时所能举办。各绅生长是邦，痛痒攸关，见闻较切。倘能觅有相当之地，筹有可恃之款，再行切实提倡，当亦非迟。司道等会商意见相同，固不敢畏难推诿，亦不敢随声附和，轻举图功。所有遵饬核议迁移疯人聚居海岛为难情形，理合详复宪台察核，伏候批示祇遵。再此事系由职道主稿会商本司办理，合并陈明，为此备由具详，伏乞照验施行。须至详者。

谘议局呈报另筹巨款改办特别巡警案

为呈报事：案奉督部堂交议另筹巨款，改编特别巡警一件。遵于二月二十五日开第一读会讨论大端，多数议员以为裁撤防营、编练新军，年限将届。但广东盗匪械斗所在皆是，缉捕弹压全恃防营。若将防营裁撤，而不先筹引替防营之职务，一有缓急，何堪设想集合。巡警其性质作用与防营相近，以此引替防营于广东最为适宜。此系国家保护地方人民应负之责任。改编云者不过行政上一种方术，势难强令人民另增担负。况营饷出自赌饷，赌饷现已停收，营饷即归无着。为治安计，惟有新筹酒捐、牌照捐拨充特别警费。此案决交财政及庶政兴革协会审查，随接布告认定改编特别巡警为必要，并提出不能另筹巨款四理由。于三月初二日开第二读会逐条表决，全体赞成。初七日开第三读会仍照第二读会可决。理合备文连同审查会布告书呈报，伏请督部堂奏明办理，迅赐施行。须至呈者。

审查另筹巨款改编特别巡警案

承交另筹巨款改编特别巡警案，当于二十八日开股员协会审查。照第一读会赞成改编特别巡警反对另筹巨款，分行政、财政两问题讨论。其行政问题认定，特别巡警为地方行政官厅警务，行政权限所及，即谘议局警务议决权限所及。将来改编特别巡警之预算、决算及各项细则，必先交议乃能施行。现在本案所列四条件统俟议案成立，呈报由督部堂奏准，将防营裁饷拨特别巡警经费后，再行连同施行细则提交谘议局常年会议决。其财政问题亦认定防营裁饷为地方收入，主张之理由凡四。

（甲）防营性质。防营之职务，专司缉捕，保卫地方性质，近于集合巡警。各省所设防营，原系酌量地方情形，随时增减。广东盗贼猖獗，故防营独多。与陆军注重国防规画，全国分配编镇不同。查光绪三十三年陆军部拟订巡防队试办章程折声叙，各该省防务紧要，原设营防大都分扎已久，一时未便议裁。前经练兵处奏明，统改为巡防队，使其名实相副，与新军有所区别。此项营队，果能认真整饬，则无事之时，可以缉捕盗贼，为地方捍卫。有事之时，可以协力守御，为陆军声援，于国事防务两有裨益。是部臣亦知防营性质应属地方行政，故政府对于裁撤防营，必以各省之敷设巡警能否得力为前提。是巡警即防营之为替物。

（乙）防营饷源。既说明防营性质属地方行政，则防营裁饷应归地方收入，了无疑义。查租税公例，限于一区画者，为地方税。国家赌禁著为刑律，独准广东开赌，藉充防营饷项。当然地方税饷源，既由地方税支出。裁出之饷，即为地方税增收，可充地方行政费。如以赌饷拨防营饷，列入军政费预算，认为国家收入，附会日本冲绳县酒类限地税亦作国家税之说，试问赌饷于税法含何种性质？况现在奉准申禁，粤人已勉筹抵款，增加义务，更有何说之可言。

（丙）法令。光绪三十二年政务处、兵部会奏议复，裁撤绿营改办巡警折，声请腾出款项尽数拨充警费需用。奉旨依议。其后虽经陆军部咨行各省，营饷不得挪用。然宣统二年奏定清理陆军财政章程，其第十二条有云，绿营练军间有改为巡警，而经费仍由军饷动用者，仍报陆军部考核。是为绿营练军之饷仍可改充巡警费，况防营性质应属地方行政乎？

（丁）事实。平均担负乃财务行政之公例。检阅全国预算岁入总册，粤人担负已重。今又为国家除赌饷秕政，尚恐无著，民力更殚。而清理财政处惟知有国家，不知有地方。主张划分税法，大宗巨款虽名义应属地方仍归诸国家。计本年留作地方收入者三百三十万零九千七百余两，而地方行政支出三百八十七万八千八百余两，不敷五十六万九千余两。若再将防营裁饷提拨，势无余力改办特别巡警。广东素称多盗，将何恃以保护地方治安？将来酿成乱机，不得不增兵筹饷，不特防营之三百万裁饷非国家所能提动，即认定国家收入之二千七百余万，亦难资作国用，甚或颁国库拨饷。粤危国危，言之寒心。查清理财政章程第十七条，各省款项若有不足，于每年编订预算报告册时，由各该督抚商同臣部设法筹措。又查清理财政处划分国家地方税标准声明，地方税有不足则于国家税收入中划其一部分与地方，以为补助金。广东地方税不足之真相既如此，改办巡警之必要又如彼，则防营裁饷无论应归国家税、应归地方税均不能不截留广东之用。

谘议局呈报勘界维持会陈请建议案

为陈请建议事：窃本局现准勘界维持会开具葡人越界拆围情形，并附条陈三款，陈请建议。又准旅港勘界维持会函同前由。当于三月十四日开会研究。佥以事关地方治安，虽不入本局议决范围，尽可作为陈请事件，呈候核办。随即表决，多数赞成。理合附录原书呈请督部堂察核，为此具呈伏祈裁夺施行。须至呈者。

香山勘界维持会陈请建议书

窃自中葡勘界以来，葡人崛强无理，违背条约，多方要索。前此高大臣而谦，莅粤开议，迂守和平时日宕延毫无效果，及后全案提京，迄今仍议结无期，以致葡人野心益肆横暴频施。去年春间，增设水泡于青洲岛外，干涉湾仔之鱼苗局、关闸外之膏牌局，显然不遵旧约。且欲占我海权，侵我内政。甚而藉剿匪为名，炮攻路环，惨毙居民无算。同胞罹毒，痛愤未消。孰料今日更有令人惊骇之事。本年二月朔日，突有葡轮率同工役百余人擅入前山内河，拆掘白石角、亚婆石新筑围基，汹涌哄动，意存挑衅。嗣由庄分府宪电禀督宪派委何中军于初三日驾驶广元兵轮到勘，而葡人于初四日复率工役多人，将该围基掘毁。似此明目张胆，一再尝试，欺藐我国实甚。若不亟筹对待，从此得寸入尺，渐肆鲸吞。以蕞尔之葡亦效烈强之窃据，附膺太息，可为寒心。且也一髪之动全体为牵，澳为全粤咽喉，设任侵陵，稍存退让，势成滋蔓，受害岂独一隅？敝会以国土所关，士民同有责任。前此维持数载，力竭声嘶。今则显被欺陵，倍形惶急。欣逢贵局现届开议时期。诸公代表一省舆论，必能统筹全局力挽危机。特详具葡人越界拆围情形，陈请建议转请督宪或电部，严责赔偿损失，并派重兵长驻保护，以弭祸变，而保边隅。粤民幸甚，大局幸甚。须至建议者。

并拟办法三条呈请核议。

一、请将葡人越界拆围情形转请督宪或电部要求赔偿损失，务达赔偿目的不稍退让，以全国体。

一、请转恳督宪多派水陆重军驻扎湾仔、前山水陆各要隘，以保领土，而安民心。因民间屡请无效，故求贵局代达，俾邀乞准。

一、请转请督宪或电部援照旧约，将澳界速为议结，免令葡人生心。惟各报纷传政府欲将界事移交海牙会公断，或派刘使就葡磋议，两者均非粤福。务求转请政府收回成命，就近在粤议结，庶可保全，不致失败。

旅港勘界维持会为澳界事请愿书

国权旁落，粤事将危。勘界无成，边忧继起。今者祸发，竟有葡人越境毁拆海安围，于前月朔日之变矣，故澳界不可轻视也。自勘界开议以来，政府与国民上下一心力争矣，三越寒暑，不能解决葡人越权之害，更甚于开议以前。以卑弱无道之葡，不顾条约，蛮横若此，诚所异闻。莫悉其何所恃也。鄙人等自蒙高大臣召见，宣示议案，始知中葡之约，研究两载。略有心悟之愚，乃知立约之年，早陷葡人之罗网，受毒之深，至今不破其谋。故划界之无效，以拱北关居澳门之误也。以拱北关居澳门，谁人不知？岂众人皆暗而鄙人有独明乎？若众人如我专志寻求，早破葡人之计矣。岂如鄙人两载之无效哉？以责任之不同，各有所见之异也。以鄙人之愚，所谓之误者，言难尽意，故谬为拙议数条。谨呈于我列位乡大人之前，洞察此中原理，望施采择之明。若合公言之，用者录之，乞即提议以解当日之危。或曰友邦交涉所关，贵局无越权提议也。此国家安宁者可以言之。今多事之秋，官民卧薪尝胆之日。若边地之倾危，必动摇于堂奥焉，可坐视其国之危哉？若未合于议，乞详请宪督，以界务梗塞，国之安危所系也。今事亟而不可久待。惟邀特别之议，赐以通变之宜。若议而可施行，犹治界务受病之本而治之，效可立见。粤可安而国可保，尽泯未来之祸矣。然拙议之内，似有危言。所谓事末至而发有为事之，言犹启葡人之趋步。此何故哉？盖葡人之趋步，早定其谋。于立约以前，无人识破其谋以制之。犹今日仍任其趋步也。前人不悟，有今日之危。今知危矣，奚可坐视，以成他日更有可危。故不得以发为有事之言，先事预防救前事之失，绝前祸之根株，消后来之祸，岂不为国之福于目前乎？国之安危匹夫有责。鄙人责任所在，愧无效用之能。惟有妄陈愚昧之见，叩请列位乡大人之前，界务有不胜之危险。详请粤督亟救施行。须至请愿者。

谘议局纠举石城县典史沈寿谦违法纳贿案

为呈报事：窃本局提出纠举石城县典史沈寿谦违法纳贿一案。当于三月十四日公同会议，佥谓该典史藐法实据，案内既经一一指明，自应照章纠举呈候查办。随即表决，多数赞同，并声明不开二三读会。理合录案呈报督部堂察核，为此具呈，伏祈准照查办，以除民害，而儆官邪，实为公便。须至呈者。

纠举石城县典史沈寿谦违法纳贿议案

窃以国家立法，必惩官邪。未有民怨沸腾控案累累，而竟安然无事。如石城县典史沈寿谦者也。该典史自光绪三十年到任以来，擅受民词，妄行差票，勒索茶封，必遂所欲。所有县官莅任，必巧为迎合。每逢县委下乡勘验命盗、坟山及查办户婚、田土、钱债各案，定必多索事主靴金，详堂印金，剥削乡民脂膏，可谓第一手段。其平日藐法贪赃，串棍伪戳，纵匪殃民，大为地方之害。议员籍隶石城见闻甚确，若非亟予纠举呈请督宪派员查办，实无以肃官方而除民害。理合将该典史平日违法纳贿各劣迹列请查办。

一、光绪三十一年秋，邑内试办烟叶捐为学堂经费，该典史勒索承商吴炳猷黑银四百元。迨停办后，经该商具控可据。又武生谢培燊被匪拦途截枪毙命。县委相验勒索尸亲谢顺礼彩银六十元，亦经告发。两案均上控道府衙门。曾札委前吴川厉令式金到县查办，传集各事主讯明，指攻确凿。该典史巧为舞弄，竟得无事。适办巡警，又多方运动，得充巡佐之职，兼在县署帮审各案，多以贿成。

一、宣统元年正月间，该典史受贿，敢将认供抢劫县属清平墟广同泰店巨赃监押候办之著匪罗日寿私行擅放，及通县闻知，自思不能掩瞒，即向县署串说将此案饰为该匪患病保释，纵匪殃民为害地方。

一、宣统元年该典史串同警局暗查刘国兴，狡棍张寅谷伪造安铺分局戳记，冒名禀保监押著匪。罗汉均为邑中著要土匪，经该族绅送案监押，该典史串衙批准保释。缘该族无人到领，旋被安铺分局绅张培中等闻知，即行告发。业经前任葛令肇兰拘获张寅谷、刘国兴到案严讯，据张寅谷供称，匪犯罗汉均久押在狱，并无事主控告，亦无贼匪指供。从前杨胡县主任内，汉均思欲出狱，曾托人与沈捕厅说，因索银太多，是以中止。此次托刘国兴密与沈捕厅说妥要银六十元，遂可保释等供，质之刘国兴亦直认不讳。葛令判云该典史实有授人请托贿保情事，但念脏未入手，姑免深究，止将张寅谷押候追缴伪戳，余无所问。张培中等迫向上控。奉前道宪批，案既由县提集质讯，如果沈典史诈赃属实，虽银未入手，亦属咎有应得。仰府委员前往查确，会县明白禀复等因。讵委员张从九到县与该典史通同一气，匿居署中计议筹画，竟将此案逐层洗刷砌饰，朦覆塞案。张培中等只得粘抄全案赴省分向督宪及藩臬巡警道各衙门具控批示严究。

一、邑中禀生陈元文等见该典史贪劣藐法，共抱公忿，联名向前道府衙门指控该典史劣迹多端并嗜烟癖。仅拟以离任调验轻典，旋即饬回本任，及充巡官。从此任告莫奈，势焰薰天，贪横比前更甚。

图书在版编目（CIP）数据

广东谘议局／廖伟章，牛贯杰编．— 太原：山西人民出版社，2020. 6
（清末立宪运动史料丛刊／胡绳武主编）
ISBN 978-7-203-10387-5

Ⅰ. ①广… Ⅱ. ①廖… ②牛… Ⅲ. ①谘议局 - 史料 - 广东 - 清后期 Ⅳ. ①D691. 2

中国版本图书馆 CIP 数据核字（2018）第 093072 号

清末立宪运动史料丛刊·广东谘议局

主　　编：胡绳武
副 主 编：牛贯杰　戴鞍钢
编　　者：廖伟章　牛贯杰
责任编辑：贾登红　何赵云
复　　审：武　静
终　　审：蒙莉莉
装帧设计：谢　成

出 版 者：山西出版传媒集团·山西人民出版社
地　　址：太原市建设南路 21 号
发行营销：0351-4922220　4955996　4956039　4922127（传真）
天猫官网：https：//sxrmcbs.tmall.com　电话：0351-4922159
E - mail：sxskcb@163.com　发行部
sxskcb@126.com　总编室
网　　址：www.sxskcb.com

经 销 者：山西出版传媒集团·山西人民出版社
承 印 厂：山西出版传媒集团·山西人民印刷有限责任公司

开　　本：787mm×1092mm　1/16
印　　张：37. 75
字　　数：630 千字
版　　次：2020 年 6 月　第 1 版
印　　次：2020 年 6 月　第 1 次印刷
书　　号：ISBN 978-7-203-10387-5
定　　价：235. 00 元